Hermann Kurzke

Georg Büchner

Geschichte eines Genies

Hermann Kurzke

Georg Büchner

Geschichte eines Genies

C.H.Beck

Mit 48 Abbildungen

© Verlag C. H. Beck oHG, München 2013
Satz: Janß GmbH, Pfungstadt
Druck und Bindung: CPI – Ebner & Spiegel, Ulm
Umschlaggestaltung: Kunst oder Reklame, München
Umschlagabbildung: Georg Büchner, Zeichnung von
Alexis Muston (1833)
Gedruckt auf säurefreiem, alterungsbeständigem Papier
(hergestellt aus chlorfrei gebleichtem Zellstoff)
Printed in Germany
ISBN 978 3 406 64493 1

www.beck.de

Inhalt

1
Steckbrief

Im Betretungsfalle festnehmen

Steckbrief. Der hierunter signalisirte Georg Büchner, Student der Medicin aus Darmstadt, hat sich der gerichtlichen Untersuchung seiner indicirten Theilnahme an staatsverrätherischen Handlungen durch die Entfernung aus dem Vaterlande entzogen. Man ersucht deßhalb die öffentlichen Behörden des In- und Auslandes, denselben im Betretungsfalle festnehmen und wohl verwahrt an die unterzeichnete Stelle abliefern zu lassen.

Darmstadt, den 13. Juni 1835.

Der von Großherzogl. Hess. Hofgericht der Provinz Oberhessen bestellte Untersuchungsrichter, Hofgerichtsrath Georgi.

Personal-Beschreibung
Alter: 21 Jahre,
Größe: 6 Schuh, 9 Zoll neuen Hessischen Maases,
Haare: blonde,
Stirne: sehr gewölbt,
Augenbrauen: blonde,
Augen: graue,
Nase: stark,
Mund: klein,
Bart: blond,
Kinn: rund,
Angesicht: oval,
Gesichtsfarbe: frisch,
Statur: kräftig, schlank,
Besondere Kennzeichen: Kurzsichtigkeit.[1]

Ein berühmter Dichter, steckbrieflich verfolgt: Heute hört sich das abenteuerlich, verwegen, romantisch an. Damals war es eine Katastrophe, die das Leben eines hochbegabten jungen Mannes

Homburg vor der Höhe, den 5. Mai 1835.
Im Auftrag:
H. Will, Secretair.

2493. Steckbrief.
Der hierunter signalisirte Georg Büchner, Student der Medizin aus Darmstadt, hat sich der gerichtlichen Untersuchung seiner indicirten Theilnahme an staatsverrätherischen Handlungen durch die Entfernung aus dem Vaterlande entzogen. Man ersucht deßhalb die öffentlichen Behörden des In- und Auslandes, denselben im Betretungsfalle, festnehmen und wohlverwahrt an die unterzeichnete Stelle abliefern zu lassen.
Darmstadt, den 13. Juni 1835.
Der von Großh. Hess. Hofgericht der Provinz Oberhessen bestellte Untersuchungs-Richter, Hofgerichtsrath
Georgi.

Personal-Beschreibung.
Alter: 21 Jahre,
Größe: 6 Schuh, 9 Zoll neuen Hessischen Maaßes,
Haare: blond,
Stirne: sehr gewölbt,
Augenbraunen: blond,
Augen: grau,
Nase: stark,
Mund: klein,
Bart: blond,
Kinn: rund,
Angesicht: oval,
Gesichtsfarbe: frisch,
Statur: kräftig, schlank,
Besondere Kennzeichen: Kurzsichtigkeit.

2275. K. Preuß. Seehandlungs-Lotterie-Anlehen.
Den 1. Juli d. J. beginnt die dritte Verloosung, in welcher der bedeutenden Treffer von fl. 140,000 oder 80,000 Thlr. Pr. Ct., Thlr. 20,000, 2 a 6000, 4 a 4000, 8 a 2000, 14 a 1000, 20 a 500, 30 a 300, zusammen 9000 Prämien, im Ge-

Pariser Prinzessinnen-Waschwasser
(Eau des Princesses)
ist pr. Flacon à 32 kr., nebst Gebrauchszettel, in Commission zu haben auf der
Expedition des Frankfurter Journals.

2276. K. Preuß. Seehandlungs-Lotterie-Anlehen.
Die dritte Verloosung für dies Anlehen beginnt am 1. Juli l. J. in Berlin, und enthält eine Prämie von fl. 140,000, oder Thlr. 80,000, 1 a Thlr. 20,000, 2 a 6000, 4 a 4000, 8 a 2000, 14 a 1000, 20 a 500, 30 a 300, und abwärts bis zu Thlr. 56, zusammen 9000 Prämien, betragend Thlr. 715,000 Pr. Ct., oder eine Million 251,250 Gulden rhein.
Zu diesem großartigen Spiele sind Original-Promessen à fl. 7, oder Rthlr. 4 Preuß. Cour., und bei Uebernahme von 5 Stück eine sechste gratis, unter Zusicherung prompter Einsendung der Gewinn-Listen, zu haben bei
J. M. M. Beischlag,
an der Hauptwache, C. No. 226.
Briefe und Gelder werden frei erbeten.

2428. Herren-Strohhüte eigner Fabrik, nach jeder Façon, à fl. 1. 36 kr. pr. Stück, bei
J. D. Kertz,
Strohhut-Fabrikant.

2180. Lokal-Veränderung.
Ich beehre mich, hiermit anzuzeigen, daß ich mein bisheriges Lokal in der kleinen Eschenheimergasse verlassen habe, und jetzt mein eigenes, vormals Dörr'sche Haus in der Kruggasse, Lit. L. No. 82, nahe am Rebstock, bewohne.
J. J. Knabenschuh,
Gürtlermeister und Plattirer.

Steckbrief zwischen Lotterielosen und Eau des Princesses: Frankfurter Journal 18. Juni 1835

spaltete in ein Davor und ein Danach, in eine aufsteigende und eine absteigende Hälfte, eine politisch aktive und eine politisch passive, eine ziehende und eine fliehende, eine treibende und eine getriebene Zeit. Ein solcher Steckbrief macht schockartig erwachsen. Büchners Lebenslauf erscheint dachförmig, mit einem Knick in der Mitte, der genialitätsfördernd war.

So geometrisch aufgeräumt ist das wirkliche Leben freilich selten. Das Datum des Steckbriefs fällt nicht genau mit dem Knick zusammen. Die amtliche Bekanntmachung geschah im Juni 1835, die Lebenswende lag schon acht oder neun Monate zurück, der Steckbrief hatte seinen Schatten vorausgeschickt. Büchner hatte

Angst, schon lange, und sich deshalb, wie im Steckbrief bürokratisch vermerkt, «der gerichtlichen Untersuchung seiner indicirten Theilnahme an staatsverrätherischen Handlungen durch die Entfernung aus dem Vaterlande entzogen». Als kaum Einundzwanzigjähriger so gebrandmarkt zu werden, ist keine Kleinigkeit. Die Flucht aus der Heimatstadt Darmstadt in das damals französische Straßburg war bereits im März 1835 erfolgt, weil ersichtlich war, daß die Verfolger ihre Schlinge langsam zuzogen. Der Entschluß, sich aus der konspirativen Tätigkeit künftig herauszuhalten, lag einige weitere Monate zurück, ausgelöst durch die Verhaftung des mitverschworenen Freundes Karl Minnigerode, der am 1. August 1834 am Gießener Stadttor mit 139 Exemplaren des *Hessischen Landboten* erwischt worden war. Georg Büchner hatte sich auf dünnes Eis begeben und war eingebrochen. Die Begegnung mit dem Mühlwerk der realen Staatsmacht bewirkte erst Wut und Trotz, dann Verzweiflung und Depression. Alle Versuche, Minnigerode zu befreien, scheiterten, und was an Nachrichten aus den Gefängnissen herausdrang, zeugte von einer pedantischen Grausamkeit, die Büchner bis in den Schlaf verfolgte. Im Herbst 1834 brach er mit der Politik und verfolgte von da an nur noch ein Ziel: sein Studium abzuschließen und ein angesehener Naturwissenschaftler zu werden. Die poetischen Arbeiten sind als Freizeitbeschäftigung zu betrachten: das Drama *Danton's Tod* (entstanden Januar/Februar 1835), die Novelle *Lenz* (1835), die Komödie *Leonce und Lena* (1836) und das Dramenfragment *Woyzeck* (1836/37). Sie alle gehören in die Phase der Abwendung von der Politik. In die aufsteigende Zeit fällt unter den fünf Hauptwerken Georg Büchners lediglich der *Hessische Landbote*.

Es sind vier Orte und fünf Ortswechsel, die Büchners kurzes Leben bestimmen: Darmstadt (Jugend und Gymnasialzeit bis Oktober 1831) – Straßburg (vier Semester Studium der Medizin, November 1831 bis August 1833) – Gießen (Oktober 1833 bis August 1834) – Darmstadt (Herbst und Winter 1834/35) – Straßburg (März 1835 bis Oktober 1836) – Zürich (Oktober 1836 bis Februar 1837). Darmstadt ist das Symbol der Realität, Straßburg aber der Sitz des Traumes. Dort wird die Utopie geboren. Der Studienbeginn im Ausland bedeutete Befreiung aus der Haft von Vaterhaus und Vaterstadt.

Frankreich hatte seinen Anspruch, an der Spitze des Menschheits-
fortschritts zu marschieren, mit der Julirevolution von 1830 noch
einmal bekräftigt. Dazu kam Liebe, die alles verklärende, zu Wilhelmine Jaeglé, der Tochter seines Hauswirts, eines evangelischen
Pfarrers, und die heimliche Verlobung mit ihr. Er trug deshalb, als er
zum Weiterstudium nach Gießen versetzt wurde, einen Traum im
Herzen: Straßburg leuchtete, politisch wie persönlich. Gießen erschien daneben trist. Der Kontrast vertiefte die Empörung über die
deutschen Zustände. Die Sehnsucht nach Straßburg grundierte alles.
Als er fliehen mußte, war das Ziel klar: Straßburg. Dort machte er
dann entschieden Karriere, arbeitete fleißig, baute Verbindungen
auf, schrieb seine Doktorarbeit, reichte sie an der Universität Zürich
ein, hielt eine Probevorlesung dort und wurde zügig habilitiert.
Dreiundzwanzigjährig hatte er die Scharte ausgewetzt, die der
Steckbrief hinterlassen hatte. Er hätte ein angesehener Mann der
Wissenschaft werden können. Der Typhus beendete ein Leben, als es
gerade beginnen sollte.

Filtrierungen

Der Meteor war erloschen. Am Tag nach dem betäubenden
Donnerschlag des Schicksals lasen Caroline Schulz und Wilhelmine Jaeglé «in einer Art Tagebuch, das sich unter Bs. Papieren
gefunden hatte», und das, wie Caroline hinzufügt, die zusammen
mit ihrem Mann Wilhelm Schulz zu den engsten Vertrauten der
letzten Tage zählte, «reiche Geistesschätze» enthielt.[2] Wir kennen
nur wenige von Wilhelm Schulz aus dem Gedächtnis überlieferte
Zeilen aus ihm. Büchner habe «ein Vorgefühl seines frühen Endes»
gehabt, denn er schließe, nachdem er den Zustand seiner Seele
«mit einem Herbstabende» verglichen habe, eine Eintragung mit
den Worten: «Ich fühle keinen Ekel, keinen Ueberdruß; aber ich
bin müde, sehr müde. Der Herr schenke mir Ruhe!»[3] Vom Verbleib
dieses Tagebuchs gibt es keine Nachricht. Auch ein weiteres Drama
aus Büchners Feder[4] entzog sich der Nachforschung von Anfang
an wie ein Spuk und hat vielleicht nie existiert. Sein Gegenstand
soll Pietro Aretino gewesen sein, ein spottlustiger italienischer

Satiriker des 16. Jahrhunderts, der für antiklerikale Pasquille und erotische Sonette berühmt war. Alexis Muston, der piemontesische Freund, könnte es angeregt haben.[5] Der Bruder Ludwig Büchner, der den Hinweis auf das verlorene Drama in Umlauf gebracht hat, will ihn «mündlichen Mittheilungen des Dichters an seine Braut»[6] entnommen haben. Er hatte das Wintersemester 1844/45 in Straßburg verbracht[7] und mag von Fräulein Jaeglé etwas erfahren haben, was er so interpretierte. Diese geriet später in den Verdacht, das Stück unsittlicher oder gottloser Stellen wegen (das vermutete Karl Emil Franzos)[8] zum Verschwinden gebracht zu haben. Sie nahm 1837 den Nachlaß an sich. Dessen genauer Bestand ist unbekannt,[9] umfaßte aber jedenfalls die vier großen Dichtungen. Von *Lenz* und von *Leonce und Lena* fertigte sie Abschriften für Karl Gutzkow an, die ebenso wie ihre Vorlagen nicht erhalten sind.[10] Die Manuskripte von *Danton's Tod* und *Woyzeck* hat sie Ludwig Büchner für die *Nachgelassenen Schriften* (1850) zur Verfügung gestellt.[11] Diese Papiere überlebten, lagen auch Karl Emil Franzos vor, wurden zusammen mit dem restlichen noch im Familienbesitz liegenden handschriftlichen Nachlaß 1918 von Ludwigs Sohn Georg an Anton Kippenberg, den Inhaber des Insel-Verlags verkauft, der sie 1924 dem Goethe- und Schiller-Archiv (heute Stiftung Weimarer Klassik) überließ, in dessen Safes sie bis heute ruhen.[12] Wilhelmine, die auch von den ursprünglichen Empfängern Büchner-Briefe einsammelte, gab, was sie besaß, für literarisch unbedeutend aus. Als Karl Emil Franzos vierzig Jahre später seine Büchner-Ausgabe plante und bei ihr nach Manuskripten fahndete, schrieb sie ihm:[13]

Straßburg, 2. April 1877.
Geehrtester Herr!
In Ihrem geehrten Schreiben vom 17. Februar reden Sie von der moralischen Verpflichtung, die ich habe, durch Mittheilung derjenigen Papiere G. Büchner's, die in meinen Händen sind, die Herausgabe seiner Werke zu befördern.

Hierauf habe ich die Ehre, Ihnen zu antworten, daß ich durchaus keine moralische Verpflichtung fühle, die besagten Papiere zur Oeffentlichkeit zu bringen, theils sind es solche, die nur mich persönlich angehen, und die es eine Indiscretion wäre drucken zu lassen, theils sind es unvollständige Auszüge und unvollendete Notizen. Das Andenken an G. Büchner ist mir zu theuer, als daß ich wünschen könnte, etwas Unfertiges von ihm der Kritik der Recensenten auszusetzen. Durch schwere Krankheit verhindert, Ihnen früher zu antworten, mußte ich es bis heute aufschieben. Sie werden mich, geehrter Herr, verpflichten, wenn Sie sich für die Zukunft mit dieser Erklärung genügen lassen wollten.

Hochachtungsvoll zeichnet

L. W. Jaeglé

Sie will nicht. Sie besitzt 1877 noch Büchner-Handschriften – Werkabschriften, Notizen, Entwürfe, Briefe, vielleicht die Tagebuchblätter, vielleicht sogar den *Pietro Aretino* –, aber als sie drei Jahre später stirbt, findet sich in ihrem Nachlaß keine Zeile mehr davon.[14] Auch ihr Testament weiß nichts von dem einst so Geliebten.[15] Sie hat alles vernichtet oder beiseitegeschafft – vielleicht aus religiösen Gründen, unter dem Einfluß einer immer radikaler werdenden Frömmigkeit,[16] vielleicht aus Haß gegen die aufdringlichen «Nachlaßmarder»,[17] vielleicht, weil sich inzwischen eine «tötliche Verfeindung mit der Familie Büchner» entwickelt hatte,[18] vielleicht, weil Georg selbst ihr inzwischen fremd geworden war, vielleicht auch, weil sie als Elsässerin den Deutschen nichts lassen wollte. Dafür gab es Gründe. 1870 hatten preußische Kanonen die Straßburger Stadtbibliothek in Brand geschossen, einen Büchner-Ort. Was Deutsche am Elsaß gesündigt haben, mag auch in den folgenden Generationen die Nachlaßsuche behindert haben. Vielleicht hat Wilhelmine Jaeglé ihre Büchneriana doch nicht liquidiert, sondern unter strengen Auflagen Menschen ihres Vertrauens in Verwahrung gegeben. Dafür spricht immerhin, daß die Briefe Karl Gutzkows an Georg Büchner, die 1897 ans Licht kamen, aus ihren Beständen stammten.[19] Vielleicht gibt es irgendwo noch ein gut verschnürtes Konvolut. Nicht nur bei Nachfahren jener Vertrauten, sondern auch bei den weitverstreuten Erben der Straßburger Verwandten und Bekannten Georg Büchners können noch Schätze liegen, die nicht gehoben wurden, weil die Nachfragenden nicht vertrauenswürdig erschienen.

Was immer Wilhelmine besessen hat – auch ein Verzeichnis hat sie nie preisgegeben – es waren jedenfalls die Originale der vielen Briefe dabei, die Georg aus Darmstadt, Gießen und Zürich an sie geschrieben hatte. Es waren Briefe von poetischem Wert. Büchner erprobte im Dialog mit seiner Verlobten auch seine stilistischen Fähigkeiten und notierte sich so manche gelungene Wendung aus Briefen an Minna, um sie später in seinen Dichtungen ein zweites Mal zu verwenden.[20] Eine kleine Anzahl dieser Briefe sind in Abschriften von Abschriften bekannt: Als Karl Gutzkow gleich nach Büchners Tod als erster versuchte, Material für eine Ausgabe und ein biographisches Porträt zu sammeln, schickte Wilhelmine ihm ein Heft mit Briefexzerpten,[21] aus denen sie freilich alles aus ihrer Sicht Belanglose, allzu Private oder aus anderweitigen Vorsichten und Rücksichten nicht Erwünschte bereits eliminiert hatte. Wir kennen ihre Kriterien nicht wirklich, aber Büchners Briefe müssen ebenso Heiligtümer für sie gewesen sein, wie die von ihr geschriebenen Heiligtümer für Büchner sind. Den hatte es empört, daß sie Berührung mit «den Händen dießer schmutzigen Menschen»[22] gehabt hatten, als die Universitätsjustiz es im August 1834 für geboten hielt, sein Gießener Zimmer durchzukämmen.

Aber auch Wilhelmines Exzerpte existieren nicht mehr, ein Brand hat das Heft 1851 zerstört.[23] Was wir von ihm wissen, verdanken wir Ludwig Büchner, der im November 1850 *Nachgelassene Schriften* seines Bruders veröffentlichte, die auch eine Abteilung «Briefe» enthielten: «An die Familie» (43 Druckseiten) und «An die Braut» (6 Druckseiten). Er hat Minnas Abschriftenheft ein zweites Mal redigiert. Auslassungen sind durch Pünktchen markiert – selbst gesetzte oder von Minna übernommene. Damals 26 Jahre alt, war Ludwig Büchner schon ein entschiedener Vertreter des Materialismus und auch politisch ein Oppositioneller. Die Revolution von 1848 war ein Ziel seiner Wünsche gewesen. Er machte seinen älteren Bruder posthum zum Mitkämpfer und Vorläufer des eigenen Wollens.[24] Das Private und Persönliche fiel aus dieser Optik durch die Maschen. Da seine Vorlagen nicht erhalten sind, lassen sich Quantität und Qualität seiner Redaktion und Selektion nicht genauer beurteilen. Denn nicht nur Minnas Sammelhandschrift, sondern auch die vielen Briefe an die Familie, die Büchner aus Straßburg, Gießen und Zürich nach Darmstadt geschrieben hatte, sind in der Nacht vom 21. auf den 22. Mai 1851 in einem Hinterbau des elterlichen Anwesens, wo die Familie einen Teil ihrer Büchneriana verwahrte, jenem Brand zum Opfer gefallen. Wieder kennen wir aus dem Familienbriefwechsel nur die Briefe und Briefauszüge, die Ludwig Büchner in den *Nachgelassenen Schriften* mitteilt: Er habe «beinahe nur das gegeben, was zur Kenntniß der politischen Bewegungen jener Zeit und des Antheils, den Büchner daran hatte, wichtig erschien».[25] Ludwig Büchner will ein harmonisches Bild malen. Die schweren Konflikte, die Büchner infolge seiner heimlichen Verlobung und seiner «staatsverräterischen Handlungen» mit seinem Vater hatte, sind herausgefiltert. Der Vater, eine starke Persönlichkeit, lebte ja noch, waltete als Clanchef und mußte alles absegnen. Auch vielen weiteren im Briefwechsel genannten Personen gegenüber war Diskretion geboten. Georgs Tod lag ja erst dreizehn Jahre zurück. Daß Ludwig Büchner sensible Stücke aus dem Brautbriefe-Heft ohne ihre Zustimmung veröffentlichte, hat Wilhelmine Jaeglé so empört, daß sie von da an nichts mehr hergab und keinem Editor mehr traute.

«Vor allen Dingen, vertilgen Sie meine Briefe!» schrieb Gutzkow an Büchner am 5. März 1835.[26] Gott sei Dank geschah das nicht. Minna hatte sie zunächst verwahrt. Aus ihrem Besitz gelangten sie über nicht mehr nachweisbare Stationen in den Autographenhandel[27] und liegen heute im Archiv der Stiftung Weimarer Klassik. Von Büchners Gegenbriefen sind einige in Auszügen bekannt, meistens aus Gutzkows Nekrologen. Nur ein einziges Original blieb erhalten. Vermutlich hat die verlorenen Gutzkow selbst vernichtet. Er hatte Grund zur Vorsicht. Als einer der meistbespitzelten Oppositionellen der Vormärzzeit mußte er 1835/36 zweieinhalb Monate im Gefängnis absitzen. Auch Büchner selbst hat Briefe vernichtet und Vernichtungen angeordnet, in seiner konspirativen Zeit, als geheime Verbindungen geschützt werden mußten. Wie sinnvoll solche Maßnahmen waren, bestätigt die Gießener Zimmerdurchsuchung, die für die Behörden nichts Greifbares erbrachte, weil Büchner vorher aufgeräumt hatte. Die Folge ist, daß es aus der politisch besonders heißen Zeit, dem Jahr vor der Flucht nach Straßburg, besonders wenige briefliche Zeugnisse gibt – hauptsächlich solche, die das politische Tun vertuschen und verharmlosen.

Aber auf die Behörden ist Verlaß … Was über den politischen Büchner zuverlässig bekannt ist, stammt aus den Vernehmungsprotokollen der Gerichte, die Büchners Mittäter verhörten, vor allem aus dem Prozeß gegen Friedrich Ludwig Weidig, den führenden Kopf der Landboten-Aktion, der 1837 im Gefängnis Selbstmord beging. Das Großherzogtum sah sich massiven Vorwürfen ausgesetzt – von Justizmord war die Rede[28] – und erlaubte deshalb 1844 einem ihrer hohen Juristen, die gesamten Akten des Weidig-Prozesses zu veröffentlichen.[29] Es wurde ein 800 Seiten starkes Buch von hoher Authentizität daraus, wenngleich auch dieses Material interessengesteuert ist. Es sollte die Rechtsstaatlichkeit und sogar Humanität der Praktiken der Untersuchungsgerichte beweisen, belegte aber ungewollt das Gegenteil.

Tagebücher, Briefe, Akten, Erinnerungen und indirekte Spuren im literarischen Werk, die üblichen Quellengruppen für eine Dichterbiographie, haben im Fall Büchners schwere Dezimierungen erfahren und substanzverändernde Filter durchlaufen. Die Überlieferungslage gleicht dem Zustand eines Gemäldes nach einem Säureattentat. Die Tagebuchblätter sind verloren. Von Büchners Briefen, deren ursprüngliche Anzahl bei dreihundert gelegen haben mag,[30] sind nur vierzehn im Original erhalten,[31] 46 sind in längeren oder kürzeren, oft undatierten Auszügen aus sekundären Quellen bekannt. Briefe an Büchner kennen wir derzeit 25 – von etwa dreihundert, die einmal existiert haben könnten. Nur die Aktenlage ist relativ gut; einiges blieb in Archiven verwahrt, sehr vieles wurde von den Behörden selbst publiziert. Das Wenige, was die Familie noch hatte, verbrannte in der Nacht des 11. September 1944 bei einem Luftangriff auf Darmstadt.[32] Erinnerungen an Büchner wurden erst Jahrzehnte nach seinem Tod zusammengetragen und geben relativ wenig Präzises her. Büchner hatte zwar viele Freunde, verbarg aber auch viel hinter seiner hohen Stirn, debattierte zwar engagiert über Staat und Politik, erzählte aber nur wenig oder nichts über Familie, Liebe oder Religion.

Es bleibt das literarische Werk. *Danton's Tod* und *Woyzeck* sind originalhandschriftlich erhalten, *Lenz* und *Leonce und Lena* nur in mehrfach redigierten frühen Drucken, deren handschriftliche Vorlagen teils bei Minna Jaeglé verloren gingen (*Lenz*), teils bei dem Brand von 1851 vernichtet wurden (*Leonce und Lena*).[33] Die Dichtungen sind Fenster ins Innere – freilich zeigen sie Vexierbilder, Kaleidoskope, in denen sich schwer isolierbare Bruchstücke des einst Erlebten finden, gespiegelt aus wechselnden Richtungen und vermischt mit Gelesenem, Gehörtem, Gefundenem und Erfundenem verschiedenster Provenienz. Das Richtige auszuwählen und es richtig zu deuten ist eine schwierige Kunst. «Wir wissen wenig voneinander», sagt Danton in Büchners Schauspiel, «wir reiben nur das grobe Leder aneinander ab».[34] Es ist ein waghalsiges Stück, das Lebensgefühl eines Menschen, der vor zweihundert Jahren geboren wurde, nachzeichnen zu wollen. Ich will es trotzdem versuchen. Büchner war einsam. Vielleicht hat er selbst einmal zu Minna gesagt, was er seinen Danton zu Julie sagen läßt: «Einander kennen? Wir müßten uns die Schädeldecken aufbrechen und die Gedanken einander aus den Hirnfasern zerren.»[35]

Imaginationen

Die verfügbaren Quellen sind so dubios, ruinös und fragmentarisch, daß sie, hielte man sich strikt ans positiv Belegbare, nur eine sehr bruchstückhafte Biographie ergäben. Aber man würde sich dann den beschriebenen Filtrierungen schutzlos ausliefern und verlöre noch einmal alles, was einst entsorgt wurde. Man liefe Gefahr, die erhaltenen Teile eines zu zwei Dritteln verlorenen Puzzles zu einem falschen Ganzen zusammenzubiegen, anstatt die fehlenden Teile zu imaginieren, um so vielleicht ein wahres Ganzes zu erhalten. Nicht nur das Verlorene, auch das niemals Protokollierte fordert sein Recht. «Ein wirklicher Mensch ist etwas ganz und gar Notwendiges», sagt Friedrich Nietzsche.[36] Die Imagination hat Gesetze einzuhalten, um diese Notwendigkeit zu treffen. Sie arbeitet mit kontrollierbaren Verfahren und zappelt nicht im grundlosen Morast. Ihr Motto liefert der italienische Humanist Lodovico Settembrini in Thomas Manns Roman *Der Zauberberg*: «Der Mensch tut keine nur einigermaßen gesammelte Äußerung allgemeiner Natur, ohne sich ganz zu verraten, unversehens sein ganzes Ich hineinzulegen, das Grundthema und Urproblem seines Lebens irgendwie im Gleichnis darzustellen.»[37] Das ergibt ein Kriterium.

Die imaginierten Ergänzungen müssen die erhaltenen Teile als un-
willkürliche Äußerungen eines Ganzen verstehen und sie so placie-
ren, daß insgesamt ein «ganzes Ich» entsteht. Im Glücksfall handelt
es sich nicht um ein Puzzle, sondern um ein Sudoku, in dem man
aus 27 gegebenen Feldern die fehlenden 54 widerspruchsfrei ermit-
teln kann. Auch Büchner selbst hat mit Ergänzungen gearbeitet, als
er Bruchstücke der historischen Literatur über die Französische
Revolution zu seinem Schauspiel *Danton's Tod* hochrechnete und
hoch-imaginierte.

Phantasien

«Der geniale Georg Büchner», schreibt der Freund und
Gefährte des Sterbens Wilhelm Schulz, «in welchem nach einer kurzen Periode jugendlicher Gährung die deutsche Nation einen ihrer
größten Geister gefeiert hätte», habe oft der bitteren Leiden seiner
gefangenen Freunde gedacht. «Der giftige Stachel eines immer sich
erneuernden Schmerzes warf ihn auf sein frühzeitiges Todesbette».[38]
War Büchner ein politischer Märtyrer? Oder war er ein Geistesge-
störter, wie es ein Untersuchungsrichter der Zeit für möglich hält?
«Die Erfahrung lehrt, daß selbst im Zustande der Freiheit politische geheime Unternehmungen, offenbar durch die damit ver-
bundenen Reizungen des Geistes, die exaltirtesten Theilnehmer
leicht einem frühen Grabe oder Geistesstörungen zuführten. Es
haben viele derjenigen, welche durch die letzten politischen Untersuchungen bedroht waren, im In- und Auslande an nervösen Krankheiten, Schwindsucht etc. in einem jugendlichen Alter geendet.»[39]
Oder hat er zu viel gewußt, wie ein Nazi-Dichter vermutet? «Er
hat [...] zu tief gesehen, deshalb nehmen ihn die Götter früh zu
sich.»[40] Andere denken aufbauender. Das, was Georg Büchner mit
dreiundzwanzigeinhalb Jahren schon geleistet hatte, «mag zeigen,
was er geleistet haben würde, wenn ein bitteres Geschick milder gegen ihn gewesen wäre» (Ludwig Büchner)[41]. «Hätte er länger gelebt
so wäre gewiß ein tüchtiger Mann u. Gelehrter aus ihm geworden.»
(Édouard Reuss 1877)[42] Daß er «mitten, ja noch vor seinem An-
laufe zum Höchsten starb», betrauerte Karl Gutzkow.[43] Hätte er ein

Goethe werden können, nach stürmischer Frühzeit sich fügend und hineinbildend in die bestehenden Verhältnisse? Vielleicht wäre er 1848 im Paulskirchenparlament vertreten gewesen, auch wenn er niemals, wie Ludwig Büchner 1850 versichert, auf der Seite derjenigen gestanden haben würde, «die durch lächerlichen Eigendünkel und kindische Furcht die Freiheit verrathen haben, die man in ihren Händen für gesichert hielt».[44] Möglicherweise wäre er ein führender Sozialist geworden, mit Karl Marx, Friedrich Engels oder Ferdinand Lassalle in Verbindung, oder er wäre nach Paris (zu Heinrich Heine) oder London (zu Darwin) gegangen. Wäre er am Ende ein nationaler Sozialist geworden, hätte er, wie Josef Nadler vermutet, die Juden vermieden, um für die «Arbeitermassen, deren geborener Führer er war»,[45] einen spezifisch deutschen Weg zu finden? Leicht ist er als angesehener Universitätsprofessor vorstellbar, als Mediziner (Neurologe, Psychiater) oder Naturphilosoph, wie sein jüngerer Bruder Ludwig, der mit seinem materialistischen und religionsfeindlichen Bestseller *Kraft und Stoff* (1855) der berühmteste Büchner des 19. Jahrhunderts war.

Eher unwahrscheinlich ist es, daß Georg Büchner bei längerem Leben als Dramatiker Karriere gemacht hätte. Seine drei Dramen beginnen ihre Bühnenlaufbahn erst im 20. Jahrhundert. Den Nachhall der Weimarer Klassik, dem die Mitte des 19. Jahrhunderts gehörte, hätte Büchner auch mit weiteren Dramen nicht übertönen können. Wäre er dann zum Roman übergegangen, der damals seinen internationalen Aufstieg erlebte? Wäre er ein Dickens, ein Balzac, ein Turgenjew Deutschlands geworden? Der Platz war ja frei, bis Fontane ihn einnahm.

Es heißt immer gleich, solche Erwägungen seien sinnlos. Aber die Interpretation eines so kurzen und so abrupt beendeten Lebens hängt schon davon ab, welche Rechte man der Trauer einräumt. Das Gehetzte dieses Leben hat sicher mit Politik, mit Flucht, mit Geldnot zu tun – aber vielleicht auch mit einem Tiefenwissen seiner Kürze? Jeder Rückblick auf Büchner ist von Trauer getränkt, und Trauer phantasiert gern: Was wäre alles möglich gewesen? Wie schön hätte es werden können! Jede Rezeption versucht, aus den Fragmenten der drei Schaffensjahre irgendein Ganzes zusammenzusetzen. Verlängerungen des von Büchner selbst nicht gefüllten Lebens in die Deutungsinteressen der Interpreten hinein entstehen daraus wie von selbst (und sind auch nicht unbedingt verwerflich). Die üblichen Herangehensweisen beruhen auf Täuschungen. Entweder verbietet man sich jede Ergänzung und stellt die Bruchkanten dieses plötzlich abgerissenen Lebens in ein scharfes Licht. Es entsteht dann ein paradoxes Ganzes: das Bild eines tragisch Unvollendeten. Oder man gesteht diesem kurzen Leben selbst eine Art Vollendung zu, einen Kreis, den es ausgeschritten hat und in dem nichts zur Größe fehlte. Denn auf eine gewisse Weise war ja alles da: das revolutionäre Engagement (*Der Hessische Landbote*), ein politisches Schauspiel (*Danton's Tod*), eine romantische Komödie (*Leonce und Lena*), eine psychiatrische Erzählung (*Lenz*), ein soziales Drama (*Woyzeck*) und ein Karrierestart als Privatdozent für Anatomie und Naturphilosophie an einer bedeutenden Universität. Dieses kurze Leben hat eine enorme Spannweite, und so gesehen ist der Typhustod nicht mehr nur ein bitterböser Zufall, sondern auch ein Abschluß mit Sinn. Damit ist keine falsche Versöhnung gemeint, sondern das Hineinstellen der einmaligen, unwiederholbaren und deshalb ewigen Person Georg Büchners in einen unvernebelten metaphysischen Raum, einen Horizont von ungelösten und in unserer dreidimensionalen Beschränktheit unlösbaren, gleichwohl vorhandenen Fragen, in dem schlichtweg jedes Leben steht, ob es darüber nachdenkt oder nicht. Der Gesichtskreis soll weit sein, nicht vermauert. Büchners Lebensarchitektur ist so rätselhaft wie jener labyrinthische Palast in Lessings Parabel, dem alle, die um ihn herumgehen, verschiedene Grundrisse zuschreiben und nicht begreifen, wie durch so wenige Fenster in so viele Gemächer genügend Licht kommen könne. «Denn daß die vornehmsten derselben ihr Licht von oben empfingen, wollte den wenigsten zu Sinne.»[46]

Projektionen

Die Ernennung zum Vorläufer erfolgt immer nachträglich. «Büchner» war eine Mehrzweckwaffe und wurde von den unterschiedlichsten Bestrebungen posthum als Speerspitze eingesetzt. Er hat außergewöhnlich viele Inanspruchnahmen als Protagonist ir-

gendwelcher kommender Bewegungen erfahren. Er galt als Früh-
sozialist, Frühnaturalist, Frühexpressionist, er wurde als Nihilist
gehandelt, er wurde als «heroischer Pessimist» in die Nietzsche-Re-
zeption eingereiht, er erschien der Nazizeit als geistiger Führer eines
deutschen (im Sinne von: nicht jüdischen) Sozialismus geeignet.
Alban Bergs Zwölftonoper *Wozzeck* spannte ihn mit der musika-
lischen Avantgarde zusammen. Nach dem Zweiten Weltkrieg stieg
er im Westen zum Meister des absurden Theaters auf, im Osten zum
Prototyp des sozialistischen Realismus. Georg Lukács hatte ihn mit
seinem berühmten Aufsatz über den «faschistisch verfälschten und
den wirklichen Georg Büchner» so zurechtfrisiert, daß er seit 1968
zum literarischen Star der Studentenbewegung avancierte.

Die Linke hat ihn seither fest im Griff und beansprucht seine
Autorität zur Legitimation von Gewalt. Wenn Büchner etwa als
«frühkommunistischer Sozialrevolutionär»[47] den «Neobabouvisten»
zugerechnet wird, dann geht es um «den von Babeuf und seinen
Freunden vorgezeichneten Weg der gewaltsamen Herbeiführung
einer Republik der vollkommenen Gleichheit».[48] Büchner soll damit abgerückt werden von den Liberalen, die nur Worte machen
und nichts tun. Eine Art Revolutionssentimentalität hat die linke
Büchner-Orthodoxie lange beseligt, ein umgekehrter Nationalismus, ein sehr deutscher Wunsch, doch auch eine Revolution wie
die französische gehabt haben zu wollen, während der klassische
deutsche Nationalismus bis 1918 stolz darauf war, daß Deutschland
es auch ohne einen solchen Gewaltausbruch zu einigermaßen
ordentlichen Verhältnissen gebracht hatte. Immer wieder wird
zitiert, was der noch nicht Zwanzigjährige aus Straßburg an die
Eltern schrieb: «Meine Meinung ist die: Wenn in unserer Zeit
etwas helfen soll, so ist es Gewalt.»[49] Das Sätzchen wird dann verknüpft mit einer Äußerung, die drei Jahre später in einem Brief an
Karl Gutzkow steht: «Die Gesellschaft mittelst der Idee, von der
gebildeten Klasse aus reformiren? Unmöglich!»[50] Und schon erscheint Gutzkow als blauäugiger Idealist, Büchner aber als revolutionärer Realist. Ein fernes Echo der marxistischen Dogmatik hallt
nach, demzufolge ein echter Kommunist etwas Besseres sei als ein
Linksliberaler, der noch an bürgerliche Werte glaubt.

Aber man muß zwischen Sein und Meinen unterscheiden. Man

ist noch nicht Materialist, weil man materialistische Ansichten äußert. Wenn man das Verhältnis zwischen Armen und Reichen das einzige revolutionäre Element nennt,[51] aber selbst nicht arm ist, können die revolutionären Ansichten nicht von der Armut kommen. Der Wohlhabende, der sich für die Armen einsetzt, ist nicht Materialist, sondern Idealist. Er handelt ja gegen die eigenen materiellen Interessen. Er ist, ethisch gesehen, kein Marxist, sondern Kantianer. Oder er ist einfach ein Christ. Es ist traurig, aber wahr: Die Hungerrevolten müssen die Hungrigen machen. Den satten Anstiftern fehlt die vitale Grundlage. Ihre Unzufriedenheit ist lediglich intellektueller Natur. Die Revolution ist für sie immer nur eine Sache des Kopfes, nicht des Bauches. Sie können sich von ihr jederzeit verabschieden – was der Hungernde von seinem Hunger nicht kann.

Kind seiner Zeit

Auch Büchner hat letztendlich keine Gewalt ausgeübt. Er hat keine Kaufhäuser angesteckt und keine Minister erschossen, sondern Worte gemacht. Er hat eine Flugschrift geschrieben und an ihrer Verteilung mitgewirkt, hat Öffentlichkeitsarbeit, Pressearbeit geleistet. Der *Hessische Landbote* brachte dem Volk Aufklärung, nicht Revolution. Nach einem konkreten «Zu den Waffen!» sucht man in der berühmten Brandfackel vergebens. Statt dessen – ob von Büchner, ob von Weidig – Phrasen und Pathos: «Ihr bücktet euch lange Jahre in den Dornäckern der Knechtschaft, dann schwitzt ihr einen Sommer im Weinberge der Freiheit, und werdet frei sein bis ins tausendste Glied.»[52] Was genau heißt das Schwitzen «im Weinberge der Freiheit»? Die biblischen Arbeiter im Weinberg schwitzen um des Himmelreiches willen, aber das bekommen am Ende die Wenigschwitzenden ebenso wie die Vielschwitzenden (Mt 20,1–16). Was konkret sollen die hessischen Bauern tun? Das Motto «Friede den Hütten, Krieg den Palästen!» bleibt unbestimmt – eine rhetorische Formel, aus der keine greifbaren Konsequenzen erwachsen. Solange die «im Weinberge der Freiheit» Schwitzenden keine klaren Antworten erhalten, was das Ergebnis der Revolution sein soll und wer danach worüber bestimmen darf, ist der «Weinberg der Freiheit» nur eine zu nichts verpflichtende Revolutionstirade. Mehr als eine Liberalisierung der öffentlichen Diskussion über soziale und politische Fragen konnte bei diesem Krieg der Hütten gegen die Paläste nicht herauskommen – und diese wurde auch erzielt, den Verboten und Verhaftungen zum Trotz, denn die Öffentlichkeit erfuhr von den Umtrieben ihrer studentischen Jugend durch die Presse und durch mehrere Aktenpublikationen, mit denen sich die Behörden verteidigten.

Büchner gehört insofern nicht zu irgendeinem linksradikalen Frühsozialismus, sondern zur bürgerlichen Opposition der Jahre vor der 1848er Revolution. Ein Mensch, wie außergewöhnlich er auch sei, muß aus seiner Zeit und aus der ihm bekannten Vergangenheit erklärt werden, nicht aus der Zukunft. Es ist dem Individuum zwar in seltenen Fällen möglich, dem sich dahinwälzenden Strom der Zeit eine Richtungsänderung aufzuzwingen. Aber alles, was ihn dazu befähigt, muß er aus seiner Zeit erhalten haben, alle geistigen und seelischen Inhaltsstoffe, die ihn ausmachen, muß es in seiner Zeit gegeben haben, für alles, was ihn werden ließ, wie er war, muß es zu seiner Zeit die Anregungen gegeben haben. Nichts fällt vom Himmel.

Das Junge Deutschland

Literarhistorisch wird Büchner deshalb zu Recht dem sogenannten Jungen Deutschland beigesellt – jener Bewegung also, die im Dezember 1835 durch ein gemeinsames Verbot zustande kam, das durch den Deutschen Bundestag ausgesprochen wurde und Heinrich Heine, Heinrich Laube, Ludolf Wienbarg, Theodor Mundt und Karl Gutzkow traf. Die Gruppe kam recht zufällig zustande; Ludwig Börne hatte man sozusagen vergessen, und Georg Büchner hatten die Bundesbehörden noch nicht im Visier. Daß man ihn oft aus der Literatur seiner Zeit ausklammert und nicht zum Jungen Deutschland zählt, liegt an einer Briefpassage, in der Büchner am 1. Januar 1836 (also kurz nach dem Verbot) seinen Eltern

Gutzkow ist spontan begeistert von ‹Danton's Tod›:
Verehrtester Herr! In aller Eile einige Worte. Ihr Drama gefällt mir sehr, u[nd] ich werde es Sauerl[änder] empfehlen: nur sind theatralische Sachen für Verleger keine lockende Artikel. Deshalb müßten Sie bescheidene Honorarfoderungen machen. Wenn diese vorläufige Anzeige dazu dienen könnte, Ihren Muth wieder etwas aufzurichten, so würd' es mich freuen. In einigen Tagen mehr! Ihr ergebenster K. Gutzkow. Frankf[urt] d. 25. Febr. 35

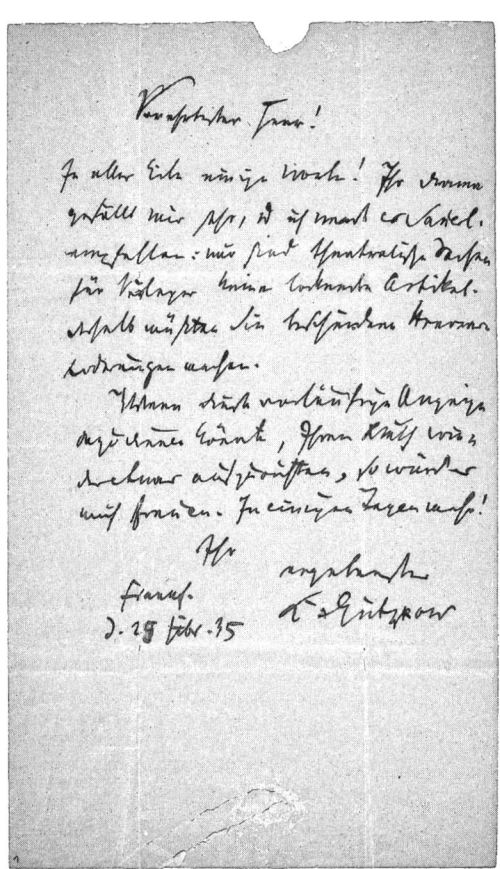

erklärte: «Uebrigens gehöre ich für meine Person keineswegs zu dem sogenannten Jungen Teutschland, der literarischen Parthei Gutzkow's und Heine's. Nur ein völliges Mißkennen unserer gesellschaftlichen Verhältnisse konnte die Leute glauben machen, daß durch die Tagesliteratur eine völlige Umgestaltung unserer religiösen und gesellschaftlichen Ideen möglich sey.»[53] Aber erstens glaubten Gutzkow und Heine derlei gar nicht, und zweitens zählte sich allenfalls Wienbarg, der die Formel erfunden hatte,[54] zu dieser nur durch das Verbot gestifteten Gruppe. Gegenüber dem Vater verleugnete Büchner seine Teilnahme an verbotenen Bestrebungen stets beharrlich. Faktisch teilte er die wichtigsten Ideen der Jungdeutschen, das Eintreten für bürgerliche Freiheitsrechte, für soziale

Gerechtigkeit sowie für sexuelle und religiöse Emanzipation. Literarhistorisch wichtig ist ferner, daß Karl Gutzkow, der Büchner den Weg ebnete, sofort an ihn glaubte, ihn als Autor umwarb und ein fast rührendes Vertrauen auf sein Genie an den Tag legte. Büchner sollte Mitarbeiter der *Deutschen Revue* werden,[55] die durch das Verbot nicht mehr zustande kam und Sprachrohr der Jungdeutschen hätte werden sollen. Gutzkow zählte Büchner zu den Seinen – das ist das literarhistorisch Entscheidende.

Es ging bei der Frage der Zugehörigkeit zum Jungen Deutschland ursprünglich mehr um Sittlichkeit als um Politik. Wir können dem Frankfurter Bundestag danken, daß er uns mit seinem Verbotstext eine brauchbare Definition geliefert hat. Der einleitende Bandwurmsatz hätte nach damaliger Bürokratenlesart zweifellos auch auf Büchner zugetroffen:

> Nachdem sich in Deutschland in neuerer Zeit, und zuletzt unter der Benennung «das junge Deutschland» oder «die junge Literatur», eine literarische Schule gebildet hat, deren Bemühungen unverhohlen dahin gehen, in belletristischen, für alle Classen von Lesern zugänglichen Schriften die christliche Religion auf die frechste Weise anzugreifen, die bestehenden socialen Verhältnisse herabzuwürdigen und alle Zucht und Sittlichkeit zu zerstören: so hat die deutsche Bundesversammlung – in Erwägung, daß es dringend nothwendig sey, diesen verderblichen, die Grundpfeiler aller gesetzlichen Ordnung untergrabenden Bestrebungen durch Zusammenwirken aller Bundesregierungen sofort Einhalt zu thun, [...] sich zu nachstehenden Bestimmungen vereiniget [...].[56]

Die christliche Religion angreifen, die socialen Verhältnisse herabwürdigen, Zucht und Sittlichkeit zerstören – es geht, um Heines Kurzformel zu verwenden, «um den lieben Gott, die guten Sitten und das Vaterland».[57] Daran ist die Mitgliedschaft zum Jungen Deutschland zu bemessen. Unmittelbarer Anlaß des Verbots war eine berüchtigte Rezension, in der Wolfgang Menzel, der amtierende Starkritiker der Zeit, Karl Gutzkows Roman *Wally, die Zweiflerin*, erschienen im August 1835, abschlachtete. «Ich finde da einen Roman des Herrn Gutzkow, der [...] von Frechheit und Immoralität schwarz aufgeschwollen ist». «Obszönitäten» und «Gotteslästerungen» werden angekreidet. Der Roman sei «voll kränklicher, raffinierter, ausgedüftelter Wollust.» Mit «Unzucht» wolle Gutzkow die Welt verbessern. Bei diesem «frechen Gotteslästerer und Nuditätenmaler» sei nichts von männlicher deutscher Nationaltugend zu finden. Er sei «ein junger Wurm in einem alten Kadaver», «marklos und wadenlos», sei ein der «neufranzösischen Frechheit» folgender Schreibtischtäter, der in seinem «Schmutzroman» die «offenste Unzucht» predige und «geile Bilder» entwerfe. «Nur Schwächlinge schreiben unzüchtige Bücher und nur entmannte Zeitalter dulden sie.» Am Schluß folgt eine seitenlange Kaskade markiger Zitate aus dem Alten Testament, die auf die Vernichtung eines Autors aus sind, der es mit seiner «Bubenlust» gewagt habe, «den Herrn Christus, den alle Welt verehrt, abzukanzeln und wie einen Einfaltspinsel zu behandeln».[58]

Das war nicht nur gewaltig übertrieben, sondern brutal, gemein und hinterhältig, von wahrem Vernichtungswillen erfüllt. Gutzkow forderte Menzel zum Duell, der entzog sich, Heinrich Heine nannte das feige, für ihn war Menzel «ein zweideutiger Duckmäuser, halb Hase halb Wetterfahne».[59] Es war ein heißer Kampf, bei dem es nicht nur intellektuell um viel ging, sondern auch das Recht, auf dem deutschen Markt zu publizieren, in Frage stand. Der Anlaß war vergleichsweise nichtig: Gutzkows Wally ist eine moderne identitätsgestörte Frau, die sich halbherzig und halbklug aus den überkommenen Konventionen zu lösen versucht, Liebe und Religion neu erfinden will, vieles diskutiert, manches ausprobiert, den Falschen heiratet, einen anderen liebt und sich am Ende aus religiöser Verzweiflung ersticht – ein hastig geschriebenes, heterogen zusammenmontiertes und heute nicht mehr lesenswertes, aber damals hochaktuelles Produkt. Es vermischte die Religionskritik, die Ludwig Feuerbach mit seinen *Gedanken über Tod und Unsterblichkeit* (1830), David Friedrich Strauß mit seinem *Leben Jesu* (1835) und Heinrich Heine mit *Zur Geschichte der Religion und Philosophie in Deutschland* (ebenfalls 1835) vorgebracht hatten, effektvoll mit der Anfrage, ob nicht vielleicht eine sexuelle Liberalisierung angezeigt sei.

Darunter darf man sich freilich nichts allzu Gewürztes vorstellen. Die Zeiten waren sehr prüde. «Sie steht ganz nackt», – das ist der erotische Höhepunkt des Romans – «die hehre Gestalt mit jungfräulich schwellenden Hüften, mit allen zarten Beugungen und Linien, welche von der Brust bis zur Zehe hinuntergleiten.» Eine Lilie, das Sinnbild der Keuschheit, verdeckt «die noch verschlossene Knospe ihrer Weiblichkeit.»[60] Heinrich Heine hatte in der *Romantischen Schule* (1833/1836) nachdenklich lächelnd eine Religion imaginiert, die Gott «in die Materie setzte, und daher nur das Fleisch für göttlich hielte».[61] Aus Frankreich drang das Stichwort «Emanzipation des Fleisches» in die amtliche deutsche Verklemmtheit vor. Plötzlich begegnete es überall. Theodor Mundt hatte 1835 in einem Roman *Madonna* erneut die sexuelle Liberalisierung mit der religiösen provokant verknüpft und eine freie Religion des Körpers propagiert. Blutarme Gemüter wie Menzel denunzierten derlei als blasphemisch und pornographisch.

Dabei hat Mundt nur die berechtigte Frage nach der Triebsublimierung in den Bildern der Religion gestellt. Es geht um eine böhmische Schöne, die der Erzähler auf Schloß Dux, wo einst Casanova lebte, kennenlernt. Sie heißt Maria und gibt zu Verwechslungen Anlaß. «Ich wurde immer verwirrter in meiner erhitzten Einbildungskraft. Madonna! Maria! Und wie ähnlich sah sie der von Rafael gemalten Madonna del Giardino, wenn man die Augen abnimmt. Rafael hatte schöne heilige Augen jener Madonna gegeben, die Augen dieser Maria waren weltlich. Weltlich, welttrunken, weltgroß.»[62] Wie erlebte die Madonna den heiligsten Moment ihres Lebens? «In der stillen Ueberschattung des Höchsten hatte sie den Gott in sich empfangen, und sie hatte mit einem Kinderkuß an der Ueberschattung sich satt gesogen. Sie war Jungfrau geblieben, denn das Wort hatte sie befruchtet, und das Wort war es gewesen, das Fleisch wurde aus unberührtem Schooß der Jungfrau. Denn aus jungfräulicher Blüthe mußte der Gott einer neuen Weltordnung sich aufrichten, er, der ein reines, neues und jungfräuliches Zeitalter des Geschlechts auf die Erde brachte. So ruhte Gottes Unschuld an süßen Mädchenbrüsten, und trank von der unbefleckten Magd die Milch des irdischen Lebens, aus der er Mensch wurde.»[63]

Mundt sucht eine Theologie der Sinne. «Gott hat sich aus Liebeslust ins Fleisch getaucht, und das Fleisch dieser Welt ist geheiligt worden, indem es Gott wurde.»[64] Das sind Vorstellungen des Jahres

1835, die unter dem neurotischen Blickwinkel der staatlichen Tugendwächter «alle Zucht und Sittlichkeit zerstören». Auch Büchner redet
in seinen «Ferkeldramen»[65] frivol von Gott und Fleisch.

Gutzkow
hatte, um der Zensur keinen Anlaß zum Eingreifen zu geben, die
«Quecksilberblumen», das sind die zahlreichen sexuellen Eindeutigkeiten, aus *Danton's Tod* entfernt (mit Quecksilber behandelte man
die Syphilis). Es schien ihm unabdingbar, dem Stück «die Veneria
herauszutreiben», wenngleich es ihn schmerzte, daß er dabei «die
Parthie der Prüderie zu führen» hatte.[66] Von Büchners «Venus mit
dem schönen Hintern»[67] ließ er nur «Venus»[68] stehen, aus den
«Nönnlein von der Offenbarung durch das Fleisch»[69] machte er
«mehr als eine apokalyptische Dame»,[70] und «sich die Hosen vom
Leibe reißen und sich über den Hintern begatten wie die Hunde auf
der Gasse»[71] strich er ersatzlos weg.[72] Das verhinderte nicht, daß die
Tageskritik Ausdrücke wie «Pestbeulen der Frechheit» und «Aus-
wüchse der Unsittlichkeit» als geeignete Wendungen betrachtete,
Büchners *Danton* ebenso wie Gutzkows *Wally* und Mundts *Madonna*
als pornographisch zu diffamieren.[73]

Auch «die christliche Religion in frechster Weise anzugreifen»
(um auf die drei Anklagepunkte des Verbotstexts zurückzukom-
men) hat Büchner sich nicht gescheut – jedenfalls hätten die nihili-
stischen und atheistischen Stellen seines Dramas von den Fahndern
und Schnüfflern so verstanden werden können, da sie sich, wie die
Verurteiler von Gutzkows *Wally*, nicht die Mühe gemacht haben
würden, zwischen Figurenrede und Autorenmeinung zu unterscheiden. Gelegenheit zum Anstoß hätten Äußerungen wie die folgenden
geboten: «Es gibt keinen Gott.»[74] «Das Nichts ist der zu gebärende
Weltgott.»[75] «Es gibt nur Epikureer, und zwar grobe und feine,
Christus war der feinste.»[76] «Der Mann am Kreuze hat sich's bequem gemacht: es muß ja Ärgernis kommen, doch wehe dem, durch
welchen Ärgernis kommt.»[77] «Aber ich bin ein Atheist.»[78]

Daß Büchner schließlich «die bestehenden sozialen Verhältnisse
herabzuwürdigen» beabsichtigt habe, war für die Behörden durch
den *Hessischen Landboten* ausreichend erwiesen. Alle drei Argumente des Verbotsbeschlusses der Bundesversammlung treffen
also auf Büchner zu, und es spricht nichts gegen die Annahme,
daß er zum Jungen Deutschland zählt. Jedenfalls wäre er mit ver-

boten worden, hätte die Bundesversammlung ihn damals schon gekannt.

Romantik

Literarhistorische Epochenbegriffe sind nachträgliche Konstrukte. In der lebendigen Wirklichkeit herrschen immer Überlagerungen. Altbestände werden mitgeschleppt – als wichtigste die Antike, das Christentum, die Aufklärung, die Klassik und die Romantik. Viel spricht dafür, daß Büchner unter anderem ein Romantiker war. Er liebte Träume, Märchen und Volkslieder und baute sie effektvoll in seine Dichtungen ein. Er sang und wanderte gern. Er liebte die Einsamkeit und die große Natur mehr als die Gesellschaft. «Oft sehnte er sich aus der flachen Menschenwüste hinaus und hielt es für ein besseres Loos, als das ihm zugefallene, wenn er, als Beduine geboren, auf flinkem Rosse die sandige Wüste durchfliegen, wenn er die Natur in allen Adern fühlen durfte.»[79] Mit *Leonce und Lena* hat er eine romantische Komödie geschrieben, mit *Lenz* eine romantische Künstlererzählung. Die romantische Liebe spielt in seinem Werk eine große Rolle. Bei *Lenz* führt die unbedingte Liebe in den Wahnsinn, bei *Woyzeck* zu einer Mordtat. Das Revolutionsdrama endet mit einem doppelten Liebestod (Danton/Julie und Camille/Lucile). Der Tod hat Büchner ebenso interessiert wie die anderen großen metaphysischen Themen – die Zeit, die Ewigkeit, Gott, das Nichts, die Religion.

Freilich war Büchner kein verträumter Romantiker Eichendorffscher Prägung, auch kein Mittelalterverklärer Schwäbischer Schule wie Ludwig Uhland oder Wilhelm Hauff. Büchners Romantik war intellektuell, wie sie von Novalis einmal ausgegangen war, wie sie in den *Nachtwachen* des Bonaventura schon einmal ihre nihilistische Seite gezeigt hatte, wie sie in Friedrich Schlegels *Lucinde* schon einmal frech und frivol aufgetreten war, bei E. T. A. Hoffmann skurril und satirisch ausblühte und von Büchners Zeitgenossen Christian Dietrich Grabbe und Heinrich Heine vertreten wurde.

Mit der literarhistorischen Pinzette läßt sich auch ein Faden von Büchner über Gutzkow zurück zur Frühromantik freilegen. Friedrich Schlegel, Sohn eines evangelischen Pfarrers, hatte, siebenundzwanzigjährig, im Jahre 1799 mit einem kleinen Roman, betitelt *Lucinde*, Skandal gemacht, in dem er Sexualität mit Religion vermischte. «Wir umarmten uns mit ebensoviel Ausgelassenheit als Religion.»[80] Auch er spielte mit den Reizen der Madonna. «Weißt du noch, wie ich dir schrieb, keine Erinnerung könne dich mir entweihen, du seist ewig rein wie die heilige Jungfrau von unbeflecktem Empfängnis, und nichts fehle dir zur Madonna wie das Kind?»[81] Wie man die sexuelle Vereinigung verlängern, ja unaufhörlich machen könne, ist eine weitere von Schlegels anzüglichen Fragen.[82] Die Liebe, auf die sich alles gründet, ist eine körperliche, keine spirituelle, die Wollust das heiligste Wunder der Natur und der Beweis ihrer Göttlichkeit. «Wenn man sich so liebt wie wir, kehrt auch die Natur im Menschen zu ihrer ursprünglichen Göttlichkeit zurück.»[83] Eine Ehe ohne Liebe ist daher nur ein Konkubinat, eine Liebe ohne Trauschein hingegen aus sich heraus eine Ehe. Das für seine Kritiker Liederliche ist für Schlegel gerade das Heilige. Er wurde deshalb als Vorkämpfer der Emanzipation des Fleisches verstanden und war es wohl auch, obgleich er nicht Promiskuität, sondern durch Liebe geheiligte Monogamie anstrebte. Lucinde ist für ihren Julius die Einzige, die Unverwechselbare, die von Ewigkeit Richtige.

Die evangelische Orthodoxie war empört, nur der junge Friedrich Schleiermacher verteidigte seinen Freund mit *Vertrauten Briefen über Schlegels Lucinde* (1800). Jahrzehnte später, als Schleiermacher der angesehenste evangelische Theologe Deutschlands geworden war, verzieh man ihm diese publizistische Jugendsünde. Die Sinnlichkeit als Religion hatte nach dem kurzen Intermezzo der Frühromantik ausgespielt; Friedrich Schlegel war fromm geworden; die herkömmliche sexuelle Vertrocknung der kirchlichen Orthodoxien nahm ihr Gewohnheitsrecht wieder ein; Schleiermacher hatte die Romantik hingeopfert. Nach langem Warten hatte er seine Geliebte geheiratet und war 1834, in Büchners Schicksalsjahr, gestorben. Seine Schriften erschienen kurz darauf in einer Gesamtausgabe, in der die *Vertrauten Briefe* fehlten. Das war Karl Gutzkows Stunde. Er hatte Lust, die würdevollen evangelischen Herrschaften ein wenig zu necken, und schleuderte im April 1835 Friedrich Schleiermachers inzwischen unerwünschte jugendliche Sympathieerklärung für die *Lucinde* eigenmächtig auf den Markt, mit einer gepfefferten und sehr selbstbewußten Vorrede: «Mit

dem behaglichsten Gefühle werf' ich diese Rakete in die erstickende
Luft der protestantischen Theologie und Prüderie.»[84]

Es kommt jetzt nicht darauf an, was Büchner im einzelnen von all
diesen Vorgängen und Gedanken wußte. Festhalten wollen wir
lediglich, daß die in den 1830er Jahren viel diskutierte «Emanzipation
des Fleisches» eine Rückbindung an die Frühromantik hatte. Büchners sexuelle Freizügigkeit kann auch von dort her eine literarische
Legitimation bezogen haben. Welche Rolle das in seinem Leben
spielte, ist eine andere Frage. Ob Wilhelmine ihren Georg «mit
ebenso viel Ausgelassenheit als Religion» umarmte, wissen wir nicht.
Wahrscheinlich waren ihr solche Ideen fremd. Sie wollte ihn unbedingt haben, aber als Ehemann und angesehenen Mediziner. Sie
war, das lassen die mageren Quellen vermuten, ohne romantischen
Überschwang; ihre Liebe war ohne Lucindes Frivolität, ihre Frömmigkeit ohne deren Wollust.

Die großen geistesgeschichtlichen Vokabeln haben jedenfalls auch
ihre private Seite. Besonders die «romantische Liebe» mischt sich
ständig ein, obgleich sie ihre Ansprüche nicht einlösen kann. Die
romantische Liebe will alles – auch das einander Ausschließende. Sie
will zugleich sinnlich und seelisch sein, naiv und hochreflektiert, fest
und weich, exklusiv und promiskuitiv. Sie will vollkommenes Einswerden und vollkommenes Bei-sich-sein, will absolut sein in einer
durch und durch relativen Welt, unermeßlich, konventionensprengend, unvernünftig. So verlobte Novalis sich mit einer Dreizehnjährigen, die mit fünfzehn starb, so zerstörte Friedrich Schlegel skandalträchtig eine Ehe, um die neun Jahre ältere Jüdin Dorothea Veit
(geborene Mendelssohn), das Urbild der Lucinde, für sich zu gewinnen, aber ging dann mit ihr durch dick und dünn. Der fromme
Schleiermacher liebte parallel zwei verheiratete Frauen (Henriette
Herz und Henriette von Willich), von denen er eine nach Jahren der
Wartezeit endlich bekam. Karl Gutzkows düster endende Wally-Geschichte wird privat akkompagniert von der Lösung einer jahrelangen
Bindung an eine Berliner Braut, der zuliebe er vergebens einen Brotberuf zu ergreifen versucht hatte. Er kritisiert infolgedessen die erste
Liebe und schwärmt von der zweiten.[85] In dieser Zeit lernt Büchner
ihn kennen, der seinerseits das konventionensprengend Unvernünftige durch eine heimliche Verlobung zelebrierte, an der er hängen

blieb, auch als sie ins Philiströse zu entarten drohte. Georg Wilhelm Friedrich Hegel, den Büchner weder literarisch noch persönlich kannte, hatte wenige Jahre vorher bereits den romantischen Studenten bitter Realistisches ins Stammbuch geschrieben:

> Besonders sind Jünglinge diese neuen Ritter, die sich durch den Weltlauf, der sich statt ihrer Ideale realisiert, durchschlagen müssen und es nun für ein Unglück halten, daß es überhaupt Familie, bürgerliche Gesellschaft, Staat, Gesetze, Berufsgeschäfte usf. gibt, weil diese substantiellen Lebensbeziehungen sich mit ihren Schranken grausam den Idealen und dem unendlichen Rechte des Herzens entgegensetzen. Nun gilt es, ein Loch in diese Dinge hineinzustoßen, die Welt zu verändern, zu verbessern, oder ihr zum Trotz sich wenigstens einen Himmel auf Erden herauszuschneiden: das Mädchen, wie es sein soll, sich zu suchen, es zu finden und es nun den schlimmen Verwandten oder sonstigen Mißverhältnissen abzugewinnen, abzuerobern und abzutrotzen. Diese Kämpfe sind in der modernen Welt nichts weiteres als die Lehrjahre, die Erziehung des Individuums an der vorhandenen Wirklichkeit, und erhalten dadurch ihren wahren Sinn. Denn das Ende solcher Lehrjahre besteht darin, daß sich das Subjekt die Hörner abläuft, mit seinem Wünschen und Meinen sich in die bestehenden Verhältnisse und die Vernünftigkeit derselben hineinbildet, in die Verkettung der Welt eintritt und in ihr sich einen angemessenen Standpunkt erwirbt. Mag einer sich auch noch soviel mit der Welt herumgezankt haben, umhergeschoben worden sein – zuletzt bekömmt er meistens doch sein Mädchen und irgendeine Stellung, heiratet und wird ein Philister, so gut wie die anderen auch: die Frau steht der Haushaltung vor, Kinder bleiben nicht aus, das angebetete Weib, das erst die Einzige, ein Engel war, nimmt sich ohngefähr ebenso aus wie alle anderen, das Amt gibt Arbeit und Verdrießlichkeiten, die Ehe Hauskreuz, und so ist der ganze Katzenjammer der übrigen da.[86]

Hier wird der Weg vorgezeichnet, den Büchners Beziehung zu Wilhelmine möglicherweise auch gegangen wäre. Daß sie seine inspirierende Muse hätte sein können, wie es bei einer großen romantischen amour fou doch sein sollte, ist nicht zu erkennen. Spiegelungen ihres Seins und Wesens in den Dichtungen sind kaum zu finden. Das ist merkwürdig oder sogar bemerkenswert.

Klassik und Antike

«Klassik» ist ein wenig trennscharfer Begriff. Er bezeichnet Werke, die jeder Zeit eine neue Seite zuzuwenden vermögen, wodurch sie «zeitlos» wirken. In diesem Sinne ist Shakespeare ein Klassiker. Büchner kannte Shakespeare gut und bezog für seine Dramen zahlreiche Pointen und Anregungen aus *Hamlet*, *Macbeth*, *König Lear* oder *Wie es euch gefällt*. Vieles, was bei Büchner modern wirkt, kommt von Shakespeare. Als weiteres Kriterium für Klassik wird die Rückbindung an die Antike gehandelt. Goethe wäre dann ein Klassiker, weil er die *Iphigenie*, Schiller, weil er die *Braut von Messina* schrieb. Aber das ist ja mehr als fragwürdig, weil dann *Faust* oder *Wilhelm Tell* nicht dazugehören würden. Auch Goethe-Inspirationen, zumeist aus *Faust*, *Egmont* oder *Werther*, beleben Büchners Werk an vielen Stellen. Für unsere Erwägung von Büchners Verhältnis zur Klassik kann die Frage nach dem allgemeinen Erkenntniswert des Begriffs unerörtert bleiben. Wir folgen der etablierten Konvention. Es wäre literarhistorisch zweifellos angemessener, Goethe und Schiller zur Aufklärung zu rechnen, doch da jene Konvention für sie ein Extraschubfach Klassik geschreinert hat, wollen wir uns fügen. Büchners Verhältnis zur Klassik sei uns also sein Verhältnis zu Goethe und Schiller.

Eine unvoreingenommene Debatte darüber wird erschwert durch ein Briefzitat, das Klarheit zu schaffen scheint, weshalb die Akten zu diesem Casus häufig allzu schnell geschlossen werden. Büchner schreibt an die Familie:

> Was noch die sogenannten Idealdichter anbetrifft, so finde ich, daß sie fast nichts als Marionetten mit himmelblauen Nasen und affectirtem Pathos, aber nicht Menschen von Fleisch und Blut gegeben haben, deren Leid und Freude mich mitempfinden macht, und deren Thun und Handeln mir Abscheu oder Bewunderung einflößt. Mit einem Wort, ich halte viel auf Goethe und Shakspeare, aber sehr wenig auf Schiller.[87]

Goethe amtiert also als wackerer Realist, Schiller als alberner Idealist. Ist das nicht zu einfach? Das rasche Urteil über Schiller ist in mehrerer Hinsicht anfechtbar. Wer Geschöpfe wie Wallenstein oder Maria Stuart oder Philipp II. als «Marionetten mit himmelblauen Nasen und affectirtem Pathos» bezeichnen wollte, der bewiese nur seine Ahnungslosigkeit. Vielleicht hat Büchner als Schüler einmal im Darmstädter Hoftheater eine schlechte Aufführung von *Kabale und Liebe* gesehen, die er zu seinem Urteil hochrechnet. Der große Historiker Schiller war kein pathetischer Phantast. Er wußte sehr viel mehr als Büchner über das Verhältnis von Idee und Wirklichkeit. Er hat als Zeitgenosse der Französischen Revolution lange und gründlich darüber nachgedacht und eine fundamentale Diskussion mit Goethe darüber geführt, die in den Aufsatz *Über naive und sentimentalische Dichtung* mündete. Beide kennen und erkennen einander. «Schiller», so erzählt Goethe später, «war im höchsten Grade Idealist und reflektierend [...]. Er war für die moderne sentimentale, reflektierende Poesie, mir war diese ein Greuel, da ich die alte, naive durchaus vorzog.»[88]

Die «alte, naive» – dazu muß Büchner als Parteigänger Goethes dann auch gehören. Aber was ist damit gemeint? «Die Dichter sind überall», doziert Schiller, «die Bewahrer der Natur [...] Sie werden entweder Natur seyn, oder sie werden die verlorene suchen.» Sie werden «entweder zu den n a i v e n oder zu den s e n t i m e n t a - l i s c h e n gehören.»[89] Die großen Realisten gehören für Schiller zu den Naiven. Die sentimentalischen sind hingegen Idealisten. Sie bilden drei Gruppen: die Idylliker, die Elegiker und die Satiriker. Die Idylliker träumen poetisch von der Idee, als sei sie real. Die Elegiker trauern um die Idee als verlorene. Die Satiriker kritisieren die Abwesenheit der Idee in der Wirklichkeit entweder im Scherz oder im Ernst. Satiriker und Gesellschaftsveränderer sind generell sentimentalische Idealisten, denn «in der Satyre wird die Wirklichkeit als Mangel dem Ideal als der höchsten Realität gegenüber gestellt».[90] Satiriker müssen notwendigerweise eine Idee vom Besseren haben, um die Wirklichkeit miserabel finden zu können.

Wirklich streng scheiden lassen sich die beiden Dichtungstypen nicht. Goethe wie Büchner haben Truppen in beiden Lagern. Auf der einen Seite ist Büchner ein großer Naiver, dem Echtheit, Wirklichkeit und Lebendigkeit das höchste Anliegen sind. Lieber will er einen Hundsstall zeichnen als den Apoll von Belvedere.[91] Das Güte-

siegel für diese unverfälschte Bindung an das Wirkliche und Gegebene ist die eruptive Energie, mit der er seine Dichtungen heraus-
schleudert, so daß sie, unentstellt durch die Idee, mehr entsprungen
wirken als gemacht. Der Naive weiß nicht, was er tut, aber gerade in
dieser Unschuld liegt seine ungeheure Kraft. Alles ist, wie es ist, da
gibt es kein Bessern und Basteln, kein der Schöpfung ins Handwerk
Pfuschen.

Auf der anderen Seite sucht auch Büchner die verlorene Natur. Er
trauert einem verlorenen Ideal nach – elegisch in *Danton's Tod*, idyllisch an manchen Stellen in *Lenz*, satirisch-scherzhaft in *Leonce und
Lena*, satirisch-ernst in *Woyzeck*, und ist insofern auch ein sentimen-
talischer Dichter. Es steht nicht einfach der Realismus contra den
Idealismus. So sehr Goethe sich dem Realismus verpflichtet fühlte,
so sehr war doch auch er durchglüht von Ideen, ohne die er kaum die
ausreichenden Impulse zum Schaffen gehabt hätte. So sehr Büchner
sich dem Realismus verpflichtet fühlte, so sehr war er durchglüht
von Ideen, ohne die er nicht geschrieben hätte – Ideen von Wahrheit
und Schönheit, Freude und Leichtigkeit, Liebe und Glück, Mitgefühl und sozialer Gerechtigkeit. Je mächtiger die Flamme der Ideale
in ihm leuchtete, um so brennender konnte er Verblendung und
Häßlichkeit, Lieblosigkeit und Unglück, Trauer und Schwermut,
Egozentrik und soziale Ungerechtigkeit gestalten. Insofern gibt es
keinen Gegensatz von Realismus und Idealismus, sondern ein Be-
dingungsverhältnis. Eines ohne das andere ist immer langweilig (die
Wirklichkeit allein) oder lächerlich (die Idee allein). Im Ergebnis
gehört Büchner nicht nur in die realistische, sondern auch in die
idealistische Tradition.

Sofern die Klassik zur Antike verwandtschaftliche Beziehungen
unterhält, ist auch deren Rolle von Bedeutung. Das gründliche Studium der antiken Sprachen, das die humanistischen Gymnasien des
frühen 19. Jahrhunderts betrieben, zielte auch auf die Vermittlung
bestimmter ideeller Normen ab – skeptischer Lebensweisheit, sto-
ischer Affektkontrolle, historischer Bildung, politischer Klugheit
und Regierungskunst, militärischer Erfahrung und Fügsamkeit im
Götterspiel. Die antikisierende Erziehung schuf einen Thesaurus
von typologischen Vorbildern. Sie waren breit einsetzbar. Die französischen Revolutionäre kostümierten sich als römische Republika-

ner. Sie glaubten, ein sittliches Heidentum vorspielen zu müssen, für das die variationenreiche Erotik der griechisch-römischen Göttersagen gut gefüllte Anspielungskörbe bereit hielt. Büchner läßt die Dantonisten freizügig Antike zitieren. «Der göttliche Epicur und die Venus mit dem schönen Hintern»[92] verlangen Anerkennung als Symbole der wahren republikanischen Freiheit.

Der tiefe Gegensatz von Antike und Christentum prägt die abendländische Kultur bis heute. Das Christentum war an seinem Ursprung eine Religion von unten, entstanden in einer abgelegenen Provinz des römischen Reiches, mit einem Stifter aus kleinen Verhältnissen, der Wechslertische umstürzte und einen verächtlichen Verbrechertod am Kreuz gestorben war – eine Provokation für jeden gebildeten Römer, der Religion als etwas Vornehmes und Staatserhaltendes betrachtete. Ganz kitten ließ sich der Widerspruch nie, auch wenn das Christentum sich erst Rom und dann auch vielen anderen Machtstaaten anschmiegte. Aktuell stehen die Aktien des Christentums in Europa tief, und die Antike genießt einen deutlichen Ansehensvorsprung. Zur antiken Tradition gehören Sinnenlust und Lebensbejahung, Staatskunst und Skeptizismus, Körperkult und Diesseitigkeit, Wissenschaft und Weltklugheit. Das Christentum hat Askese und Weltverachtung, Seelenkultur und Mystik, Sündenbewußtsein und Barmherzigkeit, Leidenskult und Jenseitigkeit einzubringen. In *Danton's Tod* ringen diese Mächte um die Vorherrschaft, und das Christentum obsiegt, auf eine gewisse Weise. Danton und die Seinen sind Märtyrer der Freiheit – wie Jesus siegen sie im Tod.

Aufklärung und Christentum

Auch in Büchner arbeitete dieser Widerspruch. Er war bestimmt kein orthodoxer Kirchenchrist, sondern ein aufgewühlter Intellektueller. Aber er kommt nicht aus ohne altchristliche, «fromme» Züge. Mit dem Gebet «Der Herr schenke mir Ruhe!» endet die einzige überlieferte Tagebuchaufzeichnung.[93] Auf die Ungesichertheit des Lebens reagiert er mit «Leichtsinn, der im Grund genommen das unbegränzteste Gottvertrauen ist», und in akuter Geldnot zitiert er ein berühmtes Kirchenlied,[94] das uns lehrt, daß alles seine höhere Ordnung hat, auch die Kränkung, auch das Leid, auch die Armut. Wir geben die erste Strophe in der Fassung des Darmstädter Gesangbuchs von 1815,[95] in der sie Georg als Kind und Schüler wahrscheinlich kennengelernt hat:

> Befiehl du deine Wege
> und Alles, was dich kränkt,
> der treuen Vaterpflege
> deß, der den Himmel lenkt.
> Der Sternen, Wolken, Winden
> bezeichnet ihre Bahn,
> der wird auch Wege finden,
> die dein Fuß gehen kann.

Frömmigkeit ist jedenfalls für Büchner nichts Verächtliches. Wehmutsverklärt ist die Szene aus der Erzählung *Lenz*, in der das Gesangbuch als zentrales Symbol des evangelischen Glaubens auftritt. Es ist Sonntag, die Frau sitzt in ihrer Kammer, sie hat nicht zur Kirche gekonnt und verrichtet die Andacht zu Haus, das Fenster ist offen,

> und es ist als schwebten zu dem Fenster über die weite ebne Landschaft die Glockentöne von dem Dorfe herein und verhallet der Sang der nahen Gemeinde aus der Kirche her, und die Frau liest den Text nach.[96]

Das wirkt wie gemalt und ist doch nur geschrieben. Auch wenn die Sätze «erfunden» sind, müssen sie Büchner am Herzen gelegen haben, sonst wären sie ihm nicht eingefallen. Sein Lenz gibt sie als Bildbeschreibung aus, aber eine Bildvorlage hat sich bis heute nicht ausmachen lassen. Nur eine literarische Anregung gibt es. Ludwig Tiecks Märchenspiel *Leben und Tod des kleinen Rotkäppchens* (1800) beginnt mit einer Großmutter, die an einem lieblichen Sonntag mit dem Gesangbuch in der Hand in der Stube sitzt, während der Wind den Ton der Kirchenglocken hereinträgt.[97] Es geht schaurig aus, die Großmutter wird gefressen, Rotkäppchen auch. Büchner ignoriert das; er kann nur das initiale Idyll brauchen. Da war ein Bild in Büchners Seele, vielleicht aus seiner Kindheit,[98] vielleicht aus der Literatur, mehr Sehnsucht als Wirklichkeit, sentimentalische Christentumsnostalgie. Denn jenes trauliche Bild der sonntäglich betenden Frau symbolisierte nicht die herrschende Gestalt des evangelischen Glaubens. Diese war nicht fromm-andächtig-jenseitig, sondern weltverändernd-heidnisch-diesseitig: Die Kirchen hatten sich am Anfang des 19. Jahrhunderts fast flächendeckend der Aufklärung in die Arme geworfen. Sie predigten Vernunft und Toleranz, Gott-Vater war der ordnende Schöpfer, Jesus der weise Lehrer der Menschheit, der Heilige Geist der Atem von Vernunft und Wissenschaft. Hölle, Tod und Teufel hatte man in die Abstellkammer verbracht. Man war in der protestantischen Kirche Hessen-Darmstadts «von oben bis unten rationalistisch gesinnt», erinnert sich Alexander Büchner.[99] Eine laue Liberalität herrschte, die erst in der zweiten Jahrhunderthälfte kräftigeren Widerstand erfuhr, der dann auch zwei von drei Dritteln des 20. Jahrhunderts beherrschte, in denen die Kirchen vorwiegend antiliberal auftraten. Das Christentum war Büchner nicht in der Gestalt des Pietismus, sondern als philiströse Aufklärung begegnet, gegen die er als Romantiker mobil machte.

Das rationalistische Christentum der Büchner-Zeit war sich mit der Aufklärung einig im Bemühen um einen guten und gerechten Staat. So gab es im Darmstädter Gesangbuch eine Rubrik «Bürgerliche Gesellschaft», in der man Lieder fand wie das folgende:[100]

Das Land, das Gott mir väterlich
zur Wohnung angewiesen,
läßt seines treuen Schutzes mich
in Glück und Noth genießen;
es gibt mir Nahrung, Sicherheit;
erhält Recht und Gerechtigkeit
und schützt mein Gut und Leben.

Drum will ich stets erkenntlich seyn;
durch nützliche Geschäfte
mich der gemeinen Wohlfahrt weih'n;
will Zeit, Beruf und Kräfte
dem Vaterlande, das mich schützt
und mir und meinen Brüdern nützt,
mit treuem Eifer widmen.

Das ist zwar einerseits ein Philisterprodukt, das die Religion den Geschäften dienstbar macht. Es ist andererseits durchweht von einem letzten Rest des Geistes, aus dem das 18. Jahrhundert seine Staatsutopien bezog. Solche Strophen können sogar oppositionell in Stellung gebracht werden. Wenn die Realität ihnen nicht gerecht wird, wenn «Gut und Leben» nicht geschützt und «Recht und Gerechtigkeit» nicht erhalten werden, dann merkt dieses Christentum auf, dann kann es zur gesellschaftskritischen Reflexion finden, ja zur revolutionären Kraft werden.

Es ist nicht mehr wie in den 1770er Jahren der starre Hauptpastor Goeze, der die evangelische Welt beherrscht. Es ist inzwischen sein Gegner Lessing, der breite Akzeptanz gefunden hat. Friedrich Schlegels Essay *Über Lessing* von 1797/1801 war nicht ungehört verhallt. Viele andere Stimmen waren ihm gefolgt. Die zur Zeit des Lessing-Goeze-Streits als antichristlich verdächtigten Reimarus-Fragmente werden jetzt auflagenstark «mit geistlicher Censur gedruckt».[101] Lessing gilt nicht mehr als Zerstörer des Offenbarungsglaubens, sondern als vorbildlicher Prototypus des Protestanten, als freiheitlicher Selbstdenker, als vorurteilsfreier Wahrheitssucher, als Gründer einer vernünftigen Religion, der Toleranz und Humanität zu höchsten christlichen Tugenden erhebt. In allen seinen Werken lebe, so faßt Heinrich Heine in der *Romantischen Schule* (1833/1836) zusammen, «dieselbe große sociale Idee, dieselbe fortschreitende Humanität, dieselbe Vernunftreligion, deren Johannes er war und deren Messias wir noch erwarten.»[102] Das Drama *Nathan der Weise* wurde in der nachnapoleonischen Ära viel gespielt und viel gedruckt. Die Ringparabel erlebte einen ersten Wirkungshöhepunkt. An die Wahrheit und Einzigartigkeit des Christentums mußte man nicht mehr glauben. Es kam vielmehr auf die sittliche Praxis an, darauf, «die Kraft des Steins in seinem Ring' an Tag zu legen».[103] Nicht mehr durch Pochen auf Orthodoxie und konfessionelle Identität, sondern durch Ausüben praktischer Humanität war die Überlegenheit des Protestantismus zu erweisen. Es galt, die Welt vernünftiger zu machen. Büchners revolutionäres Pathos hat mehrere Quellen – eine davon ist sein aufgeklärtes Christentum. Weil er Christ war, mußte er die Welt verbessern. Weil er das Dreckstück Mensch kannte, mußte er ihm die göttliche Fähigkeit zur Verbesserung abtrotzen. Er sah das Kreuz der Wirklichkeit und den Schimmer der Erlösung. Er litt an der Differenz. Er sah, weil er litt; er litt, weil er sah. Weil er religiös war, war er Realist, weil er Realist war, war er religiös. Wer auf einen Baum steigt, um dem Himmel näher zu sein, bleibt doch geerdet. Die Nahrung bezieht Büchner von unten. Eine unstillbare Sehnsucht aber zieht ihn nach oben.

Trotzdem ein Genie

Der Horizont einer Zeit ist gezackt. Das Denken ist nicht flächig-gleichzeitig. Jeder geniale Kopf ist eine grandiose Gebirgslandschaft, mit Abgründen aus Vergangenheiten und Gipfeln aus Zukünften. Er türmt sie auf aus Gegebenheiten, die allen zur Verfügung stehen, aber nur bei ihm zu Gipfeln werden. Georg Büchner war eine der Lokomotiven, die das 19. Jahrhundert auf Gipfel zogen, von denen aus das 20. schon zu sehen war. Intuitiv hat er etwas richtig gemacht, hat als «klares Weltauge» (so definiert Arthur Schopenhauer die Genialität) die Welt gesehen, wie sie ist,[104] und die drei großen Kränkungen herausgespürt: «daß der Mensch vom Tier abstammt (Darwin), daß die Ökonomie das Bewußtsein bestimmt (Marx) und daß das Ich vom Trieb regiert wird (Freud).»[105] Aber er blieb nicht stehen bei einem bloß negativen «Nur» und «Nichts als», sondern lieh seine literarische Stimme einem sprühenden Protest gegen alles Erniedrigende und Entmenschende.

Was ist Genialität? Jenseits alles Überlieferten, allen Konventionen, Schablonen und Einflüssen zum Trotz, die da vom Jungen Deutschland, von der Romantik, von Klassik, Aufklärung, Antike und Christentum kommen, bleibt ein unerklärter Rest, etwas einsam Herausragendes, eine Fülle, von der das rasch Herausgeschleuderte immer nur eine Ahnung gibt. Wilhelm Schulz, der Büchner gut kannte, malt ihn 1851 als einen von Einfällen Überfließenden: «Mit dem Golde, das er jede Minute verzettelte und durch die Finger fallen ließ, hätte man einen ordinären Musenreiter [...] von Kopf zu den Füßen vergolden können.»[106] Er überliefert in indirekter Rede auch eine der wenigen von Büchner bekannten mündlichen Äußerungen: «Von jenen geistig Armen und Haushälterischen, die ihre guten Einfälle hellerweise in der Sparbüchse sammeln, um sich dann für einen Gulden Autorenruhm auf einmal zu kaufen, sagte er: sie kämen ihm vor, wie Leute, die ihre ausgekämmten Haare sorgfältig aufbewahrten, um sich daraus eine Perücke machen zu lassen.» Bei Büchner hingegen wirkt alles immer wie ein Wurf. Blicken wir auf die Eingangsszene des Woyzeck-Dramas. Woher nahm ein 23jähriger Arztsohn die Fähigkeit zur Einfühlung in zwei Unterschicht-Soldaten, woher hatte er die Weltkenntnis, die Treffsicherheit, die visionäre Kraft, die Phantasie und die Poesie, um den folgenden unsinnig-tiefsinnigen Dialog zu schreiben?[107]

FREIES FELD. DIE STADT IN DER FERNE.
Woyzeck und Andres schneiden Stöcke im Gebüsch.

WOYZECK Ja Andres; den Streif da über das Gras hin, da rollt Abends der Kopf, es hob ihn einmal einer auf, er meint es wär' ein Igel. Drei Tag und drei Nächt und er lag auf den Hobelspänen *leise:* Andres, das waren die Freimaurer, ich hab's, die Freimaurer, still!
ANDRES SINGT Saßen dort zwei Hasen,
    Fraßen ab das grüne, grüne Gras
WOYZECK Still! Es geht was!
ANDRES Fraßen ab das grüne, grüne Gras
    Bis auf den Rasen.
WOYZECK Es geht hinter mir, unter mir *stampft auf den Boden* hohl, hörst Du? Alles hohl da unten. Die Freimaurer!
ANDRES Ich fürcht mich.
WOYZECK S' ist so kurios still. Man möcht' den Atem halten. Andres!
ANDRES Was?
WOYZECK Red was! *Starrt in die Gegend.* Andres! Wie hell! Ein Feuer fährt um den Himmel und ein Getös herunter wie Posaunen. Wie's heraufzieht! Fort! Sieh nicht hinter dich. *Reißt ihn in's Gebüsch.*
ANDRES NACH EINER PAUSE: Woyzeck! hörst du's noch?
WOYZECK Still, Alles still, als wär die Welt tot.
ANDRES Hörst du? Sie trommeln drin. Wir müssen fort!

Viel vom Klima der dann ablaufenden Handlung steckt schon in diesen wenigen Zeilen. Der gewaltsame Tod meldet sich mit dem Igel, der wie ein rollender Kopf ist. Das Verfolgtwerden und das

Nichtverstehen sind da, die Angst vor ungreifbaren Mächten, die Woyzeck hilflos als Freimaurer zu identifizieren versucht. Die friedlich grasenden Hasen malen eine abgründige Idylle, die Angst auslöst, vor dem Jäger und vor der Apokalypse. Der Boden ist unterminiert, die Welt ist aus den Fugen, die Stille ist unheimlich. Woyzeck sieht und hört überall Zeichen, auch wo nichts als Stille ist, und deutet Gewaltiges aus der Welt heraus, obgleich da nur ein freies Feld mit Stöcke schneidenden Soldaten ist. Der gutmütige Andres wirkt als Kontrast, er sieht und hört nichts von alledem und nimmt das Trommelzeichen als Signal zur Rückkehr in die Kaserne. Für ihn ist es ein gewöhnlicher Tag. Für Woyzeck aber zieht eine Katastrophe herauf.

Man kann durchaus einige Elemente isolieren und ihre Herkunft erklären. Zunächst trägt die Realität das ihre bei. Die Verfolgungsangst kannte der steckbrieflich Gesuchte aus eigener Erfahrung. Woyzecks Freimaurer-Ängste entnahm er zeitgeschichtlichen Quellen. Angedeutet wird damit zugleich das Versagen der Aufklärung: Sie macht dem Volk Angst und erscheint ihm mafiös. Das Lied von den Hasen kann man der Romantik zuordnen. Es findet sich in *Des Knaben Wunderhorn* und an anderen Stellen. Das Posaunengetöse ist biblische Apokalyptik. Die Aussichtslosigkeit der Szenerie erinnert an die nihilistische Spielart der Romantik. Anhaltspunkte für eine Gesellschaftsveränderung im Sinne des Kommunismus ergeben sich an dieser Stelle nicht. Auch die Klassik spielt keine nennenswerte Rolle. Goethe hätte eine solche Szene vielleicht zu schreiben oder zu goutieren vermocht, Schiller wohl kaum. Sie unterläuft ein Niveau, auf dem Probleme noch durch Diskussion zu lösen wären. Zwischen Andres und Woyzeck gibt es einen vielfarbigen Vokabelaustausch, aber keinen klassischen Dialog.

Es bleibt die Frage: Was ist Genialität? Die Antwort «ein göttlicher Funke» ist zweifellos die richtige, Büchner ist gewiß eine «Feuerseele»,[108] aber wir haben die Pflicht, die Physik dieses göttlichen Funkens so weit wie möglich aufzuklären, ohne seiner Göttlichkeit zu nahe zu treten. Verschiedenfarbig leuchten die einzelnen Bildungsebenen auf, wenn ich sie mit dem Zündholz eines Stoffes, einer Idee, eines Einfalls, einer Quelle, einer Begebenheit oder einer Beobachtung anreibe. Ein Feuerwerk entsteht, das sich durch planvolle Überarbeitung allmählich zum Kunstwerk organisieren läßt. Grundsätzlich schreibt Büchner autobiographisch. Das Netz, das die Ideen aus dem Leben fischte, fand er in sich vor. Das erklärt sein Tempo. Die Kunstarbeit ist immer das Nachträgliche, das, was jeder könnte, der das Handwerk beherrscht. Aber sie muß behutsam sein, nicht tolpatschig; sie darf das Geniale nicht zerstören. «Die Nachtigall der Poesie schlägt den ganzen Tag über unserm Haupt, aber das Feinste geht zum Teufel, bis wir ihr die Federn ausreißen und in die Tinte oder die Farbe tauchen.» (Prinz Leonce)[109] Das Geniale ist der Einfall. Er ist ein nichtplanbares Gnadengeschenk, für das der Künstler nur die Aufnahmebereitschaft mitbringen kann. Der Einfall muß eine eruptive oder eine vom Himmel fallende Qualität haben. Die Kraft, die ihn hervortreibt, muß vulkanisch sein oder für Daunenleichtes empfänglich, wenn Bilder vom Himmel fallen sollen wie reife Äpfel in die geöffnete Hand. Der Einfall muß «naiv» im Schillerschen Sinne sein. Er darf nicht berechenbar sein. Denken hilft nicht, «man muß von Natur richtig sein, so daß die guten Einfälle immer wie freie Kinder Gottes vor uns dastehen und uns zurufen: da sind wir!» (Goethe)[110] Nur was sich selbst nicht versteht, ist genial. Das Kräftesystem der Psyche muß vorweg so organisiert sein, daß sie Einfälle hervortreibt. Das muß ihre bevorzugte Art sein, sich Befriedigung zu verschaffen. Daß das leicht geht, ist selten. Je neuartiger die Einfälle sind, desto höher wird der Druck sein müssen, sie hervorzubringen. Gewöhnlicher Druck erzeugt nur gewöhnliche Einfälle. Am Ende gehört auch noch Glück dazu. Nur unter sehr günstigen Umständen können Gänse das Kapitol retten.

Daß Druck sich in Sprache löst und befreit, setzt in der Regel eine Entwurzelung voraus. Ein Mensch, der im Einklang mit seiner Umwelt lebt, schreibt nicht oder jedenfalls nicht gut. Das Werkzeug der Sprache wird geschärft durch Distanz. Wer nicht dazu gehört, muß sich erklären. Wer eine Heimat verloren hat, der sucht nach ihr, und der Schmerz verleiht ihm Ausdruckskraft. Daß Büchner aus der Bahn geworfen wurde, ist eine der Vorbedingungen seiner Genialität.

Das Triebsystem jedes Menschen hat eine soziale und eine individuelle Seite. Ins soziale System gehört das Ringen um Anerkennung, um Geld, um einen angesehenen Platz in der Gesellschaft. Das allein wäre noch nichts Besonderes. In Büchners Fall wird diese Schubkraft entscheidend verschärft durch Steckbrief und Flucht, also seine Stigmatisierung und Kriminalisierung, und die darin gründende Notwendigkeit, diese Beschädigung seiner sozialen Identität wieder gut zu machen. Das geschieht hauptsächlich durch seine glanzvolle berufliche Karriere als Medizinstudent und Universitätsdozent. Warum mußte er außerdem noch Dichter werden? Es gab noch einen inneren Anspruch, eine Forderung, die er an sich selber hatte. Von der Flucht und vom kläglichen Scheitern der revolutionären Aktivitäten war ein schlechtes Gewissen übriggeblieben. Hatte er nicht seine Ideale und seine Freunde im Stich gelassen? Hätte er nicht Minnigerodes und Weidigs Martyrium teilen müssen? Warum war er davongekommen? Das mußte einen Sinn haben. Das bedeutete eine Verpflichtung. Um vor sich selbst nicht als Verräter dazustehen, mußte er dichten. Dichtend fand er Zugang zu den überfluteten Gebieten seines Selbst, die für andere Erkenntnisarten unzugänglich waren. Diejenige Energie, die zuerst die Welt durch Flugschriften verändern wollte, fließt danach in die Dichtkunst. Dort will Büchner sich vor der Gesellschaft, vor dem Vater, vor sich selbst und vor Gott auszeichnen und rechtfertigen. Die Auszeichnung befriedigt den Narzißmus, die Rechtfertigung aber gilt der religiösen Identität. Als einer, der sich vor Gott rechtfertigen will durch einen Dienst an der Menschheit, ist er immer noch ein typischer Protestant, ein evangelischer Christ, der um die Gnade ringt.

Rollt man das Triebpanorama individualpsychologisch auf, so sollte auch von dieser Seite ein Druck erkennbar werden, der alle verfügbaren Energien in die eine Röhre preßt: die Dichtkunst. Liebeserfüllung zum Beispiel sollte es nicht reichlich geben, sie würde ja Triebenergien abfließen lassen. Ein glücklicher Dichter schreibt nicht – es sei denn, sein Glück käme vom Schreiben. Der manische Arbeiter Georg Büchner war kein glücklicher Mensch. Die Jahre mit seiner Verlobten waren mehr Versprechen als Erfüllung, nicht heitere Brautzeit, sondern quälendes Warten, Anstrengung und Druck, sich für die Ehe zu qualifizieren.

Dem Vater, das darf man annehmen, konnte Büchner nur durch seine berufliche Leistung imponieren, nicht durch sein Dichten. Dem Vater zum Trotz zu dichten war notwendig zur Rechtfertigung der eigenen Identität. Der junge Mann mußte vor sich selbst zeigen, daß er zu Recht vom geraden Weg abgewichen war, auch wenn es nicht der Weg des politischen, sondern der des poetischen Revolutionärs geworden war. Auch der Trotz des ödipalen Kampfs mit dem Vater erhöht den Druck, der im Kessel herrscht, so daß endlich die Zusammenschau aller Faktoren eine zureichende Bedingung der Möglichkeit von Genialität zum Vorschein kommen läßt. Es darüber hinaus dem Vater auch noch durch eine steile Karriere als Naturwissenschaftler recht zu machen war der Tribut, den Büchner zusätzlich entrichten mußte. Die übermäßige Anspannung hat möglicherweise seine Abwehrkräfte so geschwächt, daß er dem Typhuserreger nicht gewachsen war und sein Werk mit dem Tod bezahlte.

Wenn Büchner den Büchnerpreis bekäme

Ein dünner, langer, bebrillter Mensch beträte die Bühne des Darmstädter Theaters und begänne zu sprechen. Er sei der Preisträger und zugleich der durch den Preisnamen Geehrte. Er bedanke sich, aber er könne nicht helfen. Wo er herkäme, zähle weder Ruhm noch Preis. Aber es amüsiere ihn, sich gefeiert und gedeutet zu sehen. Er sei anscheinend für vielerlei brauchbar, das sei schön. Es hänge offenbar mit seinem frühen Abgang zusammen. Er wäre gern schon zu Lebzeiten berühmt gewesen, aber dazu hätte er länger auf der Erde sein und den freien Flug der tausend Möglichkeiten mit ein paar engen Wirklichkeiten vertauschen müssen. Und hätte den Preis nie bekommen. Als politischer Sozialist und ästhetischer Avantgardist gelobt zu werden sei herrlich, aber die hochgelobten Schreibereien seien Nebensachen gewesen, der *Landbote* sei unreif, der *Woyzeck* unfertig. Seine Hauptsachen seien nur durchschnittlich gewesen. Um seine Doktorarbeit über das Nervensystem der Barben kümmere sich im Ernst niemand. Dabei sei das Fron und wirkliche Forschung gewesen, anstrengend und innovativ, wenngleich verkehrt. Als Privatdozent der Philosophie betrachte er sich als Hochstapler. Als Dichter sei er immer nur ein höherer Abschreiber gewesen, das wisse man ja inzwischen. Toll, was die Germanisten alles herausfänden! Mehr als ihm selber bewußt sei! Was er alles gelesen haben solle! Aber es werde damit schon seine Richtigkeit haben, er habe das alles verdrängt oder in irgendeinem Keller gespeichert, das komme auf dasselbe hinaus, aber, das frage er hier die Runde der Kundigen, wie sonst hätte er *Danton's Tod* in nur fünf Wochen schreiben können? Das wäre nicht gegangen ohne das Geschenk der Lektüren. Das Gelesene habe sich von selbst zu einem Drama geordnet. Wie? Das wisse er selber nicht. Sein Auge sei gerastert, es lasse nur das Geeignete durch, er müsse dann nur noch abschreiben. Aber viel wichtiger als das sei die Menschlichkeit. Für ihn jedenfalls. Es bedränge ihn, daß Wilhelmine durch ihn so unglücklich geworden sei. Auch andere hätten Anspruch auf seine Liebe gehabt und er habe sie verraten. Seinem Vater habe er viel Leiden bereitet. Einen Freund habe er ins Gefängnis gebracht, viele Gefährten habe er enttäuscht. Eine Geliebte habe er aufgeben müssen. Es habe bei weitem nicht so viel in sein Leben gepaßt, wie er es sich vermessener Weise vorgenommen und vorgestellt habe. Theorie und Praxis klafften auseinander. Es sei leichter, sozialistisch zu sein als sozial. Er hätte anders leben sollen, aber er wisse nicht wie. Er sei immer auf der Suche gewesen, habe aber das Richtige nicht finden können und gehe jetzt wieder.

2
Der Hessische Landbote

Der Tod des Dr. Weidig

Als der Gefangenenwärter Conrad Preuninger am 23. Februar 1837 um 5.30 Uhr die Außenklappe des Arrestzimmers von Dr. Friedrich Ludwig Weidig öffnete, um das Nachtgeschirr zu leeren, fiel ihm auf, daß dieses ungewöhnlich viel Wasser enthielt. Er achtete nicht weiter darauf. Als er um 7.30 Uhr das Frühstück bringen wollte, sah er von der Tür aus «die Stube voll Blutspuren, den Weidig auf seinem Bett ausgestreckt mit gefalteten Händen im Blute liegend, und Wasserbouteille, sowie Waschschüssel nahe am Eingang des Gefängnisses in Scherben liegend.»[1] Sehr erschrocken schloß er wieder ab und lief nach dem Richter. Mit diesem und einem Schreiber kam er um acht Uhr zurück. Ein Protokoll wurde aufgenommen, demzufolge der Arrestant seine Wasserflasche zerbrochen und sich mit einer Glasscherbe Wunden an den Fußfesseln, den Handgelenken und am Hals beigebracht hatte. Nach zwei Ärzten wurde geschickt. Erneut wurde das Zimmer verschlossen, der schwer Verwundete, weiter Blutende allein gelassen. Gegen 9.45 Uhr endlich trafen die Ärzte ein, gegen zehn Uhr betraten sie den Schauplatz des schrecklichen Geschehens. Inzwischen war der Hals beinahe vollständig durchschnitten, der Kehlkopf auch, ebenso die Luftröhre, der «Vulnerat» (so die Amtssprache) atmete nur noch durch die Stimmritze. Die Ärzte konnten nichts mehr tun. Sie nützten die Zeit, um das Protokoll zu diktieren: «In dem Augenblick, während dieses niedergeschrieben wird, scheint das Leben des Vulneraten gänzlich im Verlöschen zu sein.»[2] Gegen elf Uhr trat der Tod ein. An der Wand des Arrestzimmers fand sich, mit Blut geschrieben, die Mitteilung: «Da mir der Feind jede Vertheidigung versagt, so wähle ich einen schimpfl. Tod von freien Stücken. F. L. W.»[3]

Die zahlreichen Ungereimtheiten, die bei der Protokollierung der Vorgänge sichtbar wurden, veranlaßten das Großherzogliche Hofgericht zu einer aufwendigen Untersuchung. Zumindest lag ja «eine höchst schuldvolle, kaum erklärliche Vernachlässigung des Unglücklichen» (so der Referent des Hofgerichts am 20. März 1837)[4] vor. Um acht Uhr hätte «der Verlebte» durch einfaches Verbinden der Wunden wahrscheinlich noch gerettet werden können. Die Halswunde war zu diesem Zeitpunkt noch harmlos. Sie muß zwischen acht und zehn Uhr, in einer erbitterten «Metzelei»,[5] erst «bis zum lebensgefährlichen Maß»[6] erweitert worden sein. Hätte sie schon um acht Uhr die zwei Stunden später festgestellte Dimension gehabt, dann hätte «Vulnerat» dem medizinischen Gutachten der Universität Zürich zufolge um zehn Uhr nicht mehr am Leben sein können.[7] Was vom Hofgericht bestritten wird. Auch blieb fraglich, woher der von großem Blutverlust Geschwächte die Kraft genommen haben sollte, sich mit der Scherbe einer Wasserflasche den halben Hals durchzuschneiden. Der Schnitt durch den Kehlkopf war glatt, das fiel bei der Obduktion auf (wurde allerdings später bestritten)[8], während eine Scherbe einen gezackten Wundrand hätte hinterlassen müssen. Auch sei es fast unmöglich, stellten die Züricher Anatomen nach einer Probe an einem Leichnam fest,[9] sich selbst ohne professionelle Werkzeuge den Kehlkopf, welcher auszuweichen pflegt, zu durchschneiden. Es verwundert deshalb wenig, daß in der Presse bald Justizmordvorwürfe laut wurden.

Der sie am schlagendsten erhob und mit den besten Dokumenten belegte, war Dr. Wilhelm Schulz, jener Freund, in dessen nächster Nähe wenige Tage vorher Georg Büchner gestorben war. Ob Weidig von Büchners Tod unterrichtet war, ist nicht bekannt. Es ist möglich, da die Abschirmung der Gefangenen gegen Informationen von draußen nie hundertprozentig gelang, aber es ist nicht wahrscheinlich. Bejahendenfalls wäre es ein letzter Anstoß zur «Selbstentleibung» gewesen, von der die Akten sprechen. Für sie gab es aber auch sonst genügend Gründe. Die Untersuchungshaft währte schon fast zwei Jahre. Weidigs Arrestzimmer war zwar geräumig, aber er durfte es fast nie verlassen, weil die Gerichtsbarkeit «Collusionen» fürchtete (Verabredungen, Verdunkelungen, Informationsaustausch). Unter den Darmstädter Gefangenen gab es wahre Virtuosen der

Collusion. Manche konnten sich durch Klopfzeichen so schnell ver-
ständigen, daß der Gerichtsschreiber Mühe hatte, mit der Feder
nachzukommen.[10] «Inquirent» (Untersuchungsrichter) war Hofgerichtsrat Conrad Georgi. Er verbot fast alle Kontakte. Es gab keinen
Hofgang, fast keine Besuche, viele Briefe wurden zurückgehalten,
für Kommunikationen durch Abklopfen des Alphabets, durch Singen
oder durch Kassiber gab es Strafen. Von Weidigs Anwalt hört man
fast nichts, er scheint ein Versager gewesen zu sein. Ein von ihm
gestelltes Freilassungsgesuch war Ende Januar 1837 abgelehnt worden.[11] Weidig selbst aber war ein zäher Bursche. Anfangs soll er sogar Vergnügen an den Verhören gehabt haben.[12] Er kannte sich aus.
Er trieb die Gerichtsbarkeit vor sich her, als wollte nicht sie ihn, sondern er sie überführen, und zwar der Inhumanität. Er leidet, aber er
gibt nicht auf. Georg Büchner – «wenn ich mich in dem Namen
nicht täusche» – gibt er vor nur flüchtig zu kennen (im Verhör
vom 24. Juni 1835).[13] Am 16. August 1836 umfassen die Verhörproto-
kolle bereits 529 Seiten, und doch reichen sie bei Anwendung «einer
strengen Beweistheorie» zu einer Verurteilung nicht aus.[14] Der Un-
tersuchungsgefangene kämpft also nicht ohne Aussicht. Insbesondere wehrt sich Weidig mit wachsender Erbitterung gegen Georgi
persönlich, der seine Krankheiten für Simulationen und seine Vorwürfe für querulatorisch hält. Der Häftling martert den Richter,
indem er (so sieht das Georgi) «die speciellsten Erörterungen über
die allernichtigsten Einstreuungen» hervorzurufen versucht.[15] Er
bringt ihn mit Eingaben, Beschwerden und immer neuen «Perhor-
reszenzgesuchen» (Befangenheitsanträgen) allmählich zur Weiß-
glut, denn Georgi ist in seiner Art ein korrekter Mann, der pedantisch jeden Vorwurf nach Vorschrift abarbeitet. Die Gefangenen
hatten nämlich «das unbeschränkteste Recht der Beschwerde
gegen das Verfahren des Inquirenten.»[16] Das Ganze artet zu einem
Zweikampf aus. Weidig fühlt sich «wehrlos einem Gegner hinge-
geben, welcher über sein Recht, seine Ehre, sein Leben ganz nach
Gutdünken schalten könne, weil jede Besprechung mit den Seinen
oder mit Anwälten, jede eigenhändige Eingabe an seine Richter
versagt worden sei».[17] Irgendwann ist es so weit, daß «Rubricat» (der
Betreffende, unter diesem Aktenzeichen Rubrizierte) auch tätlich
wird, Georgi mit einem Federmesser angreift[18] und mit einer aus

Weidigs Zelle

dem Bettgestell herausgebrochenen Nagellatte bedroht.[19] Am
5. März 1836 schreit Weidig zum Fenster hinaus, er werde hingerichtet. Georgi verhängt eine Strafe dafür.[20] Im Protokoll vom 19. Oktober 1836 geht es um die Frage, ob der Inquirent den Inculpaten
einen Schurken genannt habe, worauf dieser erwidert habe: «Ich
habe Ihnen ja auch schon die Wahrheit gesagt, nämlich, daß Sie
zehn Verbrechen begangen haben, während Sie mich wegen
eines verfolgen; und da bemerkten Sie, wenn ich dieß wieder sagte,
so würde ich bestraft.»[21]

Der Fall erzeugt Tausende von handschriftlich eng beschriebenen Aktenblättern, größtenteils über Formfragen und Disziplinarvergehen, nur wenige zur eigentlichen Sache, deren Aufklärung
Weidig, aus Überzeugung und um die Mitverschworenen zu schützen, mit allen Mitteln, auch mit Falschaussagen, hintertreibt. Alles
wird sorgfältig protokolliert. Als die Anwendung einfacher Strafen
(Entzug des warmen Essens, Entzug der Lektüre, Festnageln des

Mobiliars, so daß das hoch liegende Fenster nicht mehr zu erreichen war[22]) den Gefangenen nicht kooperativer macht, läßt der Inquirent den «Inquisiten» (Untersuchten) zeitweise an die Wand fesseln oder ihm eine Kette anlegen, vom linken Handgelenk zum rechten Fußgelenk.[23] Als Weidigs Trotz sich so nicht brechen läßt, beantragt Georgi beim Großherzoglichen Hofgericht, seinen Gegner mit dem «Farrenschwanz» prügeln zu dürfen, einem sogenannten Ochsenziemer, einem aus einem Ochsenpenis gefertigten gummiknüppelähnlichen Gerät. Der Antrag wird abgelehnt; das Gericht war der Meinung, eine solche Strafe schicke sich wohl für «ungebildete und rohe Verbrecher», aber nicht für einen Gebildeten.[24] Dennoch finden sich bei der Obduktion Blutergüsse, deren einleuchtendste Erklärung die Verabreichung von Prügeln längstens 24 Stunden vor dem eingetretenen Tod wäre.[25] Ein Gutachter schreibt:

> Die Flecken hatten nämlich ganz das Ansehen solcher, die sich sonst nach Anwendung des Ochsenziemers oder Farrenschwanzes zeigen, wenn derselbe von relativ schwächerer oder ungeübter Hand von der linken Seite her geführt wurde und dabei der faltenreiche Theil der Beinkleider dem eigentlichen Gesäße zum Schutze diente, so daß fast allein das biegsame Ende des Farrenschwanzes, gewissermaßen hackend, auf die weniger bedeckten Theile des Oberschenkels auffuhr oder eingriff.[26]

Die Gerichtsärzte, die das behaupten, werden später, als sie Georgi wegen Trunksucht belasten, aus ihrem Amt entfernt.[27]

Die Farrenschwanzhiebe könnten zu den Auslösern des Entschlusses zum Freitod gehören. Da für diese Züchtigung eine Genehmigung nicht vorlag, war ihre Existenz nach hofgerichtlicher Meinung nicht erwiesen. Weidig selbst beschwert sich vor der Visitationskommission, er sei wegen Disziplinarvergehen «mit dreitägigem Tragen des Sprengers»[28] bestraft worden. Das «Anlegen eines Hand- oder Fußsprengers – wodurch entweder die Arme oder Füße an den äußersten Gelenken durch Vermittelung eines starken und gewichtigen, etwa 2 bis 2½' [ca. 60 cm] langen, an beiden Enden mit einer s. g. Schelle versehenen Eisens, von einander gesperrt werden»[29] – wird jedoch von der Behörde als legitimes Mittel betrachtet. Einst hatte der Sprenger vier Schellen, zwei für die Fuß-, zwei für die Handgelenke, bedeutete also ein Krummschließen, das «der Geist der Humanität»[30] dem aufgeklärten Staat des 19. Jahrhunderts, der sich auf die Rechtmäßigkeit seiner Verfahren etwas zugute hielt, nicht mehr erlaubte. Daher erfolgte Weidigs Anschließung nur «an beide Hände».[31] Diese von Georgi als Erziehungsinstrument gedachte Peinigung trug sich im «Arrestlocal» des «Inhaftaten» vom 19. bis 21. November 1835 zu, wie die Akten bestätigen. Das «gute Gewissen» der Justiz macht den Vorgang so gespenstisch. Scharfsinnig unterscheidet sie ihre Praxis von der Folter früherer Jahrhunderte. Der Sprenger dient nach offizieller Lesart nicht zur Erpressung von Geständnissen. Er ist vielmehr eine Ungehorsamsstrafe für den Fall, daß der Angeschuldigte den Zweck der Haft, nämlich die Wahrheit aufzuklären, hartnäckig zu vereiteln sucht.[32] Das ist freilich eine sehr dehnbare Definition. Wenn Rubricat sich zum Beispiel krank meldet, körperlich oder geistig, halten die Behörden das stets für Simulation und stellen höchstens Fragen wie diese: «Ich möchte nur wissen, wie der Mensch sich das Fieber herbeibringt, denn so oft er sich darauf beruft, hat er auch wirklich jedes Mal Fieberregungen.»[33] Jedes Vorbringen Weidigs erstarb in den Spinnennetzen dieses Systems. Das Wort «Justizmord» gebrauchte Weidig bereits in einem Brief, den er Anfang April 1836 an seine Frau richtete, der aber selbstverständlich «nicht abgelassen», nur zu den Akten genommen wurde.[34] Da wird ein stolzer Mensch totgedrückt im Namen des Rechts, als Gemeinschaftsleistung zahlreicher Juristen, Mediziner, Justizvollzugsbeamten, Protokollanten und Visitanten, die auch sein grausiges Sterben mit ihrer Maschinerie in tausend Faszikel zerlegen, wo am Ende niemand mehr Schuld hat, weil jeder alles richtig gemacht zu haben glaubt. Die Justiz tropft wie Jauche von der Decke, bis der Gefolterte erliegt.

Schäffer, Schulz und Noellner

Dr. Friedrich Ludwig Weidig war evangelischer Theologe, Pfarrer und Rektor, zumeist in Butzbach, bevor man ihn am 22. April 1835 einsperrte, «plötzlich und bei Nacht»,[35] genauer «in der Frühstunde zwischen 4 und 5 Uhr».[36] Er war der führende Kopf einer Verschwörung, die mit Hilfe von Flugblättern das Landvolk über seine Rechte aufklären und seine Bereitschaft zu einer Revolution erkunden wollte. Ihr gehörten alles in allem 86 Personen an. Dreißig dieser «Uebelgesinnten»[37] wurden nach jahrelangen Untersuchungen und einem fünfwöchigen Prozess[38] am 8. Dezember 1838 verurteilt; die Haupttäter zu acht Jahren Zuchthaus;[39] 26 sind geflohen, fünf verstorben, die übrigen teils freigesprochen, teils 1839 noch in U-Haft.[40] Doch Weidigs Tod war nicht vergeblich gewesen. Seine Königliche Hoheit der Großherzog geruhte am 7. Januar 1839, sämtliche Freiheitsstrafen «aus allerhöchster Gnade» zu erlassen.[41]

Mit dem Begnadigungserlaß beendet Hofgerichtsrat Martin Schäffer, Gießen, seine *Actenmäßige Darstellung der im Großherzogthume Hessen in den Jahren 1832 bis 1835 stattgehabten hochverrätherischen und sonstigen damit in Verbindung stehenden verbrecherischen Unternehmungen*, die 1839 in Darmstadt erschien. In dieser Publikation wird erstmals Georg Büchner als der Verfasser des *Hessischen Landboten* öffentlich genannt. Von allen Flugschriften sei diese «die bei weitem gefährlichste und strafbarste».[42] Auch Büchner hätte also mit langer U-Haft und einer Verurteilung zu mindestens acht Jahren Zuchthaus rechnen müssen. Nach dem, was aus den Gefängnissen nach außen drang, ist es verständlich, daß er panische Angst gehabt hat. Die Haft würde ihn «körperlich und geistig zerrüttet» zurückgelassen haben, so entschuldigt er sich am 9. März 1835 für seine Flucht bei seinen Eltern.[43] Vom Darmstädter Arresthaus spricht er mit Schauder.[44] Die Angst verfolgte ihn, wie Wilhelm Schulz in seinem Nachruf schreibt, bis in die Fieberdelirien kurz vor dem Tod. «In jener französischen Revoluzion», so rief er aus, «die wegen ihrer Grausamkeit so verrufen ist, war man milder als jetzt. Man schlug seinen Gegnern die Köpfe ab. Gut! Aber man ließ sie nicht Jahre lang hinschmachten und hinsterben.»[45]

Wilhelm Schulz hatte zum Umkreis der Frankfurter Wachenstürmer vom April 1833 gehört, war zu fünf Jahren Festungshaft verurteilt worden, konnte aber mit einer kühnen Aktion aus dem Gefängnis entfliehen. Die Schicksale der Verfolgten und Verstorbenen ließen ihm keine Ruhe. Martin Schäffers Darstellung beurteilte er als einseitige offiziöse Tendenzschrift, die dem Zweck diene, «das unselige Verfahren gegen den Unglücklichen [Weidig] wenigstens einigermaßen zu entschuldigen.»⁴⁶ Er begann, Informationen zu sammeln. Dank seiner vielfältigen Kontakte und einer entfernten Verwandtschaft mit der Familie Weidig fiel ihm das nicht schwer. Daß er zahlreiche sensible Aktenstücke im Wortlaut wiedergeben konnte, erstaunte seine Leser und verlangt nach einer Erklärung, deutete es doch auf eine undichte Stelle im Justizsystem. Friedrich Noellner identifiziert sie, vermutlich zu Recht, in der Person von Pfarrer Weidigs Bruder, dem Revierförster Weidig, der ein Justiz-mord-Verfahren gegen Georgi anzustrengen versucht hatte, in dessen Verlauf sein Anwalt im Jahr 1840 Akteneinsicht erhielt und Gelegenheit hatte, Abschriften anzufertigen. Diese Abschriften gelangten nach Zürich, weil Pfarrer Weidigs Brüder von der dortigen medizinischen Fakultät ein Gutachten anforderten.⁴⁷ Da Schulz an der Universität Zürich Privatdozent für Statistik und Allgemeine Verfassungskunde war, hatten die Papiere keinen weiten Weg mehr zu ihm zurückzulegen. Noellner kommentierte die gewährte Akteneinsicht sarkastisch: «Das Publicum wird hieraus zugleich die Geschichte zur Entstehung der Schrift: ‹Weidigs Tod, nebst actenmäßigen Beilagen›, entnehmen.»⁴⁸ Revierförster Weidig wird 1844 wegen «Verletzung der Amtsehre» (Georgis!) zu 16 Gulden Geldstrafe plus (erheblichen) Gerichtskosten verurteilt werden.⁴⁹

Mit der Schrift *Weidigs Tod* meint Noellner das 1843 anonym in Zürich und Winterthur erschienene Buch *Der Tod des Pfarrers Dr. Friedrich Ludwig Weidig. Ein actenmäßig und urkundlich belegter Beitrag zur Beurtheilung des geheimen Strafprozesses und der politischen Zustände Deutschlands.* Es umfaßt 132 Seiten Text und 102 Seiten Akten, extra paginiert. Schäffer war noch mit 59 plus 14 Seiten ausgekommen. Was Schulz brachte, war starker Tobak. Warum fehlte die «mit einem in Blut getauchten Finger geschriebene Schrift»⁵⁰ im ersten Protokoll, aufgenommen um acht Uhr? Ist es überhaupt denkbar, daß ein aus fünf Wunden Blutender sie nach dem ersten Protokoll noch schrieb? Georgi habe seines Feindes Tod jedenfalls gewünscht, und Preuninger sei ein «willfähriges Werkzeug» gewesen.⁵¹ «Ob also nicht die Vollendung des Mords von fremder Hand geschah?»⁵² Hatte Weidig durch einen Selbstmordversuch auf sich aufmerksam machen wollen? Der Verdacht erhärtete sich immer mehr: Er habe sich «nur in der Absicht verwundet,

Hofgerichtsrat
Friedrich Noellner im
Kreise seiner Lieben

um die Zulassung anderer Personen, als seiner Peiniger, zu erwirken, und sei dann, in diesem Zustande der bloßen Verwundung, durch Abschneiden des Halses von fremder Hand ermordet worden.»[53] Das Gutachten eines angesehenen großherzoglich-hessischen Arztes, der nicht genannt werden will, aber sich genauestens auskennt, bekräftigt das.[54] Die stärkste Wirkung aber hatte das neun engbedruckte Seiten umfassende, vom Dekan unterzeichnete und einstimmig verabschiedete Gutachten der medizinischen Fakultät der Universität Zürich. Da Pfarrer Weidig um zehn Uhr noch lebte, kann die klaffende Halswunde, die unbehandelt zum raschen Tod führen mußte, um acht Uhr noch nicht bestanden haben.[55] Ebenso unwahrscheinlich ist es, daß der vom starken Blutverlust Geschwächte sich diese Wunde nach acht Uhr noch selbst beibringen konnte.[56] Die stundenlange Vernachlässigung des Gefangenen und die Nichtentfernung der Tatwerkzeuge haben seinen Tod höchst-

wahrscheinlich «wenn nicht herbeigeführt, doch wesentlich befördert.» Im übrigen diagnostizieren die Züricher Mediziner aber auch, daß «der todesmuthigen Stimmung eine entzündliche
Gehirnkrankheit zu Grunde lag.»[57]
«Für Wahrheit und Recht.» So lautet das Motto, das Dr. Friedrich Noellner, Großherzoglich Hessischer Hofgerichtsrat in Gießen,
seinem voluminösen Wälzer gibt: *Actenmäßige Darlegung des wegen
Hochverraths eingeleiteten gerichtlichen Verfahrens gegen Pfarrer
D. Friedrich Ludwig Weidig, mit besonderer Rücksicht auf die rechtlichen Grundsätze über Staatsverbrechen und deutsches Strafverfahren,
sowie auf die öffentlichen Verhandlungen über die politischen Processe
im Großherzogthume Hessen überhaupt und die späteren Untersuchungen gegen die Brüder des D. Weidig.* Er erhielt eine Freistellung,
um das Buch zu schreiben. Noellner war am 7. März 1837, also kurz
nach Weidigs Tod, Mitglied der von Georgi geleiteten Unter-
suchungskommission geworden.[58] Offenbar sollte er Georgi auf die
Finger sehen und das Verfahren beschleunigen. Er gewinnt die feste
Überzeugung, daß alles mit rechten Dingen zugegangen ist. Die
Staatsregierung seines Landes habe «die Gerechtigkeit nicht blos
nicht gehemmt, sondern sogar durch alle, jener Staatsregierung zur
Förderung wahrer Humanität zu Gebote stehenden Mittel unterstützt».[59] Um klarzustellen, daß er zu Männern spricht, nicht zu
Weichlingen, trifft er eine Unterscheidung: «Die Humanität aber
ist himmelweit entfernt von jener kränkelnden Philanthropie, und
jener für die Schwachen erfundenen Sentimentalität.»[60]
Sein Vorhaben ist gewaltig. «20000 Protocollseiten»[61] hat er
durchzusehen und daraus das Wichtigste auszuwählen, ohne daß es
zu Verfälschungen kommen darf. Sein Wille zur Offenlegung ist
zweifellos redlich, und die Staatsregierung unterstützt ihn dabei.
Ein Buch mit VII (Vorwort) + 20 (Einleitung) + 678 + 64 (Anlagen), insgesamt also fast 800 Seiten erscheint in Darmstadt in der
zweiten Jahreshälfte 1844. Sein Hauptanlaß ist die Publikation *Der
Tod des Pfarrers Dr. Friedrich Ludwig Weidig*, Zürich und Winterthur 1843. Noellner deckt den Namen des Anonymus ohne Mühe
auf – «wer anders könnte es sein als – Dr. Wilhelm Schulz!?»[62]
Er legt die politischen und verwandtschaftlichen Verbindungen von
Schulz und Weidig offen, dokumentiert die politische Vorgeschichte

—— 511 ——

Das Protocoll geht nun also weiter:

„Bevor diese sogenannte Berichtigung hier niedergelegt wurde, erklärte der Richter: er überlasse das Benehmen des Herrn Pfarrers Weidig derjenigen Indignation, die es in vollem Maße verdiene, worauf der Angeschuldigte mit erhöhter Stimme erwiederte: „Ich finde es unter meiner Würde, daß ein Weidig mit einem Georgi hierüber rechte. Denn wie Sie zum Amte gekommen sind, das mag mein Vaterland beurtheilen, und wie ich zum Amte gekommen bin, mag es auch beurtheilen. Mein Vaterland mag darüber richten, wie Ihre Hände rein sind!

Vorgelesen, genehmigt und verfügt:

1) Die Zuchtlosigkeiten und die schweren Beleidigungen des Richteramtes, welche der Pfarrer Weidig bethätigt hat, sollen zur Bestrafung vorerst noch ausgesetzt bleiben, dagegen soll

2) zur Verhinderung eines wiederholten Schreiens durch das Fenster, der Angeschuldigte, Pfarrer Weidig, an die Wand angefesselt werden.

3) Wird ihm zur Nachricht bemerkt, daß die geringste fernere Ungebührniß mit Farrenschwanzhieben reprimirt werde.

Publ. in faciem und erklärte Pfarrer Dr. Weidig:

„Ich zeige gegen diese Verfügung den Recurs an Gr. Hofgericht an und stelle jede Beleidigung des Richteramtes in Abrede, indem ich mich gegen die aufreizenden Bemerkungen des Herrn Commissärs nur vertheidigt habe.“

Vorgelesen, genehmigt und verfügt:

der Suspensiv-Effect wird abgeschlagen.

Publ. in faciem und wird Pfarrer Weidig in sein Arrestlocal zurückgeführt, wo derselbe in Gemäßheit obiger Verfügung gefesselt wird.

Zur Beglaubigung
Georgi. E. Gravelius.

Aus Noellners
Protokollen

und das gegen Schulz verhängte Urteil (5 Jahre strenger Festungsarrest), dem er sich durch eine gewagte Flucht entzogen hatte. Er wirft Schulz Parteigeist und dramatische Übertreibungen vor, und daß er unter dem Schilde der Justizkritik andere, nämlich politische und aufrührerische Absichten verfolge.[63] Weidigs Tod läßt er als Verkettung zahlreicher jeweils in sich gerechtfertigter, in der Summe jedoch unglücklicher Umstände erscheinen. Georgi kommt nach Aktenlage trotz massiver Angriffe von vielen Seiten bis 1844 ungeschoren davon.

Friedrich Noellner ist in seinem Denken gefangen und in diesem hat er Recht. Daß Leute wie Büchner und Weidig Hochverräter und gefährliche Staatsfeinde sind, steht für ihn unverrückbar fest. Daß er selbst auf der richtigen Seite steht, ebenso. Unter Berufung auf Recht und Wahrheit entsteht ein geschlossenes System, in dessen Geltungsbereich legal gequält und getötet wird. Dazu ist eine klare

Trennung zwischen zwei Personengruppen erforderlich: Staatsdiener versus Hochverräter. Die Staatsdiener müssen so von sich
überzeugt sein, daß sie die Hochverräter nur noch als Objekte ihrer
Obhut, nicht mehr als Menschen wahrnehmen.

Aber was haben Büchner und Weidig getan? Sie haben aus heutiger Sicht lediglich eine Diskussion über politische und soziale
Verhältnisse in Hessen geführt. Sie haben im *Hessischen Landboten*
gefragt, warum der Wohlstand so ungleich verteilt ist und was der
Staat eigentlich mit ihren Steuern macht. Das sind erlaubte Fragen.
Heute würde man sie in eine Talkshow einladen, Noellner und Georgi dazu. Das Ganze reduziert sich dann auf ein Problem der Pressefreiheit. Fallen Umsturzpläne unter die Meinungsfreiheit? Das
kommt darauf an. Heinrich Heine schrieb 1832 in seinem spöttischen Parlando einen erst jetzt wiederentdeckten Artikel, der als
Nr. IX der *Französischen Zustände* gedacht war, aber aus Zensur-
gründen nicht erscheinen konnte und auch in der Buchausgabe von
1833 fehlte:[64]

> Ich kann mirs wohl vorstellen, daß die armen Fürsten jetzt in
> Deutschland ihre liebe Noth haben, fast möchte ich sie deßhalb
> bedauern. Aber ich muß gestehen, sie sind nicht ganz schuldlos. Sie
> haben die lange Friedenszeit unbenutzt vorüber gehen lassen. Hät-
> ten wir während dieser Zeit Preßfreiheit genossen, so wäre jetzt das
> Volk politisch gebildet und unzugänglich allen demagogischen
> Künsten. Jetzt kann ein einziges eingeschmuggeltes Octavblätt-
> chen mehr Unruhe im Lande erregen, als in Staaten, wo man durch
> Preßfreyheit aufgeklärt und an leidenschaftliche[r] Rede gewöhnt
> ist, eine ganze Bibliothek vermöchte. Ich habe das immer gesagt
> und man hat dann meine Bücher verboten und konfisziert. [...]
> Hättet ihr nur ein einziges mit Aufmerksamkeit gelesen, und Ihr
> wäret jetzt nicht in so großer Noth. Aber so sind sie; nicht aus
> bösem Willen, sondern aus Angst. Wenn sie am literarischen Him-
> mel einen großen Stern sehen, so ängstigen sie sich, und sie mei-
> nen, sie müßten ihn zu verderben suchen.

Die Verhaftung Minnigerodes

Am Abend des 1. August 1834 passiert stud. iur. Karl Minnigerode in einem einspännigen Wagen das Selterstor in Gießen, wird vom Universitätspedell und einem Wachsoldaten angehalten und um 18:45 Uhr dem Universitätsrichter überbracht. Er erklärt, daß ihm durch seine Verhaftung ein Gang erspart worden sei, indem er ohnehin im Begriff gestanden habe, dasjenige abzuliefern, was er hiermit überreichen wolle. Und er

> öffnete hiermit seine Weste und zog unter dem Hosenträger, und zwar zwischen den Beinkleidern und seinem Hemde ein Paquet Druckschriften hervor, welche den Acten beiregistrirt wurden, nachdem man sie versiegelt und paraphirt hatte. Darauf erklärte derselbe, dies sei noch nicht Alles, was er besitze, in seiner rechten Rocktasche befinde sich noch etwas eingenäht und er wolle darum dies auch übergeben. [...] hier nächst zog Herr Comparent aus seinem linken Stiefel die Druckschriften, welche, nachdem er sie übergeben, ebenfalls besiegelt und zu den Acten genommen worden. Ferner nahm er aus dem Stiefel am rechten Fuß die Druckschriften, welche nach vorheriger Besiegelung und Paraphirung den Akten beigelegt sind.[65]

Zusammengerechnet trug Minnigerode 139 Exemplare des *Hessischen Landboten* bei sich.[66] Das war möglich, weil jedes einzelne nur aus vier dünnen Blättchen bestand. Seine Arretierung beunruhigte die Verschwörer aufs Höchste; die für diesen Fall geplanten Notmaßnahmen wurden ergriffen. Carl Zeuner wird am 21. November 1835 verhört. Ihm verdanken wir eine Momentaufnahme aus Georg Büchners damaligem Leben. Zeuner berichtet, in der Nacht vom 1. auf den 2. August 1834 habe jemand bei ihm in Butzbach ans Fenster geklopft; er habe geöffnet und «was gibt's Neues?» gefragt. Worauf der Jemand erwiderte,

> Minnigerode sei am Thor zu Gießen verhaftet worden und man habe bei ihm Schriften vorgefunden, er habe sich sogleich aufgemacht, um uns davon zu benachrichtigen. Ich erkannte nun den Büchner, er wünschte, ich möge ihn alsbald zu Weidig begleiten, was ich dann auch that. Ich klopfte dem Weidig am Fenster, so

wie er heraus sah, wurde ihm alsbald die Hiobspost mitgetheilt; er erwiederte, das sei sehr schlimm. Weidig öffnete das Haus und wir traten in seine Stube. Weidig pochte auch den A. Becker aus dem Schlaf, welcher damals in dem Weidig'schen Haus übernachtete. Becker war sehr bestürzt. Außer uns vier Personen war Niemand zugegen. Weidig sagte sogleich zu Büchner, da er doch einmal auf dem Weg sei, so müsse er nothwendig seine Reise fortsetzen, namentlich nach Offenbach, um den Schütz, wo möglich, zeitig zu benachrichtigen, damit er nicht in eine gleiche Falle gerathe, sodann auch den Hausmann, damit dieser etwa vorräthige Schriften wegthun könne etc.[67]

Karl Minnigerode, «ein sehr radikaler, enthusiastischer Freund Büchners»,[68] stammte aus Darmstadt und war, wie Wilhelm Schulz berichtet, «ein zarter Jüngling, von schwachem Körper und starkem Geiste.» Im Gefängnis zu Friedberg wurde er zum Märtyrer. «Mit rührender Ausdauer widerstand Dieser der Seelenfolter, die ihm Geständnisse abpressen sollte, wodurch er Freunde in's Unglück gestürzt hätte; er widerstand, bis sein Geist in Zerrüttung fiel. Erst auf dem freien Boden von Nordamerika fand er seine völlige Genesung wieder.»[69]

Georg Büchner graute schon bald nach Minnigerodes Verhaftung. Gefangen! Das mußte gräßlich sein. Die seelischen und moralischen Qualen fürchtete er mehr als die körperlichen. Wäre er standhafter geblieben als Minnigerode, standhafter als sein Freund Gustav Clemm? Mit welcher Technik Georgi den letzteren am 21. April 1835 ausgefragt hat, haben seine Geschwindschreiber festgehalten; ähnlich wäre wohl Büchner unter Druck gesetzt worden:

Ich mache Sie darauf aufmerksam, daß über den Gegenstand, der uns beschäftigt, dem Gerichte eine ziemlich klare Uebersicht gegeben ist, und daraus hervorgeht, daß Sie mit demselben in mehrfachen Beziehungen stehen, Sie kennen aus Erfahrung die Mittel einer gerichtlichen Untersuchung, Sie mögen sich die Folgen vergegenwärtigen, die für Sie hervorgehen können, wenn Sie sich mit Andern in Widerspruch setzen und wenn Sie von der Wahrheit abweichen sollten. Ich bin berechtigt, zu unterstellen, daß Sie aus dem, was mit Becker und Sartorius hier vorgegangen, schließen können, um was es sich handelt; sagt Ihnen Ihr Bewußtsein, daß

Sie mit der Sache in irgend einem Zusammenhange stehen, so vertrauen Sie der Behörde und äußern Sie sich unumwunden über alle
Verhältnisse, dieß allein nur macht es möglich, daß etwaige Ver-
irrungen nach einem milderen Maßstabe können bemessen werden.
Antwort: Herr Hofgerichtsrath, ich sehe die Folgen, denen ich
ausgesetzt bin, und die Unmöglichkeit, durch Läugnen die Wahrheit zu verdecken, ich fühle mein Unrecht und will Ihnen Alles
sagen, was ich von der Sache weiß. Ich habe seither nur aus Rücksicht auf meine Freunde, namentlich bei meiner ersten Verneh-
mung, hinter dem Berge gehalten, da ich aber überzeugt zu sein
glaube, daß ich mich durch längeres Schweigen der höchsten persönlichen Gefahr aussetze, so will ich Alles angeben.[70]

Büchner verfolgt von Anfang an genau, was mit Minnigerode geschieht. «Ich begreife den Grund seiner Verhaftung nicht»,
schreibt er, vorerst den Ahnungslosen spielend, am 5. August 1834
an die Eltern.[71] Inzwischen dauert die Haft des Freundes endlos
fort, erst in Friedberg, dann in Darmstadt, wo Hofgerichtsrat Conrad Georgi am 15. Mai 1835 das Verfahren übernimmt. Bisher Universitätsrichter in Gießen – die Universitäten hatten damals eine
autonome Gerichtsbarkeit –, war er ausersehen worden, die Untersuchung der hochverräterischen Umtriebe im gesamten Großherzogtum zu übernehmen. Den *in flagranti crimine* ertappten Minnigerode betrachte man, schrieb Büchner am 27. März 1835 aus
Straßburg an die Eltern, als den Schlüssel zur Aufdeckung der revolutionären Umtriebe. «Wie sollte seine schwache Constitution der
langsamen Folter, auf die man ihn spannt, widerstehen können?»[72]
Büchner hatte Informanten. «Daß Minnigerode in Friedberg eine
Zeit lang Ketten an den Händen hatte, weiß ich gewiß; ich weiß es
von Einem, der mit ihm saß. Er soll tödtlich krank seyn; wolle der
Himmel, daß seine Leiden ein Ende hätten! Daß die Gefangenen
die Gefangnenkost bekommen und weder Licht noch Bücher erhalten, ist ausgemacht. Ich danke dem Himmel, daß ich voraussah, was
kommen würde, ich wäre in so einem Loch verrückt geworden.»[73]
In der Tat wurde Minnigerode krank und wahnsinnig.[74] Büchner
schrieb am 20. November 1836 an die Eltern, der Freund sei tot,
«das heißt, er ist drei Jahre lang todt gequält worden. Drei Jahre!
Die französischen Blutmänner brachten einen doch in ein paar

Stunden um, das Urtheil und dann die Guillotine! Aber drei Jahre! Wir haben eine gar menschliche Regierung, sie kann kein Blut sehen. Und so sitzen noch an vierzig Menschen, und das ist keine Anarchie, das ist Ordnung und Recht, und die Herren fühlen sich empört, wenn sie an die anarchische Schweiz denken!»[75] Wie recht Georg Büchner im allgemeinen hatte, das überliefern die Akten bei Noellner.[76] Die Todesnachricht war freilich unzutreffend. Minnigerode kam knapp davon. Im Januar und Februar 1837 überstürzten sich die anwaltlichen Schreiben, die Stellungnahmen Georgis, die hofgerichtlichen Reskripte und die ärztlichen Gutachten, Gegengutachten und Schlichtungsgutachten, die im Endergebnis Wassersucht und Wahnsinn diagnostizierten, so daß Minnigerode schließlich am 9. Mai 1837 gegen eine Kaution von 6000 Gulden freigelassen wurde. Sein Vater war selbst ein hoher Jurist und konnte die Summe aufbringen – sein Jahresgehalt als Hofgerichtspräsident hatte 3000 Gulden betragen,[77] bevor man ihn seines ungeratenen Sohnes wegen vorzeitig pensionierte. Zu Hause gesundete der junge Mann bald und ging nach Amerika, wo er Prediger, schließlich sogar Bischof wurde und hochbetagt im Jahre 1894 verstarb.[78] Daß Seine Königliche Hoheit der Großherzog am 3. April 1839 seine Begnadigung zu verfügen geruhte, hat jedenfalls nicht ausgereicht, ihn zurück nach Darmstadt zu locken.

Verräter

Die Staatsmacht war professionell aufgestellt, die Rebellion vergleichsweise dilettantisch; sie hatte keine Chance. Ein Spitzel war längst eingeschleust, der Ende Juli 1834 nach Darmstadt meldete, daß die Studenten Minnigerode und Schütz in diesen Tagen eine in Offenbach gedruckte revolutionäre Schrift nach Gießen und nach Darmstadt bringen sollten.[79] Am 1. August nachts zwei Uhr läßt der unermüdliche Georgi protokollieren, daß er auf die soeben per Estaffette erhaltene Mitteilung die Überwachung des Selterstors angeordnet und mit allen Einzelheiten organisiert habe. Verhaftung und Verhör Minnigerodes folgen noch am gleichen Abend. Schütz, der nach Darmstadt unterwegs war, wird nicht gefaßt. Die Aus-

reden, mit denen Minnigerode seine Reise erklären will, werden
sorgfältig protokolliert, aber ihre Unglaubwürdigkeit ist offenkundig. Der Karzer der Universität, in den man ihn vorerst einsteckt,
wird von vier Soldaten bewacht, weil sich bereits am Abend der Verhaftung «an der Wohnung des Universitätsrichters mehrfache Rot-
tirungen von jungen Leuten gebildet haben, aus denen unpassende
Gesänge und Geschrei erfolgten» und weil man, da «Arrestat mit
vielen jungen Bürgern und Studenten, die der sog. liberalen Parthie
angehören, befreundet ist», auch «verwegene Befreyungsversuche»
befürchtete.[80]

Offenbar verbreitete sich die Nachricht von Minnigerodes Verhaftung in Windeseile, so daß auch Georg Büchner noch am selben
Abend davon hörte und sich sogleich aufmachte, die Freunde zu
warnen. Ahnte er, daß er selbst bedroht war? Das Ministerium hatte
ihn tatsächlich im Visier. Es wußte schon alles. Bereits am 2. August
adressierte es an Georgi die folgende Verfügung:

> Mit Bezug auf Unser Reskript vom Heutigen bemerken wir Ihnen
> weiter, daß nach denen Uns zugekommenen Anzeigen der Student
> Büchner zu Gießen der Verfasser der in Rede stehenden revolutio-
> nären Druckschrift seyn soll. Wir halten es nicht allein wegen die-
> ses gegen denselben vorliegenden Verdachtes, sondern auch um
> Collusionen vorzubeugen, für dringend nöthig, daß derselbe
> alsbald verhaftet und seine Effecten unter Siegel ge-
> legt werden. Wir beauftragen Sie, dieses unverzüglich zu be-
> werkstelligen und davon das Gr. Hofgericht zu benachrichtigen.[81]

Die Estaffette mit dieser Verfügung kam am 3. August
abends elf Uhr in Gießen an. Georgi begab sich am 4. August früh
um fünf Uhr mit einem Protokollanten zu Büchner, mußte aber
erfahren, daß dieser am zweiten des Monats abends gegen 7 Uhr in
Begleitung eines Unbekannten weggegangen sei. Er ließ das Zimmer durchsuchen und Schriftstücke zu den Akten nehmen. Dabei
wurde «etwas dem *in Rubro* [dem im Betreff Genannten] Aehn-
liches aber nicht gefunden». Das war nicht der einzige Grund dafür,
daß Georgi den Haftbefehl vorläufig nicht vollzog. Der Haupt-
grund war die Schonung des Informanten, den man noch zu brauchen gedachte und nicht vor Gericht vorzeitig verschleißen wollte.

Man hatte bisher nur die Aussage dieses Informanten, keinen davon
unabhängigen Beweis. Georgi selbst kennt seinen Namen nicht.
«Der Urheber der Anzeigen, die meinen Auftrag bedingten»,
schreibt Georgi, «muß ohne Zweifel im Stande seyn, Anhaltspunkte
zu gewähren, die ihn selbst im Hintergrunde lassen.»[82] Das Ministerium antwortet am 7. August, billigt das Verfahren des Universitätsrichters und fügt hinzu:

> Wir legen Ihnen in strengstem Vertrauen zu Ihrer Notiz Auszüge
> aus einer anonymen Anzeige bei, die uns zu dem bisherigen Ein-
> schreiten veranlaßten, empfehlen Ihnen aber den allervorsichtig-
> sten Gebrauch davon. Dem Untersuchungsrichter Wagner sind sie
> geheim mitgetheilt worden. [...] das aber ist ziemlich constatirt,
> daß Preller (= der verdächtige Offenbacher Drucker) von Gießen
> aus Nachricht von Minnigerodes Verhaftung erhielt, also sich vor-
> sehen konnte, und daß er alsbald nach Darmstadt reiste, um hier
> gleichfalls Nachricht zu geben.[83]

Der Verräter war Johann Conrad Kuhl, zeitweise Gemeinderat von Butzbach, ein alter Schulfreund und Militärgenosse Weidigs, vertraut wie eine Laus im Pelz. Unter dem Deckmantel der
Freundschaft agierte er als Mitarbeiter der Staatssicherheit. Noellner
charakterisiert ihn ausführlich,[84] mit Hilfe diverser Protokolle und
Schreiben, deren wichtigstes eine auf den 15. Mai 1837 datierte rück-
blickende Einschätzung des Innen- und Justizministers du Thil persönlich ist. Demzufolge hatte Kuhl den Frankfurter Wachensturm
am Tag vorher angezeigt, hatte damit seine Glaubwürdigkeit bewie-
sen und am 12. März 1833 ein Dokument des Großherzogs erwirkt,
das ihm (ohne Nennung seines Namens) für präzise Eröffnungen
über geplante Verschwörungen «Verschwiegenheit seines Namens,
Ungestraftheit seiner Person [...] und selbst Unsere Erkenntlich-
keit» zusichert. Ein zweites, auf seinen Namen ausgestelltes groß-
herzogliches Dokument (vom 17. Juni 1833) sagt ihm für den Fall
seiner Verurteilung «vollständige Straflosigkeit» zu. Mit anderen
Worten: Kuhl war ein bezahlter Spion. Aber das wußten damals nur
Minister du Thil und der Großherzog selbst. Du Thil ist zwar pro
forma befremdet über seine Gerichte, weil «Personen, deren ganzes
Treiben uns bekannt war, zu meinem Erstaunen erst im zweiten und

dritten Jahre der Untersuchung in dieselbe hineingezogen worden sind». Aber er weiß es ja selbst und sagt erst verklausuliert, daß er sich selbst gespalten und seine private Person «dem Allerhöchsten Willen gemäß sehr sorgfältig von dem Minister des Innern und der Justiz geschieden habe», dann im Klartext: Das Ministerium des Innern habe offiziell «nicht die mindeste Kenntnis von dem ganzen Verhältnisse, seine Registratur kein Blatt Papier, das sich darauf bezöge.» Die Gerichte konnten sich deshalb auf Kuhl nicht berufen. Dieser gab sein Wissen immer nur scheibchenweise preis, aber du Thil wußte trotzdem von Anfang an weit mehr als Georgi. Er fragt auch, einen Vorwurf an seinen Landesherrn andeutend, ob die mehrjährigen Untersuchungen die Aufenthaltsorte der Flüchtigen, die Personen, die ihre Entweichung ermöglicht haben, die Pässe, die benötigt wurden etc. so genau herausgefunden hätten, «als sie sich nach Kuhls Angaben hätte[n] darstellen lassen, wenn Se. Königl. Hoheit nicht Mittheilungen dieser Art von jeher untersagt hätten.» Du Thil trennte sich im März oder April 1835 schließlich von Kuhl und empfahl dem Großherzog, seine «Spenden einzustellen». So geschah es – obgleich Ludwig II. dem zweifelhaften Subjekt «in gewohnter Güte» noch einmal eine Unterstützung reichen ließ.

Noellner ist über den niederträchtigen Kuhl sehr erbost und erklärt apodiktisch, die Aussagen eines solchen Menschen hätten, weil nicht von Wahrheitssuche, sondern von der «Grundsatzlosigkeit der klingenden Münze» bewirkt, «nicht den mindesten rechtlichen Wert.» Wir können und werden, fährt er überraschend fort, «von Kuhls Aussagen über Weidig, so bestimmt und ausgedehnt sie auch sind, keinen Gebrauch machen und die folgenden Blätter sind deshalb auch leer von ihnen.» Die Behörden wußten Bescheid, fanden aber auch im Dezember 1834 «die desfalsigen Indicien noch unzureichend, um auf dem Untersuchungswege gegen die verdächtigen Subjecte vorschreiten zu können.»[85]

Was läßt sich daraus schließen? Eine großherzogliche Marotte schützt Kuhl, die Gerichte können seine Angaben nicht verwenden, sich nicht schriftlich auf sie berufen, ihn als Zeugen nicht laden; sie arbeiten in ihrer Art korrekt. Deshalb wird Weidig erst im April 1835 verhaftet, obgleich Kuhl ihn schon 1833 als Mitverschwörer des Frankfurter Wachensturms angezeigt hatte und 1834 als Kopf der Landbotenaktion. Deshalb wird auch Georg Büchner nicht im August 1834 verhaftet, denn Georgi wußte zwar alles, hatte aber nichts korrekt Verwendbares in der Hand. Deshalb kann Büchner noch bis Ende Februar 1835 unbehelligt in Darmstadt bleiben, obgleich den Behörden bekannt war, wo er sich aufhielt. Kuhl lieferte. Der tapfere Minnigerode aber «beharrte im Läugnen.»[86]

Die Schlinge zog sich erst Ende April 1835 zu, als eine zweite Verhaftungswelle folgte. Dazu war ein weiterer Informant nötig gewesen: der Student Gustav Clemm. Seine Untat erfuhren die Verschwörer schnell, weshalb sie ihm die ganze Denunziation in die Schuhe schoben, denn von Kuhl wußten sie weiterhin nichts. Sogar Georgi selbst tappte 1834/35 in dieser Hinsicht im Dunkeln. Erst Noellner klärte dann eindeutig auf, «Kuhl, nicht Clemm, welchen man dessen beschuldigte, habe durch eine Anzeige die Verhaftung Minnigerode's herbeigeführt.»[87] Anders als Kuhl war Clemm als Zeuge verwendbar. Er machte die entscheidenden Aussagen in einem Verhör vom 21. April 1835.[88] Er wurde, um die übrigen Verschwörer in Sicherheit zu wiegen, nicht sofort, sondern erst am 8. Mai 1835 verhaftet. In die Zwischenzeit fällt als wichtigste Folge dieses Verhörs die Verhaftung Weidigs am 24. April 1835. Auch Büchner wäre, das kann man mit Sicherheit schließen, jetzt verhaftet worden, wenn er noch greifbar gewesen wäre. Am 5. Mai erfuhr er von Weidigs Verhaftung.[89]

Clemm war ein ganz anderer Typus als Kuhl. Er war jung (zwanzig Jahre, als man ihn verhaftete) und hübsch, kam aus vermögenden Verhältnissen, wurde mit sechzehn Theologiestudent in Gießen (wechselte später, wurde Apotheker und Chemieindustrieller)[90], zog sich wegen «polizeilichen Unfugs» zweimal Karzerstrafen zu, saß als Achtzehnjähriger acht Monate ein wegen des Frankfurter Wachensturms, wurde gegen Kaution am 20. März 1834 freigelassen, schloß sich erneut der Gruppe Weidig an, wurde gelegentlich verhört, leugnete aber beharrlich, bis er am 21. April 1835 aus der Sicht der Untersuchungsbehörden vom Saulus zum Paulus wurde. Denn er bekannte nun alles, aber nicht wie Kuhl

«Von tiefer Reue
durchdrungen»:
Gustav Clemm

des Mammons wegen, sondern «aus Liebe zu einem Mädchen».[91]
Er sagt, er habe eine Läuterung erfahren. «Von tiefer Reue durchdrungen», so schreibt er am 22. Mai 1835 an Seine Königliche Hoheit, «wagt es ein junger Mann, aus dem Gefängniß zum Throne
Ew. K. H. seine Stimme zu erheben, der zwar lange Zeit den teuf-
lischen Verführungskünsten einer ränkevollen und ruchlosen Partei unterlag, der aber auch, nachdem einmal die Stimme seines
besseren Selbst erweckt worden war, durch eigne moralische Kraft
sich wieder aufgerichtet» habe.[92]

Weidig, aber auch Büchner haben wir uns aus der Sicht dieses
reuigen Sünders als teuflische Verführer vorzustellen. Man muß an
dieser Sicht nicht notwendig zweifeln. Clemm mag ein schwacher
und auch von der Staatsmacht verführbarer Mensch gewesen sein,
aber es ist kein ruchloser Standpunkt, den Status quo des Großher-

zogtums Hessen-Darmstadt einer Revolution mit fraglichem Ausgang vorzuziehen. Clemm hatte jedenfalls keinen Vorteil von seinem Verhalten. Das aktenmäßig sorgfältig darzulegen ist Noellner
sehr bemüht, gegen Wilhelm Schulz, der Clemm als Denunzianten
benannt hatte, der mit dem Untersuchungsrichter «in vertraulichem
Verkehr»[93] gestanden habe.

Büchner weiß bereits am 20. April (offenbar aus irgendwelchen
«Collusionen») der Familie nach Darmstadt zu melden, daß Clemm
«eingezogen» worden sei[94] (was nicht ganz stimmt: er wurde verhört, aber nicht verhaftet). Im Juni 1835 ist er genauer informiert:
«Klemm ist ein Verräther, das ist gewiß.»[95] Da niemand von Kuhl
wußte, häufte sich der gesamte Denunziationsverdacht auf Clemm.
Dieser galt Georgi als «lauter und aufrichtig», weil er sich fügte,
anders als Weidig, der sich nicht fügte. Die Aufgabe der gerichtlichen Untersuchung sei, so doziert er, «moralische Besserung der
Schuldigen herbeizuführen». Dieses Ziel habe Clemm «schon jetzt
erreicht», er sei «zur Erkenntnis der Pflichten des Menschen und
Staatsbürgers» gekommen.

Georgi stellt mehrmals Freilassungsanträge wegen Clemms Reue,
seiner konstruktiven Mitarbeit und seiner schwächlichen Konstitu-
tion, aber sie werden vom Hofgericht mehrmals abgelehnt. Der
junge Mann, der ihm anscheinend auch schmeichelt («da führte
mich während dieses Kampfes in meiner Seele eine himmlische Fügung zu einem Ehrenmanne»), hat es ihm angetan. Ihn betrachtet
er nicht als Simulanten, sondern läßt ihm durch den Gefängnisarzt
Lungenschwindsucht und Wahnsinn als mögliche Folgen einer weiteren Haft bescheinigen. Unter strengen Auflagen wird Clemm
dann am 28. August 1835 entlassen. Da er gesagt hatte, was er wußte,
bestand kein Grund mehr, ihn in Haft zu halten. Georgi vertraute
ihm und zog Nutzen daraus. Clemm setzte seine konstruktive Mitarbeit treulich fort und zeigte staatstragenden Eifer bei Gegenüber-
stellungen mit inhaftierten Mittätern.

Das Hofgericht ließ sich davon nicht beirren. Am 8. Dezember
1838 wurde ihm eine Zuchthausstrafe von zehn Jahren zuerkannt.[96]
Die großherzogliche Amnestie vom 7. Januar 1839 ersparte ihm das
Absitzen. Seine Königliche Hoheit hat dabei «in landesväterliche
Erwägung gezogen, welch' hoher Grad von Verführung in der

Q[uaestio] 96. Der Marburger Bürger, den Sie gleichfalls als in Baden-
burg anwesend erwähnt haben, soll nach anderen Angaben allerdings ein
Hutmacher Namens Kolbe gewesen sein. Wie verhielt sich dieser in der
Badenburger Versammlung? R[esponsum]. O! der war sehr lebhaft! nicht
vom Weine, sondern aus Begeisterung und völliger Beistimmung der
Vorträge, die Student Büchner hielt. Er fiel diesem mehrmals um den
Hals und herzte ihn, er nahm ihn schwebend in die Höhe und trug den
Büchner herum mit der Aeußerung: Anders könne es nicht gehen! er
habe das Rechte gesagt! Dieser Kolbe schien in das Marburger Treiben
ganz eingeweiht zu sein und er erklärte seine Beistimmung zu dem, was
in Badenburg verhandelt wurde. v[orgelesen] u[nd] g[enehmigt].
(Verhörprotokoll Gustav Clemm 2. Juni 1835)

Mitte lag, und daß gerade diejenigen Personen» – gemeint sind allen
voran Weidig und Büchner –, «welche die Unerfahrenheit, Charac-
terschwäche oder Eitelkeit der ausersehenen Werkzeuge» – gemeint
sind allen voran Clemm und August Becker – «zu mißbrauchen verstanden, und weit strafbarer erscheinen, als viele der Verurtheilten,
dem Arm der Gerechtigkeit, ehe er sie erreichen konnte, sich entzogen haben.»[97] Weidig als Anführer hätte wegen Hochverrat mit der
Todesstrafe rechnen müssen.[98] Büchner wären zehn Jahre Zuchthaus gewiß gewesen.

Die Wende des Lebens

«Das Exil, für Andre eine Plage, war Wohltat für ihn.» Das
behauptete Karl Gutzkow;[99] er dachte dabei an die junge Dame, der
Büchner in Straßburg versprochen war. Aber so einfach war das
nicht. Wie kam es zu Büchners Flucht, wie verlief und wie endete
sie?
Schon lange herrschte Unruhe in Deutschlands Jugend. Zum
Hambacher Fest im Mai 1832 waren dreißigtausend gekommen,
die Einheit und Freiheit verlangten. Friedlich schien dieser Wunsch
nicht in Erfüllung gehen zu können, auch hätte das wenig Charme
gehabt für die Romantiker unter den Rebellen. Es gab viele Revo-
lutionsschwärmer, die einen gewaltsamen Umsturz vorzogen und
für relativ einfach hielten. Ihr erster Großversuch scheiterte kläg-
lich: der Frankfurter Wachensturm, bei dem am 3. April 1833 fünfzig Aufrührer die Hauptwache und die Konstablerwache stürm-
ten, in der Hoffnung, dort Geld und Waffen zu erbeuten und einen
allgemeinen Volksaufstand zu bewirken. Eine halbe Stunde lang
waren die Rebellen im Besitz beider Wachen, das «Volk» aber
verhielt sich «theils stumpf, theils unsicher und ungleich».[100] Die
Linientruppen waren aufgrund der Vorwarnung durch Kuhl rechtzeitig mobilisiert worden und nach kurzer Zeit wieder Herren der
Lage. Es hatte allerdings neun Tote gegeben. Das konnte nicht
mehr verharmlost werden. In ganz Deutschland wurde bald darauf
nach Wachenstürmern gefahndet. Auch im Großherzogtum Hessen-Darmstadt gab es Verhaftungen, darunter Clemm, und Ver-

nehmungen, darunter Weidig. Anfang 1834 wurden die meisten Eingezogenen wieder entlassen. Sie bestätigten das staatliche Mißtrauen, indem sie sogleich wieder zur Opposition stießen und dieser ihre Erfahrung zur Verfügung stellten. Die Verschwörer wußten jetzt, daß ein allgemeiner Volksaufstand nicht spontan ausbrechen würde, und wollten ihn deshalb durch Meinungsbildung vorbereiten. Das war das Ziel der Flugschriftenaktionen des Weidig-Kreises. Die Behörden hatten insoweit nicht unrecht, wenn sie das starke Wort «Hochverrat» für diese kleinen Schriftchen verwendeten und ihre Verfasser Demagogen und Volksaufwiegler nannten. Den *Hessischen Landboten* stuften sie als das gefährlichste Produkt dieser Aktivitäten ein.[101] Die Fahndung nach Büchner ist deshalb ein Herzstück der großherzoglich-hessisch-darmstädtischen Demagogenverfolgung.

Büchner ahnte nichts von Kuhl und verließ sich zunächst fest auf Minnigerode. Sie hatten geschworen, einander nicht zu verraten, unter keinen Umständen. Wer nicht dichthielt, sollte getötet werden – das hatte zumindest einer der Mitverschworenen vorgeschlagen.[102] Die Nachricht von Minnigerodes Verhaftung hatte sich wie ein Lauffeuer unter den Gießener Studenten verbreitet, so daß auch Büchner noch am gleichen Abend Bescheid wußte. Als erstes räumte er sein Zimmer auf und entfernte alles, was ihn politisch hätte belasten können. Private Post ließ er liegen – darunter einen Brief von dem lieben, harmlosen Straßburger Freund Eugène Boeckel, der ihn zu einem Treffen in Frankfurt einlud. Das hatte er zwar schon abgesagt, aber der Brief war geeignet, eine falsche Fährte zu legen und der Polizei einen harmlosen Grund für seine Abwesenheit vorzutäuschen. Dann machte er sich am Abend des 1. Augusts 1834 auf den Weg nach Butzbach, um Weidig, Zeuner und August Becker zu warnen. Von dort ging er noch in der gleichen Nacht, «theils zu Fuß, theils fahrend mit Postillonen und sonstigem Gesindel», nach Offenbach.[103] Dort angekommen, benachrichtigte er den Drucker Carl Preller, der den *Hessischen Landboten* vervielfältigt hatte, und veranlaßte ihn, die Presse zu verstecken – sie verschwand unter den Dielen. Von dort ging er nach Frankfurt, um seinen Alibiplausch mit Boeckel zu halten, der sehr verwundert war. Die allgegenwärtige Polizei, die Büchners Zimmer in seiner Abwesenheit durchsucht und den Einladungsbrief gelesen hatte, stellte Boeckel einige Tage später in Mainz, fragte ihn aus, erfuhr von der ursprünglichen Absage, dem überraschenden Erscheinen und den auffallend belanglosen Gesprächsinhalten, so daß der erfahrene Georgi sich bestätigt sah in der Annahme, der eigentliche Zweck der Reise müsse ein anderer gewesen sein.[104] Büchner war am 5. August vormittags wieder in Gießen angelangt, fand sein Zimmer versiegelt und entschloß sich zu einer kühnen Vorwärtsverteidigung. Wir kennen sie aus beiden Perspektiven, aus einem Brief Büchners und aus dem polizeilichen Protokoll, und lassen beide folgen:

> Den Universitätsrichter habe ich mittelst des höflichsten Spottes fast ums Leben gebracht. Wie ich zurückkam, mein Zimmer mir verboten und mein Pult versiegelt fand, lief ich zu ihm und sagte ihm ganz kaltblütig mit der größten Höflichkeit, in Gegenwart mehrerer Personen: wie ich vernommen, habe er in meiner Abwesenheit mein Zimmer mit seinem Besuche b e e h r t, ich komme, um ihn um den Grund seines gütigen Besuches zu fragen etc. – Es ist Schade, daß ich nicht nach dem Mittagessen gekommen, aber auch so barst er fast und mußte diese beißende Ironie mit der größten Höflichkeit beantworten. Das Gesetz sagt, nur in Fällen sehr d r i n g e n d e n Verdachts, ja nur eines Verdachtes, der statt h a l b e n B e w e i s e s gelten k ö n n e, dürfe eine Haussuchung vorgenommen werden. Ihr seht, wie man das Gesetz auslegt. Verdacht, am wenigsten ein dringender, kann nicht gegen mich vorliegen, sonst müßte ich verhaftet seyn; in der Zeit, wo ich hier bin, könnte ich ja jede Untersuchung durch Verabreden gleichlautender Aussagen und dergleichen unmöglich machen. Es geht hieraus hervor, daß ich durch nichts compromittirt bin und daß die Haussuchung nur vorgenommen worden, weil ich nicht liederlich und nicht sclavisch genug aussehe, um für keinen Demagogen gehalten zu werden.[105]

Der Brief wurde am 8. August 1834 an die Eltern geschrieben und enthält nicht die ganze Wahrheit. Büchner tut so, als seien die Vorwürfe reine Erfindung. In der Tat konnte man ihm nichts nachweisen, weil man außer der anonymen, nicht gerichtsfesten Kuhlschen Denunziation nichts in der Hand hatte. Georgi läßt sich trotzdem nicht täuschen. Er berichtet am 4. August dem Ministerium, er habe Zweifel gehabt, «ob auf die Anzeigen, wie sie mir höchsten Orts geworden», das Hofgericht «die eventuelle Captur» (Gefangennahme) als gerechtfertigt erklären werde. Auch hätte der Vollzug mitten in der Nacht zuviel Geräusch verursacht und den Gesuchten zur Flucht veranlassen können. «Ich ließ darum im Laufe der Nacht das Haus (dem Rentamtmann Bott gehörig) vorsichtig unter Aufsicht stellen und sobald es heute früh um 5 Uhr darin lebendig wurde, begab ich mich *cum Actuario* dorthin, hörte aber zu meinem Verdrusse», daß Büchner abgereist sei. Das ganze Gelaß wurde genau durchsucht, «mehrfache Literalien» wurden zu den Akten genommen. Büchner sei nach den Aussagen des Rentamtmanns Bott seit Herbst 1833 dort wohnhaft, habe «sehr häufig Reisen unternommen, und eine starke Correspondenz geführt», habe Umgang nur mit republikanisch gesonnenen Studierenden gehabt, wie Clemm, Minnigerode, August Becker und anderen. Unter den beschlagnahmten Briefen befänden sich mehrere von einem Eugène Boeckel aus Straßburg, der den Büchner eingeladen habe, ihn in Frankfurt zu treffen. «Dies giebt eine Vermuthung, daß Büchner nach Frankfurt gegangen sey, und ich habe darum soeben dem Polizeyamt daselbst Signalement und thatsächlichen Verhalt mit dem Ersuchen mitgetheilt, nach zu spüren, zu durchsuchen und Alles zu verhaften, was verdächtig sey. Ein gleiches Signalement schließe ich zum dienlich scheinenden Gebrauche hier bey.»

Es folgt ein Steckbrief, fast ein Jahr früher als der im Juni 1835 in den Zeitungen veröffentlichte, detaillierter, was den Bart betrifft («blond, etwas am Kinne und schwacher Schnurrbart») und hinsichtlich der besonderen Kennzeichen. Der Gesuchte habe einen «düsteren, nach der Erde gesenkten Blick» und sei «dem Anscheine nach kurzsichtig, trägt zuweilen eine Brille.» Das Signalement hilft unserer Vorstellungskraft mit weiteren Einzelheiten auf: «Geht etwas einseitig. – Wahrscheinliche Kleidung: Runder schwarzer Hut; Rock: blautüchner, eine Art Polonaise mit Schnüren auf Brust und Rücken, sog. Blattlitzen; Beinkleider: unbekannt; Stiefeln: gewöhnlich.»[106]

Über Büchners Beschwerde berichtet Georgi, von der «beißenden Ironie» unbeeindruckt, dem Ministerium Folgendes:

Heute um 11 Uhr hat sich der Student Georg Büchner aus Darmstadt bey mir sistirt [eingestellt], darnach gefragt, warum in seiner
Abwesenheit seine Effecten durchsehen und unter Siegel genommen worden seyen. Ich habe ihm die Ursache in allgemeinen Umrissen angedeutet und ihn über Zweck und Veranlassung seiner
mehrtägigen Abwesenheit zum Protocoll genommen. Er gibt an:
[– es folgt eine genaue Routenbeschreibung Büchners, wie er über
Butzbach nach Frankfurt und zurück über Vilbel und Butzbach
wieder nach Gießen gegangen sei; Offenbach bleibt unerwähnt.]
Die Veranlassung der Reise ist durch den vorgefundenen Brief des
Eugen Bückel actenmäßig gewiß, ob der angegebene Zweck der
Zusammenkunft der wahre sey, ist eine andre, sehr zu bezwei-
felnde Frage. Die Art der Reise im Vergleich mit der ähnlichen des
Minnigerode ist sehr verdächtig, und ich komme zu der nahen Vermuthung, daß sie gleichen Zweck gehabt hätte. Da indessen bis
jetzt kein bestimmter Anhaltspunkt gegeben ist, und B ü c h n e r
s i c h g e w i ß n i c h t g e s t e l l t h a b e n w ü r d e, w e n n e r s i c h
n i c h t h i n l ä n g l i c h s i c h e r w ü ß t e; s o h a b e i c h e s g e w a g t,
d i e b e f o h l e n e V e r h a f t u n g n i c h t z u v o l l z i e h e n [...].[107]

Das bleibt juristisch der Stand der Dinge mehr als ein halbes
Jahr lang, bis zu den Aussagen Clemms am 21. April 1835. Das
Schwert schwebt über Büchner, aber es fällt nicht. Die polizeiliche
Überprüfung seines Reisewegs bestätigt seine Angaben. Georgi läßt
sich davon nicht irritieren und trifft den Nagel auf den Kopf mit
seiner Annahme, der Reisezweck sei «lediglich fingirt» und die Zu-
fälligkeit von Boeckels Einladung nach Frankfurt glücklich genug
benützt worden zu sein, «die wahre Absicht zu bemänteln».[108]

Doch der Schreck saß tief bei Büchner. Die Akten über ihn versiegen abrupt. Er scheint das Semester noch ordentlich zu Ende geführt zu haben. Ein Zeugnis vom 6. September 1834 hat sich erhalten, demzufolge er die Vorlesungen über die Logik und das
Naturrecht «mit lobenswerthem Fleiße» gehört habe.[109] Noch im
September hat Büchner Gießen dann verlassen, um den Winter im
Elternhaus in Darmstadt zuzubringen. Das sei, schreibt Ludwig
Büchner sechzehn Jahre später, «auf Wunsch seines Vaters» geschehen.[110] Man kann daraus schließen, daß der Vater ausreichend viel
wußte, um den Sohn unter Kontrolle halten zu wollen. Die Verfol-

gungen der Gießener Studenten waren Stadtgespräch auch in Darmstadt, und mit oder ohne konkreten Verdacht erschien es Ernst Büchner sinnvoll, seinen Ältesten vom Ort der Gefahr fernzuhalten. In Straßburg kursierten bereits im September 1834 Gerüchte, Büchner sei arretiert.[111] Büchner beschäftigt sich zwar auch in Darmstadt mit medizinischen Studien und hält unter Anleitung des Vaters sogar eine Art Vorlesung, aber das Normale wäre selbstverständlich eine Rückkehr nach Gießen gewesen. In Darmstadt zu bleiben gebot einerseits der vermutlich strikte Befehl des Vaters, andererseits aber auch die Furcht, sich in Gießen von der Konspiration nicht fernhalten zu können. Denn die Freunde machten ja vorerst weiter. Sie verteilten vorsichtig noch viele Exemplare des *Hessischen Landboten*. Als die Auflage, vermutlich etwa 1200 Stück, zur Neige ging, organisierte Weidig, der bei den Bauern einen ungewöhnlichen Eindruck der Schrift wahrgenommen haben wollte, sogar eine leicht veränderte zweite in vierhundert Exemplaren.[112] Büchner war daran nicht beteiligt. Er wollte nicht mehr. «Büchner war nämlich damals schon weg», heißt es lapidar in einem Verhör des Gustav Clemm.[113] «Damals» bezog sich in diesem Zusammenhang auf den November 1834. Mit Büchner war nicht mehr zu rechnen. Viel verwegener, verschlagener, verschwiegener hätte er sein müssen, um weiter mitzuhalten, aber das war er nicht. Oder hatte er sich sogar unmöglich gemacht in seinem Polenrock? Ludwig Rosenstiel, ein eingeweihter Burschenschaftler, schreibt am 22. Oktober 1834 aus Darmstadt an Clemm, mit Büchner, «diesem unvorsichtigen und höchst verdächtigen Menschen», werde er sich «niemals in das Geringste einlassen», es sei sogar dem Ministerium bekannt, daß er «wie ein Hanswurst verkleidet in geheimen Aufträgen zu Offenbach war».[114] Damit können nur die beiden *Landboten*-Reisen gemeint sein – die erste im Juni (so August Becker)[115] oder Juli 1834 zur Überbringung des Manuskripts an den Drucker Carl Preller in Offenbach, die zweite, brandeilige, am 2. August 1834 zur Warnung des Druckers. Im Ministerium wußte man Bescheid, das bestätigt auch dieser Brief, aber immer noch konnte man Büchner gerichtsfest nichts nachweisen.

Jedenfalls verhielt sich der auffällig Gewordene unauffällig. Was es an Nachrichten über ein weiteres revolutionäres Tun im Herbst und im Winter 1834 gibt, bleibt verwischt und unergiebig. Die Darmstädter Sektion der Gesellschaft für Menschenrechte trifft sich unter Büchners Leitung noch vier oder fünf Mal, zuletzt im Oktober 1834.[116] Der Herbst 1834 ist der große Wendepunkt in Büchners Leben. «Ich habe mich», schreibt Georg im März 1835, «seit einem halben Jahre» – also seit September 1834 – «vollkommen überzeugt, daß Nichts zu thun ist, und daß Jeder, der im Augenblicke sich aufopfert, seine Haut wie ein Narr zu Markte trägt. Ich kann Dir nichts Näheres sagen, aber ich kenne die Verhältnisse, ich weiß, wie schwach, wie unbedeutend, wie zerstückelt die liberale Parthei ist, ich weiß, daß ein zweckmäßiges, übereinstimmendes Handeln unmöglich ist, und daß jeder Versuch auch nicht zum geringsten Resultate führt.»[117] Am Projekt, im Oktober 1834 in Darmstadt eine Druckerpresse zu beschaffen, war Büchner nicht beteiligt.[118]

Die direkten Nachrichten über Büchners Flucht sind sehr spärlich. Ludwig Büchner gilt als der wichtigste Zeuge, aber ist ihm zu trauen? Er war 1835 erst elf Jahre alt, so daß seine Aussagen mehr als Familienüberlieferungen denn als historische Tatsachen zu betrachten sind. «Nachdem Büchner zweimal, in Friedberg und Offenbach, verhört, jedoch immer wieder entlassen worden war» – aktenmäßige Belege für diese Verhöre gibt es nicht –, «wuchs der Verdacht gegen ihn, und die Straße, in der er wohnte, war täglich an beiden Enden durch Polizisten bewacht.»[119] Wozu hätte das dienen sollen? Wahrscheinlicher ist es, daß die Flucht durch eine von einem Polizeidiener überbrachte Vorladung nach Friedberg (wo schon Minnigerode einsaß) oder Offenbach[120] ausgelöst wurde. Der Vater jedenfalls glaubte den Sohn unterwegs nach Friedberg.[121] Er war nicht eingeweiht. Auch familiär war er mit anderem beschäftigt, da in diesen Tagen (am 11. Februar 1835) sein eigener Vater gestorben war.[122] Generell war aus Georg damals nichts herauszuholen gewesen – «er sprach selten, aß wenig und zeigte immer eine verstörte und stiere Miene.»[123]

Der Bruder Wilhelm war zu der Zeit, von der er 44 Jahre später berichtet, achtzehn Jahre alt. Bei ihm kommen zwar auch Verhöre vor, aber Orte und Verläufe sind anders. «Vorladungen nach Offenbach vor den Untersuchungsrichter wich er aus; eine Vorladung in das Arresthaus in Darmstadt umging er damit, daß er mich an seiner Statt hinschickte; ich war dahin instruiert, mich nicht früher zu erkennen zu geben, als bis das Protokoll angefangen würde, und möge ich beobachten, ob man die Absicht zeige, mich (für ihn) in Haft zu nehmen. Wir hatten schon tagelang eine Leiter in dem Garten an die Mauer gelehnt, mit deren Hülfe er in andere Gärten flüchten wollte, wenn die Häscher kämen.»[124] Diese Leiter ist eine Mythe wie Luthers Tintenfleck auf der Wartburg. Der vernehmende Richter war Patient bei Ernst Büchner, kannte die Familie genau und schickte Wilhelm gleich wieder nach Hause.[125] Wieder anders ausgeschmückt erzählt kurz nach 1900 diese Geschichte der jüngste, seinerzeit siebenjährige Bruder Alexander.[126]

Ob es nun eine Vorladung war, eine Verhaftung oder eine bedrohliche Nachricht – jedenfalls ist Georg Büchner Anfang März 1835 in Panik abgereist, nämlich noch bevor er die 100 Gulden Honorar in Händen hatte, die ihm für *Danton's Tod* zustanden und die wenige Tage nach seiner Abreise in Darmstadt eintrafen. «Er nahm seinen Weg durch Württemberg und Baden und wurde» – wenn wir Ludwig Büchner glauben dürfen – «überall von den Anhängern der geheimen Gesellschaften weitergefördert.»[127] Am 9. März meldet Büchner sich aus Weißenburg (Wissembourg) im Elsaß. «Die Reise ging schnell und bequem vor sich», schreibt er an die Eltern. Württemberg zu berühren wäre ein riesiger Umweg gewesen und hätte zwei zusätzliche Grenzübertritte erfordert. Irgendwo mußte er über den Rhein, das konnte gefährlich sein, denn die wenigen Brücken (Mainz, Mannheim, Straßburg) ließen sich leicht kontrollieren. Aber es gab noch etliche Fähren, außerdem Boote. Für eine flächendeckende Überwachung ihrer Grenzen hatten die damaligen Staaten nicht die polizeiliche Kapazität. Die Kontrollen konnte man umgehen oder riskieren. Man brauchte nicht unbedingt einen Paß. In einem Baedeker von 1849 wird zwar empfohlen, man solle sich nicht ohne Paß auf Reisen begeben, aber die Praxis scheint läßlich gewesen zu sein: «Es ist leicht möglich, daß man ihn zehnmal nicht gebraucht, fehlt er aber zum elftenmal, so sind unangenehme Erörterungen mit Polizeibeamten und mindestens Aufenthalt unvermeidlich.» Obwohl man auf den rheinischen Dampfbooten (die bereits seit 1827 regelmäßig verkehrten) und Eisenbahnen (die es 1835 noch nicht gab) ohne einen Paß

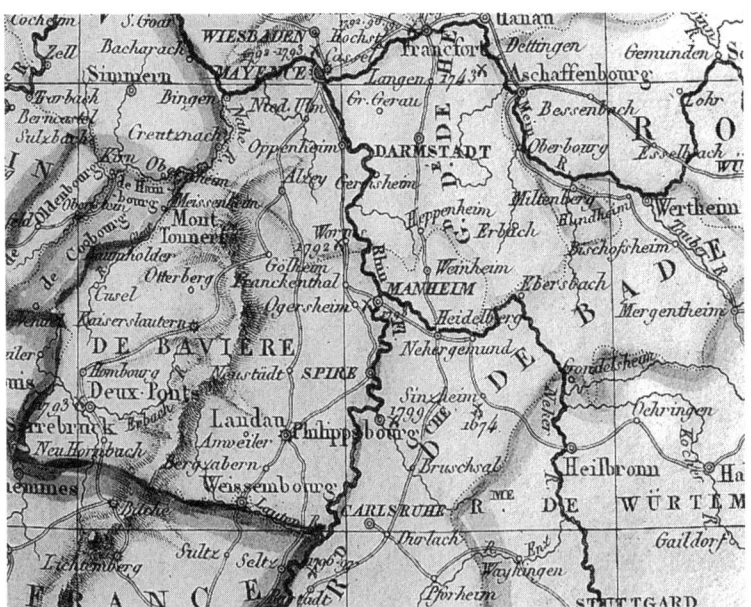

Der kürzeste Fluchtweg: Darmstadt – Worms – Speyer – Weißenburg –
Straßburg.

reisen könne, «so fordern doch die Posten von Unbekannten zuweilen einen Paß oder sonst eine Legitimation.»[128] Es hing insbesondere
vom Gepäck ab, ob man kontrolliert wurde oder nicht. «Der Spazier-
gänger geht frei durch», informiert der Reiseführer über den französischen Grenzposten an der Rheinbrücke bei Kehl.[129] Vermutlich reiste der junge Student mit sehr leichtem Gepäck, um nicht aufzufallen.
    Die Strecke maß insgesamt knapp zweihundert Kilometer. Zwei
Grenzen waren es, wenn man zunächst im Großherzogtum Hessen-
Darmstadt blieb, bei Worms den Rhein querte und dann linksrhei-
nisch durch Rheinbayern ins Elsaß zog. Büchner hatte Verwandtschaft bei Landau und kannte diesen Weg.[130] Es ist der nächstliegende
für jemanden, der bei Weißenburg nach Frankreich einreist. Ebenfalls zwei Grenzen hätte Büchner zu überwinden gehabt, wenn er
von Darmstadt aus südlich nach Baden gegangen und dann bei
Karlsruhe über den Rhein direkt nach Frankreich übergesetzt wäre.
Mit dem Eilwagen, der ihn ungefähr zehn Gulden gekostet hätte,
hätte er rund zwanzig Stunden reine Fahrzeit, also zwei bis drei

Tage Reisezeit benötigt. Mit billigeren Verkehrsmitteln und den Umwegen, die durch die illegalen Grenzübertritte möglicherweise erforderlich waren, konnten daraus auch vier oder fünf Tage werden, aber das wäre nicht «schnell und bequem» gewesen. Vielleicht halfen politische Freunde, die für das eine oder andere Teilstück einen Wagen stellten, aber das kann eine Legende sein. Von Weißenburg aus sind es dann noch 70 Kilometer nach Straßburg. Büchner schreibt am 9. März 1835 an die Eltern:

> Seit ich über der Gränze bin, habe ich frischen Lebensmuth, ich stehe jetzt ganz allein, aber gerade das steigert meine Kräfte. Der beständigen geheimen Angst vor Verhaftung und sonstigen Verfolgungen, die mich in Darmstadt beständig peinigte, enthoben zu seyn, ist eine große Wohlthat.[131]

Am 11. März kommt er in Straßburg an. Er wird sich bei Minna gemeldet haben, klopfenden Herzens vermutlich, doch ist über seinen Empfang keine einzige Nachricht erhalten. Bestimmt hat sie sich gefreut, ihn fortan in der Nähe zu haben. Bestimmt war sie aber auch irritiert über seine Mittellosigkeit und Ausgestoßenheit und tat alles, um ihn auf einen bürgerlichen Weg zurückzubringen. Er selbst wollte das wohl auch. Eine vorläufige Unterkunft fand sich irgendwie. Bei seiner Verlobten zu schlafen wäre ungehörig gewesen, aber er hatte ja Freunde und Verwandte in und um Straßburg. Alles ist erst einmal provisorisch. Ein bißchen Geld hatte er oder gedachte er zu bekommen. Die zehn Friedrichsd'or Honorar für *Danton's Tod* mochten eine Kaufkraft von rund zweitausend Euro haben.[132] Büchner lebte bescheiden, aber nicht ärmlich. Ein Vierteljahr, so schreibt er mit angestrengter Ironie an Karl Gutzkow, hoffe er, seine Faulheit fristen zu können. Der Wortwitz reißt ihn mit, er macht vier Vorschläge, wie er dem Verhungern entgehen könnte, alle vier typisch für die Biedermeier- oder Vormärzzeit. Er nehme «Handgeld entweder von den Jesuiten für den Dienst der Maria oder von den St. Simonisten für die *femme libre* oder sterbe mit meiner Geliebten.» Er fügt noch hinzu: «Vielleicht bin ich auch dabey, wenn noch einmal das Münster eine Jacobiner-Mütze aufsetzen sollte.»[133]

Aus all dem wurde nichts. Geld gaben ihm weder die Jesuiten noch die Saint-Simonisten. Minna kochte für ihn, vom Liebestod hielt sie nichts. Vom jakobinischen Treiben hielt Büchner sich fern.[134] Er wurde ein sehr fleißiger, sehr zielstrebiger Student. Er glaubte nicht mehr an eine baldige Revolution. Er ließ, schreibt ein enttäuschter politischer Freund, «alle Flügel der Hoffnung sinken» und verließ «die Reihen seiner Mitstreiter».[135] Er hörte bald auf, so erinnert sich Karl Gutzkow, «von gewaltsamen Umwälzungen zu träumen», denn: «Die zunehmende materielle Wohlfahrt der Völker schien ihm auch die Revolution zu verschieben.»[136]

Georg gedenkt der Gefangenen

Was politisch nicht möglich war, hinterließ doch menschlich eine breite Spur. In Georgs Gedanken und Gefühlen sind die einstigen Mitstreiter sehr gegenwärtig. Das Schicksal der Gefangenen und Flüchtigen beschäftigt ihn unausgesetzt. Stets denkt er an sie und daran, wie es ihm hätte ergehen können:

Ich habe hier noch mündlich viel Unangenehmes aus Darmstadt erfahren. Koch, Walloth, Geilfuß und einer meiner Gießener Freunde, mit Namen Becker, sind vor Kurzem hier angekommen, auch ist der junge Stamm hier. Es sind sonst noch Mehrere angekommen, sie gehen aber sämtlich weiter in die Schweiz oder in das Innere von Frankreich. Ich habe von Glück zu sagen und fühle mich manchmal recht frei und leicht, wenn ich den weiten, freien Raum um mich überblicke und mich dann in das Darmstädter Arresthaus zurückversetze. Die Unglücklichen! Minnigerode sitzt jetzt fast ein Jahr, er soll körperlich fast aufgerieben seyn, aber zeigt er nicht eine heroische Standhaftigkeit? Es heißt, er sey schon mehrmals geschlagen worden, ich kann und mag es nicht glauben. A. Becker wird wohl von Gott und der Welt verlassen seyn; seine Mutter starb, während er in Gießen im Gefängnis saß, vierzehn Tage darnach eröffnete man es ihm!!! Klemm ist ein Verräther, das ist gewiß, aber es ist mir doch immer, als ob ich träumte, wenn ich daran denke. Wißt ihr denn, daß seine Schwester und seine Schwägerin ebenfalls verhaftet und nach Darmstadt gebracht worden sind, und zwar höchstwahrscheinlich auf seine eigne Aussage hin?[137]

Im Briefwechsel mit der Familie, soweit Ludwig Büchner ihn uns überliefert hat, nimmt die Thematik einen fast demonstrativ breiten Raum ein. Die Erwähnung von Gefangenen und Flüchtigen scheint ein Auswahlkriterium für die Aufnahme eines Briefs in die *Nachgelassenen Schriften* gewesen zu sein. Georg Büchner glaubt sich gut informiert. «Wir erfahren Alles durch die Flüchtlinge», schreibt er an die Eltern, «welche es am besten wissen, da sie meistens zuvor in die Untersuchung verwickelt waren.»[138] Saß er, eine Tasse Warmbier löffelnd, täglich im Rebstöckel und fragte Flüchtlinge aus? So kann es nicht gewesen sein. Er verhielt sich vielmehr so unauffällig wie möglich und blieb der Flüchtlingsszene fern, deren Zentrum das Gasthaus zum Rebstock war. Er bezog seine Informationen, die nicht immer zuverlässig waren, aus zweiter Hand. Er kennt die Einzelschicksale der ganzen Verschwörergruppe, erwähnt in seinen Briefen Weidig, Schulz, Clemm, August Becker, Ludwig Becker und noch ein Dutzend andere, verfolgt ganz besonders die Heimsuchungen Minnigerodes bis zu dessen vermeintlichem Tod. Zwei erhalten gebliebene Briefe an «Hund» und «Kater» zeigen, daß es in der zweiten Straßburger Zeit einen verdeckten Briefwechsel gab, den Büchner auch für Mitteilungen aus den Haftanstalten nützt.[139] Freilich wirken die Decknamen mehr korpsstudentisch als konspirativ; beide Adressaten waren Burschenschaftler; auch beteiligte Büchner sich nicht am Namensspiel, sondern unterzeichnet ganz ungeheim einmal mit «G. Büchner» und das andere Mal mit «G. Bü.». Für ganz so gefährlich hielt er diese Briefe wohl nicht. Auch über die Eltern kann Büchner Nachrichten aus dem Darmstädter Arresthaus und über die hessen-darmstädtischen Demagogenverfolgungen bezogen haben, denn der Vater wußte als Mitglied des Medizinalkollegs über viele Gefängnisinterna Bescheid.

Büchner verfolgt diese Nachrichten auch aus einem deutlichen Eigeninteresse heraus. 1835/36 ist es die nie ganz verlöschende Angst, die französischen Behörden würden, wenn ihnen das aus irgendeinem Anlaß geboten erscheinen würde, die politischen Flüchtlinge doch noch ausweisen. Im Herbst 1836 ist es die Sorge, die Schweizer Behörden würden ihre liberale Haltung aufgeben und ihm die Einreise verweigern. Beide Befürchtungen führen dazu, daß Büchner ungemein vorsichtig verfährt und sich die Unbedenk-

lichkeit seiner Person von den französischen und den schweizerischen Behörden ausdrücklich und vorschriftsmäßig bestätigen
läßt.[140] Politische Kontakte mit den aus Deutschland Geflohenen
vermeidet er. Der große Nachrichtenteppich, den er bezüglich der
Flüchtigen und Verhafteten in seinen Briefen ausbreitet, zeugt aber
davon, daß die menschliche Solidarität nicht abreißt. Weil sie nicht
in Politik umgesetzt werden kann, staut sie sich nach innen zurück
und bildet zusammen mit Wut und Haß, Selbstvorwürfen, Angst
und Trauer, Ohnmacht und Resignation, Schmerz und Schuld eine
brisante Mischung. Als Wilhelm Schulz im Juni 1835 Straßburg verlassen muß,[141] hat Büchner niemanden mehr, mit dem er über diese
Dinge reden kann. Nichts darf nach außen dringen. Visionen peini-
gen ihn. Wie hätte er bestanden, wenn die Zellentür hinter ihm
ins Schloß gefallen wäre, er seine Selbstbestimmung verloren hätte,
kein Mensch mehr wäre, in die Tiefe sänke wie ein Stein? Die Angst
verkapselt sich, wird traumatisch, sendet aber ständig Impulse und
ist eine Batterie seiner Genialität.

August Becker packt aus

Der seit April 1835 verhaftete «rote Becker» galt dem Gericht
zwei Jahre lang als notorischer Lügner, indessen veränderte sich dieses Urteil, als er am 30. Juni 1837 das Leugnen aufgab.[142] Noellner
respektiert ihn fortan, während Georgi, der von Becker genasführt
und perhorresziert worden war, weiterhin mißtrauisch bleibt. Er
hatte seinerzeit dem Protokollanten Szenen diktiert, die aus den
1968er Prozessen der Staatsmacht gegen Fritz Teufel stammen
könnten:

Inquisit, der auf sein Aeußeres ohnehin nichts hält, unreinlich im
höchsten Maße ist und seine Gleichgültigkeit gegen alle Forderungen des äußeren Anstandes durch einen langen verworrenen Bart
und ein struppiges Haupthaar augenfällig bekunden zu wollen
scheint, hatte schon mehrfach durch höchst unpassende Stellungen
während des Verhörs diejenige äußere Achtung außer Augen gesetzt, die ein Gebildeter, wenn er dies wirklich sein will, doch alle
Mal vor den Gerichtsschranken beobachten muß. Bei der befragten

Der rote Becker in
späteren Jahren

Veranlassung saß Inquisit fortwährend mit untergeschlagenen Beinen auf seinem Stuhle, strich sich seinen Schnurrbart und den langen Geißbart am Kinne und suchte hierdurch eine Gleichgültigkeit
bei der gerichtlichen Verhandlung zu affectiren, die verletzend und
höchst mißständig war. Nachdem ich ihn mehrmals scharf angesehen, um ihn auf das aufmerksam zu machen, was er nicht be-
rücksichtigte, trieb er seine Unverschämtheit noch weiter, indem er
sich längere Zeit und auch dann noch auf dem Stuhle hin- und
herwiegte, seinen Oberkörper bald nach dieser, bald nach der andern Seite neigte, als ich ihn wiederum durch Blicke vergeblich aufmerksam zu machen gesucht hatte, er möge eine andere Stellung
nehmen.[143]

Da die Blicke nicht ausreichten, befahl ihm Georgi, sich
nicht auf so ungezogene Weise auf dem Stuhl herumzuwerfen. Er
verbitte sich das, antwortete Becker, woraufhin Georgi ihm eine
«angemessene Züchtigung» androhte.

Dem geläuterten Becker aber verdanken wir die genauesten Aussagen über den politischen Georg Büchner. Becker hatte Büchner
und Weidig Anfang 1834 zusammengebracht. «Dieser Büchner», so
erklärte er im Verhör,

war mein Freund, der mich lange Zeit zum einzigen Vertrauten
seiner theuersten Angelegenheiten machte, von welchen er weder
seiner Familie, noch einem seiner anderen Freunde etwas gesagt
hatte. Ein solches Vertrauen mußte ihm mein Herz gewinnen;
seine liebenswürdige Persönlichkeit, seine ausgezeichneten Fähigkeiten, von welchen ich hier freilich keinen Begriff geben kann,
mußten mich unbedingt für ihn einnehmen bis zur Verblendung.
Die Grundlage seines Patriotismus war wirklich das reinste Mitleid
und ein edler Sinn für alles Schöne und Große. Wenn er sprach
und seine Stimme sich erhob, dann glänzte sein Auge, – ich glaubte
es sonst nicht anders – wie die Wahrheit. Ich habe die von ihm verfaßte Flugschrift abgeschrieben. Was hätte ich nicht für ihn gethan,
wovon hätte er mich nicht überzeugt?!¹⁴⁴

Auf die Frage nach Idee und Zweck der Flugschriften gibt
Becker präzise Erinnerungen an Büchners politische Äußerungen
zu Protokoll.¹⁴⁵ Die bisherigen Versuche, die Verhältnisse Deutschlands umzustoßen, beruhten demnach «auf einer durchaus knaben-
haften Berechnung», indem man, wenn es zu einem Kampf käme,

> den deutschen Regierungen und ihren zahlreichen Armeen nichts
> hätte entgegen stellen können, als eine handvoll undisciplinirte
> Liberale. Soll jemals die Revolution auf eine durchgreifende Art
> ausgeführt werden, so kann und darf das bloß durch die große
> Masse des Volkes geschehen, durch deren Ueberzahl und Gewicht
> die Soldaten gleichsam erdrückt werden müssen. Es handelt sich
> also darum, diese große Masse zu gewinnen, was vor der Hand nur
> durch F l u g s c h r i f t e n geschehen kann.

Die bisherigen Flugschriften hätten vom Wiener Kongress,
von Pressefreiheit, vom Bundestag, von Menschenrechten etc. geredet, lauter Dingen, um welche sich die Bauern nicht kümmern,
solange sie mit ihrer materiellen Not beschäftigt sind – einer Not,
die sie moralisch erniedrigt. Becker zitiert in seiner Aussage, was
Büchner im Sommer 1834 über die Bauern ausführte:

> So ist es gekommen, daß man bei aller parteiischen Vorliebe für sie
> doch sagen muß, daß sie eine ziemlich n i e d e r t r ä c h t i g e Gesin-
> n u n g angenommen haben; und daß sie, es ist traurig genug, fast
> an keiner Seite mehr zugänglich sind, als gerade am G e l d s a c k.

Dieß muß man benutzen, wenn man sie aus ihrer Erniedrigung
hervorziehen will; man muß ihnen zeigen und vorrechnen, daß sie
einem Staate angehören, dessen Lasten sie größtentheils tragen
müssen, während andere den Vorteil davon beziehen; – daß man
von ihrem Grundeigenthum, das ihnen ohnedem so sauer wird,
noch den größten Theil der Steuern erhebt, – während die Capita-
listen leer ausgehen; daß die Gesetze, welche über ihr Leben und
Eigentum verfügen, in den Händen des Adels, der Reichen und der
Staatsdiener sich befinden u. s. w., dieses Mittel, die Masse des
Volkes zu gewinnen, muß man, fuhr Büchner fort, benutzen,
solange es noch Zeit ist. Sollte es den Fürsten einfallen, den materiellen Zustand des Volkes zu verbessern [...], dann ist
die Sache der Revolution, wenn sich der Himmel nicht
erbarmt, in Deutschland auf immer verloren.

«Mästen Sie die Bauern», schrieb Büchner kurz nach seiner
Flucht an Karl Gutzkow, «und die Revolution bekommt die Apoplexie» [den Schlaganfall]. «Ein Huhn im Topf jedes Bauern macht
den gallischen Hahn verenden.»[146] Die Österreicher, so Büchner
laut August Becker, seien wohlgenährt und zufrieden, Metternich
habe allen revolutionären Geist für immer in ihrem eigenen Fett erstickt.[147]
Die Flugschrift hatte deshalb den Zweck, die materiellen Interessen des Volks mit denen der Revolution zu vereinigen. Das Elend des
Volkes sollte der Hebel für die Revolution sein. Solche Mittel, so weiter August Becker, hielt Büchner für erlaubt und auch ehrbar. «Wenigstens sagte er oft, der materielle Druck, unter welchem ein großer
Theil Deutschlands liege, sei eben so traurig und schimpflich, als der
geistige», und es sei bei weitem nicht so betrüblich, «daß dieser oder
jener Liberale seine Gedanken nicht drucken lassen dürfe, als daß
viele tausend Familien nicht im Stand wären, ihre Kartoffeln zu
schmelzen.» Büchner habe seine Meinungen mit großer Lebhaftigkeit vorgetragen und habe allen imponiert, sowohl durch die Neuheit
seiner Ideen als durch den Scharfsinn, mit welchem er sie vortrug.
Die «Sophisterei, die sie enthalten», konnten sie damals nicht erkennen, auch weil Büchner «das edelste Herz» hatte und «für diejenigen,
die ihn genau kannten, der liebenswürdigste Mensch» war.
Die liberale Position, der es vor allem um Freiheit und demokra-

tische Verfassungen zu tun war, scheidet sich hier scharf von einer, die man gewöhnlich als frühkommunistisch zu verstehen pflegt. Als «Sophisterei» empfindet Becker das Argument, daß die Armut als Hebel für die Revolution dienen soll. Das hat ja etwas Perverses. Was will dieser Büchner? Wenn er will, daß die Bauern ihre Kartoffeln «schmelzen» (mit Schmalz versehen) können, dann sollte ihm doch auch die Metternichsche Methode recht sein, dann wäre eine Revolution überflüssig – oder nur für eine Handvoll Liberale erstrebenswert, die sich von der Freiheit Vorteile versprechen. Der *Hessische Landbote* war denn auch innerhalb der Weidig-Gruppe umstritten. Daß es gegen die Reichen gehen sollte, wollten die Liberalen nicht. Weidig sagte, «daß bei solchen Grundsätzen kein ehrlicher Mann mehr bei uns aushalten werde». Becker fügt erklärend hinzu: «Er meinte die Liberalen.» Büchner antwortete, «es sei keine Kunst, ein ehrlicher Mann zu sein, wenn man täglich Suppe, Gemüse und Fleisch zu essen habe.» Gegen die Reichen zu sein hieß auch gegen die Liberalen zu sein, das war das Problem. Unter den Liberalen befanden sich Ärzte und Apotheker, Juristen und Kaufleute, Fabrikanten und Professoren – mit anderen Worten: dort befanden sich die Sponsoren der Revolution.

August Becker selbst war arm. Er sagte aus, Büchner habe sich, «wie er mir oft gesagt hat», durch diese Flugschrift überzeugen wollen, inwieweit das deutsche Volk geneigt sei, an einer Revolution Anteil zu nehmen.

Mit der von ihm geschriebenen Flugschrift wollte er vor der Hand nur die Stimmung des Volks und der deutschen Revolutionärs erforschen. Als er später hörte, daß die Bauern die meisten gefundenen Flugschriften auf die Polizei abgeliefert hätten, als er vernahm, daß sich auch die Patrioten gegen seine Flugschrift ausgesprochen, gab er all seine politischen Hoffnungen in Bezug auf ein Anderswerden auf. Er glaubte nicht, daß durch die constitutionelle landständische Opposition ein wahrhaft freier Zustand in Deutschland herbeigeführt werden könne. Sollte es diesen Leuten gelingen, sagte er oft, die deutschen Regierungen zu stürzen und eine allgemeine Monarchie oder auch Republik einzuführen, so bekommen wir hier einen Geldaristokratismus wie in Frankreich, und lieber soll es bleiben, wie es jetzt ist.[148]

Ob Becker hier die ganze Wahrheit spricht oder teilweise dem Gericht etwas vormacht, ist umstritten. Wie groß der Erfolg der Flugschrift wirklich war, ob nur einzelne oder ob Hunderte von Exemplaren ihr Ziel erreichten und ob sie dort eine Wirkung hatten, läßt sich nicht mehr feststellen. Es sprechen aber auch viele andere Quellen dafür, daß Büchner der geplanten deutschen Revolution gegenüber sehr gemischte Gefühle hatte und sich schließlich von diesen Unternehmungen abwendete. Schon 1833 wußte er, «daß nur das nothwendige Bedürfniß der großen Masse Umänderungen herbeyführen» könne, «daß alles Bewegen und Schreien der Einzelnen vergebliches Thorenwerk» sei: «Sie schreiben, man liest sie nicht; sie schreien, man hört sie nicht; sie handeln, man hilft ihnen nicht.»[149] Damals hatte er sich auf die «Gießener Winkelpolitik und revolutionären Kinderstreiche» nicht einlassen wollen. Ein Jahr später steckte er mittendrin, sein Schreibtalent hatte ihn hineingerissen, aber die alten Bedenken bestätigten sich, auch revolutionäre Flugschriften konnten «das nothwendige Bedürfniß der großen Masse» nicht herbeizwingen. Die Revolution blieb Theorie.

Daß auch die «Patrioten», also die nationaldemokratischen Burschenschaftler, seine Vorstellungen kritisierten, hatte sich schon bei der Versammlung auf der Badenburg am 3. Juli 1834 herausgestellt, wo Weidig die Flugschriftenaktion mit den Butzbachern, den Marburgern und den Gießenern koordinieren wollte. Die Marburger Delegierten schüttelten heftig den Kopf über den Plan, die Armen aufzuhetzen. Sie hätten sich, so Büchner laut Becker, durch die Französische Revolution wie Kinder durch ein Ammenmärchen erschrecken lassen, so daß sie in jedem Dorf ein Paris mit einer Guillotine zu sehen fürchteten.[150] Büchner sah, obgleich Hutmacher Georg Kolbe ihm um den Hals fiel, ihn herzte, küßte und herumschwenkte,[151] «seine Ansichten nicht gebilligt» auf dieser Konferenz, die man sich primitiv und provisorisch vorzustellen hat, mit einem Schuß Wandervogelromantik, hingelagert zwischen Gießen und Marburg «in der Anlage, die rechts vom Fahrweg in die Badenburg auf einer Anhöhe liegt».[152]

Weidig konnte laut August Beckers Aussagen im Verhör vom 1. September 1837 der Flugschrift einen gewissen Beifall trotz allem nicht versagen. Er meinte, sie müsse vortreffliche Dienste tun, wenn sie verändert werde, und gab ihr die Gestalt, in welcher sie später im Druck erschien. Sie unterscheidet sich vom Original

> namentlich dadurch, daß an die Stelle der Reichen, die Vornehmen gesetzt sind und daß das, was gegen die s. g. liberale Partei gesagt war, weggelassen und mit Anderem, was sich bloß auf die Wirksamkeit der constitutionellen Verfassung bezieht, ersetzt worden ist [...]. Die biblischen Stellen, so wie überhaupt der Schluß, sind von Weidig. [...] Das Manuscript dieser Flugschrift habe ich bei Büchner ins's Reine geschrieben, weil seine eigene Hand durchaus unleserlich war. [...] Ich kann auch hier noch anführen, daß der Vorbericht ebenfalls von Weidig verfaßt worden ist. Büchner war über die Veränderungen, welche Weidig mit der Schrift vorgenommen hatte, außerordentlich aufgebracht, er wollte sie nicht mehr als die seinige anerkennen und sagte, daß er ihm gerade das, worauf er das meiste Gewicht gelegt habe und wodurch alles andere gleichsam legitimirt werde, durchgestrichen habe.»[153]

August Becker war, wie Clemm, Minnigerode, Schütz und noch einige andere Studenten nebst zwei Handwerkern, Mitglied der «Gesellschaft der Menschenrechte», der Georg Büchner in Gießen im März 1834 den Namen gegeben hat.[154] In den Osterferien im April gründete er die Darmstädter Sektion.[155] Beide Einrichtungen sind flüchtig und kurzlebig, aber es entsprach der Strategie, die Organisationsformen häufig zu wechseln. Weidig bediente sich der «Gesellschaft», um den *Hessischen Landboten* zu drucken und zu verteilen. Büchner mag sich schon lange Zeit mit dem Plan eines politischen Manifests getragen haben, denn einige Grundgedanken finden sich bereits in seinem Brief vom 6. April 1833 (also unmittelbar nach dem Frankfurter Wachensturm) an die Familie. Die Schrift selbst entstand vermutlich in der Zeit vom 20. bis 27. März 1834 in Gießen.

Der Hessische Landbote

So datieren die Behörden das achtseitige, aus zwei gefalteten und jeweils hochoktav vorder- wie rückseitig bedruckten Blättern bestehende Werkchen. Sie ordnen es den Tagen zu, in denen eine große Gruppe Frankfurter Wachenstürmer aus der Haft entlassen wurde. Dazu gehörte Gustav Clemm. Er kam am 20. März 1834 frei. Büchner war glücklich darüber; der *Landbote* entstand als eine Art Begrüßungsgeschenk in einem kurzen Schaffensrausch. Der politischen Dramatik entsprach eine private; vielleicht bedingten beide einander: Büchner reiste Ende März nach Straßburg zu Wilhelmine Jaeglé, um von dort aus beider Verlobung bekanntzumachen. Anschließend eilte er nach Darmstadt zu den Eltern, um sich zu erklären und zu verteidigen. Sich um die Flugschrift zu kümmern hatte er fast überhaupt keine Zeit. Weidigs Veränderungen lehnte er ab. Wie mag das Urmanuskript ausgesehen haben? Weidig hatte «Reiche» durch «Vornehme» ersetzt, ferner den Titel, den Vorbericht und viele Bibelstellen hinzugefügt. Der archaisch polternde Stil eines vom nationalen Pathos des dreihundertsten Reformationsjubiläum 1817 durchdrungenen lutherischen Pastors läßt sich von der elegant-aggressiven, schneidend-sachlichen und statistikfundierten[156] Schreibweise des eine Generation jüngeren Georg Büchner ganz gut unterscheiden. Abschnitte gegen die Liberalen, die Weidig gestrichen hat, lassen sich aus anderen Quellen ergänzen [in eckige Klammern gesetzt]. Eine Rückredaktion läßt die gewaltige Melodie hörbarer werden, die da einer sang:

Friede den Hütten! Krieg den Palästen!

Im Jahr 1834 sieht es aus, als würde die Bibel Lügen gestraft. Es sieht aus, als hätte Gott die Bauern und Handwerker am 5ten Tage, und die Fürsten und Reichen am 6ten gemacht, und als hätte der Herr zu diesen gesagt: Herrschet über alles Getier, das auf Erden kriecht, und hätte die Bauern und Handwerker zum Gewürm gezählt. Das Leben der Reichen ist ein langer Sonntag, sie wohnen in schönen Häusern, sie tragen zierliche Kleider, sie haben feiste Gesichter und reden eine eigne Sprache; das Volk aber liegt vor ihnen wie Dünger auf dem Acker. Der Bauer geht hinter dem Pflug, der Reiche aber geht hinter ihm und dem Pflug und treibt ihn mit den Ochsen am Pflug, er nimmt das Korn und läßt ihm die Stoppeln. Das Leben des Bauern ist ein langer Werktag; Fremde verzehren seine Äcker vor seinen Augen, sein Leib ist eine Schwiele, sein Schweiß ist das Salz auf dem Tische des Reichen.

Im Großherzogthum Hessen sind 718373 Einwohner, die geben
an den Staat jährlich an 6 363 364 Gulden, als

1)	Direkte Steuern	2 128 131 fl.
2)	Indirekte Steuern	2 478 264 fl.
3)	Domänen	1 547 394 fl.
4)	Regalien	46 938 fl.
5)	Geldstrafen	98 511 fl.
6)	Verschiedene Quellen	64 198 fl.
		6 363 363 fl.

Dies Geld ist der Blutzehnte, der von dem Leib des Volkes genommen wird. An 700 000 Menschen schwitzen, stöhnen und
hungern dafür. Im Namen des Staates wird es erpreßt, die Presser
berufen sich auf die Regierung und die Regierung sagt, das sei
nötig die Ordnung im Staat zu erhalten. Was ist denn nun das für
ein gewaltiges Ding: der Staat? Wohnt eine Anzahl Menschen in
einem Land und es sind Verordnungen oder Gesetze vorhanden,
nach denen jeder sich richten muß, so sagt man, sie bilden einen
Staat. Der Staat also sind Alle; die Ordner im Staate sind die Gesetze, durch welche das Wohl Aller gesichert wird, und die aus
dem Wohl Aller hervorgehen sollen. Seht, was man in dem Großherzogtum aus dem Staat gemacht hat; seht was es heißt: die Ordnung im Staate erhalten! 700 000 Menschen bezahlen dafür
6 Millionen, d. h. sie werden zu Ackergäulen und Pflugstieren gemacht, damit sie in Ordnung leben. In Ordnung leben heißt hungern und geschunden werden.

Wer sind denn die, welche diese Ordnung gemacht haben, und
die wachen, diese Ordnung zu erhalten? Das ist die Großherzogliche Regierung. Die Regierung wird gebildet von dem Großherzog
und seinen obersten Beamten. Die andern Beamten sind Männer,
die von der Regierung berufen werden, um jene Ordnung in Kraft
zu erhalten. Ihre Anzahl ist Legion: Staatsräte und Regierungsräte,
Landräte und Kreisräte, Geistliche Räte und Schulräte, Finanzräte
und Forsträte u. s. w. mit allem ihrem Heer von Sekretären u. s. w.
Das Volk ist ihre Herde, sie sind seine Hirten, Melker und Schin-
der; sie haben die Häute der Bauern an, der Raub der Armen ist in
ihrem Hause; die Tränen der Witwen und Waisen sind das Schmalz
auf ihren Gesichtern; sie herrschen frei und ermahnen das Volk zur
Knechtschaft. Ihnen gebt ihr 6 000 000 fl. Abgaben; sie haben dafür die Mühe, euch zu regieren; d. h. sich von euch füttern zu las-

sen und euch eure Menschen- und Bürgerrechte zu rauben. Seht, was die Ernte eures Schweißes ist.

Für das Ministerium des Innern und der Gerechtigkeitspflege werden bezahlt 1.110.607 Gulden. Dafür habt ihr einen Wust von Gesetzen, zusammengehäuft aus willkürlichen Verordnungen aller Jahrhunderte, meist geschrieben in einer fremden Sprache. Der Unsinn aller vorigen Geschlechter hat sich darin auf euch vererbt, der Druck, unter dem sie erlagen, sich auf euch fortgewälzt. Das Gesetz ist das Eigentum einer unbedeutenden Klasse von Reichen und Gelehrten, die sich durch ihr eignes Machwerk die Herrschaft zuspricht. Diese Gerechtigkeit ist nur ein Mittel, euch in Ordnung zu halten, damit man euch bequemer schinde; sie spricht nach Gesetzen, die ihr nicht versteht, nach Grundsätzen, von denen ihr nichts wißt, Urteile, von denen ihr nichts begreift. Unbestechlich ist sie, weil sie sich gerade teuer genug bezahlen läßt, um keine Bestechung zu brauchen. Aber die meisten ihrer Diener sind der Regierung mit Haut und Haar verkauft. Ihre Ruhestühle stehen auf einem Geldhaufen von 461 373 Gulden (so viel betragen die Ausgaben für die Gerichtshöfe und die Kriminalkosten). Die Fräcke, Stöcke und Säbel ihrer unverletzlichen Diener sind mit dem Silber von 197 502 Gulden beschlagen (so viel kostet die Polizei überhaupt, die Gendarmerie u. s. w.). Die Justiz ist in Deutschland seit Jahrhunderten die Hure der deutschen Fürsten. Jeden Schritt zu ihr müßt ihr mit Silber pflastern, und mit Armut und Erniedrigung erkauft ihr ihre Sprüche. Denkt an das Stempelpapier, denkt an euer Bücken in den Amtsstuben, und euer Wachestehen vor denselben. Denkt an die Sporteln für Schreiber und Gerichtsdiener. Ihr dürft euren Nachbarn verklagen, der euch eine Kartoffel stiehlt; aber klagt einmal über den Diebstahl, der von Staatswegen unter dem Namen von Abgaben und Steuern jeden Tag an eurem Eigentum begangen wird, damit eine Legion unnützer Beamten sich von eurem Schweiße mästen: klagt einmal, daß ihr der Willkür einiger Fettwänste überlassen seid und daß diese Willkür Gesetz heißt, klagt, daß ihr die Ackergäule des Staates seid, klagt über eure verlornen Menschenrechte: Wo sind Gerichtshöfe, die eure Klage annehmen, wo die Richter, die rechtsprächen? Und will endlich ein Richter oder ein andrer Beamter von den Wenigen, welchen das Recht und das gemeine Wohl lieber ist, als ihr Bauch und der Mammon, ein Volksrat und kein Volksschinder sein, so wird er von den obersten Räten des Fürsten selber geschunden.

Für das Ministerium der Finanzen 1551502 fl.

Damit werden die Finanzräte, Obereinnehmer, Steuerboten, die Untererheber besoldet. Dafür wird der Ertrag eurer Äcker berechnet und eure Köpfe gezählt. Der Boden unter euren Füßen, der Bissen zwischen euren Zähnen ist besteuert. Dafür sitzen die Herren in Fräcken beisammen und das Volk steht nackt und gebückt vor ihnen, sie legen die Hände an seine Lenden und Schultern und rechnen aus, wie viel es noch tragen kann, und wenn sie barmherzig sind, so geschieht es nur, wie man ein Vieh schont, das man nicht so sehr angreifen will.

Für das Militär wird bezahlt 914 820 Gulden.

Dafür kriegen eure Söhne einen bunten Rock auf den Leib, ein Gewehr oder eine Trommel auf die Schulter und dürfen jeden Herbst einmal blind schießen, und erzählen, wie die Herren vom Hof, und die ungeratenen Buben vom Adel allen Kindern ehrlicher Leute vorgehen, und mit ihnen in den breiten Straßen der Städte herumziehen mit Trommeln und Trompeten. Für jene 900 000 Gulden müssen eure Söhne den Tyrannen schwören und Wache halten an ihren Palästen. Mit ihren Trommeln übertäuben sie eure Seufzer, mit ihren Kolben zerschmettern sie euch den Schädel, wenn ihr zu denken wagt, daß ihr freie Menschen seid. Sie sind die gesetzlichen Mörder, welche die gesetzlichen Räuber schützen.

Für die Pensionen 480 000 Gulden.

Dafür werden die Beamten aufs Polster gelegt, wenn sie eine gewisse Zeit dem Staate treu gedient haben, d. h. wenn sie eifrige Handlanger bei der regelmäßig eingerichteten Schinderei gewesen, die man Ordnung und Gesetz heißt.

Für das Staatsministerium und den Staatsrat 174 600 Gulden.

Die größten Schurken stehen wohl jetzt allerwärts in Deutschland den Fürsten am nächsten, wenigstens im Großherzogtum: Kommt ja ein ehrlicher Mann in einen Staatsrat, so wird er ausgestoßen. Könnte aber auch ein ehrlicher Mann jetzo Minister sein oder bleiben, so wäre er, wie die Sachen stehn in Deutschland, nur eine Drahtpuppe, an der die fürstliche Puppe zieht und an dem fürstlichen Popanz zieht wieder ein Kammerdiener oder ein Kutscher oder seine Frau und ihr Günstling, oder sein Halbbruder – oder alle zusammen. [Vertraut auch den sogenannten Liberalen nicht, sie sind Wölfe im Schafspelz und haben nur ihre eigenen egoistischen Zwecke im Auge.[157] Ihre Ansichten sind die modernsten, aber wenn sie dieselben, von den Schikanen der Zensur befreit, ungehindert drucken lassen dürfen, werdet ihr immer noch hungern. Sie wollen die Schurkenaristokratie durch eine Geldaristokratie[158] ersetzen, die euch die Hosen ausziehen wird wie es bisher die Schurken getan haben. Von ihren Vorteilen habt ihr nichts. Die Pressefreiheit füllt eure Bäuche nicht, wärmt euch im Winter nicht, schmälzt eure Suppen nicht.] Ihr müßt ferner für das großherzogliche Haus und den Hofstaat 827772 Gulden bezahlen. Die Anstalten, die Leute, von denen ich bis jetzt gesprochen, sind nur Werkzeuge, sind nur Diener. Sie tun nichts in ihrem Namen, unter der Ernennung zu ihrem Amt steht ein L. das bedeutet Ludwig von Gottes Gnaden und sie sprechen mit Ehrfurcht: «im Namen des Großherzogs.» Dies ist ihr Feldgeschrei, wenn sie euer Gerät versteigern, euer Vieh wegtreiben, euch in den Kerker werfen. Im Namen des Großherzogs sagen sie, und der Mensch, den sie so nennen, heißt: unverletzlich, heilig, souverän, königliche Hoheit. Aber tretet zu dem Menschenkinde und blickt durch seinen Fürstenmantel. Es ißt, wenn es hungert, und schläft wenn sein Auge dunkel wird. Es kroch so nackt und weich in die Welt, wie ihr und wird so hart und steif hinausgetragen, wie ihr, und doch hat es seinen Fuß auf eurem Nacken, hat 700 000 Menschen an seinem Pflug, hat Minister die verantwortlich sind, für das, was es tut, hat Gewalt über euer Eigentum durch die Steuern, die es ausschreibt, über euer Leben, durch die Gesetze, die es macht, es hat adelige Herrn und Damen um sich, die man Hofstaat heißt, und seine göttliche Gewalt vererbt sich auf seine Kinder mit Weibern, welche aus eben so übermenschlichen Geschlechtern sind. Der Fürst ist der Kopf des Blutigels, der über euch hinkriecht, die Minister sind seine Zähne und die Beamten sein Schwanz. Die hungrigen Mägen aller vornehmen Herren, denen er die hohen Stellen verteilt, sind Schröpfköpfe, die er dem Lande setzt. Das L. das unter seinen Verordnungen steht, ist das Mahlzeichen des Tieres, das die Götzendiener unserer Zeit anbeten. Der Fürstenmantel ist der Teppich, auf dem sich die Herren und Damen vom Adel und Hofe in ihrer Geilheit übereinander wälzen – mit Orden und Bändern decken sie ihre Geschwüre und mit kostbaren Gewändern bekleiden sie ihre aussätzigen Leiber. Die Töchter des Volks sind ihre Mägde und Huren, die Söhne des Volks ihre Lakaien und Soldaten. Geht einmal nach Darmstadt und seht, wie die Herren sich für euer Geld dort lustig machen, und erzählt dann euren hungernden Weibern

und Kindern, daß ihr Brot an fremden Bäuchen herrlich angeschla-
gen sei, erzählt ihnen von den schönen Kleidern, die in ihrem
Schweiß gefärbt, und von den zierlichen Bändern, die aus den
Schwielen ihrer Hände geschnitten sind, erzählt von den stattlichen Häusern, die aus den Knochen des Volks gebaut sind; und
dann kriecht in eure rauchigen Hütten und bückt euch auf euren
steinigen Äckern, damit eure Kinder auch einmal hingehen können, wenn ein Erbprinz mit einer Erbprinzessin für einen weiteren
Erbprinzen Rat schaffen will, und durch die geöffneten Glastüren
das Tischtuch sehen, wovon die Herren speisen, und die Lampen
riechen, aus denen man mit dem Fett der Bauern illuminiert. Das
alles duldet ihr, weil euch Schurken sagen, diese Regierung sei von
Gott. Diese Regierung ist nicht von Gott, sondern vom Vater der
Lügen. Diese deutschen Fürsten sind keine rechtmäßige Obrigkeit,
sondern die rechtmäßige Obrigkeit, den deutschen Kaiser, der vormals vom Volke frei gewählt wurde, haben sie seit Jahrhunderten
verachtet und endlich gar verraten. Aus Verrat und Meineid, und
nicht aus der Wahl des Volkes ist die Gewalt der deutschen Fürsten
hervorgegangen. Deutschland, unser liebes Vaterland, haben diese
Fürsten zerrissen, den Kaiser, den unsere freien Voreltern wählten,
haben diese Fürsten verraten und nun fordern diese Verräter und
Menschenquäler Treue von euch!

Für die Landstände 16 000 Gulden.

Im Jahr 1789 war das Volk in Frankreich müde, länger die
Schindmähre seines Königs zu sein. Es erhob sich und berief Männer, denen es vertraute, und die Männer traten zusammen und sagten, ein König sei ein Mensch wie ein anderer auch, er sei nur der
erste Diener im Staat, er müsse sich vor dem Volk verantworten
und wenn er sein Amt schlecht verwalte, könne er zur Strafe gezogen werden. Dann erklärten sie die Rechte des Menschen: «Keiner
erbt vor dem andern mit der Geburt ein Recht oder einen Titel,
keiner erwirbt mit dem Eigentum ein Recht vor dem andern. Die
höchste Gewalt ist in dem Willen Aller oder der Mehrzahl. Dieser
Wille ist das Gesetz, er tut sich kund durch die Landstände oder
die Vertreter des Volks, sie werden von Allen gewählt und Jeder
kann gewählt werden; diese Gewählten sprechen den Willen ihrer
Wähler aus, und so entspricht der Wille der Mehrzahl unter ihnen
dem Willen der Mehrzahl unter dem Volke; der König hat nur für
die Ausübung der von ihnen erlassenen Gesetze zu sorgen.» Der
König schwur dieser Verfassung treu zu sein, er wurde aber mein-

eidig an dem Volke und das Volk richtete ihn, wie es einem Verräter geziemt. Dann schafften die Franzosen die erbliche Königswürde ab und wählten frei eine neue Obrigkeit, wozu jedes Volk das Recht hat. Die Männer, die über die Vollziehung der Gesetze wachen sollten, wurden von der Versammlung der Volksvertreter ernannt, sie bildeten die neue Obrigkeit. So waren Regierung und Gesetzgeber vom Volk gewählt und Frankreich war ein Freistaat.

Die übrigen Könige aber entsetzten sich vor der Gewalt des französischen Volkes, sie dachten, sie könnten alle über der ersten Königsleiche den Hals brechen und ihre mißhandelten Untertanen möchten bei dem Freiheitsruf der Franken erwachen. Mit gewaltigem Kriegsgerät stürzten sie von allen Seiten auf Frankreich und ein großer Teil der Adligen und Reichen im Lande stand auf und schlug sich zu dem Feind. Da erboste das Volk und erhob sich in seiner Kraft. Es erdrückte die Verräter und zerschmetterte die Söldner der Könige. Die junge Freiheit wuchs im Blut der Tyrannen. Aber die Franzosen verkauften sie für den Ruhm, den ihnen Napoleon darbot, und erhoben ihn auf den Kaiserthron. Aber das Heer des Kaisers erfror in Rußland. Die Sieger gaben den Franzosen die dickwanstigen Bourbonen wieder zu Königen. Aber als tapfere Männer im Julius 1830 den meineidigen König Karl den Zehnten aus dem Lande jagten, da wendete das befreite Frankreich sich abermals zur halberblichen Königsherrschaft und band sich in dem Heuchler Louis Philipp eine neue Zuchtrute auf. In Deutschland und ganz Europa war große Freude als der zehnte Karl vom Thron gestürzt ward, und die unterdrückten deutschen Länder rüsteten sich zum Kampf für die Freiheit. Da ratschlagten die Fürsten, wie sie dem Zorn des Volkes entgehen sollten und die listigen unter ihnen sagten: Laßt uns einen Teil unserer Gewalt abgeben, daß wir das Übrige behalten. Sie traten vor das Volk und sprachen: Wir wollen euch die Freiheit schenken um die ihr kämpfen wollt. Zitternd vor Furcht warfen sie einige Brocken hin und sprachen von ihrer Gnade. Das Volk traute ihnen leider und legte sich zur Ruhe. Und so ward Deutschland betrogen wie Frankreich.

Denn was sind diese Verfassungen in Deutschland? Nichts als leeres Stroh, woraus die Fürsten und Reichen die Körner für sich herausgeklopft haben. Was sind unsere Landtage? Nichts als langsame Fuhrwerke, die man einmal oder zweimal wohl der Raubgier der Fürsten und ihrer Minister in den Weg schieben, woraus man aber nimmermehr eine feste Burg für deutsche Freiheit bauen kann. Was sind unsere Wahlgesetze? Nichts als Verletzungen der Bürger- und Menschenrechte der meisten Deutschen. Denkt an das Wahlgesetz im Großherzogtum, wonach keiner gewählt werden kann, der nicht hoch begütert ist, wie rechtschaffen und gutgesinnt er auch sei. Denkt an die Verfassung des Großherzogtums. Nach den Artikeln derselben ist der Großherzog unverletzlich, heilig und unverantwortlich. Seine Würde ist erblich in seiner Familie, er hat das Recht Krieg zu führen und ausschließliche Verfügung über das Militär. Er beruft die Landstände, vertagt sie oder löst sie auf. Die Stände dürfen keinen Gesetzes-Vorschlag machen, sondern sie müssen um das Gesetz bitten, und dem Gutdünken des Fürsten bleibt es unbedingt überlassen, es zu geben oder zu verweigern. Er bleibt im Besitz einer fast unumschränkten Gewalt, nur darf er keine neuen Gesetze machen und keine neuen Steuern ausschreiben ohne Zustimmung der Stände. Aber teils kehrt er sich nicht an diese Zustimmung, teils genügen ihm die alten Gesetze, die das Werk der Fürstengewalt sind, und er bedarf darum keiner neuen Gesetze. Eine solche Verfassung ist ein elend jämmerlich Ding. Was ist von Ständen zu erwarten, die an eine solche Verfassung gebunden sind? Wenn unter den Gewählten auch keine Volksverräter und feige Memmen wären, wenn sie aus lauter entschlossenen Volksfreunden bestünden?! Was ist von Ständen zu erwarten, die kaum die elenden Fetzen einer armseligen Verfassung zu verteidigen vermögen! Hätten aber auch die Landstände des Großherzogtums genügende Rechte, und hätte das Großherzogtum, aber nur das Großherzogtum allein, eine wahrhafte Verfassung, so würde die Herrlichkeit doch bald zu Ende sein. Die Raubgeier in Wien und Berlin würden ihre Henkerskrallen ausstrecken und die kleine Freiheit mit Rumpf und Stumpf ausrotten. Das ganze deutsche Volk muß sich die Freiheit erringen. Und diese Zeit ist nicht ferne.

Die Ordnung, in der ihr lebt, ist eitel Schinderei. 6 Millionen bezahlt ihr im Großherzogtum einer Handvoll Leute, deren Willkür euer Leben und Eigentum überlassen ist, und die anderen Fürsten in dem zerrissenen Deutschland handeln ebenso. Ihr seid nichts, ihr habt nichts! Ihr seid rechtlos. [Ihr schleppt geduldig den Karren, worauf die Fürsten und Liberalen ihre Affenkomödie spielen.[159]] Ihr müßt geben, was eure unersättlichen Presser fordern, und tragen, was sie euch aufbürden. So weit ein Tyrann blickt – und Deutschland hat deren wohl dreißig – verdorrt Land und

Volk. Hebt die Augen auf und zählt das Häuflein eurer Presser, die nur stark sind durch das Blut, das sie euch aussaugen und durch eure Arme, die ihr ihnen willenlos leiht. Ihrer sind vielleicht 10 000 im Großherzogtum und Eurer sind es 700 000 und ebenso verhält sich die Zahl des Volkes zu seinen Pressern auch im übrigen Deutschland. Deutschland ist jetzt ein Leichenfeld, bald wird es ein Paradies sein. [Ihr habt jetzt Hunger, bald werdet ihr satt sein.] Das deutsche Volk ist Ein Leib und ihr seid ein Glied dieses Leibes. Es ist einerlei, wo die Scheinleiche zu zucken anfängt, ob in Berlin oder in Darmstadt. Wenn die Männer, die das Volk aus der Dienstbarkeit zur Freiheit führen, euch das Zeichen geben, dann erhebt euch und der ganze Leib wird mit euch aufstehen. Ihr bücktet euch lange Jahre in den Dornäckern der Knechtschaft, dann schwitzt ihr einen Sommer im Weinberge der Freiheit, und werdet frei sein bis ins tausendste Glied. Ihr wühltet ein langes Leben die Erde auf, dann wühlt ihr euren Tyrannen ein Grab. Ihr bautet die Zwingburgen, dann stürzt ihr sie, und baut der Freiheit Haus.

Neobabouvismus?

Gracchus Babeuf (so sein Kriegsname), 1797 hingerichtet, hatte im revolutionären Paris die «Gesellschaft der Gleichen» gegründet. Er wollte die Égalité durchsetzen, notfalls mit Gewalt. Im Umfeld der französischen Julirevolution von 1830 wurde Babeuf erneut aktuell. Es entstanden neobabouvistische Gesellschaften und Geheimbünde, die einem radikalen Frühsozialismus huldigten. Büchner kann von ihnen Kenntnis gehabt haben.[160] Insbesondere kann die 1832 gegründete «Société des Droits de l'homme» sein Vorbild gewesen sein. «Die Ansichten und Grundsätze, welche B ü c h n e r während eines zweijährigen Aufenthalts zu Straßburg, wo er Medicin studirte, angenommen zu haben scheint»,[161] führten Ende März 1834 zur Gründung jener «Gesellschaft der Menschenrechte» in Gießen sowie einer Darmstädter Sektion derselben Anfang April 1834. Unzweifelhaft hatte Büchner auch Kenntnisse nicht nur von der Theorie, sondern auch von der sozialen Wirklichkeit auf dem Lande, teils aus eigener Anschauung und Reiseerfahrung, teils aus Gesprächen, teils aus der Presse.

Aber nicht einmal die Behörden sind sich sicher, ob Büchner wirklich Mitglied jener neobabouvistischen Straßburger Société war. Sie betrachten Büchner zwar als einen Anstifter, aber auch als einen rasch Besiegten; noch ehe die «Gesellschaft der Menschenrechte» sich richtig ausgebildet hatte, «löste sie sich schon wieder auf», die Versammlungen gerieten infolge der behördlichen Einschreitungen ins Stocken und hatten «mit dem Ausscheiden des Büchner selbst ihre Seele verloren».[162] Gemeinhin werden Büchners politische Absichten mit dem *Hessischen Landboten* als frühkommunistisch eingestuft. Dafür spricht auch manches, aber nicht alles. Die «Gesellschaft der Menschenrechte» soll «auf Herbeiführung einer völligen Gleichstellung Aller gerichtet gewesen seyn»[163] – jedoch zielt der Satz auf die Gleichstellung lediglich der Mitglieder jener «Gesellschaft», nicht auf die der Menschen überhaupt. Eine andere Quelle für die Kommunismusthese ist Clemms Gnadengesuch vom 22. Mai 1835. Dort heißt es: «Die Revolution sollte darnach eröffnet werden mit einem Kriege gegen die Reichen. ‹Alles Vermögen ist Gemeingut›, wurde docirt 2c.»[164] Aber Clemm war ein Verräter, der andere schwarz malte, um sich weißzuwaschen. Der liberale Weidig wollte von Gleichstellung nichts wissen und entlarvte sich laut August Becker als Anhänger eines Klassenwahlrechts. «Büchner meinte, in einer gerechten Republik, wie in den meisten nordamerikanischen Staaten, müsse jeder ohne Rücksicht auf Vermögensverhältnisse eine Stimme haben.» Weidig aber bevorzugte ein nach Besitz und Bildung abgestuftes Wahlrecht, weil er befürchtete, daß sonst eine Pöbelherrschaft wie im revolutionären Frankreich entstehen werde.[165]

Der Charakter Büchners, wie ihn Becker beschreibt, läßt vermuten, daß das Gefühl für die Armen tief und christlich war. Das Christentum ist bei dem Zwanzigjährigen jedenfalls tiefer fundiert als der Neobabouvismus. Es verbindet ihn mit vielen Sozialisten seiner Zeit. Es gab eine sozialrevolutionäre Fraktion sowohl bei den Katholiken (Franz von Baader, Wilhelm Weitling, Félicité de Lamennais, die Saint-Simonisten in Frankreich) wie auch bei den Protestanten. Der Straßburger Freund Alexis Muston, ein Waldenser, begriff Jesus Christus als «vrai républicain».[166] Karl Gutzkow schrieb 1835: «Schon in meiner ersten Production versuchte ich es, den Libe-

Karl Minnigerode,
gealtert: «the stuff
that every reformer
is made of»

ralismus als eine Sache der Religion zu entwickeln und jeden Fortschritt im Geist und der Wahrheit als ein wesentliches Moment der
christlichen Ideen zu characterisiren.»[167] Friedrich Ludwig Weidig
war, so Wilhelm Schulz, «ein wahrer Frommer, ein ächter Christ, in
dem der Kern der Christuslehre, die hingebende und zu jedem Opfer bereite Liebe, That und Leben geworden war.»[168] Unter Büchners Freunden finden sich viele Theologiestudenten und Pfarrers-
söhne. In der Führungsgruppe der *Landboten*-Aktion waren drei
evangelische Pfarrer. Auch Karl Minnigerode wurde Geistlicher,
später, in seiner amerikanischen Zeit. Sie seien politisch «young
fools» gewesen, aber den Geist, aus dem sie gehandelt hätten, ver-
ehre er noch heute. «It is the stuff that every reformer is made of –
every martyr, aye, every Christian.»[169] Büchner glaubte, man müsse
die Überzeugungsgründe «aus der Religion des Volks hernehmen,
in den einfachen Bildern und Wendungen des neuen Testaments

müsse man die heiligen Rechte der Menschen erklären».¹⁷⁰ In der
Tat findet man in den Evangelien Stellen, die aus dem *Landboten*
stammen könnten. «Er stürzt die Mächtigen vom Thron und erhöht
die Niedrigen», singt Maria im *Magnificat*, und weiter: «Die Hungernden beschenkt er mit seinen Gaben und läßt die Reichen leer
ausgehen.» (Lk 1, 52–53) Büchners Sozialismus war in erster Linie
christlich motiviert.

Aber Büchner war auch Künstler. Er liebte die Rolle des Revolutionärs um ihrer Wirkung willen. Die gewaltige Brandrede des
Landboten ist (unter anderem) Rhetorik, Theatralik, Schauspiele-
rei. Büchner übt etwas mit ihr, woran er die Lust verliert, als es
schal wird und die Rollen ausgereizt sind. Einzelne Bilder und
Wendungen entstammen nicht der sozialen Agitation, sondern der
Literatur. Die Äcker, das Bücken, der Blutigel, die Häute, die
Paläste und die Hütten – woran erinnerte das nur? Und schon
dämmert es herauf:

> Sind denn die tausend aufgerissenen Augen um mich alle starblind,
> die Arme alle gelähmt, daß keiner den langen Blutigel sehen und
> wegschleudern will, der über euch alle hinkriecht und dem der
> Schwanz abgeschnitten ist, damit wieder der Hofstaat und die Kol-
> legien hinten daran saugen? Seht, ich war sonst mit dabei und sah
> wie man euch schindet – und die Herren vom Hofe haben euere
> Häute an. Seht einmal in die Stadt: gehören die Palläste euch, oder
> die Hundshütten? Die langen Gärten, in denen sie zur Lust herum
> gehen, oder die steinigen Aecker, in denen ihr euch todt bücken
> müsset? Ihr arbeitet wohl, aber ihr habt nichts, ihr seid nichts, ihr
> werdet nichts – hingegen der faullenzende todte Kammerherr da
> neben mir [...]

Das sagt ein gewisser Flamin, der eben einen Kammerherrn
im Duell getötet hat, in Jean Pauls Thriller *Hesperus oder 45 Hundsposttage* (1795),¹⁷¹ einem Erfolgsbuch seinerzeit. Georg Büchner genoß die Bilder und holte noch mehr aus ihnen heraus. Er war ein
Romantiker, der die ästhetische Sensation brauchte und mit ihr
auch ein Bedürfnis seiner Verehrer bediente: nach Revolutionsromantik, nach Erregung im Lesesessel. Worüber schon Heinrich
Heine spottete:¹⁷²

Sie pflegen auch beim Glase Wein
Ein Vivat dir zu bringen
Und manchen Schlachtgesang von dir
Lautbrüllend nachzusingen.

Der Knecht singt gern ein Freiheitslied
Des Abends in der Schenke;
Das fördert die Verdauungskraft
Und würzet die Getränke.

Die kommunistische, die christliche und die ästhetizistische Lesart – jede hat etwas für sich. Die wilde Rhetorik des *Hessischen Landboten* gehört zu einem jungen Mann, der gerade seine Lehrzeit absolviert. Er bringt Begabung, Ansprüche, Ideen und Weltveränderungswünsche mit und experimentiert, ohne zu wissen, was sich in der Alltagswirklichkeit bewähren wird. Er vermag Studenten und junge Handwerker zu beeindrucken, nicht aber im Leben stehende Kaufleute, Gelehrte und Bürger, nicht erfahrene Oppositionelle wie Weidig. Er hetzt die Leute auf, hätte aber mit einem aufgehetzten Volkshaufen nichts anzufangen gewußt. Er nimmt die Leute beim Geldsack – wer will schon Steuern zahlen? –, beantwortet aber die einfachsten Gegenfragen nicht – was denn eine Regierung, eine Verwaltung, eine Rechtsprechung, eine Polizei und ein Militär kosten dürfen. Die Steuern seien der «Blutzehnte», sagt er, und dann beschuldigt er die Reichen. Aber die Steuern kassieren nicht die Reichen, sondern die Staatsverwaltungsorgane. Das Ministerium des Innern finanzierte nicht nur die zweifellos aufgeblähte Gerichtsbarkeit, sondern auch die Universität und die Gymnasien, die Lehrer und die Geistlichen, die Ärzte (die Arme kostenlos behandeln mußten) und den Straßenbau, gab Zuschüsse an Bibliotheken und Schriftsteller,[173] ermöglichte Büchners Studium und bezahlte Weidigs Gehalt. Wäre die Armut auf dem Lande durch eine Umverteilung der Staatsfinanzen zu beheben gewesen? Der gesamte hessendarmstädtische Staatshaushalt von 1831 ergäbe, an die Bevölkerung ausgeschüttet, pro Kopf neun Gulden. Jeder könnte sich dafür drei Schafe kaufen.[174]

Der Fatalismusbrief

War Büchner wirklich ein revolutionärer Aktivist? In jenes aufgewühlte Gießener Wintersemester 1833/34 fallen auch viele revolutionsskeptische und pessimistische Äußerungen. Am 19. November 1833 macht Büchner sich über ein großes Bankett für heimgekehrte Oppositionelle lustig: «Einige loyale Toaste, bis man sich Courage getrunken, und dann das Polenlied, die Marseillaise gesungen und den in Friedberg Verhafteten ein Vivat gebracht! Die Leute gehen in's Feuer, wenn's von einer brennenden Punschbowle kommt!»[175] Anfang Dezember 1833 ist Büchner in einen hoffnungslosen Nihilismus versunken: «Man muß aber unter der Sonne doch auf irgend einem Esel reiten und so sattle ich in Gottes Namen den meinigen.»[176] Freilich gibt es ausgerechnet in diesem Brief eine rabiate Randbemerkung, die von erheblicher politischer Leidenschaft zeugt: «Die politischen Verhältnisse könnten mich rasend machen. Das arme Volk schleppt geduldig den Karren, worauf die Fürsten und Liberalen ihre Affenkomödie spielen. Ich bete jeden Abend zum Hanf und zu d. Laternen.» Wen er aufzuhängen gedächte und was danach kommen sollte, wußte der Hanfanbeter jedoch nicht. Melancholie lähmt ihn. «Ein dumpfes Brüten hat sich meiner bemeistert», bekennt er der Braut am 8. März 1834.[177] «Will ich etwas Ernstes thun, so komme ich mir vor, wie Larifari in der Komödie; will er das Schwert ziehen: so ist's ein Hasenschwanz.»[178] Rückblickend auf diese depressive Zeit schreibt er Ende März 1834 an die Eltern: «Ich war im Aeußeren ruhig, doch war ich in tiefe Schwermuth verfallen.»[179]

In diesen Monaten der Schwermut schreibt Georg Büchner auch den sogenannten Fatalismusbrief. Der langjährige Datierungsstreit,[180] der um diesen Brief (an Wilhelmine Jaeglé) geführt wurde, gilt inzwischen als gelöst. Ein besonders warmer Januar (1834) ist die Erklärung für den Satz «Bei uns ist Frühling», der sonst zu der Annahme führen mußte, der *Landbote* sei gleichzeitig mit dem Fatalismusbrief entstanden. Wird der düstere Brief in den Januar, also in die Schwermutzeit verlegt, ist der Widerspruch zum forschen Stil des *Landboten* immer noch kraß, aber etwas erträglicher. Büchner verwirft alles geschichtliche Handeln:

Ich studirte die Geschichte der Revolution. Ich fühlte mich wie zernichtet unter dem gräßlichen Fatalismus der Geschichte. Ich finde in der Menschennatur eine entsetzliche Gleichheit, in den menschlichen Verhältnissen eine unabwendbare Gewalt, Allen und Keinem verliehen. Der Einzelne nur Schaum auf der Welle, die Größe ein bloßer Zufall, die Herrschaft des Genies ein Puppenspiel, ein lächerliches Ringen gegen ein ehernes Gesetz, es zu erkennen das Höchste, es zu beherrschen unmöglich. Es fällt mir nicht mehr ein, vor den Paradegäulen und Eckstehern der Geschichte mich zu bücken. Ich gewöhnte mein Auge ans Blut. Aber ich bin kein Guillotinenmesser. Das muß ist eins von den Verdammungsworten, womit der Mensch getauft worden. Der Ausspruch: es muß ja Aergerniß kommen, aber wehe dem, durch den es kommt, – ist schauderhaft. Was ist das, was in uns lügt, mordet, stiehlt? Ich mag dem Gedanken nicht weiter nachgehen. Könnte ich aber dies kalte und gemarterte Herz an Deine Brust legen!

Eine unmittelbare Synchronie des Fatalismusbriefs mit dem *Hessischen Landboten* wäre zynisch. Es muß sich um ein Nacheinander handeln, auch wenn der Abstand nicht groß war. Die Logik eines solchen Nacheinanders ergibt sich, wenn man die depressive Psychostatik des Fatalismusbriefs und die aggressive Psychodynamik des *Landboten* durch eine Wellenbewegung zueinander in Beziehung setzt, um so für die Zeit vom Herbst 1833 bis zum Frühjahr 1835 einen ausbalancierten Seelenhaushalt zu erzielen.

Die Welle wird angestoßen durch einen Schock. Wir haben es mit einer exogenen Depression zu tun, die durch den von außen kommenden Zwang ausgelöst wird, das geliebte Straßburg und die geliebte Braut zu verlassen und ins verhaßte und brautlose Gießen zu gehen, weil er als großherzoglich-darmstädtisches Landeskind mit großherzoglich-darmstädtischer Karriereplanung nur dort, an der einzigen großherzoglich-darmstädtischen Universität, seinen Studienabschluß machen konnte. Der Umzug nach Gießen erfolgte Ende Oktober 1833. Im November 1833 setzt die Depression ein. Als psychosomatisches Symptom stellt sich eine Meningitis ein, die Büchner Anfang Dezember im Elternhaus auskuriert. Im Januar ist er wieder in Gießen; der Fatalismusbrief ist Ausweis seiner anhaltenden Verdüsterung. Diese lichtet sich bis März 1834, als mit den

Wachensturm-Haftentlassenen neue Freundeskreise gebildet sind und mit der Landbotenaktion eine spannende Aufgabe entstanden ist. Nach dem Wellental im Wintersemester 1833/34 kommt ein Wellenberg im Sommersemester 1834. Aber es folgt ein zweiter gewaltsamer Stoß. Der Wellenkamm bricht sich; Ursache ist die Verhaftung Minnigerodes im August 1834 und der schockierte Rückzug Büchners aus der Politik. Das Wintersemester 1834/35 verbringt Büchner auf Wunsch des Vaters in Darmstadt. Es ist ein Wellental mit einem künstlerischen Ertrag: Das Drama *Danton's Tod* verarbeitet die Erfahrungen der manischen und der depressiven Phasen. Die Darmstädter Depression wird beendet mit der Flucht nach Straßburg Anfang März 1835. Der Druck ist jetzt weg, die Angst vor Verhaftung ist weg, neue Lebenszuversicht beseelt Büchner. Von jetzt an stabilisiert sich seine Psyche, die Wellen werden flacher.

3
Was ihn prägte

Großherzogtum Hessen-Darmstadt

Ich meine jene, so viele alte Institute vernichtende Zerstückelung
und Verschleuderung des Reichs von 1803 [...]. Nach und nach
ward mehr als ein Drittel der deutschen Bevölkerung seinen alten
Herren, allen seinen sittlichen Gewohnheiten und alten rechtlichen
Verhältnissen entrissen; einzelne Länder wurden in sieben Stücke
zerschnitten; andere wechselten drey- ja vier- oder fünfmal den
Herrn, der dann jedesmal als der neuerdings rechtmäßige Souve-
rain begrüßt werden mußte; es war, als ob man von allen Seiten
eine gründliche Anarchie recht planmäßig organisieren wollte.

So schrieb Friedrich Schlegel 1820 in seinem Aufsatz *Signatur des Zeitalters*.[1] Auch in Teilen des Großherzogtums Hessen-
Darmstadt (oder «Hessen und bei Rhein», wie es offiziell hieß) war
Loyalität ein Problem. Die Herrscher waren gewechselt worden wie
die Hemden. Mainz zum Beispiel war über tausend Jahre lang von
souveränen Erzbischöfen regiert worden, schloß sich 1792 der französischen Republik an, wurde 1793 von deutschen Truppen zurück-
erobert, war seit 1798 als Hauptstadt des Départements Mont-
Tonnerre (Donnersberg) wieder ein Teil Frankreichs, wurde 1814
preußisch-österreichisch und 1816 darmstädtisch, als Provinzhaupt-
stadt der neu gegründeten Provinz Rheinhessen des Großherzogtums Hessen-Darmstadt. Dieses war erst gegen Frankreich mar-
schiert, dann als Mitglied des Rheinbundes unter Napoleon mit
Frankreich, wechselte dann nach der aus rheinbündischer Sicht verlorenen Völkerschlacht von Leipzig erneut die Front und verbündete
sich mit Österreich. Im Wiener Kongreß kam es beim Gebietever-
teilen relativ gut weg und erhielt Grenzen, die dann bis 1918 galten.

Es war ein wunderliches Gebilde. Es bestand aus den drei Provinzen Starkenburg (mit Darmstadt als Hauptstadt), Rheinhessen

Geographisch-statistische und historische Charte des Großherzogthums Hessen.

(Mainz) und Oberhessen (Gießen). Es war durchsiebt mit Exklaven anderer Länder und unterhielt diverse Enklaven in anderen Ländern. Es grenzte an das Königreich Bayern, das Königreich Preußen, das Königreich Württemberg, das Großherzogtum Baden, das Kurfürstentum Hessen (Kurhessen, Hessen-Kassel), die Freie Stadt Frankfurt, das Herzogtum Nassau und die Landgrafschaft Hessen-Homburg. Seine Landmasse war zerrissen. Hauptsächlich bestand sie aus drei voneinander getrennten Teilen: aus Oberhessen, dem hauptsächlich linksrheinischen Rheinhessen sowie dem hauptsächlich rechtsrheinischen Starkenburg. Wenn Büchner von Gießen nach Darmstadt wollte, mußte er durch Kurhessen oder durch das Herzogtum Hessen-Nassau, was, wenn man Pech hatte, zweimal Pässezeigen bedeutete, hinein und hinaus. Wenn er den geraden Weg über Frankfurt nahm, durchquerte er zusätzlich das Gebiet einer Freien Stadt, benötigte also drei Grenzübertritte. Die selbstständige politische Einheit Frankfurt war wie eine Perle eingeklemmt zwischen Oberhessen und Starkenburg, abgepolstert durch einen Zipfel von Kurhessen. Für die rund 120 Straßenkilometer von Darmstadt nach Gießen brauchte man fünfzehn Stunden, wurde «von sechs Uhr morgens bis neun Uhr abends in einem sogen. Omnibus über die Landstraße geschleift», mit fünfmaligem Pferdewechsel, und kam «mit einem dicken Staubüberzug auf den Kleidern» an.[2]

Auch rechtlich waren die Verhältnisse bunt. In Rheinhessen hatte man das französische Recht beibehalten, da man zum alten kurmainzischen Recht weder zurück wollte noch konnte. In Starkenburg und Oberhessen galt je nach Region das kurmainzische Landrecht von 1755, das pfälzische Landrecht von 1698, das Landrecht der Grafschaft Katzenellenbogen, das Solms'sche Landrecht von 1571 oder der Gießener Stadtbrauch von 1573.[3] Die Universität unterhielt eine Sondergerichtsbarkeit, mit einem Universitätsrichter, einem Gefängnis («Carcer»), drei Pedellen und einem Karzerknecht als ausführenden Organen.[4] Und das ist noch lange nicht alles. Insofern hat Büchner recht mit dem «Wust von Gesetzen», von dem im *Hessischen Landboten* die Rede ist. Ins einzelne zu blicken bemühte er sich freilich in seiner Kampfschrift nicht. Das gewachsene Recht muß nicht notwendig unfairer sein als ein allgemeines und überall gleiches. Das altkonservative Ideal stellte die Besonderheit höher als die abstrakten allgemeinen Prinzipien. Der Osnabrücker Jurist, Literat und Politiker Justus Möser hatte die Mannigfaltigkeit der deutschen Gegebenheiten 1778 in seinem Aufsatz *Sollte man*

nicht jedem Städtchen seine besondre politische Verfassung geben?[5]
nicht als Schwäche, sondern als Kraft betrachtet und geistreich verteidigt. Der leitende Gedanke dabei war nicht die unmoralische
Wahrung von Privilegien, war nicht Ungleichheit als Ungerechtigkeit, sondern im Gegenteil die Erfahrung von der Ungerechtigkeit
der Gleichheit. Überall besteht ja Verschiedenheit; gleiches Recht
für alle kann deshalb nur ungerecht sein. Aber 1834 ist das nur noch
eine schöne Theorie. In der Praxis mißriet der gute Gedanke zur
Ungerechtigkeit, weil er gewachsenen Mißbrauch deckte. Für jedes
Verbrechen fand sich ein Ländchen, indem es besonders gut aus-
führbar war.

Die großherzoglich-darmstädtische Regierung selbst hielt die
Rechtsungleichheit für veraltet und bemühte sich um Vereinheit-
lichungen und die Abschaffung von Sondertatbeständen. Sie stieß
dabei auf den Widerstand der bisher Privilegierten und kam mit der
Modernisierung nur langsam voran. Vor allem hätte sie vor ihrer
eigenen Türe kehren müssen. Der Großherzog selbst, seine Familie,
seine leitenden Beamten und das Militär genossen Steuerfreiheit
oder andere Vergünstigungen. Die Kosten für diese Gruppe waren
unverhältnismäßig hoch. Während den beiden Häusern des Parla-
ments (den Landständen) ein Jahreshaushalt von 16 000 Gulden
eingeräumt wurde, betrugen die jährlichen Ausgaben für das Großherzogliche Haus und seinen Hofstaat 827 727 Gulden.[6] Das war
zweifellos ein Mißverhältnis, ja ein Mißstand.

Das Großherzogtum Hessen-Darmstadt war keineswegs besonders reaktionär. Im Gegenteil hielt es sich selbst für fortschrittlich.
Es hatte immerhin eine landständische Verfassung, was nicht jedes
Mitglied des Deutschen Bundes, was insbesondere Preußen nicht
von sich sagen konnte. Der Großherzog brauchte die Zustimmung
der Landstände, wenn er ein Gesetz geben wollte, brauchte sie vor
allem zur Verabschiedung des Finanzhaushalts. Das Wahlsystem
war freilich von einer horrenden Ungerechtigkeit. Es gab zwei Kam-
mern.[7] Die erste bildeten die Prinzen des Großherzoglichen Hauses,
die Häupter der standesherrlichen Familien, der Senior der Familie
Riedesel (der im Besitz der Erbmarschallwürde war), der katholische
Landesbischof, ein protestantischer Prälat, der Kanzler der Landesuniversität und einige auf Lebenszeit berufene honorige Staats-

bürger. Die zweite Kammer bestand aus Wahldeputierten des Adels, der wichtigsten Städte und des Landes. Gewählt wurde in einem dreistufigen System. Die Urwähler wählten eine bestimmte Anzahl von Bevollmächtigten (für Mainz zum Beispiel 52), diese wählten Wahlmänner (für Mainz 25) und diese wiederum die Abgeordneten (für Mainz zwei). Wählbar zum Abgeordneten waren nur Bürger, die wenigstens 100 Gulden direkte Steuer im Jahr zahlten oder als Staatsdiener jährliche Bezüge von wenigstens 1000 Gulden hatten oder ein Vermögen von mindestens 20 000 Gulden besaßen.[8] Das hört sich von heute aus skandalös undemokratisch an. Es resultierte aber aus dem ständischen Denken der Zeit und war logisch in diesem Horizont. Der Grundgedanke ist: Ein jeder Stand hat seine Last. Zur Last der Adeligen und Reichen gehörte das Regieren. Anstatt den armen Bauern und Handwerkern Flausen in den Kopf zu setzen und ihnen Aufgaben aufzubürden, für die sie nun einmal weder ausgestattet noch geeignet waren, übernahmen diejenigen diese Last, die sie von ihrer Bildung, ihren zeitlichen Möglichkeiten und ihrem Einfluß her auch leisten konnten. Das erschien den meisten Zeitgenossen ganz selbstverständlich. Auch der Revolutionär Friedrich Ludwig Weidig war ja für, nicht gegen Wahlzensus eingetreten. Das alles hat zu seiner Zeit sein relatives Recht gehabt. Auch das sogenannte allgemeine Wahlrecht war und ist nicht so demokratisch wie es sich gibt. Es schloß damals wie selbstverständlich die Frauen aus, und noch heute werden die Kinder ausgeschlossen, obgleich es Möglichkeiten gäbe, das Gewicht ihrer Stimmen zu realisieren. Das allgemeine Wahlrecht übergibt außerdem die Macht nur theoretisch an das Volk, praktisch aber an diejenigen, die Öffentlichkeitsarbeit treiben und des Volkes Meinung zu gestalten wissen. Es erfüllt das Versprechen der Beteiligung an der Macht nur in sehr geringem Grad. Die Menschen bekommen nicht, wovon sie träumen. – So jedenfalls ist die konservative Argumentation, wenn es um die Verteidigung eines ungleichen Wahlrechts geht.

Die nur sehr fragmentarisch demokratischen Verhältnisse meint Büchner, wenn er von den langsamen Fuhrwerken spricht, welche die Landstände der Raubgier der Fürsten gelegentlich in den Weg schieben könnten.[9] Im Jahr 1830 noch hatte dieses Fuhrwerk den Großherzog tatsächlich sehr gestört, als die Deputierten es entschieden abgelehnt hatten, die Privatschulden des Erbprinzen in Höhe von zwei Millionen Gulden in den Staatshaushalt zu übernehmen. 1833 ließ der Großherzog den Landtag wieder einmal auflösen, und der *Landbote* fragt zu Recht, was von Ständen zu erwarten sei, «die kaum die elenden Fetzen einer armseligen Verfassung zu vertheidigen vermögen.»[10] Der Ausbau des Parlamentarismus und damit die Entwicklung des Großherzogtums zu einer Republik wurde in Büchners Zeit nicht erreicht, auch 1848 nicht. 1871 wurde Hessen-Darmstadt vom Deutschen Reich aufgesogen und behielt nur Reste seiner Souveränität, etwa so viel wie ein Bundesland. Der Großherzog durfte sich zwar noch bis 1918 «Königliche Hoheit» nennen, hatte aber nicht mehr viel zu sagen.

Die Studentenunruhen von 1834 ahnten die kommende Republikanisierung und Demokratisierung voraus, waren aber chancenlos gegenüber dem Schwergewicht der bestehenden Mächte und des altgewohnten Einverständnisses mit ihnen. Die Regierenden waren «mehr dumm als böse», und «nicht minder versunken und blöde waren Bürger und Bauern» (Luise Büchner).[11] Die großherzoglich administrierte Bevölkerung lebte, so erinnert sich Alexander Büchner, «wie eine Melone unter ihrer Glasglocke»; sie glaubte, in der bestmöglichen Welt zu leben «und betrachtete alle politischen und sonstigen Weltverbesserer als Intriganten oder Narren oder beides.»[12]

Wo das Volk zwar arm ist, aber die Erfahrung gespeichert hat, daß Kriege und Revolutionen es am Ende noch ärmer zurückgelassen haben, vertraut es einer Regierung, wenn sie auch nur mittelmäßig ist, mehr als Menschen, die ihm einen Krieg gegen die Paläste aufreden wollen, aber selber zu den Palästen gehören. Das Volk ist ein schwerfälliger Koloß und mißtrauisch dazu, es bewegte sich 1834 so wenig wie 1968. Die vitale Inkongruenz von Sein und Meinen ist der zentrale Konflikt des revolutionären Büchner. Er selbst war kein Armer vom Land. Sein Ausbildungsziel war der Staatsdienst. Warum sollte die Landbevölkerung Vertrauen fassen zu diesem Studenten, der aller Voraussicht nach zehn Jahre später zum Establishment gehören würde? Büchner war ein vielfach gefördertes Landeskind. Er durfte das renommierteste der nur fünf Landesgymnasien besuchen. Das großherzogliche Ministerium hatte ihm auf Antrag seines Vaters das Studium in Straßburg gestattet. Auch das Studium in Gießen war ein hohes Privileg. Es gab dort 32 Professoren und 18 Privatdozenten für 509 Studierende[13] – eine traumhafte Relation. Wirtschaftlich ging es dem Land relativ gut. Büchner befürchtete nicht zu Unrecht, daß die Revolution die Apoplexie bekommen könnte. Es gab im Großherzogtum zahlreiche Lederfabriken, eine Kutschenfabrik, eine Wachslichterfabrik, eine Fabrik für lackierte Blechwaren, vier Hutfabriken, eine Baumwoll-Maschinenspinnerei, Eisenhämmer, Kupferhütten, Salinen, Pulvermühlen und eine hochwertige landwirtschaftliche Produktion.[14] Die Dampfschiffahrt auf dem Rhein war bereits in vollem Gange. Die Einwohnerzahl stieg von 1824 (671 789)[15] bis 1834 um 46 584 auf 718 373.[16] Davon waren 22 503 Juden,[17] die sich rechtlicher Gleichstellung erfreuten. Die Zahl der Häuser betrug 104 068,[18] das macht sieben Einwohner pro Haus. Die Staatsschuld belief sich auf rund 14 Millionen Gulden, auf jeden Einwohner entfielen also etwa 20 Gulden. Auf jeden zwanzigsten Einwohner kam ein Pferd; es war 68 Gulden wert.[19] Die Kaufkraft eines Guldens mochte bei zwanzig Euro liegen, aber die Verhältnisse sind schwer zu vergleichen. «Von den Städten ist Mainz die größte und bevölkertste und Darmstadt die schönste.»[20] Mainz hatte 28 439 Einwohner,[21] war aber nicht sehr einladend, «pas gaie», wie Alexis Muston bemerkt.[22] Wagners Statistik, die dem Verfasser des *Landboten* als Quelle diente, ergibt das Bild eines wohlaufgeräumten Staatswesens mit einer überdimensionierten und sehr teuren Administration, die sich organisiert um viele Bedürfnisse kümmerte. Allerdings waren viele Lehrerstellen unbesetzt.[23] Das Großherzogtum Hessen-Darmstadt war nicht überragend gut, aber auch nicht besonders schlecht verwaltet. Es war eng und kleinkariert. Dem jungen Georg Büchner aber stand der Sinn nach Größe.

Der Vater

Die Zunge lag ihm wie Blei im Mund, wenn er seinem Vater gegenüberstand. Er wollte ihm etwas sagen, aber er konnte nicht. Er träumte, er wolle es ihm sagen, und stand dann im Traum da und

konnte die Augen nicht öffnen, in merkwürdiger Vertauschung von
Sehen und Sprechen.[24] Auge und Mund waren vernäht.
In der Liebe befangen zu sein gegenüber dem Vater ist noch das
üblichste. Nichts erzählt man ihm, gar nichts. Das muß man mit
sich selbst ausmachen, auch wenn man ein Grünschnabel ist und
guten Rat brauchen könnte. Die Abnabelung ist unvermeidlich. Der
Vater seinerseits ist selber befangen und behält seine frühen Liebesgeschichten für sich. War da nichts, bevor er die Mutter traf? Keine
pubertäre Verirrung, keine romantische Schwärmerei, kein erotisches Abenteuer? Allenfalls das Erlaubte, sozusagen Offizielle
konnte bei Tisch erzählt werden: Wie Vater und Mutter einst zu-
sammenfanden. Das war relativ einfach gewesen. Caroline Reuss
war die Tochter des Direktors in dem einsam gelegenen Hospital
Hofheim südwestlich von Darmstadt, als Ernst Büchner dort im
Jahre 1812, mit 26 Jahren, eine Stelle als Chirurg antrat. Er hatte
große Erfahrung in diesem Gewerbe, denn er war ein halbes Jahr-
zehnt mit Napoleons Truppen durch Europa gezogen und hatte in
mehreren Feldzügen Verwundete versorgt. Einmal soll der Kaiser
ihn sogar angesprochen haben. Du siehst gut aus auf deinem Pferd,
soll er gesagt haben, natürlich auf französisch, und das erzählte
Ernst Büchner sein Leben lang oft und gerne,[25] während er über die
Liebe schwieg. «Klein, stark und von strammer Haltung wie er war,
bildete er sich ein, eine gewisse Ähnlichkeit mit seinem Helden zu
besitzen.»[26] Er verließ Napoleon, bevor es mit diesem abwärts ging,
heiratete in Hofheim die damals 21jährige Tochter seines Chefs,
dessen Familie einst am Hof zu Pirmasens bessere Tage gesehen
hatte, bis die Französische Revolution dorthin überschwappte und
sie vertrieb. Ernst Büchner begann seine Karriere an einem Hospital, das hauptsächlich Geisteskranke beherbergte. Auch wenn er nur
für die körperlichen Wunden zuständig war, war die frühe Begegnung mit der Psychiatrie lehrreich. Sie wurde später vertieft, als er in
Darmstadt zuerst Stadtphysikus, später Medizinalrat wurde und in
dieser Eigenschaft auch als Gutachter für Kriminalfälle tätig war.
Leicht hätte es passieren können, daß er auch in den Fall Dr. Weidig
hineingezogen worden wäre. Er war ein wissenschaftsorientierter
Arzt, der über dieses und jenes publiziert hatte – über den Tripper,
über Selbstmord durch Verschlucken von Stecknadeln, über eine

Ernst Büchner in späteren
Jahren (1854)

glücklich abgelaufene Selbstentmannung,[27] über Wasserscheu als
Folge des Bisses durch einen tollen Hund und anderes mehr.[28]

Jedenfalls kannte dieser Mann die Welt. Er hatte viel Blut gesehen. Er war stark. Er glaubte, alles sich selber zu verdanken, seinen
Kenntnissen, seiner Leistung, seiner Disziplin, seiner Sparsamkeit,
seinem Pflicht- und Rechtsgefühl. Einem solchen Vater gegenüber
war offene Aufsässigkeit schwer. Sohn Georg verlegte sich deshalb
auf versteckte – die Augen verschlossen, die Lippen vernäht. Er
fürchtete sich vor diesem schwer zufriedenzustellenden Mann, der
alle erdrückte mit seiner Lebenserfahrung und seinem Richtig-
machen. Er will nicht so werden wie er. Er will nicht leben wie ein
aufgezogenes Uhrwerk. Des Vaters Kriegserinnerungen zählen für
ihn nicht. Er ist in eine lange Friedenszeit hineingeboren. Er will
seinen eigenen Krieg, nicht den seines Vaters.

Ernst Büchner war im Stichjahr 1835 Ordentliches Mitglied im
sechsköpfigen Medicinal-Colleg für die Provinzen Starkenburg,
Oberhessen und Rheinhessen (dem auch die mit dem Fall Weidig

befaßten Ärzte Dr. Johann Adam Graff und Dr. Ernst Stegmayer angehörten). Er war zweiter Physikatsarzt für den Kreis Darmstadt und zweiter städtischer Hospitalarzt daselbst. Ferner war er für den Hof tätig als Marstallschirurg und Chirurg der Landgestütsanstalt. Zum Militär hatte er enge Beziehungen als Unterarzt im Mittelstab des Dritten Infanterie-Regiments der Zweiten Infanterie-Brigade. Auch seine Brüder Ludwig und Karl waren Ärzte in Hessen-Darmstadt, zwei weitere Brüder waren Ärzte in Holland. Der jüngste Bruder war Obersteuerbote in Gießen.[29]

Ernst Büchner stammte aus einer Dynastie von Medizinern und heiratete nicht nur standesgemäß, sondern auch nach oben. Er ist zwanzig Jahre verheiratet und 46 Jahre alt, als sich sein Ältester im Winter 1831/32, mit achtzehn Jahren, in Wilhelmine Jaeglé, eine Pfarrerstochter in Straßburg, zu verlieben beginnt und ein Jahr später heimlich verlobt. Das war eine bürgerliche Wahl, keine revolutionäre, wenig ehrgeizig, aber einigermaßen standesgemäß, durchaus keine Mésalliance, aber auch keine Treppenheirat nach oben wie beim Vater. Georg fürchtet die väterliche Kritik und hält seine Beziehung lange geheim. Ein ganzes Jahr lang sagt er zu Hause nichts von seiner Braut. Das geht doch die Eltern nichts an, denkt der empfindliche junge Mann. Sie werden es mir kaputtmachen, flüstert eine Stimme in ihm. Junge Liebe verstehen die doch sowieso nicht, sagt eine andere, hochmütige. Im Hochmut verbirgt sich die Angst, die Eltern könnten seine Wahl ablehnen, ihm weh tun mit Spott, ihn kränken mit ihrer überlegenen Welterfahrung. Als Georg Ende März 1834 seine Verlobung bekanntgibt, kommt es zu einem wirklichen Krach. Ernst Büchner begrüßt die Wahl seines Sohnes keineswegs, billigt dessen Eigenmächtigkeit nicht und hätte gern seine Welterfahrung eingebracht. Er schreibt «in der äußersten Erbitterung gegen den Sohn»[30] an die Straßburger Verwandtschaft, empört darüber, daß sie ihre Aufsichtspflicht vernachlässigt und ihn viel zu spät informiert haben.[31] Aber der Zorn hält nicht vor. Im September 1834 wird Wilhelmine in Darmstadt vorgestellt. Sie schafft es, mit Charme, guter Erziehung und respektvollem Auftreten den Wütenden zu besänftigen und ihn mit der Zeit zu überzeugen, daß sie die Richtige sei. Georg hatte seine Wahl unbewußt im Sinne des Vaters getroffen. In den langen Jahren seiner Verlobung hat er eine Frau an seiner Seite, die das Ideal seines Vaters verkörpert und ihn immer mehr in diesem Sinne formt. Auch die Berufung als Dichter hat Georg seinem Vater verschwiegen, aus Furcht, daß dieser eine solche Beschäftigung als Flausen betrachten würde. Vielleicht tat Georg ihm Unrecht. Sein Vater hatte auch liberale Züge. Immerhin war er Abonnent von *Unsere Zeit*, jener historischen Zeitschrift, in der Georg Büchner sich über die Französische Revolution informierte. Außerdem war Ernst Büchner in den 1820er Jahren Philhellene,[32] Sympathisant der griechischen Befreiungsbewegung. Im Hause Büchner wurde viel debattiert.[33] Es galt das Prinzip, das Kant in seinem Aufsatz *Was ist Aufklärung?* dem Preußenkönig zuschreibt: «Räsonniert, so viel ihr wollt, und worüber ihr wollt; aber gehorcht!» Ernst Büchner gestattete ein freies Wort, aber keinen Widerstand in der Tat. Er war ein Vernunftabsolutist – der Vernunft, die er definierte, mußten sich alle fügen. Er war einerseits liberal, was Meinungsunterschiede betraf, wollte andererseits aber seine Kinder hart machen für ein Leben, in dem Gefühle nichts zählten. Deshalb ging er mit dem zwölfjährigen Ludwig zur öffentlichen Hinrichtung eines Mörders, über den vorher auf dem Markt der Stab gebrochen worden war.[34] Den siebzehnjährigen Georg nahm er in das anatomische Theater mit, das er sich am Darmstädter Hospital hatte einrichten lassen, um Sektionen vor Publikum durchführen zu können.[35] Es gab Beschwerden, weil Gymnasiasten beim Zerschneiden von Frauenleichen zugegen waren. Ans Blut sollten sich die Söhne frühzeitig gewöhnen.

Gewalt ist für Georg ein großes Thema. Wie viele Köpfe dürfen, wie viele müssen rollen für die Revolution? Im Vaterhause, mit Zugang zu den Bänden aus des Vaters Bibliothek, schrieb Georg im Januar und Februar 1835 heimlich sein Revolutionsdrama *Danton's Tod*. Der Vater merkte nichts davon. Als am 7. März 1835 hundert Gulden Honorar eintrafen, wußte Ernst Büchner nicht, wofür das Geld bestimmt war.[36] Er glaubte Georg auf einer kurzen Reise nach Friedberg, während dieser bereits auf der Flucht nach Straßburg war. Vater Büchner war ein aufgeklärter Kopf, der vieles in seiner Art richtig sah. Aber der Aufstand seines Sohnes war mit Vernunftmitteln nicht zu verhindern.

Als Poet war Georg Büchner sogar in gewisser Weise auf den

Vaterkonflikt angewiesen. Ihn beizulegen hätte dichterische Kraft gekostet. Hinter bleiernen Lidern und einem verklebten Mund bildete sich ein Wortwunder, die Erzählung *Lenz*, deren Gegenstand eine Vater-Sohn-Streitsache ist. Die Traumlogik der Dichtkunst erlaubte Büchner, auszusprechen, was er in der Logik der Wirklichkeit nicht über die Lippen brachte. Ein wichtiges Segment der Erzählung ist ureigen: Auch Lenz ist ein Flüchtling, der aus der Vaterwelt fort mußte um der Poesie willen, auch Lenz wollte in der Nähe seiner Geliebten sein – es ist Friederike Brion –, die wie Wilhelmine Jaeglé im Elsaß lebt, in Büchners Sehnsuchtsland. Der Vater, ein ranghoher Kirchenmann, Generalsuperintendent in Riga, will Lenz zurück in die Spur bringen, er soll nach Hause kommen, soll Pastor werden, nicht als verliebter Dichter sein Leben verschleudern. Unter der Lenz-Maske wehrt sich Büchner gegen den Vater. Wie Lenz will er nicht nach Hause zurück:

> Hier weg, weg! nach Haus? Toll werden dort? Du weißt, ich kann es nirgends aushalten, als da herum, in der Gegend, wenn ich nicht manchmal auf einen Berg könnte und die Gegend sehen könnte; und dann wieder herunter in's Haus, durch den Garten gehn und zum Fenster hineinsehn. Ich würde toll! toll! Laßt mich doch in Ruhe! […] Immer steigen, ringen und so in Ewigkeit Alles was der Augenblick gibt, wegwerfen und immer darben, um einmal zu genießen; dürsten, während einem helle Quellen über den Weg springen. Es ist mir jetzt erträglich, und da will ich bleiben; warum? warum? Eben weil es mir wohl ist; was will mein Vater? Kann er mir geben? Unmöglich! Laßt mich in Ruhe.[37]

Immer darben, um einmal zu genießen. Immer Lustaufschub um der Vernunft willen. Immer dürsten, während einem helle Quellen über den Weg springen. Auf das Leben verzichten um der Anpassung willen, auf die Liebe, die Poesie, die Rebellion verzichten, um schließlich in Darmstadt dahinzudämmern, wo «die Wüste Sahara in allen Köpfen» ist.[38] Dann der Wahnsinn? Anders als Lenz blieb Büchner der Wahnsinn erspart. Warum? Er war weniger radikal, machte ordentliche Examina, gab sich mit einer angepaßten Liebe zufrieden und benützte die Poesie als Ventil, um dieses Leben auszuhalten.

Nicht nur als Liebender und als Dichter, auch als Revolutionär hat Büchner seinen Vater mit großer Beharrlichkeit angelogen. Dieser hatte vielleicht im Glauben an die Aufrichtigkeit seines Sohnes falsches Zeugnis abgelegt, während die Staatsmacht durch den Spitzel Johann Conrad Kuhl längst Bescheid wußte. Vielleicht gab es im Innenministerium schon einen Vermerk über ihn: deckt staatsverräterische Handlungen seines Sohnes. Georg war zurückgezuckt bei der ersten realen Berührung mit der Staatsmacht und hatte sich weggeduckt seit der Verhaftung Minnigerodes. Er hatte den Vater nicht ins Vertrauen gezogen. Er glaubte, die Lüge aufrechterhalten zu müssen bis zu seiner Flucht und darüber hinaus. In Weißenburg im Elsaß angekommen, behauptet er immer noch, er habe von dem Resultat einer Untersuchung nichts zu befürchten.[39] Ob der Vater je die ganze Wahrheit erfuhr? Der Chef der Familie, ein alter Kriegsmann, war im Jahr des *Hessischen Landboten* 48 Jahre alt. Vielleicht hätte er seinen Ältesten herausgehauen, wenn dieser alles gebeichtet hätte. Wahrscheinlicher ist, daß er ihn verdonnert hätte, sich zu stellen, um dann seine Beziehungen spielen zu lassen. Immerhin gehörte er als Ordentliches Mitglied des Medizinalkollegiums zu einer Art Aufsichtsrat des Gesundheitswesens.[40] Er kannte die Darmstädter Richter, hätte sogar dem Großherzog selbst den Fall zu Füßen legen können. Aber Georgs Angst entschied schon vorher gegen ihn. Georg wollte nicht vom Vater gerettet werden. Dieser Mangel an Vertrauen kränkte Ernst Büchner. Für fast zwei Jahre brach er von seiner Seite den Briefkontakt ab. Er war, wie Eugène Boeckel vermeldete, der Ende 1835 zu Besuch in Darmstadt war, dauerhaft «ungehalten».[41] Die Mutter hauptsächlich hielt den Briefverkehr aufrecht. Man kann sich vorstellen, daß sie Georgs Briefe vorlas und daß man sie bei Tische diskutierte, der Vater zürnend und scheltend, die Mutter vermittelnd, die Kinder wortlos.[42]

Es gibt einen Grad des Verstummens zwischen Vätern und Söhnen, wo Rechthaben nichts nützt und jeder seinen Weg ziehen muß. Franz Kafka hat seinen berühmten Brief an den Vater nicht abgeschickt, weil er keine Hoffnung hatte, sich erklären zu können. «Du hast mich letzthin einmal gefragt, warum ich behaupte, ich hätte Furcht vor Dir. Ich wußte Dir, wie gewöhnlich, nichts zu antworten, zum Teil eben aus der Furcht, die ich vor Dir habe.»[43] So hätte auch Büchner beginnen können. Das Verhältnis war traumatisiert. Nicht nur Ernst, auch Georg war beschädigt. Das Gefühl der Schuld peinigte ihn. Es war zugleich ein starker Motor. Es arbeitete in Georg, es trieb ihn. Lüge und Mißtrauen wollte er wiedergutmachen, die Angst besiegen, die Schuld abtragen, Mund und Auge wieder frei und furchtlos öffnen. Nicht auf die vorgeschriebene, aber auf seine eigene Weise bog er sein Leben zurück in die vom Vater gewünschte Bahn. Ja, er übertrumpfte diesen sogar. Er wurde nicht nur Chirurg und Stadtphysikus, er wurde Doktor der Philosophie und Privatdozent für Vergleichende Anatomie, und das mit 23 Jahren. Als Georg das mit unterdrücktem Stolz nach Darmstadt melden konnte, fand auch der Vater den Weg aus der Verhärtung zurück.

Literarisch kennen wir Muster solcher Versöhnungen. Sie gehen von der Mutter aus, die den Kontakt zu dem verworfenen Sohn nie ganz hat abreißen lassen. Der Vater hat irgendwann einzulenken, wie in Kleists *Marquise von O....*, und sich wie dort linkisch, das Gesicht zur Erde gebeugt, seinen Tränen zu überlassen, alle Prinzipienreiterei, alle Politik zu vergessen und nur noch der Liebe freien Lauf zu lassen. Aber Ernst Büchner schluchzt nicht. Er kriegt emotional den Mund nicht auf. Nichts Eiligeres hätte es sonst gegeben als nach Zürich zu reisen, aber da war noch zu viel verletzter Stolz. Immerhin schreibt er einen Brief,[44] der gemessen und mit unterdrücktem Gefühl das Vater-Sohn-Verhältnis wieder in Ordnung bringt:

Darmstadt den 18ten Dezemb. 1836. Sonntag

Lieber Georg!
Es ist schon lange her daß ich nicht persönlich an Dich geschrieben habe. Um Dich einigermaßen dafür zu entschädigen, soll Dir das Christkindlein diese Zeilen bescheeren und ich zweifele nicht daran, daß sie Dir eine angenehme Erscheinung seyn werden. Meine Besorgniß um Dein künftiges Wohl war bisher noch zu groß und mein Gemüth war noch zu tief erschüttert, durch die Unannehmlichkeiten alle, welche Du uns durch Dein unvorsichtiges Verhalten bereitet und gar viele trübe Stunden verursacht hast, als daß ich mich hätte entschließen können, in herzliche Relation mit Dir zu treten; wobei ich jedoch nicht ermangelt habe, Dir pünctlich die nöthigen Geldmitteln, bis zu der Dir bekannten Summe, welche ich zu Deiner Ausbildung für hinreichend erachtete, zufließen zu laßen.

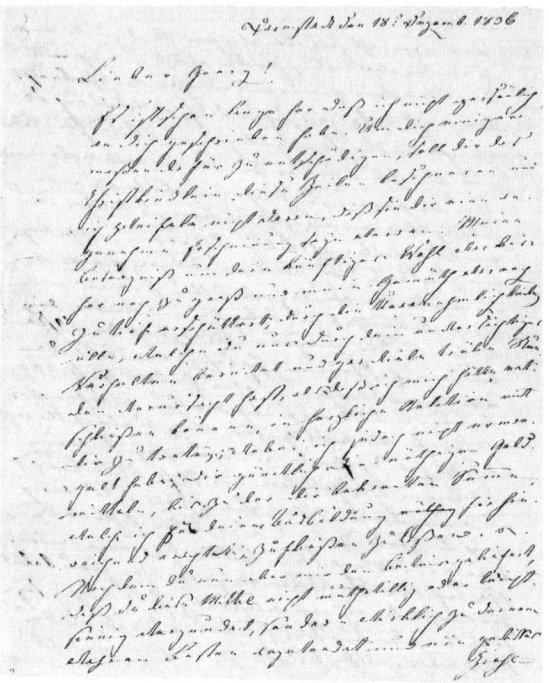

Ernst Büchner an Georg Büchner am 18. Dezember 1836

Nachdem Du nun aber mir den Beweis geliefert, daß Du diese
Mittel nicht muthwillig oder leichtsinnig vergeudet, sondern wirklich zu Deinem wahren Besten angewendet und ein gewisses Ziel
erreicht hast, von welchem Standpuncte aus Du weiter vorwärts
schreiten wirst, und ich mit Dir über Dein ferneres Gedeihen der
Zukunft beruhigt entgegen sehen darf, sollst Du auch so gleich
wieder den gütigen und besorgten Vater um das Glück seiner Kinder in mir erkennen.

Froh, das Emotionale hinter sich zu haben, verstreut sich Ernst
Büchner dann in medizinische Fachliteratur, die Georg sich gewünscht
hatte, lobt die Dissertation, die Georg ihm offenbar zugesandt hatte,
und schickt ein paar erzieherische Bemerkungen hinterher:

Sey nur recht vorsichtig in Deinem Benehmen und in Deinen
Äußerungen gegen u über jederman. Bedenke stets daß man
Freunde nöthig hat u daß auch der geringste Feind schaden kann.

Zwei Monate später ist Georg tot. Der Schock ist ungeheuer. Ein Trauma bleibt über Jahrzehnte. Was spielt sich in Ernst Büchner ab?[45] Die himmlische Gnade hat noch die Versöhnung gestattet, aber sie bleibt unerbittlich dabei, daß diesem Leben, das sich einer so schweren Verletzung des vierten Gebots («Ehre Vater und Mutter, auf daß du lange lebest auf Erden!») schuldig gemacht hat, keine irdische Erfüllung gestattet sein soll. Ernst Büchner glaubt, eine Lehre sei erteilt worden. Aber welche? Daß man vom vorgezeichneten Weg niemals abweichen sollte? Im Revolutionsjahr 1848 wird er unvorsichtig in die Zeitung setzen lassen, daß ein ehrloser Lügner sei, wer behaupte, daß seine Söhne Louis und Alexander sich der Aufwiegelung und Aufreizung gegen die bestehende Ordnung schuldig gemacht hätten.[46] Das war zu laut gebrüllt. Ob es daneben nicht auch eine leise Seite gab? Ob er sich nicht auch Vorwürfe machte? Hatte er nicht als Erzieher versagt? Sogar als Mensch? 1839 erschien die Novelle *Lenz* im *Telegraph für Deutschland*. Klopfte sein Herz, als er Lenzens Anklage gegen den Vater las?[47] Nichts wissen wir. Die Lektüre kann ihn nachdenklich gemacht haben, kann das Trauma aber auch vertieft haben, weil er diesen empörenden Vorwurf eines nunmehr Toten nicht mehr richtigstellen konnte. Wie es innen aussah in diesem Sohn, der das Innenleben eines wahnsinnigen Dichters so übergenau kannte, davon hätte Ernst Büchner lesend etwas ahnen können. Packte ihn Grauen, wenn er in diesen Abgrund starrte? Karl Gutzkow beklagte sich 1838, als es um eine erste Büchner-Ausgabe ging, über «das Stillschweigen von Darmstadt aus», Büchners Eltern seien offenbar dem Unternehmen gegenüber «nicht günstig» gesonnen.[48] Auch um das zu erwartende Honorar soll es Streit gegeben haben.[49] Daß er die Edition der Schriften seines bedeutendsten Sohnes allenfalls geschehen ließ, daß er sie nicht aktiv förderte und seinem Georg kein würdiges literarisches Denkmal errichtete, spricht jedenfalls gegen Ernst Büchner und läßt vermuten, daß ihm die ganze Wahrheit, als er sie allmählich erfuhr, bis zum Ende seines Lebens unheimlich war. Er starb 1861 mit 75 Jahren, 24 Jahre nach seinem ältesten Sohn. Es gibt, schreibt Heinrich Heine 1834, «keinen größeren Schmerz in dieser Welt, als den Schmerz eines Vaters, wenn er, gegen die Sitte der Natur, sein Kind überlebt.»[50]

Mutter und Mütter

«Durchlauchtigster Großherzog, aller gnädigster Großherzog und Herr», so beginnt das Gesuch, mit dem Vater Reuss darum bittet, daß dem Wunsch seiner Tochter Caroline willfahrt werde, «von ihrem Erzieher und SeelSorger dem Großherzogl. Pfarrer Reck in Darmstadt, in der Stille, copulirt zu werden», obgleich der Hochzeiter lutherischer Religion sei.[51] Es ging darum, daß sie im evangelisch-reformierten (calvinistischen) Ritus getraut werden wollte, nicht im lutherischen. Daß Caroline die Mühe des Gesuchs beim Landesherrn und obersten Bischof nicht scheute, zeigt, daß sie ihre Konfession wichtig nahm. Sie war wohl frömmer als ihr dem Taufschein nach lutherischer Mann. Auch an dem «in der Stille» muß ihr gelegen haben. Sie wollte keine lauten Feste. Von der unter Lutheranern sonst üblichen «Weinkäuflichen Copulation», also der Bekräftigung des Bundes durch einen großen Umtrunk, ließ sich das Paar ebenfalls großherzoglich dispensieren – vielleicht aus ganz verschiedenen Gründen, sie aus Religiosität, er aus Sparsamkeit.

Der schmalen Erinnerungsliteratur zufolge war Caroline Büchner das Urbild einer «unendlich gütigen und weichen»[52] Mutter, «vernünftig und gerecht»,[53] aber übervorsichtig: «Auch läßt Dich die Mutter warnen, nicht allein zu weit von Strasburg fortzugehen, weil sie Angst hat, es möchte Dir ein Unglück mit einem Wolfe zustoßen.»[54] Wir wissen wenig Spezifisches von ihr. Einmal hat sie Gardinchen für Georgs Schmetterlingskästen genäht, die sich sehr schön ausnahmen, und war ein bißchen gekränkt, weil ihr Sprößling das nicht zu würdigen wußte.[55] Das Erotische hielt sie unter der Decke – wenn es ungerufen auftauchte, lenkte sie davon ab,[56] wie es weithin der Brauch war.

Aufschlußreich sind die beiden Mutterfiguren in der Erzählung *Lenz*, Madame Oberlin und Mutter Lenz. Madame Oberlin tritt auf als die «Mutter, die hinten im Schatten engelgleich stille saß».[57] Damit wird ein bekannter Typus bedient. Die Mutter ist im Schatten, nicht im Licht wie der Vater, sie ist engelgleich, nicht irdisch-geschäftig wie er, sie ist still, nicht laut und bestimmend.

Caroline Büchner,
geb. Reuss (1854)

Ebenso wie die engelgleiche Madame Oberlin, bei der Lenz oft
Trost findet, ist auch seine eigene Mutter in ein Koordinatensystem
aus religiösen Bezügen eingespannt. Sie ist in innig-frommen Visionen die Geberin von Erfahrungen, die über das gewöhnliche Maß
hinausgehen.

Er ging des Morgens hinaus, die Nacht war Schnee gefallen; im Tal
lag heller Sonnenschein, aber weiterhin die Landschaft halb im Nebel. Er kam bald vom Weg ab, und eine sanfte Höhe hinauf, keine
Spur von Fußtritten mehr, neben einem Tannenwald hin, die
Sonne schnitt Krystalle, der Schnee war leicht und flockig, hie und
da Spur von Wild leicht auf dem Schnee, die sich ins Gebirg hin-
zog. Keine Regung in der Luft als ein leises Wehen, als das Rauschen eines Vogels, der die Flocken leicht vom Schwanze stäubte.
Alles so still, und die Bäume weithin mit schwankenden weißen
Federn in der tiefblauen Luft. Es wurde ihm heimlich nach und
nach, die einförmigen gewaltigen Flächen und Linien, vor denen es
ihm manchmal war, als ob sie ihn mit gewaltigen Tönen anredeten,

waren verhüllt; ein heimliches Weihnachtsgefühl beschlich ihn, er meinte manchmal seine Mutter müsse hinter einem Baume hervortreten, groß, und ihm sagen, sie hatte ihm dies Alles beschert; wie er hinunterging, sah er, daß um seinen Schatten sich ein Regenbogen von Strahlen legte, es wurde ihm, als hätte ihn was an der Stirn berührt, das Wesen sprach ihn an.[58]

Aus einer gewöhnlichen Schneelandschaft entwickelt sich, als Lenz sinnbildhaft vom Wege abkommt, allmählich eine metaphysische Erfahrung, die sozialen Kontexte verblassen, keine Spur mehr von anderen Menschen, gewaltige Linien, übermenschliche Töne, ein Regenbogen, das biblische Bild des Gottesbundes, «das Wesen» spricht ihn an, es ist ihm, als hätte ihn etwas an der Stirn berührt. Diese geheimnisvolle Erfahrung ist von der Mutter gestiftet, sie ist die Geberin, es ist ihm, als müsse sie hinter einem Baum hervortreten. Weihnachten muß als heiliges Mutterfest erlebt worden sein.

Wenig später hat Lenz eine nächtliche Erscheinung. Die Mutter sei in einem weißen Kleide aus der dunklen Kirchhofmauer hervorgetreten, sie habe eine weiße und eine rote Rose an der Brust stekken gehabt; sie sei dann in eine Ecke gesunken, und die Rosen seien langsam über sie gewachsen.[59] Die Mutter ist tot, Lenz und Oberlin stimmen mit dieser Deutung überein. Aber was ist das für ein Tod, für immer unter roten und weißen Rosen gebettet, im weißen Kleid der Unschuld? Er hat etwas Friedliches und ist doch wie ein stummer Schrei, wie eine endgültig ungestillte Sehnsucht. Die Mutter lebt weiter als marmorkühler Todesengel, aber nicht als Wärmespenderin. Büchner hat sich diesen Traum ausgedacht, nicht Lenz; er ist quellenunabhängiges Eigengut;[60] wenn Büchner ihm etwas von sich selbst mitgegeben hat, dann die Erfahrung, daß ihm etwas fehlte: Leben, Körperwärme, Hautkontakt, Zärtlichkeit sowie Kuß- und Kuschellust, wovor seine calvinistische Mutter wie viele Mütter ihrer Zeit zurückscheute. Für die Gewöhnlichen mag das Gebotene reichen, für ein Genie reicht es nicht. Die Sehnsüchte suchen ein Ziel und werden immer weiter hinausgetrieben, wenn sie es nicht finden – hinausgetrieben zur Größe. Ohne zu wissen kann man vermissen.

Von den metaphysisch umstrahlten Mutterbildern stechen prosaische Erinnerungen an Caroline Büchner ab: Sie sei «eine ehrenwerte, charakterfeste deutsche Hausfrau» gewesen, des Gegensatzes zu ihrem Gatten bewußt und ohne allen Anspruch auf außergewöhnliche Bildung.[61] Karl Emil Franzos hingegen behauptet 1879, sie sei «eine glühende deutsche Patriotin» gewesen, «die Körners Schlachtgesänge mit Begeisterung las und für Blücher schwärmte».[62] Eine Quelle gibt er nicht an. Persönlich kennengelernt hat er sie nicht; sie ist 1858 gestorben.

Mehr Gewicht hat die Erinnerung des Jugendfreundes Georg Zimmermann, der Ähnliches berichtet, aber weniger übertreibt:

> Beide Eltern waren sehr verschiedenartige, aber doch in schöner Eintracht lebende Naturen – der Vater ein charaktervoller und pflichtgetreuer Mann, der mit starrer Festigkeit seine Ansichten und Vorurtheile behauptete, die Mutter eine Frau von der anmuthigsten und liebenswürdigsten, die Gegensätze des Leben mild ausgleichenden Weiblichkeit, ein Engel an Herzensgüte – der Vater ein ganz auf das Wirkliche und Praktische gerichteter Verstandesmensch, die Mutter in ihrem Gemüthsleben tief-poetisch und von einem entschieden idealen Zuge, doch frei von Ueberspanntheit und Sentimentalität – der Vater in politischen Dingen streng-conservativ, dabei von unauslöschlicher Verehrung Napoleon's I. durchdrungen und für die französische Nationalität eingenommen, die Mutter eine getreue Anhängerin der in den Freiheitskriegen verfochtenen Ideen.[63]

Geschrieben ist das 1880, 43 Jahre nach Büchners Tod, und taugt als historische Quelle nur bedingt. Es erinnert zu sehr an Goethes berühmtes Verschen («Vom Vater hab ich die Statur, des Leben ernstes Führen, / Vom Mütterchen die Frohnatur, die Lust zu fabulieren») und bedient insofern ein Klischee. Nicht das Erleben, sondern das Erklären steht im Vordergrund. Das Gedächtnis folgt Interessen – hier dem Interesse, etwas Vorzeigbares zur Erklärung eines Genies beizutragen, dessen Beachtung man vorher jahrzehntelang vertrödelt hatte.

Nach Durchmusterung solcher und ähnlicher Äußerungen über die Mutter bleibt nur eine einzige Quelle von Wert übrig: Carolines

Brief an Georg vom 30. Oktober 1836.[64] Er zeigt ein Potpourri von Emotionen (Jubel, Angst, Kummer gleich im ersten Abschnitt), Schnappschüssen (Bügeln, Theater, Schokolade), Familiennachrichten (Alexander hat Geburtstag, Onkel Reuss ist Stallmeister beim Prinzen Louis geworden, Großmutter sieht jetzt fast gar nichts mehr), Aufträgen vom Vater (Vorlesungen über vergleichende Anatomie werden dir emporhelfen!), Ermahnungen (Fernhalten von Politik!), Sorgen (Wilhelm ist ein Kindskopf, hier grassiert das Nervenfieber), Neuigkeiten (eine Beförderung, eine Versetzung) und Ereignissen (ein Mörder wurde hingerichtet). Offenbar hatte Georg nach Weidig gefragt und erhält zur Antwort nur den inhaltsarmen Satz: «Wie es hier mit den Gefangenen geht weiß Gott, es ist alles still.» Den Schluß bilden Fragen nach den Straßburgern, mit Zwischenbemerkungen wie: «Deine Kost und Logis finden wir sehr billich, freilich eine Kost wie bei Fräulein Jäkele wirst Du nicht leicht wieder finden, nun man muß sich an alles gewöhnen.» Das Bild der typischen «guten Mutter» bestätigt sich insoweit, als Caroline Büchner von sich selbst so gut wie gar nichts schreibt, wenn man absieht von Sätzen wie «Wirst Du denn mein Geschmier lesen können? Ich schreibe aber in einem solchen Tumult daß ich gar nicht weiß wo mir der Kopf steht.» Der ganze Tumult dieses Briefs ist voll Herz und Gefühl für ihren Ältesten. «Ich jubelte laut», heißt es gleich zu Beginn, «als Dein Brief vom 25sten Oktober das Postzeichen Zürich darauf ankam.» Und am Ende: «Schreibe uns nur immer recht ausführlich, ich meine seit Du von Straßburg weg bist nun seist Du erst in der Fremde, in Straßburg glaubte ich Dich immer in meiner Nähe.»

Eine gute Mutter also. Aber was hilft uns das? Wir sollten uns nicht dispensieren von der Pathogenese des Genies. Liebenswürdige Normalität erzeugt nun einmal nichts Rahmensprengendes. In Büchner gab es Abgründe der Modernität. Eine gute Mutter erklärt sie nicht. Wir benötigen wesentlich dramatischere Konstellationen als das Klischee strenger Vater, liebe Mutter. Ahnte Georg Abgründe auch in seiner Mutter, sah er etwas von der alltäglichen Gewalt, dem unaufhaltsamen Willen zur Macht, dem allgegenwärtigen Geschlechtstrieb auch in der Ehe seiner Eltern? Sah er die Konvention in der Harmonie und die Gewalttätigkeit in der Konvention?

War das Elternpaar in seiner Wirkung auf ihn gar nicht harmonisch, sondern von unvereinbarer Gegensätzlichkeit, bedeutete der fordernde Vater einen unbedingten Anspruch und die behütende Mutter eine Gefahr für diesen Anspruch, die Versuchung zu Regression und Ausruhen in der Gewöhnlichkeit? Wurde der Sohn ständig zwischen Skylla und Charibdis hin- und hergeworfen?

Da war ein junger Mann, hochbegabt, ehrgeizig und widerborstig, dem der Sinn nach Größe stand. Die vom Vater vorgezeichnete Bahn zu gehen hätte Anpassung bedeutet. Das kam nicht in Frage. Größe war nur in der Opposition zum Vater zu haben. Um diese Opposition auszuhalten, brauchte er die Unterstützung der Mutter, aber nicht, um bei ihr niederzusinken. Auch sie mußte er verlassen, auch ihr konnte er sich nicht voll anvertrauen, mußte ihre Loyalität achten, konnte sie dem Vater nicht einfach ödipal streitig machen. Kurzum, auch sie war keine heimelige Genossin, es war anstrengend, er mußte ständig eine Rolle spielen, streng seine Bestimmung betonen, ebenso wie beim Vater.

Dessen Machtbereich zu entkommen war das Ziel des ersten Straßburgaufenthalts gewesen (1831–33). Gießen bedeutete die erzwungene Rückkehr in diesen Machtbereich, um den vorgeschriebenen Lebensweg zu gehen. Der junge Mann versuchte, sich zu fügen, tat sich alle Gewalt an, eine Depression war die Folge. In dieser ballte sich die Faust. Mein Weg muß auch in Gießen mein eigener sein. Für meinen Vater studiere ich, was ich muß, für mich selbst aber will ich etwas meinem Vater Verhaßtes tun. Lieber eine unreife Aktion als gar keine. Und so wirft er sich mit verbissener Leidenschaft auf den *Hessischen Landboten*, voll heimlicher Trauer und das Wort «aussichtslos» im Herzen. Die Freunde geben ihm Halt, aber nicht genug. Das Exil war die Folge. Die Mutter besuchte ihn dort im Sommer 1836,[65] schrieb ihm regelmäßig, vermittelte Geld und spendete den nötigsten Trost, ebenso wie Wilhelmine, die er sich erwählt hat als seine zweite Caroline, aber beiden durfte er sich nicht anvertrauen, beide verstanden ihn infolgedessen nicht, aber sie liebten ihn und halfen ihm, die Einsamkeit durchzustehen und groß zu werden.

Auf der Suche nach dem Stichwort «Mutter» in den Dichtungen finden wir nicht nur die feinen metaphysischen Mütter in der Erzäh-

lung *Lenz*, sondern auch Mütter als Triebwesen, Mütter als Huren.
Büchners Medizinerblick durchstößt die Beschönigungen und zieht
auch Mütter aus. In *Danton's Tod* spricht ein Weib, deren Tochter
anschaffen geht:

> Wir arbeiten mit allen Gliedern warum denn nicht auch damit; ihre
> Mutter hat damit geschafft wie sie zur Welt kam und es hat ihr weh
> getan, kann sie für ihre Mutter nicht auch damit schaffen, he?[66]

Eine wilde, ja rabiate Stelle: Gebären und Huren arbeiten
mit einerlei Organ. Ein Satz wie ein Säurespritzer: Er ätzt die ganze
Mutterideologie weg. Übrig bleibt Bitterkeit: Alles ist nur Trieb, nur
Geld, nur Macht. Die Bitterkeit ist bittersweet, denn alles ist auch
Lust: «Es läuft auf eins hinaus, an was man seine Freude hat, an
Leibern, Christusbildern, Blumen oder Kinderspielsachen, es ist das
nämliche Gefühl, wer am Meisten genießt, betet am Meisten.»[67] Die
zur Hure gewordene Marion verkörpert diese universale Lebenslust.
Sie erzählt von ihrer Mutter, die wie üblich die Keuschheit lobte
und die Verdrängung lehrte. «Wenn Leute ins Haus kamen und von
manchen Dingen zu sprechen anfingen, hieß sie mich aus dem Zimmer gehen; frug ich was die Leute gewollt hätten so sagte sie mir ich
solle mich schämen; gab sie mir ein Buch zu lesen so mußt ich fast
immer einige Seiten überschlagen.» Aber Marion ist wie ein Meer,
das Geschlecht kennt kein Gut und Böse, ihre Lust verschlingt alles,
ihre Mutter stirbt vor Gram.

Die gute Gesellschaft ist verlogen durch und durch, das zeigt
Büchner an den Müttern in *Danton's Tod*. Sie verdrängt ihre Triebgebundenheit. Büchners Ideologiekritik ist mehr biologisch als soziologisch. Hart stellt er die Natur als unzüchtigen Geschlechtstrieb
gegen die sentimentale Naturschwärmerei des Tugendsüßholz ras-
pelnden Geschwätzes:[68]

> *Danton und Camille treten auf.*
> DANTON Geht das nicht lustig?
> Ich wittre was in der Atmosphäre, es ist als brüte die Sonne
> Unzucht aus.
> Möchte man nicht drunter springen, sich die Hosen vom Leibe
> reißen und sich über den Hintern begatten wie die Hunde auf der
> Gasse?

Gehen vorbei.
JUNGER HERR Ach Madame, der Ton einer Glocke, das Abend-
licht an den Bäumen, Blinken eines Sterns;
MADAME Der Duft einer Blume, diese natürlichen Freuden,
dieser reine Genuß der Natur! *Zu ihrer Tochter:* Sieh, Eugenie, nur
die Tugend hat Augen dafür.
EUGENIE KÜSST IHRER MUTTER DIE HAND: Ach Mama, ich
sehe nur Sie!
MADAME Gutes Kind!

Die souveräne Enttabuisierung des Sexuellen gehört zu den
erstaunlichsten Tatbeständen bei Georg Büchner. Woraus speiste
sich seine kühne Klarsicht? Es muß für sie eine biographische Erklärung geben, auch wenn die dafür erforderlichen Fakten nicht
überliefert sind. Danton ist obszön wie ein Genießender, aber nicht
zotig wie ein Entbehrender, der nur prahlt. Ob Büchner Huren
kannte, bleibe vorerst dahingestellt, da hier vom Elternhaus die
Rede ist. Ob eine sexuelle Aufklärung erfolgt ist? Allenfalls dem
Vater wäre sie zuzutrauen, im Kontext medizinischer Belehrungen
oder im anatomischen Theater. Georg kann sich aber auch aus den
im Haus vorhandenen Büchern ein Bild gemacht haben. Das Sexuelle wurde im Haus eines naturwissenschaftlich denkenden Arztes
möglicherweise früh entzaubert und entkitscht. Unter bestimmten
Umständen entsteht dabei nicht nur Desillusion, sondern auch Komik. Es bietet eine ergiebige Unterhaltung, «die Menschen an und
auszukleiden»[69] und sie sich nackt vorzustellen, die Lehrer, den
Großherzog mit seinem Hofstaat, vielleicht sogar die Eltern am
Mittagstisch, um den Nichtsahnenden durch ihre Tarnung hindurch auf ihr wahres Wesen zu starren, sofern «die Genitalien der
eigentliche B r e n n p u n k t des Willens» sind, wie Schopenhauer
damals, den Intellekt demaskierend, geschrieben hatte.[70]

Im *Woyzeck* endlich begegnen beide Muttertypen, die Hure und
die Heilige (nur eine gute Hausfrau wie Caroline Büchner begegnet
dort nicht). «Bist doch nur en arm Hurenkind und machst deiner
Mutter Freud mit deim unehrliche Gesicht», sagt Woyzecks Geliebte zärtlich und wiegt ihr Söhnchen.[71] Woyzecks Mutter aber ist
von der heiligen Art. Sie ist zwar dement und «fühlt nur noch, wenn

ihr di Sonn auf die Händ scheint»,[72] aber aus ihrer Bibel stammt das
Heilienbildchen mit den Kirchenliedversen:[73]

> Leiden sei all mein Gewinst,
> Leiden sei mein Gottesdienst,
> Herr, wie dein Leib war rot und wund,
> So laß mein Herz sein aller Stund.

Sie betet um ein wundes Herz! Sie betet darum, ihr Leiden
dem Leiden Christi hinzufügen zu dürfen, um ihr Teil beizutragen
zum Preis der Erlösung. Sie versteht ihr Leben als Nachahmung des
Leidens Christi, und Woyzeck, der das Heiligenbildchen als sein
Vermächtnis verschenkt, schickt sich an, diesem Modell zu folgen.
Alles Leben ist Leiden. Zwischen Lust und Leiden ist kein unendlich großer Unterschied. Auch der entspannte Egoist leidet. Auch
der Leidende genießt.

In der Geschwisterreihe, im Geschwisterblick

Georg, geboren 1813, war der Älteste. Er war anderthalb, als
seine Schwester Mathilde zur Welt kam (1815), nicht ganz drei, als
ihr Wilhelm folgte (1816), noch nicht fünf, als Bruder Karl geboren
wurde und starb (1818), und noch nicht sechs, als 1819 ein weiteres
Kind tot geboren wurde. Mit fast acht bekam er das zweite Schwesterchen (Luise, 1821), mit zehn den Bruder Ludwig (1824), mit vierzehn endlich den Bruder Alexander (1827). Der erste Sohn ist in
gewisser Weise der Chef; jedenfalls gilt das, wenn die Kinder unter
sich sind; er fühlt sich so, auch wenn ein süßes Kindchen nach dem
anderen ihm den Rang streitig macht. So eine Kette von Entthronungen hat paradoxe Wirkungen. Sie schwächt nicht nur, sie stärkt
auch. Die Aufmerksamkeit der Eltern wird immer von neuem abge-
lenkt, der erste wird allmählich der fernste und freiste, er wird am
meisten in Ruhe gelassen und gewinnt Raum für ein eigenbrötleri-
sches Dasein. Im Tauziehen der Ursachen schafft das alles zusammen – der erste Platz, die Entthronungen, der Freiheitszuwachs –
gute Bedingungen für Größe. Ein subtiles Vergeltungsgelüst
entsteht. Er wird es ihnen zeigen, wer der beste ist, den jüngeren

Geschwistern und den Eltern! Er will wirklich den ersten Platz, weithin sichtbar. Und dazu muß er hinaus aus dem Dauertumult der wimmelnden Familie, in der man niemals allein ist, hinaus aus dem verschlafenen Darmstadt, am besten hinaus aus dem ganzen engen Großherzogtum.

Georgs früher Tod durchschnitt diese verheißungsvolle Schau und hinterließ eine blutende Wunde, die sich nicht schließen wollte. Der Chef war tot! Der Schock war gewaltig und hinterließ ein deutungsspukzeugendes Trauma, das als Ansporn und Vermächtnis wirkte. Nun mußten die Folgegeschwister den Platz ausfüllen. Sie mußten der Welt geben, was zu geben Georg einst ausgezogen war. Niemand konnte genau sagen, was das war, aber jedenfalls mußte man auf der Seite des Fortschritts sein, seiner Zeit voraus. Das versuchte dann auch jeder auf seine Weise.

Die Familienatmosphäre muß leistungsfördernd und leistungsfordernd gewesen sein. Der Konkurrenzdruck war erheblich. Als Ludwig 21 ist, klagt er schon, «daß Andre um diese Zeit schon Doctores u. Gott weiß was alles waren».[74] Alle wollen etwas Besonderes werden, und mit Ausnahme der «trägen Mathilde» (so das Urteil der Mutter)[75] schaffen sie es auch. Wilhelm wird ein bedeutender Unternehmer und Reichstagsabgeordneter, Luise wird eine reformorientierte Frauenschriftstellerin mit guten Beziehungen zum Hof, Ludwig wird Autor von *Kraft und Stoff* (1855), dem populärwissenschaftlichen Bestseller des philosophischen Materialismus, Alexander wird ein frankophiler Literarhistoriker in Caen. Ihren Bruder hatten sie das letzte Mal Anfang 1835 gesehen. Die Erinnerungen an ihn waren entsprechend blaß und wurden durch das Trauma seines frühen Todes erst recht in einen sprachlosen Bereich verschoben. Jedenfalls haben diese Geschwister so wenig wie ihre Eltern etwas sachlich Bedeutendes mitzuteilen über den Ältesten, der heute der berühmteste Büchner ist. Im 19. Jahrhundert war er das nicht, Ludwig hatte diesen Platz inne, während Georgs hinterlassene Blätter, sorglos verwahrt, keinen besonders stattlichen Eindruck machten. Der Steckbrief tat ein übriges, ihn zu schänden. Die Familie kannte seine wahre Bedeutung nicht oder konnte nicht über sie sprechen. Auch als Karl Emil Franzos vierzig Jahre nach Georgs Tod die Überlebenden ausdrücklich befragte, kam nur wenig ans Licht.

Es gehört zum Wesen des Traumas, daß die Erlösung ins Wort nicht gelingt. Die Erinnerung an Georg muß weh getan haben. Wenn die jüngeren Geschwister an den dachten, der einmal der Chef der Reihe war, kam ihnen ein Grab vor Augen, das es *in natura* so nicht gab, das aber als Seelenbild in ihrer Vorstellung sein Unwesen trieb. Da tat sich hinter dem Postament, auf dem der geachtete Züricher Privatdozent stand, ein Abgrund auf, der schaudern machte, ein schwarzes Loch aus Ängsten und Gerüchten, in dem Tod und Typhus, Ekel und Entsetzen, Flucht und Fieberwahn, Hochverrat und Höllenstrafe ihren Reigen tanzten. Über allem schwebten das mißbilligende Vaterauge, das Mutterauge voll Panik und Graus. Es war am besten, von Georg zu schweigen. Eine schmale und verdruckste Memoirenliteratur entsteht. Von Mathilde gibt es nichts Schriftliches, von Wilhelm nur die späten Briefe an Franzos, von Luise ein autobiographisches Romanfragment und ein Gedicht, von Ludwig außer der Einleitung zu den *Nachgelassenen Schriften* ein paar winzige Stecknadeln im Heuhaufen seiner ausgedehnten Wissenschaftsessayistik. Auch der Vielschreiber Alexander bleibt auffallend wortkarg. Eine *Criminalgeschichte von früher* (1848 geschrieben), in der ein Richter einem Untersuchungsgefangenen die Kehle durchschneidet,[76] ist offensichtlich von Weidigs Tod inspiriert. Das Trauma arbeitet. Es stellt etwas «richtig». Es korrigiert das düstere und nie verstandene Schrecknis des Februar 1837, damit es ins Weltbild paßt. Georgi ist der Mörder; das macht alles viel einfacher.

Alexander Büchners Autobiographie *Das «tolle» Jahr* (1900) gewährt dem Bruder Georg auf 380 Seiten aufgeräumter Dampfplauderei zwei Marginalien. Die erste belustigt sich über August Becker, der 1848 immer noch, «vernachlässigt wie Diogenes», das Revolutionärsimage pflegte und Ludwig zusammen mit Alexander Büchner sogleich «als Brüder seines unvergeßlichen Freundes Georg» in Pläne zur Herausgabe eines Untergrundblättchens einweihte.[77] Später ging Becker nach Amerika und wurde Spiritist. Er bestellte Alexander auf einen bestimmten Tag zu einem Medium, «um eine wichtige Mitteilung» über seinen «im Jenseits wandelnden Bruder Georg zu erhalten».[78] Das Medium fand sich zum Termin jedoch nicht ein; Alexander blieb ohne Nachricht über Georgs postmortales Befinden.

Die zweite Marginalie führt die ganze Geschwisterschar zu einem Gruppenfoto zusammen:

Wenn ich mich umsehe, gewahre ich nur die Lücken, welche das Todesgeschick in die Reihen der Mitlebenden gerissen hat. So sind zunächst meine Geschwister dahingegangen, vor mir, dem jetzt 72-jährigen Nesthäkchen, erst der apolloartige Denker und Dichter Georg, dessen ich mich nur noch aus dem Dunkel meiner frühsten Kindheit erinnere; dann die intuitive Luise, mit dem idealschönen Gesicht, aber ihrem durch einen Unfall verkrümmten Körper, ferner der fidele, freigiebige Wilhelm, der Krösus der Familie als Erfinder des künstlichen Ultramarins, der eines Tages unserer Mutter ein Stück blauen gebrannten Thon auf ihren Arbeitstisch legte mit den Worten: «hier habe ich eine Million!» Endlich die edle aufopfernde Matilde, mit dem Felsencharakter, welche, wenn die Mutter bettlägrig war, an uns jüngeren und zumal an mir Mutterstelle vertrat, und schließlich der «Kraft und Stoff», fast mein Altersgenoß mit dem weichen Gemüt und dem spekulativen Kopf, der ideologische Materialist, in welchem christliche Menschenliebe und spröde Hinnahme der nacktesten Thatsachen so wunderlich zusammenflossen.[79]

Georg ist der «Apolloartige». Schematischer geht es kaum. Der Erstgeborene wird klassizistisch idolisiert und dem antiken Gott der Künste beigesellt. In Alexanders veröffentlichter Erinnerung ist nur ein gipsernes Stereotyp aufbewahrt. Alles andere ruht stumm im Orkus des Unaussprechlichen.

Die beiden Briefe, die Wilhelm Büchner 1878 an Karl Emil Franzos schrieb, enthalten wertvolle Auskünfte, geben aber seelisch nichts her. Die Frage nach dem Ursprung der Genialität wird allenfalls ganz am Rande berührt, das Schrecknis des Todes gar nicht. Franzos hatte nach den Entstehungsumständen von *Danton's Tod* gefragt, und Wilhelm schildert sie nüchtern: die häusliche Quellenlektüre, die Angst vor der Polizei, die Geldnot. Er meint, bei ruhigerer Überlegung wäre das Werk sorgfältiger ausgefeilt worden, erkennt aber, daß gerade das Unfertige, die ungeschwächte Sprache, den tiefen Eindruck mache, «dem jeder Leser sich nicht entziehen kann».[80] Hier ist von Genialität die Rede, vom Staunen über Unerklärliches.

Die größte Ausnahme von der Traumatisierung und der Wortlosigkeit scheint Ludwig Büchner darzustellen, der 1850 die *Nachgelassenen Schriften* herausbringt und sie mit einer biographischen Einleitung versieht. Diese Einleitung ist das mit großem Abstand wichtigste Zeugnis aus dem Kreis der Familie. Wenn man sie heute liest, ist man streckenweise erstaunt, was alles dort schon steht und wie vergleichsweise gering der Fortschritt der biographischen Forschung seitdem ist. Ludwig hat das bis heute orthodoxe Bild seines Bruders entworfen. Es ist ein politisches, er sagt es selbst. Es fehlt infolgedessen etwas wie «Seele». Kaum ein persönliches Wort fällt. Das Familiäre, Private und Gefühlsmäßige gibt es nur rudimentär. Anders als Karl Gutzkow, bei dem aus jeder Äußerung der unverwüstliche Glaube an Georg Büchners Genie leuchtet, schreibt Ludwig Büchner sehr verhalten. Er halte es für eine «Pflicht, sowohl gegen das Publikum, als gegen die Manen des Verstorbenen», diese Schriften herauszugeben.[81] Die Manen mahnen: Der tote Bruder hat Geister hinterlassen, die noch nicht zur Ruhe gekommen sind. Diese Totengeister unterlaufen Ludwig unwillkürlich, als sprachliche Signale eines anders nicht Ausdrückbaren. Er braucht Metaphern der Dauer über den Tod hinaus. An ein Weiterleben nach dem Tode zu glauben gestattet er sich nicht. Die «spröde Hinnahme der nacktesten Thatsachen», die ihm Alexander bescheinigt, läßt aber auch sein Herz unbefriedigt zurück. Es produziert die Götter, die ihm fehlen, als Metaphern – daher kommen die «Manen». Ludwig will keine Sentimentalitäten. Er will rational aufschreiben, was war. Er läßt keine Träne zu. Er will den Bann brechen, aber der Bann besteht.

Dennoch kommt seinen Mitteilungen und auch dem zwischen den Zeilen Erkennbaren der allerhöchste Wert zu. Ludwig Büchner hat das Leben seines Bruders teils aus Briefen und Akten, teils aus amtlichen Publikationen (Noellner), teils aber auch aus im Familien- und Bekanntenkreis in Darmstadt, Gießen, Straßburg und Zürich noch vorhandenem Wissen rekonstruiert, das sonst untergegangen wäre. Er stand mit Karl Gutzkow und mit Wilhelmine Jaeglé in persönlicher Verbindung. Er dokumentiert viel und urteilt wenig. Er schreibt in einer paradoxen Haltung: mit einer ehrfürchtigen Überlegenheit, die vor der Genialität seines Bruders

Ludwig (Louis)
Büchner (1848)

letztlich die Waffen streckt. Er sieht in Georg einen Unfertigen
und Unvollkommenen, dessen Tendenzen zunächst auf 1848, dann
auf das hinausliefen, was er selbst später war. «Seine Ansichten
waren die richtigen», bemerkt er ein wenig gönnerhaft,[82] aber
falsch sei gewesen, daß er sich in Extreme hatte treiben lassen.
Dem politischen Aktivismus der Gießener Zeit gesteht Ludwig infolgedessen nur wenig Substanz zu. Die wahren Gründe dafür sind
nach seiner Meinung persönlicher Natur. Georg Büchner «stürzte
sich in die Politik, wie in einen Ausweg aus geistigen Nöthen und
Schmerzen.»[83] Daran ist viel Richtiges.
　　Im übrigen versteckt Ludwig Büchner sich, wenn es um Wertungen geht, gern hinter Quellen. Er *läßt* sprechen. Die Einleitung ist
auf weiten Strecken eine Zitatmontage. Für die *Landboten*-Zeit
zitiert er ausführlich Noellner, für *Danton* und *Lenz* Gutzkow, für
die politische, wissenschaftliche und weltanschauliche Entwicklung

Briefe von Georg, für Krankheit und Tod Briefe an Wilhelmine und die Nekrologe von Gutzkow und Wilhelm Schulz. Im Zitatmodus sind Äußerungen möglich, die dem philosophischen Materialisten sonst gegen den Strich gegangen wären, religiöse, metaphysische und metaphorische. Als Georg im Sterben lag, «ergoß sich seine Seele in religiöse Phantasien» – das zitiert Ludwig Büchner nach Wilhelm Schulz.[84] «Ein unvollendet Lied sinkt er in's Grab, / Der Verse schönsten nimmt er mit hinab.» (Ludwig zitiert Herwegh.)[85] Auch Gutzkow kommt nicht ohne Personifizierung des Todes aus, nicht ohne Naturmetaphorik (Sturm), nicht ohne Schicksalsmetaphysik, Ludwig läßt ihn sagen:

> Alle diese Hoffnungen knickte der Sturm. Zu dem Trotze, der aus diesem Charakter sprach, lachte der Tod. Der Friedensbogen, der sich über diese gährende Kampfes- und Lebenslust zog, war die Sense des Schnitters, von welcher so frühe gemäht zu werden, uns schmerzlich und fast mit einem gerechten Scheine die Unbill des Schicksals anklagen läßt.»[86]

Auch die Braut findet mit Gewitterschwüle und Blitzschlag ein starkes Bild für die katastrophische Natur des Traumas; Ludwig zitiert eifrig: «Mein Leben», so habe Minna geschrieben,

> gleicht einem schwülen Sommertage! Morgens heitere angenehme Luft – in etlichen Stunden Sturm und Gewitter, zerknickte Blumen, zerschlagene Pflanzen. Meine Ansprüche auf Lebensglück, auf eine heitere Zukunft zu Grabe getragen, Alles, Alles verloren – –»[87]

Ludwig Büchner ist ein moderner Mensch, dem Pathos nur schwer über die Lippen kommt. Aber Pathos zitieren: das geht. Eigene Worte für das Unbegreifliche hat Ludwig Büchner nicht. Er kann nichts sagen. Schon als junger Mensch steht er unter der Macht der Verdrängung. Rückblickend auf ein Studiensemester 1844/45 in Straßburg schreibt er im Februar 1845 einen langen Brief an Minna Jaeglé, nostalgisch und im Büchner-Ton, sechs dichtbeschriebene Seiten, aber ohne seines Bruders auch nur mit einer einzigen Silbe zu gedenken. An alles sonst erinnert er sich, an

die enge Schustergaß, ein Haus mit einer Schelle und einem Por-
tier, eine Wendeltreppe, deine behägliche Wohnung, die Stühlchen
und die Rechenmaschine, die kleine Minna, die schöne Madam
Schmidt, den stummen Onkel; dann steigen aus der dunkeln Tiefe
die Geister eines Reuss'schen Ehepaars, eines Baum und Böckel
auf, dann sehe ich wieder meine Restauration und den Knoblauch-
salat, oder d[ie] Salle d'anatomie.[88]

Nur an Georg nicht. Ludwig und Alexander Büchner distanzieren sich im Alter zunehmend von ihrem ältesten Bruder. «In unserer sonst sehr loyalen Familie hatten wir Jüngeren leider die Tradition des als Demagogen flüchtig gewordenen Bruders Georg»,
schreibt Alexander kühl im Jahre 1900.[89] Von der Märzrevolution
1848 halten sie inzwischen nichts mehr und machen sich lustig über
den roten Becker, dem sie seinerzeit verfallen waren. «Mit einem
furchtbaren roten Bart und einer Stentorstimme begabt, machte
August Becker den Volksredner, welches böse Beispiel wir böse Buben alsbald nachahmten.» Den literarischen Rang Georgs verkannte
Ludwig. In seinen ästhetischen Ansichten ist er ein epigonaler Klassizist. Er findet, daß die Kunst «uns über das Gemeine und Alltäg-
liche in höhere Sphären hinaufheben» solle. Den Nachlaß behandelte er nachlässig – er war «dem Staub, dem Regen, den Mäusen
preisgegeben».[90] In einem Rückblick auf die Literatur des 19. Jahrhunderts erwähnt er Georg nicht, diffamiert die Naturalisten,
schmäht Friedrich Nietzsche als «halbverrückten Philosophen» und
schwärmt unter Berufung ausgerechnet auf Adolf Bartels (einen
schwer antisemitischen Literarhistoriker) für «die einfachen, natürlichen und gesunden Verhältnisse»,[91] sieht also nichts von den zu-
kunftsweisenden Tendenzen, die Georg ins 20. Jahrhundert tragen
und ihn selbst zurücklassen – den seinerzeit berühmtesten Büchner,
um den es nach seinem Tod sehr schnell still wird.

Luise Büchner erkannte die Außerordentlichkeit ihres verstorbenen Bruders am besten. «Unsere Krone fehlt uns!» schrieb sie 1875, als
sie zusammen mit ihren Brüdern der feierlichen Umbettung der
sterblichen Überreste Georg Büchners in sein neues Grab auf dem
Zürichberg beiwohnte.[92] Die Wunde, die der Bruder gerissen hatte,
schmerzte noch immer. Sie hatte ihn geliebt. Sie blieb unverheiratet

Luise Büchner, um 1870

und lebte zusammen mit ihrer ebenfalls unverheirateten Schwester Mathilde. Sie hing an ihrem Bruder «voll Zärtlichkeit», er ist ihre große Liebe, dichtend spricht sie zugleich zu ihm und zu sich selbst:[93]

> Und daß in ew'ger Treue
> Ihm stets gefolgt mein Herz,
> Daß hier steh' ohne Reue,
> Dies sänftigt meinen Schmerz;
> Daß tief mir im Gemüte
> Dasselbe Feuer wacht,
> Das deine Brust durchglühte
> Mit seltner Liebesmacht.

Als Frau konkurrierte sie nicht mit ihm. Ihre Brüder mußten ihn, ihres eigenen Wertgefühls halber, abwerten. Sie erklärten ihn zum Vorläufer, sich selbst zu Hauptläufern. Bei Luise fehlt dieses Motiv. Aber auch in ihr erschuf das Trauma Bilder. Sie schrieb um 1865 ein Romanfragment, das Georg Büchner unter dem Namen

Ludwig Brandeis paßgenau in die Vorgeschichte der Revolution von 1848 hineinschreibt. Sogar den «Weltgeist» nimmt sie dafür in Anspruch;[94] er veredelt studentische Jugendtorheit hegelianisch zu einer Station auf der Bahn der Freiheit. Sie stilisiert sich zur einzigen Verstehenden. Der Roman wurde nicht fertig. Das traumatische Material war in ihm nicht unterzubringen. Der Glättungsversuch schlug fehl. Dem toten Bruder aber bleibt ein Altar aufgerichtet. Das Trauma arbeitet. Die ihm angemessene Äußerungsform ist der Mythos. Luise erschafft sich einen Bruder am Himmel. In jenem bereits zitierten Gedicht, das nach einem Besuch am Grab entstanden ist und 1862 im Druck erschien, betet sie zu ihm:

> Zu früh mir hingeschwunden
> Warst du mein Lebensstern,
> Nach dem in allen Stunden
> Ich sah zum Himmel gern;
> Sein Strahl ward meine Leuchte,
> Zog meinen Geist voran,
> Zum Guten, Schönen zeigte,
> Zur Wahrheit mir die Bahn.

Bürgerlich ist das Trauma nicht aussprechbar, aber für einen heiligen Märtyrer stellt es eine Sprache zur Verfügung. Der Mensch ist ein mythenschaffendes Wesen. Das Grab wird zum Heiligtum. Die Nachfolge führt in den Himmel. Unsterblichkeit gibt es so auch für die Aufgeklärten, für die Fortschrittlichen, die sonst keinen Himmel mehr haben:

> Muß wieder von ihm gehen,
> Dem schmerzlich teuren Ort,
> Doch was mir dort geschehen,
> Wirkt mutig in mir fort!
> Daß so du in mir lebest
> Für alle Ewigkeit,
> Zum Höchsten mich erhebest –
> Dies ist Unsterblichkeit!

Als Gymnasiast

Georg Büchner hielt am 29. September 1830 seine Schülerrede auf Cato von Utica, jenen letzten römischen Republikaner, der
sich, als der Aufstieg Julius Caesars unaufhaltsam geworden war,
mit dem eigenen Schwert durchbohrte. Luise Büchner schildert den
Vortragenden so:

> Wie die schlanke, biegsame Gestalt, hatte auch der Ausdruck des
> Gesichts fast etwas Mädchenhaftes, und die schlanken, weißen
> Hände, mit denen er die Rolle Papier vor die Brust hielt, widerspra-
> chen dem nicht. Wohl aber die mächtige hohe Stirne, um welche in
> sanften Wellen sich das kastanienbraune Haar lockte. Sie verkün-
> dete den denkenden, forschenden Mann, sowie der weiche und un-
> endlich anmutige Mund das dichterische Gemüt. Die Augen waren
> grau und konnten wegen ihrer Kurzsichtigkeit oft matt und glanz-
> los erscheinen.

Oft überfiel ihn ein träumerisches Hinbrüten, aber dann be-
sann er sich wieder, was seine Aufgabe sei. Er

> atmete hoch auf, sein Auge begann zu leuchten und überflog mit
> glänzendem Blick die Versammlung – er begann zu sprechen, nur
> die ersten Worte wurden stockend und schüchtern vorgetragen,
> dann schien der Redner zu vergessen, wo er sich befand, er war wie
> mit sich und seinem Gegenstande allein, und in flammender Begei-
> sterung rollten die Worte von seinen Lippen. Er verteidigte den
> Selbstmord des Kato von Utika, der sich lieber den Tod geben als
> den Sturz der römischen Republik und Freiheit erleben wollte. Mit
> glühenden, tiefempfundenen und dann hinreißenden Worten
> schilderte er den Schmerz des alten Republikaners, welcher das Ge-
> bäude, das Rom Jahrhunderte lang groß und mächtig gemacht,
> unter der Hand eines Einzelnen hinsinken sieht. «Die Freiheit ist
> jedes Opfers, auch des höchsten wert», rief er begeistert, «neben
> ihr ist das Leben nur gering zu achten, denn besser ist es, frei zu
> sterben, wie als Sklave zu leben. So fühlte Kato, als er den Verband
> seiner Wunden mit starker Hand abriß, damit sein edles Blut da-
> hinströme, welches er in ihrem Dienste in andrer Weise nicht mehr
> verspritzen konnte. So fließe auch das unsere, wo sie in ihrem
> Dienste gegen Unterdrückung und Verrat aufruft.»[95]

Ist der Revolutionär schon fertig? Georg Büchner war noch nicht ganz siebzehn, als er seine Cato-Rede hielt. Sie war nicht so revolutionär, wie sie klang, auch im Original nicht, das erhalten ist. Es handelte sich vielmehr um eine rhetorische Übung. Der *Sterbende Cato* war ein althergebrachter Gegenstand, den man mit mehr oder weniger Geschick auszumalen hatte. Die Argumente standen fest und entstammten einer langen Tradition. Die humanistische Bildung betrachtete einen festgefügten Satz von Modellen aus der griechisch-römischen Antike als geeignetes Übungsprogramm für die Adepten des Staatsdiensts. Es waren Musterbeispiele für bestimmte Tugenden in bestimmten Augenblicken. Büchner war ein guter Schüler und wußte, was man von ihm erwartete. Man wird kaum annehmen müssen, es handle sich um Selbstgedachtes und Selbstempfundenes, wenn der Gymnasiast pathetisch loslegte:

> Groß und erhaben ist es, den Menschen im Kampfe mit der Natur zu sehen, wenn er gewaltig sich stemmt gegen die Wut der entfesselten Elemente und, vertrauend der Kraft seines Geistes, nach seinem Willen die rohen Kräfte der Natur zügelt.[96]

Schien die Cato-Rede revolutionär, so hatte Georg für die Abiturrede, deren Text nicht erhalten ist, einen konservativen Stoff zugeteilt bekommen. Er sollte als Menenius Agrippa das aufgewühlte römische Volk zur Rückkehr in die Stadt bewegen. Zurück an die Arbeit, die revolutionären Flitterwochen sind vorbei – das war die geforderte Botschaft. Georg hat den Plebejern die Fabel von den Gliedern erzählen müssen, die gegen den Magen aufstehen, weil er allein nur verzehre, sie aber alle Arbeit tun müßten. Die Patrizier waren der Magen, die Plebejer die Glieder, die allmählich immer schwächer wurden und erkennen mußten: Ohne Magen geht es nicht. Die politische Übersetzung lautet natürlich: «Ohne Aristokratie geht es nicht»; sie hat Georg Büchner dem Publikum in wohlgesetzten lateinischen Phrasen vortanzen dürfen. Schade, daß wir nicht wissen, wie er das gemacht hat, mit oder ohne Untertöne! Jedenfalls relativiert das die republikanische Botschaft der Cato-Rede.

Die athenische Demokratie, die spartanische Kriegstüchtigkeit und die römische Republik boten der Rhetorik einen Baukasten voll von pädagogisch erstarrten Exempeln für sittliche Größe und innere Stärke. Die kommenden Staatsdiener sollten sich daran bilden. Daß die sittliche Größe sich einmal gegen den Großherzog richten könnte, daran war nicht gedacht. Wir leben in einem Staate, der durch solche Größe begründet wurde – das war die offizielle Meinung. Cato ist ein präfiguratives Exempel dafür, wie auch wir unser Großherzogtum verteidigen werden, wenn es bedroht ist. In seiner Schülerrede über den Heldentod der vierhundert Pforzheimer sagt Georg, daß wir als Nachkommen dieser Freiheitshelden «die Früchte ihrer Mühen bis auf diesen Tag genießen».[97] Die Freiheit ist bereits erzielt, so lautet das kühne großherzogliche Selbstverständnis, «das Licht der Aufklärung strahlt» in den protestantischen Gebieten Deutschlands.[98] So werden Ideale zur Ideologie. Die meisten Menschen finden sich damit ab, gewöhnen sich daran, daß den hohlen Phrasen der gymnasialen Bildung keine Wirklichkeit entspricht und erwarten nichts anderes mehr. Wer aber ein redlicher Mann ist mit einer hohen Stirn, in dem arbeitet es. Müßten nicht unsere Ideale der Realität entsprechen? Sollten nicht unsere Realitäten der Idee entsprechen? Das Gymnasium hat in Georg Büchner Unruhe hinterlassen. Er war damals noch kein Dichter. Er schrieb schwülstig und pathetisch, wie man es ihm beigebracht hatte – wie ein Idealist, nicht wie ein Realist. In den Gymnasialschriften spürt man noch nichts von der melancholischen Treffsicherheit seiner späteren Dichtungen. Es sollte noch Jahre dauern, bis er seinen Stil finden würde. Aber die Unruhe gehört zu den Vorbedingungen. Ein witterndes Mißtrauen hat sich in jenen Jahren aufgebaut, ein Gehör dafür, wie es knirscht, wenn die Bildung und die Wirklichkeit sich reiben.

Aber der Ring mußte noch mehrfach enger gestellt werden, ehe daraus Genialität erwuchs. Es mußte noch viel dazukommen, Bekanntes und Unbekanntes, das Straßburgglück, der Gießenschock, die Landbotenerfahrung, die eiskalte Gefängnisangst und die Stigmatisierung durch die polizeiliche Verfolgung, bis 1835 *Danton's Tod* fertig und vollkommen vom Himmel fallen konnte wie ein unerkläriches Wunder. Der *Landbote* gehört noch nicht dazu. Er ist bei allem Talent nur große Rhetorik; er zeigt uns einen leidenschaftlichen Agitator, aber den großen Dichter zeigt er noch nicht.

Georg Büchner war hochbegabt und besuchte ein Elitegymnasium, das über Niveau und gute Pädagogen verfügte. Die Mehrzahl der Lehrer war promoviert.[99] Er lernte sehr gründlich Griechisch und Lateinisch, auch ein bißchen Hebräisch, außerdem Italienisch, Englisch und Französisch, ferner Deutsch, Religion, Mathematik, Geographie und Geschichte.[100] Rund 700 Seiten Mitschriften, Aufsätze, Übungen und Hausaufgaben des Zwölf- bis Siebzehnjährigen haben die Stürme der Zeiten überdauert – die Familie muß sie für aufbewahrenswert gehalten haben, obgleich sie wenig hergeben. Das Abschlußzeugnis (datiert vom 30. März 1831) bescheinigt Braves. Es läßt erkennen, daß man einen brauchbaren Diener des Staatswesens herangebildet zu haben glaubte:

> Im Griechischen hat er sich gute Kenntnisse erworben und vermag bei gehöriger Vorbereitung mit Geläufigkeit zu übersetzen und lobenswerthe Arbeiten zu liefern. Im Erklären und Uebersetzen der lateinischen Prosaiker zeigt er viele Gewandheit, im Verstehen und Interpretiren der Dichter hinlänglichen Scharfsinn, der schriftliche Ausdruck im Lateinischen ist verständlich, ziemlich correct und fließend und zuweilen bis zur Fülle des oratorischen Numerus gesteigert. Das Studium der italienischen Sprache hat er mit glücklichem Erfolg in der letzteren Zeit betrieben. Vorzügliches Interesse bezeigte er für die teutschen Lectionen, in denen er sich theils durch einen verständigen mündlichen Vortrag, theils durch einzelne, von vorzüglicher Auffassungs- und Darstellungs-Gabe zeugende schriftliche Arbeiten auszeichnete. Den Religionsstunden hat er mit Aufmerksamkeit beigewohnt und in denselben manche treffliche Beweise von selbstständigem Nachdenken gegeben. In der Archäologie hat er mehr als gewöhnliche Schulkenntnisse, besonders in der Geschichte der Bildhauerkunst. In der Geschichte sind die Kenntnisse bedeutend. In der Mathematik war es wegen mangelnder Vorkenntnisse und kurzen Gesichts nicht möglich, mit den meisten Mitschülern gleichen Schritt zu halten; doch hat es am vielfachen Bestreben nicht gefehlt, noch Manches nachzuholen. Bei guten Anlagen läßt sich auch in seinem künftigen Berufsstudium etwas Ausgezeichnetes von ihm erwarten, und von seinem klaren und durchdringenden Verstande hegen wir eine viel zu vortheilhafte Ansicht, als daß wir glauben könnten, er würde jemals durch Erschlaffung, Versäumniß oder voreilig absprechende

Urtheile seinem eigenen Lebensglück im Wege stehen. Vielmehr
berechtigt uns sein bisheriges Benehmen zu der Hoffnung, daß er
nicht blos durch seinen Kopf, sondern auch durch Herz und Gesinnung das Gute zu fördern, sich angelegentlichst bestreben werde.[101]

Ihn vor Faulheit («Erschlaffung, Versäumniß») und Frechheit («voreilig absprechende Urtheile») zu warnen scheint der Lehrkörper für angezeigt gehalten zu haben. Sonst ist hier nichts von der
Norm Abweichendes zu spüren, nichts Oppositionelles. Hier hat
einer tüchtig das geleistet, was erwartet wurde. Dazu gehörte, das
zeigen die siebenhundert Seiten, viel Disziplin. Täglich, auch samstags, sechs bis sieben Stunden Unterricht, wöchentlich neun Stunden Latein, das hämmert den Mann so langsam zurecht. «Gesäßschwielen wie ein Affe» hat er sich, mit Danton zu sprechen, auf der
Schulbank gesessen.[102] Der Fleiß ist schon da, die Ernsthaftigkeit,
der Druck, aber noch nicht das Genie. Man mußte viel arbeiten auf
der «Gymnasialgaleere», die der Hirsebrei war, «durch den man sich
durchzuessen hatte, um in das Schlaraffenland des Burschentums
zu gelangen.»[103] Allenfalls die Tanzstunde bot einige Zerstreuung,
obgleich auch das Erlernen von Quadrille, Mazurka, Menuett, Polka
und Walzer viel Disziplin erforderte, zumal die Gänschen sich davor
fürchteten, mit dem gelehrten jungen Herrn, der zugleich spöttisch
und schüchtern war, ihre Parkettfiguren zu drehen.[104] Wenn er dann
auch noch über seine Schmetterlingssammlung zu sprechen begann,
verstummten sie gänzlich.

Phantasie über den Verrat

Ein Alptraum verfolgt den jungen Georg Büchner: Er zöge
aus als Ritter für Wahrheit und Gerechtigkeit, aber dann schlösse er
einen Kompromiß nach dem anderen und stürbe im Bewußtsein:
viel versprochen, nichts gehalten. In der Tanzstunde gab es doch die
kluge Ursula,[105] die protestantisch getauft war, aber aus einer jüdischen Familie stammte. Man schnitt sie allgemein. Aus Anstand
hatte Georg sie trotzdem als Partnerin gewählt, obgleich ihr Gesicht käsig war; auch hatte sie immer nasse Hände. Beim Walzer

störte ihn das, bei der Quadrille schämte er sich für sie. Tapfer hielt er das durch. Dankbar hatte sie sich angeschmiegt, eine kleine Zärtlichkeit war erwachsen, er versprach, sie nie im Stich zu lassen. Kaum war die Tanzstunde beendet, luden Minnigerodes zu einem Ball. Bring ein hübsches Mädel mit, hatte jovial der Herr Gerichtspräsident gesagt. Georg durchzuckte es heiß und kalt. Er wurde der Scham nicht Herr. Er verriet Ursula und kam mit einer adretten Brünetten, die dumm war. Verliebt war er fast immer, bevorzugt in unerreichbare Frauen, die älter waren als er. Einmal hatten sie eine Dienstmagd, die hieß Regine und war ungewöhnlich schön, wie ein Königskind aus alter Fabelzeit, sehr ärmlich gekleidet, aber mit Augen! wenn sie die aufschlug, versank Georg in einem See von Sehnsüchten, und mit markerschütternden Lippen. Es kam so weit, daß sie ihn das Küssen lehrte. Sie hatte eine Art, ihm die Brille abzusetzen, die ihn wehrlos machte. Sie trug ein schweres Schicksal, ernährte von ihrem geringen Lohn einen schwachsinnigen Vater mit und hatte einen trunksüchtigen Bruder, der sie drangsalierte. Georg sah ihr Elend und spürte darin das Elend der ganzen Welt. Er schwur sich, ihr zu helfen, der ganzen Welt zu helfen. Eines Tages mußte sie fort. Es hieß, sie sei nach Frankfurt verzogen, wo sie später umgekommen sein soll. Er hatte keine einzige Idee gehabt, wie er ihr helfen könnte. Er hatte sich den Kopf zerquält, aber getan hatte er nichts. Ein schlichter lieber Brief von ihr hatte ihn noch erreicht, den er wie ein Heiligtum verwahrte, obgleich nichts Besonderes darin stand. «Es war sehr schade, daß wir uns nicht mehr sehen konnten. Ich wollte Ihnen noch so viel erzählen. Aber gewisse Leute haben es verstanden, das zu verhindern. Herzlichen Dank für alles, ich werde die Stunden mit Ihnen nie vergessen und hoffe, daß wir uns einmal wiedersehen werden. Ich wünsche Ihnen für Ihr Studium in Straßburg alles Gute und kommen Sie mir mit recht vielen Erlebnissen zurück. Bis auf ein Wiedersehen! Ihre Regine.»

Der junge Georg ist Idealist, er will den Träumen seiner Jugend treu bleiben, er erlebt sich als Verräter, daraus erwächst Scham – und Scham, die wiedergutmachen will, kann eine Triebkraft großer Dichtkunst sein.

Kindsein

Die Kindheit sollte sein: ein Fonds von Glück. Man schriebe gern: Seine Kindheit war gehegt und glücklich. Aber da war ein Fonds von Angst. Karl Georg Büchner wurde am 17. Oktober 1813 in Goddelau nahe Darmstadt geboren und am 28. Oktober evangelisch-lutherisch getauft. Die Eltern und Geschwister sprachen seinen Namen in einem rheinhessischen Französisch aus – «Schorsch». Er besuchte seit Herbst 1821 eine Privatschule, bis er am 26. März 1825 ins Darmstädter Gymnasium aufgenommen wurde. Er durchlief es bis zur Hochschulreife. Das sind die dürren Fakten. Was er als Kind und Jugendlicher erlebt und gefühlt hat, bleibt unzugänglich. «Dies ist ein Ding, das keiner aussinnt», schreibt Hugo von Hofmannsthal in den Terzinen *Über Vergänglichkeit*,

daß mein eignes Ich, durch nichts gehemmt,
Herüberglitt aus einem kleinen Kind
Mir wie ein Hund unheimlich stumm und fremd.

Die sich häufenden Momente der Bewußtwerdung werfen allmählich einen Wall auf, hinter dem das Land der Kindheit unwiderruflich verschwindet. Nicht das Kindsein selbst, nur die Vorstellungen davon, die Erwachsene haben, können zur Sprache gebracht werden. Diese Vorstellungen unterlagen in Büchners Lebenszeit einem epochalen Umbruch, der in immer neuen Wellen noch Generationen beschäftigte.

In der Zeit der Aufklärung galt das Kind als unfertiges Wesen, das durch Erziehung zurechtzustutzen sei, bis es zur Vernunft gekommen und ein nützliches Mitglied der menschlichen Gesellschaft geworden sei. In der Zeit der Romantik wurde der Eigenwert der Kindheit erkannt, die Unverdorbenheit gepriesen, das Leuchten des Paradieses gefunden in Kinderaugen, die unergründlich sind wie ein Bergsee, gesäumt von der Wimper dunkler Tannen. Die von der Aufklärung so hochgeschätzte Erziehung geriet in den Verdacht, das Kind vom heiligen Ursprung abzuziehen und seine Seele zu zerstören, um es für die Erfordernisse des Arbeitsmarktes zu dressieren. Als Valerio in *Leonce und Lena* vorschlägt, sie könnten doch «nützliche Mitglieder der menschlichen Gesellschaft werden», antwortet Prinz Leonce: «Lieber möchte ich meine Demission als Mensch geben.»[106] Das ist ein Romantikerwort.

Der fleißige Bürger ist notwendig für die Ordnung und Ernährung einer Gesellschaft, aber er ist verständnislos für das irrational Entzückende der Kindheit, für das Wilde, Tiefe und Anarchische der Jugend.

Für das Wort «Kind» und seine Abwandlungen gibt es in Georg Büchners Briefen und Dichtungen rund sechzig Belege. Davon gehören einige dem romantischen Typus an. «Der Mond ist wie ein schlafendes Kind, die goldnen Locken sind ihm im Schlaf über das liebe Gesicht heruntergefallen», träumt Prinzessin Lena vor sich hin.[107] Die Schönheit, nach der er suche, sei «so hülflos, so rührend wie ein neugebornes Kind», sagt Prinz Leonce, spottet aber zugleich, sie müsse dann auch «unendlich geistlos» sein.[108] Geist wird nicht gebraucht, um einen Romantiker zu rühren. Ein «reizendes Kind» habe sie an ihrem Wahnsinn geboren, sagt Camille über seine Frau in *Danton's Tod*.[109] Ausgeschlossen aus der gewöhnlichen Vernunft und ausgestoßen von der guten Gesellschaft fühlt sich der radikale Romantiker am richtigen Platz. Mit Marie und Woyzeck freut er sich über das «arm Hurenkind» mit seinem «unehrliche Gesicht».[110] «Kind» ist jedenfalls eine hochwertige Vokabel bei Büchner. «Armes Kind», wird Prinzessin Lena angesprochen,[111] «mein armes Kind», «mein lieb Kind» und «lieb Kind» standardmäßig auch Wilhelmine Jaeglé.[112] Frauenschönheit hat für Georg Büchner etwas vom Schmelz der Kinderschönheit, der eine tiefe Sehnsucht gilt.

Die Sehnsucht erklärt sich aus dem Verlust. Verloren gegangen ist die Süßigkeit des Kindseins durch die Erziehung der Eltern und des Staates sowie die Anpassung an die Gesellschaft. Das Volk ist ein zu eng gewickeltes Kind. Alle Erziehungsmetaphern bei Büchner sind negativ konnotiert – ob es nun die Kinderrasseln[113] sind, die zur lebenslänglichen Einlullung des Volkes dienen, ob es die Schulbänke sind, auf denen Danton sich Gesäßschwielen gesessen hat,[114] oder die lächerlichen Fallhütchen,[115] die überbesorgte Eltern ihren Kindern verpassen – eine Art Sturzhelmzwang für alle. Auch Spielen hat fast immer ein negatives Umfeld. Soldatspielen war offenbar gebräuchlich. In einem Brief an die Familie wird die darmstädtische Verfassung verachtet als ein «Kinderspielzeug, um dem ewigen Maulaffen Volk seine zu eng geschnürte Wickelschnur vergessen zu machen. Es ist eine blecherne Flinte und ein hölzerner Säbel, womit nur ein Deutscher die Abgeschmacktheit begehen konnte, Soldatchens zu spielen.»[116] Eine «Affenkomödie spielen» indessen die Fürsten und Liberalen.[117] In *Danton's Tod* ist das Thema Spiel stets irgendwie mit dem Tod verknüpft, sei es nun das Kartenspiel, das Schachspiel, das «Spielen mit einer Hanflocke um den Hals» oder das «Farbenspiel des Todeskampfes».[118] Leonce und Lena sind wie zwei alte Kinder, die sich eine Spielwelt zurechtmachen, in der sie ohne Arbeit und Vernunft leben können. Die herkömmlichen Puppen-, Soldaten-, Regierungs- und Theaterspiele aber weist Lena mit traurigem Kopfschütteln zurück:[119]

> LEONCE. Nun, Lena, siehst du jetzt, wie wir die Taschen voll haben, voll Puppen und Spielzeug? Was wollen wir damit anfangen, wollen wir ihnen Schnurrbärte machen und ihnen Säbel anhängen? Oder wollen wir ihnen Fräcke anziehen und sie infusorische Politik und Diplomatie treiben lassen, und uns mit dem Mikroskop daneben setzen? Oder hast du Verlangen nach einer Drehorgel, auf der die milchweißen ästhetischen Spitzmäuse herumhuschen? Wollen wir ein Theater bauen? *Lena lehnt sich an ihn und schüttelt den Kopf.*

Kindsein und Totsein sind nahe beieinander. Zu leben ist unendlich traurig, weil ein Verlust nicht gutzumachen ist. Geburt und Tod sind kurzgeschlossen. «Sterbende werden oft kindisch.»[120] (Danton) «Der Tod äfft die Geburt; beim Sterben sind wir so hilflos und nackt, wie neugeborne Kinder.» (Danton) «Das war der Mühe wert mich so groß zu füttern und mich warm zu halten. Bloß Arbeit für den Totengräber!» (Danton) «Ich werde doch noch eine Kinderrassel finden, die mir erst aus der Hand fällt, wenn ich Flocken lese und an der Decke zupfe.»[121] (Leonce) «Auf dem Kirchhof will ich liegen, wie ein Kindlein in der Wiegen.» (Lena) «Armes Kind! Es ist traurig, tot und so allein.» (Lena) «Wie lange sollen wir noch schmutzig und blutig sein wie neugeborne Kinder, Särge zur Wiege haben und mit Köpfen spielen?»[122] (Philippeau in *Danton's Tod*). Ein alter Mann singt «Wir müssen alle sterben»,[123] ein Kind tanzt dabei zur Musik des Leierkastens (*Woyzeck*).

Das Thema Kindheit ist nicht nur ständig mit Tod, sondern auch sehr oft mit Angst, Schmerz, Schreien, Folter verknüpft. Lenz kommt «die Angst an, wie Kindern, die im Dunkeln schlafen».[124] «Die Erde hat sich ängstlich zusammengeschmiegt, wie ein Kind, und über ihre Wiege schreiten die Gespenster.»[125] (Leonce) Unsere «Kinder schreien nach Brot»[126] (ein Bürger in *Danton's Tod*). «Die Kinder schreien, sie haben Hunger.» (ein Weib) Sie fressen «Aristokratenfleisch» (ein Bürger), sind Würmer, leben vom «Wurmfraß» und brauchen die Guillotinierten als Nahrung (ein Fuhrmann). Gedanken «schreien, wie Kinder» (Danton). «Ein Kind schreit in der Nähe.» (Julie) Die Revolution «frißt ihre eignen Kinder» (Danton). «Sind wir Kinder, die in den glühenden Molochsarmen dieser Welt gebraten und mit Lichtstrahlen gekitzelt werden, damit die Götter sich über ihr Lachen freuen?» (Danton) Lenz will ein totes Kind erwecken, rundherum gibt es zahlreiche Verbindungen von Kind und Tod; wie «das Grab des Kindes» und «die Kindsmagd kam todblaß».[127] Besonders grausam ist das Großmuttermärchen in *Woyzeck*. Es nimmt eine idyllische Situation auf – die märchenerzählende Großmutter – und verkehrt sie ganz und gar:[128]

> GROSSMUTTER Es war einmal ein arm Kind und hat k Vater u. keine Mutter war Alles todt und war Niemand mehr auf der Welt. Alles todt, und es ist hingangen und hat gerrt Tag u. Nacht. U. wie auf di Erd Niemand mehr war, wollt's in Himmel gehn, und der Mond gukt es so freundlich an und wie's endlich zum Mond kam, war's ein Stück faul Holz und da ist es zur Sonn gangen und wie's zur Sonn kam, war's ein verwelkt Sonnenblume und wie's zu den Sternen kam, warens kleine goldne Mücken, die warn angesteckt wie d. Neuntödter sie auf die Schlehe steckt u wies wieder auf die Erd wollt, war die Erd ein umgestürzter Hafen u. war ganz allein u da hat sich s hingesetzt u. gerrt u da sitzt' es noch u. ist ganz allein.

Die Großmutter Reuss, die im Hause lebte, war eine verlogene Puppe, die Rokoko und ewige Jugend spielte.[129] In ihr war das Ancien Régime gegenwärtig und zeigte seine ganze Verschlafenheit. Im Woyzeck-Drama entwickelt Georg Büchner eine nihili-

stische Gegengroßmutter, die ein grausames Urteil spricht. Alles
war Lug und Trug, die Eltern, die Gesellschaft, Sonne, Mond und
Sterne, die Erde selbst. Das Leben des Kindes ist ein solipsistischer
Alptraum.

Selbstverständlich sind die Äußerungen literarischer Figuren keine
Erlebnisprotokolle, aber die krasse Negativität des metaphorischen
Umfelds zum Thema Kind gibt zu denken und weist auf unbewußte
Verknüpfungen hin. Vielleicht neigt man erst im Älterwerden dazu,
die Kindheit oder Teile von ihr als besonnt zu empfinden. Als junger
Erwachsener mag Büchner noch eine Weile im Kielwasser des puber-
tären Bemühens gefahren sein, sich von allem Kindstümlichen zu distanzieren. Aber das ist keine zureichende Erklärung für die beschrie-
bene Negativität. Es muß schon auch eine Erfahrung dahintergesteckt
haben. Das Kind Georg hat sich durch Erziehung gemordet gefühlt;
etwas Derartiges war in seinem Unterbewußtsein gespeichert, von
dem das dichterische Werk vermittelt Zeugnis ablegt. Was kann alles
geschehen sein, als er jenen Damm aufschüttete nach rückwärts, immer wieder einen stummen Hund auf der anderen Seite zurücklas-
send? Vielleicht war seine Identität schon als Kind gestört – was bei
sensiblen Identitäten sehr viel leichter geschehen kann als bei robu-
sten. Vielleicht war er mit sich nicht im Reinen. Vielleicht erlebte er
sich selbst als zu still oder als zu laut, als zu brav oder als zu frech;
jedenfalls traf er es nie. Vielleicht war er ein Angeber, ein Feigling,
ein Drückeberger gewesen, vielleicht war er, um die Ichschwäche und
die Anpassung zu kompensieren, trotzig und heftig geworden. War er
hochmütig (ja), habgierig (nein), wollüstig (ja, in Gedanken jedenfalls), zornig aufbrausend (ja), ein Fresser und Säufer (nein), neidisch
(nein) und faul (selten) – um die sieben Hauptsünden einmal durch-
zugehen? Wurde er ein Schreiber, weil er kein Täter werden wollte?
Vielleicht war das eine Flucht. Vielleicht war seine Handschrift deswegen so flüchtig, so wegeilend, so vor sich selbst versteckt, weil er
immer floh vor einer Tiefenangst?

Und wie war das mit der Lust? Die Buben sollen auf Kommando
das Wasser abschlagen.[130] Man darf Kinder nicht während des Pin-
kelns unterbrechen, sagt Valerio (*Leonce und Lena*), «sie bekommen
sonst eine Verhaltung.»[131] Was war das überhaupt, eine «Verhaltung», wußte das der junge Georg, oder jagte das Wort ihm un-

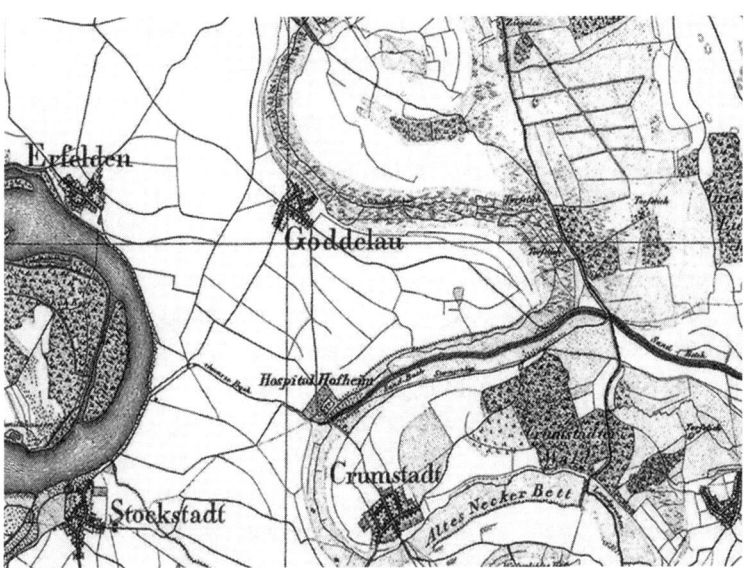

Rheinschleife mit Goddelau und Hospital Hofheim

bestimmte Ängste ein? Vielleicht Impotenzängste? Als er in die Pubertät hinüberglitt, unter Zurücklassung eines stummen Hundes, schämte er sich da seines Glieds, das ihm plötzlich so sonderbar vorkam und die sonst harmonischen Linien seines Körpers unharmonisch unterbrach? Wie schön waren die Frauen, die keines hatten! Sein Danton nannte es «das häßliche Ding».[132] Waren sie schon vierzehn gewesen oder noch dreizehn, als sie sich gegenseitig ihre steifen Glieder gezeigt hatten, Minnigerode und er, in einer winzigen sonnendurchglühten Lichtung im Ufergebüsch des Rheins nahe Goddelau, wo sie sich gegenseitig befühlten, staunend, daß das Ding hart war wie Holz? Aufgeschrieben hat das keiner, aber wie viel ereignet sich, ohne je aufgeschrieben zu werden. Onanieren – das Wort lernte Georg erst viel später kennen, war Sünde, jeder tat es, aber es war Sünde, «unkeusch», man solle «den Leib unbefleckt erhalten», das hatte er aus Dr. Martin Luthers *Kleinem Katechismus* einmal auswendig lernen müssen, ohne es zu verstehen. Etwas Wichtiges stimmte nicht mit der Erwachsenenwelt, das erfuhr Georg wie viele andere Jugendliche seiner Zeit. Er unterdrückte seine Erfahrung, so gut es ging, aber sie verpuppte sich nur und verwandelte sich Jahre später in den Schmetterling seiner Dichtkunst, anders als bei den meisten anderen Menschen, bei denen das Packeis der Verdrängung nur immer dicker wird, ohne daß die Wahrheit sich jemals einen Weg an die Oberfläche bohrt.

Nähert man sich wieder mehr dem Gesicherten an, so läßt sich mit ausreichender Wahrscheinlichkeit sagen, daß Georgs Erziehung im Geist der Aufklärung geschah. Sie erfolgte durch einen vernunftstrengen Vater, der, auf Leistung getrimmt, wenig Sinn für Spielen und Herumalbern hatte, und eine lustspröde calvinistische Mutter, die ins Unverbindliche ablenkte, wenn sich dem pubertierenden Jungen die Fragen des Körpers stellten. Die Bilanz der Kindheit wies jedenfalls hohe Minusposten auf. Nach außen war alles glatt, aber nach innen? Nein, das ging so nicht, das durfte so nicht sein! Das wahre Leben hatte er irgendwo unterwegs verloren. Es mußte woanders sein, wo auch immer, jedenfalls nicht in Darmstadt. War es vielleicht auf dem Lande, im Ried, bei den einfachen, ungebildeten Bauern, bei den Armen, beim «Volk»? Goddelau blieb als Traum lebendig. Auch wenn die Familie schon 1817 nach Darmstadt gezogen war (die ersten drei Jahre in eine Dienstwohnung im Armenhaus), hatten Besuche auf dem Land die Sehnsucht immer wieder genährt. Die Mutter pflegte dort entstandene Freundschaften weiter, und vor allem lebte Onkel Ludwig im Ried, zuerst als Hospitalarzt in Hofheim, später als Physikatsarzt in Goddelau.[133] Überall lebten ja Büchners – die Ärzte Ludwig, Karl und Christian Büchner in Reinheim, Goddelau und Langen, der Chemielehrer August Büchner in Mainz, der evangelische Pfarrer Ludwig Büchner in Oberingelheim, der katholische Lehrer Franz Joseph Büchner in Aschbach, der Obersteuerbote Friedrich Büchner in Gießen[134] und der Possenreißer Hans Büchner ebenda,[135] auch wenn man nicht bei allen wußte, ob und wie man mit ihnen verwandt war.

Das Land ... War es ihm ernst erschienen oder heiter? Wenn abends alle beisammen saßen, Bauer und Bäuerin, Kinder und Gastkinder, Knechte und Mägde, an einem großen Ecktisch in der Küche rund um einen dampfenden Topf mit Kartoffeln, und der Bauer das Tischgebet gesprochen hatte, war das ein feierlicher Moment gewesen. Das ruhige Essen war eine streng eingehaltene

Übung, auf die alle ein Anrecht hatten, in einem sonst ganz von der Arbeit bestimmten Tag. Der dauerte im Sommer von fünf Uhr morgens sechzehn Stunden lang, vom Melken, Klee holen, Tiere füttern, Ausmisten bis zum Mähen, Heuen, Ernten, Dreschen, Abfüllen, Wegtransportieren und Verkaufen. Kinder wurden früh und selbstverständlich in den Arbeitsprozeß einbezogen. Auch Gymnasiasten, die in den Sommerferien einfielen. Hatte Georg Erbsen enthülst, Engerlinge zertreten, Hühner gefüttert («bi bi bi»)[136], Rüben und Radieschen ausgezogen? Es war ein Glücksgefühl, nützlich zu sein und dann hoch auf dem Erntewagen mit heimfahren zu dürfen, während die Erwachsenen laufen mußten. Geredet wurde über Gefühle nicht, es gab sie so wenig wie Intellektuellenprobleme, nur die sachliche Erledigung der Arbeit zählte. Die Kinder wurden nicht verzärtelt, nicht von den Eltern beschmust und bespielt, sondern den älteren Kindern zugeteilt, von denen sie abschauen mochten, was richtig war. Waren sie nicht freier und selbstbestimmter als die Bürgerkinder? Dem jungen Georg erschien es manchmal so. Er liebte das Land. Umzüge hinterlassen Wunden in einem Kindergemüt, Entwurzelungsrisse, die schwer heilen. Die verlorene Kindheit gruppiert sich als weiteres starkes Motiv zu den Prägekräften des Genies Georg Büchner.

1813

Georg Büchner war ein Sonntagskind. Die Völkerschlacht von Leipzig pausierte, als er am 17. Oktober 1813 morgens um halb sechs Uhr geboren wurde. Der Samstag war für beide Seiten verlustreich gewesen. Am Montag und Dienstag wurden die Truppen Napoleons in die Flucht geschlagen. Darunter waren auch hessendarmstädtische, die anders als die bayerischen und die sächsischen Truppen nicht rechtzeitig die Seite gewechselt hatten. Das war ziemlich peinlich, eine beißende Ironie des Schicksals. Der Großherzog holte den Seitenwechsel schleunigst nach und schlug sich, als der Rheinbund endgültig zusammenbrach, zu Österreich. Die Nationalehre war beschädigt, aber bei wem war sie das nicht? Kaum ein Land gab es, das nicht seine Kompromisse mit den Franzosen gemacht hatte. Das deutsche Nationalgefühl ebnete solche unpassenden Erinnerungen bald ein und machte den Tag des Sieges zu einem Feiertag, der in allen deutschen Ländern begangen wurde. Jedes Jahr in der Zeit seines Geburtstags wurde Georg Büchner an die Völkerschlacht erinnert. Er hatte Gelegenheit, sich wahlweise im nationalen Pathos zu üben oder in der Ironie dagegen.

Auch Wilhelm Schulz, Demokrat, Oppositioneller, Weggefährte Georg Büchners bis zum Tod, feierte sein Leben lang den 18. Oktober. Damals, 1813, stand er als sechzehnjähriger Leutnant bei Leipzig mit seiner hessischen, also napoleonischen Einheit im «Kanonendonnerwetter» und sah untätig zu, wie nach ihm gekegelt wurde. «Uns zur Linken stand eine Gruppe hoher Pappeln. Zuweilen schlug eine Kugel in einen der Stämme und knickte ihn mit imponirender Leichtigkeit. Das war unsere Unterhaltung bis zur sinkenden Nacht.»[137] Fahnenflüchtig im Durcheinander danach wie sein Großherzog und zur deutschen Sache eilend, hatte er sich in den Kopf gesetzt, den 18. Oktober «nicht für einen Tag zu halten, an dem die Freiheit geschlachtet wurde, sondern für das gerade Gegentheil.» Der 18. Oktober wurde sein Tag. Am 18. Oktober 1820 wurde er aus der Haft entlassen (in die er geraten war wegen eines aufrührerischen Schriftchens), am 18. Oktober 1833 saß er wieder ein, aber Gott sandte ihm ein Zeichen, am 18. Oktober 1834 saß er immer noch, aber Gott sandte einen Blitz,[138] Ideen zündeten, die Flucht gelang.

Es ist nicht leicht, nach einem Krieg zurückzukehren in den Alltag. In mancher Hinsicht erfordert der Frieden mehr Disziplin als der Krieg. Die Kriegsheimkehrer waren Abenteurer, die Großes erlebt hatten und jetzt mit einer kleinen Welt zurechtkommen mußten. Wer mit Napoleon 1812 unter russischem Beschuß auf schmalen Behelfsbrücken über die Beresina gezogen war, konnte beim Kühemelken leicht verdrießlich werden. Wer bei Leipzig und Waterloo Weltgeschichte gesehen hatte, wenn auch meistens irgendwo verloren im Gewimmel, der langweilte sich in den Mühen der Ebenen. Die spezifischen Freiheiten des Soldatentums mußten wieder in die Büchse des Zivilstands zurückgestopft werden.

Ein gewonnener Krieg verlangt kein Stummsein. Er bildet keine Traumata aus. Den vielen Helden, die vom Krieg erzählten, gab der anwachsende Nationalismus Rückenwind. Das widersprüchliche Hoffnungspotential, das aus dem Sieg über Napoleon erwuchs, bildete die Atmosphäre, in der Georg Büchner aufwuchs. Der Sieg von Leipzig hatte einen zweischneidigen Charakter. In ihm wurden Deutsche von Deutschen besiegt, und ob er die Freiheit bringen oder erreichte Freiheiten wieder nehmen würde, mußte sich erst zeigen. Das Wirgefühl von 1813 hatte sich als Versprechen etabliert und, je mehr die Wirklichkeit der Schlacht verblaßte, einen nationalen Mythos hinterlassen, der sich zunehmend selbst verschönte und Vokabeln mit semisakraler Aura auflud, von denen einige im Verlauf der Geschichte verbraucht wurden, andere noch heute zum Credo gehören: Deutschland, deutsches Volk, Einigkeit und Recht und Freiheit, Demokratie, Fortschritt, Jugend, ein neuer Kaiser, ein neues Reich. Das war die Welt von Friedrich Ludwig Weidig, von Wilhelm Schulz und in gewissem Grade auch von Georg Büchner. Auch er dachte national, auch der *Hessische Landbote* bringt den Kaiser als Garanten der Freiheit gegen die Fürsten in Stellung: «Deutschland, unser liebes Vaterland, haben diese Fürsten zerrissen, den Kaiser, den unsere freien Voreltern wählten, haben diese Fürsten verraten.»[139]

Die Ideen von 1813 hatten zahlreiche literarische Vorkämpfer. Ein unbedachter Idealismus hatte seine große Stunde. Theodor Körner dichtete 1813 seinen berühmten *Aufruf* («Frisch auf, mein Volk! Die Flammenzeichen rauchen»), dessen zweite Strophe mit den Versen beginnt:

Es ist kein Krieg, von dem die Kronen wissen,
    Es ist ein Kreuzzug, s'ist ein heil'ger Krieg,
Recht, Sitte, Tugend, Glauben und Gewissen
    hat der Tyrann aus deiner Brust gerissen;
Errette sie mit deiner Freyheit Sieg![140]

Die Lebensglut, die damals die halbe Welt erfüllte, hob die Menschen weit aus ihren Alltagsgrenzen heraus. Sie glaubten, für Ideen zu kämpfen, nicht für Fürsten und Interessen. Diese Ideenwolke verzog sich nicht auf Befehl. «Die Gedanken sind frei», beginnt ein seit der napoleonischen Zeit populäres Lied. Der Realismus kam dagegen nicht so rasch an. Der Wiener Kongreß hatte die

Idealisten schnöde enttäuscht und, mit Ausnahme der geistlichen, die wichtigsten alten Mächte wieder eingesetzt, die nun die schwierige Aufgabe hatten, auf die Töpfe, in denen die enttäuschten Erwartungen dampften, Deckel zu drücken. Die Hoffnungen von 1813 waren deshalb so stark geworden, weil sie bisher gespaltenen und einander bekämpfenden Gefühlen eine gemeinsame Fließrichtung gegeben hatten. Das teilte sich als ungeheures Glücksgefühl mit. Eine an Wunder grenzende Tatkraft erhob sich aus den weit verzweigten Gliedern der Nation. Bisher kämpfte man, etwa als Hesse, mit Napoleon und für seine den Erdball berauschenden Erneuerungsideen, aber gegen Deutschland, oder man kämpfte, etwa als Preuße, mit Deutschland, aber gegen die Erneuerung und für das ungeliebte Ancien Régime. War bisher das deutsche Volk entzweit, so schuf der Oktober 1813 den Keim der Vereinigung. Nichts schafft so sicher Identität wie ein gemeinsamer Feind. Napoleon als «Tyrann» wie in Körners Lied: das vereinfachte vieles. Den waidwund geschlagenen Kaiser der Franzosen 1814 und 1815 noch vollends niederzumachen, schuf ein starkes Ichgefühl. Hessen und Sachsen, Westfalen und Österreicher, Badener und Böhmen, Württemberger und Ostpreußen, Bayern und Pommern, Katholiken und Protestanten fielen sich in die Arme und erkannten: Wir sind ein Volk. Sie erkannten auch: Wir wollen das Gute aus der Franzosenzeit behalten, wir kämpfen nicht für die alten Zöpfe, wir wollen Freiheit, wir wollen Reformen, Mitbestimmung, Parlamente und Verfassungen, wir wollen Einheit, einen Kaiser und ein neues, starkes Reich aus dem Geist von 1813. Die wiedereingesetzten deutschen Fürsten taten so, als wollten sie das auch. Ein Rausch von Begeisterung ging durch die vielen deutschen Völkerschaften, vergleichbar dem von 1914 und dem von 1933, vergleichbar auch bezüglich der bitteren Enttäuschungen, die folgten. Napoleon wurde besiegt, aber was dann kam, weder Einheit noch Freiheit, frustrierte die Berauschten. Die gebrochenen Versprechen und die nicht erfüllten Hoffnungen erzeugten vielfältige und widersprüchliche Emotionen: Melancholie und Weltschmerz, Reichs- und Revolutionsromantik, Andreas Hofer- und Luisenverehrung, Hohn und Zynismus, Rachegelüste, Aufsässigkeit und Trotz. Zusammen bildeten sie die emotionale Kriegskasse, aus der sich die Oppositionsbewegungen der Vormärzzeit bedienten. Georg Büchner war wie Heinrich Heine «ein braver Soldat im Befreiungskriege der Menschheit».[141] Von der Völkerschlacht zum *Hessischen Landboten* verläuft eine gar nicht so schmale Linie.

4
Danton's Tod

Straßburg leuchtet, Gießen nicht

Wie war das Lebensgefühl, aus dem heraus *Danton's Tod* entstand? Verdüstert saß Georg Büchner im Herbst 1834 in seinem Darmstädter Stubenarrest und sann. Straßburg leuchtete, Gießen nicht. Straßburg war ein Traum, Gießen ein Trauma. Es war doch seine Schuld, daß Minnigerode im Gefängnis schmachtete, oder nicht? Er sezierte zwar gern, aber schaurig war es schon, worüber die Kommilitonen im anatomischen Theater lästerten und was er in Wagners Landesbeschreibung bestätigt gefunden hatte: daß die Leichen, die sie zerlegten, aus dem Gießener Zuchthaus kamen und aus der Strafanstalt zu Marienschloß, daß ferner die Leiber der Selbstmörder, der Hingerichteten und der unbekannt verstorbenen Vagabunden dort angeliefert würden.[1] Würde Minnigerode einst auf dem Seziertisch landen? Oder Pfarrer Weidig? Gießen bedrückte ihn. Hier sei kein Berg, wo die Aussicht frei sei, hatte er sich bei Minna beklagt, «Hügel hinter Hügel und breite Thäler, eine hohle Mittelmäßigkeit in Allem; ich kann mich nicht an dieße Natur gewöhnen, und die Stadt ist abscheulich.»[2]

Gießen war ein Nest damals, verwinkelt und schmutzig, wenngleich gärend. Es hatte siebentausend Einwohner, fast alle evangelisch, außer ein paar hundert Katholiken und ein paar hundert Israeliten. Die Universität aber, das mußte er zugeben, war gleich groß wie die Straßburgische, das Nest beherrschend, mit ihren 32 Professoren (neun Theologen, sechs Juristen, sieben Medizinern, zehn in der Philosophischen Fakultät), ferner achtzehn Privatdozenten und 509 Studierenden.[3] Sie war das Lorbeerblatt.

In allen anderen Belangen aber war Straßburg weitaus bedeutender, eine wirkliche Großstadt, größer als Frankfurt am Main, größer als Leipzig, und hatte sechzigtausend Einwohner, bei katholischprotestantischem Gleichstand und rund sechstausend Israeliten als Zünglein an der Waage. Das schuf eine intelligenzfördernde Atmosphäre, weil man sich immer und überall gegen Andersdenkende behaupten mußte. Obgleich ... Es war ja schon so, daß die Protestanten und die Juden kulturell höher standen als die Katholiken. Auch wohlhabender und einflußreicher waren sie. Büchner schämte sich ein bißchen, denn auch ihm hatte das Evangelischsein genützt, er hatte Protektion in Straßburg genossen, bei einem gebildeten evangelischen Pastor gewohnt und war in der «Eugenia» verkehrt, einer Studentenverbindung der evangelischen Theologen. Er hatte es überhaupt gut gehabt, hatte vier Semester in einer kultivierten Atmosphäre verbracht, in Gesellschaft nicht nur der jungen Theologen mit ihrer Ernsthaftigkeit und ihrem Idealismus, sondern auch seiner Verwandten aus der Familie Reuss, unter denen besonders Édouard Reuss zu nennen war (auch ein Theologe), ferner vieler guter Freunde, zu denen der liebe Eugène Boeckel gehörte, der gemütliche Wilhelm Baum (noch ein Theologe) und das Dichterpaar Adolph und August Stöber, überzeugte Elsässer ... Franzosen kannte er eigentlich kaum ... Doch, Alexis Muston. Streng genommen ein Italiener. Der ihn übrigens für einen glühenden deutschen Patrioten hielt, «aspirant de tout son être à l'unité de la famille allemande».[4] Vielleicht kannte Büchner auch ein paar Leute aus der Société des Droits de l'homme et du citoyen, aber dafür gibt es keinen Beweis. Und natürlich kannte er die Professoren der Fakultät, da waren einige Franzosen dabei.

Deutsch konnten sie fast alle, beziehungsweise alemannisch, einen wunderlich singenden, märchenmittelalterlichen Dialekt, in dem man «gsi» anstelle von «gewesen» sagte. «S'isch immer so gsi!» Aber man lebte in Frankreich, hatte die Große Revolution hinter sich und dachte freiheitlich. Niemand wollte politisch wieder zu Deutschland zurück, obgleich Ludwig XIV. die ehemals deutsche Reichsstadt vor anderthalb Jahrhunderten gewaltsam in Besitz genommen hatte. Man war stolz auf die lebendige Eigenart, die sich aus der Lage im Überschneidungsgebiet von Nationen und Konfessionen ergeben hatte. Die straßburgische Freiheit hatte ihre eigene Würze. Der Turm des Straßburger Münsters war damals das höchste Gebäude Europas.[5] Georg hatte oft schwindelnd an ihm hinaufgeschaut, morgens, wenn die feierliche Westfassade im kühlen Schatten lag, mittags, wenn sie sich kristallklar gliederte im Licht, abends, wenn der rote Sandstein sonnensatt glühte und nachts, wenn das Mondlicht ihn geisterhaft entrückte. Georg hatte auch ein paar Mal die einhundertvierzig Meter bis in die filigrane Spitze zurückgelegt, bis in die sogenannte Laterne, einen durchsichtigen Raum mit einer unbeschränkten Aussicht, und hatte sich «ausblasen und auswinden» lassen.[6] Einmal wäre er fast abgestürzt, als er ein fallendes Fernglas zu haschen versuchte.[7] Es war gefährlich dort oben, aber grandios, Sog und Flug kitzelten betörend. Man mußte dem Türmer, der in sechzig Metern Höhe auf der Plattform wohnte, eine kleine Belohnung geben, um ganz hinaufgelassen zu werden. Da oben sang ein Geisterchor. Eine Schrift rief nach den vier Weltgegenden: CHRISTUS NOS REVOCAT. CHRISTUS SEMPER REGNAT. CHRISTUS REX TRIUMPHAT. CHRISTUS CORONAT. Christus ruft uns heim, er regiert allezeit, er triumphiert als König, er krönt die, die mit ihm überwunden haben. Würde die Jakobinermütze, wenn das Münster sie, wie 1793 geschehen, noch einmal aufsetzen würde,[8] diesen Chor verstummen machen? An der Brustwehr der Plattform konnte man zeitweise seinen Namen eingraben lassen. Mit eigenen Augen hatte Büchner dort gesehen, wer alles vor ihm schon dagewesen war: «Goethe» – der in Straßburg seinen Doktor gemacht hatte, «Schlosser», «Kaufmann», «Lenz», «Herder», «Lavater», «Klopstock» und etliche andere. Fabelhaft. Das ganze Personal einer Erzählung, die sich in ihm bilden würde, über den Dichter Jakob Michael Reinhold Lenz. Auch «Voltaire» war eingemeißelt, aber nur noch «taire» war zu lesen, ein Blitzschlag hatte die Platte zertrümmert. Büchner würde ihn krachen hören, jenen gewaltigen Blitzstrahl, von dem er am 28. Juli 1835 seinen Eltern berichtet, daß er das Münster getroffen und die Steine mit ungeheurer Gewalt zerschmettert habe.[9] Geschah ihm allemal recht, dem Kirchenzertrümmerer, mit seinem «Écraséz l'infame!» Ein halber Voltaire war ja auch genug. Hier oben, das war jedenfalls ein deutscher Platz. In einem Brief würde er einmal schreiben: «Es wäre traurig, wenn das Münster einmal ganz auf fremdem Boden stünde.»[10] Büchner träumte, «Büchner» stünde dort in Stein gehauen und werde willkommen geheißen von der erlauchten Geisterversammlung …

Münsterplattform mit Vogesenblick, 1837

Auch das Neueste vom Neuen hatte sich ihm auf der Plattform schon präsentiert. Hätten die Eltern bei hellem Wetter von Darmstadt bis auf das Münster sehen können, dann hätten sie ihn «bei einem langhaarigen, bärtigen, jungen Mann sitzend gefunden. Besagter hatte ein rothes Barett auf dem Kopf, um den Hals einen Cashmir-Shawl, um den Cadaver einen kurzen teutschen Rock, auf die Weste war der Name ‹Rousseau› gestickt, an den Beinen enge Hosen mit Stegen, in der Hand ein modisches Stöckchen.»[11] Es war – ein Saint-Simonist! Modern, emanzipiert, sozial! Er sprach «von der femme in Teutschland», Mann und Frau seien gleich, sie hätten gleiche politische Rechte. Sein Gegenüber auf der Münsterplattform bemerkte dazu spöttisch, die Saint-Simonisten hätten ja zwar einen père, eben den St. Simon, «aber billigerweise müßten sie auch eine mère haben». Die sei aber noch zu suchen, und da hätten sie sich denn auf den Weg gemacht, wie Saul nach seines Vaters Eseln, mit dem Unterschied, daß die Esel diesmal den Saul suchten … Das war frech, aber «Rousseau» lachte nur und nahm nichts übel. Er gehörte zu den Contrerévolutionnaires, die den gallischen Hahn durch ein Huhn im Topf zum Schweigen bringen wollten. Das Volk sollte ohne Revolution glücklich werden, durch Arbeit und Wohlstand. Aber «Rousseau» war ein Spieler, predigte dem Volke die Arbeit und steckte selber die Hände in die Taschen … Ich könnte aus purer

Faulheit St. Simonist werden, replizierte Büchner auf der Plattform, den bunten Gesellen mit unbewegter Miene fixierend.

«Notre George part définitivement demain pour Darmstadt», hatte Eugène Boeckel am 30. Juli 1833 wehmütig an Wilhelm Baum geschrieben.[12] Den Abschied würden sie beim Münster begehen, wo sie zusammen bleiben würden von 18 Uhr bis nachts. Auch innen im Münster war Georg gewesen, an Weihnachten, und hatte katholische Luft geatmet. Er erinnerte sich lebhaft. «Auf Weihnachten ging ich Morgens um vier Uhr in die Frühmette ins Münster. Das düstere Gewölbe mit seinen Säulen, die Rose und die farbigen Scheiben und die knieende Menge waren nur halb vom Lampenschein erleuchtet. Der Gesang des unsichtbaren Chores schien über dem Chor und dem Altare zu schweben und den vollen Tönen der gewaltigen Orgel zu antworten. Ich bin kein Katholik und kümmerte mich wenig um das Schellen und Knieen der buntscheckigen Pfaffen, aber der Gesang allein machte mehr Eindruck auf mich, als die faden, ewig wiederkehrenden Phrasen unserer meisten Geistlichen, die Jahr aus Jahr ein an jedem Weihnachtstag meist nichts Gescheiteres zu sagen wissen, als, der liebe Herrgott sey doch ein gescheidter Mann gewesen, daß er Christus grade um diese Zeit auf die Welt habe kommen lassen.»[13]

Straßburg leuchtete, denn vor allem war Straßburg die Stadt der Liebe. «Lieb Kind, was macht denn die gute Stadt Straßburg», hatte er sehnsüchtig aus Gießen an die Geliebte geschrieben. «Je baise les petites mains, en goûtant les souvenirs doux de Strasbourg.»[14] Es zog ihn mächtig dahin, nicht nur wegen Minna. Ganz und gar übel war es ihm ergangen nach dem Abschied von Straßburg im Hochsommer 1833. In eine tiefe Depression war er gefallen. Im Herbst hatte er sich wie im Lazarett gefühlt und kein Wort mehr herausgebracht, auch gegenüber seinen Freunden nicht. «Du magst entscheiden», hatte er damals an August Stöber geschrieben, «ob die Erinnerung an 2 glückliche Jahre, und die Sehnsucht nach All dem, was sie glücklich machte oder ob die widrigen Verhältnisse unter denen ich hier lebe, mich in die unglückseelige Stimmung setzen.»[15] Er hatte Heimweh nach Straßburg und schmähte im gleichen Brief erst Darmstadt, dann Gießen, wo der Depression auch noch eine Meningitis gefolgt war: «Hier ist Alles so eng und klein. Natur und Menschen, die kleinlichsten Umgebungen, denen ich auch keinen Augenblick Interesse abgewinnen kann. Zu Ende Octobers ging ich von hier nach Gießen. 5 Wochen brachte ich daselbst halb im Dreck und halb im Bett zu. Ich bekam einen Anfall von Hirnhautentzündung; die Krankheit wurde im Entstehen unterdrückt, ich wurde aber gleichwohl gezwungen nach Darmstadt zurückzukehren um mich daselbst völlig zu erholen.» Den Herbst und den Winter 1834/35 wird Büchner mit anatomischen Studien und mit *Danton's Tod* zubringen. Frankreich war ihm präsent, aber nicht in seiner Pariser, sondern in seiner Straßburger Gestalt. Straßburg war seine zweite Vaterstadt geworden.[16] In Straßburg begegnete ihm ein französisch-freiheitlich verzaubertes Deutschland. Es war nicht ganz geheuer, das ist wahr, aber, so hatte Georg Büchner schon 1832 geschrieben, «die teutsche naßkalte Holländerathmosphäre ist mir zuwider, die französische Gewitterluft ist mir lieber.»[17] In der schwülen Gewitterluft lebt die Hoffnung auf den revolutionären Blitzschlag, der die Menschheit befreien soll. Im naßkalten Darmstadt aber bündelt sich die Verzweiflung.

Alexis Muston

Man muß die richtigen Leute kennen; das ist nicht nur Glückssache, es gehört Talent dazu. Aus dem Straßburger Bekanntenkreis, der ohnehin schon hochkarätig war, ragte einer heraus, der Kontakt zu den damals höchsten literarischen Rängen hatte: Alexis Muston (1810–1888). Im Frühjahr 1834 hatte er in Paris die intellektuellen Spitzen Frankreichs persönlich kennengelernt, insbesondere Victor Hugo und Alexandre Dumas (père), Lamennais und Lamartine, Sainte-Beuve und Chateaubriand, Béranger und Michelet. Sein Wesen muß gewinnend gewesen sein. Wochenlang wurde er von einer Gesellschaft zur nächsten weitergereicht und begegnete den ersten Köpfen der Stadt. Kurz danach traf er überraschend in Straßburg Büchner, «qui était venu y passer quelques semaines»,[18] und hatte Gelegenheit zu einem gründlichen Austausch. Muston schrieb an einem Revolutionsdrama und wurde von Dumas beraten. Viel diskutiert wurde damals eine programmatische Äußerung von Victor Hugo: die *Préface de Cromwell*, das Vorwort zu dem voluminösen Geschichtsdrama *Cromwell* (1827). Hugo verabschiedete

Alexis Muston

darin den Klassizismus, rehabilitierte das Häßliche und forderte Stiltrennung. Die Kenntnis der *Préface de Cromwell* ergibt sich aus den Diskussionen mit Muston zwanglos und vermittelt Büchner wichtige Impulse. Die beiden Dramen von Hugo, die er 1835 übersetzen wird, hat er zuerst in Gesprächen mit Muston kennengelernt – sie waren 1833 und 1834 Stadtgespräch in Paris. In *Danton's Tod* finden deutsche und französische Geisteswelt zu einer produktiven Synthese.

Alexis Muston hatte sich im November 1831, im gleichen Wintersemester wie Büchner, an der Straßburger Universität immatrikuliert. Er studierte evangelische Theologie, hospitierte aber nicht selten in der Medizin, so daß es nicht lange gedauert haben wird, bis Büchner und er einander mindestens vom Gesicht her kannten – alles war ja viel familiärer als heute. Bald ist Freundschaft da. Sie vertieft sich 1833 zu einer «confiante intimité»,[19] als die beiden acht Tage lang im Darmstädter Staatsarchiv Studien zur Geschichte der Waldenser treiben. Auch die Freizeit verbringen sie zusammen, machen Ausflüge, besuchen die Darmstädter Museen und lassen sich bei den Eltern einladen. In den Zeiten der Trennung ist vorher und nachher auch ein Briefwechsel entstanden, der leider nicht erhalten ist. Überstanden hat den Wandel der Zeiten aber ein *Journal d'étudiant*, ein aufschlußreiches Tagebuch, das Muston von 1831–1835 geführt hat und von dem er in den 1860er und 1870er Jahren eine überarbeitete Version für seine Tochter fertigt.[20] In diesen Aufzeichnungen werden mehrere tiefe Begegnungen mit dem Freund geschildert. Sie zeigen Georg Büchner jung und stürmisch, liebenswürdig, hilfsbereit, gesprächig, bestens unterrichtet, von Mädchen schwärmend, aber sie enthalten keinerlei Hinweise auf sozialrevolutionäre Aktivitäten. Gewiß, Verschwörer müssen schweigen können, aber Zensur, auch Selbstzensur, gelingt ja niemals ganz, irgendwelche Zipfel schauen meistens doch heraus, und der alte Muston hätte Jahrzehnte später keinen Grund mehr gehabt, irgend etwas zu verschweigen. Daß Georg Büchner sich, wie Mustons Tagebuch zweifelsfrei bezeugt, ausgerechnet im Juni 1834, also auf dem Höhepunkt seiner Politisierung, für zwei oder drei Wochen aus Gießen nach Straßburg abgesetzt hat, relativiert die Radikalität nicht wenig. Um während dieses politisch so heißen Sommersemesters legal von Gießen nach Straßburg zu reisen, hätte Büchner eigentlich die Erlaubnis der Eltern und einen Paß des Universitätsrichters gebraucht.[21] Aber Büchner reiste heimlich nach Straßburg, und zwar nicht der Politik, sondern der Liebe wegen. Mustons Tagebuch dokumentiert eine politisch harmlose, aber literarisch und persönlich innige Freundschaft. Man redet über Religion und Natur, über Kunst und Architektur, über die Liebe und die Frauen. Man arbeitet zusammen, wandert zusammen, träumt zusammen, besteigt zusammen das Straßburger Münster («cette fleur de pierre»[22]). Auf ihrer Wanderung im Oktober 1833 albern die beiden herum, wie es wäre, mit einer jungen Freundin unterwegs zu sein, die als Student verkleidet sein müßte, und malen sich unendliche Variationen solcher Geschichten aus.[23] Sie spielen, sie wären Schürzenjäger. Ihre letzte Unterhaltung dreht sich um «l'amour, la poésie et l'étude».[24] Muston mag die Deutschen. Er findet zwar, die deutsche Sprache klinge wie das Niederdonnern von Kies,[25] aber die menschlichen Erfahrungen mit den deutschen Waldensern, die ihn überall generös bewirten, sowie mit Büchner und seiner Familie sind überwältigend, er macht sogar ein Gedicht auf Deutschland:

> Allemagne, Allemagne, ô terre d'harmonie,
> où le ciel, par l'amour éveille le génie,
> où tout est sentiment, musique, voix du cœur,
> où tout est plus herzlich pour donner le bonheur.[26]

Er streicht die Verse allerdings 1870 durch, als preußische Truppen sein geliebtes Straßburg bombardieren. Die alte Stadtbibliothek brennt ab, wo er so viele Stunden verbracht hat, um Quellen für sein großes Forschungsprojekt einzusehen. Wir stellen uns vor, daß Georg Büchner ihm auch dort, nicht nur in Darmstadt, beim Entziffern und Übersetzen geholfen hat. Wir sehen die beiden dort sitzen als Symbol der deutsch-französischen Freundschaft, die bald darauf von einer unseligen Politik für mehr als ein Jahrhundert verspielt wird.

Alexis Muston war Waldenser. Er war gebürtig aus den sogenannten Waldensertälern in den Piemonteser Alpen westlich von Turin. Das ist eine ganz besondere Herkunft, wie von uraltem Adel. Die Waldenser waren eine Reformbewegung des ausgehenden 12. Jahrhunderts, einer Zeit, in der in ganz Mitteleuropa die edelsten und wohlhabendsten jungen Männer auszogen wie Franz von Assisi, um ein Leben nach der wahren Lehre Christi zu suchen, in Armut, Einfachheit und Redlichkeit. Anders als die Franziskaner oder die Zisterzienser, die sich, wenn auch nicht ohne Reibungen, in die Kirche eingliedern ließen, gerieten die Waldenser ins Abseits, wurden verfolgt und abgedrängt. Jan Hus lernte von ihnen; sie näherten sich folglich im 15. Jahrhundert den Hussiten, im 16. der Reformation, galten seitdem als evangelisch, wurden im späten 17. Jahrhunderts in der Zeit der Hugenottenverfolgungen beinahe ausgerottet, retteten und erhielten sich in wenigen schwer zugänglichen Regionen, darunter den Waldensertälern und diversen deutschen Exilorten, überlebten bis ins 19. Jahrhundert und bildeten französische Sprachinseln in Deutschland und Italien. Erst im 20. Jahrhundert, als sie nicht mehr verfolgt wurden, verloren sie ihre einst scharf ausgeprägte Identität. Sie bilden heute eine meistens mit den Methodisten verbündete evangelische Freikirche.

Muston war in dieser Tradition fest verwurzelt. Sein Vater war waldensischer Pastor. Sein großes Projekt war die Geschichte der Waldenser, mit der er 1834 in Straßburg zum Doktor der Theologie promoviert wurde und die 1851 noch einmal in erheblich erweiterter Form unter dem selbstbewußten Titel *L'Israël des Alpes* im Druck erschien. Er war ein leidenschaftlicher Arbeiter, wie Büchner. Über Muston wurde Georg Büchner mit dem Geist eines radikalen Christentums sowie der Geschichte seiner Verfolgung und seiner Schicksale im Exil bekannt und vertraut. Bald wird er selbst ein Verfolgter sein und sich in den Schicksalen der Waldenser spiegeln können. Als Muston am 30. September 1833 vom Innenminister, dem mächtigen Karl du Thil, generös die Genehmigung zur Sichtung der darmstädtischen Waldenser-Archivalien erhalten hatte, bat er «un de mes ami (George Buchner)»[27] um Hilfe, denn er konnte kein Deutsch. Büchner, der gerade die Semesterferien in Darmstadt verbrachte und fließend französisch sprach, folgte bereitwillig. Acht Tage arbeiteten sie im Schloß, wo die Archive und die Museen untergebracht waren. Wenn sie müde waren, gingen sie in den Schloßgarten oder die Gemäldegalerie, wo sie einen Rembrandt bewunderten und jenen *Christus in Emmaus*, der später in der Erzählung *Lenz* eine Rolle spielen sollte.

Muston überliefert auch ein Religionsgespräch, das eine kirchen-, nicht aber eine christuskritische Position Büchners erkennen läßt. Sie betrachten im Museum erst den Kinnbacken eines prähistorischen Rüsseltiers, dann alte katholische Pretiosen, Gewänder und Kultgegenstände. «Voilà aussi des fossiles, me dit Buchner.» Hier ja, in Frankreich nicht, antwortet Muston. Bald überall, beharrt Büchner; bald werden solche Kultgeräte überall nur noch Fossilien sein. Wenn dann nur nicht die Religion selbst zu den Antiquitäten verwiesen wird, wendet Muston ein. Darauf Büchner: Die bisherigen kirchlichen Formen müssen nicht für alle Zeit die geziemendsten Ausdrucksgestalten des religiösen Gefühls bleiben. Die Zukunft gehört anderen Ideen. «L'objet du sentiment religieux, c'est l'idéal, sa culture c'est le progrès: les formes de culte ne sont pas la culture, etc.» Büchner denkt hier idealistisch, fast hegelianisch. Der Gegenstand des religiösen Gefühls sei das Ideal, seine kulturelle Gestalt sei der Fortschritt, die üblichen Formen des religiösen Kultes aber verweigerten sich diesem Fortschritt. Und gehören abgeschafft, darf man deshalb weiter schließen. Nicht aber die Religion selbst.

«Ce brave George est enthousiaste de liberté», trägt Muston bei der Revision seines Tagebuchs ein,[28] rückblickend auf Büchners Leben und Tod, kehrt aber dann ins originale Diarium zurück mit dem Bericht darüber, wie Büchner ihn ermuntert hatte, allen Dienstboten ein Trinkgeld zu geben, wie aber dadurch seine letzten

Alexis Muston zeichnet
Büchner im Felsenmeer
(«la mer des roches»)

Reichstaler dahingeschmolzen seien, woraufhin Büchner die nächste Etappe der Reise mit ihm zusammen zurücklegte und alle Kosten übernahm. Er tat aber so, als koste es ihn nichts («sous prétexte que ça ne lui coûtait rien»). Es wurde «un charmant voyage», im Oktober 1833 von Darmstadt aus zu Fuß durch den Odenwald bis Heidelberg. Sie wandern durch wunderbare Wälder, durchstrahlt von der Morgensonne, überqueren diamantbetaute Wiesen, erreichen eine Schlucht, die magisch von unten beleuchtet ist, weil die aufgehende Sonne tiefer steht als sie selbst, durchklettern das sogenannte Felsenmeer, über das der hochalpin erfahrene Muston lächelt. Unterwegs erzählt Büchner seine Geschichte und Muston faßt sie zusammen: daß er geradezu närrisch verliebt gewesen sei in die Französische Revolution, Napoleon aber verachte und mit ganzem Herzen die Einheit Deutschlands erhoffe. Und daß er von einer mystischen Verehrung für ein gefallenes Mädchen ergriffen sei, die zum Engel zu erheben er träume. Ein goldenes Herz habe er, sei bestens unterrichtet, ziemlich ausgelassen, dabei liebenswürdig; man könne sich nicht langweilen mit ihm. Sie unterhalten sich über den Saint-Simonismus,[29] über soziale und religiöse Erneuerung, über die «république universelle», über «états-unis de l'Europe» und andere Utopien, von denen einige vielleicht einmal Wirklichkeit werden könnten. Ganz idealistisch hatten sie gedacht, daß der Mensch sich die Welt nach seinen Träumen und Ideen erschaffe. Um seine Ideen umzusetzen, muß er sie propagieren, bis alle oder wenigstens die meisten Mitmenschen «viennent à désirer la même modification» (dieselbe Veränderung wünschen). Hier wird als Aufgabe der Intellektuellen progressive Öffentlichkeitsarbeit definiert, gedankliche Vorarbeit für Veränderungen, wie es dem Programm des Jungen Deutschland entsprach. Weiter ist Büchner im Gespräch mit Muston nicht gegangen.

Beide liebten sie das einfache Volk. Das war für sie gelebtes Christentum. Der christliche Glaube sei «ni protestante ni catholique, mais sociale», nie habe Christus etwas den starren kirchlichen Formen Ähnliches gewollt, er rufe vielmehr alle Christen dazu auf, ihren religiösen Empfindungen eine wirksame Praxis folgen zu lassen. Gedanken dieser Art wurden damals von Félicité de Lamennais verbreitet, einem katholischen Priester, der eine tiefe Glaubensfrömmigkeit mit einem sozial orientierten Republikanismus verband. Papst Gregor XVI. hatte seine Lehren 1832 in der erschütternd reaktionären Enzyklika *Mirari vos* verurteilt, was Lamennais' Bekanntheit steigerte und seinen *Paroles d'un croyant* (Worte eines Gläubigen), die im April 1834 während Mustons Paris-Aufenthalt erschienen, zu einer windschnellen europaweiten Verbreitung verhalf. Sie galten als das Evangelium der Armen. In Straßburg erschien bereits 1834 eine Übersetzung von Ehrenfried Stöber,[30] dessen Söhne zu Büchners Freundeskreis zählten. Friedrich Ludwig Weidig wollte Auszüge als Flugschrift herausgeben, wurde aber verhaftet, bevor er den Plan realisieren konnte. Eine Wirkung der *Paroles* auf den *Hessischen Landboten* ist unwahrscheinlich, da der *Landbote* im Manuskript schon im März 1834 vorlag, aber nicht ausgeschlossen, da der Druck erst im Juli erfolgte. Es bedurfte eines direkten Einflusses allerdings nicht, da ein sozial engagiertes Christentum Weidig, Büchner und Muston ohnedies ein zentrales Anliegen war.

Am 15. Juni 1834, einem Sonntag, ging ein gewaltiges Gewitter hernieder. Büchner sagte zu Muston: «Veux-tu que nous montions au münster?»[31] Gesagt, getan: «nous voilà dans ce campanile féerique», in diesem feenhaften Glockenturm, zwischen den acht Pfeilern, wo Wind und Hagel hereintrieben, die Säulen wie Harfensaiten erbeben ließen und manchmal in dieser «broderie de pierre» (Stickerei aus Stein) ein schrilles Pfeifen hervorbrachten. Ganz oben in der «Laterne» streiften sie die Blitze mit Lichtschleiern und Feuerflügeln. Naß wie Schwalben («mouillés comme des hirondelles») stiegen sie wieder herab.

Muston verließ Straßburg noch 1834 und wurde Hilfspfarrer in seiner piemontesischen Heimat. Die Ironie der Geschichte will es, daß er mit Büchner auch das Schicksal der Exilierung teilte, beinahe gleichzeitig. Der Bischof von Pinerolo, der die Waldenser in seinem Sprengel nur widerwillig duldete, wollte ihn verhaften lassen, weil er seine Waldensergeschichte nicht vor Drucklegung der piemontesischen Zensur vorgelegt hatte. Muston floh in einer mondhellen Januarnacht des Jahres 1835 über die verschneite Paßhöhe nach Frankreich, wo er Pfarrer in einem Dorf in den französischen Alpen wurde. Dort blieb er bis zu seinem Tod.

Gefängnisse, Befreiungsaktionen

Im Dezember 1834, als Georg Büchner an *Danton's Tod* arbeitete, feilte Wilhelm Schulz jede Nacht mit einem dünnen Uhrmachersägeblatt an den eisernen Gitterstäben seines Gefängnisses. Jeden Morgen verschloß er die Einschnitte mit einer eisenfarbenen Masse und streute rotes Zahnpulver darüber, das wie Rost aussah. Vier Zoll Eisen hatte er zu bewältigen, und dann würde er ein Gitterstück herauslösen können und sich durch die Lücke quetschen, es würde in schneller Rutschfahrt drei Stockwerke hinabgehen bis in einen zwingerartigen Garten, von dessen Mauer aus, die leicht zu ersteigen sein würde, noch einmal mehrere Meter senkrecht nach unten bevorstanden, bis zu einem Wassergraben, der schwimmend überwunden werden mußte, und einem Wall, von dem aus noch die Außenmauer zu erklettern und ein letztes Abseilmanöver zu bestehen war. Dann aber würde er frei sein, den Verfolgern die Hufe zeigen, über Darmstadt zu Freunden nach Heidelberg eilen, bei Speyer den Rhein überqueren, bei Weißenburg die französische Grenze passieren, bei Hagenau, ach! die geliebte Caroline treffen, sich mit ihr nach Straßburg wenden, dann vielleicht nach Zürich ... – Aber woher hatte er die feinen Klingen, mit denen er, wenn er die Stäbe mit nasser Wolle umwickelte, so leise sägen konnte, daß die Wachmannschaften keinen Verdacht schöpften? Und wie wollte er die Mauern hinab kommen? Es ist kaum zu glauben, was damals alles möglich war mit ein bißchen Glück. Wilhelm Schulz war von einem Militärtribunal verurteilt worden, das als zuständig galt, weil er blutjung hessen-darmstädtischer Offizier im Leibregiment des Großherzogs gewesen war (1811–1820), anfangs in napoleonischen Diensten. Er war 37, als er da sägte, und fit, denn er turnte eifrig in der Zelle. Diese befand sich in einem verwahrlosten Renaissanceschloß, einer viereckigen alten Wasserburg in Babenhausen, gelegen an der Straße von Darmstadt nach Aschaffenburg, und bestand aus einem stattlichen Zimmer mit vergittertem Blick nach draußen und unvergittertem Blick vom dazugehörigen Flur aus in den Innenhof. Da er sich gut führte, durfte seine Frau ihm mit der Zeit allerlei Annehmlichkeiten zukommen lassen: gutes Essen, Bücher, einen Koffer, eine Lampe, schließlich sogar ein Sofa. Die beiden colludierten mit Witz und Chuzpe, mit Erfindungsreichtum und «sympathetischer Dinte» aus Alaun, die man durch Erwärmen sichtbar machen konnte.[32] Anfangs schreibt Wilhelm auch mit Urin – «daß ich Dir – in Ermangelung einer andern Flüssigkeit – mit der in meinem eigenen Körper bereiteten antworte».[33] Caroline, charmant und raffiniert, weiß ihm mit der Zeit alles Erforderliche zu beschaffen. In die Lampe wird ein Handsägengestell eingebaut, die Bücher, schwere juristische Folianten, enthalten Klingen und Feilen, der Koffer birgt in einem doppelten Boden weitere Sägen und Geld. 66 Ellen Gurte (rund 35 m) flicht sie zwischen die Matratzengurte des Sofas; Wilhelm rollt sie sich zu einem mächtigen Glücksrad zusammen und versteckt dieses in seinem Koffer, dessen Schlüssel

Wilhelm Schulz, um 1840

er in der Tasche trägt. Bei strenger Festungshaft hatte der Gefangene das Recht, täglich eine Stunde auf den Wällen spazierengeführt zu werden, so daß Wilhelm Schulz die Fluchterfordernisse täglich besichtigen und genau erkunden konnte. In der Nacht vom 30. auf den 31. Dezember 1834 ist es dann so weit. Es ist Neumond, stockfinster, und regnet, keine Patrouille läßt sich auf den Wällen blicken, erst am anderen Morgen werden sie das Nichtmehrvorhandensein ihres Häftlings bemerken. Der Wassergraben ist zugefroren – ein Glück in dem sonst milden Winter – so daß der Ausbrecher, wenn auch mit blutig gerissenen Händen, die Gurtfahrten trocken übersteht. Alles klappt wie geplant, um vier Uhr morgens ist er schon in Darmstadt, gibt Caroline dort ein Lichtzeichen, woraufhin sie, um den zu erwartenden Nachforschungen zu entgehen, sich auf einem anderen Weg ins Elsaß aufmacht, wo die beiden sich am 2. Januar 1835 glücklich und lachend in den Armen liegen. Wilhelm Schulz berichtet die ganze wildbewegte Story in einem zweibändigen *Briefwechsel eines Strafgefangenen und seiner Befreierin*, erschienen 1846 in Mannheim, also vor den Nasen der großherzoglich-darmstädtischen Justizbehörden, die gehörig durch den Kakao gezogen werden. Eingesponnen in die Fluchtgeschichte erzählt und kommentiert Wilhelm Schulz witzig und spritzig sein ganzes Leben und das seiner Frau. Da «sympathetische Dinte» nicht so haltbar ist wie richtige, kann Schulz auf die meisten Originaldokumente nicht mehr zugreifen. Er gibt diese Sachlage auch offen zu – das Buch «enthält mitunter wörtliche Stellen aus unserer damals wirklich geführten Korrespondenz, wovon wir noch Bruchstücke in Händen haben».[34] Die tolle Geschichte ist also vielleicht auch ein bißchen romantisch zurechtgemacht. Aber im Kern wird sie schon gestimmt haben und zeigt eine andere Art, auf die Gefängnisrealität zu reagieren, als es die Art des erbitterten Kämpfers Friedrich Ludwig Weidig war.

In einer Zeit, in der die Justiz derartig gefoppt werden konnte, hatte es Sinn, Befreiungspläne zu schmieden. Georg Büchners Freund Karl Minnigerode war ebenfalls im Knast. Er steckte in einem alten Kasten, der einst zur Befestigung der Freien Reichsstadt Friedberg gehört hatte. Seit Herbst 1834 wurde Geld gesammelt, um Wachsoldaten zu bestechen. Ein Schlosser wurde gefunden, der «nach einer Zeichnung und einem Abdruck in Brod»[35] Schlüssel zu den Friedberger Gefängnistüren nachmachen sollte.[36] Die Einzelheiten zum Befreiungsprojekt wurden August Becker entlockt, in Verhören vom 6. Juli 1837 und vom 6. November 1837. Bedeutende Gelder soll «Frau Geheimerath Schmids» zur Verfügung gestellt haben. Der bestochene Soldat sollte in einer Nacht, wo er die Wache vor der Türe der Gefangenen haben mußte, mit dem Nachschlüssel die Türe öffnen, «um sich alsdann durch ein Fenster auf dem mittleren Gang mit den Gefangenen an einem Seil, mit welchem ein Anderer unten bereit stehen und welches heraufgerollt und am Fenster befestigt werden sollte, hinabzulassen und alsdann mit den Gefangenen zu entfliehen.» Auch ein Bauer war in der Nähe gefunden worden, der sich bereit erklärt hatte, die Flüchtigen eine Zeitlang zu verstecken. Dem Gefangenenwärter Conrad Preuninger, der damals noch in Friedberg Dienst tat, wollte man zusammen mit einem Gläschen Schnaps eine kleine Portion Opium verabreichen, um ihn in tiefen Schlaf zu versetzen.[37] Die Befreiung kam nicht zustande, obwohl nach Aussagen von Carl Braubach und Carl Flach im Winter 1834/35 die Schlüssel fertig, das Opium beschafft und die Gelder in Aussicht waren.[38] Einer sehr viel späteren Erinnerung Wilhelm Büchners zufolge mißglückte sie, weil Minnigerode körperlich zu schwach war. Anders als der zur Zeit der Ereignisse achtzehnjährige Bruder Jahrzehnte später zu wissen glaubt,[39] hat Georg Büchner an dem ganzen

Projekt nicht aktiv teilgenommen. Sein Name findet sich jedenfalls nicht in den gerichtlichen Papieren, die sonst auch die nebensächlichsten Beteiligten nennen. Der Student Gustav Clemm gab am 2. Mai 1835 zu Protokoll, daß «Weidig, Becker, Flach und mehrere andere Butzbacher seit neuerer Zeit damit umgehen, die in Friedberg Verhafteten zu befreien.»[40] Büchner nicht zu nennen hätte er keinen zwingenden Grund gehabt. Zum Zeitpunkt des Verhörs war Weidig bereits in Haft und Büchner bereits in Straßburg.

Es gab harmlosere Anstalten als den «Kerker zu Friedberg», vor dem Büchner sich fürchtete,[41] und das Darmstädter «abscheuliche Arresthaus»,[42] das Weidig bald aufnehmen würde – ein Neubau, der am 1. Dezember 1834 eröffnet worden war.[43] Karl Gutzkow war nach dem Verbot des Jungen Deutschland im Untersuchungsgefängnis zu Mannheim gelandet. «Ich sitz' im Gefängniß», schreibt er an Büchner, des Angriffes auf die Religion beschuldigt. «Ich sehe voraus, daß ich lange werde geplagt werden.» Aber es kam anders. «Erst wollt' ich fliehen», meint der Eingekerkerte, als wäre das ganz einfach. Mehr will er ein andermal schreiben, «wenn es sich aus den Eisenstäben schmuggeln läßt.»[44] Die Sache entwickelt sich dann von selbst ins Erträgliche. Gutzkow wußte sich beliebt zu machen. Mit Datum vom 6. Februar 1836 erfährt Georg Büchner von dem Inhaftierten, die Deutschen seien gutmütig und könnten niemanden lange leiden sehen. «Behandlung war erst massiv; dann milderte sie sich u endete zuletzt in entschied. Höflichkeit. Erst wollte man mich steinigen, u jetzt bin ich ziemlich populär.»[45] Am 10. Februar 1836 wurde er entlassen, nach kaum zwei Monaten. Büchner wunderte sich.[46]

Mehr ein Studentenulk als eine echte Bedrohung war der Karzer der Universität Gießen. Nur selten waren dort so ernste Fälle wie Carl Minnigerode, der ja auch bald nach Friedberg verlegt wurde. Alexander Büchner erzählt farbig und aus eigener Anschauung vom Speicher eines fünfstöckigen, das Diszipel benannten Gebäudes, in dem sich zehn sehr enge Mansarden befanden, «welche jede nur mit einem Stuhl, einem Tisch, einem Bett und einem Menschen möbliert waren». Das Bett ließ sich hochklappen und in einen Schrank einschließen, «was seitens des Karzerdieners jeden Morgen geschah, damit auch der Stuhl zu seinem Rechte kommen möge». Das Einschmuggeln von Spirituosen, Tabak und leichter Lektüre war immer möglich, auch wurde gelegentlich des Nachts an langer Leine ein Stiefel herabgelassen und von Freunden mit belebenden Substanzen gefüllt. «Drei Tage ließen sich dort zur Not aushalten; was darüber ging, war vom Übel.» Besonders ungemütlich waren die Hitze, die Kälte und die Langeweile. Alexander Büchner erzählt, wie er sich die Aufgabe gestellt hatte, jeden Vormittag und jeden Nachmittag hundert Fliegen zu fangen. Wenn es Randale gegeben hatte und der Universitätsrichter vielen Delinquenten viele Wochen Karzer aufgebrummt hatte, mußte man manchmal Schlange stehen, um noch vor Semesterende hineinzukommen.[47]

Mehr oder weniger viel Ahnung und Anschauung von diversen Haftanstalten brachte Georg Büchner mit, als er *Danton's Tod* schrieb, mehr oder weniger große Ängste. Im Drama wird die humorige Knast- und Ausbrecherromantik ausgespart; Auswege gibt es nicht; die Ängste werden Wirklichkeit; die Eingekerkerten müssen sterben. Festgehalten werden sie in alten Schlössern, so wie Wilhelm Schulz. Der «Saal mit Gefangnen» am Anfang des dritten Akts befindet sich im «Luxemburg», also hochfeudal im Pariser Schloß, dem Palais du Luxembourg. Die Conciergerie, wo Danton und seine Freunde danach untergebracht werden, gehört zum Palais de la cité, dem einstigen mittelalterlichen Königsschloß auf der Île de Paris und beherbergte 1794 die Revolutionsgerichtsbarkeit. Die Fenster gingen zur Straße hinaus. Deshalb kann Lucile, als ihr Mann hinter einem Fenster erscheint, ihn und das Gefängnis ansprechen wie eine versteinerte und vergitterte Person: «Höre Camille, du machst mich lachen mit dem langen Steinrock und der eisernen Maske vor dem Gesicht, kannst du dich nicht bücken?»[48]

Fliehen, Flüchtling

Danton will nicht fliehen. Er ist heimatverbunden. «Nimmt man das Vaterland an den Schuhsohlen mit?»[49] Auch Georg Büchner hatte ein Vaterland, aber die Flucht fiel ihm leichter, da sie ihn zwar vom Vaterland trennte, aber mit der Braut vereinigte. Danton flieht nicht, er stirbt lieber. Sein Fluchtversuch scheitert nicht an äußeren, sondern an inneren Hindernissen, von seiner Seele her. Der Tod, hat man ihm erzählt, mache einen das Gedächtnis verlieren. Das erscheint ihm höchst wünschenswert, denn das Gedächtnis ist eine böse Sache, es erinnert ihn immer wieder an die Toten des September 1792, die er auf dem Gewissen hat. Warum also fliehen? Er liefe ja dann, um einen Feind, sein Gedächtnis nämlich, zu retten! Er kehrt also um, denn nicht das Leben, sondern das Grab gibt ihm Sicherheit.[50] Er kehrt um wie Friedrich Ludwig Weidig, der schon auf dem Weg nach Zürich war, Anfang April 1835, als er sich entschloß, umzukehren und standzuhalten, was aus der gewöhnlichen Optik gesehen ein Fehler war, denn am 24. April 1835 wurde er verhaftet. Weidig flieht nicht und Danton flieht nicht, anders als Georg Büchner, der sich ebenfalls schuldig fühlt (an der Verhaftung Minnigerodes), aber am Leben hängt und flieht. Der Tod sollte ihn einholen, als die Flucht längst gelungen schien.

Danton's Tod entstand im Winter 1834/35 in Darmstadt, wo Büchner sich «auf Wunsch seines Vaters»[51] aufhielt, in einem Klima von Angst, Fluchtbereitschaft und Verfolgung, nach Büchners eigenem Zeugnis «in höchstens fünf Wochen»,[52] in zwei Januar- und drei Februarwochen 1835. Davor lagen drei bis vier Monate des Studierens, Exzerpierens und Entwerfens. Georg war, wenn man Ludwig Büchners Erinnerung glauben darf, ungeheuer angespannt, denn der Vater sollte nichts wissen und die Polizei hatte ihn im Visier. «Die fortwährende Angst vor Verhaftung, verbunden mit der angestrengtesten Arbeit an ‹Danton›, hatten ihn in der letzten Zeit seines Darmstädter Aufenthalts in eine unbeschreibliche geistige Aufregung versetzt; er sprach selten, aß wenig und zeigte immer eine verstörte und stiere Miene.»[53] Ihm brennt der Hut. Er versteckt sich im eigenen Haus. Als er schrieb, stand noch nicht fest, daß man ihn nicht erwischen würde. Die Angst und die Anspannung teilten sich dem Werk mit, wie Karl Gutzkow zu bemerken glaubt: «Die Scenen, die Worte folgten sich rapid und stürmend. Es war die ängstliche Sprache eines Verfolgten, der schnell noch etwas abzumachen und dann sein Heil in der Flucht zu suchen hat.»[54] Im März 1835 hatte Büchner das rettende Straßburg erreicht.

Ein Flüchtling, das war damals wie heute etwas Verrufenes und zugleich Auserwähltes. Das Wort mit seinem -ling hatte etwas Er-

niedrigendes, als sei man irgendeiner Sache unterworfen und an sie
gekettet; als sei man Objekt, nicht Subjekt; klanglich lag es nahe bei
«Fluch», wortschatzmäßig bei Sträfling, Zögling und Häftling, bei
Hänfling und Höfling, bei Jüngling, Rohling, Neuling, Witzling,
Lehrling oder Lüstling – alles irgendwie abschätzig. Dabei waren die
Flüchtlinge die Besseren. Jede Verstoßung ist auch eine Erwählung,
jedes Opfer hat auch seinen Stolz. Selbstbewußt schreibt Georg 1836
an die Eltern: «Uebrigens sind wir Flüchtigen und Verhafteten gerade
nicht die Unwissendsten, Einfältigsten oder Liederlichsten! Ich sage
nicht zuviel, daß bis jetzt die besten Schüler des Gymnasiums und die
fleißigsten und unterrichtetsten Studenten dieß Schicksal getroffen
hat [...]. Es ist doch im Ganzen ein armseeliges, junges Geschlecht,
was eben in Darmstadt herumläuft und sich ein Aemtchen zu erkrie-
chen sucht!»⁵⁵

Er kann sich bei den französischen und schweizerischen Behörden
relativ rasch Ansehen verschaffen. «Im October 1835 erhielt Büchner
durch besondere Vergünstigung eine französische Sicherheits-
karte, die ihn aller Chikanen überhob, welche damals gegen die
Refügies in Folge auswärtiger Noten im Schwange waren.»⁵⁶ In der
Schweiz lief das (auch von deutschen Spitzeln lancierte) Gerücht
um, die Flüchtlinge planten einen bewaffneten Ausfall nach Deutschland. Es gab einige Ausweisungen. Georg Büchner versichert seinen
Eltern im August 1836 von Straßburg aus, daß er «mit den Narren in
der Schweiz» in keinerlei Verbindung stehe, und daß er, als er sich
diesbezüglich auszuweisen hatte, glanzvoll bestanden habe: «Ich gab
dem Polizeycommissär mein Diplom als Mitglied der Société
d'histoire naturelle nebst einem von den Professoren mir ausgestell-
ten Zeugnisse. Der Präfect war damit außerordentlich zufrieden,
und man sagte mir, daß ich namentlich ganz ruhig seyn könne.»
Auch in Zürich bescheinigt ihm der Polizeirat im September 1836,
daß «keine Hinderniße obwalten dem genannten Büchner in seiner
Eigenschaft als politischer Flüchtling [...] den Aufenthalt in hiesigem
Kanton zu gestatten», und daß er «in keine der dermal gegen politische Flüchtlinge obwaltenden Untersuchungen implicirt sey».⁵⁷

Wie Pallas Athene aus dem Haupt des Zeus

Danton's Tod ist kein Anfängerstück. Es ist vielmehr vollkommen und aus einem Guß, fertig entsprungen wie Pallas Athene aus dem Haupte des Zeus. «Es ist Alles ganz, fertig, abgerundet.» (Karl Gutzkow 1835)[58] Wie war das möglich? Er war doch noch so jung! Wie kam das, daß er schon mit einundzwanzig Jahren der Welt und der Kunst gerecht zu werden vermochte? «Es gibt, meint Goethe, für jeden Menschen die Stunde, da er ‹vertrieben wird aus dem Paradies der warmen Gefühle, um ein Mann zu sein und im Werke ein neues geistiges Paradies zu finden.›»[59] Diese Stunde war hier der Herbst 1834. Der junge Student war vertrieben worden aus dem warmen, aber illusionären Gefühl, das Rad der Geschichte mit einem Flugblatt drehen zu können. Er war ein Mann geworden und fand nun im Werk ein neues geistiges Paradies. Er hatte genug erlebt, um das Leben zu verstehen. Wie sein Zeitgenosse August von Platen suchte er die Welt nun von sich wegzuhalten, um sie zu erkennen, vom Leben enttäuscht und auf der Suche nach der Heilkraft der Kunst:

> Erlitten hat das bange Herz
> Begier und Furcht und Grau'n,
> Erlitten hat es seinen Teil von Schmerz,
> Und in das Leben setzt es kein Vertrau'n;
> Ihm werde die gewaltige Natur
> Zum Mittel nur,
> Aus eigener Kraft sich eine Welt zu baun.[60]

Die kleine deutsche Revolution, an der er teilgenommen hatte, wurde ihm zum Symbol für die große französische, die sich aus ihr hochrechnen ließ. Sein kleines Leben wurde ihm zum Paradigma des Lebens überhaupt. Georg Büchner gehört zu den frühvollendeten Autoren, die nur einen Wimpernschlag lebendig gefaßt haben müssen, um daraus zielsicher eine ganze Person zu erschaffen. Das hat mit Jugend oder Alter wenig zu schaffen. Es gibt Umstände, da wissen die Jungen mehr als die Alten. Sie haben dann auch weniger Hemmungen, es auszudrücken, und greifen, was das handwerkliche Können betrifft, blindlings nach dem Richtigen. Das Talent war plötzlich da wie ein Blitz, als Georg unter dem Gießenschock in Darmstadt von Straßburg träumte. Daß er von Angst getrieben war, bedeutete nicht Fremdbestimmung. Vielmehr hat ihn die Angst zu sich selbst getrieben, dazu, daß alle dem Werk entgegenstehenden Hemmungen fielen. Die äußere Hast hat einen inneren Rausch ausgelöst. Auf die Begrenztheit von außen antwortet er mit innerer Grenzenlosigkeit. Seine Kammer ist düster, aber in seinem Inneren brennt ein Licht, das ihm glückliche Nächte beschert. Der Verzweiflung nach draußen verdankt er ein inneres Glück, ohne das sie nicht auszuhalten gewesen wäre, eine begeisternde Freiheit, ein Wegfallen aller Sorgfaltspflichten, aller Ansprüche, die sonst mit dem ehrgeizigen Wort «Kunst» verbunden sind. Er wollte nicht «Kunst» anfertigen, sondern aus der Fülle seines jungen Ichs sein Bestes geben. Es mußte rasch gehen, daher wollte er nehmen, was sich bot, ohne Verse daraus zu machen, wollte fließen lassen, nicht «gestalten». Er las und träumte und sah, was sich dabei bildete. Pallas Athene nahm den Flüchtling freundlich bei der Hand und gab ihm Geborgenheit im Werk. Die Panik hat die Persönlichkeitsentwicklung pistolenschußartig beschleunigt. Sie hat die letzten Hindernisse der Ichfindung beiseitegeräumt.

Denn mit dem Revolutionsdrama ist dieses Ich plötzlich ganz da. *Danton's Tod* zeigt nichts Erlerntes und Erlesenes, nichts Gewolltes und Geklügeltes, sondern die rauschende Geburt eines Genies, das seinen Stil gefunden hat. Selbstverwirklichung ist selten, damals wie heute. Die meisten Menschen bleiben fremdbestimmt, ahmen Vorbilder nach, ohne es zu wissen, spielen die Rollen vermeintlicher Selbstverwirklicher nach. Es ist durchaus schwer, sein Ich zu finden. Es kann Jahrzehnte dauern oder gelingt nie. Bei Büchner ging es schnell, weil sein Schicksal in rascher Folge die entscheidenden Weichen so stellte, daß ihm kein Ausweg mehr blieb als der des Genies. Nicht im *Hessischen Landboten*, erst in *Danton's Tod* war er das erste Mal ganz bei sich.

Georg Büchner in Georg Danton gespiegelt

Eine konsequent autobiographische Leseweise gibt einiges her. Ein Blick auf die Handschrift zeigt sogleich, daß Büchner seinem Danton nachträglich den eigenen Vornamen gegeben hat: «Georg» nämlich.[61] Georg Danton «ist» Georg Büchner, das Idol, an dem Büchner sich ausrichtete, eine Personifikation, in der Büchners Wünsche, Ängste und Hoffnungen Gestalt werden. Warum wählte Büchner den Danton-Stoff? Um sein kleines Schicksal in einem großen zu spiegeln, um seine Enttäuschung von der Revolution als Ausprägung einer weltgeschichtlichen Enttäuschung zu erkennen, um mit seiner Schuld fertig zu werden, indem er einen schuldig Gewordenen mit seinem Gewissen ringen ließ, um seine Angst zu besiegen, indem er sich einen Mutigen vorstellte, der gelassen in den Tod ging. Immer dann, wenn er sich klein und lächerlich vorkam (als oberhessischer Flugschriftenschreiber im Vergleich mit der großen Französischen Revolution), wechselte er in die Danton-Rolle. Danton verhalf ihm zu einem tragischen Größenselbst. Büchner war in seinem privaten Umfeld, interniert im Vaterhaus, zum Schweigen verurteilt, konnte aber nicht schweigen. Er mußte reden, auf irgendeine Weise, es hätte ihn sonst zerrissen. Er suchte und fand Maske und Mund in Danton. Indem er dessen historisch belegte Worte verwendete und um eigene ergänzte, vermochte er seiner Melancholie eine Stimme zu geben. Er wählte nicht Robespierre, er wählte Danton zu seinem Helden. Er läßt ihn sagen: «Ich weiß wohl, – die Revolution ist wie Saturn, sie frißt ihre eignen Kinder.»[62] Daraus spricht Büchners Angst davor, die durch den *Landboten* angestoßene Ereigniskette nicht mehr beherrschen zu können. «Doch, sie werden's nicht wagen», setzt Danton nach einigem Besinnen dazu. Auch das ist eine Hoffnung Büchners, der auf seine Stellung als Angehöriger der besseren Kreise vertraute, die ihn vor einem Zugriff der Staatsmacht schützen würde. Seine Angst war berechtigter als seine Hoffnung – genau wie bei Danton.

Er war in der Landboten-Zeit als Robespierre angetreten und hatte den Danton in sich doktrinär erstickt. Er war als Linksradikaler angetreten, dem die Theorie über das Leben ging, und hatte

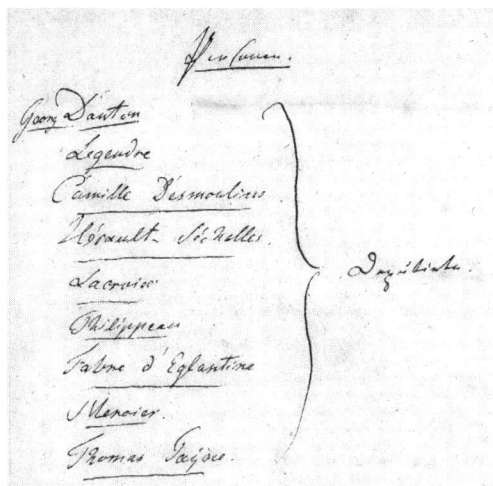

«Georg» Danton im
Personenverzeichnis
der Handschrift

nun den Gemäßigten in sich entdeckt, dem die individuelle Menschlichkeit wichtiger war als die Weltverbesserung. Er hatte Schuld auf
sich genommen, das Gewissen schlug ihm, niemandem konnte er
das sagen, nur im Werk war dafür Platz. In der postrevolutionären
Darmstädter Depression erwies sich das Danton-Element als das
entscheidende. Mit ihm konnte er sein Leben deuten, mit Robespierres blutigem Konsequenzverlangen nicht.

Es ist ein Element, das Lebenslust und Lebensfreude will. Georg
Büchner schaudert wie Georg Danton vor dem Terror der «Tugend».
Er will Raum für die Triebe und das Lachen, für die köstliche Anarchie der Gefühle und für die Freiheit, sich dem Moment hinzuge-
ben. Danton ist ein Philosoph des Lebens. Ein Streiflicht erfaßt ihn
im Vorbeigehen auf der Promenade, wo Bürger und Bettler, Soldaten und Huren ihre unterschiedlichen Konsequenzen aus der Revolution ziehen. Was trägt? In Dantons Blick ist es der Geschlechtstrieb. «Ich wittre was in der Atmosphäre; es ist, als brüte die Sonne
Unzucht aus.»[63]

Wir versetzen uns weiter in den jungen Büchner im Darmstädter
Stubenarrest. Die Dinge der Liebe rumoren in ihm. Seine Braut hat
er vor nicht allzu langer Zeit gesehen, als sie Darmstadt im September 1834 einen Besuch abstattete.[64] Er hat damals mit ihr Ludwig
Tiecks Romanfragment *Der Aufruhr in den Cevennen* (1826) ge-

lesen, eine wilde Geschichte aus den Hugenottenkriegen, in der wie in *Danton's Tod* doktrinäre Parteilichkeit und Menschlichkeit in Konflikt geraten. Aber mit Minna konnte er über vieles nicht reden. Auch *über* Minna konnte er mit niemandem reden, konnte nicht eingestehen, daß ihre Liebe ihn manchmal bedrückte. Das Unausgesprochene, Unaussprechliche fließt ins Werk. Dort herrscht Freiheit. Danton ist ein liebender Ehemann und zugleich ein erotischer Libertin. Es mochte sein, daß Büchners Begehren schweifend war wie dasjenige seines Danton, daß er sich aber trotzdem seine Verlobte so fest wünschte wie Dantons Julie, die ihrem flatterhaften Ehemann unbeirrt in den Tod folgt. Es mochte sein, daß er sich nicht nur nach Minna sehnte, sondern auch nach einem gefallenen Engel in einem Straßburger Bordell.

Übersteiglicher schien die Mauer des Schweigens in Sachen Religion und Religionskritik. Darüber konnte er in einem aufgeklärten Haus schon reden. Obgleich er sich nicht beliebt machte, wenn er in Anwesenheit der jüngeren Geschwister, die noch schulpflichtig waren, seine Glaubenszweifel allzu laut zu erkennen gab oder gar einen militanten Atheismus und Nihilismus predigte. Im Kreise der Straßburger Theologenfreunde und ein bißchen auch noch in Gießen hatte es lebendige Religionsdebatten gegeben. In Darmstadt gab es die kaum. In der Einsamkeit seiner Darmstädter Stube ließ Büchner die Straßburger Studentengespräche wieder aufleben und verteilte sie auf die Insassen der Conciergerie – auf klassische Aufklärer wie Thomas Payne und Louis-Sébastien Mercier, den gläubigen Philippeau, den agnostischen Camille Desmoulins und den mit Atheismus und Nihilismus liebäugelnden Danton. Den revolutionsoffiziellen Kult des höchsten Wesens vertrat keiner. Zum Fest des höchsten Wesens am 8. Juni 1794 würde Robespierre erscheinen, «einen Blumenstrauß mit Kornähren vermischt in der Hand haltend», aber man würde schon zischeln: «Noch gibt es Brutusse.»[65] Um dem Schafott zu entrinnen, hatte Robespierre sich zu erschießen versucht, aber nur seine Kinnlade zerschmettert. Mitleidlos verhöhnte man ihn. «Während Robespierre Ströme von Blut verlor, näherte sich ihm ein Bürger mit den Worten: ‹Es gibt ein höchstes Wesen!›»[66] Auch *Robespierres Tod* hätte ein starkes Drama ergeben.

Der Schreibprozeß

Was genau geschah eigentlich im Winter 1834/35, als Büchner unter Anleitung seines Vaters tagsüber anatomische Vorlesungen hielt[67] und abends oder nachts beim Schein einer Argandschen Lampe aus dem Stand ein Stück Weltliteratur hinwarf? Wir haben keine Entwürfe, keine Exzerpte, keine Notizen, die uns helfen könnten, den Entstehungsprozeß zu rekonstruieren, wir haben nur das fertige Werk, das wir nach Spuren seiner Entstehung absuchen müssen; wir können ferner eine Autorpsychologie, eine ungefähre Chronologie und das von der Büchner-Forschung entwickelte präzise Wissen um die Überlieferung und die Quellen einbringen.[68] Mit diesen Hilfsmitteln versehen stellen wir uns Büchner im Herbst 1834 vor, wie in ihm das Bedürfnis, die Erfahrung mit dem *Hessischen Landboten* zu verarbeiten, immer drängender wird.

Danton's Tod wurde «in höchstens fünf Wochen» geschrieben.[69] Am 21. Februar war das Stück fertig, also muß Büchner Mitte Januar angefangen haben. Die Niederschrift, die erhalten ist, ist entweder als Reinschrift zu betrachten[70] oder als Vorlage für eine Reinschrift.[71] Jedenfalls zeigt sie noch viele Arbeitsspuren, vor allem geschickte Streichungen, die erkennen lassen, wie Büchner den Text in einem letzten Schritt feingeschliffen hat. Er hatte es eilig. Vielleicht blieb keine Zeit, das Ganze noch einmal sauber abzuschreiben oder abschreiben zu lassen. Er schickte die Reinschrift oder was ihm als solche dienlich schien am 21. Februar 1835 an den Frankfurter Verleger Johann David Sauerländer,[72] der das Stück auf Karl Gutzkows Empfehlung hin sogleich zum Druck annahm. Noch bevor am 7. März die vereinbarten hundert Gulden Honorar eintrafen, machte Büchner sich auf den Weg nach Straßburg.

Im Druck umfaßt das Stück heute in der Regel etwa achtzig Seiten. Büchner hätte also, nimmt man die genannten «fünf Wochen» als Maßstab, täglich (oder nächtlich) mehr als zwei druckfertige Seiten zu schreiben gehabt. Das ist möglich, setzt aber Vorarbeiten voraus, die in den fünf Wochen nicht mitgerechnet waren – Studien, Exzerpte, Entwürfe, Notizen, die wahrscheinlich auch schon fertige Szenen, Szenenteile und Szenenfolgen enthalten haben.[73] Büchner war seit September 1834 in Darmstadt. Die Arbeit an seinem Drama hat in dieser Zeit begonnen. Für die Vorarbeiten gibt es datierte Belege. Zwischen dem 1. und dem 19. Oktober 1834 hat er aus der Hofbibliothek nachweislich einige Werke zur Französischen Revolution ausgeliehen, weitere zwischen dem 17. und dem 24. Dezember.[74] Er entlieh die Bücher immer nur für wenige Tage und hat wahrscheinlich keine systematischen Studien betrieben, sondern nur das eine oder andere Exzerpt angelegt, die eine oder andere Detailfrage geklärt. Die Lektürefrüchte der Dezemberausleihen wurden wahrscheinlich in bereits bestehende Entwürfe eingetragen.[75] Unter den Oktoberausleihen ist die *Histoire de la Révolution Française* von Adolphe Thiers die wichtigste.[76] Dort hat Büchner eine gute Übersicht gefunden und sich viele brauchbare Stellen in eigener Übersetzung notiert.

Die Hauptquelle hatte er zu Hause. Der Vater hatte *Unsere Zeit* abonniert, eine historische Zeitschrift, die, gestützt von vielen Dokumenten, eine *geschichtliche Übersicht der merkwürdigsten Ereignisse von 1789–1830* (so im Untertitel) versprach, erarbeitet *nach den vorzüglichsten französischen, englischen und deutschen Werken* von einem *ehemaligen Officier der kaiserlich-französischen Armee.* Der Verfasser, ein journalistisch geschickter Vielschreiber, nannte sich pseudonym Carl Strahlheim, hieß aber eigentlich Johann Konrad Friederich. *Unsere Zeit* gibt der Geschichte der Französischen Revolution sehr viel Raum und bereitet sie spannend auf. Zwischen 1826 und 1830 erschienen 120 Hefte, die noch um Sonderhefte ergänzt wurden. Die einzelnen Hefte waren normalerweise acht Bogen stark (128 Seiten). Büchner hatte also ein erhebliches Informationsvolumen zur Verfügung. Allein die Zeit von 1789 bis 1794 füllte fünfzig Hefte. Auf diese richtete sich in erster Linie Büchners suchender Blick. Aus der allgemeinen Idee, die oberhessischen Unruhen in der Französischen Revolution zu spiegeln, entstand, den Fokus immer enger stellend, an einem gesegneten Tag die Erkenntnis, welches der richtige Ausschnitt war: die zwölf Tage vom 24. März bis zum 5. April 1794. Sie füllen die Hefte 45 bis 47 und setzen die letzten Tage Dantons und der Dantonisten in Szene.[77]

Welche Interessen führten Büchner die Schere? Was konnte das Raster passieren, das halb bewußt, halb unbewußt die Materien filterte, und was nicht? Warum gerade diese zwölf Tage? Vorausgegangen ist die Radikalisierung der Revolution, die trichterförmig den Kreis der Korrekten immer kleiner werden ließ. Der Adel war vertrieben, die Geistlichkeit entmachtet, der König entthront, als 1792 Gefahr von außen drohte, ein großes preußisch-österreichisches Heer auf Paris zu marschierte und Danton als Justizminister der gerade erst gegründeten Republik, um den inneren Spannungen ein Ventil zu geben und Sicherheit im Rücken zu haben, die Septembermorde zu verantworten hatte mit über zwölfhundert in den Pariser Gefängnissen von den Volksmassen barbarisch Gelynchten. Es folgten in der Kette der Ereignisse die Hinrichtung des Königs am 21. Januar 1793, der Aufstieg Robespierres im Sommer 1793 und die Herrschaft der Jakobiner (zu denen auch Danton zählte), dann die Hinrichtung der führenden Girondisten (also der bürgerlich-liberalen Revolutionsanhänger) am 30. Oktober 1793 und schließlich die Hinrichtung der Hébertisten (also der ultralinken, anarchistischen Fraktion) am 24. März 1794 – dem Tag, mit dem das Drama einsetzt. Die Hinrichtung der Dantonisten wird die nächste Aktion sein. Nach ihr wird Robespierre für kurze Zeit den Konvent und den Wohlfahrtsausschuß beinahe diktatorisch beherrschen, bis am 10. Thermidor (dem 28. Juli) 1794 auch er mit seinen Anhängern guillotiniert werden wird. Der «Thermidor» – der Hochsommermonat des republikanischen Kalenders – markiert eine große Wende, von der an sich allmählich die bürgerlichen Kräfte wieder durchsetzen, bis sie und ihr fünfköpfiges Direktorium die Macht an Napoleon verlieren. Durch den Staatsstreich vom 18. Brumaire des Jahres VIII der Republik (9. November 1799) entmachtet dieser das Direktorium und wird zum Alleinherrscher. Endgültig geht die Erste Republik unter mit seiner Selbstkrönung zum Kaiser der Franzosen am 2. Dezember 1804.

Aus dieser Ereigniskette schneidet Büchner das Schicksal eines radikalen Revolutionärs heraus, der anfangs ein energischer Täter war, jetzt aber angesichts der schauerlichen Bluttaten die Revolution beenden möchte. Das Heft des Handelns entgleitet ihm, er wird in den Tod gerissen. Büchner wählt nicht Robespierre als Mitte des Geschehens, obgleich *Unsere Zeit* reichliches und farbiges Material geboten hätte, sondern Danton. Er folgt damit den Wertungen Carl

Strahlheims, für den Robespierre ein Doktrinär, Danton aber ein Gemäßigter war. Robespierre erscheint als eine zwiespältige Figur, die Gutes will und Böses schafft, Danton aber als tragischer Held. Robespierre, so heißt es im 47. Heft von *Unsere Zeit*, habe die Tugend zur Stifterin einer besseren Ordnung erheben zu können gewähnt. «Dieser Irrthum war die Quelle seiner Grausamkeit; denn unwidersprechlich beweisen alle seine Handlungen und Reden, daß er das Gute wollte.» Er blieb seinen Grundsätzen treu, bis sie ihn ins Verderben stürzten. Sein «Freiheitsfanatismus» habe ihn an die Spitze eines großen Staates gestellt; «auf dem höchsten Standorte, den die Gesellschaft anweisen kann», wurde er jedoch zum Barbaren,[78] der jede Freiheit wurzeltief ausrottete. Danton hingegen wird zur Lichtfigur. Er «wollte», so schreibt Strahlheim mit gläubiger Inbrunst, «das seinem Vaterlande zugefügte Uebel durch eine dem ganzen menschlichen Geschlechte erwiesene unermeßliche Wohlthat vergüten, unter einer, mit großer Weisheit angeordneten Demokratie den Unsinn und das Elend der Ohnehoserei ersticken, die Revolution durch eine republikanische Regierung beendigen, welche mächtig genug wäre, einer Verbindung der Freiheit und Ordnung ewige Dauer zu geben.»[79] Büchner fand in den beiden Figuren den «gräßlichen Fatalismus der Geschichte»[80] wieder, der ihn bedrückte, weil beim Versuch, eine Gesellschaft der Freien und Gleichen herzustellen, so viel fürchterliches Unheil entstanden war. Am Anfang hatte Robespierre noch geschwärmt, das französische Volk scheine die übrige Menschheit um zweitausend Jahre vorwärts gebracht zu haben,[81] das Ende erlebte er als tragischer Chef einer gewalttätigen Junta, die ihn selbst verschlang.

Der suchende Blick des jungen Autors war zunächst traditionell gerastert. Er wollte eine Tragödie schreiben. Das hieß, daß er nach dem klassischen aristotelischen Muster, das er von Schillers Dramen und aus dem Darmstädter Theater kannte, zwei Parteien brauchte, die in der Exposition vorgestellt und über eine steigende Handlung zu einem Höhepunkt geführt werden mußten, also zu einer Konfrontation, bei der es zu keiner Einigung kommen durfte, woraufhin eine fallende Handlung einzusetzen hatte, die mit einer Katastrophe, nämlich dem Tod des Protagonisten enden mußte. *Unsere Zeit* bot alles Erforderliche, um ein solches Drama zwi-

schen Robespierre und Danton in Szene zu setzen. In der Exposition werden die Personen und Themen vorgestellt, Danton und
die Seinen sieht man spielen und diskutieren, die Revolution zei-
tigt ihre Folgen auf der Straße und im Bordell (1. Akt). Die steigende Handlung startet mit der Drohung Robespierres und dem
«Sie werden's nicht wagen» Dantons (1. und 2. Akt). Den Höhepunkt bilden die Zweikämpfe beider persönlich und im National-
konvent (1. und 2. Akt). Die fallende Handlung beginnt mit Dantons Umkehr auf der Flucht (einer typischen Peripetie) und der
Verhaftung der Dantonisten (2. und 3. Akt). Die Katastrophe
besteht in der Hinrichtung und ihrer seelischen Verarbeitung in
den Gefängnisszenen (3. und 4. Akt). Die Aktgrenzen sind nicht
pedantisch-schulmäßig beschaffen, wie überhaupt Büchner nicht
nach einer Theorie verfuhr, sondern nach dem inneren Wissen, das
ihm von Theaterbesuchen und Dramenlektüre geblieben war.

Ein Tragödienstoff muß nach den alten Stiltrennungsregeln so
beschaffen sein, daß ein extrem hoher Druck aufgebaut wird, indem
an einem bedeutenden Ort bedeutendes Personal unter bedeutenden Umständen in hoher Stillage in kürzester Zeit in eine tödliche
Konfrontation genötigt wird. Alles trifft auf *Danton's Tod* zu, freilich mit Modifikationen, die sich auch als Elemente von Stilmischung begreifen lassen. Ort (Paris) und Umstände (Revolution)
sind bedeutend. Das Personal ist zwar bürgerlich, aber es handelt
sich um große Täter der Geschichte, die vom Rang her einen Vergleich mit Tragödienhelden (-heldinnen) wie Maria Stuart, Wallenstein oder Philipp II. von Spanien schon aushalten. Das hohe Vers-
Pathos der klassischen Tragödien wird hier durch das grandiose
Prosa-Pathos der revolutionären Reden ersetzt, die Büchner zum
großen Teil wörtlich in *Unsere Zeit* fand, zu einem anderen Teil
nachstellte. Er mischt dabei das Tragische mit dem Komischen, das
Hohe mit dem Niedrigen, das Erhabene mit dem Obszönen und
Grotesken, wie es Victor Hugo in der *Préface de Cromwell* gefordert
hatte. Auf den Blankvers zu verzichten war ein genialer Griff, der
vielleicht zuerst aus Hast und Sorglosigkeit getan, dann aber in seiner Chance erkannt wurde. Von da an war es nur noch ein kleiner
Schritt zum Montageprinzip. Das bedeutete, die Quellen nicht
mehr so wie Schiller einzuschleifen und einzuschmelzen, so daß sie

unsichtbar wurden, sondern sie unverändert einzubauen und die so entstehende Authentizität als neuen ästhetischen Reiz zu erkennen. Büchner wollte die Aura der unverformten und unverfälschten «Wirklichkeit». Er wollte nicht «Kunst», sondern zeigen, wie es war. Der dramatische Dichter sei nichts als ein Geschichtsschreiber; seine höchste Aufgabe sei es, «der Geschichte, wie sie sich wirklich begeben, so nahe als möglich zu kommen.»[82] Freilich geht das nicht. Jedwede Art Geschichtsschreibung strukturiert, selektiert und imaginiert. Büchner bleibt ja auch nicht bei den gefundenen Quellen, sondern ergänzt sie um erfundene Szenen. Es zeigt sich ein Muster: Das politische Geschehen wird weitgehend aus Quellen montiert, erfunden sind hingegen fast alle Szenen, in denen es um die Liebe und die Frauen, die Religion und den Tod geht. Erfunden ist die Romantisierung der Revolution. So dürfen Franzosen deutsche Volkslieder singen – die Henker singen rheinhessisch vom Bordell («Kerl wo bleibst so lang bei de Menscher?»)[83], die Opfer singen romantisch vom Tod. Der Theaterbesucher summt auf dem Heimweg *Es ist ein Schnitter, der heißt Tod* – das Lied aus der letzten Szene, in der Lucile sich der Guillotine ausliefert. Ein deutsches Volkslied markiert die Stimmung, die übrigbleibt.

Das Ausfüllen der nicht durch Dokumente gesicherten Lücken war die schwierigste Phase im Entstehungsprozeß. Um Büchners Person im Werk aufzufinden, fragen wir deshalb einerseits nach seinem Auswahlverhalten (was hat er ausgeschnitten und was nicht), andererseits nach dem Dazuergänzten und Dazuerfundenen, der Hypothese folgend, daß alles, wofür keine schriftlichen Quellen nachgewiesen werden können, aus seinem Inneren kommen muß und etwas über dieses Innere verrät. Erst ging sein Suchnetz durch die Quellen, dann vervollständigte seine Imagination das Gefundene.

Gewalt und Gewissen

War Büchner ein Terrorist? War er persönlich gewaltbereit? Hätte er einen Soldaten, Polizisten oder Gefangenenwärter erschießen können? «Die Mitglieder übten sich sehr eifrig in den

Waffen und hatten bedeutende Schießvorräte verborgen», schreibt Ludwig Büchner 1850 über die kurzlebige Darmstädter Sektion der «Gesellschaft der Menschenrechte».[84] Offenbar gab es im nachmärzlichen Darmstadt Revolutionsromantiker, die solche Erinnerungen kultivierten. Der in der Zeit, von der er redet, zehnjährige Ludwig macht sich zu ihrem Transporteur. Er ist der frühe Hauptverantwortliche für Büchners Stilisierung zum revolutionären Aktivisten. Seine Äußerung, daß sein Bruder Georg eine «Erklärung der Menschenrechte» verfaßt habe, die «damals als Programm der vorgeschrittensten Fraktion der revolutionären Partei gelten konnte»,[85] hat viele Büchner-Interpreten beeindruckt. «Vorgeschrittenst» wurde dann als «gewaltbereit» verstanden. Freilich hat sich von dieser «Erklärung» keine Spur erhalten. Von einer lebhaften revolutionären Agitation Georg Büchners nach dem Sommer 1834 wissen die Gerichtsakten nichts. Sie besagen im Gegenteil ausdrücklich, daß Georg nach der Erfahrung mit dem *Landboten* «alle seine politischen Hoffnungen in Bezug auf ein Anderswerden» aufgegeben hatte.[86] An der zweiten Auflage der Flugschrift im Herbst 1834 war er nicht mehr beteiligt. Statt dessen schrieb er *Danton's Tod*. Seine Antwort ist eine künstlerische. Im Medium der Kunst reflektiert Büchner die politischen und die ethischen, die religiösen, die erotischen und die ästhetischen Fragen, die der *Landbote* hinterlassen hatte. Ein besonderer Akzent lag dabei auf der Frage nach der Gewalt.

Die revolutionäre Gewalt faszinierte ihn, aber sie überzeugte ihn nicht. Er erinnerte sich, wie er einst im Dezember 1831 mit einer Masse Straßburger Studenten johlend die Staatsmacht über den Haufen gerannt hatte, um einen polnischen Freiheitskämpfer zu feiern. Den Eltern hatte er damals erzählt, wie sie durch das Tor ziehen wollten, der Offizier aber die Wache unter das Gewehr treten ließ, um den Durchgang zu verwehren. «Doch wir brachen mit Gewalt durch und stellten uns drei- bis vierhundert Mann stark an der großen Rheinbrücke auf.» Das hört sich imposant an. Auf die große Tat folgte allerdings nichts Besonderes. Die Staatsmacht hielt sich zurück. Das Ganze endete pathetisch und theatralisch als revolutionärer Klamauk, und es gehört zu Büchners Größe, daß er das schon als Achtzehnjähriger durchschaute:

> Endlich erschien Ramorino, begleitet von einer Menge Reiter; ein
> Student hält eine Anrede, die er beantwortet, ebenso ein National-
> gardist. Die Nationalgarden umgeben den Wagen und ziehen ihn;
> wir stellen uns mit der Fahne an die Spitze des Zugs, dem ein gro-
> ßes Musikchor vormarschirt. So ziehen wir in die Stadt, begleitet
> von einer ungeheuren Volksmenge unter Absingung der Marseil-
> laise und der Carmagnole; überall erschallt der Ruf: Vive la liberté!
> vive Ramorino! à bas les ministres! à bas le juste milieu! Die Stadt
> selbst illuminirt, an den Fenstern schwenken die Damen ihre
> Tücher, und Ramorino wird im Triumph bis zum Gasthof ge-
> zogen, wo ihm unser Fahnenträger die Fahne mit dem Wunsch
> überreicht, daß diese Trauerfahne sich bald in Polens Freiheits-
> fahne verwandeln möge. Darauf erscheint Ramorino auf dem Bal-
> kon, dankt, man ruft Vivat! – und die Komödie ist fertig.[87]

Eine Komödie also. Es war ein sonderbares Gefühl gewesen
damals – mitzumachen und zugleich das Theatralische des Vorgangs
zu durchschauen. Schon damals war es ihm ähnlich ergangen wie
später beim *Landboten*. Er war zugleich dabei und nicht dabei, er
machte mit, aber sah sich selbst dabei zu, als wäre er in einem Film.
Durch die Schule der Romantik gegangen, erkannte er das romantische Element im revolutionären Gestus – der eben nur ein Gestus
war, keine Revolution. War er nicht manchmal mitten im hitzigsten
Streit über die Komik des revolutionären Gestikulierens gestolpert,
so daß er unvermittelt lachen mußte? Auch verstummte er oft, wenn
ihn keiner verstand; jäh erlosch das Feuer; manchmal graute ihm vor
den revolutionären Kinderstreichen. Gutzkow wird ihn warnen, blind
in Gewehre zu laufen, die keineswegs blind geladen seien.[88]
    Als freilich die Eltern Anfang April 1833 einen Brief über den
Frankfurter Wachensturm schreiben, bricht ein klares Bekenntnis zur
revolutionären Gewalt aus ihm heraus. Diese Gewalt hätte sich gegen
konstitutionelle Monarchien wie das Großherzogtum Hessen-Darmstadt zu richten, in denen die Volksrechte viel zu schwach seien:

> Meine Meinung ist die: Wenn in unserer Zeit etwas helfen soll, so ist
> es Gewalt. Wir wissen, was wir von unseren Fürsten zu erwarten
> haben. Alles, was sie bewilligten, wurde ihnen durch die Nothwen-
> digkeit abgezwungen. Und selbst das Bewilligte wurde uns hin-

geworfen, wie eine erbettelte Gnade und ein elendes Kinderspielzeug, um dem ewigen Maulaffen Volk seine zu eng geschnürte Wickelschnur vergessen zu machen. [...] Unsere Landstände sind eine Satyre auf die gesunde Vernunft, wir können noch ein Säculum damit herumziehen, und wenn wir die Resultate dann zusammennehmen, so hat das Volk die schönen Reden seiner Vertreter noch immer theurer bezahlt, als der römische Kaiser, der seinem Hofpoeten für zwei gebrochene Verse 20,000 Gulden geben ließ. Man wirft den jungen Leuten den Gebrauch der Gewalt vor. Sind wir denn aber nicht in einem ewigen Gewaltzustand? Weil wir im Kerker geboren und großgezogen sind, merken wir nicht mehr, daß wir im Loch stecken mit angeschmiedeten Händen und Füßen und einem Knebel im Munde. Was nennt Ihr denn gesetzlichen Zustand? Ein Gesetz, das die große Masse der Staatsbürger zum frohnenden Vieh macht, um die unnatürlichen Bedürfnisse einer unbedeutenden und verdorbenen Minderzahl zu befriedigen? Und dieß Gesetz, unterstützt durch eine rohe Militärgewalt und durch die dumme Pfiffigkeit seiner Agenten, dies Gesetz ist eine ewige, rohe Gewalt, angethan dem Recht und der gesunden Vernunft, und ich werde mit Mund und Hand dagegen kämpfen, wo ich kann.

Mit Mund und Hand – also nicht nur mit Worten, sondern auch mit der Waffe? Welche Taten werden folgen? Die großsprecherische Analyse fällt sofort in sich zusammen, als es um die Praxis geht. Er hat bisher nicht mitgemacht und wird auch weiterhin nicht mitmachen:

Wenn ich an dem, was geschehen, keinen Theil genommen und an dem, was vielleicht geschieht, keinen Theil nehmen werde, so geschieht es weder aus Mißbilligung, noch aus Furcht, sondern nur weil ich im gegenwärtigen Zeitpunkt jede revolutionäre Bewegung als eine vergebliche Unternehmung betrachte und nicht die Verblendung Derer theile, welche in den Teutschen ein zum Kampf für sein Recht bereites Volk sehen. Dieße tolle Meinung führte die Frankfurter Vorfälle herbey, und der Irrthum büßte sich schwer. [...] Ich bedaure die Unglücklichen von Herzen. Sollte keiner von meinen Freunden in die Sache verwickelt seyn?

Doch, natürlich waren seine Freunde verwickelt und führten jene blechernen Flinten und hölzernen Säbel, «womit nur ein Teutscher die Abgeschmacktheit begehen konnte, Soldatchens zu spielen.»[89] Georg aber war ein Künstler, der sensibel war für die Gefahr, sich mit Theatralik lächerlich zu machen, und der diese Sorge hinter dem politischen Argument verbarg. Hauptsache, er mußte nicht zur Waffe greifen. Er war ein Büchermensch und außerdem kurzsichtig, es würde lächerlich wirken. Er fragte sich manchmal, ob er zum «Volk», also zu jenen im Loch mit angeschmiedeten Händen und Füßen zu zählen war, oder nicht doch zur «verdorbenen Minderzahl» der Ausbeuter. Er wußte, daß er ein Intellektueller war und eine tiefe Kluft ihn vom «Volk» trennte. Aber zu jenen anderen wollte er auch nicht gehören. Obgleich er doch von ihnen lebte, seine Ausbildung und sein Geld bezog von seinem Vater, der Beamter jenes Staates war, dessen rohe Militärgewalt und dumme Pfiffigkeit er bekämpfte ... Angestrengte, widrige Gedanken ... Büchner verweigerte ihnen die Zulassung. Er war noch sehr jung.

Als seine Freunde, darunter Gustav Clemm, ein Jahr nach dem Wachensturm aus dem Knast kommen, findet Büchner sich bald mit ihnen verbündet. Auf jener denkwürdigen Badenburger Versammlung vom 3. Juli 1834 diskutieren sie die Strategie und vereinbaren die Wege, auf denen der *Landbote* seine Empfänger erreichen soll. «Krieg den Palästen», verkündet die Schrift lauthals. Aber wie? Die Masse der Armen müßte sich erheben, das war Büchners Theorie, und das sollte die Flugschrift bewirken. Die Revolution sollte «eröffnet werden mit einem Kriege gegen die Reichen», erinnerte sich auch Gustav Clemm in seiner Reueerklärung vom Mai 1835.[90] Diese Theorie scheiterte nicht, weil sie falsch war, sondern weil sie keine Mehrheit fand; «auch die Patrioten» waren dagegen.[91] Der Krieg gegen die Reichen kollidierte mit den Interessen der Badenburger Mitaufrührer, unter deren Sympathisanten und Geldgebern viele Gebildete und Wohlhabende waren – Ärzte, Apotheker, Pfarrer, Juristen und Buchhändler. Büchners Gewissen ahnt schaudernd: Auch ich werde nach meinem Examen zu diesem Stand gehören. Seinen Danton umgibt er mit dem gleichen Zwielicht – war er nicht ein Nutznießer der Revolution, ein Neureicher? Er fragt sich: Wollen wir die Revolution nur, damit wir die Aristokraten beerben können und es mir und meinesgleichen besser geht? Nein, dazu reiche ich meine Hand nicht. «Sollte es diesen Leuten gelingen», denkt er, «die deutschen Regierungen zu stürzen und eine allgemeine Monarchie oder auch Republik einzuführen, so bekommen wir hier einen Geldaristokratismus wie in Frankreich, und lieber soll es bleiben, wie es jetzt ist.»[92] Es soll so bleiben, wie es ist, das war seine Quintessenz im Herbst 1834. Er wußte jetzt: Die Revolution ist nicht mein Weg. Ich bin Künstler, nicht Agitator. Der *Hessische Landbote* war in der von Weidig überarbeiteten Form ein Kompromiß gewesen, den Büchner nur halbherzig mitgetragen hatte. Weidig hatte gedrängt, so wie er alle seine Freunde beständig in Atem hielt.[93] Büchner war in etwas hineingeraten, was ihn von einem Kompromiß zum nächsten treiben würde. Er hatte sich in etwas hineinziehen lassen. Er träumte, er sähe tatenlos zu, wie Minnigerode hingerichtet wurde.[94] Minnigerodes Schicksal «schmerzte ihn um so tiefer, als er eine gewisse Mitschuld an seinem gräßlichen Unglücke zu tragen glaubte»[95] – und von Schuld zu Schuld würde der weitere Weg führen. Selbst wenn es gelänge, die Landarmen aufzurühren, würden diese, wenn sie nach Führern Ausschau hielten, in die Arme der Liberalen getrieben werden. Sie würden nicht frei sein. Sie würden nur die Herren wechseln. Dann sollte es doch lieber bleiben, wie es war.

Ob ein Attentat aus sittlichem Bewußtsein heraus erlaubt sein könne, darüber gab es lebhafte Diskussionen mit den Theologenfreunden in der «Eugenia», zu deren Gästen Büchner in Straßburg zählte. Eine Protokollnotiz vom 28. Juni 1832 bewahrt auf, daß man debattiert habe über «das sittliche Bewußtseyn, über Huß, Ravaillac, u. Sand, welche die Dialectik von Freund Büchner in eine Reihe stellt, über die Strafgesetze, u. über das Unnatürliche unsers gesellschaftlichen Zustandes, besonders in Beziehung auf Reich u. Arm».[96] Was war wohl gemeint mit Freund Büchners Dialektik? Der Reformator Jan Hus war 1415 den Feuertod gestorben, François Ravaillac hatte König Heinrich IV. ermordet und wurde 1610 zu Tode gefoltert, Karl Ludwig Sand ermordete August von Kotzebue und wurde 1820 enthauptet. Alle drei handelten, jeweils um zweihundert Jahre versetzt, aus einem radikal verstandenen Christentum heraus gegen die Reichen und Mächtigen und wurden von den geltenden Strafgesetzen dafür getötet. Das brachte sie Menschen wie Büchner nahe, der ebenso wie Weidig zutraulich zu den Ausgestoßenen und hochfahrend gegenüber den Mächtigen war.[97] Das «Unnatürliche» des gesellschaftlichen Zustands gab es im 15. und 17. Jahrhundert schon genauso wie im 19. – das ist die bittere Erkenntnis, die sich den jungen Leuten aufgedrängt haben mag. Selber zu «Meuchelmördern» werden wollten sie nicht; es war ja auch niemand da, den zu ermorden nützlich gewesen wäre. Den armen Kotzebue zu töten war sinnlos gewesen. Sie wollten die Republik verteidigen, aber mangels geeigneter Caesaren hatten sie keine Gelegenheit, sich als Brutusse zu fühlen, die geheime Dolche wider irgendwelche Tyrannen zücken würden.[98] Den Großherzog zu meucheln beabsichtigte Büchner bestimmt in keinem Augenblick. Zwischen Friedrich Ludwig Weidig, August Becker und Gustav Clemm muß es zwar Gespräche über mögliche Attentate gegeben haben, aber Becker will Weidig immer das Schändliche und Unmoralische solcher Gedanken vorgehalten haben.[99]

Büchner erschien die Lage im Herbst 1834 aussichtslos. Nirgendwo war da ein Zustand, dem «nur mit revolutionärer Gewalt beizukommen» gewesen wäre.[100] Deshalb schrieb er *Danton's Tod* – denn auch Dantons Lage ist aussichtslos. Was kommen wird, ist die Diktatur – Danton prophezeit es.[101] Robespierre ist «ein Nero»,[102] er wird «die Republik im Blut ersticken».[103] Schlimmere werden nach ihm kommen – jene Collot, Billaud und Barrère, die sich jetzt schon über ihn lustig machen.[104] Es gibt in diesem Drama keinerlei Hoffnung auf jene «soziale Revolution», von der Büchner Robespierre sprechen läßt – übrigens ohne passende historische Quelle, vielmehr einen Begriff der 1830er Jahre ins Jahr 1794 hineintragend, den Karl Gutzkow ablehnend diskutiert, als Beispiel dafür, «wie weit Frankreich mit seinen lächerlichen Experimenten gekommen ist».[105] Sofern Büchner diese Wendung an Robespierre abgibt, verabschiedet auch er sich von ihr. Robespierres Tugenddiktatur ist kein Sieg der «sozialen Revolution». Der Egalitarismus entwickelt sich aus einer Utopie zur Mordmaschine. Die Guillotine republikanisiert. «Die Gleichheit schwingt ihre Sichel über allen Häuptern», verkündet Mercier, der einst *L'an 2440* geschrieben hatte. «Geht einmal Euren Phrasen nach, bis zu dem Punkt wo sie verkörpert werden.»[106] Die Égalité sichelt. Das «Volk» wird zur Parteisache. Es wird Opfer von Funktionären. Robespierre gibt dem Volk nicht das Brot, nach dem es verlangt, er gibt ihm Leichen. Und das Volk selbst? Büchner führt es vor in seinem Wankelmut:[107]

PLATZ VOR DEM JUSTIZPALAST

Ein Volkshaufe

EINIGE STIMMEN Nieder mit den Dezemvirn! es lebe Danton!

ERSTER BÜRGER Ja das ist wahr, Köpfe statt Brot, Blut statt Wein.

EINIGE WEIBER Die Guillotine ist eine schlechte Mühle und Samson ein schlechter Bäckerknecht, wir wollen Brot, Brot!

ZWEITER BÜRGER Euer Brot, das hat Danton gefressen, sein Kopf wird euch Allen wieder Brot geben, er hatte Recht.

ERSTER BÜRGER Danton war unter uns am 10. August, Danton war unter uns im September. Wo waren die Leute, welche ihn angeklagt haben?

ZWEITER BÜRGER Und Lafayette war mit euch in Versailles und war doch ein Verräter.

ERSTER BÜRGER Wer sagt, daß Danton ein Verräter sei?

ZWEITER BÜRGER Robespierre.

ERSTER BÜRGER Und Robespierre ist ein Verräter.

ZWEITER BÜRGER Wer sagt das?

ERSTER BÜRGER Danton.

ZWEITER BÜRGER Danton hat schöne Kleider, Danton hat ein schönes Haus, Danton hat eine schöne Frau, er badet sich in Burgunder, ißt das Wildpret von silbernen Tellern und schläft bei euren Weibern und Töchtern, wenn er betrunken ist.

Danton war arm, wie ihr. Woher hat er das Alles?

Das Veto hat es ihm gekauft, damit er ihm die Krone rette.

Der Herzog von Orléans hat es ihm geschenkt, damit er ihm die Krone stehle.

Der Fremde hat es ihm gegeben, damit er euch Alle verrate. Was hat Robespierre? der tugendhafte Robespierre. Ihr kennt ihn Alle.

ALLE. Es lebe Robespierre! Nieder mit Danton! Nieder mit dem Verräter!

Oder zeigt die Szene einen echten Lernprozeß des Volkes? Dann müßte Robespierre die Zielidee des Stückes verkörpern, und dazu taugt er wahrlich nicht. Er selbst wird guillotiniert werden. Der Wagen der Revolution ist vor die Wand gefahren. Aus anfänglich anständigen Motiven entwickeln sich immer mehr Verbrechen;

ein Punkt ist erreicht, an dem das Verbrechen sich verselbständigt und revolutionäres Handeln nicht mehr möglich ist. «Wir haben nicht die Revolution, sondern die Revolution hat uns gemacht.»[108] Keiner kann mehr siegen, Danton nicht, Robespierre nicht, das Volk nicht. Alle leiden, allen gilt Mitleid, alle werden schuldig. Alle werden gekreuzigt – Christusidentifikationen durchziehen das ganze Stück. Nicht die revolutionäre Aktion ist sein Telos, sondern das Selbstopfer. Danton will «lieber guillotiniert werden, als guillotinieren lassen.»[109]

»Es ist ein Schnitter, heißt der Tod», so beginnt ein altes Lied, das Büchner aus *Des Knaben Wunderhorn* kannte. Der Schnitter Tod bedient jetzt die Guillotine. «Viel Hunderttausend ungezählt / Was nur unter die Sichel fällt», singt Lucile, bevor sie sich dem Henker ausliefert.[110] Auf das große Warum des Sterbens hat sie keine andere Antwort als das «Wir müssen's wohl leiden»[111] des Schnitterlieds. Die Guillotine ist ihr ein Todesengel, eine Wiege, eine Totenglocke. Sie stirbt aus freiem Willen. Sie stirbt ihrem Geliebten nach, den die Sichel schon hinweggemäht hat.

Die Letztbegründungen sind theologisch, folgen aber nicht der herrschenden christlichen Orthodoxie. Eine vormessianische Menschheit sehnt sich immer noch nach jener Erlösung, die durch die Kreuzigung Christi nicht gekommen ist. Immer noch ist Jesus der typologische Bezugspunkt, nur die traditionelle Lehre versagt. Es ist Robespierre, der äußert: «Wahrlich der Menschensohn wird in uns Allen gekreuzigt, wir ringen Alle im Gethsemanegarten im blutigen Schweiß, aber es erlöst Keiner den Andern mit seinen Wunden.»[112] In den Bildern des Stückes ist Christus nicht auferstanden. Die Revolution ist die Sündflut, aber Noahs Friedensreich ist nicht gekommen. Sie ist die Wüste, die einst das auserwählte Volk aufrieb, bevor es das gelobte Land erreichte, aber die Wüste will nicht enden, es zeigt sich kein gelobtes Land.[113] Die Erlösung ist nicht gekommen. «Der Mann am Kreuze hat sich's bequem gemacht: es muß ja Ärgernis kommen, doch wehe dem, durch welchen Ärgernis kommt!» Danton fühlt sich von Gott verlassen, verraten und hintergangen. «Es muß; das war dies Muß. Wer will der Hand fluchen, auf die der Fluch des Muß gefallen? Wer hat das Muß gesprochen, wer? Was ist das, was in uns hurt, lügt, stiehlt und mordet?»[114] Büchner spricht durch Dantons Mund. Er hatte sich den Satz schon lange notiert. Ein Jahr früher schon, im Januar 1834, hatte er ihn in einer abgeschwächten Version (ohne «hurt») an Wilhelmine geschrieben: «Der Ausspruch: es muß ja Aergerniß kommen, aber wehe dem, durch den es kommt, – ist schauderhaft. Was ist das, was in uns lügt, mordet, stiehlt?»[115] Gewalt macht schuldig, und Schuldigen schlägt das Gewissen. Schuld und Gewissen sind ein großes Thema in Büchners Revolutionsstück. Barrère, der sich durch die Ermordung eines Priesters in die Revolutionshierarchie eingeklinkt hatte, beschwichtigt sich mit einem Kinderreim: «Komm mein Gewissen, komm mein Hühnchen, komm bi, bi, bi, da ist Futter.»[116] Auch Robespierre hat kein reines Gewissen. «Warum kann ich den Gedanken nicht los werden?» fragt er. «Er deutet mit blutigem Finger immer da, da hin! Ich mag so viel Lappen darum wickeln als ich will, das Blut schlägt immer durch.»[117] Danton quälen die Septembermorde. Ohne den Begriff «Sünde» kommt er nicht aus. Es soll «still und dunkel werden, daß wir uns die garstigen Sünden einander nicht mehr anhören und ansehen?»[118] Er schuf einst das Revolutionstribunal, aber nun sagt er: «Ich bitte Gott und Menschen dafür um Verzeihung.»[119]

Georg Büchner war Pessimist. Dem verdankte er seinen unbestechlichen Blick. Er hatte sein Auge ans Blut gewöhnt, aber selber jemanden bluten machen wollte er nicht – «ich bin kein Guillotinenmesser».[120] Das hieß: Ich bin kein Robespierre – denn dessen auf der Tribüne herumzuckende Finger sind «Guillotinmesser».[121] Er war ein Intellektueller, der das eherne Gesetz der Geschichte zu erkennen, und ein Künstler, der es zu gestalten wußte. Er war Künstler, «wie David, der im September die Gemordeten, wie sie aus der Force auf die Gasse geworfen wurden, kaltblütig zeichnete und sagte: Ich erhasche die letzten Zuckungen des Leben in diesen Bösewichtern.»[122] Er spottete schon früh über die «republicanischen Zierbengel», die «mit rothen Hüten herumlaufen.»[123] Er sah, wie alle «immer auf dem Theater»[124] stehen, wußte, daß auch Revolutionäre ihre Rollen spielen, ahnte, daß auch das Unglück Gelegenheit zu imponierenden Rollen gibt, verstand, daß in einem Zeitalter der Heuchelei auch die Ehrlichkeit effekthascherisch sein kann. Er durchschaute die Spieler, auch diejenigen, die Redlichkeit spielten.

«Schneidet nur keine so tugendhafte und so witzige und so heroische und so geniale Grimassen, wir kennen uns ja einander, spart
Euch die Mühe.»[125] Er entrann dadurch der Verstrickung, in die jeg-
liches revolutionäre Handeln ihn notwendig hätte bringen müssen,
und wurde auf seine Weise frei.

Theodizee

Der traurige Zustand der Kirchen von heute ähnelt dem
traurigen Zustand der nachnapoleonischen Kirchen. Man gibt sich
aufgeklärt, heute wie damals, hat aber mit schwersten Glaubwürdig-
keitsproblemen zu kämpfen. Sie betreffen den innersten Kern, die
Gottesvorstellung. Aus dem über alles Begreifen Gewaltigen, Unzu-
gänglichen, Unendlichen und Unverständlichen ist «der liebe Gott»
geworden, der das Nette, Gute und Schöne in einer Gänseblüm-
chenwelt geschaffen hat, der aber angesichts des Bösen, der Schmerzen und der Katastrophen dieser Welt fassungslos den Kopf schüttelt
wie der hilflose Prediger beim Gottesdienst für Amoklaufopfer.

Die Aufklärung will die Welt geordnet. Ihr Gott ist Uhrmacher,
wie Heine so schön sagt[126] – ein feiner Herr, der mit den vulkani-
schen Eruptionen und konvulsivischen Krämpfen der Schreckens-
zeit nichts anfangen kann. Der alttestamentliche Gott war ein anderes Kaliber. Selbstverständlich kamen von ihm auch das Leiden und
der Schmerz. So schlägt er das Kind, das König David mit Bathseba
gezeugt hat, daß es todkrank wird, und läßt es sterben. David, der
sieben Tage um das Kind gefastet und auf der Erde gelegen hat,
rechtet nicht, sondern wäscht sich, salbt sich, zieht frische Kleider
an, geht in das Haus des Herrn und betet. (2 Samuel 12, 13–23)

Der Aufklärungsgott tötet keine Kinder. Er ist moralisch, tole-
rant und kosmopolitisch. Er kann nur bestehen, wenn er nachweist,
daß jedes Leiden einen Sinn hat. Leiden sind Strafen, Korrektive
oder Arzneien. Sie dienen hohen Zielen. «Nur Leiden ist's, was die
edelsten Kräfte der Menschheit übt, entwickelt, vervollkommnet!»
schreibt Johann Caspar Lavater in seiner *Handbibel für Leidende*.[127]
Hat er recht? Sicher lernt man aus jedem Leid, aber angesichts von
Erdbeben, Überschwemmungen und Hungersnöten muß das Argu-

ment gewaltig gequält werden, wenn es genug Sinn hergeben soll. Leichter hat man es, wenn man auf ein harmonistisches Weltbild verzichtet. Hat man es auch leichter, wenn man überhaupt auf Gott verzichtet? Geht die Uhr schlechter, wenn sie an keinen Uhrmacher glaubt?[128] *Danton's Tod* ist übersät von religiösen Anspielungen. Für die meisten fehlt ein Anhaltspunkt in den historiographischen Quellen. Es muß also einen inneren Impuls für sie gegeben haben. Büchner wollte bei Gelegenheit seines Revolutionsdramas unbedingt auch über Gott sprechen. Er war zu gescheit, um religiös zu sein, aber zu sehnsüchtig, um es nicht zu sein. Theologische Fragen beschäftigten ihn im Darmstädter Winter 1834/35 so sehr, daß er eine für die Handlung völlig entbehrliche Szene erfand, in der einige Nebenpersonen eine ausgeklügelte Religionsdebatte führen. Fit gemacht hatte er sich dafür in einer damals gängigen Philosophiegeschichte, die er aus der Hofbibliothek entlieh. Die Übung im theologischen Debattieren verdankte er dem Straßburger Freundeskreis.

Das ist das Schöne, wenn man unter Theologen ist, daß sie mit Leidenschaft diskutieren über Fragen, die andere gar nicht haben. Unter Büchners protestantischen Freunden wurde oft heftig gestritten. Man war Christ; das schloß nicht aus, daß man Gott leugnete oder lästerte. Aufklärung, Revolution und Reichsuntergang hatten das alte Christentum zersprengt, überall flogen seine farbigen Fetzen herum. Glaubenszweifel waren in dieser Zeit nicht tabu, sondern selbstverständlich. Christlich ist der Raum, in dem sich Büchner bewegt, nicht das Bekenntnis. Man war innerhalb, nicht außerhalb dieses Raumes, wenn man erklärte, das Nichts sei der zu gebärende Weltgott.[129] Es war die Intensität des Fragens, was diesen Raum ausmachte, ein Leiden an der Unvollkommenheit der Welt und ein guter Wille; es war nicht irgendeine Orthodoxie von richtigen Sätzen. Man konnte unter diesen evangelischen Theologen so heterodox sein, daß es weh tat, und war gerade darin Christ. Es war nicht mehr lange hin, bis Søren Kierkegaard, der im gleichen Jahr geboren ist wie Georg Büchner, mit dem seichten Rationalismus aufräumen würde.

Viel Zeit zum Debattieren gab es beim Wandern. Da hatte es 1833 eine unvergeßliche Sommerwoche in den Vogesen gegeben, mit Cousin-Onkel Édouard Reuss, der in Straßburg Theologie lehrte, dem jungen Berliner Philologen Richard Lepsius, der später ein berühmter Ägyptologe wurde, und drei weiteren Theologiestudenten.[130] Georg Büchner war mit noch nicht zwanzig der Jüngste, Reuss mit neunundzwanzig der Älteste. Büchner stakste lang und dünn dahin, tief beeindruckt von der grandiosen Natur, aber meistens in sich gekehrt und ungesellig. Manchmal lächelte er ein feines scharfes Lächeln vor sich hin. Er war kein Kneipenbursch, kein Gemütsmensch, kein Raucher und Biertrinker, eher ein Hamlet, ein Intellektueller, spröde und spritzig, absprechend und herb. Er könne, spottete Wilhelm Schulz, «sogar des entfernten volksverräterischen Versuchs, Glacéhandschuhe tragen zu wollen», verdächtigt werden.[131] Er wußte Gespräche jederzeit zu entbanalisieren und sie mit knappen, bissigen Einwürfen in eine beunruhigende Richtung zu lenken. Gemütlichkeit kam da nicht auf, Witz schon eher, Lachen über kecke Pointen, das lerchentrillernd aufstieg über einem See aus Melancholie.

Die sechs jungen Leute waren von Schlettstadt aus über den Col du Bonhomme, den Weißen und den Schwarzen See bis Munster gelaufen. Sie stiegen am dritten Tag auf den Großen Belchen (Grand Ballon), den höchsten Berg der Vogesen. Hotels gab es da oben natürlich nicht. «Die Nacht brachten wir in einer geringen Entfernung vom Gipfel in einer Sennerhütte zu.»[132] Wir stellen uns vor, wie sie dort im Dunkeln auf einem Heuhaufen lagen und endlos diskutierten. Wir verlegen ein Gespräch aus *Danton's Tod* dorthin. Wir lassen Büchner selbst vorbringen im knisternden Heu, was er im Drama Thomas Payne vorbringen läßt:[133]

BÜCHNER Es gibt keinen Gott, denn: Entweder hat Gott die Welt geschaffen oder nicht. Hat er sie nicht geschaffen so hat die Welt ihren Grund in sich und es gibt keinen Gott, da Gott nur dadurch Gott wird, daß er den Grund alles Seins enthält. – Nun kann aber Gott die Welt nicht geschaffen haben, denn entweder ist die Schöpfung ewig wie Gott, oder sie hat einen Anfang. Ist Letzteres der Fall so muß Gott sie zu einem bestimmten Zeitpunkt geschaffen haben, Gott muß also nachdem er eine Ewigkeit geruht einmal tätig geworden sein, muß also einmal eine Veränderung in sich erlitten haben, die den Begriff Zeit auf ihn anwenden läßt, was Beides gegen das Wesen Gottes streitet. Gott kann also die Welt nicht geschaffen haben. Da wir nun aber sehr deutlich wissen, daß die Welt oder daß unser Ich wenigstens vorhanden ist und daß sie dem Vorhergehenden nach also auch ihren Grund in sich oder in etwas haben muß, das nicht Gott ist, so kann es keinen Gott geben – quod erat demonstrandum.

Édouard Reuss, der schließlich Berufstheologe war, hätte sich mit der scharfsinnigen Rede nicht zufriedengegeben und hätte eingeworfen (wie Mercier im Drama): «Wenn aber die Schöpfung ewig ist?» Darauf wieder sein Opponent, dessen Stimme im Stockdunkeln aus dem Nichts zu kommen schien:

BÜCHNER Dann ist sie schon keine Schöpfung mehr, dann ist sie Eins mit Gott oder ein Attribut desselben, wie Spinoza sagt; dann ist Gott in Allem, in dir Wertester, in Lepsius und in mir; das wäre so übel nicht, aber du mußt mir zugestehen, daß es gerade nicht viel um die himmlische Majestät ist, wenn der liebe Herrgott in jedem von uns Zahnweh kriegen, den Tripper haben, lebendig begraben werden oder wenigstens die sehr unangenehmen Vorstellungen davon haben kann.

REUSS Aber eine Ursache muß doch da sein.

BÜCHNER Wer leugnet dies? Aber wer sagt denn, daß diese Ursache das sei, was wir uns als Gott d. h. als das Vollkommne denken? Hältst du die Welt für vollkommen?

REUSS Nein.

BÜCHNER Wie willst du dann aus einer unvollkommnen Wirkung auf eine vollkommne Ursache schließen?

REUSS Ich frage dagegen kann eine vollkommne Ursache eine vollkommne Wirkung haben d. h. kann etwas Vollkommnes, was Vollkommnes schaffen? Ist das nicht unmöglich, weil das Geschaffne doch nie seinen Grund in sich haben kann, was doch, wie du sagtest, zur Vollkommenheit gehört?

BÜCHNER Du hast recht; aber muß denn Gott einmal schaffen, kann er nur was Unvollkommnes schaffen, so läßt er es gescheuter ganz bleiben. Ist's nicht sehr menschlich, uns Gott nur als schaffend denken zu können? Weil wir uns immer regen und schütteln müssen um uns nur immer sagen zu können: wir sind! müssen wir Gott auch dies elende Bedürfnis andichten? Müssen wir, wenn sich unser Geist in das Wesen einer harmonisch in sich ruhenden, ewi-

gen Seligkeit versenkt, gleich annehmen sie müsse die Finger ausstrecken und über Tisch Brotmännchen kneten? aus überschweng-
lichem Liebesbedürfnis, wie wir uns ganz geheimnisvoll in die
Ohren sagen. Müssen wir das alles, bloß um uns zu Göttersöhnen
zu machen? Ich nehme mit einem geringern Vater vorlieb; wenigstens wird' ich ihm nicht nachsagen können, daß er mich unter
seinem Stande in Schweinställen oder auf den Galeeren habe erziehen lassen. Schafft das Unvollkommne weg, dann allein könnt ihr
Gott demonstrieren; Spinoza hat es versucht. Man kann das Böse
leugnen, aber nicht den Schmerz; nur der Verstand kann Gott beweisen, das Gefühl empört sich dagegen. Merke dir: warum leide
ich? Das ist der Fels des Atheismus. Das leiseste Zucken des
Schmerzes, und rege es sich nur in einem Atom, macht einen Riß
in der Schöpfung von oben bis unten.

Das war gut gesagt. Die Kommilitonen regten sich beifällig.
Das Heu redete knisternd mit und gab Aroma ab. Aber war das Leiden wirklich der Fels des Atheismus? Das konnte man doch auch
ganz anders sehen. Wo es einen Riß gibt, kommt Licht herein. Ohne
den Schmerz lebten wir noch in den Höhlen, schrieb Günther Weisenborn in seinem Erinnerungsbuch an die Gestapo-Haft.[134] Alles
Leiden habe etwas Göttliches, sagte Goethe.[135] Not lehrt beten,
Wohlsein nicht. Gott ist groß im Schmerz, nicht in Zeiten der
Schmerzlosigkeit. Büchner weiß das auch. Sein Robespierre kennt
«die Wollust des Schmerzes».[136] «Leiden sei mein Gottesdienst», singt
Lenz.[137] Der Riß in der Schöpfung ist ein Argument nur, wenn man
Gott den eigenen Begriffen unterwirft – Begriffen, die «Vollkommenheit» sehr interessengeleitet vom Menschen her sehen und dieses
Vorgehen für aufgeklärt halten. Von Davids oder von Hiobs Gott, der
ein undurchdringliches Geheimnis ist, wissen sie nichts. Gott ist jenseits unseres Begreifens. Es gibt ihn nicht so, wie es Schmetterlinge
oder Schlachthöfe, Glücksgefühle oder Grausamkeiten gibt. Gott ist
präsent, aber außen vor; er ist überall, aber in einer anderen Dimension. Er ist der, ohne den nichts ist. Daß wir ihn nicht sehen, liegt
daran, daß wir unser Auge beim Sehen nicht sehen.

«Er sieht uns» ist eine bildliche Redeweise. Es ist geziemend und
heilsam, sich Gott als das große Weltauge vorzustellen und das Unbegreifliche unseren Auffassungsmöglichkeiten anzuverwandeln,

damit es unser Leben befreie und weite. Gott sieht uns allezeit und an jedem Ort. Sein Blick ist manchmal fragend, manchmal zürnend, manchmal ironisch, meistens von ruhiger, alles verstehender Güte. Wenn wir mit ihm sprechen, hört er aufmerksam zu. Er sagt nichts, öffnet aber einen Gesprächsraum, der uns sogleich aus der Stickluft unserer gewöhnlichen Kommunikationen befreit, so daß sich alles neu sortiert nach seinen natürlichen Gewichten und wir dann manchmal auch neue Lösungen finden. «Gott hat geholfen!» sagen wir dann.

Der junge Büchner experimentierte. Er berührte den Atheismus, den Nihilismus, den Pantheismus, den Deismus, den Rationalismus, aber er verließ nie den unendlichen Raum des suchenden Zweifels, um sich in die Zelle einer Doktrin zu sperren. Im Vogesensommer, wenn die Sonne mit seinem rotblonden Haar spielte, konnte ihm das Leben wie ein farbiger Kuß Gottes vorkommen, und wie Heinrich Heine hätte er sagen können, «daß der Heilige Geist sich am herrlichsten offenbart im Licht und Lachen.»[138] Wir stellen uns vor, wie sein Auge ins Licht hinein lachte, als er das sagte, und das Licht sich spiegelte in seinem lachenden Auge. Ein weinendes Weltauge kennt Danton, als er in der Nacht vor seiner Hinrichtung den bestirnten Himmel sieht: «Wie schimmernde Tränen sind die Sterne durch die Nacht gesprengt, es muß ein großer Jammer in dem Aug sein, von dem sie abträufelten.»[139]

Oft rettet Büchner sich ins Pantheistische. Der Himmel ist auf der Erde. Die Menschen sind durchgöttert. Wenn er seinen der Natur entsprungenen Danton gegen die krachenden Jamben der Klassikepigonen verteidigen muß, kann ihm sogar ein Gotteslob entschlüpfen. Er legt es Camille in den Mund:

> Von der Schöpfung, die glühend, brausend und leuchtend, um und in ihnen, sich jeden Augenblick neu gebiert, hören und sehen sie nichts. Sie gehen in's Theater, lesen Gedichte und Romane, schneiden den Fratzen darin die Gesichter nach und sagen zu Gottes Geschöpfen: wie gewöhnlich![140]

Schmerzlich liebte er Gottes Geschöpfe und liebte die Natur, die so über allen Zweifel erhaben sein konnte. Auf die Nacht in der Hütte war ein Morgen gefolgt, der geradezu ein Gottesbeweis war:

Bei Sonnenaufgang war der Himmel etwas dunstig, die Sonne warf einen rothen Schein über die Landschaft. Ueber den Schwarzwald und den Jura schien das Gewölk wie ein schäumender Wasserfall zu stürzen, nur die Alpen standen hell darüber, wie eine blitzende Milchstraße. Denkt Euch über der dunklen Kette des Jura und über dem Gewölk im Süden, soweit der Blick reicht, eine ungeheure, schimmernde Eiswand, nur nach oben durch die Zacken und Spitzen der einzelnen Berge unterbrochen.[141]

Bei diesem Anblick hatte einer der Studenten, ein recht lieber, noch einmal ein Wort für Gott einzulegen versucht – im Drama war es Philippeau:[142]

Meine Freunde man braucht gerade nicht hoch über der Erde zu stehen um von all dem wirren Schwanken und Flimmern nichts mehr zu sehen und die Augen von einigen großen, göttlichen Linien erfüllt zu haben. Es gibt ein Ohr, für welches das Ineinanderschreien und der Zeter, die uns betäuben, ein Strom von Harmonien sind.

Aber Büchner (als Danton) wies ihn schroff zurück:

Aber wir sind die armen Musikanten und unsere Körper die Instrumente. Sind die häßlichen Töne, welche auf ihnen herausgepfuscht werden nur da um höher und höher dringend und endlich leise verhallend wie ein wollüstiger Hauch in himmlischen Ohren zu sterben?

Berauscht von seiner Sprachkraft fielen ihm beim Herabsteigen vom Berg immer neue Repliken ein (im Drama verteilt auf Hérault, Danton und Camille). Er sammelte sie und brachte sie dann als geballte Ladung vor:

Sind wir wie Ferkel, die man für fürstliche Tafeln mit Ruten totpeitscht, damit ihr Fleisch schmackhafter werde? Sind wir Kinder, die in den glühenden Molochsarmen dieser Welt gebraten und mit Lichtstrahlen gekitzelt werden, damit die Götter sich über ihr Lachen freuen? Ist denn der Äther mit seinen Goldaugen eine Schüssel mit Goldkarpfen, die am Tisch der seligen Götter steht und die seligen Götter lachen ewig und die Fische sterben ewig und die Götter erfreuen sich ewig am Farbenspiel des Todeskampfes?

Alle schwiegen, erschlagen von so viel Wortgewalt, und stapften weiter. Tatsächlich trieb Büchner auch am nächsten Tag wieder Wortkeile in Gewißheitsspalten. Im Amarinental, auf dem Weg zu den Quellen der Mosel, sagte er plötzlich mit jenem düster zur Erde gerichteten Blick, den ihm einst Georgi bescheinigt hatte:[143] «Die Welt ist das Chaos. Das Nichts ist der zu gebärende Weltgott.»[144] Das klang radikal. Aber diesen Nichtsgott konnte es nicht geben. Er zankte mit sich selbst:

Der verfluchte Satz: etwas kann nicht zu nichts werden! und ich bin etwas, das ist der Jammer! Die Schöpfung hat sich so breit gemacht, da ist nichts leer, Alles voll Gewimmels. Das Nichts hat sich ermordet, die Schöpfung ist seine Wunde, wir sind seine Blutstropfen, die Welt ist das Grab, worin es fault.[145]

Der Beweis für die Nichtigkeit Gottes war damit hinfällig. Büchner kam aus den Widersprüchen nicht heraus. Der Kampfplatz, auf dem er Gott schlagen wollte, war zugemessen von Gott. Er wollte Gott wegbannen mit Gottes eigenen Bannflüchen. Erst bewies er das Nichts aus der Schöpfung und dann die Schöpfung aus dem Nichts. «Ein schöner Cirkelschluß», schrieb Büchner und strich es gleich wieder aus, «der sich selbst im Hintern leckt.»[146]

Obszönitäten

Woher hatte der junge Büchner die Obszönitäten? Im ersten Stock des elterlichen Hauses wohnte die schon zwanzig Jahre verwitwete Großmutter Louise Philippine Reuss, plüschig und bezopft, aber sie hatte vom Hof zu Pirmasens, wo sie bis 1793 als junge Gattin des Hofkammerrats Johann Georg Reuss gelebt hatte, noch einiges vom Geist des Rokoko mitgebracht, darunter das Kartenspiel.[147] Man konnte sich damit so schön abreagieren! Im Spiel war vieles erlaubt, was sonst verboten war: Schadenfreude, Tricksereien, Kraftausdrücke und auch jene Frivolität, die zum Geist des Rokoko gehörte. Das Bürgertum war tugendsam, aber an den Höfen war eine erotische Literatur herangewachsen, die mit Kurtisanenmemoiren wie John Clelands *Fanny Hill. Memoirs of a Woman of Pleasure* (1749) begonnen hatte und mit den Werken des Marquis de Sade in den achtziger und neunziger Jahren ihren Höhepunkt erreichte. Wir nehmen an, daß Georg manchmal im Hintergrund lauschen durfte, wenn die Oma mit ihren Kaffeekränzchendamen Poch spielte. Alexander Büchner berichtet davon.[148] Es gehört in diese Atmosphäre, daß beim Kartenspiel in der ersten Szene von *Danton's Tod* die Herren (Könige) und die Damen so unanständig übereinander fallen und die Buben gleich hinten nach kommen.[149] Freilich wollen wir Oma Reuss nicht für die vielen weiteren Anspielungen auf den Geschlechtsakt verantwortlich machen («immer in die Mitt' nein»),[150] nicht für das reiche Vokabular aus den Bereichen Lenden, Leisten, Waden, Fleisch, nicht für «Unzucht» und «Notzucht», nicht für die vielfältig wechselnden Bezeichnungen der weiblichen und männlichen Geschlechtsorgane («mons Veneris», «carreau», «Knöspchen», «die Mitt'»; drittes Bein, «Perpendikel», «Eicheln», «das häßliche Ding»).[151] Das kam anderswo her. Büchner studierte Medizin und lebte in einem Medizinerhaushalt. Sein Studienfreund Eugène Boeckel, ein fröhlicher Geselle («schönen jungen Damen kann ich nichts abschlagen»),[152] hatte sich auf Gynäkologie spezialisiert («Frauenzimmerkrankheiten»).[153] In Straßburg gab es eine Klinik für Syphilis und Hautkrankheiten; 1842 hatte sie 85 Betten.[154] Die zahlreichen Bezugnahmen auf Geschlechtskrankheiten, vor allem auf die Syphilis, stammen aus dieser Sphäre – «Quecksilberblüten» und «Quecksilbergruben», «Sublimatpille» und «Sublimattaufe», «Rosenkränze» in den Leisten, «Lustseuche», «Tripper», «Haarstern» und «Quarantäne».[155] Das soll nicht heißen, daß die Straßburger und Gießener Studenten allgemein so gesprochen hätten, nur, daß Büchner gut informiert war. Er brauchte keine Zoten, keine Herrenwitze als Quelle. Das erotische Sprühen kommt tief aus ihm selbst, aus seinem unverbogenen Genie. Seine sexuellen Pointen sind, trotz mancher Anregungen aus Shakespeares *Romeo* oder Goethes *Faust*, alle originell, nicht gängig, nicht vulgär oder ordinär. Es sind geschliffene Derbheiten. Aber es sind nur Wortspiele, nicht Wirklichkeiten. Er konnte zynisch sein, mutwillig und frech, war aber nie unsittlich, blieb immer sehr keusch, sehr deutsch.

Besonders angetan hat es ihm das Thema Prostitution. Das Wort «Bordell» begegnet drei Mal, dazu kommen Synonyme (Palais royal,

«Fr[ankfurt] 3 März 35. Verehrtester! 10 Friedrichsd'or will Ihnen
Sauerländer geben unter der Bedingung, daß er mehres aus dem Drama
für den Phönix benutzen darf, u[nd] daß Sie sich bereitwillig finden
lassen, die Quecksilberblumen Ihrer Phantasie, u[nd] alles, was zu
offenbar in die Frankfurter Brunnengasse u[nd] die Berlinische Königsmauer ablenkt, halb u[nd] halb zu kassiren. Mir freilig ist das so ganz
recht, wie Sie es gegeben haben; aber Sauerl[änder] ist ein Familienvater,
der 7 rechtmäßige Kinder im Ehebett gezeugt hat, u[nd] dem ich schon
mit meinen Zweydeutigkeiten ein Alp bin: wieviel mehr Sie mit Ihren
ganz grellen und nur auf Eines bezüglichen Eindeutigkeiten! Also dies ist
sehr nothwendig.» (Karl Gutzkow an Georg Büchner)

Clichy).[156] Die Wortfamilie «Hure» bringt es auf zwölf Belege; zu
ergänzen sind die «Priesterinnen mit dem Leib», die «Nönnlein von
der Offenbarung durch das Fleisch», die «barmherzigen Schwestern» und «de Menscher»,[157] ferner einzelne Damen des Gewerbes
wie Rosalie, Adelaide und Marion sowie Madame Momoro und die
Demahy (de Mailly).

Man muß daraus nicht auf persönliche Erfahrung mit Freudenhäusern schließen – jedenfalls nicht als Kunde. Die Phantasie schafft besonders gern das, worauf in der Realität verzichtet wird. Es gibt allerdings jenes Zeugnis aus dem Herbst 1833, daß Büchner ergriffen gewesen sei «d'une sorte d'adoration mystique pour une fille perdue, qu'il rêvait de relever au niveau des anges». Alexis Muston berichtet das.[158] Ein gefallenes Mädchen zum Engel erheben zu wollen: das wäre typisch für einen tugendsamen, aber erfahrungslosen jungen Mann aus gutem christlichem Hause. Das christliche Vokabular (Nönnlein, Priesterinnen, Engel) verbärge schamhaft in Spott eingehüllt die geheimnisvolle Sakralität des Geschlechtlichen. Von Wilhelmine Jaeglé hatte er das nicht. Sie wurde aus solchen Diskursen ausgeschlossen. Das verlangte die Dezenz. Büchner war in dieser Hinsicht ganz bürgerlich. Als Eugène Boeckel Minnas Anschrift als Deckadresse verwendet, um einen Brief an Büchner gelangen zu lassen, warnt er sie gespreizt, daß in seinem Brief medizinische Gegenstände zur Sprache kommen würden.[159] Büchner schlägt Boeckel dann vor, ein Innenkuvert um solche Briefe zu machen.[160] Durch seine Schamhaftigkeit hindurch war Büchner aber zweifellos von der Triebgebundenheit allen Lebens durchdrungen. Solche Gedanken waren schon lange vor Freud in der Welt. Bereits bei Schopenhauer steht das Geschlecht im Zentrum. Die vitalistische Philosophie Nietzsches begann sich schon in Büchners Lebenszeit vorzubereiten. Es gab im Grunde nur einen einzigen Lebenstrieb. «Schlafen, Verdaun, Kinder machen das treiben Alle, die übrigen Dinge sind nur Variationen aus verschiedenen Tonarten über das nämliche Thema.»[161] (Camille in *Danton's Tod*) «Es gibt nur Epikureer und zwar grobe und feine, Christus war der feinste; das ist der einzige Unterschied, den ich zwischen den Menschen herausbringen kann. Jeder handelt seiner Natur gemäß d. h. er tut, was ihm wohltut.» (Danton)[162] Das zotige Gerede trotzt dem Tod. Ob man hemmungslos schreit oder vornehm sublimiert – es kommt auf eines heraus. «Griechen und Götter schrieen, Römer und Stoiker machten die heroische Fratze.» (Hérault)[163] «Die einen waren so gut Epikureer wie die Andern. Sie machten sich ein ganz behagliches Selbstgefühl zurecht.» (Danton)[164] Der Trieb ist unbeherrschbar. «Meine Natur war einmal so, wer kann da drüber hinaus?» (Marion)[165] «Es läuft auf eins hinaus, an was man seine Freude hat, an Leibern, Christusbildern, Blumen oder Kinderspielsachen, es ist das nämliche Gefühl; wer am Meisten genießt, betet am Meisten.» (Marion)[166] Ob es Gut und Böse überhaupt gibt? Tugend und Laster sind nur Ideologien im Dienste höchstpersönlicher Interessen. «Was wollt ihr denn mit eurer Moral?» fragt Payne. «Ich weiß nicht, ob es an und für sich was Böses oder was Gutes gibt.» «Ich handle meiner Natur gemäß; was ihr angemessen, ist für mich gut und ich tue es, und was ihr zuwider, ist für mich bös und ich tue es nicht.» Ist am Ende das ganze Leben nur Biochemie? Nur Sauerstoffbrand des Zelleneiweißes, wie Hofrat Behrens sagen wird?[167] Auch dieser Gedanke wird schon gestreift. Das Leben sei nur «eine verwickeltere, organisiertere Fäulnis» als der Tod, das sei der ganze Unterschied.[168]

Im Einerlei der Triebsuppe fatalistisch untergehen wollte Büchner auf Dauer freilich nicht. Wenigstens zeitweise sah er einen Spielraum. Der Mensch kann trinken ohne Durst und Liebe machen, wann er will. Das unterscheidet ihn immerhin von den anderen Tieren. In Zürich notierte Büchner ein entsprechendes Fundstück aus der *Hochzeit des Figaro*: «Boire sans soif et faire l'amour en tout temps, il n'y a que ça qui nous distingue des autres bêtes.»[169]

Das Thema Sexualität nimmt in Büchners Drama jedenfalls einen viel breiteren Raum ein als in seinen Quellen. Es muß ihn enorm interessiert haben. Das deutet eher auf ein belastetes als auf ein entspanntes Verhältnis zur sexuellen Identität hin. «Ist der Künstler überhaupt ein Mann?» fragt Thomas Manns Tonio Kröger.[170] Tief innen war etwas Bedrohtes, zu Verteidigendes. Das x in «Sexualität» ist wie ein Stacheldrahtherz.[171] Wie fühlte Büchner sich als Mann? Wenn er sich körperlich mit Danton verglich, erfaßten ihn Unruhe und Abwehr. Es nützte nichts, daß er lang, dünn und hochgestirnt war. Er unterlag in der Konkurrenz mit Dantons Vitalität und aggressiver Körperlichkeit:

Sein Aeußeres war gebietend, sein Körper von starkem Knochen und Muskelbaue, ohne schwerfällig zu sein. Nette Füße, wohlgestaltete Beine und Lenden, der Oberleib untersetzt, aber von geschmeidiger Corpulenz, hohe Brust, breite Schultern, auf kurzem Halse ein kleiner runder Kopf mit krausen braunen Haaren, den er rückwärts trug oder warf, in der Bewegung eines muthigen Rosses. Das Gesicht war kräftige Häßlichkeit; die Augen klein, dunkel-

braun, blitzend; eine kurze, aufgestülpte, aber kecke Nase; eine geniale Stirne; eine zirkelförmig über die untere weglaufende Ober-
lippe. Das Ganze der Person war gemacht, dem Volke zu gefallen,
das vor Allem den Ausdruck des Vermögens liebt.[172]

Das war Potenz pur, wie sollte man da mithalten? «Studium
und Cultur waren ihm fremd», las Büchner an der gleichen Stelle.
«Seine Rede war kurz, aber muskulös und voll Kraft, wie sein Körper.» Keiner habe das Wörterbuch der Revolution so bereichert wie
er. Das wenigstens wollte er sich zum Vorbild machen – das Vokabular zu bereichern. «Ich kann doch aus einem Danton und den Ban-
diten der Revolution nicht Tugendhelden machen!» schrieb er an
die Eltern. «Wenn ich ihre Liederlichkeit schildern wollte, so mußte
ich sie eben liederlich seyn, wenn ich ihre Gottlosigkeit zeigen
wollte, so mußte ich sie eben wie Atheisten sprechen lassen.»[173] Beides, die Liederlichkeit und den Atheismus, hat er breit ausgemalt. Er
war auf diesen Gebieten sehr produktiv. Kaum eine seiner Pointen
fand er fertig in seinen Quellen.

Aber im Bordell muß er deshalb nicht gewesen sein. Er wollte
keine Rosenkränze in den Leisten. Er brauchte Reinheit, auch wenn
er von Unreinheit träumte. Er war kein Genießer, auch wenn er in
der Phantasie die «Venus mit dem schönen Hintern» heraufbe-
schwor.[174] Vieles hatte er aus dem Anatomiesaal; wenn Angst und
Befangenheit vor dem ersten Schnitt mit dem Skalpell ins kalte
Fleisch einmal gewichen waren, half eine gewisse Frivolität am besten über die lastende Atmosphäre hinweg. Immer gab es da Wortführer, die alle zum Lachen brachten. Daher kam die Härte. Was
auffällig fehlt, ist Zärtlichkeit. Büchners sexuelle Metaphorik ist
zwar witzig, aber nicht warm, nicht herzlich. Er kannte sich als
Theoretiker. Er war ein Schreiber, kein Täter. Bei Danton war das
umgekehrt. Der schrieb nicht, sondern rief «Wagt!» und handelte
energisch. Erst die Todesfurcht, erst Melancholie und Depression
führten ihn seelisch in Büchners Nähe. Dieser war körperlich eher
ein Robespierre. Er war tugendhaft und arbeitsam wie dieser und
haßte (so Danton über das arbeitende Volk) «die Genießenden wie
ein Eunuch die Männer».[175] Manchmal wenigstens. Er hatte sein
Mädchen wie Robespierre, der bei einem Tischler lebte, «mit dessen

Tochter er ein Liebesverständniß unterhielt».[176] (Diese Information aus *Unsere Zeit* verwendete Büchner allerdings nicht.) Robespierre war «von mittlerer Größe und nervigtem Bau»; er war arbeitsam und ernst; er lebte einfach; seine Gedanken und Gefühle gehörten dem Staat.[177] Er war «keineswegs ein sehr verführerischer Redner», «seine Stimme war abwechselnd schneidend oder eintönig», aber er hatte «eine gewisse Art, die Worte: Armes Volk und tugend-haftes Volk auszusprechen, welche ihre Wirkung auf seine Zuhörer nie verfehlte.»[178]

«Es könnte vielleicht noch gehn, wenn ich Robespierre meine Huren und Couthon meine Waden hinterließe», spottet Danton.[179] Robespierre läßt als Mann zu wünschen übrig – ausdrücklich wird er ein «impotenter Mahomet» (= Mohammed)[180] genannt. Ob Büchner an seinem gefallenen Mädchen genippt hat, lassen wir da-hingestellt – wenn er sie zum Engel erheben wollte, ist das eher ein Hinweis darauf, daß seine Männlichkeit unbeschäftigt geblieben ist. Bei Rosalie und Adelaide hätte er versagt. Impotenzangst trieb ihn wie nur je einen Intellektuellen. Aus Impotenzangst wußte er so viel. Daß er so viel wußte, verstärkte wiederum die Impotenz. Er dachte sich Marion aus, um das Scheitern seiner Bekehrungspläne zu begründen. Sie war sein gefallener Engel. Er steigerte sich hinein in die Vorstellung, er wäre ins Wasser gegangen, weil sie ihn nicht retten konnte. Er stellte sich vor, wie er sie geliebt hätte, wie er sie rein geglaubt hätte und wie es hätte ausgehen können, wenn er von ihrer Tätigkeit als Hure erfahren hätte. Er läßt Marion die Ge-schichte erzählen, wie ein hübscher Junge zu ihr ins Haus kam, wie sie nicht einsahen, warum sie nicht zusammen im Bett liegen dürf-ten, wie sie's heimlich taten, wie sie allmählich zu einem Meer wurde, das Alles verschlang, wie alle Männer für sie in einen Leib verschmolzen, wie der Junge es endlich merkte, sie noch einmal küßte, als wollte er sie ersticken, wie er sie losließ, lachte und sagte: er hätte fast einen dummen Streich gemacht, sie solle ihr Kleid nur behalten, es würde sich schon von selbst abtragen, und sie verließ – wie sie dann am Abend aus dem Fenster sah und ein Haufe die Straße herabkam, die Kinder voraus, und wie sie ihn in einem Korb vorbeitrugen, der Mond schien auf seine bleiche Stirn, seine Locken waren feucht, er hatte sich ersäuft.[181]

Immer noch beschäftigt uns die Frage, woher Büchner die un-
erhörte Freizügigkeit hatte. Es fällt auf, daß die sexuelle Emanzipation nur als Prostitution in Erscheinung tritt. Deren allgegenwärtige Folge aber sind die Geschlechtskrankheiten. Die so frei wirkende
Sexualität ist stets eng verknüpft mit der Angst vor den Folgen. Die
sind weder medizinisch noch moralisch im Griff. Wie sie medizinisch zur «Tugend» zwingen, so auch moralisch. Das letzte Wort
haben in Büchners Drama zwei Ehen, die Paare Danton – Julie und
Camille – Lucile. Es sind zwei Geschichten über die Liebe, die stark
ist wie der Tod. Das ist au fond die wirkliche Botschaft. Den Konflikt zwischen diesen Ehen und der Hurenwelt trägt Büchner nicht
aus. Er tut so, als gäbe es ihn nicht, als könnte man zu Huren gehen
und trotzdem gut verheiratet sein. Im *Woyzeck* erst wird der Konflikt aufbrechen und sich auf schaurige Weise lösen. Woyzeck wird
nicht den Nebenbuhler töten, sondern seine Geliebte, die Hure und
Mutter seines Kindes. In *Danton's Tod* kommt es noch nicht zu so
radikalen Folgen. Büchner bringt die verdrängte Sexualität zwar ans
Licht, zieht aber keine moralischen Konsequenzen daraus. So weit
reicht seine Rebellion nicht. Das innerste Ziel bleibt die Ehe. Insofern ist er konservativ. Da war ja auch noch Minna, die ihn
bremste. Er war sehr jung und vergleichsweise unerfahren – im Vergleich mit seinem Vokabular jedenfalls. Die Reife des Mannes
konnte nicht da sein. Vieles ist nur vorwegnehmender Wortwitz.
Die Gedanken eilen der Realität weit voraus. Der Kopf ist viel
schneller als der Körper. Der Kopf ist viel fortgeschrittener als das
Herz. Dieses hat noch die spröde Befangenheit der Jugend, die
großspurig ist in der Phantasie, aber schüchtern in der Realität.

Auf den Vorwurf, sie hätten die Freiheit zur Hure gemacht, antwortet Danton mit einem Und wenn schon: «Die Freiheit und eine
Hure sind die kosmopolitischsten Dinge unter der Sonne.»[182] Das ist
kein Kompliment für die Freiheit. Sie wurde zur Hure gemacht,
heißt, sie wurde käuflich und war dem Meistbietenden ausgeliefert.
Dem Bonaparte, «der ein Washington von Europa werden konnte,
und nur dessen Napoleon ward», sei nie wohl geworden in seinem
kaiserlichen Purpur, «ihn verfolgte die Freiheit wie der Geist einer
erschlagenen Mutter» – schrieb Heine 1833 im *Salon*.[183] Auch nach
dem Wiener Kongreß bleibt die Freiheit verkauft. Man müßte die

Freiheit befreien. Aber wie? Man kann, schrieb Alexis de Tocqueville 1835, das Reich der Freiheit nicht ohne das der guten Sitten errichten; die guten Sitten zu festigen aber vermag man nicht ohne den Glauben. Um so schmerzlicher ist es, wenn man diesen in den Reihen der Gegner der Freiheit erblickt, wohin er nicht gehört. Christen müßten sich doch erwärmen können für die Freiheit, «die Quelle aller sittlichen Größe», und die Gleichheit – wer alle Menschen vor Gott gleich wisse, müsse sich nicht dagegen sträuben, alle Bürger vor dem Gesetz gleich zu wissen. Das Christentum harmoniere durchaus mit der Demokratie, aber es stehe zur Zeit (1835) auf der Seite ihrer Feinde, verwerfe die geliebte Gleichheit und verdamme die Freiheit, «wo sie doch, wenn sie sich ihrer annähme, deren Streben heiligen könnte».[184]

Karl Gutzkow

Büchner saß und sann, es könnte im November 1836 in seiner Züricher Stube gewesen sein. Erwäg ich, wie in jenen Schreckenstagen, als ich den Danton schrieb, die Zukunft verschlossen schien wie ein Sarg, möcht ich den Einfall segnen, mich Karl Gutzkow anzuvertrauen; ihn für mich einzunehmen mit einem Brief, der alles auf eine Karte setzte, um einen abgebrühten Literaturprofi vom ersten Satz an für mich einzunehmen. *Mein Herr*, so ähnlich hatte ich geschrieben,[185] es gibt einen Grad von Elend, der jede Rücksicht vergessen macht. Sie werden sich also nicht wundern, wenn ich Ihre Tür aufreiße, Ihnen ein Manuskript auf die Brust setze und ein Almosen abfordere. Es falle mir leichter, hatte ich behauptet, *in Lumpen zu betteln als im Frack eine Supplik zu überreichen*; lieber wolle ich *mit der Pistole in der Hand «la bourse ou la vie!» sagen als mit bebenden Lippen ein «Gott lohn' es!» flüstern.* Unverschämt, *wunderlich und ängstlich.*[186] Tat jedenfalls seine Wirkung, Gutzkow las, war begeistert und empfahl zum Druck. Wo wär ich ohne ihn? Niemand würde mich kennen. Sogar die Aufgabe, dem Stück die *Veneria auszutreiben*,[187] der Zensur wegen, hat er für mich übernommen – ich hätte es nicht über's Herz gebracht. Ach, war das *gemein!*[188] Manchmal ist der Sinn ganz entstellt oder ganz und gar weg, und fast platter Unsinn steht an der Stelle.[189] Gleich in der ersten Szene fallen die Herren und die Damen nicht mehr *so unanständig übereinander*, sondern *so seltsam durcheinander*.[190] Lächerlich. Wo ursprünglich junge Herren die Hosen herunterlassen, läßt Gutzkow sie *artig* sein.[191] Ei! ei![192] Alle Huren und Bordelle hat er eliminiert. *Anständig!*[193] Auch darf man keine Unzucht mehr mit den Würmern treiben, sondern soll *die Würmer heirathen*.[194] Einfältig.[195] Weggeschnitten hat er die *Perpendikel unter den Bettdecken*, die *Eicheln* und natürlich *das häßliche Ding*. Korrekt, korrekt. *Priesterinnen mit dem Leib* und *Menscher* gibt es nicht mehr, auch die *Quecksilberblüten*, die *Sublimattaufe*, die *Rosenkränze*, die *Lustseuche*, den *Tripper*, den *Haarstern* und die *Quarantäne* hat sein Rotstift gemordet. Adrett, *defect*.[196] Die *Venus* hat keinen *schönen Hintern* mehr, das ist sehr *defekt*, die *Schenkel der Demoiselle* dürfen Danton nicht mehr *guillotinieren*,[197] und natürlich darf niemand mehr *sich die Hosen vom Leibe reißen und sich über den Hintern begatten wie die Hunde auf der Gasse*.[198] Es mußte sein, gewiß, gewiß, «prüde» kommt ja wahrscheinlich von «prudens», klug, aber wieso eigentlich; es ärgert mich bis heute. Stolz war ich trotzdem auf mein erstes richtiges Buch, im Sommer 35 kam es aus der Presse, hundertfünfzig Seiten, vierhundert Exemplare. Hätten ein paar Theaterregisseure drüber stolpern sollen. Der Verkauf schleppend. Immerhin sind die Zeitungen und Literaturblätter angesprungen; die Rezensenten meckerten mäkelig, ich hätte nur *ein Kapitel Revolutionsgeschichte dramatisiert*,[199] einer war unverschämt, sah ein atheistisches Ferkel in mir und wollte mich vernichten.[200] Nur einen einzigen Freund hatte ich, das war Gutzkow. Auf den hatte ich alles gesetzt und gewonnen, denn wie der von mir schwärmte, das war überwältigend, als Genie, wortwörtlich, hat er mich in die literarische Szene eingeführt. *Alles ganz, fertig, abgerundet. Staub und Schutt, das Atelier des Geistes sieht man nicht.*[201] Gut, daß ich *keine Anlagen zur Eitelkeit* habe.[202] Überhaupt gut, daß ich mir nur anfänglich schmeicheln ließ, dann aber Distanz zu Gutzkow nahm. Der lief gerade ins Abseits, als er auf mich stieß, und «Mitgefangen, mitgehangen!» hieß es bald, als die Jungdeutschen verboten wurden. Gehörte ich dazu? Wollte ich jemals ein Gutzkowianer werden? Ich mußte mich entscheiden. Er warb um mich. Ich sollte wie er den *Schmuggelhandel der Freiheit* betreiben, den *Wein verhüllen in Novellenstroh*, und *nicht blind in Gewehre laufen, die keineswegs blind geladen seien.*[203] Verdeckte Schreibweise also. Das war doch ein Weg, besser als Flugschriften für Bauern, die einem die Polizei auf den Hals hetzen. Ich zögerte trotzdem. Er rollte mir einen Teppich nach dem anderen aus. Was immer ich schreiben würde – er behauptete, *er bringe Alles unter.*[204] Und ich hab nichts geliefert. Den *Lenz* hab ich nie druckfertig gemacht, obgleich Gutzkow drängelte und quengelte. Mein Lustspiel habe ich vor ihm versteckt, liegt immer noch in meiner Schublade, warum eigentlich? War nicht genial genug für die Vorschußlorbeeren. War viel zu romantisch – politisch muß ich mich ja fast dafür schämen. Auch vom *Woyzeck* hab ich ihm nie was erzählt. Für Literaturkritiken hatte ich zu wenig Chuzpe – diese ständige Angeberei, als hätte man alles gelesen. Eine regelmäßige Mitarbeit an seiner Zeitschrift habe ich rundweg abgelehnt.[205] Über den Stand der modernen Literatur in Deutschland weiß ich so gut als nichts.[206] Einmal habe ich geliefert, und es taugte nicht, meine *Äußerungen über neuere Literatur* vermöge er jetzt nicht aufzunehmen,[207] spottete er fein. Stöber und Baum hab ich empfohlen,[208] aber da zog Gutzkow nicht, brav Elsäßisches und brav Evangelisches war nichts für seinen Sprudelgeist. Zwei Dramen von Victor Hugo immerhin hab ich übersetzt, das hat Gutzkow eingefädelt, das brachte gutes Geld, hat mich aber eigentlich nicht interessiert. Das nötige Geld zum Leben habe ich ja vom Papa, der mir zwar nicht schreibt, aber meinen Monatswechsel zukommen läßt. Gutzkow hielt immer rührend treu zu mir, aber ich war untreu, das ist es, der Literaturbetrieb, das war meine Sache nicht, freier Schriftsteller wollte ich nicht werden. Mein Studium wollte ich abschließen, Wissenschaftler wollte ich werden. Aber Gutzkow ließ niemals locker, meine *ungeschwächte Kraft* solle ich *der Literatur opfern*, er wolle Hebammendienste leisten. *Schicken Sie mir, was Sie haben*, schrieb er auch in seinem letzten Brief,[209] auf den ich nicht mehr geantwortet habe, weil ich nichts schicken wollte. Also das war eindeutig meine Schuld. Grund war die Wissenschaft, nicht die Politik, die hab ich nur benützt, um meine Absage zu bemänteln. Ich wolle *nicht für die gebildete Klasse* schreiben, sondern *ein neues geistiges Leben im Volk suchen*. Ein Romantikertraum. Die *abgelebte moderne Gesellschaft* wollte ich *zum Teufel gehen* lassen. Das war ich meinen Freunden in den Gefängnissen schuldig, aber ich sollte den

Mund nicht so voll nehmen, weil die *moderne Gesellschaft* immerhin die Universitäten bezahlt, an denen ich studiere und hoffentlich einmal eine Planstelle bekomme, am liebsten hier in Zürich, von wo aus ich gut auf Gießen und Darmstadt schimpfen kann ... Ach, guter Gutzkow! Wer bin ich eigentlich? *Wer ist dieser Büchner*, hat die Presse gefragt.[210] Ist mein Danton eine Schnur aus *Hanf*, mit der man Aristokraten aufhängt, und *meine Muse ein verkleideter Samson?*[211] Das war geprahlt, denn wen wollte meine Muse guillotinieren? Herrn Hofgerichtsrat Georgi vielleicht, ja, das wäre eine Idee, und seine Helfershelfer und Hintermänner und *diese ganze abgelebte moderne Gesellschaft...* Unsinn, ich bin eines geachteten Mannes Sohn, will doch den Blutsumpf nicht, in dem die Revolution endete, bin kein Robespierre, bin ein Danton, will Leben und Vernunft. Gutzkow hatte mir empfohlen, *nicht die geächtete, sondern die geachtete Autorschaft* zu wählen – geachtet *bei den Philistern, die das Geld haben.*[212] Muß man denn käuflich sein? Ach, soll sie *zum Teufel* gehen, die *moderne Gesellschaft...* Dann doch lieber die Wissenschaft! Gutzkow haben sie wegen Unsittlichkeit eingesperrt. Wegen Wally, der Zweiflerin. Diese Heuchler! Unglaublich. *Frankreich will alle Mitglieder des Jungen Deutschland ausweisen.* Es ist *ein Jammer, was die lächerlichsten Dinge für Folgen haben können. Anfangs amüsierte es mich, die alten Esel wie kleine Buben spielen zu sehen*, Georgi und Konsorten, *und jetzt ist alles verzweifelt ernsthaft.*[213] Ich wollte Gutzkow sicherheitshalber nach Straßburg ziehen, aber er ist kein Weidig, kein Minnigerode, er windet sich durch und sucht sein Heil in Preußen, wovon hätte er in Straßburg auch leben sollen? So ein Marktschreiber wie er bin ich einfach nicht; bin kein Journalist, bei allem Schmerz um meine gefangenen Freunde kann ich keine jungdeutsche Tendenzliteratur machen. Ich will nicht die Stimme einer Partei sein. Was ist das, was in mir schreibt? Mein Danton ist nicht deshalb besser als sein Nero, weil ich die richtigeren Ansichten habe. Etwas Tieferes, mir selbst nicht Zugängliches treibt mich, das, was Gutzkow meine *seltene Unbefangenheit* nennt,[214] ein inneres Müssen, ein Kunstgesetz, dem ich, ob ich damit die Gesellschaft verändere oder nicht, folgen muß, und dann ist's gut. *Die Gesellschaft mittelst der Idee, von der gebildeten Klasse aus reformieren?* Das geht gar nicht. *Unsere Zeit ist rein materiell.* Die *gebildete und wohlhabende Minorität* wird sich von der *großen Klasse* der Armen immer in sicherer Entfernung halten. Die Armen! Mein Woyzeck soll ihnen eine Stimme geben, aber wer wird das drucken, lesen oder aufführen, doch wieder nur die gebildeten Philister, was haben die Armen davon? *Für die Massen schreib ich nicht.*[215] Das hat Gutzkow gesagt, aber für mich stimmt es auch, leider. Gutzkow will den Reichen wenigstens ein schlechtes Gewissen machen, *niemand soll eine ruhige Nacht haben, der einen glänzenden Palast in einem Viertel bewohnt, wo die Armut keine Lumpen hat, ihre Blöße zu bedecken.*[216] Aber wenn die Wirklichkeit ihnen kein schlechtes Gewissen macht, wie will die Literatur das schaffen? Dann lieber die Wissenschaft. Es ist zum Verzweifeln. Hab ich resigniert? Auf die gebildete Klasse setz ich keine Hoffnung. Auf die Armen auch nicht. Auch nicht auf das *Huhn im Topf jedes Bauern*, das *den gallischen Hahn verenden* ließe.[217] Eine *Geldaristokratie* will ich nicht. *Dann soll lieber alles bleiben, wie es ist.*[218] Dann lieber die Wissenschaft. Arbeiten bis zur Besinnungslosigkeit. Wenn ich wenigstens etwas für meine Freunde tun könnte! Für Minnigerode, Becker, Weidig, sogar für Clemm, den Schuft! – er tut mir leid. Wie komm ich dazu, Gutzkow politisch so abzufertigen? Ich, der ich mich in Sicherheit gebracht habe? Der ich den Reichen nicht einmal ein schlechtes Gewissen mache, vielmehr zu den Nutznießern der *abgelebten modernen Gesellschaft* gehöre, der ich auch kein *geistiges Leben im Volk* suche, sondern das Nervensystem der Flußbarben erforsche? – – –

Karl Gutzkow hatte ein gewisses Recht, enttäuscht zu sein. Aber er hatte die Hoffnung nie aufgegeben. Büchners plötzlicher Tod war ein Schock. Gutzkow war der einzige, der wußte, daß ein Unsterblicher dahingegangen war. Sein Briefwechsel mit Büchner war nach eineinvierteljähriger Dauer im Juni 1836 ins Stocken geraten, aber Gutzkow war «ohne Sorge über den still hinglimmenden Freundschaftsfunken», bis er eines Tages nach einer Zeitung griff und las, «daß der Freund, der hoffnungsvolle, strebende, muthige, schon seit Monaten hinübergegangen» sei in das Reich des Friedens, «sanft entschlummert im Arme einer Geliebten».[219] Gutzkow hoffte auf eine reiche literarische Hinterlassenschaft und erbot sich noch 1837, Büchners Papiere zu edieren. Wilhelmine Jaeglé half ihm zögerlich mit Abschriften (Briefe, *Lenz*, *Leonce und Lena*), die Familie aber verweigerte die Kooperation. Gutzkows Ausgabe stand unter keinem guten

Karl Gutzkow
um 1840

Stern. Sein Name schien verbrannt. Dem Wortführer der Jungdeutschen wollte Vater Büchner die sensible Aufgabe nicht anvertrauen, und auch Wilhelmine wurde dem Literaten Gutzkow gegenüber mehr und mehr spröde. Das war unfair und ungerecht und führte dazu, daß die nächsten dreizehn Jahre lang gar nichts geschah.

Georg Büchners Werk war heiße Ware, politisch, sittlich und religiös. Es bedurfte der Klimaveränderung durch die 1848er Revolution, ehe die stürmischen Geschwister Ludwig, Alexander, Luise und Wilhelm eine verträgliche Linie finden konnten, die beim Vater und beim Verleger grünes Licht erhielt. Die *Nachgelassenen Schriften* von 1850 bedeuteten für *Danton's Tod* keineswegs das Ende der Zensur. Die grellsten Obszönitäten blieben weiterhin ungedruckt. Erst Karl Emil Franzos brachte 1879 alle Stellen einschließlich der von Büchner selbst im Manuskript gestrichenen, leistete sich aber zahlreiche neue Eigenmächtigkeiten, so daß die Editionslage erst seit der Ausgabe von Fritz Bergemann (1922) einigermaßen befriedigend ist.

Die Bühnengeschichte beginnt trotz Franzos erst im 20. Jahrhundert (Uraufführung Berlin 1902). Getragen von den Wellen des

Naturalismus und des Expressionismus, aber auch des Impressionismus und der Neuromantik, gelobt von so verschiedenen Menschen wie Gerhart Hauptmann, Frank Wedekind, Rainer Maria Rilke, Hugo von Hofmannsthal, Alfred Döblin und Bertolt Brecht, avancierte Georg Büchner rasch zu einem Exponenten des modernen Theaters schlechthin. Als erstes der drei Stücke kam *Leonce und Lena* auf den Theaterspielplan (München 1895), als letztes, aber mit der stärksten paradigmatischen Wirkung *Woyzeck* (Uraufführung München 1913). Die Weimarer Republik zeigt *Danton's Tod* auf einem ersten Wirkungshöhepunkt. Wie sich der Expressionismus spaltet in zwei wilde Heerhaufen, deren einer die linke, deren anderer die rechte Revolution verehrt, – so spaltet sich das Büchner-Bild in den sozialistischen Realisten einerseits und den heroischen Pessimisten andererseits, in einen Proto-Marx und einen Proto-Nietzsche. Daraus entwickelt sich in den dreißiger Jahren, in denen es allerdings wesentlich stiller wird, ein Exil-Büchner und ein auf NS-Bühnen gespielter Büchner, und nach dem Zweiten Weltkrieg dann ein DDR-Büchner und ein West-Büchner, bis seit der 68er-Bewegung der «heroische Pessimist» unter Faschismusverdacht gerät und der linksradikale Büchner in Ost und West beinahe einhellig meinungsführend wird. Heute ist Büchner unumstritten ein Klassiker der Moderne. *Woyzeck*, *Danton's Tod* und *Leonce und Lena* werden jahraus jahrein landauf landab gespielt und belegen aufführungsstatistisch hohe Ränge.

Diese ganze gewaltige Wirkungsgeschichte hätte es nicht gegeben ohne Karl Gutzkows unverwüstlichen Glauben. Wer sonst hätte Büchner damals so tatkräftig helfen können? Wäre *Danton's Tod* damals nicht im Druck erschienen und hätte Gutzkows Rezension nicht einen so starken Scheinwerfer darauf gerichtet, dann wäre das Stück in der Schublade verrottet, Büchner hätte sich entmutigt noch mehr auf die Wissenschaft verlegt, hätte *Leonce und Lena* niemals angefangen, hätte vielleicht bei seinem Tod ein paar Fragmente hinterlassen. Ohne Gutzkows Heroldsruf hätten weder Familie Büchner noch Wilhelmine Jaeglé den Mut und die Mühe aufgebracht, diesen Unbekannten, Unzeitgemäßen und Unbotmäßigen der Welt zu präsentieren. Den Namen Georg Büchner gäbe es nicht.

5
Liebesgeschichten

Wie?

Fünfzig Seiten über Büchners Liebesgeschichten? Wo die Quellenlage doch kaum für fünf Seiten Material hergeben will! Ist nicht fast alles Private verloren oder weggefiltert? Ludwig Büchner hatte, als er die *Nachgelassenen Schriften* herausgab (1850), doch schon das Politische bevorzugt und das Persönliche weitgehend weggelassen; 1851 verbrannten die Briefe an die Familie; Wilhelmine Jaeglé hatte eisern geschwiegen und vor ihrem Tod vernichtet, was sie an Briefen und Aufzeichnungen besaß; was Karl Emil Franzos vier Jahrzehnte nach Büchners Tod an Erinnerungen noch zusammenkratzen konnte, war unergiebig und von fragwürdigem Quellenwert; der Brand von 1944 vernichtete weiteres; was die Forschung des 20. Jahrhunderts noch auffinden konnte, waren ein paar Krümel. Alles zusammengerechnet ergeben sich einzelne Fragmente eines Baugerüsts, die an hie und da angefangenen Bauteilen lehnen. Sie lassen Konturen des Gebäudes erahnen, aber es ist ein bißchen so, als wolle man aus einem prähistorischen Kinnbacken eine ganze Kultur rekonstruieren. Aber warum nicht. Wir werden also die wenigen Nachrichten über dieses Liebesleben sammeln, sichten und chronologisch ordnen. Wir werden dann das literarische Werk befragen, an welche Nachrichten es sich anschließen läßt und welche Fossilien es zu ergänzen vermag. Eine halbwegs schlüssige Psychoanalyse soll sich dabei bilden und nicht nur helfen, die Zuordnung von Leben und Werk richtig vorzunehmen, sondern auch die verbleibenden Lücken so überzeugend wie möglich zu schließen. Beweisbar ist hier wenig, aber Plausibilität wird angestrebt. Die Rekonstruktion der Psyche Georg Büchners erfolgt einerseits aus den biographischen und literarischen Quellen, so fragmentarisch sie auch sind, und andererseits aus einem kulturwissenschaftlich reflek-

tierten Erfahrungshintergrund, der sich aus anderen Literatur gewordenen Lebens- und Liebesgeschichten speist – so denen von
Goethe, Kleist, Novalis, Friedrich Schlegel, Clemens Brentano, Joseph von Eichendorff, Heinrich Heine, im ferneren Hintergrund
auch von Franz Kafka, Bertolt Brecht oder Thomas Mann. Nichts
kann einfach übertragen werden, aber der Umgang mit extremen
Künstlerpsychologien trainiert doch die Vorstellungskraft, die man
braucht, um sich in die Seele eines jungen Mannes der 1820er und
1830er Jahre hineinzuversetzen.

Mosaik

Was er nicht gelesen hat, muß er erfunden haben. Um etwas
zu erfinden, muß er etwas erlebt haben, in der Wirklichkeit oder in
der Vorstellung. Auf die Frage «Wo ist Danton?» hat Georg Büchner
die folgende Antwort erfunden:

> Was weiß ich? Er sucht eben die mediceische Venus stückweise bei
> allen Grisetten des palais royal zusammen, er macht Mosaik, wie er
> sagt; der Himmel weiß bei welchem Glied er gerade ist. Es ist ein
> Jammer, daß die Natur die Schönheit, wie Medea ihren Bruder,
> zerstückelt und sie so in Fragmenten in die Körper gesenkt hat.[1]

Medea ist eine Meisterin nicht nur im Zerstückeln, sondern
auch im Zusammensetzen. An Zerstückeln und Zusammensetzen
knüpfen sich hohe Erwartungen. «Die Revolution», sagt St. Just,
«ist wie die Töchter des Pelias; sie zerstückt die Menschheit um sie
zu verjüngen.»[2] Die Erwartungen erfüllen sich nicht; den Töchtern
des Pelias gelingt ihr Unternehmen nicht, weil Medea das verhindert; wir schließen daraus, daß auch St. Justs Unternehmung nicht
gelingt, so wenig wie die Dantons. Die Liebe bleibt zerstückelt, so
wie Medeas Bruder, dessen verstreute Körperteile weiterleben als
Mythos einer dalmatinischen Inselgruppe (Apsyrtiden).

Daß Gedanken dieser Art noch ein zweites Mal, in *Leonce und
Lena*, auftauchen, spricht dafür, daß sie zum Kernbestand gehören.
Prinz Leonce sinnt, ernüchtert von einer Begegnung mit der Gri-
sette Rosetta, über die Liebe nach:

Mein Gott, wie viel Weiber hat man nötig, um die Skala der Liebe
auf und ab zu singen? Kaum, daß Eine einen Ton ausfüllt. Warum
ist der Dunst über unsrer Erde ein Prisma, das den weißen Glut-
strahl der Liebe in einen Regenbogen bricht?[3]

Wir schließen daraus vorläufig auf eine zentrierte Polygamie.
Büchner ist auf der Suche nach der einen Liebe, aber er sucht sie in
der Vielfalt ihrer Erscheinungen. Er ist wie Goethes Faust, der am
Beginn des zweiten Teils, verjüngt nach altem Graus, erkennen
muß, daß das reine Weißlicht nicht für die Sterblichen bestimmt ist.
Der lichtdurchflutete Wasserfall hingegen, in dessen Schaum sich
«des bunten Bogens Wechseldauer» wölbt, spiegelt ab das menschliche Bestreben. «Ihm sinne nach», sagt Faust, «und du begreifst
genauer: Am farbigen Abglanz haben wir das Leben.»[4]
In Büchners Vorstellung jedenfalls gab es viele Frauen. Aber auch
in seiner Wirklichkeit gab es nicht nur die eine.

Die Blonden und die Schwarzen

Wie gut, daß es niemand weiß und niemand aufgeschrieben
hat![5] Es soll alles mein Geheimnis bleiben. Niemand soll etwas von
der fabelhaften Regine erfahren, die mich das Küssen lehrte, sie war
blond und gar nicht kalt – ich unterdrücke das besser, will nicht zitiert
werden, gedenke auch nicht der Moospolster in dem herrlichen Wald
am heiligen Kreuzberg bei Darmstadt, wo ich *den ganzen Tag am
Herzen der Geliebten* lag – einem Freund hab ich das in der Dämme-
rung am Jägertor ins Ohr geflüstert und mir einen Spaß gemacht,
denn die Geliebte ... es war die Natur, an deren Busen ich so innig
geruht hatte,[6] aber ich stellte mir unter der Natur ein Mädchen vor,
sie war ein wenig x-beinig, ihre Schenkel schmusten miteinander bei
jedem Schritt. Meine Augen glänzen vor Müdigkeit und vom Träumen. In den Memoiren des Herrn von Schnabelewopski erzählt
Heinrich Heine, daß er noch nie so wild geküßt worden sei wie von
jener holländischen Blondine, die wie gefrorener Champagner war,
außen kühl und innen heiß.[7] Das will ich auch haben. Immer habe ich
Mädchen im Sinn, was soll ich machen? Lottchen Cellarius[8] war asch-

blond und vierzehn, ich achtzehn, als wir die Zipfel eines Zirkuszelts hoben, unter den Sitzreihen war es dämmrig, ein verrutschter Kuß schmeckte wässrig, sie war so verliebt in mich, ich aber nicht in sie, obgleich sie so rührende Schlüsselbeine hatte wie Eleanor Twentyman.[9] Ich träum oft jemand in meinen Lieblingsplatz hinein, eine freche Bezopfte liegt dort neben mir, sie bläst ein Lied auf einem Grashalm, die Gedanken sind frei, ich träum mich in eine gelbe Butterblumenwiese mit einem Blick auf sieben Berge, die X-Beinige verschwimmt, die Champagnerfrau auch, die Bezopfte ebenfalls, eine Schwarzhaarige bildet sich, mit blühend rotem Mund, blühend weißer Bluse, Augen wie Kohlen und festen Beinen, die man ahnen konnte unter ihrem weiten Rock, mit denen sie ausschritt eines lachenden Tages unter blütenregnenden Kirschbäumen; das Gras war gesprenkelt von dottergelbem Löwenzahn, die Kirschblütenblätter, die sich auf ihrem schweren schwarzen Haar niedergelassen hatten, wirkten bräutlich. Da ist sie wieder und redet Darmstädter Platt, etwa *Und was ne Wesp hat dich gstoche, du siehst so verrückt aus wie ne Kuh, die die Hornisse jage.*[10] Eine gab es, die wollte mich wohl, aber sie roch wie ein Tier, das war mir zuwider. Noch eine träum ich, die liegt da wie Nebel, weiß nix von ihr, nur daß der Nebel aufgestiegen ist wie eine Wolke, die dann stand am Himmel wie festgenagelt, sehr weiß und ungeheuer oben.[11] Am besten schweige ich auch von der Barfüßigen, im Museum haben wir die Schuhe ausgezogen, ich weiß noch das Gefühl auf dem geölten warmen Holzboden und daß ich zuerst ihre Füße liebte, dann erst ihr Gesicht; heimlich hat sie mir einen schwermütigen Blick aus kornblumenblauen Augen geschenkt. Sonst war ja nichts. Die Augen haben es mir angetan, immer, ob sie glühen, glänzen oder blitzen. Ich träum weiter, es kommt jetzt das Gießener Tanzvergnügen mit der schwarzen Frau auf dem schwarzen Sofa, ihr Gesicht war heiß, meines auch, wir lagen uns seltsam quer in den Armen, angekleidet, sprachen kaum, küßten nur, nannten keine Namen, tauschten keine Anschriften, verpaßten bewußt und träumerisch die Chance, uns wiederzufinden, sie war gebunden wie ich und mindestens zehn Jahre älter, aber das zählte nicht, wir waren außerhalb von Raum und Zeit, auf einem anderen Stern, taten einen Blick durch einen Türspalt, hinter dem etwas unverlöschlich glänzte, aber schlossen die Augen wieder und lebten das gewöhnliche Leben. Wie eine Sternschnuppe war da etwas aufgeleuchtet und sogleich wieder erloschen. Das Etwas war gut und keusch, nie vom Alltag beschwert und beschmutzt, aber auch unwirklich, vielleicht sogar unwichtig. Ach, mein Herz ... Es hat eine Abstellkammer für alles Verdrängte, da drängelt sich's.

Frauen

Viele Geheimnisse der Jugend werden ein Leben lang bewahrt. In Dingen der Liebe geschieht vieles im Verborgenen und hinterläßt keine Spuren. Andere Spuren, deren Code man erst entschlüsseln muß, kann nur der Betroffene selber richtig lesen. Frauen spielen in Büchners Leben und in seinen Phantasien eine große Rolle. Das beginnt mit dem Pubertätserstaunen, daß es überhaupt zwei Geschlechter gibt, und setzt sich fort mit einer tiefen Neugier auf das rätselhafte andere. Gedanken über «die Aufklärung des Weibes», wie der junge Kleist sie hochmütigerweise hatte,[12] liegen ihm fern. Eine fertige Theorie hat er nicht. Er stellt für den Hausgebrauch Ordnungssysteme auf. Er sieht Frauentypen und entwickelt Typologien. Ironisch erwägt er am Beginn der Straßburger Exilzeit eine spirituelle, eine emanzipierte und eine romantische Option – ob er lieber bei den Jesuiten in den Dienst der Maria oder bei den Saint-Simonisten in den Dienst der femme libre treten oder mit seiner Geliebten den Liebestod sterben solle.[13] Aber mit dem Sterben hat er es nicht eilig. Durchaus liebt er eine gewisse Geselligkeit, nicht Gegröhl mit Bier und Tabak, aber «schöne Säle, Lichter und Menschen um mich», wie er aus Zürich an Minna schreibt.[14] Er mag pikanten Tratsch wie die Geschichte der Schauspielerin Louise Methfessel, die beim Aufrauschen des Vorhangs in den Armen des Herzogs von Braunschweig gefunden wird,[15] wie das Gerücht vom ehebrüchigen Pfarrer und der verlassenen Pfarrerin[16] oder die Mär von dem Agenten mit der liederlichen Person, die derselbe als ungarische Gräfin ausgibt.[17] Er kennt eine Schauspielerin, Therese Peche, die ihn beeindruckte, als er fünfzehn war.[18] Er hat Angst vor Frauen mit übergroßen Augen, die anstelle der Grübchen in den Wangen «Abzugsgräben für das Lachen» haben.[19] Was er nicht liebt:

kulturbeflissene Frauen, die auf Soireen Gesangliches zum Besten geben.[20] Alles Gezierte und Lackierte ist ihm verhaßt. Hofdamen verachtet er als kalte, künstliche Weiber, die ihre Verführungsinstrumente vorzeigen, ohne daß Liebe im Spiel ist. In König Peters Hofstaat stehen sie wie Gradierbäume (Reisigbüschelständer zur Solekonzentration), das Salz kristallisiert an ihren Halsketten, sie sind zwar nicht offenherzig, aber offen bis zum Herzen, man kann zwischen ihren Brüsten bis zum Marmarameer hinuntersehen.[21] Von der Moral der Hofdamen hält er nichts. Im *Hessischen Landboten* spricht er höchst aggressiv vom Fürstenmantel als dem Teppich, «auf dem sich die Herren und Damen vom Adel und Hofe in ihrer Geilheit übereinander wälzen».[22] Mit seinen Theologenfreunden diskutiert er saint-simonistisch über «das Geschlecht» und die «femme», mustert die weibliche Bekanntschaft durch, nennt die eine fortschrittlich, aber dürr, die andere eine Landpomeranze mit einem «herrlichen Körper» – der Ausdruck war unter seinem Niveau, er schämte sich ein wenig dafür.[23] Von der femme libre hält er wenig. Jenem «Rousseau» auf dem Straßburger Münster, der die moderne femme in Deutschland sucht und nicht findet, versichert er, er habe nicht viel verloren, die Emanzen (so würde man heute sagen) seien zum einen Teil langweilig, ein anderer Teil sei zum Lachen.[24] Sexuell aggressive Frauen irritieren ihn, aber faszinieren ihn auch. «Das ist ein Weibsbild, guckt sieben Paar lederne Hosen durch.»[25] Über revolutionäre Frauen, Typus Flintenweiber, denkt Büchner ähnlich wie Schiller in der *Glocke* («da werden Weiber zu Hyänen»).[26] In *Danton's Tod* führt er einige vor – abgeholzte Venusberge, die mit ätzenden Zynismen den Hinrichtungen folgen.[27] Obgleich er es andererseits mochte, daß unter den Gießener Mitverschworenen auch Frauen waren. Wie ungezwungen die Geschlechter da miteinander verkehrten! Das war ein höchst erwünschter Nebeneffekt der Verschwörungen, daß man überall Kameradinnen hatte, die man unter den konspirativen Vorwänden heimlich treffen konnte. Die langen täglichen oder nächtlichen Fußwege waren schön, manchmal ergab es sich, daß man ein Stück zu zweit ging, auch kam es vor, daß man auf einem Heuwagen mitgenommen wurde. Es war ein heißes Spiel mit der Gefahr. Auch Frauen wurden manchmal verhaftet, Büchner berichtet seinen Eltern von zwei Fällen.[28]

Was er liebte: die Unschuldigen, Natürlichen, Ungezwungenen, Ungezierten. Die wie Blumen waren. «Pflanzenähnlichkeit der Weiber» – notierte jener Novalis, der seinen Heinrich auch sagen ließ: «Nicht die Schätze sind es, die ein so unaussprechliches Verlangen in mir geweckt haben […], aber die blaue Blume sehn' ich mich zu erblicken.»[29] Auch Büchner ist ein Romantiker. «Ich brauche Tau und Nachtluft, wie die Blumen», sagt Prinzessin Lena.[30] Es darf nichts Willkürliches geschehen. Büchners Lenz erzählt von zwei Mädchen auf einem Steine: «die eine band ihr Haar auf, die andre half ihr; und das goldne Haar hing herab, und ein ernstes bleiches Gesicht, und doch so jung, und die schwarze Tracht, und die andre so sorgsam bemüht.»[31] Sie dürfen nicht wissen, was sie tun – der Eindruck wäre dahin. Sie sind wie gemalt. Büchner denkt wie Friedrich Schlegel in der *Lucinde*, daß ein Mensch, je göttlicher er sei, je ähnlicher der Pflanze werde. «Und also wäre ja das höchste vollendetste Leben nichts als ein reines Vegetieren.»[32] Die «zwölf Unschuldigen» in *Leonce und Lena* sind eine Karikatur davon: Unter ihnen ist «Keine, die nicht das horizontale Verhalten dem senkrechten vorzöge»,[33] sie gehören zu den Huren des Hofes, die Unschuld nur als Trumpfkarte im Geschlechterspiel kennen. Die wahre Unschuld ist ganz und gar berechnungsfrei. «Die einfachste, reinste Natur», das läßt Büchner seinen Lenz erklären, «hinge am nächsten mit der elementarischen zusammen, je feiner der Mensch geistig fühlt und lebt, um so abgestumpfter würde dieser elementarische Sinn», es müsse ein unendliches Wonnegefühl sein, «so traumartig jedes Wesen in der Natur in sich aufzunehmen, wie die Blumen mit dem Zu- und Abnehmen des Mondes die Luft.»[34]

Seine Minna sieht Büchner in diesem romantischen Licht. Sie soll ihm auch Volkslieder singen.[35] Sie soll unschuldig sein, aber auf eine raffinierte Weise, tief erfahren, so wie Prinzessin Lena, so wie Schlegels Lucinde, nicht wie eine prüde Pfarrerstochter. Konnte sie dieser Erwartung gerecht werden?

Huren

Der Brave kannte nicht nur die Rue St. Guillaume Numero
66 in Straßburg, wo seine Braut wohnte, sondern auch die Frankfurter Brunnengasse und die Berliner Königsmauer. Jedenfalls
konnte der 24jährige Karl Gutzkow auf Verständnis des 21jährigen
rechnen, als er auf solche Orte anspielte.[36] Oder kannte sie jeder
Gymnasiast sowieso? Das Wort «Hure» und alles damit Verwandte
ist jedenfalls reich belegt im schmalen Werk Georg Büchners. Nicht
so in seinen Briefen, aber das dürfte an den Zensurprozessen liegen,
die der ursprüngliche Bestand durchlaufen hat. Im Fatalismusbrief,
der die doppelte Zensur von Wilhelmine Jaeglé und von Ludwig
Büchner passiert hat, ist der Satz überliefert: «Was ist das, was in uns
lügt, mordet, stiehlt?»[37] Seinen Danton läßt Georg Büchner ein Jahr
später darauf zurückgreifen – Danton (Büchner) sagt jedoch zu Julie
(Wilhelmine): «Was ist das, was in uns hurt, lügt, stiehlt und mordet?»[38] Ob «hurt» erst 1835 hinzugefügt oder 1834 von Georg Büchner schon weggelassen oder 1837 von Wilhelmine oder 1850 von
Ludwig Büchner wegzensiert wurde, läßt sich nicht mehr klären.
Offenkundig ist nur, daß es Georg Büchner auf das Wort ankam.

Nirgendwo findet sich eine negative Äußerung über die käufliche
Liebe. Anstelle einer moralischen Argumentation wird vielmehr
eine soziale geführt. Nicht moralische Verkommenheit ist die Ursache der Prostitution, sondern soziales Elend. «Ihr Hunger hurt
und bettelt.»[39] Büchner wertet die Huren auf, sofern sie Gutes tun
– «sie ist ein braves Mädchen und ernährt ihre Eltern.»[40] Hatte
Büchner Erfahrung mit Huren? Es muß eine Erklärung dafür geben, was den jungen Mann zu dem witzigen, entspannten und souveränen Ton befähigte, den er in diesem Bereich anschlägt. Wir
werfen einen Blick auf eine Szene von *Danton's Tod*. Sie spielt im
Palais royal:[41]

> LACROIX […] Legendre und ich sind fast durch alle Zellen gelau-
> fen, die Nönnlein von der Offenbarung durch das Fleisch hingen
> uns an den Rockschößen und wollten den Segen. Legendre gibt
> einer die Diszplin, aber er wird einen Monat dafür zu fasten be-
> kommen. Da bringe ich zwei von den Priesterinnen mit dem Leib.

MARION Guten Tag, Demoiselle Adelaide, guten Tag, Demoiselle Rosalie.

ROSALIE Wir hatten schon lange nicht das Vergnügen.

MARION Es war mir recht leid.

ADELAIDE Ach Gott, wir sind Tag und Nacht beschäftigt.

DANTON ZU ROSALIE Ei Kleine, du hast ja geschmeidige Hüften bekommen.

ROSALIE Ach ja, man vervollkommnet sich täglich.

[...]

DANTON Und Adelaide ist sittsam interessant geworden! eine pikante Abwechslung. Ihr Gesicht sieht aus wie ein Feigenblatt, das sie sich vor den ganzen Leib hält. So ein Feigenbaum an einer so gangbaren Straße gibt einen erquicklichen Schatten. [...] Fräulein Rosalie ist ein restaurierter Torso, woran nur die Hüften und Füße antik sind. Sie ist eine Magnetnadel, was der Pol Kopf abstößt, zieht der Pol Fuß an, die Mitte ist ein Äquator, wo jeder eine Sublimattaufe nötig hat, der zum Erstenmal die Linie passiert.

LACROIX Zwei barmherzige Schwestern, jede dient in einem Spital, d. h. in ihrem eignen Körper.

ROSALIE Schämen Sie sich, unsere Ohren rot zu machen!

ADELAIDE Sie sollten mehr Lebensart haben! *Adelaide und Rosalie ab.*

DANTON Gute Nacht, ihr hübschen Kinder!

LACROIX Gute Nacht, ihr Quecksilbergruben!

Das lernt man nicht aus Büchern. Das hat eine Spielfreiheit und einen subtilen Humor, der nur gelingen kann, wenn man in dieser Atmosphäre geatmet hat. Wir dürfen unsere Phantasie in Gang setzen, auch wenn sie zunächst widerstrebt. Büchner als Kunde von Freudenhäusern? Das paßt nicht zu ihm; außerdem hatte er das Geld nicht dafür. Leichter denkbar ist, daß sein Studium ihm irgendeinen Zugang zu dieser Sphäre verschafft hat. Wieder einmal ist an Freund Eugène Boeckel zu erinnern, einen fröhlichen Lebemann, gynäkologisch sehr gut unterrichtet. Er notiert von seinen Reisen so ergötzliche Sachen wie, daß er in der Geburtshilflichen Anstalt zu Heidelberg ein großes, hübsches Zimmer bewohnt habe, «wo gewöhnlich die vornehmen Sünderinnen sich ihrer Last u. Sünde zu entledigen pflegen».[42] Er liebt den lockeren Ton. Vielleicht hat das die beiden Freunde verbunden, die politisch so unterschiedlich waren. Es ist auch nicht unwahrscheinlich, daß Boeckel und Büchner beim Studium in der Straßburger Syphilisklinik erkrankte Prostituierte kennengelernt haben. Irgendeine nähere Berührung mit dem Hurenmilieu wird es jedenfalls gegeben haben.

Wilhelmine Jaeglé (1)

Georg und Minna – was war das für eine Art Liebe? Ludwig Büchner fertigt Minna 1899 als seines Bruders «ganz unwürdige Braut» ab und fährt recht herzlos fort: «Sie war eines Pfarrers Tochter, pietistisch erzogen, nicht schön, weit älter als Georg und nach seinem Tode sehr unzufrieden mit den ihn betreffenden Veröffentlichungen. Sie ist längst tot. Es scheint auch, daß sie seine an sie gerichteten Briefe vernichtet hat, obgleich dieselben wohl das Wertvollste des ganzen Nachlasses gewesen sein mögen.»[43]

Aber fangen wir lieber ganz von vorne an. Stellen wir uns den Straßburger Studenten Georg Büchner so vor, wie sein Bruder Wilhelm ihn sich damals, Anfang November 1831, ausgemalt hat: als einen sehr eleganten Herrn mit einer Lorgnette, der, den Hut unter dem Arm, mit einer Krawatte bis über die Ohren und Sporen an den Stiefeln herumstolziert auf den Lustplätzen und Bällen der großen Stadt.[44] Gerade achtzehn geworden, hatte Georg in der Wilhelmergaß (Rue St. Guillaume) Nr. 66 ein möbliertes Zimmer bezogen, das ihm seine elsässischen Verwandten vermittelt hatten (Édouard Reuss)[45]. Sein Vermieter war Johann Jakob Jaeglé, Pfarrer an St. Wilhelm, ein Intellektueller, der beinahe tausend Bücher besaß. Den Haushalt führte die 21jährige Tochter Wilhelmine. Auch der 19jährige Bruder Louis gehörte dazu. Die Mutter und zwei weitere Kinder waren verstorben. Es gab einen zweiten Mieter, den Gymnasiasten Ferdinand Lucius.[46]

Wir verlassen damit den gesicherten Boden der Fakten und betreten das Sprungbrett der Vorstellung. Die Wohnung lag im ersten Stock und wird aus mindestens fünf verwinkelten Zimmern bestanden haben. Die Situation war von vornherein ziemlich intim. Meistens wird Pastor Jaeglé zu Hause gewesen sein, zwischen seinen Büchern, meistens auch Minna. Louis und Ferdinand waren

Wilhelmine Jaeglé

oft außer Haus. Zu Minnas Aufgaben gehörte es, sich um die Mieter zu kümmern. Der erste Höflichkeitsaustausch mag noch zu viert oder zu dritt erfolgt sein, aber Gespräche zu zweit entstanden in der Folge wie von selbst, waren fast nicht zu vermeiden. Zur Mieterbetreuung gehörte nach Vereinbarung auch ein Essensangebot. Daß «Fräulein Jäkele» sehr gut kochte, ist einem späteren Brief von Georgs Mutter zu entnehmen.[47] Georg wurde «wie ein Kind gehalten und gehegt».[48] Er galt als «ein lieber bescheidner Junge» (Édouard Reuss).[49] War er krank, sorgte man für ihn. Beim Krankendienst haben sich die Herzen geöffnet. Georg spielt später darauf an – «mit dem größten Behagen» würde er sich ins Bett legen, «vierzehn Tage lang», wie einst geschehen «rue St. Guillaume Nro. 66, links eine Treppe hoch, in einem etwas überzwergen Zimmer, mit grüner Tapete!»[50] Wenn Ferdinand in der Schule war und nacheinander erst Louis und dann Vater Jaeglé die Wohnung verlassen hatten, lauschte Georg auf Minnas Schritte in der Küche oder im Flur, und sein Herz klopfte. Sie kam, brachte ihm Suppe ans Bett, tupfte ihm vielleicht die Stirn. Sie war eine treue Krankenschwester. Zuerst war ihre Hand in seine geschlüpft, dann kam der Kuß. Sie liebte den schlaksigen Jungen von Anfang an, und außerdem wurde es Zeit für sie. Sie half mit, als er sich ihre Lippen zurechtlegte. Wann war das? Bei ihm ging es langsamer als bei ihr. Junge Liebe beginnt nicht selten im Schneckentempo. Daß bis zum ersten Kuß ein Jahr ins Land zog, wäre bei einer tugendhaften Pfarrerstochter und einem wohlerzogenen Studenten nicht ungewöhnlich. Wir stünden dann Ende 1832. Das erste greifbare Datum liegt im Jahr 1833. Es kommt von Wilhelm Schulz, der es seinerseits von Wilhelmine hatte. Er schreibt in seinem Nekrolog, daß Büchner sich bis zur Mitte des Jahres 1833 dem Studium der Naturwissenschaften gewidmet habe. «In dieser Zeit von einer Unpäßlichkeit befallen», habe Büchner «sorgsame Pflege» bei den Jaeglés erfahren, und nicht nur das: «Während dieser Krankheit verlobte er sich mit der Tochter dieses würdigen Geistlichen.»⁵¹ Eine nachweisbare Erkrankung im Frühjahr 1833 erlaubt es, die Verlobung zuverlässig in diese Zeit zu datieren.⁵² Er war neunzehn und sie zweiundzwanzig.

Es war eine heimliche Verlobung, also eigentlich gar keine, denn eine Verlobung ist ihrem Wesen nach ein öffentlicher Akt. Dieser erfolgte erst ein ganzes Jahr später, im März 1834, mit der Bekanntmachung an die Eltern. Daß dies mit Zittern und Zagen geschah, hat seinen Grund auch in Regelungen, die heute vergessen sind, aber damals in Kraft waren: «Eheverlöbnisse der Studierenden waren nichtig.»⁵³ Fraglos hatte es schon 1833 eine Art Versprechen gegeben. Da Minna 1834 die treibende Kraft war, nehmen wir an, daß sie auch 1833 nicht passiv gewesen ist. Es ist ein Gedankenexperiment, aber vermutlich hat sie sich ein Stück weit gegeben, und er fühlte sich dann verpflichtet. Eines Tages durfte er ihre Brüste in seine Hände legen; es fühlte sich an, als trüge er eine Welt. Er entschloß sich, dieses Geschenks würdig zu werden. So ein erstes Mal ist stark. Dafür kann man einander schon etwas versprechen, besonders wenn der eine jung und unerfahren ist und die andere auf der Suche. Der gescheite Medizinstudent sah nach einer guten Partie aus. Georg selbst war hin- und hergerissen. Auf der einen Seite war es wunderbar, eine Frau zu haben, die ihn mütterlich versorgte und ihm Zärtlichkeit gab, wodurch sich das Versprechen vertiefte. Auf der anderen Seite wurde er ein Gefühl von Unfreiheit nicht mehr los. War er krank und ans Zimmer gefesselt, blühte Minna auf. Strebte er frohgemut aus dem Haus, der Natur, der Freunde, der Politik oder der Wissenschaft wegen, schrumpfte sie ein. Konstellationspsychologisch hatte er sich als ein ältester, mithin auf Herrschaft geeichter Bruder mit einer älteren Schwester verlobt, die einen Haushalt führen konnte, aber weniger anpassungsbereit war, als es eine jüngere Schwester gewesen wäre.[54] Er hielt es für richtig, wenn eine Frau sich mehr für ihn interessierte als er sich für sie. Sie sollte ihn vorbehaltlos, aber unauffällig bemuttern. Das zu üben hatte Minna ausreichend Gelegenheit im heimlichen Jahr des Verlöbnisses, aus dem wir, was Dokumente betrifft, so gut wie gar keine nähere Kunde haben. Wir werfen noch einmal einen Blick auf die Chronologie.

Büchner wohnte bei Jaeglés in Straßburg vom November 1831 bis zum Juli 1832, verbrachte dann die Semesterferien bis Oktober 1832 in Darmstadt bei den Eltern und lebte vom November 1832 bis zum Juli 1833 wieder in Straßburg. Dann kam der große Abschied. Von August bis Oktober 1833 war Büchner im wesentlichen in Darmstadt, ab November in Gießen, krankheitshalber im Dezember noch einmal in Darmstadt, dann ab Januar 1834 wieder in Gießen. Ende März 1834 erst sahen sich die Verlobten wieder, nach acht schwer erträglichen Monaten der Trennung; Büchner reiste nach Straßburg; das Ergebnis war die Bekanntgabe des Verlöbnisses im beiderseitigen Familienkreis. Aus den zwei mal neun Monaten, die Minna und Georg in Straßburg 1831–33 zusammen waren, gibt es keinerlei Zeugnisse. Auch die Briefe aus den Ferienmonaten 1832 und 1833 sind verschollen. Vermutlich waren ihre häufiger und länger als seine. Minna sehnte sich nach ihm. Eine einzige verwehte Spur davon findet sich in einem Brief von Eugène Boeckel vom 7. September 1832: «Melle jolis pieds et jolies mains machte ich erst einen Besuch, ehe ich deinen Brief erhielt, seither nicht mehr, sie seufzt noch zwei Monate lang lang.»[55] Fräulein Hübschfuß und Hübschhand leidet. Ein Jahr später erfahren wir von Boeckel wenigstens, daß er sie und ihren Bruder gelegentlich trifft. «Louis und Melle sah ich mehrere male während dies. Zeit.»[56]

Das erste aussagekräftigere Zeugnis dieser Liebesgeschichte ist der sogenannte Fatalismusbrief, heute auf Gießen Mitte Januar 1834 datiert.[57] Minna verlangt Liebesbeweise: «Prouves-moi que tu

m'aimes encore beaucoup en me donnant bientôt des nouvelles.»[58]
Georg läßt sie warten und zieht sich dann aus der Affäre mit großer
Philosophie: «Ich fühle mich wie zernichtet unter dem gräßlichen
Fatalismus der Geschichte.»[59] Als er sich darüber eine Weile verbreitet hat, bringt er metaphorisch eine andere Frau ins Spiel: die Krankheit. Eine Meningitis hatte ihn im Dezember 1833 aus Gießen zurück nach Darmstadt und ins Bett dieser Dame getrieben:

> Ich glühte, das Fieber bedeckte mich mit Küssen und umschlang
> mich wie der Arm der Geliebten. Die Finsterniß wogte über mir,
> mein Herz schwoll in unendlicher Sehnsucht, es drangen Sterne
> durch das Dunkel, und Hände und Lippen bückten sich nieder.

Die Dame Fieber ist mächtig, sie gebietet über die Finsternis
und einen eigenen Sternenhimmel. Sie könnte eine metaphysische
Krankenschwester sein, aber die Rechnung geht nicht auf; sie ist
keine Traumgestalt von Minna, sie ist vielmehr eine Konkurrentin.
Der Brief fährt fort:

> Und jetzt? Und sonst? Ich habe nicht einmal die Wollust des
> Schmerzes und des Sehnens. Seit ich über die Rheinbrücke ging,
> bin ich wie in mir vernichtet, ein einzelnes Gefühl taucht nicht in
> mir auf. Ich bin ein Automat; die Seele ist mir genommen.

Im Darmstädter Fiebertraum hatte er eine Geliebte – eine
Krankheit, die etwas wußte. Es ist falsch, es ist falsch, sagte sie. Wilhelmine war jedoch stärker als die Dame Fieber, und er war nicht
der Mann, einem beharrlichen weiblichen Willen zu widerstehen.
Der Brief verrät, daß er sie nicht richtig liebt. Weder Schmerz um
Minna noch Sehnsucht nach ihr tauchen auf. Die Schlußrhetorik
hilft ihm nur mühsam heraus: «Du frägst mich: sehnst Du Dich
nach mir? Nennst Du's Sehnen, wenn man nur in einem Punkt
leben kann und wenn man davon gerissen ist, und dann nur noch
das Gefühl seines Elendes hat? Gieb mir doch Antwort. Sind meine
Lippen so kalt?» Ja, sie sind es. Dies ist kein Liebesbrief. Auf die
Frage nach den kalten Lippen folgt eine Auslassung, die von Ludwig
Büchner oder von Wilhelmine selbst stammen kann. Vermutlich
etwas Gleichgültiges. Oder etwas noch Kälteres, das Minna verschweigen wollte. Den Abschluß bildet der Satz: «Dießer Brief ist

ein Charivari: ich tröste Dich mit einem andern.» Mit «Charivari» ist hier nur «Durcheinander» gemeint, denn die gleichbenannten Schmuckketten an der Hosentür von bayerischen Trachtenanzügen mit ihren Potenztrophäen – Berlocken, Münzen, Tierpfoten, Dachsbärten, Eberzähnen – waren im Hessischen unbekannt. Jedenfalls herrscht im Januar 1834 Charivari in dieser Seele.

Une fille perdue

Alexis Muston verdanken wir eine sonst nirgends bezeugte wichtige Information. Sie stammt aus seinem Tagebuch, hat insofern eine hohe Authentizität. Auch wenn es sich um ein Jahrzehnte später überarbeitetes Tagebuch handelt, gibt es keinen Grund, an dem zu zweifeln, was Büchner ihm erzählte, als sie im Sommer 1833 zusammen von Darmstadt Richtung Heidelberg wanderten:

> Unterwegs erzählt er mir seine Geschichte; er ist in allem leidenschaftlich: im Studium, in der Freundschaft, in seiner Bewunderung und seiner Abneigung: Vergötterer [«idolâtre»] der Französischen Revolution, Verächter Napoleons; er sehnt sich mit seinem ganzen Wesen nach der deutschen Einigung [«à l'unité de la famille allemande»]; er hat sich in einer Art mystischen Anbetung in ein gefallenes Mädchen verliebt, das er auf die Stufe von Engeln zu erheben träumte. Ein Herz aus Gold durch und durch, sehr gebildet; ziemlich ausgelassen, dabei liebenswürdig, man konnte sich mit ihm nicht langweilen.[60]

«[…] s'étant épris d'une sorte d'adoration mystique pour une fille perdue, qu'il rêvait de relever au niveau des anges.» Darauf kommt es uns an. Mit «fille perdue» könnte zwar ein in irgendeiner beliebigen Hinsicht verlorenes Mädchen gemeint sein, aber der Kontext mit «relever au niveau des anges» macht es doch sehr wahrscheinlich, daß ein «gefallenes» Mädchen gemeint ist, also eine Prostituierte oder ein Mädchen aus guter Familie, das sich mit einem Unwürdigen eingelassen hat und nun sozial geächtet ist. Vielleicht wiesen die Leute mit Fingern auf sie.[61] Aber da Muston vom «niveau des anges» spricht, auf das Büchner seine mystisch Angebetete zu-

rückführen will, kann das Motiv der sozialen Ächtung nicht das
führende gewesen sein. Es muß um etwas Moralisches gegangen
sein, um das Wiederfinden einer verlorenen Keuschheit. Wenn es
eine Prostituierte war, dann kannte Georg sie privat, nicht als
Kunde. Er war damals schon heimlich mit Minna verlobt. Das
Thema Keuschheit beschäftigte ihn. Vielleicht kam er sich sündig
vor. Das wäre bei einem noch nicht Zwanzigjährigen bei der damals
üblichen Erziehung kein Wunder. Das «relever au niveau des anges»
muß hoffnungslos gewesen sein bei einer Prostituierten; vermutlich
verstand sie ihn gar nicht. «Meine Natur war einmal so, wer kann da
drüber hinaus?» (Marion)[62] Oder sie verstand ihn doch und wollte
tatsächlich heraus aus ihrem Milieu. «O meine heißen Wangen, ihr
müßt glühn / Im wilden Kosen, / Und möchtet lieber blühn – /
Zwei weiße Rosen.» (Rosetta)[63]

Wenn das Erlebnis frisch war, als Büchner Muston davon erzählte, dann hätte es im Sommer 1833 begonnen und so rasch nicht
aufgehört. Es kann gut sein, daß die heimliche Straßburgreise ein
Jahr später, im Juni 1834, eigentlich der fille perdue galt. Eine teure
und paßlose Reise von Gießen nach Straßburg und zurück, an die
600 Kilometer, zwei oder drei Wochen mitten im Semester, auf
dem Höhepunkt der politischen Erregung – so unvernünftig kann
nur ein Verliebter sein. Niemand wußte davon, vielleicht (!) nicht
einmal Wilhelmine. Auch für Muston war es «une agréable sur-
prise», Büchner unerwartet in Straßburg anzutreffen.[64]

Büchner führte ein inneres Doppelleben. Wir stellen uns Traum-

sequenzen vor, die in ihm abgelaufen sein mögen. Seine fille perdue frage ihn in einem nachdenklichen, festen und liebenden Ton:
Hättest du nicht lieber mich? Hier risse der Traum. Danach sähe er
sich sie von hinten umfassen und seine beiden Hände auf ihren
Schoß legen – aber plötzlich wäre es Minna. Er legte sich die Deutung zurecht, wie er sie brauchte: Minna war die Eigentliche. Aber
vielleicht hatte sein Unterbewußtsein ihm genau das Gegenteil
sagen wollen.

Amalie Weidig

Die biographische Einleitung zu den *Nachgelassenen Schriften* von 1850 enthält einen eigenartigen, mit der übrigen Darstellung
seltsam unverbundenen Absatz. Ludwig Büchner hat einen heute
verlorenen Brief von August Becker an Karl Gutzkow zur Hand gehabt, aus dem er eine Passage zitiert:

> Ich [August Becker] habe den Büchner bei Weidig eingeführt. Er
> vertrug sich nicht gut mit ihm in politicis. Desto mehr enchantirt
> war er von seiner Frau, einem überaus herrlichen Geschöpf. Er ver-
> lor sein natürliches Ungestüm, wenn sie dazu kam, und ward
> zahm, wie ein Hirsch, wenn er Musik hört.[66]

Amalie war damals 37 und hatte einen fünfjährigen Buben. Sie
unterstützte ihren Mann in seinem politischen Bemühen, aber seufzte
auch über manches, was ihr unverständig erschien. So fragte sie August Becker eines Tages, ob er es für richtig halte, daß ihr Mann fast
sein ganzes Vermögen den polnischen Flüchtlingen geschenkt habe.[67]
Becker war von Amalie mehr fasziniert als von Weidig. «Doch würde
ich ihn schwerlich so oft besucht haben», sagte er im Verhör aus, «wäre
nicht seine Frau gewesen, die, um wenig von ihr zu sagen, in einem
ebenso ausgezeichneten Grade geistreich als tugendhaft und bescheiden war.»[68] Das waren zwar unzureichende Vokabeln für ein «herr-
liches Geschöpf», aber was ging es den Untersuchungsrichter an, daß
er genauso hirschsmäßig verliebt war in Amalie wie sein Freund
Georg? Amalie war Musik für sie. Der Edelhirsch, schrieb die zeitge-
nössische Zoologie,[69] bleibt stehen, wenn er Musik hört, und lauscht.

Weidig war politisch rechthaberisch und sehr sittenstreng. Nichts Verwerfliches wird geschehen sein, vielleicht ein heimliches Händedrücken, wenn Weidig drauflospredigte, Amalie und Georg aber anderer Meinung waren. Sie saßen möglicherweise zu dritt auf der Bank im Butzbacher Garten unter der weitästigen Linde, an einem lauen Abend im Mai 1834. Georg sagte nichts, machte sich klein und schmiegte sich in ihre herrliche Hand. In ihm war Musik. Er fühlte sich wie ein junger Hirsch und spielte in Gedanken König Salomo: «Stehe auf, meine Freundin, meine Schöne; der Lenz ist herbeigekommen; die Turteltaube läßt sich hören in unserem Lande; zeige mir deine Gestalt, laß mich hören deine Stimme; denn deine Stimme ist süß, und deine Gestalt ist lieblich.» Und sie müßte antworten: «Mein Freund ist mein und ich bin sein», und ihn noch einmal auffordern, ein junger Hirsch zu werden, «der unter den Rosen weidet».[70]

Das war Träumerei. Die Tatsachen sind nüchtern. Auf Amalie wartet ein schweres Schicksal. Im November 1834 wird sie schwanger,[71] im April 1835 wird ihr Mann verhaftet, sie bleibt allein mit zwei Kindern und sieht ihren Mann bis zu seinem Tod nicht wieder. Sie stirbt, seelisch gebrochen, 1839 in Gießen an einem Nervenfieber.[72] Büchner hat sie zwischen Januar und Juli 1834 mehrere Male gesehen und wird sie nicht vergessen haben. Sie war politisch aktiv und gleichzeitig eine bezaubernde Frau. Sie verstand alles, auch das, was der doktrinäre Weidig unwillig abwehrte. Büchner verglich sie mit Wilhelmine, die unpäßlich wurde, wenn er mit Politik anfing.

Liebe und Ehe

Alexis Muston endet seine Tagebucheintragung über den Abschied von Georg Büchner nach der Odenwaldwanderung von 1833 mit einem Satz, der offensichtlich bei der späteren Überarbeitung hinzugefügt wurde: «Armer lieber Georg! so jung zu sterben, und ohne geliebt worden zu sein, wie er es verdient hätte!»[73] Muston kannte Minna. Die Tagebuchäußerung läßt erkennen, daß er nicht viel von ihr hielt. Vielleicht hatte Büchner ihm von den Bedrückungen erzählt, die ihm seine Verlobung verursachte.

Aber auch die «freie Liebe» überzeugte Büchner nicht. Von Heine und Gutzkow, den Jungdeutschen und den Saint-Simonisten, glaubte er sich in einem Brief an die Eltern nachdrücklich distanzieren zu müssen: «Auch theile ich keineswegs ihre Meinung über die Ehe und das Christenthum.»[74] Das klingt nach einem konservativen Eheverständnis, nach «Schoß, dem der Schoß gebühret» (Röm 13,7). Aber zugleich verspottet er die ehetheoretisch Konservativen, die, wie der König von Bayern, in der Praxis tausendfältig mehr gesündigt hätten als die Jungdeutschen in der Theorie. Er habe darüber seine eigenen Gedanken. Er zeichne seine Charaktere, wie er sie der Natur und der Geschichte für angemessen halte, und lache über die Leute, welche ihn für die Moralität oder Immoralität derselben verantwortlich machen wollten.

Eine Liebe kann plötzlich enden, das lehren diese Natur und diese Geschichte. In der Rosetta-Szene beerdigt Prinz Leonce eine Liebe. Sie ist ihm abhanden gekommen. Er ist grausam zu Rosetta, denn er versucht noch aus dem Sterben der Liebe schlechte Witze und dekadente ästhetische Genüsse herauszukitzeln.

> ROSETTA Deine Lippen sind träg. Vom Küssen?
> LEONCE Vom Gähnen.
> [...]
> LEONCE *indes träumend vor sich hin:* O, eine sterbende Liebe ist schöner, als eine werdende. Ich bin ein Römer; bei dem köstlichen Mahle spielen zum Dessert die goldnen Fische in ihren Todesfarben.[75]

Büchner dachte bei «sterbende Liebe» nicht ans Schlußmachen im Vorstellungsfeld «freie Liebe», wo man sich liiert, wenn ein entsprechendes Gefühl da ist, aber auch ohne großes Bedauern trennt, wenn dieses Gefühl abhanden gekommen ist. Die Rosetta-Szene geht viel tiefer, weil ja nur Leonce eine sterbende Liebe inszeniert, Rosetta aber weiterliebt. Da ist nichts von Liberalität, eher etwas von Schicksalhaftigkeit. Leonce wechselt nicht einfach die Frau, sondern wird schicksalhaft von Rosetta zu Lena getrieben. Die liberale freie Liebe ist nicht Büchners Thema. In seinem Werk kommen tief Liebende vor (Danton, Julie, Camille, Lucile, Leonce, Lena, Lenz, Woyzeck), aber sie lieben nicht auf Zeit. Der herrschende Grundtyp ist die unbedingte, auf Totalität gerichtete romantische Liebe. Nicht einmal die Grisette Marion macht davon eine Ausnahme, auch ihre Liebe ist eine unbedingte: «Ich bin immer nur Eins. Ein ununterbrochnes Sehnen und Fassen, eine Glut, ein Strom.»[76] Eine einzige Liebe ist in allem.

Die romantischen Lieben verwirklichen sich, wenn es so weit kommt, als starke Ehen. Mit Danton und Julie, Camille und Lucile, Leonce und Lena, auch (ohne Trauschein) Woyzeck und Marie spielen Ehen im schmalen Werk Büchners eine auffallend große Rolle. Die Besuche im Palais royal vertragen sich mit den Ehen ohne weiteres. Sie sind mehr geselliges Spiel als Untreue. Die entsteht nur dann, wenn ein Verrat in der Tiefe geschieht. Lucile und Julie sind treu bis in den Tod, Marie nicht; sie hat den sozial tiefstehenden, aber tief treuen Woyzeck verraten für den oberflächlichen Prunk eines Tambourmajors, der ihr die Treue nicht halten wird. Marie hat die Ehe gebrochen, Danton, der Mosaik macht bei den Grisetten, nicht. Die Panerotik verwirklicht sich nicht in allgemeiner Promiskuität, sondern in Ehen. Camille predigt am Anfang die Venus mit dem schönen Hintern, Frankreich als schöne Sünderin und «die gliederlösende, böse Liebe» (Sappho zitierend),[77] aber am Ende komprimiert sich die Allerotik in der einzigen Lucile. Ähnlich Danton: die Grisetten verschwinden, aber Julie bleibt – «jedes meiner Atome könnte nur Ruhe finden bei ihr.»[78] Büchners Ehen fußen auf absoluter Liebe. Er ist in dieser Hinsicht ein Romantiker.

Lieben kann man nicht *wollen*. Die wahre Liebe muß da sein wie von Ewigkeit zu Ewigkeit. Dennoch gibt es unter gutmütigen und wohlerzogenen Menschen viel gewollte Liebe. Der Altruismus kann Paarbeziehungen, bei denen die tiefere Notwendigkeit fehlt, auch manchmal perpetuieren bis zum Tod. Als Leonce noch glaubt, es ginge um eine Staatsehe, sagt er: «Heiraten! Das heißt einen Ziehbrunnen leer trinken.»[79] Irgendwann im Laufe des Jahres 1836 hat Georg Büchner diese Zeile zu Papier gebracht. Ob er dabei an Minna dachte?

Minna (2): der Verlobungsbrief

Mademoiselle seufzt und wartet. Sein Leben ist zum Bersten voll, ihres besteht aus Warten. Schon das heimliche Verlobtsein in Straßburg war anstrengend gewesen, man hatte sich zurückhalten, vor Vater und Bruder sogar siezen müssen. Aber noch schwerer erträglich waren die Zeiten der Trennung. 64 Monate lang, von November 1831 bis zu seinem Tod im Februar 1837, kannte Minna Georg Büchner, mindestens 50 Monate lang waren sie verliebt, 46 Monate lang verlobt, und rund 24 Monate lebten sie getrennt. Wenn sie einander durchschnittlich jede Woche geschrieben haben, muß es über hundert Briefe von ihm und die gleiche Anzahl von ihr gegeben haben.[80] Aber was ist davon geblieben? Nur «zum kleinsten Theile» habe er die Brautbriefe auswerten können, schreibt Ludwig Büchner, der den Gesamtbestand offenbar auch nie zur Hand hatte.[81] Von Wilhelmines Briefen ist kein einziger bekannt. Von Georgs Briefen sind lediglich zehn auszugsweise überliefert, fünf aus der Zeit von Januar bis März 1834 und fünf aus dem Januar und Februar 1837. Aus den knapp zwanzig anderen Trennungsmonaten gibt es kein briefliches Zeugnis mehr. Die Dunkelzonen sind also erheblich. Die fünf Auszüge von 1834 verdanken wir der Sammelabschrift, die Wilhelmine Jaeglé Anfang September 1837 für Karl Gutzkow anfertigte, und auch die haben wir nur in der noch einmal gekürzten Fassung von Ludwig Büchner. Vier der fünf Auszüge von 1837 hat Ludwig Büchner 1850 in der Einleitung zu den *Nachgelassenen Schriften* zitiert. Sie wurden abschriftlich zu einem anderen Zeitpunkt für einen anderen Zweck angefertigt[82] und bleiben vorerst außer Betracht, ebenso wie der fünfte Auszug («Adieu mein Kind»), den Caroline Schulz überliefert.

Es geht uns vorerst nur um einen einzigen: den sogenannten Verlobungsbrief. Die fünf 1834er Briefe werfen die Frage auf, warum Minna im September 1837, als sie die besagte Sammelabschrift fertigte, gerade diese fünf aus möglicherweise hundert oder mehr Briefen ausgewählt hat, und was sie mit ihnen zeigen wollte. Es sind dies der Fatalismusbrief vom Januar, eine Sehnsuchtspassage vom Februar, ein Schwermutsbrief von Anfang März, eine kurze, klagende Besuchsankündigung von Mitte März[83] und dann der Verlobungsbrief, der ebenfalls auf Mitte März datiert wird. Alle fünf Briefe sind sehr pessimistisch, und Büchner spricht von sich durchgehend als von einem seelisch Erkrankten. In jedem finden sich Vokabeln wie «gemartert», «Fieber», «Schmerz», «verrückt», «Gram», «Kopfweh», «Starrkrampf», «Gefühl des Gestorbenseins», «Folter», «Tränen»,

«Invalide», «Unwohlsein», «Nachwehen», «Bedlam» (Narrenhaus).[84] Der letzte läßt sich als Ende dieser depressiven Phase verstehen. Georg fragt rhetorisch: «Siehst du denn nicht den neuen lichten Tag?» So erscheint die Verlobung als das Ziel der fünf Briefe und als seelische Heilung. Da es zu einer Hochzeit nicht mehr gekommen war, wollte Minna wenigstens die Verlobung vorzeigen. Sie legitimierte damit ihr Mitspracherecht bei der Handhabung seiner Nachlaßangelegenheiten. Damit verknüpft war ein literarisches Motiv. Sie präsentierte sich als Empfängerin bedeutender Briefe, in denen die Schwermut einen sprachlich gekonnten, manchmal sogar eitlen Ausdruck gefunden hat, denn einige starke Stellen muß Büchner sich notiert haben, um sie später in *Danton's Tod* noch einmal zu verwenden. Vermutlich waren die meisten normalen Briefe trivialer – angefüllt mit Klatsch («nouvelles» wollte sie hören)[85] und Liebesgetändel, das vor Fremden peinlich war. Die Sprache der Liebe war französisch («Je baise les petites mains»).[86]

Minna ließ in ihrer Abschrift die Briefe undatiert und erschwerte es damit ihren Lesern, Zusammenhänge herzustellen. Wahrscheinlich wußte sie selbst nicht, daß ihr Georg gleich nach diesen düsterdepressiven Monaten nicht nur die Bekanntgabe der Verlobung erlaubt, sondern auch den Palästen den Krieg erklärt hatte. Er versteckte etwas, das spürte sie und fürchtete: eine andere Frau – es war aber die Politik. Die ersten drei Monate 1834 waren für Georg Büchner eine harte Krisenzeit. Da verlangte ein zartes Wesen aus der Ferne, das er seit vielen Monaten nicht gesehen hatte, man möge endlich die Väter in das verheimlichte Verlöbnis einweihen. Gleichzeitig lief die Inkubationszeit für ein ganz anderes Outing. Der *Hessische Landbote* bereitete sich vor. Aber davon erfuhren Minna und die Väter nichts. Hinter den gedrechselten Windungen des Verlobungsbriefs versteckt Georg die Politik, von der Minna nichts wissen durfte.

Die Verlobungsangelegenheit selbst ist ein heilloses Charivari. Der Brief sagt eigentlich «Ich mag nicht», hat für das Contra mehr Worte als für das Pro, tänzelt herum, beugt sich letztendlich Minnas dringlichem Wunsch, mit der Einschränkung: Nur dem Vater dürfe sie es sagen. Er stellt sich, als müsse sie allein etwas tun, sieht in sich nur den Gewährenden, anstatt einen Plan zu entwickeln, wie sie beide gemeinsam hintreten könnten vor die beiderseitigen Eltern. Beide sind oder waren krank, kommen aus einer tiefen psychosomatischen Krise und bedrücken einander damit. Besonders glücklich war die Geschichte ihrer letzten Monate jedenfalls nicht.

Ich wäre untröstlich, mein armes Kind, wüßte ich nicht, was Dich heilte. Ich schreibe jetzt täglich, schon gestern hatte ich einen Brief angefangen. Fast hätte ich Lust, statt nach Darmstadt, gleich nach Straßburg zu gehen. Nimmt Dein Unwohlseyn eine ernste Wendung, – ich bin dann im Augenblick da. Doch was sollen dergleichen Gedanken? Sie sind mir Unbegreiflichkeiten. – Mein Gesicht ist wie ein Osterey, über das die Freude rothe Flecken laufen läßt. Doch ich schreibe abscheulich, es greift Deine Augen an, das vermehrt das Fieber. Aber nein, ich glaube nichts, es sind nur die Nachwehen des alten nagenden Schmerzes; die linde Frühlingsluft küßt alte Leute und hektische todt; Dein Schmerz ist alt und abgezehrt, er stirbt, das ist Alles, und Du meinst, Dein Leben ginge mit. Siehst Du denn nicht den neuen lichten Tag? Hörst Du meine Tritte nicht, die sich wieder rückwärts zu Dir wenden? Sieh, ich schicke Dir Küsse, Schneeglöckchen, Schlüsselblumen, Veilchen, der Erde erste schüchterne Blicke ins flammende Auge des Sonnenjünglings. Den halben Tag sitze ich eingeschlossen mit Deinem Bild und spreche mit Dir. Gestern Morgen versprach ich Dir Blumen; da sind sie. Was giebst Du mir dafür? Wie gefällt Dir mein Bedlam! Will ich etwas Ernstes thun, so komme ich mir vor, wie Larifari in der Komödie; will er das Schwert ziehen: so ist's ein Hasenschwanz. …

Ich wollte, ich hätte geschwiegen. Es überfällt mich eine unsägliche Angst. Du schreibst gleich, doch um's Himmelswillen nicht, wenn es Dich Anstrengung kostet. Du sprachst mir von einem Heilmittel; lieb Herz, schon lange schwebt es mir auf der Zunge. Ich liebte aber so unser stilles Geheimniß, – doch sage Deinem Vater Alles, – doch zwei Bedingungen: S c h w e i g e n, selbst bey den nächsten Verwandten. Ich mag nicht hinter jedem Kusse die Kochtöpfe rasseln hören, und bey den verschiedenen Tanten das Familienvatersgesicht ziehen. Dann: nicht eher an meine Eltern zu schreiben, als bis ich selbst geschrieben. Ich überlasse dir Alles, thue, was Dich beruhigen kann. Was kann ich sagen, als daß ich Dich liebe; was versprechen, als was in dem Worte Liebe schon liegt, Treue? Aber die sogenannte Versorgung? Student noch zwei Jahre; die ge-

wisse Aussicht auf ein stürmisches Leben, vielleicht bald auf fremdem Boden!

Zum Schlusse trete ich zu Dir und singe Dir einen alten Wiegengesang:

> War nicht umsonst so still und schwach,
> Verlass'ne Liebe trug sie nach.
> In ihrer kleinen Kammer hoch
> Sie stets an der Erinnerung sog;
> An ihrem Brodschrank an der Wand
> Er immer, immer vor ihr stand,
> Und wenn ein Schlaf sie übernahm,
> Er immer, immer wieder kam.

Und dann:

> Denn immer, immer, immer doch
> Schwebt ihr das Bild an Wänden noch
> Von einem Menschen, welcher kam
> Und ihr als Kind das Herze nahm.
> Fast ausgelöscht ist sein Gesicht,
> Doch seiner Worte Kraft noch nicht,
> Und jener Stunden Seeligkeit,
> Ach jener Träume Wirklichkeit,
> Die, angeboren jedermann,
> Kein Mensch sich wirklich machen kann.[87]

Das ist ein sehr sonderbarer Brief. Sie ist sein «armes Kind»,
also ist er implizit eine Art Vater. Sie ist krank, von Unwohlsein,
Fieber, Schmerz ist die Rede, sogar vom Tod («Du meinst, Dein
Leben ginge mit»). Er schreibt nicht spontan, sondern rhetorisch,
des Schreibens bewußt («ich schreibe abscheulich»). Was die Wirklichkeit hinter der Rhetorik ist, muß man den Bildern abluchsen.
«Hörst Du meine Tritte nicht, die sich wieder rückwärts zu Dir
wenden?» Also muß sein Vorwärtsweg in der letzten Zeit von ihr
weggeführt haben. Er schickt rhetorische Küsse und Blumen, «der
Erde erste schüchterne Blicke ins flammende Auge des Sonnenjünglings» – in diesem Bild ist Georg die Frühlingserde mit Blumen-
mund, Minna aber der flammende Sonnenjüngling. Das Bild macht
Angst. Sie hat eine Art Gewalt über ihn und zwingt ihn zu etwas.
Sie entmannt ihn – will er das Schwert ziehen, so ist's ein Hasenschwanz. In der Quelle heißt es noch «Fuchsschwanz».[88] Büchner

hat also das Impotenzmotiv noch verstärkt. Hinter «Hasenschwanz» hat Minna (oder hat Ludwig Büchner) ein Stück weggelassen. Entscheidendes muß dort gestanden haben – etwas, das Georg im nächsten Augenblick schon wieder bereut («Ich wollte, ich hätte geschwiegen.»). Eine unsägliche Angst überfällt ihn. Ihre sonst so lieben Züge verzerren sich ihm plötzlich, mag sein, daß er sie für einen Augenblick blöd findet in ihrem roten Kleid. Aber der Moment geht vorüber. Die eigentliche Verlobungszusage ist ohne Begeisterung, ist eingeengt von Einschränkungen («Schweigen», «Kochtöpfe», «Familienvatersgesicht») und ohne Wir: Minna soll alles tun, was sie beruhigen kann. Die Liebeserklärung ist rhetorisch und papieren («Was kann ich sagen, als daß ich Dich liebe»); schiebt das Sagen vor die Liebe. Ohne rhetorische Selbstinszenierung kommt er in einer anderen Liebeserklärung aus: «Ich liebte aber so unser stilles Geheimniß.» Die Liebe zum Geheimnis scheint direkter aus dem Herzen zu kommen als die Liebe zu ihr. Auch die Frage der «Versorgung» wird ohne Zuversicht, ohne ein «Das schaffen wir schon!» behandelt; düster, fast drohend wird ein stürmisches Leben in Aussicht gestellt, vielleicht «auf fremdem Boden» – womit keine Vorahnung der Flucht gemeint sein muß, sondern nur angedeutet wird, daß seine Zukunft nicht in Straßburg liegen wird; für Minna wäre ja auch Darmstadt fremder Boden.

Noch abgründiger wird es, wenn man den «Wiegengesang» betrachtet, mit dem der Briefausschnitt schließt. Es handelt sich um zwei Auszüge aus dem Epyllion *Ein wohlgenährter Kandidat* von Jakob Michael Reinhold Lenz (aus der Sammlung *Die Liebe auf dem Lande*). Es geht dort um eine schöne Pfarrerstochter, die eine alte Liebe im Herzen trägt, aber schließlich einen wohlgenährten Kandidaten heiratet, als dieser eine Pfarrstelle bekommt. Aber die alte Liebe will nicht weichen, das ganze Leben lang nicht, und nur diese zitiert Büchner, den ganzen wohlgenährten Kandidaten läßt er weg. Wie verlaufen die Identifikationslinien? Wenn Büchner der wohlgenährte Kandidat wäre, dann müßte Minna eine alte Liebe im Herzen haben, wofür nichts spricht. Also «ist» er der Geliebte, der sie früh verlassen hat! Von dem sie in der Erinnerung zehrt! Von dem es im Schlußverspaar resignativ heißt, daß der Traum nie wirklich werden kann!

Nun mag ein sehr junger Mann, ungeschickt in Liebesdingen, die Verse auch wegen nur sehr partieller Übereinstimmungen gewählt haben, nur, weil sie Minnas Einsamkeit und Sehnsucht gut ausdrückten. Aber daß sie ihm für diesen Zweck geeignet erschienen, bleibt verräterisch genug. Eine Tiefenschicht ist da, die ihm ein sehr sonderbares Zeugnis ausstellt. Im Hintergrund steht eine weitere typologische Konstellation: Lenz und die Pfarrerstochter Friederike Brion, die eine andere Liebe im Herzen trug. Büchner droht latent, es werde Minna ebenso ergehen wie Friederike. Er «ist» Minnas Goethe, der sie verlassen wird um seiner Freiheit willen. Allerdings sagt das nur sein Unterbewußtsein. Sein Tagesbewußtsein ist treu und hat Mitleid mit der Armen, die ihr Leben verseufzt. Er ist ein guter Junge, der sich gebunden und abgefunden hat und nun angestrengt alles richtig machen will.

Georg und Wilhelmine kannten das sehr abgelegene Gedicht wahrscheinlich aus der Bibliothek von Vater Jaeglé, wo es im Erstdruck von 1798 vorhanden war.[89] Noellner berichtet, daß es zur Verschlüsselung von Kollusionen verwendet wurde.[90] Es kann sein, daß der «wohlgenährte Kandidat» eine Brücke zwischen Liebe und Politik bildete. Als Subtext des Verlobungsbriefs ergäbe sich dann, daß Büchner von der Politik doch nicht ganz schweigen konnte, aber seine Rede chiffrierte, so daß Minna den politischen Hintergrund nicht verstand. Implizit würde sie damit den Ordnungsmächten zugerechnet, vor denen sich zu verstecken geboten war.

Lange Verlobungszeiten waren damals häufig. Leutnants pflegten zu warten, bis sie zum Hauptmann befördert wurden. «Das Gefühl gleicht nach so gedehntem Harren einem schönen Weine, den man im offenen Glase hat fade und abschmeckend werden lassen.»[91] Wilhelm und Caroline Schulz waren neun Jahre verlobt.[92] Gut fanden sie das nicht. Es gebe «in der Welt keinen unnatürlicheren Zustand, als diese chronischen, officiellen Brautschaften, wo der Bräutigam täglich hergebrachtermaßen voller Entzücken vor der Braut erscheinen muß und wo diese weder ganz für ihn, noch ganz für ihre Umgebung leben kann. Dabei lernen sie sich so genau kennen, daß sich ihnen gegenseitig das Räthsel der Individualität schon vor der Ehe löst, also daß diese nachher ihres schönsten Reizes entbehrt.»[93]

Wollust, Sexualität

Hätten wir Büchners verlorenes Drama *Pietro Aretino*, dann hätten wir vielleicht auch Kurtisanengespräche und *Sonetti lussuriosi* zu sechzehn Stellungen eines Liebespaars in coitu.[94] Auch ohne dieses ist klar, daß Büchner, müßten wir ihn auf einer Skala sexueller Liberalität irgendwo zwischen Bertolt Brecht und Thomas Mann einordnen, nahe bei Brecht landen würde, von dem es so offen sexuelle Gedichte gibt wie *Über die Verführung von Engeln*, und nicht bei Mann, dessen Werk zwar von Sexualität getränkt ist, aber immer nur vornehm zweideutige, nie eindeutige Ausdrücke dafür enthält. Wenn Georg Büchner in einem Brief an die Familie die «Unsittlichkeit» seines *Danton* offen verteidigt,[95] dann ist daraus zu entnehmen, daß es einen Kommunikationsraum für dieses Thema gab, nicht das zeitübliche Verdrängen, Verstummen und Verschweigen. Der junge Mann wirkt so unverklemmt und unverdorben, so unbefangen und unzerstört! Die Erziehung hat ihn nicht gebrochen. Der Urmut der Kindheit hat ihn nicht verlassen. Die nachwirkende Liberalität der napoleonischen Ära und die medizinische Sachlichkeit des Vaters mögen eine Verbindung eingegangen sein, die ihn schützte und jene Ungeniertheit ermöglichte, in der Karl Gutzkow die hauptsächliche «force» des genialen Stückeschreibers sah.[96]

Um der Frage, welche sexuelle Praxis die verbale Ungeniertheit begleitete, nicht auszuweichen, bauen wir zunächst die Metaphernräume auf, in denen sich Georg Büchners Imaginationen bewegen. Da ist zuerst die Gasse. Danton rühmt sie; er möchte sich die Hosen vom Leibe reißen und es den Hunden auf der Gasse nachmachen.[97] Die Gasse ist ein Bild des Lebens. Das Leben, sagt Danton, «ist eine Hure, es treibt mit der ganzen Welt Unzucht.»[98] Woyzeck sieht das genauso: «Dreht Euch, wälzt Euch. Warum blaßt Gott nicht Sonn aus, daß Alles in Unzucht sich übernanderwälzt, Mann und Weib, Mensch und Vieh. Thut's am hellen Tag, thut's einem auf den Händen, wie die Mücken.»[99] Die Hunde und die Mücken tun es auf den Gassen. Dantons Freund Lacroix bemerkt ironisch: «Auf der Gasse waren Hunde, eine Dogge und ein Bologneser Schoßhündlein, die quälten sich.» Von den Hunden kommt er auf die Huren. «Die Mädel guckten aus den Fenstern, man sollte vorsichtig sein und sie nicht einmal in der Sonne sitzen lassen, die Mücken treiben's ihnen sonst auf den Händen, das macht Gedanken.»[100] Die Wespen setzen sich gern auf die schönen Lippen.[101] Einer hilft einem Hündchen auf den Hund. «Ich hatt' en Hundele das schnuffelt' an eim großen [Hund] u. konnt' nicht drauf und da hab ich's ihm aus Gutmüthigkeit erleichtert und hab' ihn drauf gesetzt.»[102]

Ein zweiter Ort ist das Bett. Zur Sexualität gehören Entspannung, Faulheit, Ruhe und Schlaf. Leonce preist bei Rosetta ironisch und doch voll schmerzlicher Wahrhaftigkeit das Nichtstun: «O dolce far niente, ich träume über deinen Augen, wie an wunderheimlichen tiefen Quellen, das Kosen deiner Lippen schläfert mich ein, wie Wellenrauschen.»[103] Leider ist das romantische Nichtstun auch langweilig. «Komm liebe Langeweile», sagt Leonce zu Rosetta, «deine Küsse sind ein wollüstiges Gähnen, und deine Schritte sind ein zierlicher Hiatus.»[104] Ein Hiatus ist ein Spalt. Da *Leonce und Lena* handschriftlich nicht erhalten ist und die Drucke schonend filtriert wurden, hat vielleicht an dieser Stelle noch mehr gestanden; wir nehmen jedenfalls an, daß Leonce zwischen die geöffneten Beine Rosettas schläfrig hineinzufallen die Gewohnheit hat. Nur langweilt er sich dabei und tut ihr weh; erst mit Prinzessin Lena wird er eine Liebe kennenlernen, die ihn erfüllt.

Der dritte Ort ist das Bad. Flüssigkeitsmetaphern bilden das sexuelle Geschehen ab. Camille feiert, Sappho zitierend, die «gliederlösende, böse Liebe».[105] Büchner übernimmt das Bildfeld von der Romantik. Metaphern der Auflösung und der Vermischung, des Schmelzens, Strömens und Zerfließens stehen schon bei Novalis für Sexualität. In dessen Roman träumt Heinrich von Ofterdingen:

> Ein unwiderstehliches Verlangen ergriff ihn sich zu baden, er entkleidete sich und stieg in das Becken. Es dünkte ihn, als umflösse ihn eine Wolke des Abendroths; eine himmlische Empfindung überströmte sein Inneres; mit inniger Wollust strebten unzählbare Gedanken in ihm sich zu vermischen; neue, niegesehene Bilder entstanden, die auch in einander flossen und zu sichtbaren Wesen um ihn wurden, und jede Welle des lieblichen Elements schmiegte sich wie ein zarter Busen an ihn. Die Flut schien eine Auflösung

reizender Mädchen, die an dem Jünglinge sich augenblicklich ver-
körperten.[106]

Auch für Marion ist die Wollust flüssig. «Aber ich wurde wie
ein Meer, was Alles verschlang und sich tiefer und tiefer wühlte. Es
war für mich nur ein Gegensatz da, alle Männer verschmolzen in
einen Leib.»[107] Danton nimmt in seiner Antwort das Bild des Novalis auf, dabei die Geschlechterrollen vertauschend: «Ich möchte ein
Teil des Äthers sein, um dich in meiner Flut zu baden, um mich auf
jeder Welle deines schönen Leibes zu brechen.»[108]

Ein vierter Ort ist der Opferaltar. Religiöse Bilder spielen eine
große Rolle. Die «Priesterinnen mit dem Leib» und die «Nönnlein
von der Offenbarung durch das Fleisch»[109] verwalten die Sexualität
wie ein Sakrament, das den Sündern Erlösung gewährt. Das religiöse Element ist nicht harmlos wie in Schlegels *Lucinde*. Es enthält
vielmehr die grausig-gewalttätigen Anteile, die zum Bild des Opfer-
altars als dem eines Schlachttischs gehören. Lenz hat gewaltige, aber
auch gewalttätige Phantasien. Er will das All vergewaltigen – «er
dehnte sich aus und lag über der Erde, er wühlte sich in das All hinein, es war eine Lust, die ihm wehe tat»[110] – und betreibt eine Art
Selbstbefriedigung mit Gott. Die folgenden Bilder beschreiben
einen einsamen Sexualakt:

> Jetzt, ein anderes Sein, göttliche, zuckende Lippen bückten sich
> über ihm ‹nieder›, und sogen sich an seine Lippen; er ging auf
> sein einsames Zimmer. Er war allein, allein! Da rauschte die Quelle,
> Ströme brachen aus seinen Augen, er krümmte sich in sich, es
> zuckten seine Glieder, es war ihm, als müsse er sich auflösen, er
> konnte kein Ende finden der Wollust; Endlich dämmerte es in ihm,
> er empfand ein leises tiefes Mitleid in sich selbst, er weinte über
> sich, sein Haupt sank auf die Brust, er schlief ein [...][111]

Sehr oft ist Lust mit Schmerz verbunden. Robespierre
spricht von der «Wollust des Schmerzes», die der Menschensohn
ihm voraus habe.[112] Jesus ist der Stellvertreter aller Menschen, die
in die Opferrolle geraten. Ihnen wird ein masochistischer Zug
zugeschrieben. Der komplementäre Sadist ist Gott. Er hat die
Wollust der Täter:

Aber wir sind die armen Musikanten und unsere Körper die Instrumente. Sind denn die häßlichen Töne, welche auf ihnen herausgepfuscht werden nur da um höher und höher dringend und endlich leise verhallend wie ein wollüstiger Hauch in himmlischen
Ohren zu sterben?[113]

Büchner identifiziert sich mit Jesus, dem dahingeopferten
Menschensohn, und mit den Instrumenten, auf denen Gottvater
sich sein Welttheater vorspielen läßt. Er war schmerzerfahren, körperlich wie seelisch. Und wenn es nur das Zahnweh war, das ihm an
die Existenz ging. Er schreibt an Eugène Boeckel:

Du siehst ich stehe viel aus und ehe ich mir neulich meinen Hohlen
Zahn ausziehen lassen, habe ich im vollständigen Ernst überlegt,
ob ich mich nicht lieber todtschießen sollte, was jedenfalls weniger
schmerzhaft ist.[114]

Zurück zur Frage der Praxis. Ein Ja ergibt sich fast zwingend. Der Reichtum der Bilder hat etwas Sattes. Er kann nicht nur
aus frustrationskompensierender Phantasietätigkeit stammen. Ohne
Erfahrung mit dem tiefen, zufriedenen Aufgrunzen der Lust ist ein
derart sicherer Umgang mit diesen Bildwelten kaum denkbar – wobei andererseits ein gliederlösender Kuß auf einem Sofa schon die
gesamte sexuelle Signatur enthalten und verraten kann und es nicht
entscheidend wichtig ist, welche Spannweite diese Praxis genau
hatte, von Selbstbefriedigung über spielerisches Kosen, Petting,
Coitus bis zu Handlungen, die als Schuld erfahren wurden oder
Angst auslösten – Angst vor dem Zerfließen der Körpergrenzen, vor
Ichverlust, vor Hingabe, vor Bindung, bis zu Todesangst und
Todeslust, der Angst vor dem endgültigen Zergehen und der Auf-
lösung. Alles ist möglich, nichts unwahrscheinlich. Zusammen mit
der Todeslustangst eröffnen sich auch Räume paradoxer Behei-
matung. Bildliche Orte dafür sind wechselnd Auge und Mund der
Liebenden. Dantons Lippen haben Augen, sie können Marions
Schönheit ganz in sich fassen, sie ganz umschließen.[115] Der Liebes-
mund ist heiß; er ist nicht zum Sprechen da, sondern zum Küssen.
Marion beklagt sich: «Deine Lippen sind kalt geworden, deine
Worte haben deine Küsse erstickt.»[116] Camilles Augen schließen
sterbend Luciles Küsse ein. «Lucile, deine Küsse phantasieren auf

meinen Lippen, jeder Kuß wird ein Traum, meine Augen sinken und schließen ihn fest ein.»[117] Und Danton hätte sterben mögen nicht durch die Guillotine, sondern «ganz mühelos, so wie ein Stern fällt, wie ein Ton sich selbst aushaucht, sich mit den eignen Lippen totküßt, wie ein Lichtstrahl in klaren Fluten sich begräbt.»[118] In Julies Schoß will er liegen, unter der Erde. «Du süßes Grab», sagt er zu ihr, «deine Lippen sind Totenglocken, deine Stimme ist mein Grabgeläute, deine Brust mein Grabhügel und dein Herz mein Sarg.»[119] Auch Leonce und Lena träumen vom Tod.[120] «Der Tod ist der seligste Traum», sagt Lena. «So laß mich dein Todesengel sein», antwortet Leonce. «Laß meine Lippen sich gleich seinen Schwingen auf deine Augen senken.» Wieder sind die Lippen Heimat für die Augen. Er küßt sie und sagt: «Schöne Leiche, du ruhst so lieblich auf dem schwarzen Bahrtuche der Nacht, daß die Natur das Leben haßt und sich in den Tod verliebt.» Aber Lena wehrt sich: «Nein, laß mich», und mit ihr Büchner. Die Todesfaszination ist groß, aber sie hat nicht das letzte Wort.

Woyzecks Marie vergleicht sich mit der biblischen Maria Magdalena. Sie liest im Evangelium. «Und trat hinein zu seinen Füßen und weinete und fing an seine Füße zu netzen mit Tränen und mit den Haaren ihres Hauptes zu trocknen und küssete seine Füße und salbete sie mit Salben [...] Heiland, Heiland ich möchte dir die Füße salben.»[121] Wollte auch Büchners innerstes Ich mit Tränen gewaschen, mit Haaren getrocknet und mit Salbe gesalbt werden? Wieder verknüpft ihn eine heimliche Identifikationslinie mit Jesus. Die schöne Sünderin könnte in seiner Vorstellung die fille perdue gewesen sein. Bildlich-typologisch wäre er dann bei den Unschuldigen, Vergebenden und Verzeihenden, nicht bei denen, die ihren Körper genossen haben. Träume und Phantasien weitgehender Art mögen sich trotzdem an dieses Rollenspiel geknüpft haben. Für die Praxis war Georg Büchner jedoch auf die Pfarrerstochter Wilhelmine Jaeglé angewiesen. Auf sie entfallen womöglich die sadomasochistischen, mit Schuld und Angst befrachteten Komponenten. Es ist gut möglich, daß sie manchmal das Wort «Pfui!» gebrauchte. Vielleicht hat er ihr Jungfernschloß doch einmal entriegelt, und sie hat ihn, da sie sich ohnehin für rettungslos verdammt hielt, mit den wildesten Zärtlichkeiten überschüttet. Wahrscheinlich war sie ja weiter als er. Da sie drei Jahre

älter war, kann sie gut vorher schon einmal verliebt gewesen sein und
auf ihre Art Erfahrungen mitgebracht haben. Sie gehörte dann nicht
mehr zu denen, die beim Küssen rot werden. Vielleicht hat sie ihn
aber auch nur leichtsinnig gewähren lassen – Büchner redet in seinem
letzten Brief von ihrer «göttlichen Unbefangenheit» und ihrem «lieben Leichtsinn»[122] – und ihn dann ewig hingehalten. Oder sie gewährte immer wieder ein Stück weit, zog dann wieder eine Verbots-
linie, er überschritt sie um ein paar Zentimeter, sie strafte ihn dafür,
indem sie sich eine Weile entzog. Dabei war sie krank vor Angst –
nicht nur vor einer Schwangerschaft, sondern am meisten davor, am
Ende doch noch sitzengelassen zu werden. Sie quälte ihn mit ihrer
Angst, hielt Schuldgefühle wach, die ihn unter Druck setzen sollten.
Sie hatte oft ein schlechtes Gewissen. Die Wollust galt in den Erzie-
hungsschriften ihrer Zeit als ein entnervendes Laster. «Herrscht es
nicht in der niedrigsten Hütte, wie in Palästen?»[123] Sie war von den
Drohungen der Tugendwächter nicht unbeeindruckt. «Ihr Glück sah
manchmal einem Verbrechen verzweifelt ähnlich» – sie fühlte sich
manchmal wie Frau de Rênal, die den jungen Julien Sorel liebte und
dafür die Hölle offen sah.[124] Sie glaubte dennoch, recht zu tun, und
Georg dankte es ihr, wußte er doch ebenfalls das Rechte nicht und
fürchtete, sie zu entehren. Vier Jahre Verlobung waren schwer auszuhalten.

In Büchners sexueller Bilderwelt gibt es einerseits das Satte, andererseits das Gequälte. Wenn Freuds Maxime stimmt, daß der Glückliche nie phantasiere, nur der Unbefriedigte,[125] dann kann sehr wohl
Unbefriedigtsein Büchners Dichtungen angetrieben und seine
Phantasie so produktiv gemacht haben. Ein Hunger muß dagewesen
sein, den die Phantasietätigkeit sättigte. Vielleicht hat er etwas gehabt, was ihm dann entzogen wurde. Vielleicht hat der erste Straß-
burgaufenthalt als leuchtende Liebesutopie in ihm fortgelebt, weil
er körperliche Liebe gewährt hatte, vielleicht hat deren Entzug in
der Gießener und Darmstädter Zeit jenen Hunger erzeugt, den die
Dichtung dann so gewaltig stillte.

Dichtung ist aber nicht nur Wunscherfüllung, sondern auch
Selbstbestätigung und Selbstverteidigung. Sie bietet in öffentlich-
keitsfähiger Sprache eine vorzügliche Tarnung für höchst private
und sonst unaussprechliche Seelenlagen und Tatbestände. In eine

Danton mit niedriger Stirn

monogame Verlobung viel zu früh hineingeraten, verteidigt Büchner in seinen Dichtungen die polygame Vielfalt jenes Mosaiks aus Sehnsüchten, die Einlaß begehrt hätten in die enge Kammer der Ehe, wenn es so weit gekommen wäre.

Männlichkeit

Dantons Vitalität hätte er gern gehabt. Manchmal träumte ihm, er stolpere andauernd oder verlöre die Zähne.[126] Wie nur je ein Intellektueller fürchtete er die allzu Männlichen, spielte aber auch gern die Rolle dessen, der gewohnt ist, vor Frauen zu glänzen. Maries Tambourmajor ist ein «Mann, wie ein Baum», ein «Löw», ein «Stier».[127] Woyzeck unterliegt in der Männlichkeitskonkurrenz, so wie Lenz bei Friederike gegen Goethe unterliegt. Büchners Sympathien liegen klar bei den Unterliegenden, aber er wäre trotzdem gern ein *Mann*.

Imposant an Büchner war die breite, gewölbte Stirn, ein Männlichkeitssignal. Insgesamt aber gingen von seiner körperlichen Er-

Büchner, hochstirnig

scheinung widersprüchliche Impulse aus. Die eingehendste Beschreibung verdanken wir Wilhelm Schulz.[128] «Von schlankem und
feinem, aber nicht unkräftigem Wuchse» war Büchner einerseits «in
manchen Leibesübungen wohl erfahren», hatte aber andererseits
«etwas eigentümlich Zartes und Weiches». Männliche und weibliche Signale wechseln. Als Stirn trat er mit großer Bestimmtheit
auf. Seine Lippen waren androgyn. «Sein feiner Mund, sardonisch,
zärtlich und leidenschaftlich, war geschaffen für die Kunst der Rede
wie für den Witz und die Küsse.»[129] Seine Haut wiederum war frau-
enhaft; sie war «so fein und durchsichtig, daß sie das altadeligste
Fräulein auf jedem Hofballe gern noch bis über die äußersten Grenzen des Anstands hinaus zur Schau getragen hätte». Auch seine soziale Identität als Körper war widersprüchlich. Seine Herkunft war
bürgerlich, aber sein Körper schien adelig: Er hatte «etwas Vornehmes und Aristokratisches in seinem Ansehen»; er glich einem deutschen Prinzen, «der im gerechten Ueberdrusse an seiner höchst
überflüssigen prinzlichen Existenz aus Verzweiflung unter die Demokraten gegangen ist». Er liebte das Volk, aber er war kein Kessel-
flicker. «Aeußerst mäßig in all seinen Genüssen hatte er doch mehr
Sinn für die feineren.» Das alles paßte nicht recht zusammen. Es
war unfertig und entsprach dem studentischen Alter. Es war noch

nicht klar, welche Züge, wenn wir uns Büchner als Vierzigjährigen vorstellen, das Feld beherrscht hätten. Noch gehörte er nirgendwo hin. Obgleich er viele Freunde hatte, war er ein Fremdling mitten unter ihnen. Sein Geist wohnte in seinem Körper wie in einem gemieteten Haus. Zwischen einer Maskensammlung steckte irgendwo ein Gesicht.

Marion

Ihn quälte vieles, was er irgendwie verarbeiten mußte. Die Begegnung mit der fille perdue hatte ihm seine Grenzen gezeigt. Wie bürgerlich er war! Wie wenig er ausrichten konnte! Wie hilflos hatte er sich gefühlt und wie lächerlich hatte er sich gemacht mit seinem Plan, sie zu «erheben». Das war «überheblich» gewesen, und noch heute wurmte es ihn, wie souverän sie ihn hatte abfahren lassen.

Für den Verlauf der Handlung von *Danton's Tod* ist Marion entbehrlich. Sie kommt nur in einer einzigen Szene vor, der fünften des ersten Akts, und hält einen anderthalb Seiten langen Monolog, der aus der Handlung in auffälliger Weise heraustritt. Büchner hat für das Mädchen anfangs keinen Namen – «Marion» ist in der Handschrift nachgetragen in dafür freigehaltene Plätze.[130] Was ließ ihn zögern? Aus den Revolutionsquellen stammt die Figur nicht. Sonstige literarische Quellen stehen allenfalls schattenhaft im Hintergrund – Schlegels *Lucinde* und Brentanos *Godwi*. Woraus speist sich die Erfindung? Was ist ihre Keimzelle, ihr Entstehungsgrund und Ausgangspunkt? Man denkt sich ja nicht einfach etwas aus. Es muß einem irgendwie auf den Nägeln brennen. Wer Büchners Leben nach einer passenden Inspiration absucht, stößt unweigerlich auf die fille perdue. So wie Muston Büchners Verhältnis zu ihr beschreibt, könnte der Kern dessen, was Marion erzählt, einst von ihr zu Büchner gesagt worden sein. Wenn Georg ihr moralische Vorhaltungen gemacht hätte, um sie zu mehr Keuschheit zu bewegen und sie «au niveau des anges» zu heben, dann wäre der Marion-Monolog ursprünglich ihre Verteidigungsrede gewesen. Das Gespräch könnte sich im Frühsommer 1833 zugetragen haben. Vielleicht hieß sie Marie oder Manon, und Büchner wollte sie mit dem Namen «Marion» zugleich tarnen und ehren. Sie könnte damals begonnen haben mit dem Satz «Ich bin aus guter Familie», den Büchner dann wieder ausgestrichen hat. Sie wäre fortgefahren mit:

> Meine Mutter war eine kluge Frau, sie sagte mir immer die Keuschheit sei eine schöne Tugend, wenn Leute in's Haus kamen und von manchen Dingen zu sprechen anfingen, hieß sie mich aus dem Zimmer gehn; frug ich was die Leute gewollt hätten so sagte sie mir ich solle mich schämen; gab sie mir ein Buch zu lesen so mußt ich fast immer einige Seiten überschlagen. Aber die Bibel las ich nach Belieben, da war Alles heilig, aber es war etwas darin, was ich nicht begriff, ich mochte auch niemand fragen; ich brütete über mir selbst. Da kam der Frühling, es ging überall etwas um mich vor, woran ich keinen Teil hatte. Ich geriet in eine eigne Atmosphäre, sie erstickte mich fast. Ich betrachtete meine Glieder; es war mir manchmal, als wäre ich doppelt und verschmölze dann wieder in Eins. Ein junger Mensch kam zu der Zeit in's Haus, er war hübsch und sprach oft tolles Zeug, ich wußte nicht recht, was er wollte, aber ich mußte lachen. Meine Mutter hieß ihn öfters kommen, das war uns Beiden recht. Endlich sahen wir nicht ein, warum wir nicht eben so gut zwischen zwei Bettüchern bei einander liegen, als auf zwei Stühlen neben einander sitzen durften. Ich fand dabei mehr Vergnügen, als bei seiner Unterhaltung und sah nicht ab, warum man mir das geringere gewähren und das größere entziehen wollte. Wir taten's heimlich. Das ging so fort. Aber ich wurde wie ein Meer, was Alles verschlang und sich tiefer und tiefer wühlte. Es war für mich nur ein Gegensatz da, alle Männer verschmolzen in einen Leib. Meine Natur war einmal so, wer kann da drüber hinaus? [...] Ich bin immer nur Eins; ein ununterbrochenes Sehnen und Fassen, eine Glut, ein Strom.[131]

Dagegen gab es nichts mehr zu sagen. An der Unschuld des Trieblebens, auf der sein gefallener Engel unbeirrbar bestanden hat, kann Büchner jene entscheidende, auf Nietzsches *Jenseits von Gut und Böse* vorausweisende Erkenntnis gewonnen haben, die er dann Marion in den Mund legt:

Es läuft auf eins hinaus, an was man seine Freude hat, an Leibern, Christusbildern, Blumen oder Kinderspielsachen, es ist das nämliche Gefühl, wer am Meisten genießt, betet am Meisten.

Julie

Auch in seinem Verhältnis zu Minna war nicht alles rund. Es gab viel, was er ihr nicht sagen konnte, viele Ängste, viele Wünsche. Was ihn bedrängte, drängte er ins Werk. Zwischen Julie, Dantons Ehefrau, und Wilhelmine, Büchners Verlobter, gibt es enge Beziehungen. Was im Drama Julie und Danton zueinander sagen, könnte sich ähnlich auch im wirklichen Leben zugetragen haben:

> WILHELMINE Glaubst du an mich?
> GEORG Was weiß ich? Wir wissen wenig voneinander. Wir sind Dickhäuter, wir strecken die Hände nacheinander aus aber es ist vergebliche Mühe, wir reiben nur das grobe Leder aneinander ab, – wir sind sehr einsam.
> WILHELMINE Du kennst mich Georg.
> GEORG Ja, was man so kennen heißt. Du hast dunkle Augen und lockiges Haar und einen feinen Teint und sagst immer zu mir: lieb Georg. Aber *er deutet ihr auf Stirn und Augen* da da, was liegt hinter dem? Geh, wir haben grobe Sinne. Einander kennen? Wir müßten uns die Schädeldecken aufbrechen und die Gedanken einander aus den Hirnfasern zerren.[132]

Es ist nicht unwahrscheinlich, daß es zwischen Büchner und seiner Braut am ganz tiefen Verstehen fehlte. In Georgs politische Verstrickungen war sie nicht eingeweiht. Sie war keine Verschwörerin. Sie wollte nichts wissen und sollte nichts wissen, zu ihrem Schutz und damit sie nichts verraten konnte. Büchner dachte da ganz als Mann. Die Verantwortung mußte er allein tragen. Aber natürlich entstand dadurch auch eine Mißtrauenszone, und natürlich fehlte nicht nur ihr etwas, sondern auch ihm. Die vor ihr verheimlichten Wünsche trägt er ins Drama ein. Als Dantons Gewissen wegen der Septembermorde schlägt, zeigt Büchner Julie als kluge und starke Frau, die den Geängsteten und von seinem Gewissen Gequälten verständnisvoll tröstet. Warum schreibt er diese Szene, die ohne Vorlage in den Quellen ist? Warum fällt sie ihm ein? Auch ihn treiben Angst und Gewissensfurcht. Sie stellen ihm vor Augen, welche Schuld er auf sich geladen hatte, als er 1834 der Gesellschaft leichtsinnig den Krieg erklärt und seinen besten Freund der Gefangennahme ausgeliefert hatte. Gerne hätte er sich Minna anvertraut, aber dann hätte er sie einweihen, hätte ihr den genauen Verlauf und die Beteiligten offenbaren müssen. Ersatzweise vertraut er sich seinem Drama an. Das «September»-Gespräch zwischen Danton und Julie ist, auf seine biographische Folie bezogen, eine imaginäre Wunscherfüllung. Wenn Wilhelmine nur wäre wie Julie, wenn sie ihn auch in seinem politischen Handeln verstehen könnte! Wie getröstet wäre er gewesen, hätte er mit ihr so reden können, wie es Julie und Danton miteinander taten:

> WILHELMINE Du sprachst von garstigen Sünden und dann stöhntest du: Minnigerode!
> GEORG Ich, ich? Nein, ich sprach nicht, das dacht ich kaum, das waren nur ganz leise heimliche Gedanken.
> WILHELMINE Du zitterst Georg.
> GEORG Und soll ich nicht zittern, wenn so die Wände plaudern? Wenn mein Leib so zerschellt ist, daß meine Gedanken unstet, umirrend mit den Lippen der Steine reden? Das ist seltsam.
> WILHELMINE Georg, mein Georg!
> GEORG Ja Wilhelmine, das ist sehr seltsam. Ich möchte nicht mehr denken, wenn das gleich so spricht. Es gibt Gedanken, Wilhelmine, für die es keine Ohren geben sollte. Das ist nicht gut, daß sie bei der Geburt gleich schreien, wie Kinder. Das ist nicht gut.
> WILHELMINE Gott erhalte dir deine Sinne, Georg, Georg, erkennst du mich?
> GEORG Ei warum nicht, du bist ein Mensch und dann eine Frau und endlich meine Braut, und die Erde hat fünf Weltteile, Europa, Asien, Afrika, Amerika, Australien, und zweimalzwei macht vier. Ich bin bei Sinnen, siehst du. Schrie's nicht Minnigerode? Sagtest du nicht so was?
> [...]
> WILHELMINE Du träumtest Georg. Faß dich.[133]

Wie Georg Danton hatte auch Georg Büchner gewaltige Größenphantasien, denen Erniedrigungsphantasien auf dem Fuße folgten. Daran litt er, das mußte lieben, wer ihn liebte:

> GEORG Träumtest? ja ich träumte, doch das war anders, ich will dir es gleich sagen, mein armer Kopf ist schwach, gleich! so jetzt hab ich's! Unter mir keuchte die Erdkugel in ihrem Schwung, ich hatte sie wie ein wildes Roß gepackt, mit riesigen Gliedern wühlt' ich in ihrer Mähne und preßt' ich ihre Rippen, das Haupt abwärts ge-bückt, die Haare flatternd über dem Abgrund. So ward ich ge-schleift. Da schrie ich in der Angst, und ich erwachte. Ich trat an's Fenster – und da hört' ich's Wilhelmine.

Wilhelmine hätte dann die Welt wieder einrenken müssen. Ihr Gespräch hätte geendet mit Worten, die er aus seinem brieflichen Austausch mit Wilhelmine in den Dialog Julie – Danton übertragen hat und die wir nun probeweise zurückübertragen, um zu hören, ob das echt klingt:

> WILHELMINE Du hast das Vaterland gerettet.
> GEORG Ja das hab' ich. Das war Notwehr, wir mußten. Der Mann am Kreuze hat sich's bequem gemacht: es muß ja Ärgernis kommen, doch wehe dem, durch welchen Ärgernis kommt.
> Es muß, das war dies Muß. Wer will der Hand fluchen, auf die der Fluch des Muß gefallen? Wer hat das Muß gesprochen, wer? Was ist das, was in uns hurt, lügt, stiehlt und mordet?
> Puppen sind wir von unbekannten Gewalten am Draht gezogen; nichts, nichts wir selbst! Die Schwerter, mit denen Geister kämpfen, man sieht nur die Hände nicht wie im Märchen.
> Jetzt bin ich ruhig.
> WILHELMINE Ganz ruhig, lieb Herz?
> GEORG Ja Wilhelmine, komm, zu Bette!

Solches Verständnis hätte Büchner sich gewünscht. Was sie voneinander kannten, war doch eher das grobe Leder. Er malt sich aus, daß Julie ihrem Danton – und Wilhelmine ihrem Georg – in den Tod folgen müßte. Er weicht von den historischen Quellen ab, die keinen Liebestod von Dantons Frau bezeugen (sie lebte weiter und heiratete wieder). Wichtiger als die historische Korrektheit war der Traum. Der Traum aber speiste sich in diesem Fall aus Shakespeares *Romeo und Julia*,[134] was die autobiographische Rekonstruktion zwar in ihre Schranken weist, aber sie nicht widerlegt.

Lucile

Woher mag diese Figur kommen? Lucile wirkt zwar wie eine, die er hätte lieben können, so eine Schwärmerische, Großäugige, aber eine Vorlage geben die biographischen Quellen nicht her. Wir wollen auch gar nicht den Eindruck erwecken, als wäre das dichterische Werk nichts als das in ihm geronnene Leben, und als hätte man es «erklärt», wenn man die Lebensreste in ihm identifiziert hat. Zum Genie gehört weit mehr als die Versprachlichung von Erlebnissen. In ein Werk wie *Danton's Tod* geht zwar das Erlebte ein – in allen Abstufungen zwischen Wirklichkeit und Wunsch –, aber auch das Erlesene – historische und literarische Quellen –, es gehen ferner Stimmungen ein und Gläubigkeiten, weiterhin Klänge und Töne, außerdem poetische Regeln und poetische Innovationen, schließlich Bilder bewußt, halbbewußt und unbewußt. Genialität ist die Verknüpfungslogik, die in einem inspirierten Moment alle Bestandteile blitzschnell so zusammenschießen läßt, daß der Kristall entsteht.

Im Falle der Lucile bietet nicht das Leben, sondern die Literatur die wichtigsten Bausteine. Büchner war immer auch ein genialer Kompilator – wie hätte er sonst so schnell sein können? Aus Anregungen, die er bei Shakespeare (Ophelia in *Hamlet*), bei Alfred de Musset (*Fantasio*) und bei Clemens Brentano (Violette in *Godwi*) gefunden hatte, schuf er eine raffinierte romantische Kunstfigur. Eine Szene wie die folgende ist feingesponnene Literatur, nicht Leben:

> CAMILLE Was sagst du Lucile?
> LUCILE Nichts, ich seh dich so gern sprechen.
> CAMILLE Hörst mich auch?
> LUCILE Ei freilich.
> CAMILLE Hab ich Recht, weißt du auch, was ich gesagt habe?
> LUCILE Nein wahrhaftig nicht.[135]

Lucile ist unpolitisch und rettet sich wie Ophelia in den Wahnsinn. Sie ist eine Romantikerin, keine Vormärzlerin; sie singt Volkslieder und stirbt den Liebestod; sie stirbt nicht für die Republik, sondern ironischerweise als Märtyrerin der Monarchie:

> LUCILE *tritt auf und setzt sich auf die Stufen der Guillotine:*
> Ich setze mich auf deinen Schoß, du stiller Todesengel. *Sie singt:*
>
> > Es ist ein Schnitter, der heißt Tod,
> > Hat Gewalt vom höchsten Gott.
>
> Du liebe Wiege, die du meinen Camille in Schlaf gelullt, ihn unter deinen Rosen erstickt hast.
> Du Totenglocke, die du ihn mit deiner süßen Zunge zu Grabe sangst. *Sie singt:*
>
> > Viel hunderttausend ungezählt,
> > Was nur unter die Sichel fällt.
>
> *Eine Patrouille tritt auf.*
> EIN BÜRGER He werda?
> LUCILE Es lebe der König!
> BÜRGER Im Namen der Republik.
> *Sie wird von der Wache umringt und weggeführt.*[136]

Minna (3): im Exil

Wie war das, als Georg Büchner in der zweiten Märzwoche 1835 in Straßburg ankam? Wohin wird er sich gewendet haben? Einfach bei der Braut auftauchen? Das hätte man heute gemacht. Damals aber? Als Mieter hatte er in der Wilhelmergaß 66 frei aus- und eingehen können. Als Verlobter aber hätte er sich dem Gerede ausgesetzt, zumal im Haus eines Pfarrers. Nicht nur von außen, auch von innen gesehen ging das nicht. Minna war empfindlich in Sachen der Sitte. Auch wird der Verfolgte sie nicht in Gefahr haben bringen wollen im Falle, daß die Straßburger Polizei der darmstädtischen Amtshilfe zu leisten willig gewesen wäre. Aus dem gleichen Grund war es nicht rätlich, sich an die Verwandten zu wenden. Wer versteckt schon gern einen politischen Flüchtling? So bleibt es am wahrscheinlichsten, daß Büchner sich in den ersten Tagen auf die

politischen Netzwerke verließ und im «Rebstock» abstieg, bei dem
Gastwirt Jean Henri Schroth, der sich den Flüchtigen als Anlauf-
stelle und Postanschrift zur Verfügung stellte[137] und wußte, wo man
sich inkognito eine Weile aufhalten konnte. Polizeilich feststellbar
war (und ist) Büchners Adresse in dieser Zeit nicht. Postalisch erreichbar war er über die Rue St. Guillaume Nr. 66, aber nicht Wilhelmines Anschrift teilte er seinen Korrespondenten mit, sondern
die seines einstigen Zimmernachbarn Ferdinand Lucius. Es hat
offenbar, nachdem die ersten Wochen überstanden waren, keinen
Grund gegeben, sich sorgfältig vor den Straßburger Behörden zu
verstecken. Karl Gutzkow schreibt seine Briefe an ihn im März und
April 1835 noch über (nicht erhaltene) Deckadressen – mit (erhaltenen) inliegenden Couverts, auf denen lediglich «Herrn Georg Büchner in Straßburg» oder «Herrn Georg Büchner» stand.[138] Ab Mai
1835 aber schreibt er offen an «Herrn Georg Büchner p. A. à Mr.
Lucius à Straßbourg Rue Guillaume N⁰ 66».[139] Die französische
Polizei hätte den Adressaten also leicht finden können. Auch die
Darmstädter Polizei hätte den ihrer Obhut Entflohenen mit gerin-
ger Mühe ausfindig machen können. Auf Straßburg zu kommen war
nicht schwer. Dort wird Büchner sich auch bald immatrikuliert, also
eine Aktenspur hinterlassen haben. Er besuchte Lehrveranstaltun-
gen und sprach mit Professoren. Es wird also mit Billigung der
Polizei geschehen sein, daß man ihn nicht mit wirklichem Nachdruck verfolgte. Die Flüchtigen seien nur geduldet und ganz der
Willkür des Präfekten überlassen, schreibt Büchner am 10. Juni 1835
an die Eltern, aber verweist zugleich auf die «Protection» durch die
Professoren Ernest-Alexandre Lauth (Anatomie) und Georges-Louis
Duvernoy (Naturgeschichte) sowie des Arztes Doktor Théodore
Boeckel (Bruder von Eugène Boeckel), «die sämmtlich mit dem Präfecten gut stehen» und auf die er zählen könne.[140] Der Präfekt war
der Regierungschef des Départements du Bas-Rhin, dessen Hauptstadt Straßburg war. Der damalige Amtsinhaber Augustin Choppin
d'Arnouville hielt viel von den Medizinern seiner Universität und
hat wahrscheinlich gleich verfügt, daß Büchner in Ruhe gelassen
werden solle. Für den August 1836 ist eine solche Verfügung belegt.[141] Im Oktober 1835 erhielt Büchner eine französische Sicher-
heitskarte[142] und war damit legalisiert. Er hatte spätestens jetzt auch

eine eigene Adresse, als Untermieter bei dem Weinhändler Johann Daniel Siegfried, Strasbourg, à la Douane Nr. 18.[143] Sie bleibt gültig bis zu seiner Abreise nach Zürich im Oktober 1836.

Daß Georg nicht bei Minna wohnte, steht fest. Aber er lebte in Fußgängerentfernung. Wie mag sich beider Alltag gestaltet haben? Da die Bekanntgabe der Verlobung in die Gießener Zeit, also eine Zeit der Trennung gefallen war, kam jetzt erst die Bewährungsprobe. Leider wissen wir beinahe nichts. Das wenige ist belanglos, aber da wir sonst nichts haben, müssen wir es belasten. Es stammt aus dem Briefwechsel mit Eugène Boeckel. Büchner schreibt: «Wilhelmine war lange Zeit unwohl, sie litt an einem chronischen Friesel, ohne jedoch je bedenklich krank gewesen zu seyn.»[144] Der chronische Friesel, ein Fieber mit Hautausschlag, kam, so die damalige Fachliteratur, meistens bei Frauen vor, «die an einer abnormen Reitzbarkeit des gesammten Nervensystems leiden.»[145] Ein psychosomatischer Befund, der behutsame Behandlung erfordert. Im gleichen Brief geht es auch um die bereits erwähnte Couvert-Affäre: Boeckel hätte, schreibt Büchner, wenn er schon Minna davor warnte, daß medizinische Gegenstände zur Sprache kommen würden, Briefe, die er über Minnas Anschrift an Büchner gelangen ließ, «schicklichkeitshalb» mit einem Innencouvert verschließen können.[146] Büchner hielt seine Verlobte offenbar für prüde. Schon bei einem aus heutiger Sicht gänzlich harmlosen Brief mahnte er den Freund. Es ist deshalb anzunehmen, daß er Minna generell vor Frivolitäten verschonte. Kannte sie überhaupt das Originalmanuskript von *Danton's Tod*? Wahrscheinlich nicht. Die Druckfassung erschien im März/April 1835 (in Gutzkows Zeitschrift *Phoenix*, gekürzt) und als Buch im Juli 1835. Beide Drucke waren erotisch entschärft. Wir gehen davon aus, daß Minna damals nur den zensierten Büchner kannte. Seine Handschriften versteckte er wie ein Bündel alte Liebesbriefe. Er ließ «Keinen in die stille Werkstätte seines rastlosen Geistes blicken».[147] «Von belletristischen Arbeiten bekamen wir hier nichts zu sehen.»[148] Minna kannte auch das verlorene Drama nicht, dessen Existenz aus Büchners Brief an sie von Ende Januar 1837 erschlossen wird, oder hatte nur die vage Kunde, daß es von Pietro Aretino handle.[149] Sie las seine Sachen nicht, während sie entstanden. Sie war nicht seine Muse – oder höchstens indirekt, via Verdrängung. Erst nach seinem Tode sah sie, was da war, und erschrak zutiefst.

Boeckel beschuldigte Minna in seinem Brief vom 4. September 1836 der Nachlässigkeit, weil sie ihm Büchners Anschrift nicht mitgeteilt habe.[150] Da Boeckel in seinem Brief vom 18. Juni 1836 die richtige Adresse (bei Weinhändler Siegfried) verwendet hat, muß ein Mißverständnis vorliegen oder ein schlechter Scherz. Wir gehen davon aus, daß Minna zwar Aufträge zuverlässig ausführte, aber daß Boeckel ihr zu unterstellen beliebte, sie halte Büchners Freunde auf Abstand. Vielleicht hatte er damit nicht gänzlich unrecht. Nur Büchner selbst war ihre Sonne. Sein großer Freundeskreis warf aus ihrer Sicht manchmal allzu lange Schatten.

Außer diesen Marginalien ist schlechterdings nichts präzise Abgegrenztes aus den anderthalb Straßburger Jahren vom März 1835 bis zur Abreise nach Zürich im Oktober 1836 zu vermelden. Über keinen einzigen Tag können wir eine bestimmte Auskunft geben. Kein Streiflicht, kein Erlebnis, keine Anekdote ist überliefert. Es bleibt nur das Generelle, aus dem sich Verhaltensweisen hochrechnen lassen. Er suchte keine Gesellschaft, «seine früheren Bekannten waren abgegangen.»[151] Georg war sehr ehrgeizig, arbeitete enorm viel, schrieb nicht nur *Lenz* und *Leonce und Lena* sowie einen Großteil von *Woyzeck* in dieser Zeit, sondern auch seine Dissertation und Vorlesungen für Zürich. Er verschaffte sich in kürzester Zeit hohes Ansehen in der gelehrten Welt. Er hatte wenig Zeit, sie viel. Es gibt keine Hinweise, daß sie irgendeine Ausbildung gemacht hätte. Vielleicht las sie viel, wartete, seufzte und beklagte sich über seine Müdigkeit, wenn er kam. Vielleicht hat sie sonntags für ihn und Papa und Louis gekocht, vielleicht haben sie einander vorgelesen, sind spazieren gegangen oder waren bei Freunden und Verwandten eingeladen. Manchmal diktierte er ihr etwas; es gibt zwei Behördenschreiben von ihrer Hand, bei denen Georg nur unterschrieben hat.[152] Vielleicht wusch sie auch seine Wäsche. Alles war ganz normal. Es besteht kein Grund, etwas Besonderes oder gar Geniales in dieser Beziehung anzunehmen. Sie klammert ein bißchen, er will Freiheit – auch das eine bekannte Geschichte. Er muß ja auch noch seine vielen Freundschaften pflegen, muß Schachspielen, Wandern, Fechten[153] – alles ohne Minna. Sie galten als festes Paar. Das hatte sich herumgesprochen, überregional. Gutzkow hörte in Rödelheim (bei Frankfurt), daß Büchner «an eine junge Dame in Str. gefesselt» sei, weshalb ihm die Flucht dorthin sehr willkommen gewesen sein müsse.[154] «Gefesselt» – es ist gekommen, wie Büchner gefürchtet hat: Die Kochtöpfe rasseln hinter jedem Kuß. Minnas Bruder Louis wird bereits umstandslos als «Schwager» tituliert.[155] Alles ist festgeklopft. Leistungsdruck und Ehrgeiz verlangen, daß die Bindungsangst zurücktreten muß. Für die Wildheit des Trieblebens, wie sie aus *Danton's Tod* spricht, bleibt nur in der Dichtung Raum. Er verbirgt vor Minna die blutige Geschichte von einer untreuen Frau, die er schreibt. Sein verlorenes Mädchen, wenn es überhaupt noch in Straßburg war, hat er vermutlich nie wiedergesehen. Er hatte wählen müssen zwischen dem Verrat an der einen oder an der anderen. Nach einem kurzen, ehrlichen Kampf zwischen seinen aufständischen Gefühlen und der Unterordnung unter das Gegebene wählte er die Unterordnung. Die Macht der Verhältnisse riß ihn zur Preisgabe seines verlorenen Mädchens. In tiefster Seele fühlte er, daß er damit nicht nur eine Pflicht erfüllte, sondern auch den vielen Menschen, die auf seine Treue zum Gegebenen zählten, Gutes tat. Das andere Leben, das er hätte führen können, trat in die Dichtung zurück.

Daß Georg nicht rebellierte, oder, wenn er rebellierte, unterlag, erklärt sich aus mehreren weiteren Faktoren. Er brauchte Ruhe an der Innenfront, um seine Karriere zu betreiben. Minna bestärkte ihn darin. Sie zähmte ihn allmählich und überzeugte ihn von den Vorteilen und Annehmlichkeiten des eheähnlichen Lebens. Sie zähmte ihn auch politisch. Sie tolerierte den Verkehr mit dem politisch harmlosen Eugène Boeckel, in dessen Briefwechsel sie immerhin wenige Male erwähnt wird, erschwerte aber konspirative Kontakte. In Büchners politischem Briefwechsel kommt sie nicht vor. Sie interessierte sich nicht für Politik – «Du sagst kein Wort davon», beschwerte sich Büchner, als sie ihm nichts über aktuelle Vorgänge in Straßburg mitteilte.[156] In ihrem Augenhintergrund flackerte die Angst, den emanzipatorischen Forderungen der Vormärzler nicht gewachsen zu sein. Der Büchner ihres Herzens war kein Revolutionär, sondern ein angesehener Gelehrter, mit dem sie Kinder haben und dessen Haus sie führen wollte. Als er im März 1835 eintraf, war

er überdies hilfsbedürftig. Die Exilsituation stabilisierte das Verlöbnis. Sie war eine Besonderheit, wie eine Krankheit. Einen Kranken
verläßt man nicht. Es war Christenpflicht, einem Verfolgten zu helfen. «Was ihr dem geringsten meiner Brüder getan habt, das habt ihr
mir getan» (Mt 25,40) – so hatte Wilhelmine es gelernt. Das paßte
zu ihr. Zuerst war sie erschrocken, ja schockiert gewesen, als er so
unerwartet und so mittellos vor ihr stand. Vielleicht steht ein solcher Schreck hinter der ironischen Alternative «oder [ich] sterbe mit
meiner Geliebten», die Büchner Mitte März 1835 im Spaß als eine
seiner Möglichkeiten, das Exil zu gestalten, aufzählt.[157] Aber bald
erkannte sie ihre Aufgabe: diesen Entgleisten zurückzuführen in die
bürgerliche Gesellschaft und ihn dort groß zu machen. Sie wußte
ihn sich zu verpflichten; sie hatte ihn gerettet, jetzt sollte er ihr gehören; sie quälte ihn mit Eifersucht und zwang ihn so auf den geraden Weg; er merkte, daß dieser Weg der beste war, entspannte sich
und fand ein Zuhause. Eine «heitere Stimmung» habe damals aus
seinen Briefen gesprochen, urteilt Ludwig Büchner 1850.[158]

Aber es gab immer eine elektrische Spannung zwischen diesen
einander Versprochenen, und wenn sie lachte, lachten ihre Augen
manchmal nicht mit. «Das ist ein Zeichen entweder für einen
schlechten Charakter oder für einen tiefen unstillbaren Kummer.»[159]
Vier Jahre beweisen gar nichts. Manche sind sieben Jahre verlobt
und wissen, daß es nicht richtig paßt, denken aber, das müsse so
sein, – und plötzlich kommt ein anderer auf einem Zauberteppich,
der die Braut raubt und nach sieben Wochen heimführt.

Georg Büchner mußte sich und den Eltern beweisen, daß seine
Flucht richtig gewesen war. Das konnte er nur, indem er bewies, daß
auch seine Verlobung richtig gewesen war. So mischten sich in das
Gefühl seines Herzens für sie auch Überlegungen seines Kopfes, der
ihm sagte: Du mußt treu sein, aus Verpflichtung, aus Dankbarkeit,
aus Beweisenmüssen, aus Rücksicht auf ihre Kränklichkeit, aus See-
lenzwang, weil sie doch alles auf dich gesetzt hat. Aber dem Herzen
läßt sich nicht gebieten. Es fordert sein Recht und bekommt es in
der Dichtung. Das Genie Büchners verdankt sich vielen Faktoren –
einer davon ist der Protest gegen das kleinbürgerliche Gefängnis, in
dem er lebte.

Friederike und Lena

Jakob Michael Reinhold Lenz war bekanntlich Goethes Liebesnachfolger bei Friederike Brion. In Büchners Erzählung *Lenz*, die als erstes dichterisches Projekt nach der Flucht 1835 in Straßburg entstanden ist, treten weder Goethe noch Friederike persönlich auf, aber sie sind beide präsent, als Phantom und als Schatten, und wirken. Hinter der Vordergrundhandlung findet ein autobiographisches Schattenboxen statt. Es handelt sich um eine Dreiecksgeschichte. Wir hatten uns bereits bei der Analyse des Verlobungsbriefs darauf verständigt, daß Büchners imaginärer Platz in dieser Geschichte bei Goethe, nicht bei Lenz ist. Was kommt heraus, wenn wir eine solche autobiographische Typologie an den Text herantragen?

Wenn Büchner Goethe «ist», dann malt sich seine Seele einen Zustand, in dem er Friederike verlassen haben wird. Er wird dann in die Welt gezogen und ein großer Mann geworden sein. Er hat dann diese Liebe verraten müssen, obgleich er weiß, daß dann ein zerstörtes Menschenherz auf seinem Weg liegen wird. Wie unglücklich würde Friederike werden, und wie unglücklich würde sie jeden machen müssen, der sich in sie verliebte! Das ist der casus Lenz. Büchner läßt Lenz jammern: «ich muß weg, zu ihr – aber ich kann nicht, ich darf nicht.»[160] Aber ist «sie» – Wilhelmine? Das ist nicht gesichert. Typologisch spielt Büchner liebend gern Goethe, psychologisch aber hat er den Fehler bereits begangen, den Goethe vermieden hat – ein junger Mann mit Bindungsangst, in Straßburg angekettet, der Phantasien hegt, wie er aus dem gefürchteten Philisterstand wieder ausbrechen könnte. Es muß also noch mehr im Spiel sein. Von Lenz und seiner Liebe wird später noch einmal die Rede sein müssen.

Das Lustspiel *Leonce und Lena*, konzipiert im Sommer 1836 in Straßburg, hat aus der autobiographischen Optik als Zentrum den Abschied von Rosetta, die wir als fille perdue identifizieren, und die Hinwendung zu Lena (= Minna). Das Beglückende daran ist, daß im Lustspiel die freie Wahl aus Liebe märchenhaft mit den Wünschen der Macht (König Peter = Vater Büchner) zusammenfällt. War es nicht im Leben ebenso gelaufen? Bei wohlwollender Interpretation konnte man, was Georg mit Minna erlebt hatte, so deuten: Er war 1833 mit der heimlichen Verlobung der Macht entwichen und den anarchischen Verlockungen des Liebesgotts gefolgt, aber siehe da, Minna eroberte die Vaterfestung, wurde die Auserwählte der Macht und erwies sich als ideale Besetzung auch aus der Sicht der Familienvernunft.

Bei Prinz Georg hat sich gleichfalls die Vernunft durchgesetzt. Er weist Rosettas Liebe zurück und behauptet. «Ich bin froh, daß ich sie begraben habe. Ich behalte den Eindruck.»[161] Dahinter könnte eine wirkliche Szene stehen. Er hatte sein ursprüngliches und redliches Gefühl für die *fille perdue* abtöten und seinen jugendlich-idealistischen, aber weltfremden Plan, sie «au niveau des anges» zu heben, aufgeben müssen. So etwas kostet innerlich viel. Es geht nicht ohne Zynismus ab. «Tränen, Rosetta? Ein feiner Epikureismus – weinen zu können.»[162] Aua. Das muß weh getan haben, wenn er das wirklich zu seinem verlorenen Mädchen gesagt hat. Es war ein Verrat, ein notwendiger Verrat, wie sie in gewisser Zahl immer vorkommen, wenn ein Jüngling sich die Hörner abläuft. *Leonce und Lena* spiegelt die geglückte Zähmung des Widerspenstigen, aber auch ihre Kosten.

Als Lena figurierend muß Wilhelmine tüchtig romantisiert werden. Die Lena-Figur ist zu einem ganz erheblichen Anteil aus Literatur gemacht – aus *Romeo und Julia*, aus den *Leiden des jungen Werther*, aus Komödien und Romanen der Romantik voller Liebesweh und Todessucht. Sie ist deshalb als Minna-Porträt nicht mehr zu erkennen. Minna wollte leben, nicht sterben. Es ist nur die Konstellation, die sie verrät.

Marie

Woyzecks Marie ist eine wundervolle Figur, zum Verlieben. Um ehrlich zu sein: eine heiße Frau. Es ist das Sexuelle. Sie hat «so rothe Mund als die großen Madamen».[163] Büchner stünde wachträumend mit Boeckel in Darmstadt am Straßenrand, dieser würde sagen: «Halt, jetzt: Siehst du sie? Was ein Weibsbild!» Dann

BÜCHNER. Teufel, zum Fortpflanz von Studente und zur Zucht von Privatdozente.

BOECKEL. Wie sie den Kopf trägt, man meint, das schwarze Haar müßt ihn abwärts ziehn, wie ein Gewicht, und Auge, schwarz ...

BÜCHNER. Als ob man in ein Ziehbrunn oder zu ein Schornstei hinunteguckt. Fort hinte drein.[164]

Büchner erlebte sich als triebhaft und satyroman. Natürlich beschäftigte ihn die innere Promiskuität. Sie stellte ihm die Frage nach der Treue. Das war die Woyzeck-Frage. Bezogen auf die Woyzeck-Typologie «ist» Büchner der Tambourmajor, der sozial Überlegene, Intelligentere und Angesehenere, der den Proletarier ausstechen würde, wenn ihn gelüstete nach dessen Weib. «Die hat Schenkel und Alles so fest!»[165] Abgründig sexsüchtig. Faktisch traut er sich nicht. Minna hat ihn voll im Griff. Aber das ist keine Frage der Moral, sondern der Macht. Sie ist das sanfte, stille, abhängige Weibchen, andererseits hat sie die Macht auf ihrer Seite. Die Moral würde ihn nicht halten können. Jedes Mal, wenn er so eine Marie vorbeigehen sieht, ist er innerlich untreu. Er weiß es, denn er kennt das Evangelium, kennt Jesu Wort aus der Bergpredigt: «Ich aber sage euch: Wer ein Weib ansieht, ihrer zu begehren, der hat schon mit ihr die Ehe gebrochen in seinem Herzen.» (Mt 5,28) Aber kennt Jesus die Macht des Triebs? «Was sie heiße Händ habe», sagt Woyzeck,[166] «Es ist Alles eins», sagt Marie.[167] «Dreht euch, wälzt euch», sagt Woyzeck.[168] Es ist der Trieb, es ist die Macht, es sind der Trieb der Macht und die Macht des Triebs, was die Welt beherrscht, jedenfalls nicht die Moral. Wer das kapiert, wird Zyniker. Wer es nicht kapiert, wird wahnsinnig. Als Tambourmajor wird Büchner Woyzeck zum Wahnsinn treiben, wie er als Goethe Lenz zum Wahnsinn getrieben hat. Büchner wollte treu sein, mit dem Kopf, aus Einsicht in seine Verpflichtung, aus Dankbarkeit, aus Gehorsam und aus Rücksichtnahme. Aber das Herz läßt sich nicht gebieten. Es fordert sein Recht und bekommt es in der Dichtung. Dorthinein fließt der Triebdruck und gebiert Gestalten wie Marie und Marion. Nicht der autonome Geist erzeugt die Dichtungen, indem er eine Idee mit Gestalten bevölkert. Das wäre ja wie in der *Critischen Dichtkunst* des seligen Gottsched. «Es ist der Geist, der sich den Körper baut», sinniert Schillers Wallenstein selbstbewußt, aber irrtümlich.[169] Es ist vielmehr der Trieb, der sich seinen Geist erschafft, oft mit großer Virtuosität, so daß man es ihm nicht mehr ansieht. Das Geschlecht sei der Brennpunkt des Willens, der Intellekt sein Diener, das vertrat zu Büchners Lebzeiten Arthur Schopenhauer.

Minna (4): der Donnerschlag

Ich will nichts wissen,[170] murmelte Minna vor sich hin wie die Marquise von O .... Nach Georgs Tod waren ihr zwar seine Papiere zugefallen, die sie dann zusammen mit Caroline Schulz gesichtet hatte; sie hätte alles lesen können, auch das bisher vor ihr Verborgene, aber die Tränen in ihren Augen hatten sie blind gemacht. Das war irgendwie sogar wohltuend gewesen und hatte die Stelle geschützt, wo einmal ihr Herz geschlagen hatte. Das war jetzt taub. Sie fühlte sich nicht mehr, obgleich sie funktionierte. Das Leben ging weiter in seiner stumpfen und gleichgültigen Art. Sie wußte nicht, wie ihr geschah. In diesem Zustand fiel ihr eine Chance zu. Das elegische Klima, das sie in Zürich umgab wie warmes Wasser, ließ sich allen Menschen leicht mitteilen. Sie konnte Caroline und Wilhelm Schulz für deren Nachrufe und Protokolle ein bißchen Privatleben preisgeben. Geschönt? Das wollte sie in dieser Stunde nicht mehr wissen. Was wie Imagepolitik wirkte, war die Antwort ihrer gequälten Seele. Endlich kam eine Gelegenheit, zu sagen, daß hier kein politischer Rebell, sondern ihr lieber Georg zu Grabe getragen worden war – ein angesehener Gelehrter, hochbegabter Dichter und treuer Bräutigam. Alle sollten auch sehen, wie vorbildlich sie sich verhalten hatte. *Auf die erste Nachricht von seiner Krankheit eilte seine Verlobte an das Krankenbett ihres Bräutigams.*[171] So wollte sie gesehen werden. In Wirklichkeit hatte sie schon drei Wochen früher, schon am 20. Januar von seiner Erkrankung gehört, aber Georg hatte sie beruhigt, er gehe *fast so richtig wie eine Schwarzwälder Uhr*[172] und habe *keine Lust zum Sterben*.[173] Erst am Sonntag, den 12. Februar hatte sie den Brief mit der Locke und dem *Adieu, mein Kind* erhalten,[174] der sie alarmierte, sie wollte sofort reisen, aber *man ließ sie nicht gehen*,[175] sie mußte erst eine schickliche Begleiterin finden, und war dann endlich am Mittwoch den 15. Februar nach

Zürich gereist, wo sie am 17. Februar um zehn Uhr angekommen war. Caroline hatte nicht wirklich mit ihr gerechnet, sie *erschrak sehr und fürchtete für sie*,[176] bereitete sie auf den Kranken vor und ließ sie erst am Nachmittag zu ihm. *Die Nähe der Geliebten leuchtete freundlich in seine Träume hinein*,[177] das hatte Wilhelm Schulz in seinem Nachruf geschrieben, das hoffte sie auch, aber die Wirklichkeit war nicht freundlich, war gräßlich und grausenhaft gewesen, *er lag an einem Nerven- und Faulfieber in dem schrecklichsten und beständigsten Delirium.* Am 18. Februar nimmt er *eine Messerspitze voll Confitüre* von ihr an, auch *einige Löffel Brühe und Medizin* – ein *Hoffnungsstrahl*,[178] aber am 19. war der Atem schwer geworden, *der Tod mußte nahe sein*, sie *konnte und durfte nicht im Krankenzimmer verweilen*, aber wollte doch als *das starke Mädchen* wirken, sie hatte daher Wilhelm Schulz gebeten, sie zu benachrichtigen, *wenn der verhängnisvolle Augenblick käme*. Mit Caroline war sie ins Nebenzimmer gegangen, eine *heilige Ruhe* hatte sich über beide ausgegossen, sie *lasen einige Gedichte* und *sprachen von ihm*, bis Wilhelm hereinkam und Minna herbeirief, *damit sie dem Geliebten den letzten Liebesdienst erzeige*, dem Toten die starrenden Augen schließe und die verzerrten Züge glätte. Sie hatte es, wie Caroline berichtet, *mit starker Ruhe* getan, aber dann *brach ihr Schmerz laut aus*, und sie weinte. Gegen Abend war sie ruhiger geworden *und endigte einen angefangenen Brief.* Am 21. Februar um vier Uhr nachmittags sollte die Beerdigung stattfinden, sie hatte *dem Dichter und Bräutigam* durch Wilhelm Schulz *einen Lorbeer- und Myrtenkranz auf die hohe blasse Stirne drücken* lassen und war dann *gleich nach Tisch* aus dem Haus geflohen, weil *einem zerrissenen Herzen* die Anstalten zur Einsargung *keinen Trost gewähren* können. Sie konnte den Anblick des Toten nicht ertragen. Sie hatte sich dann mit Caroline *zu einer teilnehmenden Freundin* begeben, wo sie *bis zum Abend blieben* und wo Wilhelm Schulz sie dann abholte und ihnen erzählte, *daß mehrere hundert Personen den Verewigten zur Ruhestätte begleitet hatten.*

Minna trieb Erinnerungsarbeit. Sie feilte am Erlebten. Es dauerte nicht lange, bis es ihr vorkam, als habe ihre Anwesenheit über den Sterbenden Ruhe gebracht, als habe er sie *erkannt*, sei dann *sanft eingeschlummert* und sie habe ihm *die Augen zugeküßt*.[179]

Der unmittelbare Eindruck aber war kein bißchen idyllisch, war vielmehr der einer ungeheuerlichen Katastrophe gewesen. Noch aus Zürich hatte sie nach Darmstadt geschrieben, ihr Leben gleiche *einem schwülen Sommertage! Morgens heitere angenehme Luft – in etlichen Stunden Sturm und Gewitter, zerknickte Blumen, zerschlagene Pflanzen.* Ihre *Ansprüche auf Lebensglück, auf eine heitere Zukunft* seien *zu Grabe getragen* und *Alles, Alles* sei *verloren.*[180]

Es hätte so schön sein können. Seit Ende Oktober 1836 war Georg Privatdozent für Philosophie in Zürich. Eine glänzende Zukunft hatte sie sich ausgemalt, von seinem neuen Zimmer mit Seeblick hatte er ihr geschrieben, darüber *die Alpen wie sonnenglänzendes Gewölk.*[181] Aber schon Ende Januar 1837 infizierte er sich mit dem dort gerade grassierenden Typhus, Mitte Februar war sie gekommen und Ende Februar wieder zurückgereist nach Straßburg, nicht mehr wie auf dem Hinweg mit dem *Kehler Eilwagen,*[182] der vierzig Stunden gebraucht hatte (mit zwei Übernachtungen), sondern mit der Bummelpost; es eilte ja nun nichts mehr. Während der Fahrt und danach in der Rue St. Guillaume Nr. 66 blickte sie zurück und suchte lieber das Gute als den Abgrund. War es nicht gewesen, als ob das entsetzliche Unglück alle zu einer großen Familie gemacht hätte? Als das Donnergrollen des Schicksalsblitzes sich in die Ferne verzogen hatte, standen viele vor den Ruinen ihrer Hoffnungen – die Universität und die Stadt Zürich, die Exilanten, die politischen Oppositionellen und die Vormärzschriftsteller, die Freunde und Freundinnen, die Familie und sie selbst, Wilhelmine Jaeglé. Sein Tod hatte alle vereinigt, und im Mittelpunkt dieser Vereinigung stand sie. Das war neu. Sie war ein Denkmal. Eine Zustimmungswelle hatte sie überschüttet, und alle, die bisher ihren Georg für sich hatten haben wollen, teilten nun mit ihr und tauchten sie in ein verklärtes Licht. «Büchners Braut» war sie nun und trat sein Erbe an.

Alles wirbelte durch ihren Kopf, nicht immer nur das Gute, gelegentlich auch das Abgründige. Die Postkutsche rüttelte. Es war so bestürzend schnell gegangen. Am 17. Oktober hatten sie noch zusammen Georgs 23. Geburtstag gefeiert, am selben Tag war er abgereist, zweieinhalb Tage später war ihr Liebster bereits in Zürich. Vom 13., 20. und 27. Januar hatte sie noch so zuversichtliche Briefe von ihm. *Mein lieb Kind*, hatte er geschrieben und sie beruhigt, aber sie war *krank vor Angst*, so daß er gespottet hatte *ich glaube gar Du stirbst.*[183] Dann war sie endlich hingereist, und es kamen die schrecklichsten fünf Tage ihres Lebens. Sie hatte versagt. Sie wußte es tief innen, obgleich sie es nicht aussprechen konnte. Sie hatte fünfmal versagt – als sie nicht sofort losgefahren war, ohne Rücksicht auf eine schickliche Begleitung, als sie nicht gleich nach der Ankunft an sein Bett geeilt war, als sie der Pflege des so gräßlich Sterbenden ausgewichen war, als sie dem Toten nicht selbst den Kranz auf die blasse Stirn gedrückt hatte und als sie vor der Beerdigung fortgelaufen war. Sie hatte es nicht vermocht. Es war keine Schuld, aber ein Versagen – sie hatte es wirklich nicht vermocht. Ihr Herz fühlte sich an wie ein Stein. Es hatte sich zusammengekrampft und löste sich nun nicht mehr. Es war und blieb betäubt von dem Donnerschlag, der mit unsinniger Gewalt auf sie niedergekracht war. Sie blieb zurück in sprachloser Panik. Aber niemand wollte das wissen. Niemand wollte die Wahrheit wissen – daß ihr graute vor dem Medusenhaupt des toten Bräutigams, das ihr Innerstes erstarren ließ. Alle boten ihr schönfärberische Rederituale an. Wilhelm Schulz, der den ersten Nachruf schrieb, und Caroline Schulz, die in einem Tagebuch Büchners letzte Lebenstage schilderte, trugen ihr sofort die Rolle der umflorten und verklärten Heldenbraut an der Seite eines Märtyrers an; sie mußte nur annehmen. Sie tat es. Der Stein blieb und schwieg.

Sie beschloß damals, freigebig zu sein mit Quellen und Mitteilungen, die zu den schönfärberischen Ritualen paßten. So kommt es, daß wir aus der Züricher Zeit mehr Zeugnisse haben als aus vielen Straßburger, Gießener oder Darmstädter Monaten. Zu Hause las sie die letzten Briefe nach und fertigte eine Abschrift daraus für die Freunde und die Familie. Sie ließ darin Georg von Shakespeare schwärmen und von den Volksliedern. Von Politik verlautete kein Wort. Lange überlegte sie, ob sie ihre Leser wissen lassen sollte, daß sie nicht nur die liebe Kleine, sondern auch ein *böses Mädchen* war, ließ aber dann dem Text sein Recht. Es würden die Abschiedsworte des großen Toten sein. Der Schluß des letzten Briefs an sie würde den Sockel zu dem Altar bilden, auf dem für alle Ewigkeit Georg und Minna verehrt werden würden. Er konnte

sie eigentlich erst zu Ostern in Zürich erwarten, hatte aber trotzdem *Du kommst bald?* geschrieben, er bekomme sonst *graue
Haare*, und war fortgefahren mit hellen Wendungen, die sie gern
hörte, weil sie über das dunkle Gegenteil hinwegtrösteten: *ich muß
mich bald wieder an Deiner inneren Glückseligkeit stärken und
Deiner göttlichen Unbefangenheit und Deinem lieben Leichtsinn
und all Deinen bösen Eigenschaften, böses Mädchen.* Und er hatte
zärtlich geschlossen mit *Addio, piccola mia.*[184]
Ihre Rolle als Nachlaßverwalterin nahm sie anfangs recht ordentlich wahr. Da von der Familie niemand zur Beerdigung gekommen
war, galt sie als nächste Angehörige und gab man ihr erst einmal
alles mit, was Büchner an Handschriften in Zürich verwahrte, darunter die Manuskripte von *Danton's Tod, Lenz, Leonce und Lena*
und *Woyzeck.* Lagernde Schreiben an Büchner gab sie in den folgenden Monaten an die Schreiber zurück; so kamen Boeckel[185] und
wahrscheinlich auch Gutzkow wieder in den Besitz ihrer Briefe.
Auch ihre eigenen nahm sie an sich – das zuallererst. Sie zeigte zwar
niemandem Büchners originale Briefe an sie (und erst recht nicht die
ihrigen an ihn), aber fertigte wenigstens die beiden Sammelhandschriften, die eine mit den Auszügen von 1834 und die andere mit
denen von 1837. Wilhelmine dachte anfangs selbst daran, eine Ausgabe zu machen, gab den Plan dann aber an Karl Gutzkow ab. Als
dieser an der Dickköpfigkeit der Familie gescheitert war, kooperierte
sie mit der Familie, aber die Stimmung der Gemeinsamkeit, die 1837
so stark gewesen war, verflog, man begann zu streiten. 1844 und
1845 wechselte der damals 21jährige Ludwig Büchner noch Briefe
mit ihr, in denen er sie als «liebes Schwesterchen» titulierte und die
er mit «Dein Bruder Louis» unterzeichnete;[186] sie schenkte ihm
dafür Georgs philosophische Manuskripte.[187] Minna war in diesen
Jahren noch einmal nach Darmstadt zu Besuch gekommen, von
einem Maskenball ist die Rede.[188] 1846 stand sie bei der Taufe einer
Tochter von Wilhelm Büchner noch als Patentante zur Verfügung,
erschien aber nicht persönlich.[189] Aber sie vertrug sich immer weniger mit den Büchner-Söhnen, die 1848 zur revolutionären Fraktion
zählten. Als Ludwig Büchner 1850 ihre Brautbriefe der Neugier aller
Welt aussetzte, war es aus. Sie trennte sich von den Büchners und
verbitterte. Luise Büchner schreibt 1865, daß Minna *durchaus nicht*

mehr wissen wolle, daß sie einst *förmlich* mit Georg *verlobt* gewesen sei.[190]

Wilhelmine Jaeglé blieb unverheiratet. Sie arbeitete in den vierziger Jahren als Gouvernante für die Kinder eines Generals, der als Demagogenverfolger Karriere gemacht hatte,[191] und seit 1851 als Gründerin einer winzigen privaten Volksschule für Mädchen.[192] Zu der großen Züricher Gedenkfeier von 1875 erschien sie nicht. Erinnerungen an Büchner schrieb sie nicht und gab auch in Gesprächen keine preis. Das Trauma blieb. Daß sie sich 1877 weigerte, Karl Emil Franzos Büchner-Papiere auszuhändigen, ist bekannt.[193] Eine Elsässer Stimme will 1889 aus *sehr guter Quelle* wissen, daß sich unter dem Einfluß einer *sie mehr und mehr ergreifenden Religiosität* eine allmähliche *Entfremdung* gegenüber dem «Atheisten» Büchner herausgebildet habe, die *im Alter* den Charakter einer *wahren Feindschaft* angenommen habe. Dies sei der Punkt gewesen, *an dem sie alle unveröffentlichten Manuskripte Georgs vernichtet hat, wie sie es Leuten berichtete, die sich hartnäckig um Kontakt zu ihr bemüht hatten.*[194] Das könnte sich, wenn es wahr ist, 1877 ereignet haben, nach dem Versuch von Karl Emil Franzos. In ihrem damals aufgesetzten Testament «werden Manuskripte Georg Büchners mit keinem Wort erwähnt.»[195] Sie starb 1880, mit ihrem Schicksal unversöhnt.

6
Lenz

Das Riesige und das Winzige

Er träumte, er sei allmächtig. Alles sei klein und handhabbar. Die *Sonne* sei *ein Wirtshausschild*, und *die feurigen Wolken* formten *die Aufschrift: ‹Wirtshaus zur goldenen Sonne›*. *Die Erde und das Wasser* seien *wie ein Tisch, auf dem Wein verschüttet ist*, und er läge darauf wie eine *Spielkarte*.[1] Die Erde war im Traum ein Vexierbild, das ständig auf die unzuverlässigste Weise die Erscheinung wechselte. Gerade noch *wälzte* sie sich *vor Lachen*,[2] dann plötzlich war ihr *Gesicht so still und ernst wie einer Sterbenden*.[3] Das ganze All war wie ein Mensch, es weinte *Sterne wie schimmernde Tränen*, weil in seinem *Auge* ein so *großer Jammer* war.[4] Bild lief in Bild. Es kam ihm vor, die Erde *schmiege* sich *ängstlich zusammen wie ein Kind*,[5] sie sei eine *Bettlerin*, der man *durchgelaufne Schuhe* in den *Schoß geworfen* habe,[6] sie sei eine *Schale von dunklem Gold*, das *Licht schäume in ihr* und *flute über ihren Rand*,[7] sie sei ein *goldner Pokal, über den schäumend die Goldwellen des Monds liefen*,[8] oder sie sei einfach nur *ein umgestürzter Hafen*,[9] sei überhaupt *hohl*,[10] habe jedenfalls nur eine *dünne Kruste*, man könne jederzeit nach innen *durchbrechen*.[11] Im Traum war die Erde klein und der Träumer groß. Er konnte sie *hinter den Ofen setzen* und *mit ein paar Schritten ausmessen*,[12] konnte sich *ausdehnen*, sich über die Erde legen und *sich in das All hineinwühlen*. Er konnte die Erde winzig machen, aber dann wurde sie mit unwiderstehlicher Gewalt wieder riesig, *sie wurde klein wie ein wandelnder Stern und tauchte sich in einen brausenden Strom*, dann war sie ihm wieder *zu weit*, er *zog sich in sich zurück*, als wäre seine *Seligkeit* in einem *kleinen Punkt* und er wäre *wie ein Kind*.[13] Dann wieder *verschmolzen Himmel und Erde in Eins*[14] und wurden zu *einem unendlichen Meer, das leise auf- und abwogte*.[15] Die *Wolken sprengten heran wie wilde wiehernde Rosse*.[16] Die Sonne war einmal grandios *ein blitzendes Schwert,* das *in die Täler schnitt,* ein andermal kümmerlich *ein verwelkt Sonneblum.*[17] Der Mond war *wie ein schlafendes Kind,*[18] er kam *ganz nahe* und ließ sich mit dem *Arm erfassen,*[19] aber stand dann da *ganz lächerlich* und *einfältig.*[20] Dann war er ein *blutig Eisen,*[21] dann ein Stück *faul Holz.*[22] Der Himmel war erst *schön fest,* so daß man *Lust bekommen* konnte, *einen Kloben hineinzuschlagen und sich daran zu hängen,*[23] dann war er nur noch *ein dummes blaues Aug.*[24] Dem Träumer widerfährt es, daß er selbst nicht mehr weiß, ob er groß ist oder klein. Er dehnt sich zum All, er schrumpft zum Punkt. Er wird einerseits zum Giganten, der das All packt, andererseits packt das All ihn und sperrt ihn in eine enge Kiste. *Es war ihm, als könnte er eine ungeheure Faust hinauf in den Himmel ballen und Gott herbeireißen und zwischen seinen Wolken schleifen; als könnte er die Welt mit den Zähnen zermalmen und sie dem Schöpfer ins Gesicht speien.*[25] Aber die Welt, die eben noch so winzig war, daß man sie ausspucken konnte, umschließt ihn im nächsten Moment wie ein riesiger Sarg. *Sehn Sie, es ist mir manchmal, als stieße ich mit den Händen an den Himmel; o, ich ersticke!*[26] Der Träumer ist klaustrophob und stirbt fast vor Angst. *Die Himmelsdecke mit ihren Lichtern hatte sich gesenkt, ich stieß daran, ich betastete die Sterne, ich taumelte wie ein Ertrinkender unter der Eisdecke.*[27] Die Bilder überbieten sich. *Wir sind alle lebendig begraben und wie Könige in drei- oder vierfachen Särgen beigesetzt, unter dem Himmel, in unsern Häusern, in unsern Röcken und Hemden.*[28] Das Leben ist Tod. *Wir kratzen fünfzig Jahre lang am Sargdeckel.* Wenn alles zu Ende ist, *wird die Welt so finster, daß man mit den Händen an ihr herumtappen muß.*[29]

Die Ordnung des Wahnsinns

Ver-rückt sind die Dimensionen. Wer nur das Riesige und das Winzige kennt, aber nicht das Mittlere und Mittelmäßige dazwischen, ist wahnsinnig. Er findet keinen Halt in der Welt. Er schwankt zwischen Größenwahn und Nichtigkeitsgefühl. Es gibt für ihn keine Objektivität der Welt, sondern nur die flatterhaften subjektiven Eindrücke von ihr. Er ist Solipsist, wie Lenz. «Es war ihm dann, als existiere er allein, als bestünde die Welt nur in seiner Einbildung, als sei nichts, als er.»[30] Er ist «hirnwütig», wie Woyzeck.[31] «Wenn ich nur unterscheiden könnte, ob ich träume oder wache.»[32] Sowenig wie vom Raum hat er von der Zeit eine mittlere Vorstellung. Sie ist entweder rasend – «Er jagte mit rasender Schnelligkeit sein Leben durch»[33] – oder lähmend, jede Bewegung ins Zeitlupentempo verlangsamend. «Bald ging er langsam [...], dann ging er mit verzweifelnder Schnelligkeit.»[34] Die Normalität ist ein mittelmäßiger Zustand, instabil, zum Wahn nur unscharf abgegrenzt, schwebend zwischen Himmel und Erde wie der Sarg Mohammeds. Es ist nicht weit her mit ihr. Es gibt deshalb ein metaphysisches Recht des Wahns. «Die allgemeinen fixen Ideen, welche man die gesunde Vernunft tauft, sind unerträglich langweilig.»[35] Der Realismus ist eine leistungsfähige Konvention für den Normalfall, aber versagt außerhalb dieser Grenzen rasch. Schon einsam zu sein, schafft im Kopf Sonderwelten und prädestiniert für Wahn. Normalität braucht Gesellschaft. Man nehme irgendeine Komponente des Normalfalls weg, die Gesellschaft, die Gesundheit, die Nahrung, die Freiheit, die körperliche Unversehrtheit, und schon reißt der dünne Faden der Vernunft. Lenz ist einsam und verfällt dem Wahn, als Oberlin ihn nicht mehr halten kann. Als die Todeskrankheit beginnt, fängt Büchner an zu delirieren. Hungernde beginnen nach einer gewissen Zeit zu phantasieren und schaffen sich als Fata Morgana ein Zauberreich. Gefangene produzieren Wahnsysteme; je isolierter sie sind, desto monomaner. Wer einen gebildeten Menschen mit dem Farrenschwanz traktiert, der riskiert, wie die medizinischen Gutachter im Fall Weidig wissen, Wahnsinn.[36] Das Irresein kommt, wenn der Widerstand aufhört – wenn der Einsame, der Kranke, der Hungernde, der Gefangene, der Gefolterte sich gefügt haben in die süße Ausflucht des Wahns. Der Wahn ist für sie Wahrheit. Er macht ihre Welt wieder heil und rund, wenn das der sogenannten Vernunft nicht mehr gelingt.

Der Wahn ist die dunkle Seite des Monds, die immer vorhanden ist, auch wenn man mit den Tag-Augen nur die helle Seite sieht. Er ist die Rückseite der Vernunft und erinnert an all das, was vor der Vernunft nicht bestehen kann, aber trotzdem da ist und nur verdrängt wird. Der 1837 in Zürich delirierende Büchner hat Ängste,

von denen er vor dem Forum der Vernunft längst freigesprochen ist.
Er muß keine Verhaftung mehr befürchten, aber er deliriert trotzdem, «daß er wähnte ausgeliefert zu werden».[37] Widerspruch ist
zwecklos. Die angstgeborene Sicht des Wahns ist für ihn wahr und
natürlich, die «Vernünftigkeit» aber ist fremd und unnatürlich. «Er
sprach, wenn er bei sich war etwas schwer, sobald er aber delirirte
sprach er ganz geläufig.»

Seine Klaustrophobie war traumstark. Immer wieder schoben
sich die Wände dieser Welt zusammen, immer wieder zerweichten
sie aber auch, zerdehnten sich ins Weiträumige, Riesige, und fielen
dann ins andere Extrem, die Agoraphobie. Delirierend glaubt Büchner, auf dem Markt eine Rede gehalten zu haben, nach Art letzter
Worte des Verurteilten vor der Hinrichtung. Er glaubt, Schulden zu
haben, was die Normalvernunft bestreitet, der Wahn aber besser
weiß. Im Delirium zeigt sich sein wirkliches, in der gesunden Zeit
nur verdrängtes Bewußtsein: Er sitzt auf der Anklagebank, hat eine
schwere Schuld und muß sie abarbeiten. Das ist die Bilanz. Ein solches Wahnsystem läßt sich leicht ins Religiöse und Eschatologische
weiterentwickeln. Das Leben ist eine Bußleistung zur Tilgung einer
Ursünde. Während Büchner die helle Seite des Mondes mit über-
legener Religionskritik bespielt, verfolgen ihn auf der dunklen Seite
Vorstellungen, daß er mit den Schmerzen des Lebens seine Schulden abbezahlen müsse. Sein Schreiben ist eine Vergebungsbitte.
Drei Tage vor seinem Tod spricht er, wie Wilhelm Schulz als Ohren-
zeuge überliefert, «mit ruhiger, erhobener, feierlicher Stimme» die
Worte: «Wir haben der Schmerzen nicht zu viel, wir haben ihrer zu
wenig, denn durch den Schmerz gehen wir zu Gott ein.» Das bür-
gerlich-vernünftige Selbstwertgefühl erweist sich als nichtig: «Wir
sind Tod, Staub, Asche, wie dürften wir klagen?»[38]

Büchners Züricher Delirien sind vorformuliert im Wahnsinn seines
Lenz. Als diesem die Erweckung eines toten Kindes nicht gelingt,
erhebt sich in seiner Brust ein «Triumph-Gesang der Hölle», «der
Atheismus» greift in ihn und faßt ihn «ganz sicher und ruhig und
fest».[39] Das ist kein Beleg dafür, daß Büchner Atheist gewesen sei,
sondern ein Symptom seiner Angst davor. Die unbeleuchtete, aber
vorhandene Seite seines Mondes ist religiös. Er hat Angst vor dem
Endgericht, das die Atheisten bestrafen wird. Es graut ihm, obgleich

er die wahnsinnige Lust kennt, immer wieder in den Abgrund zu
schauen und es ihm dann geht wie seinem Lenz: «Dann steigerte sich
seine Angst, die Sünde in den heiligen Geist stand vor ihm.»[40]
Alle Sünde könne vergeben werden, nur die «Sünde wider den heiligen Geist» könne nicht vergeben werden – so lernte man es im Religionsunterricht, einem viel umrätselten, bedrohlichen Wort aus dem
Evangelium gemäß (Mt 12,31).[41] Befragt, was denn das für eine Sünde
sei, hat die Katechese daraus in der Regel den Abfall vom Glauben,
insbesondere vom Glauben an die Vergebung der Sünden gemacht.
Vor dieser Bedrohung fühlten sich nicht nur Büchner und Lenz, sondern fühlte auch Goethe selbst sich nicht sicher, der in *Dichtung und
Wahrheit* von «hypochondrischen Zuständen» und «fixen Ideen» berichtet, von denen er als junger Mensch umgeben war:

> Ich habe mehrere Menschen gekannt, die, bei einer ganz verständi-
> gen Sinnes- und Lebensweise, sich von dem Gedanken an die
> Sünde in den heiligen Geist und von der Angst solche begangen zu
> haben nicht losmachen konnten.[42]

Büchner steht auf dem Fundament der christlichen Erziehung, wie sie damals üblich war. Sie beruhte auf Ängsten und Verheißungen. Die Religionskritik hat die Verheißungen der Eschatologie, den Glauben an den ewigen Lohn im Himmel, zerpflückt und
zerstört, aber die Ängste vor der ewigen Strafe sind geblieben.
Büchner erlebt die Relativität aller Größenverhältnisse als Wahn
und Höllenangst, aber er hätte sie auch als Paradies und Himmel
erleben können. Bei Ehrenfried Stöber hat er ziemlich sicher das
folgende Gedicht gelesen, in dem Johann Caspar Lavater den Zustand der Seele in der Unsterblichkeit beschreibt,[43] hat sich aber entschieden, seinem Lenz die Vision des Himmels vorzuenthalten:

> Ich werde Millionen Meilen
> In einem Augenblick durcheilen,
> Wenn ich aus Licht gebildet bin!
> Ich überschreite die Planeten,
> Geh von Cometen zu Cometen,
> Von Sonne schnell zu Sonne hin.
> Mir fliehn zehnmal zehntausend Sterne
> Zurück, geweihten Funken gleich.

Seyd, Freunde, mir undenklich ferne;
Ich will und bin bei Euch!

Die unsterbliche Seele hat Lichtgestalt, ihr gelingt, was Lenz mißlingt: eins zu sein mit dem gewaltigen Universum, zugleich riesig und winzig, fern und nah.

Wenn wir nach den biographischen Voraussetzungen dafür fahnden, warum Büchner den Wahnsinn seines Lenz so bilderreich gestalten konnte, finden wir über die religiöse Prägung hinaus auch psychologische Ursachen und Zusammenhänge. Verschiedene Phänomene ordnen sich zu einer logischen Kette. Ihr Ankergrund ist das Minnigerode-Trauma vom Hochsommer 1834 und das aus ihm folgende, die religiöse Disposition vertiefende Schuldgefühl. Die folgenden Kettenglieder sind gebildet aus den Verhaftungsängsten des Herbsts und Winters 1835, die sich tief ins Gemüt eingraben. Die Angst vor Gefängniszellen weitet sich aus zu einer allgemeinen Klaustrophobie. Diese ihrerseits erzeugt eine Weltsicht, in welcher der Himmel ein Sargdeckel ist und das Leben ein Grab. Ebenso folgerichtig geht aus der Klaustrophobie der Solipsismus hervor. Dem Eingesperrten entschwindet die Welt. Lenz hat Angst wie ein Kind, das im Dunkeln schlafen soll, «der rettungslose Gedanke, es sei Alles nur sein Traum, öffnete sich vor ihm»; er klammert sich hilfesuchend an die Gegenstände.[44] Ohne Welt verliert das Ich jeden Halt. Ob ich mich bewege oder ob nicht vielmehr die Welt sich bewegt um mich als gelähmte Mitte – das weiß ich nicht. Im Wahn bewegt sich die Welt; die Metaphern zeigen es. Lenz drängt es in der Brust, «wenn das Gestein so wegsprang».[45] Was ist Wahrheit? Lange schien es ganz sicher, daß sich die Sonne um die Erde drehe, und dann erwies es sich plötzlich als irrig. Die allgemeine Relativität zerstört die übliche Hierarchisierung der Wahrnehmung. Was klein ist und was groß, wissen wir wirklich nicht, und die Konventionen, mit denen wir uns behelfen, zerfallen sofort in einer solipsistischen Ordnung, in der es keine Maßstäbe und keine Mitmenschen gibt, mit denen man seine Erfahrung abgleichen kann. Die solipsistische Weltsicht neigt zu willkürlichen Wahnsystemen. Im Gefängnis verblaßt die Weltwahrnehmung und wird ersetzt durch imaginäre Ordnungen von der Art des Schachspiels von Ich-Schwarz gegen

Ich-Weiß, das Stefan Zweig in seiner *Schachnovelle* zeigt. Es gibt dann keine «normalen» Maßstäbe mehr. Die Sinne spielen verrückt. Büchners Lenz empfindet die Schwere der Luft oder hört den Schrei der Stille[46] und das Biegen seines Fußes kommt ihm wie Donner vor.[47] Die unbelebte Natur beginnt zu leben, als wäre sie Mensch oder Tier. Es gibt singende Felsen, Wolkenrösser und Wolkenvögel, der Wald schüttelt sich, das Gebirge ist ein Riese mit gewaltigen Gliedern, die Sonne ist ein Ritter mit blitzendem Schwert, der Sturm wirft mit Gewölk, der Wind ist wie Wiegenlied und Glockengeläut.

Als Valerio findet, die Welt sei doch «ein ungeheuer weitläufiges Gebäude», repliziert Prinz Leonce klaustrophobisch, nein, nein, er wage kaum die Hände auszustrecken, «wie in einem engen Spiegelzimmer, aus Furcht überall anzustoßen, daß die schönen Figuren in Scherben auf dem Boden lägen und ich vor der kahlen nackten Wand stände».[48] Das sind auch Büchners Ängste. Aber sein Tagesbewußtsein ist nüchtern, es lebt mit zerstörten Spiegeln und nackten Wänden. Nur in der Poesie muß das Spiegelzimmer bewohnt bleiben. Es zeigt die Kunstwelt, nicht die Wirklichkeitswelt. Büchner ist mehr Romantiker als Realist.

Waldbach. Eine Imagination

Er stellte sich vor, er wäre Lenz. Um dieser Vorstellung nachzuhelfen, *ging er ins Gebirg.*[49] Pfarrer Oberlins Bericht über die zwanzig Tage, die Lenz im Steintal zugebracht hatte, nahm er mit, außerdem alles, was er bisher schon geschrieben hatte. An Ort und Stelle wollte er seine Erkundigungen einziehen,[50] um Ton und Bau seiner Erzählung ganz authentisch zu machen – eine Art Kontrollwanderung, in der Hoffnung auf einen Hilfe spendenden genius loci.[51] Es könnte ein stürmischer und naßkalter Oktobermorgen des Jahres 1835 gewesen sein, als er von Barr aus das Andlautal hinaufging bis Hochwald, stundenlang durch Nebel und Nässe, dann weiter hinauf, bis er am Kreuzwegpaß und am Col de la Charbonnière tausend Meter über dem Meeresspiegel *auf die Höhe des Gebirgs, auf das Schneefeld* kam, von wo er wieder *hinabstieg*, ins Steintal, *nach*

Westen, und gegen Abend Waldbach erreichte (heute Waldersbach), auf 500 m Seehöhe gelegen. Er liebte die Vogesen *wie eine Mutter* und behauptete, er kenne *jede Bergspitze und jedes Tal*.[52] Die Kontrollwanderung inspirierte ihn besonders zu den ersten zwei Seiten der Erzählung (Anreise, 1. Tag), in denen er Lenz *durchs Gebirg* gehen läßt und ihm dabei ins Innerste sieht. Historisch gesehen startete Lenz am 20. Januar 1778; Büchner läßt Jahr und Monat weg, behält aber die zwanzig Tage bis zum 8. Februar genau im Sinn. Da Gutzkow drängte und er es im Herbst 1835, von anderen Aufgaben getrieben, mit der Erzählung eilig hatte, wollte er mit dem Ortstermin nicht bis zum nächstverfügbaren Januar warten und trug notgedrungen das frühwinterliche Oktoberwetter in seinen Text ein.

Der zweite Abschnitt (Ankunft, Abend des 1. Tags) folgt ziemlich genau dem Bericht von Pfarrer Oberlin, schildert den traulichen Empfang im Pfarrhaus, geborgen unter lieben Menschen, die schaurige erste Nacht im Schulhaus, wo man Lenz, der Einsamkeit nicht vertrug, *eine weite Stube, leer, ein hohes Bett im Hintergrund* angewiesen hatte, und endet mit dem Sturz *in den Brunnstein, aber das Wasser war nicht tief, er patschte darin.* Büchner besichtigte Pfarrhaus, Schulhaus und Brunnen, die noch heute verträumt da stehen wie damals, und feilte seinen Text passend zurecht. Der dritte Abschnitt umfaßt den zweiten bis sechsten Tag. Lenz begleitet Oberlin auf seinen seelsorglichen und menschenfreundlichen Wegen; mit Oberlin zusammen *wirkt alles wohltätig und beruhigend auf ihn*, allein gelassen und des Nachts überfällt ihn wieder die alte Angst. Er zeichnet, liest die Bibel, die Natur spricht zu ihm,[53] er darf predigen, macht das gut, beruhigt sich. Büchner besucht die Kirche, in der Lenz gepredigt hat; *auf dem kleinen Kirchhof*, der noch da, aber aufgelassen und begrast ist, *war der Schnee weg, dunkles Moos unter den schwarzen Kreuzen, ein verspäteter Rosenstrauch lehnte an der Kirchhofmauer, verspätete Blumen dazu unter dem Moos hervor.* Das paßt zum Oktober, als Büchner unserer Imagination zufolge kam, besser als zum Januar.

Als vierte Einheit (am 6. Tag) läßt sich der Besuch des Winterthurer Dichterkollegen Christoph Kaufmann abgrenzen, der zu einem Kunstgespräch führt, in dem Büchner seinen Lenz mit eigenen ästhetischen Ansichten ausstattet – der Idealismus sei *die schmählichste Verachtung der menschlichen Natur.*[54] Kaufmann nimmt Oberlin am folgenden Morgen mit sich zurück in die Schweiz, die fünfte Einheit beginnt (7.–12. Tag), Lenz ist allein, durchstreift wieder das Gebirg, *es war finster Abend, als er an eine bewohnte Hütte kam, im Abhang nach dem Steintal,*[55] gewiß war Büchner dort, vielleicht auch über Nacht, und sah selbst das in Zukkungen liegende kranke Mädchen mit dem *Ausdruck unbeschreiblichen Leidens,* das *alte Weib, das mit schnarrender Stimme aus einem Gesangbuche sang,* und den etwas unheimlichen Mann, der *im Rufe eines Heiligen* stand. Auf Lenz macht das einen *gewaltigen Eindruck,* aber keinen festigenden, alles gerät erneut ins Fließen. Er beginnt, nach Friederike zu fragen (6. Einheit, 13.–16. Tag), erhält keine Antwort, will in Fouday ein totes Kind erwecken, was schrecklich scheitert, der Atheismus greift nach ihm, die Sünde wider den Heiligen Geist steht ihm vor Augen.

Den 7. Abschnitt (17.–19. Tag) eröffnend, kommt Oberlin vorzeitig zurück, Lenz findet keinen Halt mehr an ihm, fragt ihn vergeblich nach Friederike, stürzt sich des Nachts aus dem Fenster, Oberlin läßt ihn bewachen, Lenz erklärt, Friederike sei gestorben. Im 8. Abschnitt (19. Tag) wird sein Zustand *immer trostloser,*[56] der Wahnsinn packt ihn, erneut stürzt er sich aus dem Fenster. Im 9. Abschnitt (20. Tag) wird er weggebracht. *Er saß mit kalter Resignation im Wagen, wie sie das Tal hervor nach Westen fuhren –* es ging nun auf der bequemeren Strecke im Steintal bergab, dann über Schirmeck im Tal der Bruche nach Straßburg; wahrscheinlich hat auch Büchner heimwärts diesen Weg genommen. In Fouday mag er an Oberlins Grab, das noch heute da ist, Halt gemacht und des toten Kindes gedacht haben. Während der Fahrt schreckte er immer wieder auf, warf Pointen aufs Papier, baute seine nachlässig gereihten Sätze, fahrige Fetzen, von Kommata getrennt, in jenem unruhig gehetzten, atemlosen, nach Luft schnappenden Stil, in den Ruhe und Besinnung zu bringen er zwar plante, aber unterließ, aus dem dunklen Gefühl heraus, besser könne er es eigentlich gar nicht machen. So blieb *Lenz* ein geniales Fragment.

Immer darben, um einmal zu genießen

Büchner war weder wahnsinnig noch war er Psychiater. Er muß dennoch so viel vom Wahnsinn gewußt haben, daß er dessen Symptome überzeugend nachbilden konnte. Woher? Das ist erklärungsbedürftig, aber die Erklärung ist naheliegend. Genie grenzt immer an Wahnsinn. Es ist nicht möglich, genial zu sein, ohne den Wahnsinn als Versuchung zu kennen. Genie entsteht nicht im luftleeren Raum. Geniale Intelligenz ist bewirkt durch Reibung der Gewöhnlichkeit am Traum. Büchner war ein großer Träumer, der sich der Gewöhnlichkeit ausgeliefert hatte. So entstand viel Reibung. Was er sich am Tag als Wissenschaftler versagte, holte er sich als Dichter in der Nacht. Himmel und Erde zu dirigieren war der Spaß der Nächte, sie zu ertragen die Not der Tage.

So konnte er eine Studie über den Wahnsinn schreiben, die zugleich innere Vertrautheit und erkennende Distanz aufwies. Er litt unter dem Irrsinn der Liebe, wurde aber nicht irrsinnig, sondern schrieb eine Erzählung. Er war wie Goethe, der viel wußte vom Tödlichen der Liebe, aber sich nicht umbrachte, sondern den *Werther* schrieb. Beide waren große Realisten, was ihr Leben betraf, und große Träumer, was die Kunst betraf.

In seinem Leben ließ Büchner der Lenz-Thematik nur wenig Raum. Ein Jahr vergeht, vom Frühjahr 1835 bis zum Frühjahr 1836, in dem irgendwann und in mehreren Stufen die überlieferten 25 Seiten des Fragments entstehen. Büchner arbeitete zeitgleich an verschiedenen anderen Baustellen. Der Impuls, das Studium abzuschließen, war offenkundig viel stärker als der, die Erzählung *Lenz* abzuschließen. Büchner war viel vernünftiger als sein Lenz. Er unterzog sich der Fron, vor der sein Held in den Wahnsinn floh. Er kannte die Versuchung und antwortete auf sie mit einer selbsttherapeutischen Erzählung. Er vermochte, den Wahnsinn zu träumen, um ihm zu widerstehen. Er war ein Goethe, kein Lenz, obgleich er Lenz viel von sich mitgegeben hat – seine Abgründe, seine Ängste, alles, was er verdrängen mußte, weil er beschlossen hatte, vernünftig zu sein.

Der Wahnsinnige läßt sich gehen, Büchner nicht. Aber er ist vom Sinn der Vernünftigkeit nicht überzeugt. Er klagt den enormen

Druck des Gesellschaftsvertrags an. Dem Vater – das heißt der Gesellschaft – gehorchen, das hieße toll werden,[57] läßt er seinen Lenz
sagen. Lieber als «ein nützliches Mitglied der menschlichen Gesellschaft» zu werden, wie Valerio vorschlägt, gäbe Prinz Leonce seine
Demission als Mensch.[58] Büchner übernimmt diesen Spaß in einen
Brief nach Darmstadt vom 2. September 1836, in dem er sich «als
überflüssiges Mitglied der Gesellschaft» bezeichnet, das im Begriffe
sei, seinen Mitmenschen höchst überflüssige Vorlesungen zu halten.[59] Er scheint nicht restlos überzeugt von der Vernünftigkeit der
Vernunft, aber er hat sich unterworfen. Den Widerspruch gibt er an
seine Dichtungen ab. Wie Leonce protestiert auch Lenz. Der fortwährend Leistungsdruck führt zu einem fortwährenden Aufschieben der Bedürfnisbefriedigung. Die Erfüllung der Bedürfnisse wird
als Wurst gehandelt, die man vor dem Schlittenhund aufhängt, so
daß sie ewig voraus saust und er ewig hinterher rennt. «Immer
steigen, ringen und so in Ewigkeit Alles was der Augenblick gibt,
wegwerfen und immer darben, um einmal zu genießen; dürsten,
während einem helle Quellen über den Weg springen.»[60]

Der Wahnsinnige flieht vor einer gewaltigen Überforderung, um
einen Zustand zu finden, in dem keine Ansprüche mehr an ihn gestellt werden. Das gelingt freilich lange Zeit nicht, weil die Wirk-
lichkeitspflicht dem Wahn immer wieder in den Weg tritt. Es kann
erst gelingen, wenn der Kampf zwischen Wahn und Vernunft entschieden ist. Erst dann kehrt eine Art Ruhe ein. Von Lenz heißt es
am Ende der Erzählung: «Er saß mit kalter Resignation im Wagen»
und «So lebte er hin.»[61]

Phantasie, Psychose, Depression

Aber das ist ja kein fröhliches, mit sich zufriedenes Irresein.
Lenz hat sich keineswegs endgültig abgefunden. Er weicht nur –
vernünftigerweise – der Gewalt. So stellt sich die Frage, ob er überhaupt verrückt ist. Vielleicht widersteht er ja mit Recht? Mit dem
Recht, der Wirklichkeit zu widerstehen und der Phantasie Raum zu
schaffen, das der Dichter immer hat? Hat er nur eine überbordende
Phantasie? Das wäre etwas ganz anderes als eine Psychose. Zur Psy-

chose gehört es, daß die Unterscheidung zwischen Phantasie und Wirklichkeit nicht mehr gelingt. Der Psychose-Patient betrachtet seine Wahnvorstellungen als Realitäten. Er ist nicht der Meinung, daß er phantasiere. Wer phantasiert, ist hingegen «normal», solange er weiß, daß er phantasiert und zwischen Phantasie und Realitätswahrnehmung jederzeit umschalten kann. Wer sich genußvoll einen Liebesakt vorstellt, ist natürlich nicht wahnsinnig. Wer sich selbst wahnsinnig nennt, ist nicht wahnsinnig. Daß das Wort «Wahnsinn» in Büchners Erzählung so oft vorkommt, ist ein Indiz dafür, daß sie von einem Vernünftigen geschrieben wurde, der eine Diagnose stellt. Büchner ist nicht innerhalb, sondern außerhalb des Wahns. An den Stellen, an denen das Wort vorkommt, führt es stets zu einem Umschwung in die Realitätswahrnehmung. Gleich die erste Fundstelle zeigt das:

> Es war als ginge ihm was nach, und als müsse ihn was Entsetzliches erreichen, etwas das Menschen nicht ertragen können, als jage der Wahnsinn auf Rossen hinter ihm. Endlich hörte er Stimmen; er sah Lichter, es wurde ihm leichter, man sagte ihm, er hätte noch eine halbe Stunde nach *Waldbach*.[62]

Lenz gewinnt den Realitätskontakt sogleich zurück, als er nach Waldbach und wieder unter Menschen kommt. Er behauptet seinen Wahn nicht. Er bleibt von Menschen erreichbar. Auch nach der mißglückten Kindserweckung «stürzte er halb wahnsinnig nieder», aber er hat durchaus noch Mittel, diesen Zustand einzuordnen, zu begrenzen und zu deuten:

> Am folgenden Tag befiel ihn ein großes Grauen vor seinem gestrigen Zustande, er stand nun am Abgrund, wo eine wahnsinnige Lust ihn trieb, immer wieder hineinzuschauen und sich diese Qual zu wiederholen. Dann steigerte sich seine Angst, die Sünde in den heiligen Geist stand vor ihm.[63]

Die gesamte Folge von Fundstellen zeigt, daß Lenz dem Wahnsinn noch viel entgegenzusetzen hat.

> Dann geriet er zwischen Schlaf und Wachen in einen entsetzlichen Zustand; er stieß an etwas Grauenhaftes, Entsetzliches, der Wahnsinn packte ihn, er fuhr mit fürchterlichem Schreien, in Schweiß

gebadet, auf, und erst nach und nach fand er sich wieder. Er mußte dann mit den einfachsten Dingen anfangen, um wieder zu sich zu kommen. Eigentlich nicht er selbst tat es, sondern ein mächtiger Erhaltungstrieb, es war als sei er doppelt und der eine Teil suche den andern zu retten und riefe sich selbst zu; er erzählte, er sagte in der heftigsten Angst Gedichte her, bis er wieder zu sich kam.[64]

Er jagte mit rasender Schnelligkeit sein Leben durch und dann sagte er: konsequent, konsequent; wenn Jemand was sprach: inkonsequent, inkonsequent; es war die Kluft unrettbaren Wahnsinns, eines Wahnsinns durch die Ewigkeit. Der Trieb der geistigen Erhaltung jagte ihn auf; er stürzte sich in Oberlins Arme, er klammerte sich an ihn, als wolle er sich in ihm drängen, er war das einzige Wesen, das für ihn lebte und durch den ihm wieder das Leben offenbart wurde. Allmählig brachten ihn Oberlins Worte denn zu sich.[65]

Aber nur solange das Licht im Tale lag, war es ihm erträglich; gegen Abend befiel ihn eine sonderbare Angst, er hätte der Sonne nachlaufen mögen; wie die Gegenstände nach und nach schattiger wurden, kam ihm Alles so traumartig, so zuwider vor, es kam ihm die Angst an wie Kindern, die im Dunkeln schlafen; es war ihm als sei er blind; jetzt wuchs sie, der Alp des Wahnsinns setzte sich zu seinen Füßen, der rettungslose Gedanke, als sei Alles nur sein Traum, öffnete sich vor ihm, er klammerte sich an alle Gegenstände.[66]

Solange Lenz den Wahnsinn noch identifiziert, ist er nicht wahnsinnig. Vielleicht ist er nur genial. Jedenfalls stellt Büchner ihn auf den von ihm selbst formulierten, nicht aus Quellen übernommenen Strecken so dar.

Im strengen Sinn psychotisch, also einen Wahn als Realität behauptend sind nur wenige Stellen. So wenn Lenz versichert, er habe das Frauenzimmer (Friederike) ermordet,[67] und sich davon nicht abbringen läßt. Solche Stellen sind aber stets aus der Hauptquelle (Oberlins Bericht) übernommen.[68] Büchners Eigenproduktivität betätigt sich nicht im psychotischen Bereich, sondern an anderen Stellen, dort, wo das reiche Innenleben der Lenz-Figur ausgedrückt wird, im Bereich der kreativen Phantasie. Er malt das Poetische am Wahnsinn aus, nicht das Reale. Er erfindet innere Zustände, nicht Handlungen. Freilich mag er manche Symptome seiner medizini-

schen Ausbildung verdanken und fast lehrbuchmäßig eintragen –
wie das Hören von Stimmen.[69] Wenn er von den Ausflügen in seine
Innenwelt wieder in die Außenwelt zurückkehrt, reagiert Lenz einigermaßen sachgerecht. Jedenfalls hat Büchner an der weiteren Aus-
gestaltung der psychotischen Züge kein Interesse. Sein Augenmerk
liegt auf der latenten Genialität des Wahns. Er schreibt ein Künstler-
porträt, keine psychiatrische Fallstudie.

Es liegt dennoch auf der Hand, daß ein guter Teil der Lenz-Sym-
ptomatik auch unter der Diagnose Depression betrachtet werden
kann. Dazu gehören die Gleichgültigkeit und die Handlungsläh-
mung («so lebte er hin»), das Nichtigkeitsgefühl, die Weltflucht und
das Einsamkeitsverlangen bei gleichzeitiger Schutzbedürftigkeit, die
Überreiztheit der Sinne und die Suizidalität. Man könnte genauer
von einer exogenen Depression sprechen, ausgelöst durch die Ver-
bannung aus Sesenheim und aus Weimar. Auch für eine Borderline-
Störung, eine Instabilität im Selbstbild wie im zwischenmensch-
lichen Verhältnis, gibt es Anzeichen in Menge – die Autoaggressivität,
die eisigen Brunnenbäder, der Fenstersturz. Das alles sind Gemütskrankheiten, die jeder sensible Mensch niedriggradig kennt. Solange
sie ausbalanciert werden können und solange der Kippschalter zur
Realitätswahrnehmung funktioniert, machen sie das Leben aus. Das
von Gemütskrankheiten freie Leben gibt es nicht, es wäre leer und
langweilig. Immer erzeugt die Psyche Gegenwelten zur Realität.
Traumata arbeiten, das ist ihr Gutes. Traumafrei ist, wer nichts weiß.

Büchner und Oberlin

In allen seinen Werken bewährte sich der junge Büchner als
genialer Quellenplünderer. Abschreibend nahm er mit, ließ er weg
und schrieb dazwischen – das war sein Verfahren. Die wichtigste
Quelle der Erzählung ist der Bericht, den Pfarrer Johann Friedrich
Oberlin über jene Tage vom 20. Januar bis zum 8. Februar 1778 anfertigte, die Jakob Michael Reinhold Lenz bei ihm in Waldersbach
im elsässischen Steintal zugebracht hatte. Vergleicht man die Erzählung mit diesem Bericht,[70] kann man leicht erkennen, wo Büchners
Gestaltungsinteressen lagen und wo nicht. Was er mitnahm, war das

Johann Friedrich
Oberlin

Faktische – der äußere Ablauf und eine Reihe markanter Szenen, die Ankunft, das Herumplantschen im eisigen Brunnenwasser, die versuchte Erweckung eines toten Kindes, das brummende Winseln des Erkrankten, der F.ndsturz und das Abgeführtwerden am Schluß. Was er wegließ, sind Oberlins Verteidigungen (gegen die Vorwürfe, daß er ihn predigen ließ, daß er ihn so sanft behandelte, daß er ihn nicht gleich wegschickte) sowie seine Deutungen und moralischen Wertungen – etwa daß Lenzens Erkrankung zurückgehe auf schlechte Lektüre und «die Folgen seines Ungehorsams gegen seinen Vater, seiner herumschweifenden Lebensart, seiner unzweckmäßigen Beschäftigungen, seines häufigen Umgangs mit Frauenzimmern».[71] Dazwischenschreibend aktiv wird Büchner, wenn es um die Auskleidung des Innenlebens geht, um die Gefühle, um das Naturerleben, um die ästhetischen Ideen und um die religiösen Kämpfe. Mitten in eine wörtlich übernommene Passage trägt er die Klaustrophobie ein («die Landschaft beängstigte ihn, sie war so eng, daß er an Alles zu stoßen fürchtete»).[72] Er verzichtet erzähltechnisch auf eine kommentierende Instanz und kann schon deshalb Oberlins Urteile und Winkelzüge nicht brauchen. In Oberlins

Jakob Michael
Reinhold Lenz

Bericht ist der Leser zwangsläufig auf dessen Seite, so wenn dieser
monologisiert: «Nun, dachte ich, hast du mich genug betrogen, nun
mußt du betrogen, nun ist's aus, nun mußt du bewacht seyn.»[73]
Büchner läßt solche Innensichten Oberlins konsequent aus und
wählt eine personale Erzählsituation, die den Leser im Kopf von
Lenz einquartiert und ihm nur wenig mehr zu sehen gibt als dieser
sehen kann. Unzweifelhaft möchte Büchner damit erreichen, daß
nicht überlegtes Urteilen von außen, sondern Miterleben von innen
die Leseerfahrung bestimmt. Dialogpartner des Lesers ist nicht
mehr Oberlin mit seinem pragmatischen Pietismus, sondern einzig
der arme Lenz. Damit hat Büchner den Stoff entstaubt und der Moderne überliefert, in der solche psychischen Zustände, wie sie Lenz
widerfahren, sehr häufig sind, aber die Religion, wie Oberlin sie
praktiziert, als Behandlungsmethode gescheitert ist.

Das Lenz-Fragment endet vorläufig mit dem aus Oberlins Bericht übernommenen Satz: «Die Kindsmagd kam todblaß und ganz zitternd.» Ob Büchner dort zufällig aufgehört hat oder ob er aus einem bestimmten Grund genau dort das Interesse verloren hat, können wir natürlich nicht wirklich wissen, aber der Schnitt war jedenfalls gut geführt. Wenn man liest, was bei Oberlin danach alles noch kommt, vermißt man nichts davon. Büchner hat auf den letzten Seiten, beginnend mit «Sein Zustand war indessen immer trostloser geworden», ein Innenporträt des vom Wahnsinn Bedrohten gegeben. Bei Oberlin wäre Äußerliches gekommen, die Überlistung, Überwältigung und Abführung Lenzens durch zwei starke Männer. Das war aus Büchners Sicht nicht erzählenswert. Er setzte es einfach voraus, als er nach einer Arbeitslücke oder einer absichtlichen Pause fortfuhr mit «Er saß mit kalter Resignation im Wagen.»

Entstehungslegende

Warum hat Büchner diese Erzählung geschrieben? Warum hat er gerade diesen Stoff gewählt unter Hunderten anderer, die er auch hätte wählen können? Was war der zündende Punkt? Wir beginnen mit dem, was man einigermaßen weiß und begeben uns dann in das Reich der Möglichkeiten.

Die Voraussetzungen zum Schreiben gerade dieser Erzählung waren in Straßburg ideal, nicht nur, weil wichtige Schauplätze in der Nähe lagen, außer Straßburg selbst das Steintal, Emmendingen und Sesenheim, sondern auch Glücksfälle ihm dort zu Hilfe kamen. Büchner saß, was die nötigen Informationen betraf, in Straßburg wie die Made im Speck. Er kannte die richtigen Leute. Pastor Johann Friedrich Oberlin war 1826 in Waldersbach gestorben, Pastor Johann Jakob Jaeglé aus Straßburg hatte ihn beerdigt. Pastor Ehrenfried Stöber hatte seinen Nachlaß gesichtet und wurde sein Biograph. Er fand unter Oberlins Papieren auch den Lenz-Bericht und ließ ihn mehrmals abschreiben. Seine Söhne August und Adolph Stöber gehörten schon seit dem ersten Straßburg-Aufenthalt zu Büchners engsten Freunden. Den ersten Kontakt zu den Lenz-Quellen stellten sie schon im Winter 1831/32 her.[74] Auf sie war Verlaß. Kaum war Büchner nach seiner Flucht Mitte März 1835 wieder da, konnte er erneut auf sie bauen. August Stöber hat Georg Büchner Ende April 1835 nicht nur eine Abschrift von Oberlins Bericht zur Verfügung gestellt,[75] sondern ihm auch ein kostbares Konvolut von Büchern und Materialien aus den Beständen seines Vaters geliehen. Die Idee war geboren. Am 12. Mai 1835 mutmaßte Karl Gutzkow bereits, Büchner plane eine «Novelle Lenz».[76] Die gesamte Vorarbeit hatten Stöbers gemacht. Büchner profitierte ganz erheblich davon. Vielleicht entstand damals schon eine erste, noch sehr quellennahe Niederschrift. Aber Büchner reagierte auf eine Nachfrage Gutzkows im September 1835 noch abwehrend.[77] Die Hauptschreibphase setzte, einem Brief an die Eltern zufolge,[78] nicht vor Oktober 1835 ein. In den Monaten dazwischen (Mai bis September) hatte Büchner eifrig studiert und, um sich Geld zu beschaffen, nebenbei zwei Dramen von Victor Hugo übersetzt. Seine Tage waren voll. Vermutlich entstand das Lenz-Fragment im späten Oktober, bevor im November 1835 die Dissertation über das Nervensystem der Barben die volle Arbeitskraft forderte. *Lenz* war für Gutzkows *Deutsche Revue* bestimmt. Daß diese im Dezember 1835 verboten wurde, mag das Liegenbleiben des Lenz-Projekts befördert haben. Im übrigen aber war Büchner im Winter 35/36 mit dem täglichen Sezieren von frischen Flußbarben ausgelastet. Er arbeitete so angestrengt an seiner Karriere als Wissenschaftler, daß bis zu seinem Tod kein einziges literarisches Werk mehr druckfertig wurde. Das Liegenbleiben des *Lenz* gehört insofern mehr zur Regel als zur Ausnahme.

Jedenfalls bot der Mai 1835 aus mehreren Gründen das richtige Zündungsumfeld. Der Vaterkonflikt war kurz nach der Flucht besonders akut, und mit ihm die Rückkehrzumutung, wie im Falle des historischen Lenz. Dann gab es als Nacharbeit zu *Danton's Tod* ein akutes Bedürfnis, der eigenen Ästhetik nachzuspüren und sich der Identität als Autor zu versichern – was im Kunstgespräch des *Lenz* geschieht. Generell zu diesem Selbstversicherungsbedarf passend war die Idee, eine Künstlernovelle zu schreiben. Auch Parallelen äußerlicher Art gab es. Wie Lenz fand auch Büchner Gastfreundschaft im Haus eines aufgeklärten Pfarrers. Vater Jaeglé mag Aromen zu Pfarrer Oberlin beigetragen haben, Wilhelmine ebensolche zu Madame Oberlin. Dann mag sich aktuell auch das Thema Liebesverrat gestellt haben. Dazu unten mehr.

Wie kehren vorerst noch einmal zu den Quellen zurück. Von eigenem schriftstellerischem Ehrgeiz beseelt, hatte August Stöber es nicht bei den Meriten seines Vaters belassen, sondern auch selbst eine Serie von Artikeln über Lenz geschrieben, die 1831 im viel gelesenen *Morgenblatt für gebildete Stände* erschienen waren. Deren Pointe war, daß die Liebe zu Friederike Brion der Auslöser von Lenzens Geisteskrankheit gewesen sei. Goethe hatte in *Dichtung und Wahrheit* zwar über Lenz geschrieben und den einstigen Freund seiner Jugend als einen hypochondrischen Gesellen voller Fratzen und eingebildeter Leiden dargestellt, hatte aber verschwiegen, daß dieser sein Liebesnachfolger in Sesenheim gewesen war. Dieses Faktum kam durch August Stöber in lebhafte Diskussion. Der hatte geschrieben: «Heiße, ewige Liebe schworen sich beide. Lenz trank einen vollen Kelch der süßesten Wonne, die sich leider in der Folge in den bittersten Schmerz auflöste und seinem ganzen Leben jene traurige Wendung gab, welche ihn verzehrte. Der Gedanke an seine Geliebte absorbirte ihn ganz; in ihm gingen alle andern Gedanken unter.»[79] Zwar datieren die Ereignisse in Sesenheim auf 1772 und der Aufenthalt bei Oberlin im Steintal auf 1778, so daß ein Zusammenhang beider Episoden nicht zwingend erscheint, aber Stöbers Geschichte war jedenfalls die Version, der Büchner folgte, indem er in seiner Erzählung den Eindruck zuließ, als lägen die Sesenheimer Ereignisse noch nicht lange zurück.

Hier könnte der Auslöser für Büchners Interesse gelegen haben. Achtung, Sie verlassen jetzt den gegründeten Sektor und betreten schwankenden Boden. Um ein dunkles Geheimnis herumzuschreiben: das hat Büchner gelockt. Die Erzählung wahrt äußerste Diskretion. Sie bringt zwar den Namen Friederike andeutungsweise ein, nicht aber den Namen Goethe. Wer die Zusammenhänge nicht kennt, kann sie nicht erraten. Das Zentrum bleibt unsichtbar wie ein magnetischer Pol, nach dem sich trotzdem alle Eisenfeilspäne ausrichten. Büchner beschreibt einen Liebeskranken, der sich durch eigene Schuld verstoßen fühlt und eine davon verursachte Depression erleidet. Er entwirft ein Leben, das seine Liebe verdorben hat. Warum interessierte Büchner sich dafür? Aus dem gleichen Grund, aus dem Goethe sich für den unglücklichen Jerusalem interessierte – weil er eine Versuchung hinter sich lassen wollte. Lenz war für ihn, wie Werther für Goethe, eine Versuchung, kein Vorbild. Er wollte die genialische Unzuverlässigkeit hinter sich lassen, die ihn bei der Verfolgung seiner beruflichen Pläne störte. Er wollte sie schreibend erledigen und abhaken.

Vielleicht gab es auch in der Liebe etwas Abzuhakendes. Wir kommen auf die fille perdue zurück. Sie hatte in den Phantasien des Darmstädter Winters 1834/35 noch eine erhebliche Rolle gespielt (was an der Marion-Figur ablesbar ist). Wenn sie noch in Straßburg lebte, stand Büchner im Frühjahr und Sommer 1835 vor einer Entscheidung. Das Verhältnis zu Wilhelmine Jaeglé stabilisierte sich zusehends, er war ihr verpflichtet und brauchte sie, sie rechnete mit ihm. Seine Vernunft bejahte die Verlobte, auch wenn sein Herz nicht ganz bei der Sache war. Er mußte infolgedessen von der fille perdue Abschied nehmen, so wie Goethe von Friederike Abschied hatte nehmen müssen. Vielleicht hatte er mit dem Abschied ein Versprechen brechen müssen («ewige Liebe schworen sich beide») und Schuld auf sich geladen. Aber sein Grund war nicht Goethes Bindungsangst. Er wäre gern ein Goethe gewesen, aber er war viel kleinbürgerlicher. Er hatte sich ja bereits gebunden und hatte die Boheme-Freiheit des Künstlertums bereits verraten. Er phantasiert, wie es gekommen wäre, wenn er das nicht gemacht hätte. In der Figur des Lenz gestaltet er sich als einen, der es nicht fertigbringt, eine Liebe aus Vernunft zu töten, sondern an der ihm abverlangten Disziplin zerbricht.

Umwerfend wirkt es freilich auf den kühlen Kopf nicht, wenn hier erneut diese große Unbekannte aus dem Hut gezaubert wird. Die These wäre einleuchtender, wenn die Erzählung genug Textmaterial aus dem Bereich von Büchners ipsissima vox enthielte, das doppelsinnig etwas über sein geheimes Mädchen preisgäbe. Leider gibt es nur eine einzige Stelle, die für eine solche Deutung in Frage kommt. Während Büchner in den Bereichen Natur, Kunst und Religion sehr viel zwischen Oberlins Zeilen geschrieben hat, beläßt er es in Sachen Liebe beinahe ganz bei dem, was der philanthropische Pastor selbst schon mitteilt. Wir betrachten diese eine Stelle in ihrem Zusammenhang. Aus Oberlins Bericht entnommene Wendungen sind fett gedruckt. Das Übrige ist von Büchner. Innerhalb des von ihm Dazugeschriebenen werden Kapitälchen verwendet, um anschaulich zu machen, welche Stellen aus Erlebnissen mit dem verlorenen Mädchen gespeist sein könnten:[80]

> Die Thüre halb offen, da hörte er die Magd singen, erst unverständlich, dann kamen die Worte
>
> AUF DIESER WELT HAB' ICH KEIN' FREUD',
> ICH HAB MEIN SCHATZ UND DER IST WEIT.
>
> DAS FIEL AUF IHN, ER VERGING FAST UNTER DEN TÖNEN. Mad. Oberlin sah ihn an. Er faßte sich ein Herz, er konnte nicht mehr schweigen, er mußte davon sprechen. **«Beste Madame Oberlin, können Sie mir nicht sagen, was das Frauenzimmer macht, dessen Schicksal mir so centnerschwer auf dem Herzen liegt?»** – «Aber Herr Lenz, **ich weiß von nichts.**»
>
> Er schwieg dann wieder und ging hastig im Zimmer auf und ab; dann fing er wieder an: Sehen Sie, ich will gehn; Gott, sie sind noch die einzigen Menschen, wo ich's aushalten könnte, und doch – doch, ICH MUSS WEG, ZU IHR – aber ich kann nicht, ich darf nicht. – Er war heftig bewegt und ging hinaus. Gegen Abend kam Lenz wieder, es dämmerte in der Stube; er setzte sich neben Madame Oberlin. Sehn Sie, fing er wieder an, WENN SIE SO DURCH'S ZIMMER GING UND SO HALB FÜR SICH ALLEIN SANG, UND JEDER TRITT WAR EINE MUSIK, ES WAR SO EINE GLÜCKSELIGKEIT IN IHR, UND DAS STRÖMTE IN MICH ÜBER; ICH WAR IMMER RUHIG, WENN ICH SIE ANSAH, ODER SIE SO DEN KOPF AN MICH LEHNTE, und Gott! Gott – Ich war schon lange nicht mehr ruhig. ‹*Vermutlich Arbeitslücke*› GANZ KIND; ES WAR, ALS WAR IHR DIE WELT ZU WEIT, SIE ZOG SICH SO IN SICH ZURÜCK, SIE SUCHTE DAS ENGSTE PLÄTZCHEN IM GANZEN HAUS, UND DA SASS SIE, ALS WÄRE IHRE GANZE SEELIGKEIT NUR IN EINEM KLEINEN PUNKT, UND DANN WAR MIR'S AUCH SO; WIE EIN KIND HÄTTE ICH DANN SPIELEN KÖNNEN. Jetzt ist es mir so eng, so eng, sehn Sie, es ist mir manchmal, als stieß' ich mit den Händen an den Himmel; o ich ersticke! Es ist mir dabei oft, als fühlt' ich physischen SCHMERZ, DA IN DER LINKEN SEITE, IM ARM, WOMIT ICH SIE SONST FASSTE. DOCH KANN ICH SIE MIR NICHT MEHR VORSTELLEN, DAS BILD LÄUFT MIR FORT, und dies martert mich; nur wenn es mir manchmal ganz hell wird, so ist mir wieder recht wohl. – Er sprach später noch oft

mit Madame Oberlin davon, aber meist in abgebrochenen Sätzen; sie wußte wenig zu antworten, doch that es ihm wohl.

Immerhin entstünde hier ein schemenhaftes Bild des geheimnisvollen Mädchens. Es wäre still, glückselig und kindlich gewesen, also nicht von dem lauten Charaktertypus, den man mit einer Prostituierten zu verbinden pflegt, wäre aber durchaus als ein Mädchen vorstellbar, das Schlimmes hinter sich hat und das Büchner «au niveau des anges» zu erheben trachtete. Mit ihr und bei ihr darf Lenz-Büchner klein sein, Kind sein. Ohne sie aber wird ihm eng, hört er drohend die Kochtöpfe rasseln, überwältigt ihn die klaustrophobische Welt, die der Vater regiert und die Minna ihm schafft.

Freilich hat man wenig gegen die Behauptung in der Hand, daß Büchner bei den Wendungen von der «inneren Glückseligkeit» und dem «engsten Plätzchen» auch an Wilhelmine gedacht haben könnte. Nur müßte man dann die ganze Typologie neu sortieren. Wir wollen das einmal durchspielen, auch als Test der Leistungsfähigkeit des typologischen Verfahrens. Wenn Friederike Minna «ist», dann wäre Büchner «Goethe», der sich schuldbewußt an die von ihm verlassene Friederike erinnert. Büchner müßte sich dann vorstellen, daß er irgendwann Friederike-Wilhelmine verlassen haben würde. Aber wer wäre dann «Lenz»? Büchner als Lenz brächte ja nicht die Erfahrung mit, Wilhelmine-Friederike schuldhaft verlassen zu haben. Er brächte vielmehr die Erfahrung mit, willkommen zu sein, jederzeit zu ihr zurückzudürfen. Er wäre kein Verstoßener. Ein wesentliches Element der Schreibmotivation würde fehlen. Es bliebe dann eine literarhistorische Novelle, gespeist lediglich aus Büchern, nicht aus innerer Notwendigkeit. Wir bevorzugen darum weiterhin den Gedanken, Büchners Friederike unterhalte unterirdische Beziehungen zu seinem verlorenen Mädchen.

In der Mitte der zitierten Stelle befindet sich eine «Arbeitslücke». Das wäre ein Hinweis darauf, daß hier eine Schreibhemmung einsetzte. Etwas ließ Büchner stocken. Da kann eine innere Zensur im Weg stehen – ein Geheimnis nicht preisgeben –, aber es kann auch äußere Zensur eingetreten sein – Minna Jaeglé kann die Lücke gelassen haben, weil sie etwas nicht verstand oder nur zu gut verstand oder nicht verstehen oder nicht mitteilen wollte. Ihr verdanken wir ja die einzige Quelle – eine (verlorene) Abschrift der (verlorenen) Handschriftenfragmente, auf der dann der Erstdruck fußt und die gesamte Drucküberlieferung aufbaut. Ohne weiteres kann sie Anspielungen, die ihr unangenehm waren, weggelassen haben.

Alle anderen Friederike-Stellen stammen aus den Quellen. Es ist natürlich denkbar, daß Büchner vorgehabt hat, in einem späteren Schaffensschritt an den heiklen Stellen noch Vertiefungen vorzunehmen. Es gibt noch eine weitere Arbeitslücke, die eine solche These stützt. Sie ist deutlich markiert durch den Hinweis «Siehe die Briefe.» Offenbar hat Büchner an dieser Stelle Briefe einfügen wollen, die er noch zu schreiben oder abzuschreiben gedachte. Wir wissen aus dem Oberlin-Bericht, daß Lenz sich im einen davon mit «Abbadona» verglich, dem reuigen Teufel aus Klopstocks *Messias*, und daß der andere an Friederikes Mutter gerichtet war und ihr versichern sollte, «daß ihre Friederike nun ein Engel sey».[81] Der reuige Teufel hätte es also geschafft, sein Mädchen zum Engel zu machen! Der Rettungsplan wäre gelungen, wenn nicht in dieser, so doch in jener Welt! So entstünde auf Umwegen ein weiterer Hinweis darauf, daß die geheimnisvolle Friederike der Lenz-Erzählung Geheimnisse aus Büchners Leben verarbeitete, von denen Wilhelmine nichts wissen durfte.

Aber es bleibt einzugestehen, daß die verfügbaren Indizien nicht ausreichen, um die fille perdue als einzige Mitte der Erzählung zu betrachten. Die Entstehung wird wohl doch multiperspektivisch motiviert gewesen sein. Wenn wir alle Entstehungsmotive verknüpfen, ergibt sich insgesamt ein tragfähiges Netz von Konstellationen. Es besteht einerseits aus äußerlichen Faktoren wie der glücklichen Quellenlage in Verbindung mit Gutzkows Publikationsofferte, andererseits aus den verschiedenen, nicht immer deckungsgleich gelagerten Typologien, in denen Büchner einmal in der Goethe-Rolle ist, der vom Rande des Geschehens aus eine überstandene Versuchung verarbeitet, dann aber auch in der Lenz-Rolle, in der er vor dem Vater und den Ansprüchen der Gesellschaft flieht, in der er sein sprachliches Können in den Grenzbereichen von Krankheit und Wahnsinn zeigt, seinen Sehnsüchten Worte verleiht, seinen Depressionen und Phobien Raum gewährt und sein Glaubensbekenntnis als Künstler ablegt.

Psychosomatik

«Er stürzte sich, wie gewöhnlich, in den Brunnentrog, pattschte drinn, wieder heraus und hinauf in sein Zimmer» – so steht es wörtlich bei Oberlin.[82] Büchner erweitert die Stelle – «er stürzte sich in den Brunnen, die grelle Wirkung des Wassers machte ihm besser, auch hatte er eine geheime Hoffnung auf eine Krankheit.»[83] Man sieht, wie Büchner die Fakten psychologisch vertieft, wie er vom Körperlichen auf das Seelische schließt. Das Stichwort «Hoffnung auf eine Krankheit» ist die entscheidende Zutat. Wie kann man eine Krankheit erhoffen? Büchner kennt sich psychosomatisch aus. Als Kranker darf man sich gehenlassen. Krankheiten legen die Latte niedriger. Sie entlasten von Verantwortung. Mit Krankheiten kann man etwas ausrichten. Krankheiten sind paradox selbstwertsteigernd. Sie legitimieren. Sie stellen gesellschaftlich akzeptierte Lizenzen aus für sonst inakzeptable Mängel, die man hat. Krankheiten sind Antworten der Seele, formuliert in der Sprache des Körpers. Wenn die Seele keinen Ausweg mehr weiß, läßt sie den Körper sprechen. Wenn die Seele keinen Ausweg mehr weiß, möchte sie, daß der Körper sie ablöst und die Verantwortung übernimmt. Aber nicht immer tut er das, so daß der Zustand verzweifelter Gesundheit mit «Hoffnung auf eine Krankheit» entstehen kann. Lenz war zäh, sonst hätte sein Körper Brunnenbäder im Januar mit Lungenentzündung beantwortet. Büchner kannte diese Zähigkeit gut. Er war meistens gesund, aber sein Körpergefühl war das eines permanent Überanstrengten. «Ich verwünsche meine Gesundheit», schrieb er im Januar 1834 an Wilhelmine.[84] Die Krankheit davor hatte ihm Liebeserfüllung vorgegaukelt, «das Fieber bedeckte mich mit Küssen und umschlang mich wie der Arm der Geliebten», jetzt aber habe er nicht einmal mehr «die Wollust des Schmerzes». Die Krankheit hatte ihm wollüstige Gefühle geschenkt, die er als Gesunder nicht hatte, die seine Verlobte aber von ihm erwartete.

Im November 1833 war er an einer Hirnhautentzündung (Meningitis) erkrankt,[85] mit der sein Körper (auf Anweisung seiner Seele) die Gießen-Depression verarbeitete und überwand. Er hatte den Vorgang an sich selbst mit sezierendem Blick verfolgt und Sprachkapital daraus geschlagen. Generell waren ihm Krankheiten gut vertraut. Als Medizinstudent hatte er Krankenhäuser und Hörsäle, Ärzte und Professoren, Kranke und Sterbende aus der Nähe erlebt. Als Sohn und Ausbildungszielscheibe eines erfahrenen Arztes hatte er diverse Patientengeschichten zu erleben gehabt. Die Hofheimer Irrenanstalt gehörte zu einem Kindheitsumfeld, das präsent und lebendig blieb durch Erinnerungen, Familiengespräche und vereinzelte Besuche bei Onkel Louis Büchner, der als Arzt einige Zeit im Hospital Hofheim praktizierte, jahrelang dort wohnte und noch lange in dieser Region Physikatsarzt war.[86] Nach Hofheim kamen aus dem ganzen Großherzogtum die schweren Fälle, «Rasende und Wahnsinnige», «Personen, welche mit Abscheu erregenden Krankheiten behaftet sind», «in hohem Grad Blödsinnige», ferner Blinde.[87] Ein solches Umfeld hat nicht jeder, es prägt. Büchner war dünnhäutig und hellsichtig. Er war ein Kopfmensch. Wenn seine Seele sich wegen Überforderung beklagen wollte, wählte sie den Kopf als Schauplatz. Alle Krankheiten, die er hatte (so weit bekannt), und seine einzige Sucht (er war workaholic) spielten sich im Kopf ab und griffen den Kopf an: die Hirnhautentzündung, die Übermüdung, «unaufhörliches Kopfweh»,[88] die «Augenwassersucht»,[89] die Licht- und Geräuschempfindlichkeit, die schrillen Zahnschmerzen[90] und der Typhus mit seinen Delirien.

Der Typhus galt damals als Nervenleiden. Auf das Nervensystem zielte auch Büchners wissenschaftliches Interesse. Er präparierte viel, nicht nur für seine Dissertation, sondern auch später in Zürich, als er seine Vorlesung *Zootomische Demonstrationen* hielt und dafür Demonstrationsobjekte fertigte. «Ich sehe Dich immer so halb durch zwischen Fischschwänzen, Froschzehen etc.», scherzte er mit Wilhelmine.[91] Er sah Tiere und Menschen von innen. Er kannte die Organisation des Körpers und ahnte die ungeheuerliche Komplexität der Impulse, die auf Hunderttausenden von Nervenbahnkilometern unterwegs waren. Um uns zu kennen, sagt Danton, müßten wir «uns die Schädeldecken aufbrechen und die Gedanken einander aus den Hirnfasern zerren.»[92] Nur in der Komödie sind die Augen Fenster, durch die man in den Kopf schauen kann (drinnen ist dann

eine aufgebahrte Liebe).[93] Der Medizinerblick sei seine «hauptsächliche force», schrieb ihm Karl Gutzkow.»[94]

Sehen, was ist, und es aussprechen. Nicht die Wirklichkeit von
der Idee her sehen, sondern die Idee von der Wirklichkeit. Die
Seele vom Körper her sehen – das lobte Gutzkow. Aber die Psycho-
somatik funktioniert in beiden Richtungen. Die Seele intoniert,
der Körper dirigiert. Die Seele dirigiert, der Körper intoniert.
Beide Sätze sind gleich wahr, und Büchners «force» ist es, daß er
beide Richtungen kennt und die wechselseitige Abhängigkeit nie
aus dem Auge verliert. In seinen Briefen gibt es subtile Beispiele.
Man habe heutzutage ein robustes Nervensystem zu haben, sagt er
zu Wilhelmine spöttisch, aber er sei zusammengeschrumpft wie
ein Blödsinniger. Wie könnte er den Eindruck von sich verbessern?
Ob er, um das Frauenherz zu beeindrucken, Epauletten auflegen
solle?[95] Was er sagen will, ist, daß der Schrumpfzustand seiner
Seele ihn körperlich zum Invaliden macht. Daß die Seele ihm genommen sei, hatte er kurz vorher im Fatalismusbrief geschrieben,[96]
aber die Seele war in der Krankheit gewesen, nicht in der Gesundheit. Die Krankheiten des Körpers haben sie reich gemacht. Krank
hatte er Minna lieben gelernt, krank bis in den Tod würde er sich
einst von ihr verabschieden.

«Also muß vor jedem Vergnügen der Schmerz vorhergehen»,
folgert Immanuel Kant unerbittlich, «der Schmerz ist immer das
erste», ohne ihn kein Vergnügen.[97] Schmerzen haben viele Gesichter. Sie machen irritabel, sind insofern dem Dichter nützlich. Sie
schärfen die Wahrnehmung und die Fähigkeit, ausdrucksvolle Klagen hervorzubringen. «Der große Dichter soll großes Zahnweh
haben», sagt Tante Zahnweh bei Andersen.[98] Sagen zu können,
was er leidet, ist des Dichters Lust und Privileg. Schmerzen stellen
die Erlösung in Frage und sind doch auch Nachfolge Christi. Sie
sind empörend und schreiend ungerecht, aber der Seele gelegentlich lustvoll willkommen; der Masochismus gehört zu den Raffi-
nessen, mit denen die Psyche sonst Unerträgliches erträglich
macht. Zuckungen sind ähnlich vieldeutig; es gibt sie beim Gebären, beim Zeugen und im Sterben; der Schmerz verursacht sie,
aber auch die Lust.

Schmerzen heiß und kalt

«Oft schlug er sich den Kopf an die Wand oder versetzte sich sonst einen heftigen physischen Schmerz.» (Lenz)[99] «Er stieß an die Steine, er riß sich mit den Nägeln, der Schmerz fing an, ihm das Bewußtsein wiederzugeben.» (Lenz)[100] «Der Tod erschreckte ihn, ein heftiger Schmerz faßte ihn an, diese Züge, dieses stille Gesicht sollte verwesen, er warf sich nieder, er betete mit allem Jammer der Verzweiflung, daß Gott ein Zeichen an ihm tue, und das Kind beleben möge [...], dann sank er ganz in sich und wühlte all seinen Willen auf einen Punkt, so saß er lange starr. Dann erhob er sich und faßte die Hände des Kindes und sprach laut und fest: Stehe auf und wandle! Aber die Wände hallten ihm nüchtern den Ton nach, daß es zu spotten schien, und die Leiche blieb kalt.» (Lenz)[101]

«Man kann das Böse leugnen, aber nicht den Schmerz; nur der Verstand kann Gott beweisen, das Gefühl empört sich dagegen. Merke dir es, Anaxagoras: warum leide ich? Das ist der Fels des Atheismus. Das leiseste Zucken des Schmerzes und rege es sich nur in einem Atom, macht einen Riß in der Schöpfung von oben bis unten.» (Thomas Payne)[102] «Er hatte die Wollust des Schmerzes und ich habe die Qual des Henkers.» (Robespierre über Christus)[103] «Das All war für ihn in Wunden; er fühlte tiefen unnennbaren Schmerz davon.» (Lenz)[104]

«Wahrlich der Menschensohn wird in uns Allen gekreuzigt, wir ringen alle im Gethsemanegarten im blutigen Schweiß, aber es erlöst Keiner den Andern mit seinen Wunden.» (Robespierre)[105] «Mein Gott, mein Gott, ist es denn wahr, daß wir uns selbst erlösen müssen mit unserem Schmerz? Ist es denn wahr, die Welt sei ein gekreuzigter Heiland, die Sonne seine Dornenkrone und die Sterne die Nägel und Speere in seinen Füßen und Lenden?» (Prinzessin Lena)[106] «Und dann – ich fürchte den Tod nicht, aber den Schmerz. Es könnte wehe tun, wer steht mir dafür? Man sagt zwar es sei nur ein Augenblick, aber der Schmerz hat ein feineres Zeitmaß, er zerlegt eine Tertie. Nein! Der Schmerz ist die einzige Sünde und das Leiden ist das einzige Laster, ich werde tugendhaft bleiben.» (Laflotte)[107]

»Sein ganzer Schmerz wachte jetzt auf, und legte sich in sein Herz. Ein süßes Gefühl unendlichen Wohls beschlich ihn. Er sprach einfach mit den Leuten, sie litten alle mit ihm, und es war ihm ein Trost, wenn er über einige müdgeweinte Augen Schlaf, und gequälten Herzen Ruhe bringen, wenn er über dieses von materiellen Bedürfnissen gequälte Sein, diese dumpfen Leiden gen Himmel leiten konnte.« (Lenz)[108]

> O meine armen Augen, ihr müßt blitzen
> Im Strahl der Kerzen,
> Und schlieft im Dunkel lieber aus
> Von euren Schmerzen.
> (Rosetta)[109]

Angst

Vertrauend auf die drei Dimensionen, auf seine Sinne, auf die Dinge der Wirklichkeit und auf seine beredten Schicksalsgenossen, sitzt der Mensch in einer Welt voller Schmerzen dennoch ruhig und geborgen. Ist aber das Tragnetz der Dinge, der Dimensionen und der Diskutanten zerstört, erfaßt ihn panische Angst. Lenz fürchtet sich wie ein Kind, das «im Dunkeln schlafen» soll,[110] «es war ihm, als sei er blind»,[111] «es wurde ihm leer»,[112] «die Finsternis verschlang Alles».[113] Seine Angst ist «namenlos»,[114] «unnennbar»,[115] «unbeschreiblich»,[116] «unaussprechlich».[117] Was sich nicht besprechen, beschreiben und benennen läßt, macht Angst. Die Sprache ist ein Mittel der Herrschaft. Sie übt Gewalt aus über das, was sie sich unterwirft. Die Welt ist frei, solange sie nicht bezeichnet ist, aber diese Freiheit weiß nichts von sich, ist unschuldig und unendlich, konturlos und bodenlos, schwindelerregend und atemberaubend; sie ängstet und läßt fliehen in den abgezirkelten Hafen der Sprache. Ohne Sprache ist kein Halten. Die Sprache aber ist eine Hängebrücke ohne Pylone, schwingend vom Nichts ins Nichts, von Ewigkeit zu Ewigkeit; wenn das bißchen Orientierung reißt, gähnt abgrundtief die Angst. Lenz hält sich am Geländer der Sprache fest – «eine unbeschreibliche Angst befiel ihn, er hatte das Ende seines

Satzes verloren; dann meinte er, er müsse das zuletzt gesprochene Wort behalten und immer sprechen, nur mit großer Anstrengung unterdrückte er diese Gelüste.»[118] Gesellschaft hilft nur vorübergehend. Wenn Pfarrer Oberlin nicht da ist, ist Lenz «entsetzlich einsam»,[119] «allein, ganz allein»;[120] er muß sich an irgend etwas stoßen, um die schreckliche Leere zu füllen, notfalls an sich selbst, mit irgend jemand reden, notfalls mit sich selbst.

> Er mußte dann mit den einfachsten Dingen anfangen, um wieder zu sich zu kommen. Eigentlich nicht er selbst tat es, sondern ein mächtiger Erhaltungstrieb, es war als sei er doppelt und der eine Teil suchte den andern zu retten, und rief sich selbst zu; er erzählte, er sagte in der heftigsten Angst Gedichte her, bis er wieder zu sich kam.[121]

Willkür

Sofern «Kür» das Gegenstück zur «Pflicht» ist, ist die Willkür eine Kür des Wollens. Sie richtet sich die Welt zu ohne Rücksicht auf Dinge, Dimensionen und Diskutanten. Sie bettet sich nicht ein in das, was ist, weil sie, solipsistisch traumatisiert, vom Vorhandensein der Welt gar nicht überzeugt ist, weil ihr das Urvertrauen fehlt auf das, was ist. Bewußt überschreitet sie die Grenzen dessen, was als normal gilt. Lenz treibt sonderbare Kapriolen in seiner Not:

> Dachte er an eine fremde Person, oder stellte er sie sich lebhaft vor, so war es ihm, als würde er sie selbst, er verwirrte sich ganz und dabei hatte er einen unendlichen Trieb, mit Allem um ihn im Geist willkürlich umzugehen; [...] er amüsierte sich, die Häuser auf die Dächer zu stellen, die Menschen an und auszukleiden, die wahnwitzigsten Possen auszusinnen. Manchmal fühlte er einen unwiderstehlichen Drang, das Ding auszuführen, und dann schnitt er entsetzliche Fratzen. Einst saß er neben Oberlin, die Katze lag gegenüber auf einem Stuhl, plötzlich wurden seine Augen starr, er

hielt sie unverrückt auf das Tier gerichtet, dann glitt er langsam
den Stuhl herunter, die Katze ebenfalls, sie war wie bezaubert von
seinem Blick, sie geriet in ungeheure Angst, sie sträubte sich scheu,
Lenz mit den nämlichen Tönen, mit fürchterlich entstelltem Gesicht, wie in Verzweiflung stürzten Beide auf einander los, da endlich erhob sich Madame Oberlin, um sie zu trennen.[122]

Zuckungen

«Sollte man glauben, [...] daß seine dünnen, auf der Tribüne
herumzuckenden Finger, Guillotinmesser sind?» (Camille über Robespierre)[123] «Und die Künstler gehn mit der Natur um wie David,
der im September die Gemordeten, wie sie aus der Force auf die
Gasse geworfen wurden, kaltblütig zeichnete und sagte: ich erhasche die letzten *Zuckungen* des Lebens in diesen Bösewichtern.»
(Danton)[124] «Das leiseste *Zucken* des Schmerzes und rege es sich nur
in einem Atom, macht einen Riß in der Schöpfung von oben bis
unten.» (Thomas Payne)[125]

«Nimm das und das! Kannst du nicht sterben. So! so! – Ha sie
zukt noch, noch nicht noch nicht? Immer noch? (stößt zu)» (Woyzeck)[126] «Es ist einerlei, wo die Scheinleiche zu *zucken* anfängt.»
(*Der Hessische Landbote*)[127]

«Die blonden Locken hingen ihm um das bleiche Gesicht, es
zuckte ihm in den Augen und um den Mund, seine Kleider waren
zerrissen [...] göttliche, *zuckende* Lippen bückten sich über ihm
<nieder> und sogen sich an seine Lippen [...] er krümmte sich in
sich, es *zuckten* seine Glieder, es war ihm als müsse er sich auflösen,
er konnte kein Ende finden der Wollust.» (*Lenz*)[128]

«Man versuche es einmal und senke sich in das Leben des Geringsten und gebe es wieder, in den *Zuckungen*, den Andeutungen,
dem ganzen feinen, kaum bemerkten Mienenspiel [...] Er trat zum
Mädchen, sie *zuckte* auf und wurde unruhig [...] Das Mädchen lag
in *Zuckungen*, die Alte schnarrte ihr Lied und plauderte mit den
Nachbarn [...] Ahnungen von seinem alten Zustande *durchzuckten*
ihn und warfen Streiflichter in das wüste Chaos seines Geistes.»
(*Lenz*)[129]

Kunstgespräch

Die Schriften des historischen Lenz haben Büchner nicht besonders interessiert. Die Dramen (*Der Hofmeister*, *Die Soldaten*) wird er zwar gekannt haben, aber sie haben nur sehr verwehte Spuren in seinem Werk hinterlassen. Die *Anmerkungen übers Theater* haben ihm möglicherweise geholfen, seine eigene Ästhetik zu formulieren,[130] aber er geht nicht so hemmungslos mit ihnen um wie mit Oberlins Bericht, vermeidet also wörtliche Übernahmen. Dabei hätte er, literarhistorisch gesehen, einen guten Platz dafür gehabt, in dem Kunstgespräch, das er Lenz am 6. Tag mit Christoph Kaufmann führen läßt. Anstatt hier die Ansichten des historischen Lenz einzubringen, implantiert er jedoch seine eigenen. Er schreckt dabei vor Anachronismen nicht zurück. So macht er den Sturm-und-Drang-Dichter Kaufmann zum Repräsentanten eines Winckelmannschen Klassizismus – «die idealistische Periode fing damals an, Kaufmann war ein Anhänger davon»[131] – und verlegt Auseinandersetzungen der Vormärzzeit ein halbes Jahrhundert zurück ins Jahr 1778. Ohne sich auf irgendwelche Quellen zu stützen, läßt er seinen Lenz dozieren, die Dichter, von denen man sage, sie geben die Wirklichkeit, hätten auch keine Ahnung davon; doch seien sie immer noch erträglicher, als die, welche die Wirklichkeit verklären wollten. Und er fügt hinzu mit seiner jungen, zugleich spröden und leidenschaftlichen Stimme:

> Der liebe Gott hat die Welt wohl gemacht wie sie sein soll, und wir können wohl nicht was Besseres klecksen, unser einziges Bestreben soll sein, ihm ein wenig nachzuschaffen.

Sein erstes Argument ist ein religiöses. Er hat es zuvor schon einmal zur Verteidigung seines *Danton* gebraucht, in einem Brief nach Darmstadt vom 28. Juli 1835,[132] und hat es wahrscheinlich standardmäßig benützt. Wir stellen uns vor, er habe das ganze Kunstgespräch mit den Straßburger Dichterfreunden trainiert, besonders mit den braven Brüdern Stöber, denen eine wenig reflektierte idealistische Position durchaus zuzutrauen war. Wir erlauben uns deshalb, Kaufmann, der ohnehin nur eine Statistenrolle spielt, experimentell durch die Brüder Stöber zu ersetzen. Vielleicht haben sie, weil ortskundig, die Kontrollwanderung mitgemacht, sitzen jetzt mit Büchner in Waldbach in der spät noch durchgebrochenen Oktobersonne und hören sein zweites Argument, ein lebensphilosophisches:

> Ich verlange in allem Leben, Möglichkeit des Daseins, und dann ist's gut; wir haben dann nicht zu fragen, ob es schön, ob es häßlich ist.

Das Gefühl, «daß Was geschaffen sei, Leben habe», stehe über schön und häßlich und sei das einzige Kriterium in Kunstsachen. Übrigens begegne es nur selten,

> in Shakespeare finden wir es und in den Volksliedern tönt es einem ganz, in Göthe manchmal entgegen. Alles Übrige kann man ins Feuer werfen.

Die Stöbers staunten. Schiller also ins Feuer werfen! Die Beispielkette Shakespeare, Volkslieder, Goethe, das wußten sie, wäre zwar auch 1778 möglich gewesen, galt aber breitflächig erst eine Generation später, als die Romantik gegen den Klassizismus aufstand. Davon war Büchners Eifer gespeist. Er hatte sich inzwischen warmgeredet. «Die Leute können auch keinen Hundsstall zeichnen», sagte er (und wurde dafür im 20. Jahrhundert als Realist gelobt). Genau genommen zeichnete er allerdings keinen Hundsstall, sondern ließ einen gedichteten Dichter vom Hundsstallzeichnen schwärmen. Er war, um Schillers Begriffspaar einzubringen, nicht naiv, sondern sentimentalisch, nicht natürlich, sondern reflektiert. Eine leise Verlegenheit begleitete infolgedessen seinen Eifer. Gegen Schiller, der ihm als Denker (nicht unbedingt als Dichter) doch haushoch überlegen war, richtete er auch die nächsten Sätze, in denen er idealistische Gestalten verwarf, die nur Holzpuppen seien – etwas anderes habe er nie gesehen. Er sprach mit wachsender Begeisterung, mal feurig, mal innig, mit jungem und schmalem, manchmal von einem kurzen Auflachen unterbrochenem Pathos:

> Dieser Idealismus ist die schmählichste Verachtung der menschlichen Natur. Man versuche es einmal und senke sich in das Leben

des Geringsten und gebe es wieder, in den Zuckungen, den Andeutungen, dem ganzen feinen, kaum bemerkten Mienenspiel.

Als «Lenz» figurierend erwähnte er zwischendurch, er habe
dergleichen versucht im *Hofmeister* und den *Soldaten*, fuhr aber sogleich wieder mit eigenem Eifer fort:

> Es sind die prosaischsten Menschen unter der Sonne; aber die Ge-
> fühlsader ist in fast allen Menschen gleich, nur ist die Hülle mehr
> oder weniger dicht, durch die sie brechen muß. Man muß nur Aug
> und Ohren dafür haben. Wie ich gestern neben am Tal hinauf-
> ging, sah ich auf einem Steine zwei Mädchen sitzen, die eine band
> ihre Haare auf, die andre half ihr; und das goldne Haar hing
> herab, und ein ernstes bleiches Gesicht, und doch so jung, und die
> schwarze Tracht und die andre so sorgsam bemüht. Die schön-
> sten, innigsten Bilder der altdeutschen Schule geben kaum eine
> Ahnung davon. Man möchte manchmal ein Medusenhaupt sein,
> um so eine Gruppe in Stein verwandeln zu können, und den Leu-
> ten zurufen. Sie standen auf, die schöne Gruppe war zerstört; aber
> wie sie so hinabstiegen, zwischen den Felsen, war es wieder ein
> anderes Bild. Die schönsten Bilder, die schwellendsten Töne grup-
> pieren, lösen sich auf. Nur eins bleibt, eine unendliche Schönheit,
> die aus einer Form in die andre tritt, ewig aufgeblättert, verändert,
> man kann sie aber freilich nicht immer festhalten und in Museen
> stellen und auf Noten ziehen und dann Alt und Jung herbeirufen
> und die Buben und Alten darüber radotieren und sich entzücken
> lassen. Man muß die Menschheit lieben, um in das eigentümliche
> Wesen jedes einzudringen, es darf einem keiner zu gering, keiner
> zu häßlich sein, erst dann kann man sie verstehen; das unbedeu-
> tendste Gesicht macht einen tiefern Eindruck als die bloße Emp-
> findung des Schönen, und man kann die Gestalten aus sich heraus-
> treten lassen, ohne etwas vom Äußern hinein zu kopieren, wo
> einem kein Leben, keine Muskeln, kein Puls entgegen schwillt und
> pocht.

In diesem Tonfall könnte auch Novalis gesprochen haben.
Wir sehen, wie sich das Interesse am «Leben des Geringsten» ein-
fügt in einen romantischen Kontext («auf einem Steine zwei Mädchen» beim Haareaufbinden), wie Lenz-Büchner sein Urteil nicht

aus dem Reich der Wirklichkeit, sondern aus dem Reich der Kunst bezieht (die «innigsten Bilder der altdeutschen Schule») und wie er sich dabei in einen hochidealistischen Diskurs verstrickt («eine unendliche Schönheit», «die Menschheit lieben»). Wenn Lenz-Büchner gleich darauf noch einmal antiidealistisch einsetzt, um sein Realitätspostulat zu begründen, geschieht es ihm ein zweites Mal, daß er, erzromantisch, mit der Kunst und nicht mit der wirklichen Wirklichkeit argumentiert. Die Stöbers – in der Erzählung wird die Äußerung Kaufmann zugewiesen – hatten ihm vorgehalten, daß er in der Wirklichkeit doch keine Typen für einen Apoll von Belvedere oder eine Raffaelische Madonna finden würde. Was liegt daran, versetzte er; er müsse gestehen, er fühle sich dabei sehr tot. Der Dichter und Bildende sei ihm der liebste, der ihm die Natur am wirklichsten gebe. Er erinnerte sich an die großherzogliche Gemäldesammlung in Darmstadt, wo er im Oktober 1833 mit Alexis Muston gewesen war,[133] und seine Stimme wurde weich:

> Die Holländischen Maler sind mir lieber, als die Italienischen, sie sind auch die einzigen faßlichen; ich kenne nur zwei Bilder, und zwar von Niederländern, die mir einen Eindruck gemacht hätten, wie das neue Testament; das Eine ist, ich weiß nicht von wem, Christus und die Jünger von Emmaus. Wenn man so liest, wie die Jünger hinausgingen, es liegt gleich die ganze Natur in den Paar Worten. Es ist ein trüber, dämmernder Abend, ein einförmiger roter Streifen am Horizont, halbfinster auf der Straße, da kommt ein Unbekannter zu ihnen, sie sprechen, er bricht das Brot, da erkennen sie ihn, in einfach-menschlicher Art, und die göttlich-leidenden Züge reden ihnen deutlich, und sie erschrecken, denn es ist finster geworden, und es tritt sie etwas Unbegreifliches an, aber es ist kein gespenstisches Grauen; es ist wie wenn einem ein geliebter Toter in der Dämmerung in der alten Art entgegenträte, so ist das Bild, mit dem einförmigen, bräunlichen Ton darüber, dem trüben stillen Abend. Dann ein anderes: Eine Frau sitzt in ihrer Kammer, das Gebetbuch in der Hand. Es ist sonntäglich aufgeputzt, der Sand gestreut, so heimlich rein und warm. Die Frau hat nicht zur Kirche gekonnt, und sie verrichtet die Andacht zu Haus, das Fenster ist offen, sie sitzt darnach hingewandt, und es ist als schwebten zu dem Fenster über die weite ebne Landschaft die Glockentöne

Carel von Savoy:
Christus in Emmaus

von dem Dorfe herein und verhallet der Sang der nahen Gemeinde
aus der Kirche her, und die Frau liest den Text nach.

Wie ein Nazarener schwärmt der junge Student von Christus
mit den Jüngern von Emmaus und malt das Idyll einer ländlichen
Frau mit Gebetbuch, die den Sonntagsgottesdienst feiert. Die Stöbers hörten gebannt zu, «er war rot geworden über den Reden», sie
waren ganz einverstanden, er hatte sich in seiner Art als Romantiker
erwiesen, als einer von der großen Sorte allerdings, Rangstufe Heinrich Heine oder E.T.A. Hoffmann. *Lenz* ist eine Künstlernovelle.
Es ist Romantik, nicht Realismus, wenn die Kunst sich selbst zum
Thema macht. Auch die Landfrau mit Gebetbuch stammt ja nicht
aus der rauhen Wirklichkeit, sondern aus der romantischen Literatur, aus Ludwig Tiecks verspieltem Knittelversdramolett *Leben und
Tod des kleinen Rotkäppchens.*[134]

Sentimentalisch und naiv

«Sentimentalisch» ist zwar etwas anderes als «sentimental», aber die beiden Begriffe haben schon etwas miteinander zu tun. «Sentimentalisch» zeigt eine Zustandsform des Sentiments an: wenn es seiner selbst bewußt ist, sich beobachtet, zu sich in Distanz steht und reflektiert wird. Sofern mit «sentimental» ein untiefes und nicht ganz echtes, ein künstlich parfümiertes Gefühl bezeichnet wird, ist Sentimentalität allerdings oft sentimentalisch.

Auch das Wort «naiv» bedarf einer Erläuterung, um es zu schützen vor dem Mißverständnis, es habe etwas mit Dummheit zu tun. Es bezeichnet vielmehr eine Kraft – die Kraft der Unschuld und Unberührtheit, der Echtheit, der Einfalt, der Redlichkeit, der unreflektierten Spontaneität, der Frische, der Natürlichkeit. Naiv ist das, was einen Menschen im tiefsten Seelengrunde antreibt, ohne daß er es weiß. Naiv ist der Landmann, der sein Feld bebaut, ohne von dessen Schönheit etwas zu wissen, sentimentalisch ist der Städter, der den Klang von Kuhglocken liebt, aber keine Mistgabel in die Hand nehmen würde. Der Bauer, der singt, ist naiv, der Bürger, der «Volks»-lieder sammelt, ist sentimentalisch. Das Wort «Volkslied» bezeichnet eine von der Romantik geschaffene sentimentalische Fiktion. Georg Büchner fand in seinen Lenz-Quellen die Fügung «alte Lieder» und machte «Volkslieder» daraus.[135] Er sammelte Volkslieder und streute sie in seine Werke ein, nicht ohne sie gelegentlich sozial oder sexuell zu verdeutlichen.

Die Unterscheidung zwischen einer «naiven» und einer «sentimentalischen» Dichtkunst stammt bekanntlich von Friedrich Schiller. Der Dichter, sagt Schiller in seiner Abhandlung *Über naive und sentimentalische Dichtung* von 1795, «ist entweder Natur, oder er wird sie suchen. Jenes macht den naiven, dieses den sentimentalischen Dichter.» Der naive Dichter empfinde natürlich, der sentimentalische Dichter empfinde die Natur.[136] Verstehen wir unter «Natur» das Vorhandene und Gegebene, dann ist der «naive» Dichter mit diesem Vorhandenen eins, er opponiert nicht fundamental gegen es, sondern gestaltet es und ist in sich ruhend dabei. Er ist Sprachrohr dessen, was ist, in einem weiten Sinn, und knechtet es nicht durch

Ideale. Er ist insofern ein Realist. Der sentimentalische Dichter hingegen ist uneins mit dem, was ist. Er hat ein unglückliches Bewußtsein. Er ersehnt etwas nicht oder nicht mehr oder noch nicht Vorhandenes. Er steht in Fundamentalopposition zu dem, was ist. Er hat eine Idee davon, wie das Vorhandene sein sollte. Er ist ein Idealist. Nichts sieht er, wie es ist, alles sieht er durch die Brille der Reflexion. Nie ist er einfach da und lebt, immer schaut er sich selbst über die Schulter, ergründet, was er gerade macht und mißt es an dem, was er machen sollte. Als Dichter ist Büchner vorwiegend sentimentalisch. Er ist uneins mit der Wirklichkeit. Er träumt und reflektiert, wie die Welt sein sollte, und gestaltet sie in seinen Dichtungen aus einer Idee heraus, die ihn wehmütig macht. *Lenz* ist aus einer sentimentalischen Distanz heraus geschrieben, da die Geschichte aus literarischem Material gemacht und in ihm gespiegelt, nicht naiv selbsterlebt ist.

Wenn man tief genug hinabsteigt, erreicht man freilich bei jedem Menschen die Ebene, wo er sich selbst nicht mehr reflexiv überholen kann und nur noch naiv ist. Dort ist dann das Kraftzentrum. Bei Büchner besteht es in der intuitiven Sicherheit, mit der er seine Stoffe findet, und der naiven Unschuld, mit der er, ohne sich Plagiatsgedanken zu machen, einfach abschreibt, was er brauchen kann. Seine Naivität verwandelt das Gefundene in Kunst. Von Plagiaten müßte man sprechen, wenn er eine Betrugsabsicht gehabt hätte, wenn er also bewußt Effekte gestohlen hätte, um sich mit fremden Federn zu schmücken. Aber das ist nicht der Fall. Die Federn sind grau und staubig, bevor er sie sich aneignet, und erst dann leuchten sie, wenn sein Zauberstab sie berührt hat. Der Schmelz kommt von ihm – jenes mysteriöse Büchner-Flair über allem, das aus dem Gefundenen und Zusammengeleimten erst ein Kunstwerk macht. Die Rezeptur ist sein Geheimnis. Er hätte es selber nicht sagen können. Im Unerkannten und Unerkennbaren liegt die Kraft. Nicht das Reflektierte ist poetisch, sondern das Irrationale und Unzugängliche, das die Einfälle speist und die Erkenntnis- und Gestaltungsarbeit lebenslang anspornt. Wege, die alle kennen, sind reizlos, nur Vorstöße ins Unbetretene sind spannend. Von der weglosen Wüste in seiner Seele lebt der Dichter. Jeder Geländegewinn der Erkenntnis verkleinert sie. Erkenntnis ist einerseits ein Fortschritt, andererseits ein Verlust. Dem vollendet über sich aufgeklärten Menschen fehlt etwas. Er ist alles andere als glücklich. Ihm ist sterbenslangweilig. Darum hat Gott es so eingerichtet, daß dem immer strebend sich Bemühenden zwar Geländegewinne zugestanden werden, aber nur dort, wohin er schaut, während gleichzeitig in den toten Winkeln seines Blickes unvermerkt die Wüste wächst. Immer ist genug Irrationales da, an dem sich Rationalität abarbeiten kann.

Christentum

Es ist immer wieder erstaunlich, zu sehen, wie Vorurteile den Blick auszurichten und riesige Wirklichkeitsbereiche wegzublenden vermögen. Für einen Frühsozialismusdiskurs im Werk Büchners gibt es nur wenige belastbare Belege, aber ganze Editionen, Biographien und Monographien leben davon, alles zu diesem Phantasma in Beziehung zu setzen. Auf der anderen Seite ist das Werk Büchners flächendeckend übersät und durchsetzt mit christlichen Anspielungen, Zitaten, Debatten und Textfragmenten, aber nur sehr selten wird Büchner als ein bedeutender Christ gesehen, der Wege ins Unbetretene sucht. Manifest christliche Elemente finden sich im *Hessischen Landboten*, in *Danton's Tod*, in *Leonce und Lena*, in *Woyzeck* und natürlich in *Lenz*. In den Briefen sind sie weniger häufig, aber deren Hauptbestand ist einschlägig zensuriert, hat den religionsfeindlichen Filter des *Kraft-und-Stoff*-Büchner durchlaufen, der ausdrücklich nur das Politische passieren lassen wollte. Daß Georg Büchners Freundes- und Bekanntenkreis ganz überwiegend aus Pfarrern, Theologen, Theologiestudenten und Ex-Theologiestudenten bestand, wurde schon in früheren Kapiteln erwähnt. Seinem Urgestein nach ist das Büchner-Gebirge christlich. Man kann dennoch in ihm herumwandern, ohne das zu bemerken, so wie man einem Waldweg nicht anmerkt, ob er in den Vogesen oder im Schwarzwald verläuft.

Die religiöse Unruhe sitzt tief. Sie ist einer der Faktoren, die Genialität hervortreiben. Mit Kirchenfrömmigkeit hat sie nichts zu tun. Natürlich bekämpfte Büchner die vorfindliche Geistlichkeit und den vorfindlichen Glauben. Dafür gab es ja auch gute

Gründe. Aber er hatte für diesen Kampf kein anderes Sprachmaterial als das christliche. Er führt diesen Kampf in den Ruinen eines zusammengeschossenen, aber allenthalben um Neuaufbau bemühten Christentums. Er kannte die Gefahr der Selbstillusionierung, «er fühlte» (wie sein Lenz) «in einzelnen Augenblicken tief, wie er sich Alles nur zurecht mache»,[137] aber er suchte weiter, ohne eine genaue Richtung zu kennen. War vielleicht der Kult doch nur ein Spiel, dessen Regelaufsteller in Vergessenheit geraten waren, so daß er heilig schien? Vielleicht sollte man die Regeln ändern. Ein Gespräch, das Georg Büchner mit Alexis Muston im September 1833 im Darmstädter Schloß geführt hat,[138] läßt vermuten, daß ein Christentum der Kultur, nicht des Kultes sein Ziel war – «les formes de culte», sagte er, «ne sont pas la culture». Die kirchlichen Formen seien nicht für alle Zeit der angemessene Ausdruck des religiösen Gefühls. Dessen Gegenstand sei das Ideal, seine Kultivierung sei der Fortschritt. Muston hatte in seinem Drama *Pauline* Büchners Gedanken weitergesponnen, Protestantismus und Katholizismus als vergängliche Gewänder bezeichnet, einem Christentum der Wahrheit, der Freiheit und der Liebe das Wort geredet und Jesus Christus als Typus des wahren Republikaners bestimmt.[139]

Die Erzählung *Lenz* beschreibt die Niederlage des Pietisten Johann Friedrich Oberlin im Glaubenskrieg gegen den faustischen Stürmer und Dränger Lenz – oder auch die Niederlage eines bestimmten hergebrachten Christentums gegen ein moderneres, das noch keinen Namen und keine Sprache hat, weil Lenz noch ganz im Bann des hergebrachten steht. Als Lenz sich von Gott verlassen fühlt, glaubt er, er sei der Ewige Jude;[140] als er Gott von sich stößt, glaubt er, er sei der Satan.[141] Noch sein Nichts ist ein christliches Nichts. Gerade hat ihn der Atheismus «ganz sicher und ruhig und fest» gefaßt, da packt ihn die Angst vor der Sünde wider den heiligen Geist.[142]

Aber nicht Oberlins religiöse Welt ist der Maßstab. Oberlins Gott wird vorgeführt und erweist sich als abgelebte Figur. Als Oberlin von spirituellen Erfahrungen erzählt, vom Stimmenhören, auf Berghöhen Angefaßt-Werden und mit Geistern Ringen, von somnambulen Zuständen, von göttlichen Botschaften und davon,

«wie Gott so ganz bei ihm eingekehrt, daß er kindlich seine Lose
aus der Tasche holte, um zu wissen, was er tun sollte»,[143] da spinnt
Lenz den Gedanken weiter und spielt ihn vom pietistischen in ein
moderneres, ins romantische Feld hinüber, hin zu einer pantheisti-
schen Vision, die so ähnlich auch bei Novalis, etwa in den *Lehr-
lingen zu Sais*, stehen könnte:[144]

> Lenz sagte, daß der Geist des Wassers über ihn gekommen sei, daß
> er dann etwas von seinem eigentümlichen Sein empfunden hätte.
> Er fuhr weiter fort: Die einfachste, reinste Natur hinge am näch-
> sten mit der elementarischen zusammen, je feiner der Mensch gei-
> stig fühlt und lebt, um so abgestumpfter würde dieser elementari-
> sche Sinn; er halte ihn nicht für einen hohen Zustand, er sei nicht
> selbständig genug, aber er meine, es müsse ein unendliches Won-
> negefühl sein, so von dem eigentümlichen Leben jeder Form be-
> rührt zu werden; für Gesteine, Metalle, Wasser und Pflanzen eine
> Seele zu haben; so traumartig jedes Wesen in der Natur in sich
> aufzunehmen, wie die Blumen mit dem Zu- und Abnehmen des
> Mondes die Luft.
>
> Er sprach sich selbst weiter aus, wie in Allem eine unaussprech-
> liche Harmonie, ein Ton, eine Seligkeit sei, die in den höhern For-
> men mit mehr Organen aus sich herausgriffe, tönte, auffaßte und
> dafür aber auch um so tiefer affiziert würde, wie in den niedrigen
> Formen Alles zurückgedrängter, beschränkter, dafür aber auch die
> Ruhe in sich größer sei. Er verfolgte das noch weiter. Oberlin brach
> es ab, es führte ihn zu weit von seiner einfachen Art ab.

Oberlin holt ihn zurück in die evangelische Orthodoxie.
Aber als Lenz die Macht von Oberlins Gott auf die Probe stellen
will, bei der Totenerweckung in Fouday, scheitert er. Gott hält sich
an die Naturgesetze, jedenfalls läßt er sich nicht manipulieren. Er ist
nicht der, der beliebig eingreift und «Wunder» tut. Er hat nichts zu
tun mit dem Fabelwesen, an das Lenz seine leidenschaftliche Anklage adressiert:

> Aber ich, wär' ich allmächtig, sehen Sie, wenn ich so wäre, und
> ich könnte das Leiden nicht ertragen, ich würde retten, retten, ich
> will ja nichts als Ruhe, Ruhe, nur ein wenig Ruhe und schlafen
> können.[145]

Gott

Lenz kritisiert Gott von innerhalb, nicht von außerhalb des christlichen Gebirges. Seine Kritik ist ein Flehen. Er braucht Gott. Ihn zu verlieren bedeutet nicht Emanzipation, sondern Wahnsinn. Die von Marx und Feuerbach wenig später geschmiedeten Waffen waren Büchner noch nicht zur Hand. Im großen Ganzen glaubt er an Gott. Er hat noch die alte mythische Ehrfurcht. Kaum hat er ihn satirisch angegriffen, schiebt er sicherheitshalber ein respektvolles «Ich lästre nicht» nach.[146] Für den Hausgebrauch steht ihm sogar «das unbegränzteste Gottvertrauen» zur Verfügung.[147] Er glaubt an den «heiligen Geist» im Menschen, der vom Aristokratismus aufs schändlichste verachtet werde.[148] «Auch sein Prinz Leonce fragt: «Glauben Sie an Gott?»[149] An vielen Stellen in Büchners Dichtungen ist Gott der Schöpfer einer Welt, die, «glühend, brausend und leuchtend», sich in jedem Augenblick neu gebiert,[150] und besser ist als die Kunstwelt seiner schlechten Kopisten. Lenz erklärt im Kunstgespräch: «Der liebe Gott hat die Welt wohl gemacht wie sie sein soll, und wir können wohl nicht was Besseres klecksen.»[151] Er wiederholt damit Ansichten, die Büchner selbst vorher brieflich geäußert hat: «Wenn man mir übrigens noch sagen wollte, der Dichter müsse die Welt nicht zeigen wie sie ist, sondern wie sie seyn solle, so antworte ich, daß ich es nicht besser machen will, als der liebe Gott, der die Welt gewiß gemacht hat, wie sie seyn soll.»[152] Obgleich er sich Gott auch nichtschaffend vorstellen kann – wenn er Thomas Payne fragen läßt: «Müssen wir, wenn sich unser Geist in das Wesen einer harmonisch in sich ruhenden, ewigen Seligkeit versenkt, gleich annehmen sie müsse die Finger ausstrecken und über Tisch Brotmännchen kneten?»[153] –, bleibt er in der Regel im Bann der christlich-jüdischen Schöpfungsgeschichte und ihrer Bildwelt. Die Stimme von Prinzessin Lena erscheint Prinz Leonce in Anspielung auf Gen 1,2 «wie der Geist, da er über den Wassern schwebte».[154] Es ist der Geist der Liebe und des Lebens. Lenz erfährt Gott vorübergehend auch als Liebenden. Im Spiel erotischer Metaphern kommt es bis zum Orgasmus mit Gott:

Göttliche, zuckende Lippen bückten sich über ihm <nieder> und sogen sich an seine Lippen [...] Da rauschte die Quelle, Ströme brachen aus seinen Augen, er krümmte sich in sich, es zuckten seine Glieder, es war ihm, als müsse er sich auflösen, er konnte kein Ende finden der Wollust.[155]

«Gott» ist bei Büchner vieldeutig, vielseitig, rätselhaft; der Anspruch, alle Aspekte erfaßt zu haben, wird hier nicht gemacht. Aber es muß klar sein, daß die Kirchen kein Monopol haben auf Gott. Die Literatur des 19. und 20. Jahrhunderts hat viel mitzureden. Der Protest gegen den kirchlich kodifizierten Gott ist nicht gottlos, sondern wahrt im Gegenteil die von den Kirchen oft verletzte Freiheit und Unverfügbarkeit Gottes, wahrt das «Du sollst dir kein Bildnis machen» (Ex 20,4) und respektiert die tiefe Irritation, die daraus unbefriedbar erwachsen kann und muß. Gott ist kein Palliativ. Es gibt keine Gesetze, denen Gott unterworfen werden könnte. Jedes Gesetz kann er brechen, wenn es die Liebe verlangt. Denn «Gott ist Liebe.» (1Joh 4,16) Das gibt Büchner seinem Woyzeck mit, der «keine Moral» hat und ein Kind ohne den Segen der Kirche:

Herr Hauptmann, der liebe Gott wird den armen Wurm nicht drum ansehn, ob das Amen drüber gesagt ist, eh' er gemacht wurde. Der Herr sprach: Lasset die Kindlein zu mir kommen.[156]

Beten Singen

Beten ist nicht zuerst ein Sprachereignis. Es ist ein «Ich bin da!» vor Gott – wie immer man sich den vorstellt, als Person, als Kraft, als Licht, als Dunkel oder als grundlose Tiefe –, «Ich bin da, mit meinem Herzen voller Schmerzen, und hier sind meine Lieben mit ihren Freuden und Leiden, auch meine Verstorbenen, die du kennst» – in einer Haltung des Hingegebenseins, die ohne Worte auskommt. Das Namenlose, Unnennbare, Unaussprechliche und Unbeschreibliche findet im Gebet eine Daseinsform. Beten bannt Angst. Beten hält das Nichts in Schach. Es stabilisiert, wenn sonst

nichts mehr hilft. Es ist nicht dazu da, Vorteile zu gewinnen. Gebetet
wird, wenn untilgbare, nicht wieder gutzumachende Schuld zu verarbeiten ist. Marie empfindet ihren Seitensprung mit dem Tambourmajor ganz offensichtlich als Sünde. Sie liest in der Bibel und betet:

> Herrgott. Herrgott! Sieh mich nicht an! *Blättert weiter:* aber die
> Pharisäer brachten ein Weib zu ihm, im Ehebruche begriffen und
> stelleten sie in's Mittel dar. – Jesus aber sprach: so verdamme ich
> dich auch nicht. Geh hin und sündige hinfort nicht mehr. *Schlägt
> die Hände zusammen.* Herrgott! Herrgott! Ich kann nicht. Herr-
> gott gieb mir nur soviel, daß ich beten kann.[157]

«Ich kann nicht», sagt Marie. Sie betet ums Betenkönnen.
Das Gelingen ist keine Frage des Wollens. In der Erzählung *Lenz*
betet fast auf jeder Seite irgend jemand – Pfarrer Oberlin und seine
Familie, die kleine Kirchengemeinde, die Frau in der Kammer auf
dem Bild, das alte Weib, das kranke Kind und der Heilige in der
Hütte, am öftesten Lenz selbst, bei ihm aber kommt das Beten in
die Krise. Was dafür erforderlich wäre, eine gewisse Einfalt des
Herzens, ist bei Lenz aufs schwerste gefährdet. Seine intellektuelle
Demontage des Betens endet paradox in einem Anti-Gebet:

> Oberlin sagte ihm, er möge sich zu Gott wenden; da lachte er und
> sagte: ja, wenn ich so glücklich wäre, wie Sie, einen so behaglichen
> Zeitvertreib aufzufinden, ja man könnte sich die Zeit schon so aus-
> füllen. Alles aus Müßiggang. Denn die Meisten beten aus Lange-
> weile, die Andern verlieben sich aus Langeweile, die Dritten sind
> tugendhaft, die Vierten lasterhaft und ich gar nichts, gar nichts,
> ich mag mich nicht einmal umbringen: es ist zu langweilig:
>
> > O Gott in Deines Lichtes Welle,
> > In Deines glühn'den Mittags Zelle,
> > Sind meine Augen wund gewacht,
> > Wird es denn niemals wieder Nacht?[158]

Nicht das Licht wünscht sich dieses Gebet, sondern die
Nacht. Büchner hat es nicht gefunden, sondern gedichtet als Gebet
eines romantischen Intellektuellen, der wie Novalis (*Hymnen an die
Nacht*) die Augen endlich schließen möchte, die das unbarmherzige

Licht wund gemacht hat. Es ist das Licht der Reflexivität, die sich bei allem Tun und Sprechen zweifelnd über die eigene Schulter schaut. Beten und Singen gelingt nur denen, die ohne Raffinesse reinen Herzens sind. Den Intellektuellen gelingt es nicht mehr. Nur die Sehnsucht danach kennen sie noch. «Es war ihm als müsse er immer ‹Vater unser› sagen.» (Lenz)[159] Georg Büchner glaubt verklärend wie ein Romantiker an das einfache Volk. «Die Kirche fing an, die Menschenstimmen begegneten sich im reinen hellen Klang; ein Eindruck, als schaue man in reines durchsichtiges Bergwasser.»[160] Der Gottesdienst endet mit einem Lied:

> Laß in mir die heil'gen Schmerzen,
> Tiefe Bronnen ganz aufbrechen;
> Leiden sei all' mein Gewinst,
> Leiden sei mein Gottesdienst.

Büchner kannte *Des Knaben Wunderhorn*, er kannte die Genialität, mit der Arnim und Brentano Lieder (auch Kirchenlieder) zu bearbeiten keine Scheu hatten, und er macht es ebenso. Er nimmt ein pietistisches Lied, läßt weg, gruppiert um, schreibt dazwischen und dazu. Wir werfen einen Blick auf die ersten drei (von sieben) Strophen von *Gott, den ich als Liebe kenne*, dem Lied *Eines Kranken* aus der Rubrik *Vom Tode und der Auferstehung* des Freylinghausenschen Gesangbuchs, das von 1704 bis 1844 in zahlreichen Ausgaben erschien:[161]

> 1. GOtt, den ich als Liebe kenne, der du kranckheit auf mich legst, und des leidens flamm erregst, daß ich davon hitz und brenne; brenne doch das böse ab, das den geist bisher gehindert, das der liebe regung mindert, die ich öfters von dir hab.
>
> 2. In der schwachheit sey du kräftig, in den schmertzen sey mir süß; schaffe, daß ich dich genieß, wenn die kranckheit streng und heftig: denn, was jetzt den leib bewegt, was mein fleisch und marck verzehrt, was den cörper jetzt beschweret, hat die liebe selbst erregt.
>
> 3. Leiden ist jetzt mein geschäffte, anders kann ich jetzt nichts thun, als nur in dem leiden ruhn; leiden müssen meine kräfte, leiden ist jetzt mein gewinst, das ist jetzt des Vaters wille, den verehr ich sanft und stille; leiden ist mein gottesdienst.

Was den Zusammenhang von Krankheit und Liebe betrifft, war Büchner gut präpariert. Auch die Themen seiner Theodizeediskussion bedient das Lied. Leiden ist Gottesdienst! Wie Baudelaire («Ma douleur, donne-moi la main»)[162] ist Büchner Dolorist. Er vertieft den Gedanken des heiligen Leidens, wenn er dem Lied zwei Verse hinzufügt: «Laß in mir die heil'gen Schmerzen, tiefe Bronnen ganz aufbrechen». Er gibt sich damit willig einer Urkatastrophe hin, denn der Tag, «da aufbrachen alle Brunnen der großen Tiefe», ist der erste Tag der Sintflut (Gen 7,11). Was er wegläßt, ist die Moral («brenne doch das böse ab»), die ekstatische Gottesliebe («in den schmertzen sey mir süß») und die Ergebung in Gottes Willen («das ist jetzt des Vaters wille, den verehr ich sanft und stille»); auf das Leiden selbst kommt es ihm an; er behält die Zeile «leiden ist jetzt mein gewinst». Das klingt ziemlich pathologisch. Vielleicht ist die Suche nach Sinn im Leid überhaupt pathologisch, wie unsere schärfsten Köpfe meinen, vielleicht müssen wir uns abfinden. Vielleicht ist aber eine pathologische Suche kulturell und ästhetisch produktiver als die Resignation. «Leiden gebiehrt Freuden», behauptete einst Johann Caspar Lavater, ein Freund Oberlins.[163] Die Sinnlosigkeit kann ein Stachel, die «Nacht des Nichts» eine Herausforderung des Glaubensorgans sein (Therese von Lisieux in ihrem Todesjahr 1897, vierundzwanzigjährig).[164] Büchner jedenfalls hat sich nicht abgefunden und produziert im Rahmen jenes vielleicht pathologischen Diskurses.

7
Wissenschaft

Der Doktorgrad im 19. Jahrhundert

Heute liegt das durchschnittliche Promotionsalter für den Doktor der Philosophie nicht unter dreißig, das durchschnittliche Habilitationsalter nicht unter vierzig Jahren. Georg Büchner fertigte seine Doktorarbeit über das Nervensystem der Barben mit zweiundzwanzig an, reichte sie im August 1836 postalisch in Zürich ein, wo er persönlich noch nie war, wurde dort Anfang September nicht zum Dr. med., sondern zum Dr. phil. promoviert, beantragte aufgrund der Dissertation die Zulassung zu einer öffentlichen Probevorlesung, hielt diese am 5. November, wurde danach habilitiert sowie zum Privatdozenten bestellt und begann am 15. November 1836 mit seiner regulären Vorlesung. Das alles wäre heute ganz unmöglich – die kurze Entstehungszeit der Doktorarbeit, das Tempo der Entscheidungen, das Ausbleiben eines mündlichen Examens, das Einreichen bei einer fremden Universität, das Promovieren an einer der Ausbildung nicht entsprechenden Fakultät, die Habilitation lediglich aufgrund einer Probevorlesung. Damals war der Verlauf jedoch Ergebnis einer korrekten Beachtung der gültigen Regeln, wenngleich die Ochsentour elegant umgehend.

In den frühneuzeitlichen Anfängen der Universität wurde die akademische Graduierung sehr locker gehandhabt. Eine «dissertatio» war ein Gelegenheitsschriftchen (vom Typus *Dissertatio, ob es besser sei, eine Wittib oder eine Jungfer zu heiraten*)[1], mit dem man übungshalber zu einer Disputation einlud.[2] Die allmähliche Verrechtlichung, vor allem die Erfindung der Doktorurkunde und der Promotionsgebühr, führte im 17. und 18. Jahrhundert verbreitet zu grotesken Mißständen. Da Dissertationen als Übungsbeispiele oft von den Professoren selbst geschrieben wurden, war es nur ein kleiner Schritt vom Wege, solventen Studenten gegen eine gesalzene

Gebühr eine fertige Dissertation anzubieten.[3] Da das Grundgehalt insbesondere an den philosophischen Fakultäten mager war, wurde es allgemein durch Kolleggelder, Honorare und Gebühren aufgestockt. Die Promotionsgebühr war verlockend hoch (im späten 19. Jahrhundert zwischen 300 und 500 Mark des Deutschen Reiches, bei studentischen Lebenshaltungskosten von jährlich etwa 1200 Mark)[4]. Sie wurde besonders an kleinen Universitäten als Geldbringer eingesetzt. Zwar führten die Turbulenzen der napoleonischen Zeit örtlich zu Unterbrechungen dieser Praktiken, auch zu Universitätsschließungen (Mainz) und reformorientierten Neugründungen (Berlin), aber das schuf keine allgemeine Besserung, sondern vergrößerte nur die Streubreite. Es gab strenge und laxe Fakultäten. An den laxen erlebte die althergebrachte Einrichtung der Promotion in absentia im 19. Jahrhundert ihre eigentliche Blütezeit.[5] Ein der Fakultät persönlich nicht bekannter Kandidat konnte mit der Post eine Dissertation einreichen und erhielt, wenn diese genügend war, gegen Entrichtung der Promotionsgebühr das Doktordiplom zugesandt. Serienmäßig betrieb eine solche Titelfabrik die Universität Jena – 99 Prozent aller Promotionen im zweiten Drittel des 19. Jahrhunderts erfolgten dort in absentia.[6] Auch die medizinische Fakultät der Universität Gießen trieb «einen einträglichen Schwindelhandel mit ihren Doktordiplomen» für Ausländer.[7] Sie lieferte fabrikmäßig Dissertationen, «die je nach Umfang und Menge der Citate, die von gründlicher Belesenheit Zeugnis ablegten, entsprechend honoriert» wurden. Nur Inländer (Hessen-Darmstädter) mußten in praesentia promovieren, der Kandidat mußte also wenigstens an einem einzigen Tage anwesend sein, aber dafür konnte ihm die Dissertation gänzlich erlassen werden. Eine einzige mündliche Prüfung genügte, um den begehrten Titel zu erhalten[8] – nach Einzahlung der Gebühr. Ein Dekanatsjahr erbrachte der Philosophischen Fakultät in Gießen rund viertausend Gulden, die unter den vier dekanatsberechtigen Professoren aufgeteilt wurden.[9] An der 1810 gegründeten Berliner Universität galten hingegen strenge Maßstäbe und es gab infolgedessen nur wenige Promotionen. Erst nach der Reichsgründung 1871 wurden die Berliner Normen allmählich überall durchgesetzt. Vor dem Professorenamt wurden immer höhere Hürden aufgetürmt. Im ersten Drittel des 20. Jahrhun-

Promotionsordnung der philosophischen Facultät.

(Beschluß.)

V. Abschnitt.

Die Gebühren.

§. 34.

Die Gebühren sind dreifach: für die schriftliche Prüfung, für die mündliche Prüfung, für die Promotion.

§. 35.

Für die schriftliche Prüfung werden 50 Schweizerfranken entrichtet, und zwar händigt der Examinand dieselben dem Dekane ein, drei Tage nach der erhaltenen Anzeige des schriftlichen Prüfungstermines. Diese Summe bleibt verfallen, wenn auch eine Abweisung erfolgen sollte; dagegen ist die erneuerte schriftliche Prüfung unentgeldlich.

§. 36.

Für die mündliche Prüfung werden 50 Schweizerfranken entrichtet, und zwar werden sie dem Dekane eingehändigt am dritten Tage nach der erhaltenen Anzeige des mündlichen Prüfungstermines. Diese Summe bleibt verfallen, wenn auch eine Abweisung erfolgen sollte; dagegen ist die erneuerte mündliche Prüfung unentgeldlich.

§. 37.

Für die Promotion wird entrichtet:

1) Präsenzgelder für die Professoren . .	100 Franken,
2) dem Rector	20 „
3) dem Secretär	8 „
4) dem Pedell	8 „
5) der Bibliothek	24 „
	160 Franken.

§. 38.

Sämmtliche Gebühren betragen demnach:

1) für die schriftliche Prüfung	50 Franken,
2) „ „ mündliche Prüfung	50 „
3) „ „ Promotion	160 „
	260 Franken.

Außerdem hat der Doctorand die Druckkosten der Dissertation und des Diplomes zu bestreiten. Die Promotionsgebühren müssen drei Tage vor dem Disputationstermine, die Diplomskosten bei Empfang desselben dem Dekan eingehändigt werden.

§. 39.

Die für beide Prüfungen eingegangenen 100 Franken werden unter sämmtliche Facultätsmitglieder zu gleichen Theilen vertheilt.

§. 40.

Die Präsenzgelder werden nach Abzug von 12 Franken für den Rector so vertheilt, daß der Dekan zwei Theile, der Präses zwei Theile, die übrigen Mitglieder jedes Einen Theil erhalten.

§. 41.

Die Antheile der bei den Prüfungen oder den Promotionen Fehlenden fallen den Anwesenden zu gleichen Theilen anheim.

derts wurde fast überall die echte Habilitation (ein zweites Buch nach der Dissertation, ein mündliches Kolloquium und eine Probevorlesung) als Regelvoraussetzung für eine Professur eingeführt. Im frühen 19. Jahrhundert hing die Latte deutlich niedriger, eine echte Promotion und eine Probevorlesung reichten aus. Dafür hatten junge Leute deutlich bessere Chancen als heute. Auch Friedrich Nietzsche war erst 24, als er in Basel Professor für klassische Philologie wurde.

Vor diesem Horizont ist Büchners Promotion seriös und in der Norm. Er hat innovativ geforscht und eine stattliche Arbeit selbständig verfaßt, die von der Philosophischen Fakultät der Universität Zürich «einmüthig»[10] angenommen wurde, er hat die geforderten 160 Franken Gebühr entrichtet[11] und hat sich mit einer Probevorlesung habilitiert. Er war mit seinen 23 Jahren nicht einmal sensationell jung. Das durchschnittliche Habilitationsalter lag bei 25 Jahren.[12]

Die Universität Zürich war damals frisch aus dem Ei geschlüpft. Sie wurde 1833 gegründet. Der erste Rektor war der Naturphilosoph Lorenz Oken, der Büchner bald darauf unter seine Fittiche nehmen würde. Im ersten Jahr immatrikulierten sich 161 Studenten (16 Theologen, 26 Juristen, 98 Mediziner und 21 Philosophen), die von 55 Dozenten (26 Professoren und 29 Privatdozenten) betreut wurden[13] – eine traumhafte Relation. Die erste Promotionsordnung der jungen Universität wurde am 8. Weinmonat [Oktober] 1836 erlassen, als Büchners Verfahren schon abgeschlossen war, aber wir dürfen annehmen, daß nach ihr schon vorher verfahren wurde. Daß man in Zürich studiert haben müsse, sah diese Ordnung nicht zwingend vor. Auch wurden für die gewöhnliche Promotion keine fachspezifischen Nachweise (Scheine) verlangt, sondern lediglich Zeugnisse über irgendein mindestens zweijähriges Studium («ein Biennium des academischen Curses»,[14] so daß es Büchner fraglos gestattet war, an der philosophischen Fakultät zu promovieren und nicht an der medizinischen, die seiner Ausbildung besser entsprochen hätte. Daß der philosophische Doktorhut für naturwissenschaftliche Themen verliehen wurde, war weithin üblich, da es den Physikern, Chemikern und Biologen an einer eigenen Fakultätsheimat fehlte; der Dr. rer. nat. (rerum naturalium) ist erst im 20. Jahrhundert aufgekommen. Der Weg von der Promotion zur Habilitation und zur

Privatdozentur war viel kürzer als heute. Die Anforderungen für eine Habilitation variierten im gesamten deutschen Sprachraum noch sehr erheblich. «Anfänglich genügte oft eine zweite *disputatio (pro loco)* nach der Promotion.»[15] In Zürich sah das Gesetz vor, daß sich der «wissenschaftlich befähigt Befundene [...] durch eine öffentliche Probevorlesung über seine Tüchtigkeit zum Lehramte auszuweisen» habe.[16]

Elf Semester

Büchner absolvierte die Probevorlesung am 5. November 1836 tadellos, so daß die Fakultät noch am gleichen Tag seine Ernennung zum Privatdozenten betrieb und er eine gute Woche später seine Lehrtätigkeit aufnehmen konnte. Es war, wenn man alles zusammennimmt (nach heutiger Zählung), sein elftes Semester. Zehn Semester hatte sein Studium bis zur Promotion gedauert, im elften fing sein Berufsleben an. Daß das alles so reibungslos klappte, setzt voraus, daß schon in einem weiten Vorfeld das Klima stimmte. Den Plan, in Zürich zu promovieren, hatte Büchner schon ziemlich lange verfolgt. «Es giebt hier Leute, die mir eine glänzende Zukunft prophezeien», schrieb er den Eltern bereits im Oktober 1835, als er sich gerade nach einem Dissertationsthema umsah.[17] Aber diese «Leute», es waren der Physiologe Ernest-Alexandre Lauth, der Zoologe Georges-Louis Duvernoy und der Naturphilosoph Lorenz Oken, dachten schon damals nicht an Straßburg, sondern an Zürich. Büchner erläutert seine Pläne in einem Brief vom 2. November 1835:

> Aus der Schweiz habe ich die besten Nachrichten. Es wäre möglich, daß ich noch vor Neujahr von der Züricher Facultät den Doctorhut erhielte, in welchem Fall ich alsdann nächste Ostern anfangen würde, dort zu docieren. In einem Alter von zwei und zwanzig Jahren wäre das Alles, was man fordern kann.[18]

Das ist in der Tat erstaunlich. Noch vor Neujahr! Im neunten Semester! Büchner muß geglaubt haben, es sei ganz leicht, er könne die Dissertation in vier Wochen schreiben! In der Tat kannte die Universität Zürich die schnelle Promotion, nach einem Muster,

das an Jena und Gießen erinnerte. Man unterschied die gewöhnliche oder Ritual-Promotion, für die eine Prüfung (mündlich und
schriftlich) und eine Dissertation (unbestimmten Umfangs) erforderlich war, von der Ehren-Promotion, die «auf Grund anerkannter
Verdienste um die Wissenschaft» erfolgen konnte.[19] Diese wiederum
konnten der Fakultät durch eine zu diesem Zweck bei ihr einge-
reichte Druckschrift nachgewiesen werden, die «genügende Beweise
von gediegenen Kenntnissen und selbständiger Forschungsgabe»
enthalten mußte.[20] Das war ein dehnbarer Paragraph, gut geeignet,
privilegierte Kandidaten am Normalverfahren vorbeizuschleusen.
Erlassen wurde dabei nicht nur die gesamte Prüfung mit ihren Zu-
lassungsvoraussetzungen und sonstigen Umständlichkeiten, sondern auch die Bedingung, daß der für eine Ehrenpromotion Vorge-
schlagene «sämmtlichen Mitgliedern der betreffenden Abtheilung
der Facultät durch seine litterarischen Leistungen bekannt seyn»
müsse.[21] Der Beschluß mußte allerdings einstimmig erfolgen, wobei
mindestens drei Viertel der Fakultät anwesend sein mußten; der
Anwesenheitsmoral wurde durch «Präsenzgelder» aufgeholfen.[22]
Bei der Ritualpromotion wurden 160 Franken Promotions- und
100 Franken Prüfungsgebühr fällig. Bei der Ehrenpromotion entfiel
die Prüfung und mithin auch die Prüfungsgebühr. Die Promotionsgebühr wurde aufgeteilt: 100 Franken gingen als Präsenzgelder an
die anwesenden Professoren, 20 an den Rektor, 8 an den Sekretär, 8
an den Pedell und 24 an die Bibliothek.[23]
    Büchner strebte ursprünglich die Ritualpromotion an, für die
vier Wochen Zeit ausgereicht hätten. Er plante ein etwa zwanzigsei-
tiges Schriftstück über Fischnerven. Dieses aber wuchs sich aus und
faszinierte ihn mehr und mehr. Er war eine Forschernatur und
merkte: Ich brauche mehr Zeit. Ob Lauth und Duvernoy ihm über
die Schulter geschaut und ihn beraten haben? Jedenfalls entschloß
Büchner sich Anfang Februar 1836, die Zürich-Pläne um ein Semester zu verschieben. Die Möglichkeit einer Ehrenpromotion zeichnete sich ab.[24] Ein Fakultätsmitglied mußte bereit gewesen sein, ihn
vorzuschlagen – das wird Lorenz Oken gewesen sein. Außerdem
brauchte er eine gedruckte Schrift, die ein deutlich höheres Niveau
haben mußte als die Dissertation im Rahmen der Ritualpromotion.
Er arbeitete «Tag und Nacht».[25] Ende März hatte er ein präsentables

Werk zustandegebracht, aber erst am 31. Mai 1836 war die Arbeit bis in jede Einzelheit druckfertig.[26] Im Juni und Juli erfolgte der Druck, im August wurde die Arbeit eingereicht, die Gebühr bezahlt und die Verleihung der Doktorwürde beantragt.[27]

Den entscheidenden Erfolg, der den Weg bahnte für die Züricher Karriere, hatte er noch in Straßburg erzielt. Bereits im April und Anfang Mai hatte er, eingeladen von Lauth und Duvernoy, vor der Straßburger Gesellschaft für Naturgeschichte aus seiner Doktorarbeit vorgetragen, «worauf die Gesellschaft sogleich beschloß», dieselbe «auf ihre Kosten» drucken zu lassen und Büchner «zu ihrem correspondirenden Mitglied» zu machen.[28] Es war Büchners zehntes Semester. «Du hast also die Ehre der Collega d. prof. Duvernoy zu seyn», spottete Freund Boeckel, der Duvernoy «mit seinem breiten Maul» nicht ausstehen konnte.[29] Doch gehörte dieser zu Büchners entschiedenen Förderern. Schon ein Jahr früher, in seinem achten Semester, spricht Büchner von der «Protection», auf die er in Straßburg zählen könne,[30] er sei sich «der Verwendung der Professoren Lauth, Duvernoy und des Doktor Boeckel's gewiß, die sämmtlich mit dem Präfecten gut stehen».[31] Lauth, «den berühmten Professor der Anatomie», hatte Georg Büchner sich schon in den ersten vier Semestern zum Freund gemacht.[32] Doktor Théodore Boeckel war ein Bruder von Büchners Freund Eugène Boeckel. Und alle stehen mit dem Präfekten gut, dem obersten Beamten des Départements.

Einen Doktorvater brauchte man de iure nicht, aber de facto mußte man schon Mentoren haben, die einem die Türen öffneten. Büchners Netzwerk bestand hauptsächlich aus Lauth, Duvernoy und Oken, alles gute Namen. Lauth oder Duvernoy haben Büchner nach Zürich empfohlen. Das war spätestens im Herbst 1835 der Fall. Daß Oken bereit war, Büchner zu promovieren, muß der Inhalt der erwähnten «besten Nachrichten» aus der Schweiz gewesen sein. In Zürich galt Büchner jedenfalls als «Protégé Okens».[33] Oken war es, der ihm das raffinierte Überholmanöver der Ehrenpromotion ermöglichte. Besser konnte er es nicht treffen. Oken war Rektor, insofern einflußreich, zudem ein Liberaler, der die deutsche Misere kannte und selber aus Bayern in die Schweiz gekommen war. Die politische Übereinstimmung war ein Nebenmotiv seiner Büchner-

Protektion. Das Hauptmotiv war, einen zoologisch orientierten Anatomen zu gewinnen. Oken hatte in seiner Zeit in Jena selbst über vergleichende Anatomie gelesen und kannte sich aus.

Es war kein Zufall, daß Büchner so leicht Zugang fand zu den ersten Kreisen der akademischen Welt. Er stammte aus altem darmstädtischem Medizinadel und erbrachte die erwarteten Leistungen. Sein siebtes Semester hatte er in Darmstadt zugebracht und dort unter Aufsicht des Vaters studiert. Sein sechstes und fünftes absolvierte er in Gießen, damals universitätsmedizinisch eine gute Adresse. Die guten Beziehungen gehen jedoch bereits auf die ersten vier Straßburger Semester zurück und tragen dann auch, als Büchner als rechtloser Flüchtling wiederkehrt. Er verläßt sich auf diese Beziehungen, spricht in seinem Brief aus Weißenburg vom 9. März 1835 von «sicheren Nachrichten», denen gemäß er nicht bezweifle, daß ihm der Aufenthalt in Straßburg gestattet werden würde.[34] Er hatte anfangs keine Papiere, brauchte deshalb Gönner und Förderer, um Zugang zu Bibliotheken, Präparaten, Leichen und Lehrveranstaltungen zu erhalten.

Das Wintersemester währte in Straßburg von Anfang November bis Mitte März, das Sommersemester von Anfang April bis Ende Juli. Georg Büchner hielt sich von November 1831 bis Ende Juli 1833 durchgehend in Straßburg auf, mit Ausnahme der dreimonatigen Sommerferien 1832, die er in Darmstadt verbrachte. In der Gestaltung des Studiums gab es in Straßburg wenig, in Gießen aber eine beinahe vollkommene Freiheit. Man mußte dort eine stabile Innenmotivation mitbringen und sich selber in Gang setzen. In Straßburg herrschten hingegen feste Regeln, die auf die militärärztliche Ausbildungtradition der unter Napoleon wiederbelebten medizinischen Fakultät zurückgingen. Die Vorlesungen wurden einmal jährlich mit einem 45minütigen Examen abgeprüft.[35] Sie fanden montags bis samstags zwischen 9 und 16 Uhr statt, außer donnerstags; an diesem Tag waren dafür die anatomischen Sammlungen geöffnet, mit ihren über dreitausend, oft in Weingeist ruhenden Präparaten,[36] denen die studierende Jugend das Geheimnis des Lebens zu entreißen trachtete. Dem Bericht seines Bruders Ludwig zufolge besuchte Georg Vorlesungen über «Chemie, Physik, Zoologie, Anatomie, Physiologie, materia medica u. s. w.»[37] Georg hat, wenn man diesem Hinweis folgt, nach der damals geltenden Ordnung drei von fünf Jahresprüfungen abgelegt. Vermutlich fand Ludwig Büchner in den damals noch vorhandenen Papieren seines Bruders die entsprechenden Zeugnisse und kam so auf seine Aufzählung. Die erste dieser vorgeschriebenen Prüfungen betraf Anatomie und Physiologie, die zweite Physik, Chemie und Zoologie, die dritte materia medica (Arzneimittel), Gerichtsmedizin und Hygiene.[38] Nicht absolviert hat Georg Büchner die vierte und die fünfte Prüfung, die Pathologie und das Klinikum, also die mit Krankheiten befaßten Fachgebiete.

Weil das Wintersemester in Straßburg, wo Georg «auf Wunsch des Vaters»[39] studieren sollte, erst im November begann, blieben zwischen dem Schulabschluß im März 1831 und dem Studienbeginn volle sieben Monate Zeit. Aktenkundig ist aus dieser Periode nur die Bewilligung des Gesuchs von Ernst Büchner auf «Dispensation seines Sohnes Georg von dem biennium academicum», also der Pflicht eines jeden, «der auf einen Staatsdienst Anspruch macht»,[40] die beiden ersten Studienjahre an der Landesuniversität Gießen zu verbringen. Dem Gesuch wurde am 9. September 1831 stattgegeben.[41] Daß Georg, ehrgeizig und zielbewußt wie er war, diese sieben Monate fruchtbringend nutzte, dürfen wir annehmen. Vielleicht hat er dem Vater bei dessen Anatomieunterricht im Stadthospital assistiert und in dessen Büchern gestöbert, vielleicht hat er sich im Französischen trainiert, vielleicht war er Reiten, Schwimmen, Turnen, Schießen, Fechten, Tanzen oder Wandern. Jedenfalls aber sammelte er Schmetterlinge, spießte sie auf Nadeln und versorgte sie dann in Schmetterlingskästen, für die seine Mutter ihm hübsche Gardinchen genäht hatte.[42]

Kurswechsel

Büchner sollte zwar Arzt werden, aber er wollte nicht Krankheiten heilen, sondern erkennen, was die Welt im Innersten zusammenhält. Seine Grundmotivation war erkenntnisorientiert und auf eine gewisse Weise idealistisch. Am besten sollte man sich ganz abgewöhnen, ihn als Mediziner zu bezeichnen. Von Pathologie, Pharmazie, Chirurgie oder Geburtshilfe ist in den Spuren, die sein Studium

hinterlassen hat, nie die Rede. Er war vielmehr «Naturwissenschaftler, spezialisiert in Zoologie und vergleichender Anatomie».[43] Der
Weg dahin zeichnete sich schon früh ab, schon im ersten Semester. Es
ist gut möglich, daß die Freundschaft mit Eugène Boeckel beim Sezieren entstand, denn am gleichen Tag, dem 17. November 1831, als
Boeckel den neuen Freund das erste Mal in die *Eugenia* mitbringt,
erzählt er dort auch «von dem faulen u. halbfaulen Menschenfleische,
welches er in der Anatomie zerschnitten».[44] Aus den Sommerferien
1832, nach absolviertem zweitem Semester, berichtet Eugène aus der
klinischen Anatomie:

> In dieser Zeit besuchte ich meistens den Hospital, u. dann noch
> einige Kranke mit mein. Bruder, hauptsächlich habe ich viele R u -
> b e o l a s u Nervenfieber gesehn, erstere nahmen in der lezten Zeit
> einen sehr bösartigen Carakter an, so daß sehr viele daran starben,
> denn als consecutive Krankheit folgte oft Skorbut, Brustkrankhten
> zuweilen hydrocephalus. Mein Bruder u. ich machten die Autopsie
> v. mehreren Kindern welche an diesen Krankheiten starben. Einen
> intereßanten Kranken sahe ich welcher als Folge eines zu reich-
> lichen Genußes v. geistigen Getränken ds delirium tremens bekam,
> durch 20−40 gr. tartarus stibiatus geheilt wurde, einige Wochen
> nachher an Brust u. Leber-Krankheit starb u. von uns autopsiert
> wurde, der untere Theil der Leber war in Fäulniß übergegangen u.
> so weich wie ein altes Hirn, Lungen u pleura an den Thoras ganz
> angewachsen etc. requiescat in pace.[45]

Ähnliches hat sicher auch Georg erlebt. Die jungen Männer
wurden nicht geschont und schonten sich nicht. Sie haben viele Leichen gesehen, berührt und seziert. «Ich gewöhnte mein Auge ans
Blut», schrieb Büchner in einem anderen Zusammenhang,[46] aber es
gilt auch für seine Studien und Dichtungen. «Ich will deine Leiche
lieben», sagt Prinz Leonce zu Rosetta.[47]

Auch aus dem dritten Semester haben wir anatomische Nachrichten. Der Neunzehnjährige schreibt von «den kalten Brüsten und
den todten Herzen, die ich da berührte.»[48] Das wird in einem Kurs
von Alexandre Lauth geschehen sein, der als exzellenter Präparator
galt. Seine Anweisungen waren sehr genau. Allgemein galt: «On ne
touchera les cadavres qu'autant que cela sera absolument nécessaire.»

Wenn man trotzdem Leichenteile (kalte Brüste, tote Herzen) berührt und sich die Hände beschmutzt hatte, «il convient de les laver immédiatement». Um den schlechten Geruch der Hände loszuwerden, «on les frotte de vinaigre ou de dissolution de chlorure de chaud, après les avoir lavées.»[49] Zu Lauths Spezialgebieten gehörte der Verdauungskanal. Boeckel ließ Büchner im August 1833 ein Buch von Lauth schicken: *Du mécanisme par lequel les matières alimentaires parcourent leur trajet de la bouche à l'anus*, Strasbourg 1833.[50]

In Gießen war Friedrich Wernekinck Büchners akademischer Lehrer, «ein gemütlicher, dicker Mann, ausgezeichneter Violoncellspieler und trefflicher Präparator»,[51] der eine eigene Sammlung hatte, auf die er stolz war. Sein Privatissimum über vergleichende Anatomie hatte nur drei Hörer, deren einer, Carl Vogt, sich an Büchner erinnert:

> In Wernekincks Privatissimum war er sehr eifrig und seine Diskussionen mit dem Professor zeigten uns beiden andern bald, daß er gründliche Kenntnisse besitze, welche uns Respekt einflößten.[52]

Spätestens in der Gießener Zeit (1833/34) entschloß sich Büchner, nicht Arzt zu werden, sondern die Gelehrtenlaufbahn einzuschlagen und in Anatomie zu promovieren.[53] Das geschah im Einvernehmen mit dem Vater, der im Darmstädter Winter 1834/35 die anatomischen Studien seines Sohnes förderte und ihn als Lehrkraft in seine Vorschule für angehende Mediziner einbezog. «Unter Anleitung seines Vaters», das überliefert Ludwig Büchner von seinem Bruder Georg, «hielt er während dieses Winters Vorlesungen über Anatomie für junge Leute, die sich für das Studium vorbereiteten.»[54] An seinem Arbeitstische lagen «die anatomischen Tafeln und Schriften obenauf».[55] Schon vor Beginn des eigentlichen Studiums hatte Georg eine Art Propädeuticum bei seinem Vater absolviert. Der Vater war sein erster Mentor und verblieb in dieser Rolle bis zur Flucht.

In Straßburg stand ihm Ernest-Alexandre Lauth, «der einzige Anatom von Fach» in Frankreich,[56] von Anfang an besonders nahe. Daran konnte Büchner gleich nach der Flucht wieder anschließen. Nicht die Medizin, sondern die Anatomie bildete die Mittelachse von Büchners Studium. Das Sezieren und Präparieren war

seine Welt. Gesund war das nicht – die Leichengifte, die fauligen
Ausdünstungen, der Chlorkalk, mit dem man die übelriechenden
Präparate wusch; «es läßt sich nicht leugnen, daß die anatomischen
Arbeiten der Gesundheit schädlich sind», wie Lauth schrieb,[57] der
schon 1837 starb.

Unter dem Einfluß des Wirbeltierspezialisten Friedrich Wernekinck und des Zoologen Georges-Louis Duvernoy verschob sich der
Akzent der anatomischen Arbeit vom Menschen zu den Tieren, von
deren Erforschung man sich humanbiologische Erkenntnisse erwartete. Für seine Doktorarbeit zerlegte Büchner zahlreiche Barben,
die er täglich frisch auf dem Fischmarkt erwerben konnte; sie
stammten aus der Ill, die Straßburg umfließt. Für seine Züricher
Vorlesungen *Zootomische Demonstrationen* hat er außerdem Frösche
und weitere Amphibien seziert.[58] Langfristig plante er eine vergleichende Anatomie der Wirbeltiere.[59] «Komm, wir wollen Ameisen
zergliedern», sagt Prinz Leonce zu Valerio.[60]

Finanzen und Bilanzen

Büchner maß laut Steckbrief 6 Schuh 9 Zoll neuen hessischen Maßes. Dieser neue hessische Schuh oder Fuß war bereits
dem Dezimalsystem angepaßt, hatte 250 mm und bestand aus zehn
Zoll zu 25 mm, so daß sich eine Körpergröße von 172,5 cm ergibt.
Die Durchschnittsgröße eines Mannes betrug damals 168 cm. Der
alte Darmstädter Schuh oder Fuß war 288 mm lang und wurde in
12 Zoll à 24 mm geteilt. Wer den Unterschied nicht beachtet, gerät
in Gefahr, Büchner eine Körpergröße von 194,4 cm zuzuschreiben.
Nicht einmal innerhalb des Großherzogtums bestand Einheitlich-
keit. Der Gießener Fuß war 298 mm lang, der Mainzer Werkfuß gar
314, während man für Brennholz den Kameralfuß à 287 mm verwendete.[61]

Man macht sich heute keine Vorstellung mehr von dem Wirrwarr
der Münz- und Maßeinheiten im ersten Drittel des 19. Jahrhunderts.
Wenn man liest, daß die Getränkesteuer auf eine Ohm Wein im
Großherzogtum Hessen-Darmstadt 30 Kreuzer betrug,[62] muß man,
um das auf Liter umzurechnen, erst wissen, daß eine Ohm (ur-

sprünglich eine Traglast für einen Esel oder ein Pferd) in Darmstadt 160 Liter hatte (in Duderstadt hingegen wären es nur 74,5 gewesen), ferner, daß ein rheinischer Gulden in 60 Kreuzer geteilt wird. Wer eine halbe Flasche Wein auf dem Schiff bei Mainz zu sich nahm, das aus Köln kam und deshalb in preußischen Talern rechnete, die jeweils dreißig Silbergroschen hatten, bezahlte 6 Sgr, das sind ⅕ Taler und entspricht, weil 2 Taler 3 Gulden machen, $\frac{3}{10}$ Gulden oder 18 Kreuzer. Die Steuer auf einen Liter beträgt etwas mehr als ⅕ Kreuzer, das wären, da der Kreuzer in vier Pfennig oder acht Heller geteilt wird, auf einen halben Liter nicht ganz 1 Heller.

«Wenn ich meinen Doctor bezahlt habe, so bleibt mir kein Heller mehr», schreibt Büchner an Boeckel.[63] Wenn man herausfinden will, wie schmerzlich die 160 Schweizer Franken Promotionsgebühr für Georg Büchner waren, steht man vor einer ähnlich komplizierten Aufgabe, wie wenn man den Benzinverbrauch von Liter auf 100 km in Meilen per Gallone umrechnen soll. Wir versuchen in einem ersten Schritt, eine Art Kaufkraftfeld zu bilden und alle Angaben erst einmal auf die Basis der rheinischen Gulden (fl, von «florin») und Kreuzer (kr) zu bringen. Es wird dabei großzügig auf- und abgerundet, denn es kommt nicht auf die exakten Beträge an, sondern darauf, einen Eindruck von den Relationen der Werte zu bekommen – vorrangig derjenigen, die in Büchners Lebensumfeld eine Rolle spielen.

160 Schweizer Franken für die Promotion sind ungefähr 110 Gulden (1 SFr = 41 kr 2²⁄₇ pf).[64] Büchner erhielt für *Danton's Tod* ein Honorar in Höhe von 10 Friedrichsd'or, das entsprach knapp 100 Gulden (1 Friedrichsd'or = 9 fl 45 kr). Zwei Victor-Hugo-Dramen zu übersetzen brachte ebenfalls 10 Friedrichsd'or; der Verleger saß in der Freien Stadt Frankfurt am Main, wo diese alte preußische Goldmünze noch im Umlauf war. Eugène Boeckels Brief aus Paris vom 11. Januar 1837 verdanken wir einige aufschlußreiche Zahlen.[65] Als Student konnte man in Paris von 200 francs monatlich gut leben, das sind knapp 100 Gulden (1 fr = 28 kr). Boeckel verkehrte freilich in den besseren Kreisen. Er hat sich einen Frack gekauft, er zahlte 100 fr (knapp 50 fl) dafür und es hätte auch doppelt so teure gegeben. Zu Mittag speiste er gut und preiswert für 20 bis 30 sols, das sind 1 bis 1½ fr oder 30 bis 45 kr. 1 Sol oder Sou war einmal ein

Zwanzigstel eines Livre und entspricht deshalb auch einem Zwanzigstel Franc, also 5 Centimes. In einem Reisejahr durch Europa (Berlin, Prag, Wien, Venedig, Mailand, Innsbruck, München, Würzburg, Paris) verbrauchte Boeckel 4000 fr, ungefähr 2000 fl. Ein Straßburger Medizinprofessor verdiente im Jahr 6800 fr oder 3400 fl.[66]

Jeder Einwohner des Großherzogtums Hessen-Darmstadt entrichtete an Steuern jährlich im Durchschnitt rund 10 fl. Das war dem *Hessischen Landboten* zufolge «der Blutzehnte, der von dem Leib des Volkes genommen wird».[67] Ernst Büchner bezahlte für 26 Bände einer Fachzeitschrift 93 fl 36 kr, also ungefähr 3½ Gulden pro Buch.[68] Die von Friedrich Noellner herausgegebenen *Jahrbücher für Gefängnißkunde* waren hingegen schon für 1 fl 12 kr zu haben.[69] Gutzkow wollte für die *Deutsche Revue* ein Bogenhonorar von 2 Friedrichsd'or zahlen, also etwas mehr als einen Gulden geben für eine Druckseite im Oktavformat.[70] Das jährliche Kostgeld im Hospital Hofheim betrug für Honoratioren 300 fl, für mittlere Personen 150 und für gemeine 100, so daß dem Koch etwa 15 bis 45 kr pro Person und Tag zur Verfügung standen. Arme waren frei.[71] Einem Aktenstück des Hofgerichtsrats Konrad Georgi zufolge erhielten die Gefangenen im Arresthaus zu Friedberg feines Brot, von dem 1 Pfund 3 kr kostete.[72] Für einen Leichnam bezahlte ein deutscher Anatomiestudent in Straßburg anteilig 20 Kreuzer.[73] Ein Infanteriesoldat wie Woyzeck erhielt täglich zwei Pfund Brot und 7 kr.[74] Weitere 7 kr verdiente Woyzeck durch Erbsenessen beim Doktor.[75] In den besten Frankfurter Hotels gab es Zimmer ab 48 kr, wobei das Wachslicht mit 24 kr extra berechnet wurde, ebenso das Frühstück ab 30 kr, so daß für eine Hotelnacht effektiv 1 fl 42 kr zu entrichten waren.[76] Ein Mittagessen mit Wein kostete in den besten Häusern 1 fl 30 kr – Boeckel speiste in Paris billiger. Für 50 Liter Bier bezahlten die Eugeniden in Straßburg 8 fr, also 4 fl. Der Eilwagen brauchte von Frankfurt nach Gießen 7 Stunden und kostete 3 fl 12 kr.[77] Für die heimliche Straßburg-Reise Ende März 1834 (Gießen – Straßburg – Darmstadt) hatte Büchner sich bei Onkel George (Reuss) 17 fl 30 kr geliehen.[78] Das entspricht den damaligen Postkutschentarifen für die rund 500 km lange Strecke – fünfzig Stunden Pferdegetrappel und rollende Räder. Am billigsten waren Fußreisen. Büchner hat enorme Strecken auf diese Weise zurückgelegt. Oft ergab sich auch eine gemischte Fortbewegungsart. Als er nach Minnigerodes Verhaftung die Freunde warnen mußte, legte Büchner die 70 km von Gießen über Butzbach nach Offenbach in einer Nacht und einem halben Tag zurück. Aus Frankfurt schreibt er an die Eltern, er sei in der lieblichsten Kühle unter einem hellem Sternenhimmel gewandert, an dessen Horizont ein beständiges Blitzen leuchtete. «Theils zu Fuß, theils fahrend mit Postillonen und sonstigem Gesindel, legte ich während der Nacht den größten Teil des Wegs zurück. [...] Gegen Mittag war ich in Offenbach.»[79]

Mit der Taunus-Eisenbahn von Frankfurt nach Mainz zu fahren dauerte nicht mehr (wie früher mit dem Marktschiff auf dem Main) 5 Stunden, sondern 1 Stunde und kostete 1849 in der am meisten benützten dritten Klasse 1 fl (in der vierten Klasse 42 kr, in der ersten Klasse 2 fl 6 kr).[80] Auch das Dampfschiff machte seit den Dreißiger Jahren der Postkutsche starke Konkurrenz. Es kostete von Mainz nach Straßburg in der ersten Klasse 1849 rund 7 Taler, also über 10 fl, in der dritten jedoch nur 2 Taler (3 fl). Man aß gut auf dem Schiff. Ein Mittagessen kostete 17 Sgr (51 kr), eine halbe Flasche Tischwein 6 Sgr (18 kr), eine Tasse Kaffee 2 Sgr (6 kr). Ein Pferd kostete 68 fl, eine Kuh 36, ein Schaf 3 fl.[81] Einen Einspänner konnte man für 3 fl 30 kr am Tag mieten.[82] Lohndiener erhielten einen Gulden für den halben, einen Taler (1½ fl) für den ganzen Tag.[83] Georg Büchner beschäftigte immerhin einen Stiefelputzer ...[84]

Im Vergleich zu heute billig waren Essen, Wohnen, Arbeitskraft und Steuern. Im Vergleich zu heute teuer waren Reisen, Waren, Kleidung, Bücher und Gebühren. Um all diese Werte in eine angemessene und übersichtliche Relation zu bringen, rechnen wir alles in Euro um. Dabei wählen wir den Kurs so, daß sowohl die teuren wie auch die billigen Bereiche noch einigermaßen plausibel sind. Als vernünftige Mitte ergibt sich die Formel: 1 fl = 20 € (3 kr = 1 €).

Bei diesem Kurs hätte Büchner für *Danton's Tod* 2000 € erhalten, für die beiden Hugo-Dramen noch einmal 2000. Die Zürcher Promotion hätte ihn 2200 € gekostet (die Ritual-Promotion wäre ihn auf 3600 € gekommen). Boeckel hätte dann in Paris von monatlich 2000 € gelebt. Satte 1000 € kostete sein Frack, sein Mittagessen im

Restaurant jedoch nur täglich 10 bis 15 €. Sein Jahresverbrauch auf
Reisen betrug 40 000 €. Ein Straßburger Medizinprofessor verdiente im Jahr 68 000 €. Die großherzoglichen Steuern machten pro
Einwohner gemittelt 200 € jährlich aus. Ein Band einer medizinischen Fachzeitschrift kostete 70 €, ein Jahrgangsband Gefängnis-
kunde 24 €. Gutzkow bot 20 € Honorar pro gedruckter Seite. Das
Kostgeld in Hofheim betrug 5 bis 15 € am Tag. Das Gefangenenbrot
kostete pro Pfund 1 €, ein Leichnam in der Anatomie anteilig 7 €.
Woyzeck hätte täglich insgesamt 5 € bekommen. Ein gutes Hotel-
zimmer in Frankfurt gab es ab 16 €, plus 8 € für ein Wachslicht und
10 € für das Frühstück, in Summe 34 €. Ein Mittagessen mit Wein
verschlang 30 €, der Liter Bier kostete 1,60 €, der Eilwagen Frankfurt – Gießen 64 €, die heimliche Straßburg-Reise 350 €. Die Eisen-
bahn nach Mainz, die es zu Büchners Zeit noch nicht gab, verlangte
dritter Klasse einen Einsatz von 20 €. Das Dampfschiff kostete von
Mainz nach Straßburg 210 € in der ersten und 60 € in der dritten
Klasse (wobei im Jahre 1835 zwar Mainz – Köln, noch nicht aber
Mainz – Straßburg in Betrieb war). Auf dem Schiff speiste man für
17 €, ließ sich Wein kommen für 6 € und trank einen Kaffee für 2 €.
Ein Pferd kostete 1360, eine Kuh 720 und ein Schaf 60 €. Der Einspänner verursachte Mietwagenkosten von täglich 70 €. Lohndiener
arbeiteten einen halben Tag für 20, einen ganzen Tag für 30 €.

Die Büchners waren nicht so betucht wie die Boeckels. Eugène
hat offenbar ein Kapital für seine gesamte Ausbildung zur Verfügung gehabt, das sich möglicherweise, bei Jahresreisekosten von
4000 fr = 2000 fl = 40 000 € und halb so hohen Jahresnormal-
kosten, bei fünfjähriger Studiendauer auf insgesamt 120 000 € sum-
mierte. Wir nehmen an, daß Georg Büchner sparsamer sein mußte
und nur die Hälfte dieses Betrags zur Verfügung hatte, also
60 000 €, das heißt bei fünfjähriger Studiendauer jährlich 12 000
oder monatlich 1000 €. Der Monatswechsel hätte dann 50 fl betragen. Das war es, was Ernst Büchner meinte, als er am 18. Dezember
1836 an Georg schrieb, er habe nicht ermangelt, seinem Sohn trotz
der trüben Stunden, welche dieser ihm bereitet habe, «pünctlich die
nöthigen Geldmitteln, bis zu der Dir bekannten Summe, welche ich
zu Deiner Ausbildung für hinreichend erachtete, zufließen zu
laßen.»[85] Die «bekannte Summe» mag 3000 fl betragen haben.

Student sein

Von diesen 50 fl verbrauchte ein Medizinstudent in Gießen auf den Monat umgerechnet etwa 12 fl 30 kr für Kolleggelder.[86] Was «privatim» oder «privatissime» angekündigt war, kostete meistens Geld, bei den Medizinern besonders viel. Was «publice» angekündigt war, kostete nichts, aber das waren in der Regel Vorlesungen über allgemeine Themen, während alles fachlich Wichtige privat war. In diesen Regelungen lebte die uralte Idee fort, daß die Universität eine Gemeinschaft von Forschenden sei, die Lehre infolgedessen keine Pflicht, sondern ein freiwilliges Angebot, für das eine gesonderte Entlohnung geziemend war. In Straßburg herrschte ein anderes, auf die napoleonische Zeit zurückgehendes System. Es gab keine Kolleggelder, dafür mußten Immatrikulations- und Prüfungsgebühren bezahlt werden. Die Einschreibung kostete in Straßburg jährlich 120 fr, die Gebühren für die drei abgelegten Examina betrugen 90 fr,[87] so daß Büchner in den ersten beiden Straßburger Jahren 330 fr oder monatlich 13 fr bzw. 6½ fl aufzubringen hatte. Das Studium kam von dieser Seite her billiger als in Gießen.

Ungefähr 10 fl 30 kr machte durchschnittlich die Kaltmiete aus,[88] weitere 15 fl mußten für Essen einkalkuliert werden. Zur Warmmiete zählten damals nicht nur das Brennholz, sondern auch Morgenkaffee und Zimmerservice[89] – das mochte 3 fl ausgemacht haben. Rund 9 fl blieben in Gießen, rund 15 fl in Straßburg übrig für alle sonstigen Ausgaben. Versteht sich, daß Büchner keine Reserven bilden konnte. Als er im März 1835 nach Straßburg kam, war er (nehmen wir an) ziemlich abgebrannt. Korrekt wie er nun einmal war, hat Vater Büchner seinem Ältesten baldigst die 10 Friedrichsd'or für *Danton's Tod* zukommen lassen, per Adresse von Minna Jaeglé oder Édouard Reuss. Das reichte für zwei bis drei Monate; Büchner alberte herum, er hoffe, seine Faulheit wenigstens ein Vierteljahr lang fristen zu können, sonst müsse er von den Jesuiten Handgeld nehmen, oder von den Saint-Simonisten, oder mit seiner Geliebten sterben.[90] So weit kam es nicht, weil Vater Büchner die Zahlungen wieder aufnahm und sein Sohn deshalb auf literarische Einkünfte nicht angewiesen war. Das Honorar für die Hugo-Übersetzungen (10 Friedrichsd'or) kam Ende Dezember 1835,[91] Büchner legte es für die bevorstehende Promotion beiseite. Als er die Promotionsgebühr im Sommer 1836 bezahlt hatte, besaß er keinen Heller mehr und fürchtete, vom «lieben Credit» leben zu müssen.[92] Den Lustspielpreis für *Leonce und Lena* hätte er gern gewonnen; es wären 300 fl gewesen, das wäre passend gekommen, hat aber nicht geklappt.[93] Die Kasse blieb anhaltend klamm. Mit dem Erreichen des Studienziels war für Ernst Büchner der Zahlungsgrund weggefallen. Die fünf eingeschriebenen Hörer der *Zootomischen Demonstrationen* hatten bei Semesterbeginn im November 1836 je 14 Schweizer Franken,[94] das entsprach in der Summe rund 48 fl, Kolleggeld im voraus zu entrichten. Das reichte gerade für vier Wochen. Wahrscheinlich war es schon im Januar 1837 wieder der «liebe Credit», von dem Büchner lebte. Freilich wird jedermann ihn für einen guten Schuldner gehalten haben. Mit Zahlungsausfall mußten die Gläubiger im Hinblick auf die erwartete, wenn auch keineswegs unmittelbar bevorstehende Ernennung zum außerordentlichen oder gar ordentlichen Professor nicht rechnen.

Studenten gehörten damals zu einer zahlenmäßig winzigen Elite. Nicht einmal jeder hundertste Einwohner Hessen-Darmstadts hatte studiert, und nicht einmal jeder tausendste war aktuell immatrikuliert. Studentsein war etwas Besonderes. Man gehörte einer Körperschaft mit eigenem Recht, eigener Sprache, eigenen Sitten und Gebräuchen an und fühlte sich, auch wenn man demokratische Ansichten vertrat, als eine Art Aristokratie. Man verachtete die Bürger («Philister»), auch wenn man sich nach der Burschenherrlichkeit meist widerstandslos ins Philisterium einfügte. Man war frei auf Zeit. Die Burschenschaften erlebten ihre erste Blüte, mit ihren Fuchstaufen,[95] ihrem Salamanderreiben,[96] ihrem Schmollieren,[97] ihrem «Landesvater»,[98] ihrem *Gaudeamus igitur*,[99] ihrer Bekleidung («Wichs»),[100] ihrem Paukboden[101] und ihrem Biercomment («die Richtschnur, welcher ein jeder eifrige Verehrer der heiligen Cerevisia nachzukommen streng verpflichtet ist»)[102]. Die Gießener Studenten waren besonders berüchtigt. Es waren wilde Gesellen mit rauhem Benehmen. Sie rauchten ihre langen Pfeifen und brachten ihre Hunde in die Vorlesung mit. Manche rauchten sogar in der Anatomie, des Glaubens, sie könnten damit die schädlichen Ausdünstungen vernichten; Lauth warnte vor dieser irrigen Ansicht.[103] Sie waren so stolz, daß sie ihre Hüte aufbehielten.[104] Auch Georg Büchner soll dauernd einen hohen Zylinderhut getragen haben, «der ihm immer tief unten im Nacken saß» (wie Carl Vogt berichtet).[105]

Innerhalb der Studentenschaft gab es eine Vielfalt von Organisationen. In Gießen unterschied man hauptsächlich die Landsmannschaften, die als staatsloyal galten, und die Burschenschaften, die staatsgefährdender Umtriebe verdächtigt wurden. Georg Büchner gehörte mit seiner «Gesellschaft für Menschenrechte» zu einer zahlenmäßig kleinen dritten Gruppe, die auf die Reibereien der anderen mit einer gewissen Verachtung herabsah. In einem Brief vom 25. Mai 1834 spottet Büchner über eine Auseinandersetzung, bei der zwei Verbindungsstudenten von liberalen «Schuster- und Schneiderbuben» verprügelt werden und ausgerechnet den Universitätsrichter zu Hilfe rufen, ihren größten Feind der Theorie nach, und daß dieser gerade betrunken war wie Brechts Puntila und zu den Liberalen hielt, die er doch verfolgen müßte. «Wir halten zu den Bürgern», versichert Büchner seinen Eltern ein wenig zweideutig,[106] so, als wollte er sich aus allem heraushalten.

Carl Vogt war in der Palatia, einer schlagenden Verbindung, die «scharf paukte und einige der ausgezeichnetsten Schläger Gießens zu ihren Mitgliedern zählte», aber auch zum Verteilerkreis von Weidigs *Leuchter und Beleuchter für Hessen* gehörte.[107] In seinen sechzig Jahre später verfaßten, ziemlich renommistischen Erinnerungen macht Vogt sich lustig über die Mensuren, wo man gut verpackt mit schlechten Klingen nach starren Regeln aufeinander losdrosch, was einem Karzer einbringen konnte,[108] weshalb man sich für eine weit gefährlichere Truppe hielt als jene politischen Intellektuellen. Auch Büchner wurde ausgelacht. Er galt als ein Streber, humorlos und ungesellig, streng und in sich gekehrt. «Offen gestanden, dieser Georg Büchner war uns nicht sympathisch [...], sein schroffes, in sich abgeschlossenes Wesen stieß uns immer wieder ab.» Seine Zurückgezogenheit wurde als Hochmut ausgelegt,

und da er offenbar mit politischen Umtrieben zu tun hatte, ein- oder zweimal auch revolutionäre Äußerungen hatte fallen lassen, so geschah es nicht selten, daß man abends, von der Kneipe kommend, vor seiner Wohnung still hielt und ihm ein ironisches Vivat brachte: ‹Der Erhalter des europäischen Gleichgewichtes, der Abschaffer des Sklavenhandels, Georg Büchner, er lebe hoch!› – Er tat, als höre er das Gejohle nicht, obgleich seine Lampe brannte und zeigte, daß er zu Hause sei.[109]

Eugenia

Bei Vogts Burschenschaftlern war Büchner unbeliebt. Das heißt jedoch nicht, daß er ein finsterer Einzelgänger gewesen wäre. Er hatte im Gegenteil eine ausgeprägte Begabung für Freundschaften. Man mußte ihn zu öffnen wissen. Wirklich gute Freunde waren, wie aus den Akten und Briefwechseln ersichtlich, August Becker, Alexis Muston, die Brüder Adolph und August Stoeber, Wilhelm Baum und Eugène Boeckel. Außer Becker und Muston hatte Büchner alle in der Straßburger *Eugenia* kennengelernt, einer Studentenverbindung der evangelischen Theologen, in der es vergleichsweise zivilisiert zuging. Man trug Farben («Blau, Roth, und Grün, welches Glaube, Liebe und Hoffnung bedeutet»)[110] und trank viel Bier, aber man schlug sich nicht, mit Ausnahme von Furzgefechten (Apostel Petrus feuerte zuerst «mit grobem Geschütz»; Bruder Adolph aber löste seine Kanone erst, als keine Feinde mehr gegenwärtig waren).[111] Die Sitzungsprotokolle sind erhalten, ein Glücksfall, denn sie sind ergiebig.

Es war am 17. November 1831, als Büchner das erste Mal in der *Eugenia* hospitierte. Er war erst seit zwei Wochen in Straßburg. In der Anatomievorlesung hatte er Bruder Boeckel kennengelernt und gleich ins Herz geschlossen. Der nahm ihn mit. Er hatte als evangelischer Theologe angefangen und war dann zur Medizin gewechselt, was den Protokollanten zu der Wendung «unser abtrünniger Bruder Boeckel» veranlaßte. Er bestimmte das Thema des Abends und sprach «viel von dem faulen u. halbfaulen Menschenfleische, welches er in der Anatomie zerschnitten, was für die Uneingeweihten von keiner großen Ergötzlichkeit ist.»[112] Sie waren höchstens zu zwölf und tranken eine halbe Ohm Bier an diesem Abend – natürlich nicht die Darmstädter Ohm zu 160, sondern die Baseler Ohm zu 45 3/7 Liter, von der 3 einen Saum ergaben (die Traglast eines Saumtiers rechts, links und in der Mitte) und die aus 32 alten oder 40 neuen Maß bestand.[113] Trinksitten sind konservativ, darum rechnen wir mit der alten Maß. Büchner hielt wacker mit; er wollte keinen mißbilligenden Protokolleintrag riskieren. In der *Eugenia* wurde nicht selten «in allem Zauber der Burschikosität geschwelgt»; es herrschte eine «Fidelität ohne Gränzen».[114] Am 12. Januar 1832 wurden «17 litres» getrunken; ein zehnjähriger Junge hospitiert, «der mit großen Augen, in die Rauchwolken, den Gesang u. die gut gefüllten Humpen der Herren Studenten guckt. Es wird ziemlich getrunken u. himmlisch gesungen; wie sollte es nicht, bei solchen Silberkehlen.»[115] Büchner schwamm glücklich in dieser Atmosphäre. «Freund Büchner, Stud. Med., welchen die Brüder immer gern in ihrer Mitte sehn, hospitirt heut in *Eugenia*», vermeldet das Protokoll vom 16. Februar 1832, an dem 9 Maß getrunken wurden.[116] «Alle sähen besonders gerne Frd Büchner in *Eugenia* u. bedauern sehr, daß ihr Herz nicht alleine hier sprechen darf»[117] – er hätte, um der Satzung zu entsprechen, Theologiestudent sein müssen. Büchner fühlte sich wohl, auch am 24. Mai 1832; man war «recht fidel; aus voller Kehle wurde gesungen u vor lauter Freude u. Liebe wurde tüchtig mit der Hand auf die Schenkel der Nachbarn gehauen.»[118] So stellt man ihn sich nicht vor, aber den singenden, trinkenden, schenkelschlagenden Büchner gab es, zumindest vorübergehend. Er war neunzehn damals. Die Politik vergißt er nicht. Als die meisten schon gegangen sind, zeigt er sich von einer anderen Seite. Der Protokollant waltet seines Amtes nicht ohne inneren Widerstand:

> Büchner spricht in etwas zu grellen Farben von der Verderbtheit der deutschen Regierungen, u. der Rohheit der Studenten auf vielen Universitäten, nahmentlich in Gießen, u. auch in Heidelberg, wobey von den Anwesenden Einiges erwidert wird, um zur Steuer der Wahrheit die Farben zu mildern.[119]

Außer Trinken, Singen und Freundschaft gehörten auch Gespräche zu den Satzungszwecken der *Eugenia*, und so redete man über die Pietisten, über die Entstehung der Erde, über den Auferstehungsglauben, über «den moralischen Zustand der heutigen Frau-

enzimmer», über die Jesuiten und über die Frage, warum «unsre
Regierung nicht den C o e l i b a t der catholischen Geistlichkeit auf-
hebt»,[120] ferner immer wieder über Politik und soziale Gerechtigkeit. Im November 1830 debattieren die jungen Leute über die neue
Regierung nach der Juli-Revolution, «welche die Bedürfnisse des
Volkes, und besonders der niedern Classe bis jetzt noch nicht zu
berücksichtigen geruhte.»[121] Wenn sie bei Stimmung sind, sind sie
rhetorisch revolutionär. Den Adel wollen sie abschaffen. «Nur Herzens Adel soll gelten.»[122] Der Funke der Freiheit soll Deutschland
aus seinem Scheintode aufdonnern. Volkssouveränität soll «dem
alten verrosteten Ihro Gnaden System folgen».[123] Büchner fühlte
sich am Platze. Am 16. Februar 1832 galt das Gespräch wieder einmal dem «Kampf der Freiheit in Deutschland», mit Freuden wurde
bemerkt, «wie der bedachtsame, phlegmatische Teutone, den alten
Herrmann in den Adern spürt, u. im Stillen seine Fesseln sprengt, u.
zur Wiedergeburt seines Volkes emporreift.»[124] Gesungen wurde
nicht, «aber nicht untüchtig getrunken», das Protokoll vermerkt
9 Maß. Am 18. Juni diskutierte man «über Huß, Ravaillac und Sand,
welche die Dialectik von Freund Büchner in eine Reihe stellt» – die
Attentäter mit dem hingerichteten Reformator – und vergaß nicht,
«mit dem großen, eine Maas haltenden, Pokale mehrmahls einen
flotten laut schallenden Rundgesang zu halten, u. trotz mancher
Verschiedenheit der Meinungen strömt auch heute in vollen Wogen
das tiefe Gefühl der Freundschaft.»[125] Das Politisieren wird im Bier
ertränkt. Wenn er ernsthaft unbequem wurde, fand Büchner Widerstand in Wort und – Tat. Der heilige Petrus (Peter Follenius) protokolliert am 5. Juli 1832 die folgende Szene:

> Freund B ü g n e r dsr so feurige u so streng republicanisch gesinnte
> deutsche Patriot, schleudert einmal wieder, alle mögliche Blitze
> und Donnerkeile, gegen alles was sich Fürst u König nennt; u selbst
> die c o n s t i t u t i o n e l l e Verfassung unseres Vaterlands bleibt von
> ihm nicht unangetastet; weil sie seiner Meinung nach, nie das Wohl
> u das Glück Frankreichs befördern wird, so lange noch eine a r i s t o -
> c r a t i s c h e Macht, wie die Pairs Cammer, eine 3te mächtige Hand
> an das Staatsruder zu legen berechtigt ist. B r u d e r A d o l p h u
> noch einige andere Brüder vertheidigen ihrer Seits die sehr weise
> und heilsame Bestehung der obersten Cammer; man balgte sich

noch einige Zeit herum, u sieht sich endlich genöthigt dem politischen Wortwechsel ein Ende zu machen, weil Freund Daniel anfängt zu – schlafen.

Die letzte protokollierte Sitzung fand am 19. Juli 1832 statt. Büchner war anwesend. Das Münster zu besteigen wurde vorgeschlagen, aber mehrheitlich bezeigte die Gesellschaft wenig Lust, «sich droben auf der Platteforme, von dem heftigen Nordwinde der an diesem Tage tobte, ausblasen u auswinden zu lassen.»[126] Ein Lustgarten trug den Abstimmungssieg davon. Eine junge Aufwärterin brachte Käse, Bier und Beefsteak, Medicus Boeckel kannte sie und geriet bei ihrem Anblick in Erstaunen ob ihrer Blässe. Auf Anfrage der Kommilitonen diagnostizierte er etwas allgemein bleibend, «die junge Dirne müsse schon öfters die genaue Erfahrung gemacht haben, daß es auch noch Menschen gäbe, von einem andern Geschlecht als das Weibliche.»[127] Boeckel, der gern «in puncto amoris den Kalten u. den Vernünftler» spielte,[128] bewährte sich als frauenkundlicher Spezialist. Einige Ausdrücke des Protokolls sind unleserlich. Es werden die entscheidenden gewesen zu sein – Frivolitäten.

Da die Mitglieder Karriere machen und sich in alle Winde verlieren, löst sich die *Eugenia* nach dem Sommersemester 1832 auf. «Büchner verließ uns ebenfalls im Juli», lautet der letzte Eintrag, geschrieben von August Stoeber, der das Protokollbuch an sich nahm. «Fuit Ilium! sed adhuc sumus Troës.»[129] Ilion ist vergangen, aber Troer sind wir trotzdem noch. Die Freundschaften halten und überdauern auch die Entfernungen. «Ach säße ich doch wieder einmal unt Euch im Drescher», seufzt Büchner.[130] Das Haus zum Drescher gehörte den Stoebers und war das Versammlungslokal.

Das Protokoll der *Eugenia* ist ein wertvolles Zeugnis aus den ersten beiden Semestern, aus einer Zeit, aus der sonst nur drei Brieffragmente bekannt sind. Aber trug die *Eugenia* auch etwas zu Büchners Genialität bei? Und wenn ja, was?

Büchner lernte damals trinken. Satzungsgemäß waren die Hauptzwecke der *Eugenia* «Fröhliches Beysammenseyn, trauliches lehrreiches Gespräch, Gesang und holder Biergenuß.»[131] Unter einer Maß (knapp 1½ Liter) kam keiner davon. Es sind Mannbarkeitsrituale – ein Mann ist, wer viel verträgt. Es gibt eine Zeit im Leben, da macht man so etwas, aber meistens geht sie vorüber. Man muß selbst ein paar Mal bierselig gewesen sein, um wahrzunehmen, daß die Biergemütlichkeit die aktiven Taten durch symbolische ersetzt. Daß die scharfen Debatten nur Selbstgenuß sind, wenn sie nicht zu anderen Taten als zum Heben des Humpens führen. Büchner liebte seine Saufkumpane von Herzen, aber er gewann durch sie auch eine Erkenntnis. Das Bier war eine antirevolutionäre Macht. Die 1968er Bewegung unterschied einst zwischen humorvollen Biertrinkern und humorlosen Colatrinkern. Der Humor stand im Verdacht, das Bestehende zu affirmieren. Seit Gießen hielt Büchner gewissermaßen zu den Cola-Trinkern. Bier gibt es jetzt nur noch in der Komödie. «Ich könnte Käs essen, Bier trinken, Tabak rauchen», lästert Prinz Leonce.[132]

Büchner verdankte den Eugeniden dennoch das Erlebnis einer Utopie. In der *Eugenia* herrschte der Bierkommunismus. Das Bier war frei und gleich und wurde egalitär bezahlt ohne Rücksicht auf den individuellen Verbrauch. Die Aufnahme kostete 3 fr, der Monatsbeitrag betrug 25 bis 30 sou. Davon wurde das Bier für alle gekauft. Man trank aus einer gemeinsamen Kasse. Von den anderen Verbindungen unterschied man sich durch Gleichheit. Man kannte keine Standesunterschiede. «Eugenia weiß nichts von Fuchs, Bachelier oder Theolog; sie kennt nur Brüder.»[133] Büchner war «hospes perpetuus» (Dauergast, Mitgliedschaftsanwärter) und wurde wie ein Bruder behandelt. «Offenheit und gegenseitiges Vertrauen, Liebe und Freundschaft, welches alles das Wort S c h m o l l i s in sich begreift, machen sich sämmtliche Brüder zum höchsten Gesetz.»[134] Schmollis trinken hieß Brüderschaft trinken, unter Einhaltung bestimmter Riten. Die *Eugenia* war eine Sozialutopie im Kleinen und auf Zeit. Sie vermittelte Büchner seine persönliche Erfahrung von Freiheit, Gleichheit und Brüderlichkeit. Er erlebte mit den Eugeniden einen Menschheitstraum von Wärme, die sich um seine Stacheligkeit wie ein Mantel legte, der nach dem erzwungenen Wechsel nach Gießen bitter fehlte, woraus sich zuerst Schwermut und Meningitis, dann Wut und politische Aktion ergaben. Deren Scheitern erst schuf den genialen Büchner. Die Straßburger Freunde waren sein Traum und hielten stand, die kurzlebige Gesellschaft der

Menschenrechte konnte sie nicht ersetzen. Nach der Flucht sind es weiterhin Boeckel, Baum und die Stoebers, die ihn warm halten, unbeeindruckt vom politischen Dissens.

Dieser besteht zweifellos. Boeckels Briefe ermahnen den Freund, sich nicht in der Politik zu verschleißen. Sie berichten erfahrungsgesättigt von den vergleichsweise ausgezeichneten Verwaltungen Preußens und Österreichs und von der Zufriedenheit der dortigen Untertanen.[135] «Sed absint politica!» schreibt Boeckel dann.[136] Weg mit den politischen Dingen! Sie machen die Freundschaft nicht aus. Das Leben ist viel mehr als die Politik. Boeckel war lebenslustig, offen und herzlich. Er kam aus der Anatomie und aus der Gynäkologie, wo man jede Anspielung verstand. Er hatte dennoch Anstand und Respekt. Der letzte Satz, den Büchner von ihm las, vier Wochen vor dem Tod, betrifft sein Verhältnis zu Frauen:

> Ich bin *Dieu merci* noch frei, theils weil ich es aus Grundsatz bleiben will, theils weil ich nicht weiß ob mich andere Leute wollen
>
> Dein Eugène.[137]

Anatomie

Ihm war nie schlecht geworden in der *salle d'anatomie*, er kannte das alles schon von seinem Vater her und hatte die *symptômes gastriques* nie gezeigt, gegen die Ernest-Alexandre Lauth den Anfängern ungerührt *des vomitifs et des laxatifs* zu empfehlen pflegte, anzuwenden *suivant les indications*.[138] Auch zitterte er längst nicht mehr wie diese vor dem ersten Schnitt. Sein Besteck hatte er in bester Ordnung, exakt so, wie Lauth es verlangte, er brauchte *six scalpels, un couteau à cartilage, des ciseaux, deux paires de pinces, une sonde cannelée en acier, un petit stylet en baleine, un syphon garni d'un robinet, deux érignes doubles, des aiguilles droites et courbes* (Skalpelle, Messer, Scheren, Pinzetten, Sonden, Flaschen, Haken, Nadeln), zusätzlich empfahl Lauth *une petite scie* mit Austauschsägeblättern, weitere kleine Stahlscheren, ein Hämmerchen und kleine Meißel, eine Knochenfeile, eine Lupe, Schleifstein und Schleifleder, einen Schwamm und ein Tuch zum Ab-

Büchners Anatomie-
lehrer Ernest-
Alexandre Lauth

decken der Präparate.[139] Das Skalpell in der Rechten halten *comme une plume à écrire*, das war leicht, zugleich in der Linken Zange oder Pinzette, das war die Grundhaltung, Ruhe floß in ihn, wenn er sie einnahm, die Tote auf dem Tisch verlor ihren Schrecken. Das Knorpelmesser verwendete er *à faire les grandes incisions*, die kleinen Scheren danach *pour travailler dans la profondeur*. Das Behältnis mit Hahn diente zum Entleeren von Hohlräumen, Adern und Gefäßen, die Haken, an Ringen befestigt, waren ein Hilfsmittel, um freigelegte Nervenfasern mitsamt ihren Vernetzungen herauszuheben und, indem man die Finger durch die Ringe steckte, festzuhalten. Das war Feinstarbeit, am liebsten hätte er dreißig Finger dafür gehabt, aber helfen lassen konnte er sich höchstens von Lauth selber, kaum von einem seiner ungeschickten Kameraden. Während er präparierte, memorierte er Lauths *Manuel de l'anatomiste* oder ließ seine Gedanken treiben. Nerven waren feste weiße Schnüre, *cordons blancs, peu élastique*, und bildeten verzweigte Leitungen zwischen den Organen und dem Zentralnervensystem.[140] Auf deutsch hießen sie «Spannadern» – ein Wort, das auch Sehnen bezeichnete, so daß es zu Verwechslungen kam. Kaum vorstellbar. Um Nerven von Adern und anderen Gefäßen zu unterscheiden, ziehe ich doch nur an ihnen und erkenne sie daran, daß sie viel weniger elastisch sind.[141] Je feiner die Nervenverzweigungen werden, desto leichter entschlüpfen sie; Nerven präparieren ist Hohe Schule. Die eigentliche Natur der *substance nerveuse* ist *encore inconnue*,[142] ich habe schon die dünnsten Fasern freigelegt, sie mit Hilfe gebogener Nadeln unter Wasser betrachtet und sie unter dem Mikroskop dreihundertfach vergrößert, aber auch dann nur *les tubes qui les composent* gesehen;[143] die Schnürchen bestehen aus winzigsten Röhrchen, von denen niemand weiß, was sie transportieren.

Er redete mit sich selbst. Sehr magere Erwachsene waren zum Sezieren am besten geeignet. Heute lag da eine zarte ältere Frau, wie kam das nur, vielleicht war sie einmal schön gewesen, egal. Die *nerfs sacrés* soll ich präparieren, sie verlaufen zwischen Rückenmark und Steißbein. Der oberste Ast des *nerf honteux commun* ist bei der Frau sehr klein *et se perd dans le clitoris*, der untere Ast verläuft *dans les muscles de l'anus et dans la grande lèvre jusqu'au mont de Venus*.[144] Um beide zu präparieren, muß ich *le sujet* aufs Gesicht drehen und die Lendenwirbelsäule mit der Säge in der Mitte abtrennen. So. Dann kommt *l'incision* am Rumpfende *jusqu'à un pouce au-dessus de l'anus*,[145] ein zweiter Schnitt quer dazu auf der Höhe des Hüftbeinkamms und ein dritter, der vom Ende des ersten nach außen und unten führt, *suivant le pli de la fesse*. Ich ziehe die Gesäßhaut ab. Ich mache einen Längsschnitt an der hinteren Fläche des Schenkels und zuletzt einen Querschnitt unter der Kniekehle, um dann die Hautlappen nach zwei Seiten aufzuklappen. Vorsichtig zertrenne ich *le grand fessier*, denn *les nerfs fessiers* treten von der Innenseite in den Gesäßmuskel ein, ich darf sie nicht zerstören, sie sind meine Wegweiser. *Après avoir enlevé la graisse qui est située sous le grand fessier, on verra sans peine les nerfs fessiers supérieur et inférieur.* Um *le nerf honteux* freizulegen, muß ich nur noch ein bißchen Haut und Fett abtrennen, *qui entourent l'anus et les parties génitales*, indem ich *entre ces parties et l'ischion* hindurchschneide. Da ist er! Man sieht ihm nichts an, diesem schamhaften Nerven. Dieses winzige Schnürchen hat einmal große Gefühle transportiert. Was ist das Leben? Was die Liebe? Bei Lauth steht alles, auch das, was meine Mutter mir nie gesagt hat. *Durch die Festigkeit, welche die Ruthe in der Aufrichtung erlangt, wird dieselbe in den Stand gesetzt, in die weibliche Scheide zu dringen, und den Samen unmittelbar in die Gebärmutter zu befördern.*[146] *Der Kitzler ist, wie die Ruthe, der Aufrichtung fähig, und scheint das Erregungsorgan beim weiblichen Geschlechte zu seyn.*[147] *Die Gestalt und die Richtung der Scheide entspricht vollkommen derjenigen der aufgerichteten männlichen Ruthe, welche während des Beischlafes in dieselbe aufgenommen werden soll.*[148] Perfekt. Lauth hat mir den Körper gezeigt, ich kann ihn physiologisch verstehen und in Tausende von Partikel zergliedern, ich kenne das Handwerk, ich weiß die Begriffe, der Ekel ist vor der Sachlichkeit vergangen wie Nebel vor der Sonne. Aber das Leben kenne ich trotzdem nicht. *Wir werden es uns einander nicht aus den Eingeweiden herauswühlen, was sollen wir uns drum die Leiber aufbrechen?*[149] Was hilft es, die Bestandteile des toten Körpers aufzuweisen? Ich müßte in den lebenden schneiden, um nach dem Leben zu suchen. *Wir müßten uns die Schädeldecken aufbrechen und die Gedanken einander aus den Hirnfasern zerren.*[150] Oder hätten wir dann wieder nur die Fasern und nicht die Gedanken? Das Innerste der Nerven ist *inconnu*, hat Lauth gesagt. Sie melden Schmerz, aber was ist eigentlich Schmerz? Was ist das, was weh tut, wenn wir doch nach Platon nur *das Rindsleder* sind, *woraus die Engel sich Pantoffeln geschnitten und damit auf der Erde herumtappen?*[151] Was ist der Tod? Leben ist Sterben, eine Art Faulen. Kann es sein, *daß einem der Tod das Leben langsam aus den Fibern martert?* Werde ich *mit Bewußtsein wegfaulen?*[152] Diese Tote auf dem Tisch, die wir erst mit Formalin gefüllt haben und der jetzt die Glieder *langsam systematisch abgedreht* werden,[153] das kann mein Ziel doch nicht sein, nein, im Tod ist so wenig Hoffnung wie im Leben, *er ist nur eine einfachere, das Leben eine verwickeltere, organisiertere Fäulnis, das ist der ganze Unterschied!* Aber ich bin nun einmal *an diese Art des Faulens gewöhnt; der Teufel weiß, wie ich mit einer andern zurechtkomme.*[154] Es ist eben doch ein Riesenunterschied zwischen Leben und Sterben, sonst könnten wir diesen Cadaver einfach *in einem Backofen erwärmen.*[155] Guillotin war Arzt, er schnitt in ein lebendiges

Volk, Robespierres dünne Finger waren *Guillotinmesser*,[156] er machte *aus der Guillotine ein specificum gegen die Lustseuche*,[157] aber er tötete statt zu heilen. Und das Leben ist manchmal so schön. Adolphen hab ich's gesagt: *Ich komme eben aus dem Leichendunst und von der Schädelstätte, wo ich mich täglich wieder einige Stunden selbst kreuzige, und nach den kalten Brüsten und den toten Herzen, die ich da berührte, erquickt mich wieder das lebendige, warme an das Du mich drücktest über die paar Meilen hinaus, die unsere Kadaver trennen.*[158] Die Anatomie ist der Tod, das warme Leben ist ihr verhaßt, ich kreuzige mich selbst, wenn ich kleine Kinder autopsiere wie kürzlich Eugène die am Skorbut Verstorbenen.[159] Ich töte etwas Heiliges in mir. Macht Wissenschaft erbarmungslos? *Wenn Gott will, daß Ihre Zunge gelähmt wird, so machen wir die unsterblichsten Experimente.*[160] Warum schaudert mir, wenn ich daran denke, wie ich *die kalten Glieder berührte und in die halbgeöffneten gläsernen Augen sah?*[161] Würde ich auch hineinschneiden, wenn auf dem Tisch meine gute Minna läge? Warum kommen mir so widerwärtige Gedanken. Autopsieren ist nicht wie Bratenschneiden. Die *ehrlichen Leute*[162] finden's schaurig. *Wer mag sich auch zu Leichen setzen und den Gestank riechen?*[163] Vielleicht ist ihr Schauder edler als meine Abgebrühtheit? Gutzkow hat mir das Gegenteil gesagt. Die Zergliederungskunst hätte mich zum Dichter gemacht, die *Autopsie, die aus allem spricht.*[164] Kann sein. Aber dann ist das dichterische Wort der Tod. Es tötet durch Zergliederung. Indem ich es zergliedere, treibe ich dem Leben das Leben aus. Oder ich treibe es vor mir her. Es flieht vor meinem Skalpell, nie kann ich es restlos ins Glas zwingen, damit es endgültig *im Spiritus schwimmt* wie meine Gedanken an Wilhelmine.[165] Ach, die Wissenschaft! Eine Mauer um einen Tränensee.

Sur le système nerveux du barbeau

Das Ich fühlt sich als Ganzheit. Die Zergliederungskunst aber zerlegt es in Teile. Zwar fängt Büchner diesen Prozeß intellektuell mit der romantischen Naturphilosophie auf, aber das ist nur eine Sache des Kopfes. In der Tiefe hinterläßt das Zergliedern ein Trauma. Die Anatomie gesellt sich zu den Entthronungsmächten,

〰〰

MÉMOIRE

SUR LE

SYSTÈME NERVEUX DU BARBEAU

(*CYPRINUS BARBUS* L.);

PAR

GEORGE BÜCHNER.

Lu à la Société d'histoire naturelle de Strasbourg, dans les séances du 13 Avril, du 20 Avril et du 4 Mai 1836.

die im 19. Jahrhundert das Ich in Stücke schlagen. Das fragmentierte Ich träumt von der verlorenen Ganzheit. Das Trauma arbeitet. Es treibt Dichtungen hervor, die aus dem Schmerz der Fragmente geboren sind. Die Teile frieren. Die warme Ganzheit war ein Schutzmantel, der nun weg ist. Prinz Leonce klagt: «Die Luft so scharf und dünn, daß mich friert, als sollte ich in Nankinghosen Schlittschuh laufen.»[166]

Aber vom Dichten konnte vorerst keine Rede sein. *Lenz* blieb Ende Oktober unvollendet liegen. Volle sieben Monate, von Anfang November 1835 bis Ende Mai 1836, verschlang die Dissertation über das Nervensystem der Barbe. Anfang Juni schreibt Büchner an Gutzkow, der seine Haft längst abgesessen hat: «Ich saß auch im Gefängniß und im langweiligsten unter der Sonne, ich habe eine Abhandlung geschrieben in die Länge, Breite und Tiefe. Tag und Nacht über der ekelhaften Geschichte, ich begreife nicht, wo ich die Geduld hergenommen.»[167] Es ist wirklich eine ansehnliche Arbeit geworden, nicht nur quantitativ – 56 engbedruckte Seiten und eine Klapptafel mit 18 aufs Feinste ausgeführten Zeichnungen –, sondern auch qualitativ. Die wesentlichen Beobachtungen beruhen auf Autopsie. Erst wurde seziert, dann wurden in Lauthscher Manier kühle, sachliche Sätze zu Papier gebracht. Das klang dann zum Beispiel wie: «J'ai trouvé l'insertion de ce nerf –» oder vielmehr, ins Deutsche übertragen:

> Ich habe die Einmündung dieses Nerven auf der Seite des Marks gefunden, ganz nahe am äußeren Rand der vorderen Pyramiden, ein wenig oberhalb und vor der vorderen Wurzel des Trigeminus. [...] Die Zartheit des Nerven hat verhindert, daß ich seine Wurzel im Mark verfolgen konnte; aber ich zweifle nicht, daß sie aus den vorderen Pyramiden kommt. Der Patheticus liegt an der Innenseite des Ganglions des fünften Paares; er tritt durch ein Loch im kleinen Flügel des Keilbeins, beinahe in der Mitte dieses Knochens, aus. Beim Hecht geht er durch die faserige Membran; er ist auch stärker als bei den Cyprinen. Wie beim Menschen begibt sich der Patheticus zum oberen schrägen Augenmuskel, und bevor er in ihn eintritt, teilt er sich in zwei Fäden.[168]

Büchner hat zahllose Barben seziert, ferner Hechte, Alsen, Karpfen, Barsche, Lachse und Menschen;[169] er hat das Geflecht ihrer Nerven freigelegt und verfolgt, soweit sie mit der Lupe noch erkennbar waren. Die feinsten Verästelungen konnte man oft nur an ganz frischen Exemplaren sehen, «où la couleur blanche des filets nerveux contraste encore fortement avec celle de la chair.»[170] An bereits in Alkohol konservierten Stücken war der Kontrast zwischen dem Weiß der Nervenfasern und dem umgebenden Fleisch kaum noch wahrnehmbar.

Büchner bewegt sich auf der Höhe der Forschung seiner Zeit, die er gut kennt und in deren Diskussionsstand er seinen Beitrag selbstbewußt einbettet. Er hatte freilich das Pech, auf einen absterbenden, wiewohl 1836 noch in hoher Blüte stehenden Forschungsast zu geraten. Sigmund Freud, der über das Nervensystem der Flußkrebse promoviert hat,[171] hätte ihn sicher zitiert, wenn nicht 1859 eine schädeltheoretische Schlacht verlorengegangen wäre. Im Einklang mit den Hauptströmungen der Naturwissenschaft seiner Zeit glaubte Büchner, der Schädel der Wirbeltiere sei eine besondere Ausbildung der Wirbelsäule und erhalte von ihr die Struktur. 1859 erwies der

Fig. VII

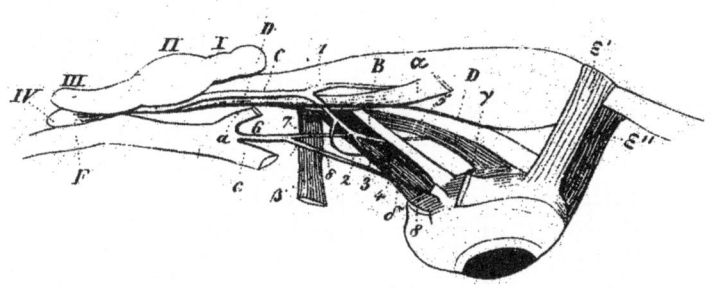

Die Nerven des Barbenauges, aus Büchners Dissertation. α, β, γ, δ, ε:
Muskeln. 1, 2, 3, 5: Die Fäden des Oculomotorius. 4: Der Irisfaden.
6: Der Ciliarnerv des Ophthalmicus Willisii. 7: Der für die Verzweigung
des Ophthalmicus Willisii mit dem Oculomotorius bestimmte
Faden. 8. Der Ciliarfaden. I: Hemisphären. II. Lobi optici. III. Klein-
hirn. IV: Das unpaarige Tuberculum des vierten Ventrikels. B: Sehnerv.
C: Augenbewegungsnerv. D: Patheticusnerv. F: Ganglion des Trigeminus. a: Ophthalmicus Willisii. c: Der untere Kieferast.

englische Biologe Thomas Henry Huxley jedoch aus der Embryo-
logie die Eigenständigkeit des Schädels und machte die vielen Spe-
kulationen hinfällig, die nach Strukturparallelen von Schädel und
Rückenmark suchten. Bei aller empirischen Sorgfalt war das auch
Büchners leitende Idee gewesen. Er betrachtete die Gehirn- bzw.
Kopfnerven als Wiederholungen von Rückenmarks- bzw. Rumpf-
nerven. Im Gesichtsnerv des Kopfes wiederholte sich seiner Meinung nach der Atmungsnerv des Rumpfes, im Geschmacksnerv wiederholte sich der Empfindungsnerv des Darmkanals – der Zungenast
des Trigeminus sei «der Nerv des eigentümlichen Sinnes der Zunge,
des vollkommensten Teils des Verdauungsrohrs, des Organs des
Darmsinnes, wie OKEN den Geschmack sinnreich nennt.»[172] Büchner faßt zusammen:

> Ich glaube bewiesen zu haben, daß es sechs Paare primitiver Hirn-
> nerven gibt, daß ihnen sechs Schädelwirbel entsprechen und daß
> die Entwicklung der Hirnmassen nach Maßgabe ihres Ursprungs
> erfolgt, woraus hervorgeht, daß der Kopf lediglich das Ergebnis
> einer Metamorphose des Marks und der Wirbel ist und daß die vor

der Wirbelsäule gelegenen Organe des vegetativen Leben sich, wenngleich auf einer höheren Stufe, vor dem Schädel wiederfinden müssen.

Was er sehen will, sieht er dann auch. Er endet mit einem Satz, der seine Abhängigkeit von der romantischen Naturphilosophie verrät:

Die Natur ist groß und reich, nicht weil sie jeden Augenblick willkürlich neue Organe für neue Funktionen schafft, sondern weil sie nach dem einfachsten Plan die höchsten und reinsten Formen hervorbringt.[173]

Über Schädelnerven

Mit seiner Probevorlesung trabte Büchner geradlinig in der bewährten Erfolgsspur fort. Anfang August 1836 hatte er einen Separatdruck der Dissertation nach Zürich geschickt.[174] Zwischen Anfang und Mitte September erhielt er zusammen mit dem Doktordiplom die Einladung zu einer Probevorlesung. Am 18. Oktober verließ er Straßburg und reiste nach Zürich ab. Ende Oktober überredete ihn der Dekan der Philosophischen Fakultät, ein Thema aus der Vergleichenden Anatomie zu wählen. Büchner legte die philosophiegeschichtlichen Skripte, aus denen er eigentlich hatte vortragen wollen, beiseite und schrieb innerhalb einer Woche eine neue Vorlesung. Die Handschrift ist erhalten, allerdings durch Mäusefraß beschädigt; außerdem fehlt das erste Blatt. Wie Büchner die Vorlesung betitelte, ist deshalb nicht bekannt. Man pflegt sie, Karl Emil Franzos folgend, mit *Über Schädelnerven* zu überschreiben. Vorgetragen wurde sie am 5. November 1836.

Ein Romantiker bleibt Büchner auch hier. Noch ausdrücklicher als in der Doktorarbeit widerspricht er der Vorstellung, ein menschlicher Organismus sei nichts als eine besonders zweckmäßige Maschine. Das Auge, die Wangen, die Lippen sind nicht nur Seh-, Kau- und Respirationsapparate – jedenfalls ist es «ein weiter Sprung von da bis zu dem Enthusiasmus, mit dem Lavater sich glücklich preist, daß er von so was Göttlichem, wie den Lippen, reden dürfe.» Die Natur, so doziert der junge Doktor der Philosophie weiter, handle nicht nach Zwecken. Das hatte er bei Spinoza gelesen: «Ostendimus enim [...] Naturam propter finem non agere; aeternum namque illud, et infinitum Ens, quod Deum, seu Naturam appellamus, eadem, qua existit, necessitate agit.»[175] (Denn wir haben gezeigt [...], daß die Natur nicht um eines Zweckes willen handle; denn jenes ewige und unendliche Seiende, welches wir Gott oder Natur nennen, handelt nach derselben Notwendigkeit, nach welcher es da ist.) Büchner insistiert, die Natur reibe sich nicht auf in einer unendlichen Reihe von Zwecken, «sondern sie ist in allen ihren Aeußerungen sich unmittelbar selbst genug. Alles, was ist, ist um seiner selbst willen da.» Es ist «die Manifestation eines Urgesetzes, eines Gesetzes der Schönheit, das nach den einfachsten Rissen und Linien die höchsten und reinsten Formen hervorbringt.» Dieses Gesetz zu finden gebe es zwei Wege: die «Anschauung des Mystikers» und den «Dogmatismus des Vernunftphilosophen». Büchner hält es mit dem Mystiker, denn die «Philosophie a priori» sitze noch «in einer trostlosen Wüste; sie hat einen weiten Weg zwischen sich und dem frischen grünen Leben, und es ist eine große Frage, ob sie ihn je zurücklegen wird.»[176]

Büchner begegnet uns als romantischer Lebensphilosoph. Er will «dem Naturstudium eine andere Gestalt geben», eine romantische, bis in die Bildlichkeit hinein. Die Natur ist ein Fluß. «Hatte man auch die Quelle nicht gefunden, so hörte man doch an vielen Stellen den Strom in der Tiefe rauschen und an manchen Orten sprang das Wasser frisch und hell auf.» Es klingt wie bei Novalis («In Wissenschaften und Künsten wird man eine gewaltige Gährung gewahr»)[177], wenn Büchner seiner eigenen Profession die Palme reicht und sie in der Natur eine wunderbare Schönheit aufblühen sieht:

> Namentlich erfreuten sich die Botanik und Zoologie, die Physiologie und vergleichende Anatomie eines bedeutenden Fortschrittes. In einem ungeheuren, durch den Fleiß von Jahrhunderten zusammengeschleppten Material, das kaum unter die Ordnung eines Kataloges gebracht war, bildeten sich einfache, natürliche Gruppen; ein Gewirr seltsamer Formen unter den abentheuerlichsten Namen, löste sich im schönsten Ebenmaaß auf [...]. In der vergleichenden Anatomie strebte Alles nach einer gewissen Einheit, nach

dem Zurückführen aller Formen auf den einfachsten primitiven Typus.[178]

Große Worte. Da stand Büchner mit seinen 23 Jahren vor der akademischen Hautevolée der Universität Zürich und versuchte, seiner Stimme Festigkeit zu geben. Seine Freunde kannten das schon, vor denen er sich durch jugendliche Großsprecherei und Rechthaberei manchmal mißliebig gemacht hatte, «durch eine gewisse, äußerst dezidierte Bestimmtheit in Aufstellung von Behauptungen, die zwar von hoher Selbständigkeit des Urtheils zeugte, zuweilen aber doch ein wenig übers Ziel hinausschoß» (August Lüning).[179] Zuversichtlich folgte Büchner dem einheitsmystischen Leuchtfeuer, das von heute aus gesehen ein Irrlicht war. Beharrlich richtete er an ihm seine schon bekannten Thesen aus: Der Schädel sei eine Wirbelsäule, das Hirn sei ein «metamorphosirtes Rückenmark», die Hirnnerven seien Spinalnerven. Er belegt das dann mit seiner Dissertation, deren Grundidee er im Rückblick als einheitsmystisch darstellt. Da er sechs Paar Schädelnerven gefunden hat, nimmt er auch sechs «Schädelwirbel» an,[180] die zu erweisen er allerdings die Zeit nicht zu haben erklärt. Die sechs Schädelnervenpaare teilt er in eine Zweiergruppe, den opticus und acusticus (Hör- und Sehnerv) umfassend, sowie eine Vierergruppe auf, die den hypoglossus, den vagus, den trigeminus und den olfactivus umfaßt (den unter der Zunge liegenden, den schweifend innere Organe verbindenden, den im Kiefernbereich dreiästigen und den geruchswahrnehmenden Nerven). Die Zweiergruppe sei «der reinste Ausdruck des animalen Lebens», die Vierergruppe aber erhöhe «das vegetative zum animalen Leben». Das zielt auf eine Art Bewußtsein und willentliche Steuerbarkeit.

> So werden wir uns des Actes der Verdauung und der Respiration durch den vagus bewußt, so wird die Zunge als ein wesentlicher Bestandteil des Verdauungskanals durch den Einfluß des hypoglossus ein dem Willen unterworfenes Organ, und damit ein wahres Glied des Kopfes; so entwickeln sich Geschmack und Geruch, als die Sinne des Darms und des Athemsystems, unter dem Einflusse des trigeminus und des olfactivus.

Der unbeholfen idealistische Charakter dieser Gedanken tritt klar hervor und vertieft sich noch, wenn Büchner in den letzten überlieferten Sätzen seiner Vorlesung den «Lendennerven, welche zu den Organen der Zeugung gehen», eine Analogie zur Vierergruppe zuspricht – die Lendennerven, meint er, verhielten sich zu den Geschlechtsverrichtungen wie die Nerven der Vierergruppe zu Verdauung und Atmung. Diese verklausulierte Äußerung läßt sich logisch nur so auflösen, daß die Lendennerven Übermittlungswege sind, auf denen Wille und Bewußtsein auf die Geschlechtsverrichtungen einzuwirken vermögen. Der Text bricht an dieser Stelle ab. Der junge Büchner war der Komplexität des Themas, das er aufgeworfen hatte, nicht gewachsen, und konnte es nicht sein, weil er, ohne es so recht zu wissen, im Bann eines falschen Grundparadigmas stand, – der deutschen Naturphilosophie, die von Goethe und von der Romantik, von Schelling, Carus und auch von Büchners Lehrern Duvernoy und Oken vertreten wurde. Journalistisch auf Massenniveau heruntergekommen, hörte sie sich damals auch noch ziemlich nationalistisch an. Wolfgang Menzel, Karl Gutzkows Spezialfeind, schrieb 1836:

> Der rege Natursinn der alten Deutschen hat sich zur Naturwissenschaft gesteigert [...]. Es gibt kein Volk, das an der Natur mit solcher Inbrunst hängt und mit solcher Genialität ihre Mysterien enthüllt hat, als das deutsche. Die Naturphilosophie der neuern Deutschen steht wie ihre Geistesphilosophie einzig und erhaben über der ganzen Sphäre der Literatur aller Völker.[181]

Es mußte ein Engländer kommen, Charles Darwin, um solchen Schwärmereien Einhalt zu gebieten.

Zootomische Demonstrationen

Büchners regelmäßige Vorlesung begann Mitte November 1836. Ein Skript ist nicht erhalten. Das Kolleg hatte fünf eingeschriebene und zahlende Hörer, die aber nicht alle erschienen, und weitere nicht eingeschriebene Hörer.[182] Jakob von Tschudi war unter allen der regelmäßigste; ihm konnte Karl Emil Franzos 1877 noch einen Bericht abgewinnen. Büchner, so erfahren wir von Tschudi, «las sein Collegium dreimal woechentlich von 2–3 auf seinem Zimmer» in der Spiegelgasse 12, und er, Tschudi, sei meistens einziger Zuhörer gewesen. Büchner sei dadurch nicht im mindesten entmutigt worden, «denn er hatte sich mit wahrem Feuereifer der vergleichenden Anatomie gewiedmet». Er habe mit der Osteologie (Knochenlehre) begonnen und sei dann zum Nervensystem der Fische übergegangen. Sein Vortrag sei «immer animirt u reich an geistreichen Bemerkungen» gewesen, «besonders wenn er die laengst aufgegebene Theorie von der Wiederholung der Wirbelbildung im knoechernen Schaedel entwickelte».[183]

Ein weiterer Hörer war August Lüning; auch er teilte Franzos bereitwillig seine Erinnerungen mit. Büchner sei ihm aufgefallen «durch die breite, mächtige Dichter- u. Denkerstirn, wie ich sie imposanter nie wieder gesehen habe».[184] Seine Vortragsweise sei «nicht geradezu glänzend, aber fließend, klar u. bündig; rhetorischen Schmuck schien er fast ängstlich, als nicht zur Sache gehörig, zu vermeiden». Was aber diese Vorlesungen am meisten auszeichnet, das waren «die ungemein faßlichen, anschaulichen Demonstrationen an frischen Präparaten», die Büchner für die Vorlesung frisch verfertigte, da die junge Universität einer entsprechenden Sammlung ermangelte. So weit Lüning. Manchmal brachte sein Kommilitone Tschudi von seinen Exkursionen Kriechtiere mit. So erfreute er Büchners Zergliederungskunst mit einem Exemplar der sehr seltenen Geburtshelferkröte, die er in der Ostschweiz entdeckt hatte.[185] Die Vorlesung hatte sich nach der Osteologie und dem Nervensystem der Fische im Januar 1837 der Anatomie der Amphibien zugewendet, die Büchner sich selbst erst erarbeiten mußte. Von «Fischschwänzen» geht er zu «Froschzehen» über.[186] Wieder ist er enorm fleißig. «Ich sitze am Tage mit dem Scalpell und die Nacht mit den Büchern.»[187] Es war ihm noch vergönnt, das Knochen- und Nervensystem einiger Batrachier (Frösche, Molche, Lurche) zu erläutern, dann, schreibt Lüning, «warf ihn der damals in Zürich grassirende Typhus auf das Krankenlager, von dem er nicht wieder erstehen sollte».

Philosophische Schriften

Schon in Gießen hatte Büchner Ausbruchsversuche in Richtung auf Philosophie gemacht. «Ich werfe mich mit aller Gewalt in die Philosophie», schrieb er im fünften Semester an August Stoeber, spottete aber zugleich, irgendeinen Esel müsse man schließlich reiten.[188] Ein Testat hat sich erhalten, wonach er im Sommersemester 1834 «die Vorlesungen über die Logik u. das Naturrecht mit lobenswerthem Fleiße» gehört habe.[189] Als er schon Barben sezierte, steckte er noch eine Weile im Spinoza fest. Das war nicht berauschend. «Ich werde ganz dumm in dem Studium der Philosophie», schrieb er Ende November 1835 an Karl Gutzkow; «ich lerne die Armseeligkeit des menschlichen Geistes wieder von einer neuen Seite kennen.»[190] Als er Dr. phil. geworden war, hatte er «die fixe Idee», in Zürich «einen Kurs über die Entwickelung der teutschen Philosophie seit Cartesius» lesen zu wollen,[191] wurde aber vom Dekan belehrt, daß ein Kurs über vergleichende Anatomie weit erwünschter sei.[192] Büchner machte sich offenbar Illusionen. Wir nehmen an, daß Lauth und Duvernoy schon früh den Plan hatten, ihren begabten Schüler an der neu gegründeten Universität Zürich zu etablieren, weil es dort an Naturwissenschaftlern fehlte, und daß es für die Fakultät überhaupt nicht in Frage kam, anstelle einer anatomischen eine philosophische Vorlesung zu akzeptieren. Auf diesem Gebiet war kein Mangel. Auch wäre Büchner als Philosoph ein Dilettant gewesen, als Anatom hingegen war er anerkannt und ausgewiesen.

Aber dieser Sachverhalt scheint ihm nicht klar gewesen zu sein. Der Umfang des überlieferten Handschriftenbestands läßt den erheblichen Ehrgeiz erkennen, mit dem er zu Werke ging. Hier lag ein erstaunliches Defizit in der Selbsteinschätzung vor. Von der Originalität und Genialität, die seine Dichtungen auszeichnen, ist in seinen philosophischen Manuskripten nichts zu erkennen. Er war als Dichter viel weiter denn als Denker. Er war als Philosoph dem nicht gewachsen, was er als Poet schuf. Die Komplexität, die ihm dichtend mit Leichtigkeit zufiel, vermochte er philosophierend nicht zu entfalten. Auch die Erfahrungen, die er als Anatom machte, konnte er so nicht begreifen.

Das Material ist inzwischen durch sorgfältige Papier- und Tintenanalysen einigermaßen sicher datiert.[193] Es besteht aus zwei Gruppen. Im Sommer und Herbst 1835 suchte Büchner nach möglichen Themen für eine philosophische Dissertation und fertigte in diesem Zusammenhang für seinen eigenen Gebrauch eine *Geschichte der griechischen Philosophie* an, die 272 handschriftliche Seiten umfaßt. Sie besteht fast gänzlich aus Exzerpten eines gängigen Standardwerks der Zeit. Ferner übersetzte er, durchflochten von vereinzelten Kommentaren, 115 Seiten Spinoza aus dem Lateinischen, erneut mit Unterstützung seines philosophiehistorischen Gewährsmanns. Eine zweite Gruppe von Schriften entstand im Sommer und Herbst 1836 für die geplante Vorlesung in Zürich. Sie umfaßt ein fertig vorbereitetes Skript *Cartesius* (180 Manuskriptseiten), ein angefangenes Skript *Spinoza* mit 40 Seiten (das abgebrochen wurde, als die Zootomie als Vorlesungsthema feststand), und eine kleine Sammlung von Exzerpten zu Spinoza (16 Seiten). Das sind insgesamt über 600 Seiten, die in dem dichtgepackten Programm der Jahre 1835 und 1836 irgendwo angesiedelt gewesen sein müssen. Sie zeigen nicht nur, wie unglaublich fleißig Georg Büchner war, sondern auch, wie sehr das Dichten in der zweiten Straßburger Zeit Nebensache war. Die Hugo-Übersetzungen, *Lenz* und *Leonce und Lena* muß man sich zwischen tausend Pflichtarbeiten eingezwängt denken. *Woyzeck* ist teilweise erst in Zürich entstanden, wo Büchner ein wenig mehr Muße hatte.

Mit großem Einsatz versucht der junge Mann, sich selbst zu unterrichten. Verbissen kämpft er mit dem verworrenen Abstraktionenlabyrinth der Denker des 17. Jahrhunderts, verstrickt sich aber hoffnungslos. Er ist überfordert. Die Wellen schlagen über ihm zusammen. Er taumelt wie ein Ertrinkender in der wilden Brandung der Begriffe. Nur selten bringt er einen souveränen Satz zustande. Er klagt, die Kunstsprache der Philosophen sei abscheulich, für menschliche Dinge müsse man auch menschliche Ausdrücke finden,[194] aber ihm selbst gelingt das nicht. Er bringt die Philosophie nicht voran, weder sprachlich noch sachlich. Er ist kein großer Denker. Wir werfen einen Blick auf zwei Themenfelder, die ihn besonders interessiert haben, beschränken uns hauptsächlich auf die Cartesius-Vorlesung und halten uns an die wenigen Stellen, wo Büchner quellenunabhängig[195] etwas äußert, das einer eigenen Meinung ähnlich sieht.

L'homme machine

Als Anhänger der romantischen Naturphilosophie verabscheute Büchner die Vorstellung, der Mensch sei nichts als eine zweckmäßige Maschine. Aber genau diese Ansicht begegnete ihm bei Descartes. Entsprechend spöttisch fällt sein Referat aus, als er auf dessen Physiologie zu sprechen kommt:

Ein Centralfeuer im Herzen, die verflüchtigten zum Hirn aufsteigenden spiritus animales, die in einem Dunst von Nervengeist schwebende, nach verschiednen Richtungen sich neigende Zirbeldrüße, als Residenz der Seele, Nerven mit Klappen, Muskeln welche durch das Einpumpen des Nervengeistes mittelst der Nerven anschwellen, die Lunge als Kühlapparat [...], Milz, Leber, Nieren als künstliche Siebe, sind die Schrauben, Stifte und Walzen.

Und die Nerven ziehen «am Hirn gleich Strängen an einer Schelle». Büchner faßt zusammen: «der homme machine wird vollständig zusammengeschraubt.»[196] Als Horizont seiner Kritik dient ihm die Naturphilosophie von Carl Gustav Carus, die er aus der Zeit seines *Mémoire sur le système nerveux du barbeau* kannte. Er bringt Carus vorsichtig gegen Cartesius in Stellung. Dieser sah in der Zirbeldrüse ganz mechanistisch den Wohnsitz der Seele. Carus stimmt ihm zwar zu, aber «aus himmelweit verschiednen Gründen». Für ihn kommt es nicht auf die Mechanik an, sondern auf die Symbolik. Die Zirbeldrüse ist «die einfachste Darstellung des Hirns im Hirn», eine «Urform», ein «Samenkorn»,[197] genau zwischen «den 6 Hauptmassen des Gehirns» gelegen.[198] Wir erinnern uns an Büchners sechs Schädelnervenpaare und an «die Repräsentationsidee Okens», die er in diesem Zusammenhang erwähnt.[199] Schelling, Carus und Oken waren die wichtigsten Vertreter dieses heute untergegangenen Gedankensystems, dem auch Büchner huldigte, und das damals so populär war, daß Wolfgang Menzel ihm in seiner Literaturgeschichte viele Seiten einräumte.[200] Die Natur ist eine Einheit in Gegensätzen, das lehrte Schelling und lieferte dazu die Metapher vom Magneten, «welcher eins ist, aber entgegengesetzte Pole hat».[201] «Jede neue Entdeckung im Geist und Gemüt des Menschen fordert auf, das correspondirende Aequivalent in der Natur nachzuweisen, und umgekehrt.»[202] Alles spiegelt sich ineinander, das Hirn in der Zirbeldrüse, die Pflanze im Tier, das Tier im Menschen, der Mensch im Kosmos; überall herrschen Entsprechungen («so auch ist das Thierreich nur das zerfallende Urthier, der auseinandergelegte Mensch»)[203]; «es gibt mithin genau so viel Thierarten, als es Organe gibt».[204] Die nach Organen geordneten Tierklassen kann man in den Menschenrassen wiederfinden. Es gibt nach Oken

> nur ein Menschengeschlecht und nur eine Gattung, weil der Mensch der Inbegriff des ganzen Thierreichs ist, aber nach der Entwicklung der Sinnorgane gibt es fünf Menschenarten: der Hautmensch ist der Schwarze, Afrikaner; der Zungenmensch der Braune, Austrasier; der Nasenmensch der Rothe, Amerikaner; der Ohrenmensch der Gelbe, Asier; der Augenmensch der Weiße, Europäer 2c.

Das Auge aber, so hatte Büchner in der Probevorlesung Lorenz Oken zitiert, «sey das höchste Organ, die Blüthe oder vielmehr die Frucht aller organischen Reiche.»[205]

Die latente Finalität dieser Naturphilosophie wird kenntlich: Sie ist eurozentrisch und anthropozentrisch. Im Europäer ist die Menschheit repräsentiert. Dem kommenden Entthronungsschmerz wird vorgebaut. Der europäische Mensch ist das Maß aller Dinge. Büchners philosophische Manuskripte lassen nirgends erkennen, daß er über solche Anschauungen hinaus gewesen wäre. Sie lassen überhaupt wenig erkennen. Man muß sie geradezu quetschen, um hie und da eine These ans Licht zu befördern. Sie wirken wie Vorlesungsmitschriften eines fleißigen Studenten: viel Stoff, kaum eigene Gedanken. Warum er sich mit der griechischen Philosophie, warum mit Descartes, warum mit Spinoza befaßte? Er wollte alles von Grund auf lernen, daher die griechische Philosophie; er wollte als Denker ab ovo beginnen, daher Descartes mit seinem Cogito und Spinoza als sein Nachfolger. Aber der Zugangsweg bewährte sich nicht, Büchner blieb im 17. Jahrhundert hängen und steckte dort fest. Besser hätte er mit Kant begonnen, aber dessen Name fällt nicht ein einziges Mal.

Gottesbeweise

Allgemein herrscht die Ansicht, daß Kant die Gottesbeweise widerlegt und Gott aus dem Reich der reinen Vernunft in das der praktischen umgesiedelt hat. Büchner verwendet trotzdem sehr viel Zeit darauf. Das Thema scheint für ihn nicht erledigt zu sein. Die Gottesbeweise sind ein zentraler Gegenstand sowohl in der Cartesius-Vorlesung als auch in den Spinoza-Manuskripten. Die prägnanteste Stelle gehört zu den Zwischenbemerkungen der Spinoza-Übersetzung und kommentiert den Lehrsatz XI («Gott [...] existirt nothwendigerweise») von Spinozas Hauptwerk *Ethica ordine geometrico demonstrata* (1677). Büchner nimmt einen Faden aus dem Theodizeegespräch in *Danton's Tod* wieder auf:

> Wenn man auf die Definition von Gott eingeht, so muß man auch das Daseyn Gottes zugeben. Was berechtigt uns aber, dieße Definition zu machen?
> Der Verstand?
> Er kennt das Unvollkommne.
> Das Gefühl?
> Es kennt den Schmerz.[206]

An vereinzelten Stellen jongliert Büchner ein wenig mit Spinozas Vorgaben, aber es bleibt bei Anfragen, eine Gegenthese wird nicht aufgestellt, die Nichtexistenz Gottes nicht explizit erwogen. Er ficht auf einem Paukboden, der Cartesius und Spinoza gehört; sie leihen ihm auch die Waffen, mit denen er ab und zu einen Ausfall versucht: Der Beweis, so ruft er dann mit heller Klinge, der aus dem Wesen Gottes sein Dasein demonstriere, stütze sich nur auf eine logische Notwendigkeit, «er sagt, wenn ich mir Gott denke muß ich ihn mir als seyend denken, aber was berechtigt mich denn Gott zu denken?»[207] Noch mehr in die Mitte stößt Büchner, als er, das «Deus sive natura» im Hinterkopf, bezweifelt, daß die ewige, unendliche und weltursächliche Substanz, die auch jeder Atheist anerkennen müsse, Gott sei im Sinne des absolut vollkommenen moralischen Wesens, das der Deismus verkünde. Und er fügt mit einer ansonsten in seinen philosophischen Schriften sehr seltenen Urteilsfreude hinzu: «Hier hört d. Philosoph auf und er [Spinoza] vergöttert willkürlich das, was in sich und worin Alles ist.»[208] Man kann darin die Pantheismuskritik wiederholt sehen, die in *Danton's Tod* schon sehr viel eleganter formuliert worden war.

> MERCIER Halten Sie, Payne, wenn aber die Schöpfung ewig ist?
> PAYNE Dann ist sie schon keine Schöpfung mehr, dann ist sie Eins mit Gott oder ein Attribut desselben, wie Spinoza sagt; dann ist Gott in Allem, in Ihnen, Wertester, im Philosoph Anaxagoras und in mir; das wäre so übel nicht, aber Sie müssen mir zugestehen, daß es gerade nicht viel um die himmlische Majestät ist, wenn der liebe Herrgott in jedem von uns Zahnweh kriegen, den Tripper haben, lebendig begraben werden oder wenigstens die sehr unangenehmen Vorstellungen davon haben kann.[209]

Heinrich Heine schrieb in der gleichen Zeit eine lebhafte Verteidigung des Pantheismus. Wenn Gott in allem sei, dächten manche (ähnlich wie Büchners Payne), dann sei es gleichgültig, womit man sich beschäftige, ob mit Wolken, Gemmen oder Affenknochen. Aber genau da sei der Irrtum: Gott manifestiere sich in verschiedenen Graden in den verschiedenen Dingen, und jedes trage in sich «den Drang, einen höheren Grad der Göttlichkeit zu erlangen». So befreit Heine den Pantheismus vom Indifferentismusvorwurf und nötigt ihn in den Dienst am Fortschritt. «Gott ist in der Bewegung, in der Handlung, in der Zeit, sein heiliger Odem weht durch die Blätter der Geschichte.»[210] Das große «Gesetz des Fortschrittes», das «am tiefsinnigsten von den Saint-Simonisten offenbart worden», blieb Georg Büchner verborgen. In der Zeit seiner philosophischen Studien gelang es ihm nicht, den Blick zu weiten und auf die Gegenwart zu richten.

Auch die Cartesius-Vorlesung beschäftigt sich lange mit Gottesbeweisen. Büchner findet es «sonderbar welche Umwege Cartesius macht um unsern Ursprung aus Gott zu beweisen, er hätte es ganz im Sinne seines Systems schon kurzweg aus der in uns enthaltenen

Idee von Gott demonstrieren können.» Spinoza widerlege ihn und
führe das klar aus, was Cartesius nur verworren ausspreche.[211]

Gottes Vollkommenheit, so versichert Büchner sich noch einmal,
ob er Cartesius richtig verstanden habe, Gottes Vollkommenheit
also beweise, daß unser Erkenntnisvermögen nicht verwirrt und
zum Erfassen des Unwahren bestimmt sei, daß also alles wahr sei,
was wir vernunftgemäß erkennen. Gott sei die Brücke zwischen
dem Cogito und der Welt, zwischen dem einsamen, nur seiner selbst
gewissen Denken und der Wirklichkeit. So weit, so gut. Aber an
dieser Stelle steigt Büchner plötzlich aus und kritisiert mit spötti-
schem Unterton:

> Der Versuch ist etwas naiv ausgefallen, aber man sieht doch, wie
> instinktartig scharf Cartesius schon das Grab der Philosophie ab-
> maß, sonderbar ist es freilich wie er den lieben Gott als Leiter ge-
> brauchte um herauszukriechen. Doch schon seine Zeitgenossen
> ließen ihn nicht über den Rand.[212]

Die Philosophie ist tot. Das Erkenntnisvermögen, das Wahr-
heitsfindungsvermögen, der große Anspruch des Denkens überhaupt liegen im Grab. Wenn Cartesius «Gott als Leiter» benützt,
um aus diesem Grab herauszuklettern, dann ist er im Endeffekt bei
Kant. Gott gehört in die Lebenspraxis, nicht in die Erkenntnistheo-
rie. Es kann, nachdem der Satz «Cogito ergo sum» aufgestellt ist,
keinen zweiten Satz von gleicher Gewißheit geben, deshalb also
auch keinen Gottesbeweis. Descartes fängt sich in der Schlinge seines eigenen Systems. «Es blieb ihm also um sich aus dem Abgrund
seines Zweifels zu retten nur ein Strick, an den er sein System hängte
und hakte, G o t t.» Den zu glauben war ihm eine praktische Notwendigkeit, aber ihn zu beweisen war ihm «bey d. Art seines Zweifels ganz unmöglich».[213] Auf etlichen weiteren Seiten wogen die Argumente hin und her, ohne daß Büchner noch einmal Position
bezöge. Er verbleibt fragend, suchend, zweifelnd – das ist die Art
seiner Religiosität. Ein Atheismus ist aus den 600seitigen Aufzeichnungen nicht herauszusieben, freilich auch keine Frömmigkeit.

Daß die philosophischen Studien mit einer Enttäuschung enden
würden, ahnte Büchner schon, als er sie Karl Gutzkow gegenüber
als eine armselige Illusionsfabrik identifizierte, dazu bestimmt,

über das Elend der Realität hinwegzutäuschen. «Wenn man sich nur einbilden könnte, die Löcher in unsern Hosen seien Pallastfenster, so könnte man schon wie ein König leben, so aber friert man erbärmlich.»[214] Sofort spürt man in dieser brieflichen Äußerung den heißen Büchnerschen Atem, den man in den philosophischen Manuskripten vergeblich sucht. Ihr Anteil an seinem Genie kann nur ein negativer gewesen sein. Sie gehören mit zu dem Druck, der die Dichtungen hervorpreßt. Die Frustration, die der gescheiterte Versuch einer begrifflichen Zergliederung hinterließ, machte die Dichtung zu einem Reich des befreiten Aufatmens, wo die furchtlosen Gedanken und kühnen Bilder, die er aus den philosophischen Papieren verbannt hatte, segelschwellenden Rückenwind genossen.

8
Leonce und Lena

Im Elysium

Georg Büchner lümmelte händchenhaltend mit Prinzessin Lena auf einem weichen Wolkensofa und die Götter huldigten ihnen. Aphrodite saß zu ihren Füßen und blickte schmachtend zu ihnen auf. Demeter deckte den Tisch, Dionysos servierte, Apollo räumte auf und ab. Es gab *Makkaroni, Melonen und Feigen*.[1] Kleidungslos standen *klassische Leiber* herum. Pan flötete, Hermes witzelte, Hades kramte seine alte Strenge zusammen. Er wollte dreinfahren, aber Eros flatterte weichen Flugs herbei, landete auf seiner muskelbepackten Schulter und flüsterte ihm ins Ohr: *Kommode Religion!* Jesus lächelte jovial. Jupiter ärgerte sich. Er wollte wütend ein dünnes Bündel Blitze schütteln, aber ein seelenvoller Blick von Prinzessin Lena genügte, daß er verliebt in Anbetung versank. Gottvater entschuldigte sich bei Georg für den Typhus, zog seine Fundamentaltheologie heraus und setzte zu einer langatmigen Erklärung an, warum es nur so und nicht anders gegangen sei, aber Georg gähnte zufrieden und sagte, es sei alles, alles gut.

Georgs Traum

Im Lustspiel gehen Wünsche in Erfüllung. Georg träumt sich als Prinz, der eine Prinzessin bekommt. Er träumt sich eine Welt, in der das Wetter italienisch, das Essen gut und die Religion bequem ist. Er erträumt sich eine blitzschnelle Entwicklung, die im ersten Akt mit Abschieden beginnt – von seinem Hofmeister, der als Reibfläche seines Spotts herhalten muß, von seinem Vater, den er lächerlich macht, von seiner Mätresse, die er satt hat – und in eine Flucht mündet, die Leonce zusammen mit dem wortgewandten

Strolch Valerio unternimmt. Sie wollen nach Italien, kommen aber nur bis zu einem ländlichen Wirtshaus. Dort beginnt der zweite Akt. Leonce und Valerio treffen auf Prinzessin Lena und ihre Gouvernante, die gleichermaßen auf der Flucht sind, vor einem Willkürvater, der das elfenhafte Traumwesen Lena mit irgendeiner brutalen Wirklichkeit verkuppeln will. Ein Augenblick genügt, und Leonce ist von Lena verzaubert. Vor Glück will er sterben, aber Valerio hindert ihn daran; nur deshalb gibt es einen dritten Akt. Am Hof von König Peter werden Leonce und Lena nach grotesken Vorbereitungen und burlesken Maskeraden im Nu ein Paar.

Alles hat ein enormes Tempo. Was sonst dreihundert Seiten verschlingt, ist nach dreißig Seiten erledigt. Was sonst Jahre dauert, geschieht in Tagen, Minuten oder Sekunden. Die Personen bewegen sich von Ort zu Ort wie mit Siebenmeilenstiefeln. Raum und Zeit sind komisch verkürzt. In die Rapidität der Ereignisse sind Oasen der Zeitlosigkeit eingebettet, wo die Welt träumend stille steht. Schwermut und aussichtsloser Witz kreisen dort. Büchners Lustspiel ist leicht und schwer zugleich, lustig und tränenverhangen, eng und unendlich. Es kennt nichts Mittleres. Es ist spitz und sanft, langsam und schnell, intellektuell und schlaftrunken, geistvoll und geistlos, seicht und tief, satirisch und versöhnlich, tagesfrech und mondbeglänzt. In einer romantisch-komödiantischen Atmosphäre von Sommernachtstraum, Wertherelegie und verkehrter Welt dirigiert Büchner einen Reigen, in dem er unschuldig blinzelnd seine vorzüglichsten Lesefrüchte auftreten läßt – Shakespeare, Brentano, Musset, Chamisso und andere. Der Mensch ist ein Esel, sagt Shakespeares Zettel nach jenem Traum einer Sommernacht, in dem ihn Elfen bedienten und eine Königin in ihn verliebt war.[2]

Immer noch die Ständeklausel

Jahrhunderte lang galt in der akademischen Tradition des europäischen Theaters die Ständeklausel, also die Regel, daß Tragödie und Komödie sich hinsichtlich Rang und Stand dahingehend zu unterscheiden hätten, daß die Tragödie mit soziologisch und mythologisch hohem Personal (Fürsten, Helden, Götter) bedeutende öffentliche Stoffe abhandle, die Komödie hingegen unbedeutende Privatstoffe beinhalte, die sich unter niederem Personal abspielen (Bauern, Kleinbürger, Kammermädchen, Narren und Teufel, Kasperle und Harlekin). Das klingt heute skurril veraltet, hat aber dennoch lange funktioniert und wirkt auf subtile Weise noch immer fort. Es stimmt einfach sehr oft. Schillers Tragödie *Maria Stuart* spielt unter Majestäten und Diplomaten und betrifft das Schicksal ganzer Königreiche, Kleists Komödie *Der zerbrochne Krug* spielt unter Dorfbewohnern und handelt von einem kaputten Topf. Die Ständeklausel bestätigt bestehende Machtverhältnisse, weil sie impliziert, daß nur hohe Personen der Tragik würdig sind; nur sie können ein großes, theaterfähiges Schicksal haben. Die Konflikte niederer Personen sind allenfalls komisch.

Georg Büchner durchbricht die Ständeklausel in seiner Tragödie *Woyzeck*, in der sich die Tragikfähigkeit eines Menschen aus der Unterschicht erweist. Büchner durchbricht sie aber auch in seiner Komödie *Leonce und Lena*, in der ein vertrotteler König Peter aus dem Reiche Popo seinen Sohn und Erbprinzen Leonce mit Prinzessin Lena aus dem Reiche Pipi zu verheiraten sucht. Diesen beiden Durchbrechungen verdankt Büchner viel – im einen Fall eine tragische Tiefe, die gegenbildlich die hohe Würde auch des einfachen Menschen aufscheinen läßt, im anderen Fall eine verdrehte Welt, in der Oben und Unten utopisch versöhnt sind.

Auch wenn die Ständeklausel als pedantisch einzuhaltendes Gesetz veraltet ist und in einer Demokratie veraltet sein muß, bleibt sie in ihren feineren Spielarten nach wie vor wirksam. In jeder Gesellschaft gibt es Mächtige und Ohnmächtige. Zu jeder sozialen Höhe gehören bestimmte Gegenstände und ein bestimmter Ton. Der kann passend sein, wenn man die Erwartungen genau erfüllt, oder unpassend, wenn man die Erwartungen absichtlich oder unabsichtlich verfehlt. Noch immer hat die Tragödie eine Fallhöhe zur Katastrophe hin, die Komödie aber eine Steighöhe zum Plateau der Utopie.

Lachfabrik

Ein Zustand des Außer-Sich-Seins, der Fassungslosigkeit und des Sprachzerfalls, ein Anfallsleiden mit Zwerchfellspasmen, verkrümmtem Oberkörper und grotesk grimassierendem Gesicht, ein Ausstoß urschreiartiger, rhythmisch geregelter und melodisch abfallender Laute, ein Heraustreten der Augen aus ihren Höhlen, begleitet von rinnender Tränenflüssigkeit – das ist das Lachen. Also keine hochrangig humane Angelegenheit, eher eine halbwilde, oft sogar eine läppische. *O wer sich einmal auf den Kopf sehen könnte,* seufzt Prinz Leonce. Er habe *alle Hände voll zu tun.* Er müsse *dreihundert fünf und sechzig Mal hintereinander auf den Stein hier spukken.* Das gewähre *eine ganz eigene Unterhaltung.*[3]

Lachtheorie kann eigentlich nicht zum Lachen sein. Wenn vorher erklärt wird, wie der Witz funktioniert, funktioniert der Witz nicht mehr. Ob es komisch sein kann, zu erklären, wie Komik funktioniert, muß sich weisen. Auch ein Mensch, dem es anstelle von Lachen den Mund zusammenzieht vor lauter Peinlichkeit, ist eine studierenswerte Erscheinung. Zur Theorie der Komik gehören ja auch die Gründe, aus denen ein sonst guter Witz in die Hose gehen kann.

Eine Rede muß angemessen sein, das ist ein altes Kriterium der Stilistik – angemessen in Bezug auf die Sache, die Situation, das Gegenüber und den Ton. Wichtige Gegenstände bespricht man mit den richtigen Leuten am passenden Platz in ernsthaftem Ton. Ausrutscher darf es nicht geben, weder bei Ton, Platz und Personal noch bei den Sachen. Vermischungen des Bedeutenden mit dem Banalen sind zu vermeiden. Wäre einer im Ernst König, und sein Kammerdiener spräche zu ihm: *Eure Majestät wollten sich an etwas erinnern, als Sie diesen Knopf in Ihr Schnupftuch zu knüpfen geruhten,* dann sagte er nicht: *Ja, das ist's, das ist's: Ich wollte mich an mein Volk erinnern.*[4] Das banale *Schnupftuch* und das erhabene *Volk,* dessen symbolischer Repräsentant der König wäre, sind ungleichen Ranges. Als König sagt man auch nicht *Wo ist die Moral, wo sind die Manschetten?* Ein König diskutiert über etwas so Wichtiges wie die Moral nicht mit seinem Kammerdiener. Er vermischt die Moral nicht mit den Manschetten und philosophiert nicht im Ankleidezimmer über *Substanz* und *Akzidenzien*. Schon gar nicht würde er, hätte er eine altmodische Unterhose mit noch nicht geschlossenem Hosenlatz, erklären: *Halt, pfui! der freie Wille steht davorn ganz offen.* Die Unterwäsche, die Sexualität, die Philosophie, das Ankleidezimmer und die Königswürde sind einander jeweils unangemessen. Rangungleichheit und Vermischung sind Komikerzeugungsinstrumente. Was König Peter so genial verpfuscht beim Ankleiden sagt: *Halt, pfui! der freie Wille steht davorn ganz offen. Wo ist die Moral, wo sind die Manschetten?* gewänne satirische, sogar boshafte und ungehörige Effekte, würde es Vater Büchner in den Mund gelegt oder Seiner Königlichen Hoheit dem Großherzog von Hessen-Darmstadt. Eine gemütlichere Form des Komischen entsteht, wenn ein hoher Ton in ein niedriges Umfeld versetzt wird. Der Präsident des Staatsrats macht Prinz Leonce eine wichtige Mitteilung: *An dem Tage der Vermählung ist ein höchster Wille gesonnen, seine allerhöchsten Willensäußerungen in die Hände Eurer Hoheit niederzulegen.*[5] Hohes Personal, hoher Ton und hoher Gegenstand (Vermählung und Thronfolge) sind vorerst ranggleich, die Angemessenheit ist gewahrt. Leonce wird sie durch Nachäffen zerstören, aber wir wollen sie auf eine andere Weise testen, nämlich indem wir das Personal austauschen. Wie klänge der Satz, wenn Vater Jaeglé so mit Georg Büchner spräche, wenn er also ins bürgerlich-intellektuelle Milieu verlegt würde? Er könnte nur parodistisch gelingen. Statt an der Personalschraube zu drehen, kann man auch den hohen Stil selber brechen, kann den Staatsratspräsidenten beständig mit den Fingern schnipsen lassen und alle Substantive durch Unsinn ersetzen. *An dem Tage* (SCHNIPST MIT DEN FINGERN) *der Trilltrall ist ein* (SCHNIPST) *Gripsgraps gesonnen, seine allerhöchsten* (SCHNIPST) *Pinkepank in die Pitschpatsch* (SCHNIPST) *Eures Piffpaff niederzulegen.*[6] Der Sache, um die es geht, die Wichtigkeit zu rauben, aber den hohen Ton beizubehalten, ist ebenfalls ein probates Mittel. *Warum schreiten Sie, Werteste, so eilig, daß man Ihre weiland Waden bis zu Ihren respektabeln Strumpfbändern sieht?* fragt der Narr Valerio (niederes Personal) die Gouvernante (niederes Personal) in einem Stil, der hohes («schreiten») mit niederem («Strumpfbänder») Vokabular mischt.[7] Als Valerio Minister wird (hohes Personal), spielt er parodistisch mit den Stilebenen: *Der arme Teufel Valerio empfiehlt sich Seiner Exzellenz dem Herrn Staatsminister Valerio von Valerien-tal. – «Was will der Kerl? Ich kenne ihn nicht. Fort Schlingel!»*[8] Auch sein Prinz beherrscht die Stilmischung, wenn er sich bei Valerio be-schwert: *Mensch, du hast mich um den schönsten Selbstmord gebracht. Ich werde in meinem Leben keinen so vorzüglichen Augenblick mehr dazu finden, und das Wetter ist vortrefflich.*[9]

Niederer Stil für hohe Sachen unter hohen Personen kann fast immer zur Lachfabrikation dienen. Wenn der Präsident des Staats-rats, die allerhöchsten Willensäußerungen in die Hände des Prinzen niederlegend, auf darmstädtisch hinzufügen würde: *Ich hab heit schon de ganze Daag so en vasteckte Dorscht!*[10] hätte er die Lacher auf seine Seite gebracht. Niederen Stil und niedere Sachen aus dem nie-deren Volk in eine sozial höhere Sphäre zu verpflanzen kann gleich-falls die kuriosesten Effekte haben. Der Erste Henker in *Danton's Tod* singt *Kerl wo bleibst so lang bei de Menscher?* Man könnte das den Großherzog zum Erbprinzen sagen lassen, oder Gott zu Büch-ner. Oder die feine Prinzessin Lena zu Prinz Leonce; ein Stilbruch entstünde, der Lena entzauberte und auf die Volkstheaterbühne herunterholte.

Wir wollen das Grundprinzip der Lachfabrik noch einmal abstra-hieren und systematisieren. Im Falle gelungener Angemessenheit befinden sich Gegenstand (1), Personal (2) und Ton (3) auf einer Ebene, sie sind (vereinfacht) hoch oder niedrig. Wenn wir von einer hohen Reihe $^{1\ 2\ 3}$ ausgehen, können wir einen Stilbruch erzeugen, indem wir 1 absenken ($_1\ ^{2\ 3}$), oder 2 ($^1\ _2\ ^3$), oder 3 ($^{1\ 2}\ _3$). Wir können aber auch von einer niederen Reihe $_{1\ 2\ 3}$ ausgehen und $_{1\ 2}\ ^3$ in Anwen-dung bringen, oder $_1\ ^2\ _3$ oder $^1\ _{2\ 3}$. Jedes Mal entstehen andere Ef-fekte. Ob freilich jeder Stilbruch komisch wirkt, ist eine andere Frage, und ob er lustig ist, erst recht. Dazu gehören noch etliche weitere Umstände.

Das Revolutionspathos des *Hessischen Landboten* verlangt auf der Personalebene bürgerliche Intellektuelle. Pfarrer Weidig könnte vor einer Gruppe von Bauern und Bäuerinnen, Knechten und Mägden predigen:

> Ihr bücktet euch lange Jahre in den Dornäckern der Knechtschaft,
> dann schwitzt ihr einen Sommer im Weinberge der Freiheit, und

werdet frei sein bis ins tausendste Glied. Ihr wühltet ein langes Leben die Erde auf, dann wühlt ihr euren Tyrannen ein Grab. Ihr bautet die Zwingburgen, dann stürzt ihr sie, und bauet der Freiheit Haus.[11]

Es würde zu Weidig passen, es wäre nicht unmöglich. Würde aber der zwanzigjährige Student Georg Büchner anheben zu sprechen: *Ihr bücktet euch lange Jahre in den Dornäckern*, wäre die Situation eine andere. Vielleicht wäre er nervös und seine Stimme zittrig, vielleicht wäre er aber auch rhetorisch glänzend; jedenfalls bliebe etwas Künstliches und Theatralisches. Der Effekt wäre mehr peinlich als komisch – die Worte stünden ihm nicht zu, sie wären zu groß für ihn. Ein Danton könnte sie sagen, ein Robespierre auch, der Standesherr zu seinen Bauern natürlich nicht (das wäre jedenfalls mehr grausig als komisch), aber auch die Bauern selbst zueinander nicht; für jeden von ihnen wäre es eine Selbstüberschätzung. Auch Woyzeck ist nicht als ihr Sprecher denkbar; für ihn gilt: *Unsereins ist doch einmal unselig in der und der andern Welt.*[12] Höchstens der Narr und Possenreißer Valerio würde das revolutionäre Pathos komisch machen können, aber nur auf einem schmalen Grat, weil diese Sätze ihn auch als windigen Wicht in den Abgrund stürzen könnten mit ihrem erhabenen Ernst. Der Teufel könnte sie sagen zu Gott dem Herrn, um sich lustig zu machen, er weiß ja aus dem *Prolog im Himmel*, daß sein Pathos den Herrn gewiß zum Lachen brächte. Falls Gott überhaupt lachen kann. In der Bibel tut er das nie. Es würde seine Erhabenheit beschädigen. Der Teufel lacht, was anzeigt, daß er niedrigeren Ranges ist. Es gibt Ränge unter den himmlischen Geistern – hoffentlich wiederholen sich da nicht die irdischen Ungleichheiten, so daß Woyzeck recht bekäme mit seiner Vermutung: *Ich glaub' wenn wir in Himmel kämen, so müßten wir donnern helfen.*[13] Im Lustspielhimmel sollte es genau umgekehrt sein. Die Götter müßten dienen, und die Menschen müßten es gut haben.

Es geht um Ränge beim Lachen, es geht also um sozialen Druck. Angemessen reden müssen bedeutet angepaßt reden müssen, bedeutet, die bestehende Machtverteilung nicht in Frage zu stellen. Wer komisch unangemessen redet und sich biegt vor Lachen, befreit sich für einen Augenblick vom sozialen Druck. Solcher Druck ist allgegenwärtig und zur automatischen Selbstzwangapparatur verinnerlicht. Das Ich ist voller Gesellschaft. Vieles geschieht um der Leute willen, die es sehen sollen. Auch das Immervernünftigsein ist nicht nur vernünftig, es ist auch eingetrichtert. Deshalb ist Unsinn komisch – *jolifanto bambla ô falli bambla*[14] oder *Sunufatarungo iro saru rihtun*[15] oder *O du alter Kakadu! Stets gedenk ich Kakadeiner, Ich mißtraue Kakadir, und verwünsche Kakadich!*[16] Wortspiele sind eine Entlastung von sozialem Druck – vom Terror der Vernünftigkeit. Sie zeigen, daß die Sprache nicht nur den vernünftig Funktionierenden gehört, sondern auch den Unvernünftigen, den Einfältigen, den Narren, den Spielern, Spöttern und Spaßmachern. Prinz und Narr untergraben einander jedweden Respekt vor Rang und Stand und vor jedweder Logik:

> LEONCE Mensch, du bist nichts als ein schlechtes Wortspiel. Du hast weder Vater noch Mutter, sondern die fünf Vokale haben dich miteinander erzeugt.
>
> VALERIO Und Sie, Prinz, sind ein Buch ohne Buchstaben, mit nichts als Gedankenstrichen. Kommen Sie jetzt, meine Herren. Es ist eine traurige Sache um das Wort Kommen. Will man ein Einkommen, so muß man stehlen, an ein Aufkommen ist nicht zu denken, als wenn man sich hängen läßt, ein Unterkommen findet man erst, wenn man begraben wird, und ein Auskommen hat man jeden Augenblick mit seinem Witz, wenn man nichts mehr zu sagen weiß, wie ich zum Beispiel eben, und Sie, ehe Sie noch etwas gesagt haben. Ihr Abkommen haben Sie gefunden, und Ihr Fortkommen werden Sie jetzt zu suchen ersucht.[17]

Weltschmerz und Wortspiel

Büchners Lachen in *Leonce und Lena* ist nicht herzlich. Es ist nicht das behaglich-humoristische Lachen, das sich in der Welt und ihrer Schlechtigkeit eingerichtet hat. Es ist nicht voll und schon gar nicht dröhnend. Es ist nicht das breite, von der repressiven Oberschichtkultur noch ungezähmte Lachen des Volkes. Es lebt nicht vom Glück erfüllter Fruchtbarkeit wie das Gelächter, das Gott der

schönen Sara bereitet hat, als sie schwanger wurde zu einem Zeitpunkt, da es ihr schon nicht mehr ging nach der Weiber Weise (Gen
18,11; 21,6). Aber auch ein Hohngelächter ist es nicht, weder ein sa-
tirisches gegen die Gesellschaft noch ein blasphemisches gegen
Gott. Es ist ein artistisches Lachen. Es ist wesentlich Sprachwitz,
der anspricht gegen das Nichts. Die Schwermut der Jugend ist in
ihm. Es ist ein melancholisches Lachen, ein Mittel gegen den
Weltschmerz. Leonce und Lena finden sich über die Brücke des
Weltschmerzes. «Weltschmerz» ist ebenso wie «Schwermut» und
«Melancholie» etwas Feineres als die heute massenhaft gewordene
«Depression». Die Depression macht keine Witze, der Weltschmerz
schon. Büchner lachte, um nicht zu weinen. Er ist ein Schwermüti-
ger, kein «Ausplauderer lustiger Selbstbehaglichkeit».[18] Sein Lustspiel ist nicht lustig. Wenn doch alles sinnlos ist, muß man sich
irgendwie die Zeit vertreiben. Leonce entwirft mit komischer Prä-
zision einen Plan dafür und weiß zugleich, daß der Weltschmerz
unbesiegbar ist wie die Erbsünde:

> LEONCE *aufspringend*: Komm Valerio, wir müssen was treiben,
> was treiben. Wir wollen uns mit tiefen Gedanken abgeben, wir
> wollen untersuchen, wie es kommt, daß der Stuhl auf drei Beinen
> steht und nicht auf zwei. Komm, wir wollen Ameisen zergliedern,
> Staubfäden zählen; ich werde es doch noch zu einer Liebhaberei
> bringen. Ich werde doch noch eine Kinderrassel finden, die mir
> erst aus der Hand fällt, wenn ich Flocken lese und an der Decke
> zupfe. Ich habe noch eine gewisse Dosis Enthusiasmus zu verbrau-
> chen; aber wenn ich Alles recht warm gekocht habe, so brauche ich
> eine unendliche Zeit, um einen Löffel zu finden, mit dem ich das
> Gericht esse, und darüber steht es ab.[19]

Georg Büchner lachte gern. Mit «Ameisen zergliedern»
verspottet er sein eigenes Geschäft als vergleichender Anatom. Er
war verliebt in seine eigenen Formulierungen und brachte sie mit
großer Lebhaftigkeit vor, so daß es seinen Freunden schwer fiel,
sich ihrer Wirkung zu entziehen und die «Sophisterei», die sie gelegentlich enthielten, wahrzunehmen und richtig einzuordnen.[20]
Wilhelm Schulz berichtet von Büchners Talent, «bald tragisch er-
schütternde Auftritte, bald die seltsamsten und lustigsten Verwick-

lungen nur so als beiläufige Zugabe zur Unterhaltung zu improvi-
sieren».[21] Einem Darmstädter Mitschüler haben sich Übermut und
«zuckende Lippen» eingeprägt, als Zeichen eines fortwährenden
Widerspruchs gegen die Welt.[22] Georg Büchner war keine Landpomeranze, sondern ein Residenzstädter mit Überlegenheitsgefühl
und ironischer Aufsässigkeit, die jedoch schon einen schweren
Dämpfer bekommen hatte und leicht in Melancholie umkippen
konnte. Stets lachte er zugleich über sich selbst. Er verteidigt sich
in einem Brief an die Eltern:

> Man nennt mich einen Spötter. Es ist wahr, ich lache oft, aber ich
> lache nicht darüber, wie Jemand ein Mensch, sondern nur dar-
> über, daß er ein Mensch ist, wofür er ohnehin nichts kann, und
> lache dabey über mich selbst, der ich sein Schicksal theile.[23]

Vom Weinen hingegen hielt Georg Büchner wenig; jedenfalls läßt er seinen Prinzen recht häßlich darüber spotten: «Tränen,
Rosetta? Ein feiner Epikureismus – weinen zu können.»[24] Die Bemerkung läßt aufhorchen. Das Weinen soll also ein Genuß sein? Für
Leonce ist das so. Epikureer (Genießer) sind für ihn alle, die noch
echte Empfindungen haben, noch ein Für und Wider kennen, noch
an irgend etwas glauben, etwas lieben, auf etwas hoffen. «Wenn ich
nur etwas unter der Sonne wüßte, was mich noch könnte laufen
machen.»[25] Weinen ist ein Genuß, sofern eine Starre sich löst. Sigmund Freuds Unterscheidung zwischen Trauer und Melancholie[26]
zum Ausgang nehmend sehen wir in der Trauer einen vorüberge-
henden Zustand, der sich im Weinen löst: Weinen ist Trauerarbeit,
die fließenden Tränen zerschmelzen das Leid. Die Melancholie aber
ist eine langfristige Störung des Selbstwertgefühls, ein Dauerzu-
stand düsterer Starre. Der Melancholiker kann nicht weinen. Die
Abwehr des Weinens durch Prinz Leonce bedeutet also nichts Gutes. Der Weltschmerz gehört ins Reich der Melancholie. Er kann
sich nur lachend, nicht weinend äußern. Er macht klirrende Witze.
Er tanzt auf dem Eis. Da liegt eine Verhärtung vor, die nicht weich
werden kann. Als Ursache kommen Traumata in Frage, eingefrorene
Resultate unverarbeiteter seelischer Erlebnisse, bei denen die Trauer
durch irgend etwas blockiert wird. Traumata erzeugen Seelenstarre.
Tränen härten aus zu Diamanten.

Traumatisierend für Georg Büchner waren die Ergebnisse der
Landboten-Aktion, die Verhaftung Minnigerodes und Weidigs, der
Verlust vieler Freunde, die Verfolgungsangst, das Abgeschnittensein
von der Darmstädter Heimat und die Nostalgie der Geborgenheit im
Familienschoß. Die Geschwister fehlten ihm, auch zum Lachen. Über
jederlei Pathos mit Witzen herfallen: Das lernt man in einer großen
Familie; Geschwister sind da gnadenlos. Nun sehnte er sich nach
ihnen. Denn er war ein Familienmensch. Ein traumatisierendes Potential hatte auch der ständige Umgang mit Leichen, gegen den er
sich wappnete, indem er scherzte. Auch und gerade in der Liebe gab
es Traumata, herrührend aus der verlorenen Freiheit eines jungen
Mannes, der sich zu früh verlobt hatte und sich von seiner fille perdue
nicht wirklich lösen konnte. Da mag Georg einst, um sich irgendwie
zu retten, einem weinenden Mädchen gesagt haben, was er Leonce zu
Rosetta sagen läßt: «Stelle dich in die Sonne, damit die köstlichen
Tropfen krystallisieren, es muß prächtige Diamanten geben.»[27] Das
war verletzend und verweigerte Weinen, ersetzte es durch Witz und
kommentierte dann auch noch herzlos: «Es steckt nun aber doch einmal ein gewisser Genuß in einer gewissen Gemeinheit.»[28] Die Gemeinheit resultierte aus der Unmöglichkeit oder Unfähigkeit, mit
irgend jemandem über die wirklichen Gefühle zu sprechen. Wem
sollte er etwa seine gar nicht monogamen Neigungen bekennen?
«Mein Gott, wieviel Weiber hat man nötig, um die Skala der Liebe
auf und ab zu singen? Kaum daß Eine einen Ton ausfüllt.»[29] Das war
unerlaubt. Er war ja auch noch so jung. Was er niemandem sagen
konnte (erotisch, medizinisch, politisch, familiär), schrieb er ins Lustspiel. Dort steht nicht das Wahre, sondern das Fehlende. Dort steht
das, wofür im Leben eines angehenden Akademikers kein Platz war.
Dort steht, was den Druck der Korrektheit unterlief. Auf einem zufällig erhalten gebliebenen Handschriftenblatt entwirft Büchner die
wortspielerische Version eines Lebenslaufs, der den patriotischen
Vaterlandsdienst und überhaupt den protestantischen Weltverbesse-
rungspflichteifer anarchistisch verhöhnt. Valerio ist lieber Parasit als
Opfer:

> VALERIO Ich habe eigentlich einen läufigen Lebenslauf. Denn nur
> mein Laufen hat im Lauf dießes Krieges mein Leben vor einem

Lauf gerettet, der ein Loch in dasselbe machen wollte. Ich bekam in Folge dießer Rettung eines Menschenlebens einen trocknen Husten, welcher den Doctor annehmen ließ, daß mein Laufen ein Galoppiren geworden sey und ich die galoppirende Auszehrung hätte. Da ich nun zugleich fand, daß ich ohne Zehrung sey, so verfiel ich in oder vielmehr auf ein zehrendes Fieber, worin ich täglich um dem Vaterland einen Vertheidiger zu erhalten, gute Suppe, gutes Rindfleisch, gutes Brod essen und guten Wein trinken mußte.[30]

Prinz und Narr

In einem anderen Handschriftenbruchstück findet sich das folgende Textfragment:

VALERIO Was deine Empfänglichkeit betrifft so könnte sie es nicht besser treffen um getroffen zu werden. Drückt Euch besser aus, wenn Ihr nicht den unangenehmsten Eindruck von meinem Nachdruck haben wollt.[31]

Auf dem Weg ins Lustspiel verändert es seine Sprecherheimat und begegnet im endgültigen Text als Äußerung von Prinz Leonce:

LEONCE Was deine Empfänglichkeit betrifft, so könnte sie es nicht besser treffen, um getroffen zu werden. Drück dich besser aus, oder du sollst den unangenehmsten Eindruck von meinem Nachdruck haben.[32]

Nur die Ihr-Anrede ist durch die Du-Anrede ersetzt. Selbst wenn sie nur ein Schreibversehen gewesen wäre, zeigt die Lesart doch die innere Nähe beider Figuren. Prinz Leonce und sein Narr Valerio sind im Grunde eine einzige Person, in die Georg Büchner sich aufspaltet, um seine hohen und seine niederen Sphären zum Ausdruck zu bringen. Leonce bekommt das größere Volumen. Er darf beides sein, ernsthaft und witzig, Valerio aber ist immer nur witzig, niemals ernsthaft. Leonce hat noch einen Rest Enthusiasmus und ist zur Liebe fähig, bei Valerio geht es um Geld und gute Hosen, um Rindfleisch und Wein. Der Narr Valerio ist eine Kunstfigur, die für die Handlung nur eine geringe Rolle spielt, aber Prinz

Leonce ein Gegenüber bereithält für die Gespräche, die den Haupt-inhalt des Dramas ausmachen. Es sind verträumte Selbstgespräche des Bürgers Georg Büchners. Er imaginiert sich einmal als Prinz, ein andermal als Spaßmacher. Beides sind unbürgerliche Imagina-tionen. Der Prinzentraum ist ein Erhöhungstraum: Nichts arbeiten, Macht haben ohne Rechenschaftspflicht, ein Reich und eine Prin-zessin geschenkt bekommen, luxuriös seinen Weltschmerz pflegen. Der Spaßmachertraum ist, vom Bürgertum als Mittelstand aus ge-sehen, ein Erniedrigungstraum. Als Valerio ist Büchner ein anarchi-stischer Taugenichts, weltschmerzfrei, trägt durchlöcherte Hosen, verachtet die Arbeit und schwärmt von Mahlzeiten und Wirtshäu-sern, sofern die Betten ungezieferfrei sind. Valerio ist ein witziger, aber asozialer Materialist, der am Verlust aller Illusionen nicht mehr leidet, Leonce ein Romantiker mit scheuen Idealen, die abrufbar sind durch die Liebe. Der Leonce des Anfangs tritt auf wie ein zyni-scher Nihilist, aber heimlich sehnt er sich noch, er sucht noch nach irgend etwas Unbekanntem, und als Lenas Stimme ihn erreicht –

> LEONCE [...] Für müde Füße ist jeder Weg zu lang ...
> LENA [...] *lächelnd* und müden Ohren jedes Wort zu viel.

– ist er im Augenblick verzaubert. Sie hat eine Gotteskraft, die ihn an die Erschaffung der Welt erinnert. «Sie ruht auf mir wie der Geist, da er über den Wassern schwebte.» (Gen 1,2) Bis dahin zum Wortspiel verdammt, findet der Prinz durch Lena zum Leben und zur Liebe, für die er keine Worte hat. Es ist eine Erlösung. Bei Vale-rio hingegen gibt es nichts dergleichen. Das große Ereignis läßt ihn kalt. Er muß das schöne Pathos sogleich zerstören. Er ist ein Teil von Büchner selbst, der sich ebenfalls sehnte, aber keiner Erhebung seiner Seele mehr traute und zu jedem pathetischen Wort ein Ge-gengewicht brauchte, um unbelangbar zu bleiben. Jedes Liebespaar braucht einen Narren. «Nach jeder pathetischen Anspannung ge-lüstet der Mensch ordentlich nach humoristischer Abspannung» (Jean Paul)[33] – das galt auch für Büchner und seinen Prinzen:

> LEONCE [...] Ist denn der Weg so lang?
> VALERIO Nein, der Weg zum Narrenhaus ist nicht so lang, er ist leicht zu finden, ich kenne alle Fußpfade, alle Vizinalwege und Chausseen. Ich sehe ihn schon auf einer breiten Allee dahin, an

einem eiskalten Wintertage, den Hut unter dem Arm, wie er sich in die langen Schatten unter die kahlen Bäume stellt und mit dem Schnupftuch fächelt. – Er ist ein Narr!

Wer ist dieser Büchner?

Das fragte ein Rezensent. «Antworten Sie ihm darauf!» forderte Karl Gutzkow seinen Schützling auf.[34] Was hätte Büchner sagen können? Was war er für ein Mensch? Was trieb ihn, was dachte er, was glaubte er? Unangreifbar Gefestigtes gab es bei ihm auf den ersten Blick nicht. Er war generell skeptisch und kannte den «Seelen-Schwindel», der den Geist ergreift, wenn er «sein Auge über die fürchterliche Menge kriegerischer Meinungen um sich her» schweifen läßt.[35] Er lief hart an der Abbruchkante aller damals vorhandenen Philosophien entlang und operierte mit einem universalen Zweifel. Aber noch war ihm die Sprache geblieben, um den Zweifel auszudrücken, und ein beträchtliches Ausdrucksvertrauen. An der Sprache zweifelte er nicht. Mit dem Ausdrucksvertrauen aber überleben oder verstummen ganze Geisteswelten. «Ja, er fühlt sich noch selbst», wird von Don Ponce de Leon gesagt, einem Geistesbruder von Prinz Leonce, den wir noch kennenlernen werden.[36] Auch Büchner fühlte sich noch selbst. Er konnte sagen, was ihm fehlte. Der traditionelle christliche Glaube war ihm zwar entschwunden, aber das dazugehörige Ausdrucksvertrauen ist ihm geblieben; er vertraut darauf, daß er im Kommunikationsraum dieses Glaubens sagen kann, was er sagen will. Prinzessin Lena formuliert ihr Leiden an der Welt zwar unorthodox, aber zweifelsfrei mit christlichem Vokabular und christlicher Grammatik:

> Mein Gott, mein Gott, ist es denn wahr, daß wir uns selbst erlösen müssen mit unserem Schmerz? Ist es denn wahr, die Welt sei ein gekreuzigter Heiland, die Sonne seine Dornenkrone und die Sterne die Nägel und Speere in seinen Füßen und Lenden?[37]

Die Erlösung, die diesem Leiden schließlich zuteil wird, bedient sich der Metaphorik des Paradieses. Leonce und Lena sind Adam und Eva vor dem Sündenfall.

VALERIO Gut gemacht, kurz und bündig; so wären dann das
Männlein und Fräulein erschaffen, und alle Tiere im Paradies
stehen um sie.
[...]
LEONCE Ei Lena, ich glaube, das war die Flucht in das Paradies.
LENA Ich bin betrogen.
LEONCE Ich bin betrogen.
LENA O Zufall!
LEONCE O Vorsehung![38]

Die Hoffnung auf Weltverbesserung durch Aufklärung hat
Büchner im Lustspiel aufgegeben. «Eher würde ich meine Demission als Mensch geben», sagt Prinz Leonce auf das Angebot, ein
nützliches Mitglied der menschlichen Gesellschaft zu werden. Eher
noch verwirklicht sich das Humane im Unsinn. Der Mensch sei nur
da ganz Mensch, wo er spiele, hatte Schiller geschrieben.[39] Aber
auch Scherz und Spiel halten nicht vor. Quatsch machen befreit
zwar von der Verzweckung und mag so eine humanisierende Wirkung haben, aber der Quatsch ist nur parasitär, er trägt nicht. Er
dient wie alles andere nur dazu, die Sinnlosigkeit jedweden «vernünftigen» Tuns zu übertäuben. Auf irgendeinem Esel muß man
doch reiten, sagt Büchner.[40] Oder wenigstens auf einem Halm, se-
kundiert Prinz Leonce: «O Gott! Die Hälfte meines Lebens soll ein
Gebet sein, wenn mir nur ein Strohhalm beschert wird, auf dem ich
reite, wie auf einem prächtigen Roß, bis ich selbst auf dem Stroh
liege.»[41] Irgendeinen Spaß muß man doch haben, um über die Ab-
surdität dieses Lebens hinwegzukommen!

Aber das sind nur Worte. Büchners wirkliches Leben widerspricht
ihnen total. Als vergleichender Anatom beginnt er, ein nützliches
Mitglied der menschlichen Gesellschaft zu werden. Seine philosophischen Vorlesungen sind ganz und gar ohne den Witz, mit dem
Leonce und Valerio das Leben verspotten. Büchner schreibt ein
romantisches Lustspiel, während er zugleich angestrengt daran
arbeitet, ein Philister zu werden. Da ist ein Widerspruch. Eines von
beidem ist ihm nicht ernst. So daß wir um die Erkenntnis nicht her-
umkommen, daß er als Person widersprüchlich war. Seine Träume
führten ihn weit ab von seinem wirklichen Leben. In ihnen war er
ein romantischer Nihilist, Prinz und Narr zugleich, ein Taugenichts,

mit allen Wassern gewaschen, durch nichts mehr zu erschüttern, ohne Glauben an irgend etwas. In seiner Wirklichkeit war er ein guter Anatom und ein mittelmäßiger Philosoph, der ein durchschnittliches Mädchen heiraten wollte, das weder die gesamte polygame Skala der Liebe repräsentieren konnte noch gar das Paradies. Büchner ist traurig über die Welt, aber er macht mit. *Leonce und Lena* hilft ihm, die Welt zu ertragen. Witze machen entlastet. Eine politische Hoffnung ist im Jahre 1836 nicht mehr zu erkennen, eine soziale ebensowenig. Das Volk in *Leonce und Lena* ist lammfromm und strohdumm und läßt sich auch noch vorführen in seiner hoffnungslosen Dummheit.

> SCHULMEISTER [...] Könnt ihr noch eure Lektion? He! Vi!
> DIE BAUERN Vi!
> SCHULMEISTER Vat!
> DIE BAUERN Vat!
> SCHULMEISTER Vivat!
> DIE BAUERN Vivat![42]

Und solche Bauern hatte er mit dem *Hessischen Landboten* traktiert! Das war ja albern gewesen. Er schämte sich. Er sprach nicht davon, nie. In seinen Briefen kam der *Landbote* nicht vor, nicht ein einziges Mal, auch nicht in der kleinsten Andeutung oder Anspielung. Ludwig Büchner hätte sich bei der Redaktion seiner Briefauswahl eine solche Stelle sicher nicht entgehen lassen. So daß wir das Schweigen über den *Landboten* nicht für das Ergebnis irgendwelcher politischer Überlegungen, sondern für die Folge des Traumas halten dürfen.

Wovon also lebte Büchner, was trieb ihn? Das Zugpferd unter seinen Motiven war die Aussicht auf eine Universitätskarriere, im Einklang mit den Wünschen des Vaters, der Braut und den dazugehörigen Großfamilien. Weil er sich dessen schämte, las er viel. Im Lesen stahl er sich davon. Mit Hilfe der Literatur verlieh er den jugendlichen Träumen, ein Anarchist, ein Revolutionär, ein Taugenichts zu werden, eine kultivierte Gestalt. Neben dem akademischen Beruf tat sich in der Literatur ein weites Reich der Freiheit auf. Dessen Breiten und Höhen reichten fließend vom Realismus über Ergänzungen zur Realität und ihr komplementäre Wachträume bis zu ihrem absoluten Gegenteil, reichten also von der Erde bis zum Himmel. Weil er sich des Philisteriums schämte, auf das er zulief, wurde er zum Künstler. Seine Scham generalisierte er zum Weltschmerz. Sehr viel wert ist dieser Weltschmerz nicht. Er ist eine Salbe auf die Wunde des Philisteriums. Er veredelt es wie eine Politur. Keck nimmt Büchner dem Weltschmerz die bedrückende und handlungslähmende Gewalt, indem er ihn durchsiebt mit Wortspiel und Witz. Seine Lebenslüge machte ihn genial. Der Protest gegen sein Philisterium, der ihn einst zum politischen Rebellen umgeschaffen hatte, trieb jetzt die künstlerische Genialität hervor. Das Lustspiel, das träumerisch die Faulenzerei pries, versöhnte ihn mit der tatsächlich getroffenen Wahl und half ihm, sie zu ertragen. In mancher Hinsicht bezweckte es auch die Selbsterziehung zur Monogamie. Der Leonce des Anfangs, der noch behauptete, daß eine einzelne Frau auf der Skala der Liebe nicht einmal einen einzigen Ton auszufüllen wüßte, lernt in Lena eine Repräsentantin der gesamten Tonleiter kennen.

Wäre er älter geworden, dann wäre der Widerspruch zwischen einer gutbezahlten Akademikerkarriere und der literarischen Taugenichtspropaganda unhaltbar geworden. Er hätte sich entscheiden müssen zwischen Boheme und Bürgerlichkeit. Als Student aber konnte er beides noch gut miteinander vereinbaren. Er holte sich sein Selbstgefühl und sein gutes Gewissen abwechselnd aus der beruflichen Arbeit und der Kunst. Die Kunst vermittelte ihm das Größengefühl, nicht einer von den gewöhnlichen Philistern zu sein, sondern ein besonderer. Er schickte sich an, einen bürgerlichen Beruf zu ergreifen. Wäre er bei diesem geblieben, hätte er vielleicht im Alter auf seine poetischen Produkte als auf Jugendtorheiten zurückgeblickt, wer weiß? Vielleicht aber wäre er auch irgendwann aus dem Gelehrtenleben ausgebrochen und hätte sich zur Radikalität der Kunst bekannt. Oder sein Leben hätte einen tragischen Verlauf genommen und in Depression, Wahnsinn oder Selbstmord geendet.

E la fame?

Büchner gab seinem Lustspiel als Vorrede das berühmte
Motto:

ALFIERI: e la fama?
GOZZI: e la fame?

Es wird oft gedeutet als materialistische Kritik am Idealismus.
Dem Tragödiendichter Alfieri gehe es idealistisch um den Ruhm
(«fama»), dem Komödiendichter Gozzi und mit ihm Büchner gehe es
materialistisch um den Hunger («fame»). Und schon ist das Stück auf
Sozialkritik festgelegt. Karl Gutzkow, jedenfalls einer der allerersten
Leser des Stücks, sah das viel einfacher. Nicht das Volk hungert, sondern der Dichter. Die Vorrede bestehe aus zwei Sätzen, «die sehr naiv
ausdrücken, daß er mit seiner Dichtung etwas zu verdienen hoffte».[43]
Der Lustspielpreis war wegen der schlechten Bezahlung der Komödiendichter ausgelobt worden. Büchner hätte die 300 Gulden Preisgeld gut brauchen können; auch er schrieb aus Hunger. Zwar wird der
Hunger des Volkes an jener Stelle des Lustspiels angesprochen, wo
sich sämtliche Untertanen «wohlgenährt und mit zufriedenen Gesichtern» längs der Landstraße aufstellen sollen,[44] aber gerade diese Stelle
ist so karikaturistisch überzeichnet, daß sie eher ins romantische
Schrotschußscherzprogramm gehört als in eine zielgenaue Satire.

Fraglich bleibt ohnehin, ob der Hungertrumpf die Ruhmkarte in
jedem Fall aussticht. Ob beide Karten nicht auch gleich stark sein
können? Dem Büchner, der sich für seinen Akademikerjob abrackerte,
ging es um den Hunger, dem Büchner, der *Leonce und Lena* schrieb,
um den Ruhm. Nicht Brot wolle er mit seinen Dichtungen erwerben,
sondern Ruhm – das soll er öfter gesagt haben.[45] Der Dichterlorbeer
war eine starke Triebfeder. Die Frage nach *fame* oder *fama* spiegelt
den inneren Kampf, ob der Brotberuf wichtiger sei oder die Dichtung. Der Sieger steht 1836 noch nicht fest.

Oder ist beides gleichgültig? Das wäre die romantische Lösung.
George Sand, in deren *Lettres d'un voyageur* Büchner das Motto gefunden hatte,[46] erzählt in einem Brief aus Venedig, wie sie in einer
wunderlieblichen Sommernacht träumend auf einer Marmortreppe

am Canal grande sitzt, wie die Luft so rein ist, daß man fünfhundert-
tausendmal so viele Sterne sieht wie in Paris, und die Lagune so still,
daß die Sterne kein bißchen zittern. Wasser und Himmel sind zu
einem azurnen Schleier verwoben. Sie lebt nur noch «par les pores»
(durch die Poren), kaum noch atmend; alles Gesellschaftliche versinkt
– daß sie Schulden hat und daß die Leute ihr Zigarrenrauchen un-
moralisch finden –; was auch immer geschieht, sie wird die Marmortreppe nie mehr verlassen. Weder des Ruhms noch des Hungers
wegen, weder des tragischen Alfieri noch des fröhlichen Gozzi wegen.
«Ma la fama, dit l'orgueilleux Alfieri. Ma la fame, répond Gozzi
joyeusement.» Der venezianischen Sommernacht sind beide egal.

Ponce und Leonce

Wer ist dieser Ponce?

Das weiß Gott – ein wunderlicher, wetterwendscher Kerl, der alle
Leute unterhält und immer lange Weile hat, witzig und verlegen,
hart und wohltätig, geht immer wie ein Verliebter herum, hat alle
Weiber nach der Reihe in sich vernarrt, und quält sie mit Kälte.[47]

Erfand Büchner seinen Prinzen (und erkannte er sich selbst),
als er das erste Mal diese Stelle las? Das könnte sein. Es gibt für *Leonce
und Lena* keine Hauptquelle, anders als für *Lenz* (mit Oberlins Bericht) und *Danton's Tod* (mit der Geschichtsquelle *Unsere Zeit*). Kein
fremder Text wird auf längeren Strecken ausgezogen. Dennoch ist das
Lustspiel übersät von Farbtupfern aus fremden Texten. Büchner köpft
Blüten auf vielen fremden Wiesen und streut sie über die seine. Das
Stück ist ein Pastiche, doch ist das Fremde so geschickt zum Eigenen
gemacht, daß es nicht auffällt. Es ist ein Flickenteppich, wirkt aber
wie aus einem Garn gewebt. Büchner integriert seine ganze Belesenheit, sein gesamtes literarisches Ich. Er klaut genial. Aber wie ist das
möglich? Die Genialität muß bereits das Raster der Wahrnehmung so
sehr bestimmen, daß es nur das allerbestens Passende, das als absolut
Eigenes Erscheinende durchläßt. Es muß eine Verknüpfungslogik da
sein, die das Herausgefilterte wie von selbst richtig strukturiert. Wir
wollen versuchen, den Blick zu rekonstruieren, mit dem Büchner

Für ein Lustspiel 300 Gulden Rheinischer Währung

seine Quellen musterte. Sie bestanden aus einem bunten Vielerlei, insbesondere Werken von Shakespeare und Goethe, Ludwig Tieck, Clemens Brentano und Alfred de Musset. Da Clemens Brentanos Lustspiel *Ponce de Leon* die meisten und offenkundigsten Ähnlichkeiten aufweist, wollen wir an diesem Beispiel zeigen, welche autobiographischen Interessen Georg Büchners Blick beim Lesen einer solchen Quelle gesteuert haben könnten.

Wir sahen am Ende des Hauptstücks *Wissenschaft*, daß die Dichtungen nicht «Arbeit» bedeuten in einem gewöhnlichen Sinne, sondern ein gegenbildliches Reich der Freiheit. Als Büchner Ende Mai 1836 endlich mit seiner Doktorarbeit fertig war, schrieb er zur Entspannung eine Komödie über die Faulheit, die Liebe und die Langeweile. Kurzzeitig fühlte er sich satt und behaglich und erlaubte sich, ins Lustspiel abzurutschen. Ein Preisausschreiben des Cotta-Verlags kam ihm gerade recht, da er Geld brauchte; 300 Gulden waren dem Sieger verheißen.[48] Am 1. Juli war der Abgabetermin, vier Wochen hatte er Zeit. Das war nicht genug, er gab zwei Tage zu spät ab, so daß er die Sendung uneröffnet zurückerhielt.

Auch *Ponce de Leon* war für ein Preisausschreiben geschaffen worden, das 1800 in Goethes *Propyläen* stand, dreißig Dukaten waren ausgesetzt, etwa halb so viel wie später bei Cotta. So wie Büchner war auch Brentano ohne Erfolg geblieben. Man kann Goethes Entscheidung verstehen, denn *Ponce* ist ein unförmiges Gebilde, wenn auch nicht ohne Witz. In fünf Akten mit insgesamt 121 Szenen läßt Brentano eine nachlässig konstruierte Intrigen-, Verwechslungs- und Liebeskomödie ablaufen, an deren Ende er

ziemlich abrupt und willkürlich fünf Paare glücklich macht. Uns
soll hier nur Don Ponce interessieren, ein reicher, schöner und ver-
wöhnter spanischer Edelmann zwischen zwei Frauen, der kecken
Bürgerstochter Valeria und der scheuen Baronesse Isidora. Als
Grundrasterung von Büchners Blick nehmen wir an, daß ein Lustspiel Wünsche erfüllen soll. Insoweit spiegelt sich in dem reichen
und verwöhnten Ritter Ponce der überarbeitete und asketische
Bürger Büchner, der jeden Cent umdrehen muß. Für die Handhabung des Problems, von zwei Frauen geliebt zu werden, entwickelt
Brentano als Lösung einen Männertraum. Es ist die Idee der
Entbindung. Die kecke Valeria entbindet Ponce von seiner Liebes-
pflicht. Sie hat dafür einen Ritus entwickelt, den sie gern praktiziert: «der guten abgeschiedenen Liebe einen Kuß opfern, und ein
frommes Lied singen, wie man die Seele abgeschiedener Freunde
ehrt, ehe man in ein neues Leben tritt». Ponce ist gerührt, die
polygame Vielfalt des Liebens, die als gleichzeitige so chaotisch
ist, ordnet sich in ein friedliches Nacheinander, und die jeweils
aktuelle Liebe reicht «die Hand auch zu den Lieben hin, die nicht
mehr sind».[49] Valeria küßt ihn noch einmal und singt dazu:

> So sei dann feierlich entbunden;
> Wie dieses Kusses Feuer leicht verglühet,
> So schließen sich der frühen Liebe Wunden
> Und neue, schönre Liebe bald erblühet.

Die Prophezeiung wiederholt sich am Ende als erfüllte. Das
Lied wird wiederholt, aber nun ist die Entbindung geglückt: «So
schlossen sich der frühen Liebe Wunden / Und neue schönre Liebe
ist erblühet.»[50] Valeria ist, obgleich entsagend, die Dirigentin des
Geschehens. Das läßt sich verallgemeinern. Die Frauen sollen es
richten, wenn die Männer in Verwirrung geraten. Sie sollen generös
entbinden von alten Lieben und frei machen für neue. Der stets
verliebte Brentano hatte in seinem Leben häufig Bedarf an solchen
Lösungen, aber auch für Büchner sind sie eine Versuchung.

Die Bindung fliehend gerät Prinz Leonce in die Bindung. Das
gilt im allgemeinen, aber es gilt auch im besonderen. Die Bindung
zu Rosetta fliehend, gerät er in die Bindung zu Lena. Nun müßte
Rosetta ihn freigeben. Aber das bleibt aus. Rosetta tut nicht, was

Valeria für Ponce tut. Büchner hat die Konstellation von Brentano übernommen, aber reizt sie nicht aus. Der Anfang ist noch ganz parallel. Die Rosetta-Szene wiederholt Brentanos Eingangsszene, in der Valeria Don Ponce für ein Maskenfest verkleidet.

> PONCE Gut dann – ich liebe dich, weil du mich so hübsch maskierst.
> VALERIA (*traurig*) Ach, und ich maskierte dich, weil ich dich so sehr liebe.[51]

> ROSETTA So liebst du mich aus Langeweile?
> LEONCE Nein, ich habe Langeweile, weil ich dich liebe.[52]

Rosetta verweigert die Entbindung. Das kann die verschiedensten Gründe haben. Anders als Brentano, der seine Valeria mit einem neuen Partner versorgt, läßt Büchner seine Rosetta nur in einer einzigen Szene auftreten, in der sie verlassen wird, und läßt sie unversorgt zurück. Er stört so die allzu harmlose Harmonie, die Brentano am Ende herstellt. Rosetta bleibt vom Happy-End ausgeschlossen. Etwas in Büchner widerstrebte der billigen Lösung. Wir vermuten, daß es das eigene Leben war, das ein Minimum von Ehrlichkeit erzwang. Wenn wir die typologischen Reihen bilden, die schemenhaft hinter Ponce und Leonce aufsteigen, dann ergibt sich Plausibilität bei der folgenden Anordnung:

> Ponce – Leonce – Georg Büchner
> Isidora – Lena – Wilhelmine Jaeglé
> Valeria – Rosetta – fille perdue

Büchners Wunsch nach einer friedlichen Entbindung von der fille perdue wäre so betrachtet nicht in Erfüllung gegangen. Seine Liebe ist tot, aber er wird sie nicht los. Er sinnt wie Leonce: «Man liegt ein Jahr lang schlafwachend zu Bette, und an einem schönen Morgen wacht man auf, trinkt ein Glas Wasser, zieht seine Kleider an und fährt sich mit der Hand über die Stirn und besinnt sich – und besinnt sich.»[53] Er will seine Liebe in Ordnung bringen, will aus der Gleichzeitigkeit ein Nacheinander machen, aber es gelingt nicht. Er wünscht sich, die fille perdue möge ihn entbinden, damit er, der vor dem Vater fliehend die für den Vater Richtige fand, frei von Schuld heiraten könne. Aber die fille perdue gibt seine Seele nicht frei. Deshalb läßt er Rosetta im Lustspiel unversöhnt zurück. Alles andere wäre Lüge gewesen.

Peter und Vater

König Peter ist eine Karikatur auf Ernst Büchner, das liegt auf der Hand. Prinz Leonce flieht vor seinem Vater und seinem Vaterland wie Georg Büchner vor seinem Vater und vor Vater Staat, aber beide finden im Ausland das, wovor sie fliehen und was ihnen auf wunderbare Weise die Liebe von Vater, Vaterland und Vater Staat zurückerstattet. Das Lustspiel verrät Georg Büchners tiefinnersten Wunsch, heimzufinden, die Wunden zu schließen, wieder angenommen zu werden wie der verlorene Sohn und den Vater und das Väterliche trotz allem zu überzeugen. Sofern die Versöhnung mit dem Vater an Weihnachten 1836 gelang, hat das im Juni 1836 konzipierte Lustspiel auch eine prophetische Kraft. Sie beglaubigt die autobiographische Genese. Der irrende Königssohn, der, indem er flieht, das findet, wovor er flieht, wäre ein sehr gesuchtes, sehr künstliches, im schlechten Sinne literarisches Motiv, wenn Büchner nicht selbst der irrende Königssohn wäre. Nur weil er es ist, gelingt alles so mühelos, rundet sich jede hauchzart hingetupfte Anspielung. Der Grundeinfall muß stimmen, der Rest ist Kunstarbeit. Der Grundeinfall muß, um zu stimmen, aus der Tiefe des eigenen Lebens kommen, damit er viel Material genial organisieren kann. Bei einem so jungen Menschen, der unter hohem Arbeitsdruck wie nebenbei geniale Dichtungen verfaßt, kann nicht die Kunstarbeit am Anfang stehen. Für eine langwierige Fleißarbeit und eine geplante Kopfgeburt hätte Büchner gar nicht die Zeit gehabt. Er war nicht der Typ, der mit dem intertextuellen Strickzeug bunte Fäden nach einem geplanten Schnittmuster verwoben hätte. Sein Tempo ist nur erklärlich, wenn die Grundidee spontan ist, eine Inspiration, eine irrationale Dunkelschöpfung. Für solche Dunkelschöpfungen kreißt das Verdrängte. Sie bringen glückhaft Wahrheiten ans Licht, zu denen der theoretische Kopf gar keinen Zugang hat.

Eine solche Grundidee wirkt wie ein Kamm, mit dem der Dichter in der Inkubationszeit einer Dichtung durch alles Leben und Lesen geht. Alles Gelesene und Gelebte ordnet sich nach dem Willen dieses Kamms. Er gruppiert aus dem Leben, der Arbeit und der Liebe alles heraus, was geeignet ist, den Vater zu versöhnen.

Romantische Satire

Zum Vater gruppieren sich zwanglos die Vatermächte. König Peter vertritt mehrere davon, darunter auch die Universitätsphilosophie, die Georg Büchner so sehr zu schaffen gemacht hat und von deren Druck er sich im Lustspiel befreit.

> PETER Die Substanz ist das An-sich, das bin ich. *Er läuft fast nackt im Zimmer herum.* Begriffen? An-sich ist an sich, versteht ihr? Jetzt kommen meine Attribute, Modifikationen, Affektionen und Akzidenzien: wo ist mein Hemd, meine Hose?[54]

Aber das ist nur ein Spaß. Büchners eher hilflose philosophische Studien haben erkennen lassen, daß er keine bessere Philosophie anzubieten hatte. Insofern zielt seine Satire nicht auf die Verbesserung der Universitätsphilosophie. Aber worauf dann? Aufklärungsinspirierte Satire muß doch auf Veränderung aus sein, auf Verbesserung der Welt. Romantische Satire aber lacht über das Unveränderliche der Welt. Sie ist auf die Totale gerichtet, nicht auf Reformen. Sie sagt «Alles ist eitel!» wie der Prediger Salomo (Koh 1,1). Deshalb ist auch alles zum Lachen.

König Peter und sein Königreich Popo sind ferner zweifellos auch eine Karikatur des Großherzogs von Hessen-Darmstadt und der deutschen Kleinstaaterei. Die gravitätische Umständlichkeit eines Regierungsstils, der über seinen Formalitäten vergißt, daß die Leute Hunger leiden, wird dem Gelächter preisgegeben.

> LANDRAT Gebt Acht, Leute, im Programm steht: sämtliche Untertanen werden von freien Stücken, reinlich gekleidet, wohlgenährt und mit zufriedenen Gesichtern sich längs der Landstraße aufstellen. Macht uns keine Schande.
> SCHULMEISTER Seid standhaft! Kratzt euch nicht hinter den Ohren und schneuzt euch die Nase nicht, so lange das hohe Paar vorbeifährt, und zeigt die gehörige Rührung, oder es werden rührende Mittel gebraucht werden. Erkennt, was man für euch tut, man hat

euch gerade so gestellt, daß der Wind von der Küche über euch geht
und ihr auch einmal in eurem Leben einen Braten riecht.[55]

Zweifellos wird hier Kritik geübt. Aber diese Kritik ist so
überzogen, daß der Großherzog selber herzlich darüber gelacht
hätte, ohne sich im geringsten angegriffen zu fühlen. Diese Art
Satire lebt von der Komik der Welt überhaupt, an der alle leiden und
über die alle lachen, auch wir heute noch, nicht von einem verbes-
serbaren Mißstand des Jahres 1836. Die Grundtendenz von *Leonce
und Lena* ist weder demokratisch noch sozialistisch noch materialistisch, sondern romantisch. Jede Satire impliziert gegenbildlich eine
Utopie, das heißt, um etwas karikaturistisch verzerrt darzustellen,
muß man eine Vorstellung vom unverzerrt Richtigen haben, eine
Zielvision, an der gemessen die dargestellte Wirklichkeit auf eine
komische Weise mängelbehaftet erscheint. Diese Utopie ist im Falle
von *Leonce und Lena* die romantische: verträumt, verspielt, ironisch,
nicht von dieser Welt. Wäre der Maßstab die Demokratie, der Sozialismus oder der Materialismus, dann müßte das Happy-End demokratische, sozialistische oder materialistische Züge zeigen. Das ist
aber auf eine fast skandalöse Weise nicht der Fall. Das glückliche
Ende des Spiels will nicht Mitbestimmung, sondern das Schlaraffenland. Es kümmert sich nicht um das hungernde Volk, sondern be-
glückt ausschließlich das herrschaftliche Liebespaar und seinen
Spaßmacher. Es verachtet alles materielle Getriebensein und endet
mit der ironischen Vision einer kommoden Religion.

> LEONCE Nun Lena, siehst du jetzt, wie wir die Taschen voll haben,
> voll Puppen und Spielzeug? Was wollen wir damit anfangen, wol-
> len wir ihnen Schnurrbärte machen und ihnen Säbel anhängen?
> Oder wollen wir ihnen Fräcke anziehen und sie infusorische Politik
> und Diplomatie treiben lassen, und uns mit dem Mikroskop dane-
> ben setzen? Oder hast du Verlangen nach einer Drehorgel, auf der
> die milchweißen ästhetischen Spitzmäuse herumhuschen? Wollen
> wir ein Theater bauen?
> *Lena lehnt sich an ihn und schüttelt den Kopf.*
> Aber ich weiß besser, was du willst: wir lassen alle Uhren zer-
> schlagen, alle Kalender verbieten, und zählen Stunden und Mon-
> den nur nach der Blumenuhr, nur nach Blüte und Frucht. Und
> dann umstellen wir das Ländchen mit Brennspiegeln, daß es keinen

Winter mehr gibt und wir uns im Sommer bis Ischia und Capri hinaufdestillieren, und das ganze Jahr zwischen Rosen und Veilchen, zwischen Orangen und Lorbeer stecken.

VALERIO Und ich werde Staatsminister, und es wird ein Dekret erlassen, daß, wer sich Schwielen in die Hände schafft, unter Kuratel gestellt wird; daß, wer sich krank arbeitet, kriminalistisch strafbar ist; daß jeder, der sich rühmt, sein Brot im Schweiße seines Angesichts zu essen, für verrückt und der menschlichen Gesellschaft gefährlich erklärt wird; und dann legen wir uns in den Schatten und bitten Gott um Makkaroni, Melonen und Feigen, um musikalische Kehlen, klassische Leiber und eine kommode Religion![56]

Archäologie und Philologie

Was die Entstehungs- und die Überlieferungsgeschichte von *Leonce und Lena* anbetrifft, verlaufen die Wege in sumpfigem Gelände. Nur an wenigen Stellen trägt der Boden sicher. Irgendwo, vielleicht in einer Beilage zu Lorenz Okens naturgeschichtlich-anatomischer Zeitschrift *Isis*,[57] und irgendwann im Frühjahr 1836 hat Georg Büchner die verlockende Ausschreibung der Cotta'schen Buchhandlung gelesen, die «für das beste ein- oder zweiaktige Lustspiel in Prosa oder in Versen» ein Preisgeld von dreihundert Gulden auslobte. Noch während der anstrengenden Arbeiten für die Druckfassung seiner Dissertation mag sich eine Idee in ihm gebildet haben. Vielleicht entstanden auch schon einzelne Pointen oder Entwurfsbruchstücke, vielleicht amüsierte er sich, um in Stimmung zu kommen, lesend mit Shakespeare und Goethe, Alfred de Mussets *Fantasio* und Clemens Brentanos *Ponce de Leon*. Etwas Zusammenhängendes zu schreiben hatte er erst im Juni Zeit. Vermutlich entstand bis Ende Juni 1836 eine zweiaktige Fassung. Aus Mitteilungen von Karl Gutzkow, die auf Mitteilungen von Wilhelmine Jaeglé vom September 1837 beruhen, wissen wir, daß Büchner sein Stück zwei Tage zu spät einreichte und es, wie auch Ludwig Büchner 1850 bestätigte, uneröffnet zurückgesandt erhielt.[58] Büchner gedachte es dann auf eigene Faust zu veröffentlichen und arbeitete es zu einer dreiaktigen Fassung aus. Wann genau das geschehen ist, wissen wir nicht. Möglicherweise verschränkte sich die Arbeit mit der am *Woyzeck*. Er sei gerade dabei, «sich einige Menschen auf dem Papier todtschlagen oder verheirathen zu lassen», schrieb er am 2. September 1836 an die Familie.[59] Das kann sich gut auf *Woyzeck* («todtschlagen») und *Leonce und Lena* («verheirathen») bezogen haben. Beide Stücke wurden erst in Zürich fertig. Wilhelm Schulz bestätigt in seinem Nekrolog (Februar 1837) sowohl die Existenz eines beinahe vollendeten Dramas (damit war *Woyzeck* gemeint) als auch die Fortsetzung der Arbeit am Lustspiel nach dem Wegzug aus Straßburg: «In derselben Zeit und später zu Zürich vollendete er ein im Manuskript vorliegendes Lustspiel, *Leonce und Lena*, voll Geist, Witz und kecker Laune.»[60]

Es ist deshalb üblich geworden, eine (angenommene) Wettbewerbsfassung (Juni 1836) von einer späteren Züricher Fassung (Herbst/Winter 1836/37) zu unterscheiden. Ein fertiges Manuskript gibt es weder von der einen noch von der anderen. Insofern kann es generell keinen zuverlässigen Druck dieses Lustspiels geben. Jeder *Leonce-und-Lena*-Druck ist ein Herausgeberkonstrukt und/oder beruht auf früheren, heute nicht mehr überprüfbaren Herausgeberentscheidungen. Die Überlieferungslage ist, entstehungschronologisch geordnet, recht verschlungen. Großbuchstaben bezeichnen im folgenden eigenhändige Handschriften (H) oder selbstveranlaßte Drucke (D), arabische Zahlen (H1) vorhandene und lateinische Zahlen verlorene Handschriften (H I), Kleinbuchstaben von anderen geschriebene Handschriften (h I) und von anderen veranlaßte Drucke (d1).[61] Kämmen wir die Schlingpflanzen dieser Überlieferung durch und ziehen ihnen chronologische Scheitel ein, so ahnen wir entfernt, wie die ursprüngliche Frisur ausgesehen haben könnte:

1. Es gibt drei Bruchstücke von Handschriften, von denen zwei (H1 und H2) so sauber geschrieben sind, daß vor ihnen noch eine Entwurfsstufe vermutet werden muß. Die verwendete Tinte weist sie als in Straßburg verfertigt, mithin der angenommenen Wettbewerbsfassung zugehörig aus. Das dritte Bruchstück (H3) ist spiralig durchgestrichen und findet sich auf einem Blatt, das Büchner für seine Cartesius-Vorlesung weiterverwendet hat. Es gehört ebenfalls zur Wettbewerbsfassung. H1 überliefert auf fünf Quartblättern die Szene I,1 mit erheblichen Varianten, ferner die in der Züricher Fassung fehlende Szene *Zwei Polizeydiener treten auf.* H2 enthält ein ebenfalls stark abweichendes Fragment vom

Ende des I. und vom Anfang des II. Akts, ferner einen Entwurf zu III,1. H3 überliefert zwei Sätze von Valerio, die in der Züricher Fassung dann Leonce zugeschrieben werden (I,3).[62] H1–3 gehörten zum Darmstädter Büchner-Nachlaß, wurden bereits 1875–77 von Karl Emil Franzos verwendet, dann 1918 an Anton Kippenberg verkauft, der sie vom übrigen Nachlaß, den er nach Weimar gab, abtrennte und Stefan Zweig schenkte, der sie 1936 verkaufte, von wo aus sie nach weiteren Zwischenstationen 1948 in die Genfer Fondation Martin Bodmer übergingen.[63]

2. Es muß jene Reinschrift H III gegeben haben, zu der oder in deren Umkreis H1–3 gehört haben. Büchner hat sie von Cotta ungelesen zurückerhalten und überarbeitete sie zu H IV, der Züricher Fassung, die, wie aus einem Brief hervorgeht, im Januar 1837 fertig vorlag.[64] Möglicherweise handelte es sich nicht um eine Reinschrift, sondern um ein unübersichtliches Konvolut, gefertigt aus H III mit Korrekturen und Erweiterungen und durchschossen von Einlegeblättern mit größeren Ergänzungen. Es ging jedenfalls verloren, wahrscheinlich in Darmstadt bei dem Brand von 1851, vielleicht auch erst viel später bei Wilhelmine Jaeglé.

3. Es war eine knifflige Aufgabe für Wilhelmine, im Sommer 1837 davon eine (nicht erhaltene) Abschrift h I zu fertigen, die Druckvorlage für die von Karl Gutzkow veranstaltete Publikation d1 im *Telegraph für Deutschland* war (Mai 1838). Gutzkow hielt nicht viel von dem «bühnenwidrigen Mondscheinflimmern»[65] dieser kleinen romantischen Komödie und druckte sie nur in einer gekürzten Form ab, indem er die weggelassenen Szenen in eigenen, oftmals ironisch gefärbten Zusammenfassungen wiedergab. Das Hauptmotiv seiner Redaktion scheint dieses Mal nicht die erotische und politische Entschärfung gewesen zu sein, sondern die Kürzung aus ästhetischer Unzufriedenheit. Von einem Drama verlangte er Handlung, nicht Worte, seien sie noch so witzig oder stimmungsvoll.

4. 1842 erschien d1 in zweiter Auflage als d2, ohne nennenswerte Veränderungen, so daß der damaligen Leser- und Theaterwelt weiterhin kein befriedigender Erstdruck zur Verfügung stand.

5. Von H IV oder von h I nahm Luise Büchner 1850 eine (nicht erhaltene) Abschrift h II, die Druckvorlage wurde für Ludwig

Büchners Druck d3, den einzigen Textzeugen, der das Lustspiel vollständig überliefert.

Zur Herstellung eines Texts verfügbar sind also H 1–3, d1 und d3, mit ihren jeweiligen Vorgeschichten, die man sich dazudenken muß. Aus guten Gründen folgen die meisten Drucke d3. Die philologischen Schlingpflanzen geben viele Möglichkeiten, Ludwig Büchners Entscheidungen und Voraussetzungen anzuzweifeln. Alle Editoren neigen dazu, d3 zwar als Grundlage zu nehmen, sich aus dem übrigen Überlieferungsmaterial aber dann doch noch einzelne Rosinen herauszupicken und ihren Text damit zu schmücken. So endet der letzte Satz in d3 eindeutig: «und bitten Gott um Makkaroni, Melonen und Feigen, um musikalische Kehlen, klassische Leiber und eine kommende Religion!»[66] Eine *kommende*, nicht eine *kommode* Religion! In allen maßgeblichen Ausgaben steht heute dennoch «kommode» Religion.[67] Das ist natürlich eine witzige, zu Büchner passende Lesart, aber streng genommen ist sie, wenn man behauptet, d3 zu folgen, textkritisch nicht vertretbar. Es gibt lediglich zwei Anhaltspunkte für sie. Im Gutzkowschen Erstdruck d1 lautet die Stelle «um musikalische Kehlen, klassische Gestalten und eine, wo möglich, bequeme Religion».[68] Entweder hat Gutzkow hier eingegriffen oder Wilhelmine hat etwas falsch abgeschrieben oder Büchner selbst hat eine (unleserliche) Korrektur durchgeführt – jedenfalls sieht man, daß hier textkritisch von vornherein eine kariöse Stelle vorliegt. Der zweite Anhaltspunkt ist die Rezension der *Nachgelassenen Schriften* von Wilhelm Schulz, die 1851 erschien und den Schlußsatz komplett aus d3 zitiert, aber ohne irgendeine Erläuterung von der Vorlage abweicht und «commode» Religion schreibt. Nun ist Wilhelm Schulz natürlich ein wichtiger Zeuge, der die Wendung im Ohr gehabt haben kann und in den letzten Züricher Lebensmonaten vielleicht noch mit Büchner zusammen über «commode Religion» gelacht hat. Genauso möglich ist es aber auch, daß er an dieser Stelle mit eigenem Witz nachgeholfen hat, weil er Gutzkows «bequeme Religion» im Gedächtnis hatte und ihm eine «kommende Religion» zuwider war. Aber auch Ludwig Büchner war Materialist, und es ist nicht ersichtlich, warum er «kommende Religion» hätte schreiben sollen, wenn es nicht so in Büchners Manuskript gestanden hätte. Oder Luise Büchner hat falsch abgeschrieben. Jedenfalls bleibt ein Rest von

Zweifel, ob man mit der «commoden Religion» auf der sicheren Seite ist. «Ich komme dem Volk und dem Mittelalter immer näher», schrieb Georg Büchner damals an Minna.[69] Dazu und überhaupt zu dem romantischen Geist des Werkchens würde eine kommende Religion durchaus passen.

Notabene Weidig

Wir wollen nicht vergessen, daß Pfarrer Friedrich Ludwig Weidig während der ganzen lustigen Lustspielzeit, von der wir berichten, in Darmstadt im Gefängnis saß und immer wieder von Hofgerichtsrat Konrad Georgi (dem «Inquirenten») verhört wurde. Der Stand der Dinge ist quälend. Wir zitieren aus dem Protokoll vom 19. Oktober 1836:[70]

Rubricat (Weidig) hatte [...] sich in jüngster Zeit unter den nichtigsten Vorwänden bei dem Inquirenten anmelden lassen und es war ihm zuletzt bedeutet worden, daß auf alle Anmeldungen durchaus keine Rücksicht mehr werde genommen, er aber dann vorgeführt werden würde, wenn die Verhältnisse es zuließen, sein Verhör in der Hauptsache fortzusetzen.

Von einer Beschwerde, die er habe, hat er uns bißher nicht das Geringste erklärt; wohl aber hat er am verwichenen Sonntag den hier anliegenden Brief an seine Gattin geschrieben, worin er geradezu unwahr in diesem Betracht sich ausläßt. Der Brief ist darum nicht abgegangen. [...]

Zur Verständigung des Eingangs der heutigen Erklärung des Angeschuldigten, wonach er durch den Inquirenten in Verwirrung u. s. w. gebracht worden sein will, wird hiermit folgende amtspflichtige Erklärung niedergelegt: Man hielt dem Angeschuldigten ganz in Gemäßheit der Formen der Behandlung von Disciplinarvergehen mündlich vor, wie er auf's Neue gegen frühere Ordinationen gefehlt und bei dem Arzte Erklärungen gegeben habe, die nicht wahr seien. Der Angeschuldigte entgegnete mit einem sehr unziemlichen äußeren Benehmen: «Es zeugt mein ganzes Leben für meine Wahrhaftigkeit, Sie aber haben mir Dinge gesagt, die nicht wahr sind, nämlich den Tod des Accessisten Gravelius und den Umstand, daß in Baiern die Cholera sei; ich hätte so was nicht gethan! Der Inqui-

Friedrich Ludwig
Weidig beschwerte
sich lebhaft.

rent entgegnete, daß er den Vorwurf einer so schurkischen
Handlung nur von ihm, dem Angeschuldigten, der Zucht,
Schicklichkeit und Moral nichts achte, erwarten könne;
die Wahrheit hiervon werde bestätigt durch sein früheres Benehmen, das alles Maß so überschritten habe, daß in früheren hof-
gerichtlichen Verfügungen gegen ihn – einen evangelischen
Geistlichen – die Zulässigkeit körperlicher Züchtigungen
ausgesprochen worden sei. Keineswegs schimpfte aber der
Inquirent den Angeschuldigten einen Schurken. Der
Angeschuldigte beschwerte sich lebhaft über die ihm von dem
Inquirenten gemachten Vorwürfe, und als dieser ihm entgegnete, er
habe ihm nur die Wahrheit gesagt und diese ihm sagen müssen, erwiederte der Angeschuldigte: «Ich habe Ihnen ja auch schon die
Wahrheit gesagt, nämlich, daß Sie zehn Verbrechen begangen
haben, während Sie mich wegen eines verfolgen; und da bemerkten
Sie, wenn ich dieß wieder sagte, so würde ich bestraft.»

[...]

Vorgelesen, genehmigt und wurde der Angeschuldigte Dr. Weidig in sein Arrestzimmer zurückgeführt.

Zeitaufwand 2, Stunden.

Drei Alpträume

Leonce und Lena ist auf den zweiten Blick viel autobiographischer, als es auf den ersten Blick scheint. Büchner hatte wenig Zeit für sein Lustspiel und wußte das auch. Er durfte nicht wochenlang nachdenken, er mußte beherzt nehmen, was ihm gerade einfiel. Auch vertraute er seinen Einfällen und rechnete fest mit ihnen. Viele waren von kürzer oder länger zurückliegenden Lektüren gespeist, das war ihm halb bewußt, aber so genau wollte er das gar nicht wissen. Andere kamen aus seiner Seele, die das hergab, was sie eben beschäftigte. Dazu gehörten Sorgen, Ängste und Schuldgefühle. Er sorgte sich um seine Freiheit, weil er seine romantische Liebe in eine prosaische Ehe zu verwandeln sich anschickte. Er ängstigte sich immer noch vor der Polizei. Schuldig fühlte er sich bisweilen, wenn er seine hochmütigen Angriffe auf den Staat bedachte.

Wenn ihn ein Einfall aufschreckte und er danach faßte, hatte er immer wieder einen Zipfel vom Tuch dieser drei Alpträume in der Hand. Er mußte ihn im Patchwork seines Lustspiels vernähen, zwischen den Wortspielen und den Lektürefrüchten, – das war seelisch wohltuend, das verlangten die Eile und eine innere Notwendigkeit, die sich nicht darum kümmerte, wo die Flicken und Schnipsel herkamen.

Heiraten

Wollte er wirklich heiraten? Das war der erste Alptraum. Die Frage beschäftigte ihn, obgleich er sich Minna doch längst versprochen hatte. Heiraten, das hieß doch *einen Ziehbrunnen leertrinken.*[71] Würde die Liebe, wenn er mit Minna *mittelst des Ehesegens zusammengeschmiedet*[72] wäre, nicht entarten zur ehelichen Pflicht? Immer nach dem Uhraufziehen zu absolvieren wie in Laurence Sternes Roman? *O Shandy, alter Shandy, wer mir deine Uhr schenkte*, dachte er zweideutig.[73] Ein solches Leben, das wäre doch der Tod! Minna war eine Frau, aber sie war auch der Tod. Nein, das war unfair. Heiraten hieß vielmehr *Leben und Liebe eins sein lassen*, so daß *die Liebe das Leben* sei und *das Leben die Liebe.* Er schrieb es auf.[74] War Heiraten vielleicht doch etwas ganz Großes, die zeitliche Liebe in die ewige verwandelnd? Nein, es war spießbürgerlich. Man heiratete der Leute wegen. Er nahm ein neues Blatt und warf einen Dialog aufs Papier:[75]

> VALERIO *Heiraten? Seit wann hat es Eure Hoheit zum ewigen Kalender gebracht?*
> LEONCE *Weißt du auch, Valerio, daß selbst der Geringste unter den Menschen so groß ist, daß das Leben noch viel zu kurz ist, um ihn lieben zu können? Und dann kann ich doch einer gewissen Art von Leuten, die sich einbilden, daß nichts so schön und heilig sei, daß sie es nicht noch schöner und heiliger machen müßten, die Freude lassen. Es liegt ein gewisser Genuß in dieser lieben Arroganz. Warum soll ich ihnen denselben nicht gönnen?*
> VALERIO *Sehr human und philobestialisch!*

So richtig überzeugend fand er sich als Leonce nicht. Erst kam er biblisch mit dem Geringsten unter den Menschen. Also Liebe als Christenpflicht. Dann kam er mit der Mischpoke und ihrem Ritenverlangen. Dann wollte er auch noch Genuß ziehen aus der Arroganz gegenüber Leuten, die er zu verachten vorgab, denen er sich aber unterwarf. Er durfte den Verwandten die Freude nicht verderben, weder den Straßburgischen noch den Darmstädtischen. Aber war das ein ausreichendes Motiv? Sein Gewissen verneinte. Im Hintergrund hörte er *die Kochtöpfe rasseln.*[76] Er fühlte sich in die Enge getrieben. Er mußte einen besseren Plan machen. Er mußte die philiströse Ehe mit der romantischen Liebe versöhnen. Könnte er nicht Wilhelmine zur Romantik erziehen? Aus Prosa sollte Poesie werden. Sie sollte ihm *Volkslieder singen,*[77] sagte sein Traum. Aber nur, *wenn's Dich nicht angreift,* sagte seine Angst. Er hoffte, daß von der Romantik trotz Heiraten genug übrig bliebe. Er träumte sich Minna zurecht. Sie mußte seine Lena werden! Sie müßte ihn tief verstehen! Er wünschte sich so sehr, daß sie einmal so tiefe Sachen sagen würde wie die Prinzessin: *Es gibt Menschen, die unglücklich sind, unheilbar, bloß weil sie sind!*[78] Aber seine Erwartung machte ihr Angst, das wußte er. Ihre Angst bedrückte ihn und verschloß ihm den Mund. Immer wenn er zu Minna irgend etwas vom

Tode sagte, lenkte sie ab. Sie wollte Leben und Gewöhnlichkeit, er aber sehnte sich nach etwas Tiefem und Hohem. Sie sollte sein wie Gottes *Geist, da er über den Wassern schwebte, ehe das Licht ward.*[79] Aber sie klagte über ihre *chronischen Frieseln.*[80] Er träumte, daß er sagen dürfte: *Für müde Füße ist jeder Weg zu lang,* worauf sie lächelnd sekundieren würde: *Und müden Augen jedes Licht zu scharf, und müden Lippen jeder Hauch zu schwer und müden Ohren jedes Wort zu viel.*[81] Aber das tat sie keineswegs. Er schwieg alles in seine Dichtungen hinein. Immer, wenn er an die ewige Liebe dachte, kam ihm der Tod in den Sinn. Er erfand sentimentale Dialoge, gepudert mit schwarzem Humor:[82]

> LENA *Die Grasmücke hat im Traum gezwitschert. Die Nacht schläft tiefer, ihre Wange wird bleicher und ihr Atem stiller. Der Mond ist wie ein schlafendes Kind, die goldnen Locken sind ihm im Schlaf über das liebe Gesicht heruntergefallen. Oh, sein Schlaf ist Tod. Wie der tote Engel auf seinem dunkeln Kissen ruht und die Sterne gleich Kerzen um ihn brennen! Armes Kind! Es ist traurig, tot und so allein.*
> LEONCE *Steh' auf in deinem weißen Kleid und wandle hinter der Leiche durch die Nacht und singe ihr das Sterbelied!*
> LENA *Wer spricht da?*
> LEONCE *Ein Traum.*
> LENA *Träume sind selig.*
> LEONCE *So träume dich selig und laß mich dein seliger Traum sein.*
> LENA *Der Tod ist der seligste Traum.*
> LEONCE *So laß mich dein Todesengel sein! Laß meine Lippen sich gleich seinen Schwingen auf deine Augen senken. Schöne Leiche, du ruhst so lieblich auf dem schwarzen Bahrtuche der Nacht, daß die Natur das Leben haßt und sich in den Tod verliebt.*
> LENA *Nein, laß mich!*

Er ließ Lena entspringen, wie Minna in gleicher Lage entsprungen wäre. Sie war nicht nekrophil, nicht todverliebt wie er. Wie ernst war ihm damit? Er grübelte. Im Lustspiel ließ er sich von einem Narren vom Selbstmord abbringen. In Straßburg erdete ihn Minna. Aber wollte er geerdet sein? Er bäumte sich auf. Eine Menge Unsinn ging ihm durch den Kopf, vom *Theaterbauen* bis zur *Blumenuhr,*[83] er erfand immer mehr lausigen und lustigen Quatsch, weil er keine Lust hatte, vernünftig zu sein. Lena/Minna wußte das, deshalb gab er ihr das letzte stumme Wort: Sie *lehnte sich an ihn und schüttelte den Kopf.*[84]

Signalement

Auch der zweite Alptraum, die Verfolgungsangst, hat im Lustspiel deutliche Spuren hinterlassen. Leonce ist so wie Georg Büchner geflohen und wird gleichermaßen von der Polizei steckbrieflich gesucht. Die Polizeidienerszene aus H1 hat Büchner in die Züricher Fassung (wenn Ludwig und Luise Büchner sie richtig rekonstruiert haben) nicht übernommen, aber sie liegt eigenhändig vor und ist aussagekräftig. Der erste Polizeidiener sagt:

> Meine Herren, wir suchen Jemand, ein Subject, ein Individuum, eine Person, einen Delinquenten, einen Inquisiten, einen Kerl. [...] Wo ist der Steckbrief, das Signalement, das Certificat? [...] geht auf 2 Füßen, hat zwei Arme, ferner einen Mund, eine Nase, zwei Augen, zwei Ohren. Besondere Kennzeichen: ist ein höchst gefährliches Individuum.[85]

Auf der einen Seite macht Büchner sich lustig über dumme Polizisten und über Steckbriefe, welche die halbe Menschheit verdächtigen. Auf der anderen Seite hat er Angst. Eben weil jeder verdächtig ist. Sogar die gänzlich unpolitische, romantische Prinzessin Lena zieht er in diese allgemeine Verdächtigkeit hinein. Wird nach ihrer Identität gefragt, läßt er sogleich Mißtrauen wach werden. Schon die geringfügigste Individualisierung kann zum Signalement dienen:

> VALERIO Sehr human und philobestialisch! Aber weiß sie auch, wer Sie sind?
> LEONCE Sie weiß nur, daß sie mich liebt.
> VALERIO Und weiß Eure Hoheit auch, wer sie ist?
> LEONCE Dummkopf! Frag' doch die Nelke und die Tauperle nach ihrem Namen.
> VALERIO Das heißt, sie ist überhaupt etwas, wenn das nicht schon zu unzart ist und nach dem Signalement schmeckt.[86]

Ungelöste Entzifferungsprobleme: eine geschloßne Knospe, noch ganz #?# vom Morgenthau

Diese Stelle stammt aus der Züricher Fassung. Ein Entwurfsbruchstück zu ihr aus der Wettbewerbsfassung ist erhalten. In ihm ist die Pointe eine andere, und das Wort «Signalement» fehlt. Offenbar war es Büchner ein Bedürfnis, dieses Thema nach der Streichung der Polizeidienerszene irgendwo anzusprechen.

Die ursprüngliche Pointe in der Entwurfszene zielte sehr verschlüsselt (sofern die Taufe und der Tau als Bilder für Befruchtung verstehbar sind) auf Sexualität. Leider weist sie große Lesbarkeitsprobleme auf. Leonce sagt dort (ungesicherte Lesungen kursiv, Leseversuch für ein unleserliches Wort zwischen ##):

> Dummkopf! Sie ist *so* Blume, daß sie kaum getauft *seyn* kann *eine* geschloßne Knospe, noch ganz *#unbesuchbar#* vom Morgenthau u. d. Traum d. *Nachtendes*.[87]

Wenn die Lesung wenigstens dem Sinne nach stimmt, dann ist Prinzessin Lena eine noch ganz geschlossene Knospe, noch ungetauft, ganz Natur, nicht Kultur, noch traumlos in der tiefen Nacht, noch ungenäßt und unentjungfert vom Morgentau und nicht ahnend, daß die Nacht einmal ein Ende haben wird. Kurzum, sie ist unschuldig.

Gewissen

Büchner aber empfand sich als schuldig (vielleicht sehnte er sich deshalb so nach der Unschuld), das ist der dritte Alptraum. «Minnigerode ist todt», hatte er im November 1836 erfahren.[88] Das war zwar ein Irrtum, aber das änderte nichts an seinen Schuldgefühlen. Minnigerode war «drei Jahre lang todt gequält worden»! Mochte er die Schuld zu neunzig Prozent der Regierung geben, blieben doch nagende Zweifel, ob nicht ein gewisser Teil der Schuld bei ihm selber liege. Sie hinterlassen im Lustspiel eine schmale Spur.

Er hatte die Regierung im *Hessischen Landboten* mit spitzen Worten verhöhnt und nun schlug ihm das Gewissen. «Wie gemein ich mich zum Ritter an den armen Teufeln gemacht habe!» Etwas Ähnliches bekannte er vielleicht auch in Briefen, die Ludwig Büchner aus seiner Auswahl herauszensiert haben könnte, weil sie nicht in sein Bild paßten, aber damit dürfen wir redlicherweise nicht argumentieren. Was aber die Zensur passiert hat, ist jener Satz. Er fällt, nachdem Prinz Leonce sich ätzend und ein wenig billig über den Präsidenten des Staatsrats lustig gemacht hat.

> LEONCE Was! Sie können schon lesen? […] A propos, hatten Sie nicht noch etwas auf der Zunge? Geben Sie nur Alles von sich. […] meine Gnade ist so groß, daß ich sie mit den Beinen kaum ausmessen kann. […] Herr Präsident, nehmen Sie doch das Maß, damit Sie mich später daran erinnern.
> LEONCE ALLEIN Wie gemein ich mich zum Ritter an den armen Teufeln gemacht habe![89]

Er hätte auf den Satz leicht verzichten können. Das Lustspiel braucht ihn nicht. Nur sein Gewissen brauchte ihn. Es suchte sich irgendwo einen Platz, wo es sprechen durfte, und fand ihn in der Komödie.

Abgründige Unkeuschheit

Vielleicht hat Georg Büchner im Darmstädter Gesangbuch von 1821 in Martin Luthers *Kleinem Katechismus* als Erläuterung zum sechsten Gebot («Du sollst nicht ehebrechen») gelesen oder sogar auswendig gelernt, daß wir sollen «keusch und züchtig leben, in Worten und Werken».[90] In Werken? Das wissen wir nicht. In seinen Worten aber war Büchner weder keusch noch züchtig. Er genoß es, seiner sprühenden erotischen Phantasie freien Lauf zu lassen. *Leonce und Lena* ist ähnlich wie *Danton's Tod* durchsetzt von unkeuschen und unzüchtigen Wortspielen. Sie vernichten die Moralität durch den Spaß, den sie sich mit ihr machen. Eine Komödie darf moralisch gleichgültig sein, sie soll es sogar. Das kommt Büchner entgegen. Er ist von einer sprudelnden Frivolität. Wir wissen freilich nur das, was die Zensur durchgelassen hat. Die Kontrollinstanzen waren hintereinander gestaffelt Büchners Selbstzensur (wieviel blieb ungeschrieben oder wurde wieder vernichtet?), Wilhelmine Jaeglés Abschreibevorgang (der wahrscheinlich treu war, doch sind einzelne Weglassungen nicht ausgeschlossen), Karl Gutzkows offenkundige und belegbare Zurechtfrisierung für den Erstdruck d1 und endlich Ludwig Büchners Textzurichtung für den Druck d3 in den *Nachgelassenen Schriften*. Je nach benützter Vorlage blicken wir durch zwei, drei oder vier Brillen, die jeweils irgend etwas wegfiltern. Hauptsächlich wechseln wir zwischen den Brillen Karl Gutzkows und Ludwig Büchners. Im Bewußtsein dieser Filtrierungen gelesen wird der Text löchrig; es drängen sich Vermutungen auf, daß an etlichen Stellen ursprünglich etwas anderes gestanden hat.

Mochte auch das Stichwort «Emanzipation des Fleisches» in den 1830er Jahren von den Saint-Simonisten modisch herausposaunt werden, so war die Sexualisierung doch bereits ein Erbteil der Romantik. Sie begegnet in Friedrich Schlegels Skandalroman *Lucinde* (1798) ebenso wie bei Novalis, dessen Abendmahlshymne (1799) die ganze Welt im Geheimnis der Liebe zu sinnlichem Fleisch und Blut wandeln will:

> O! daß das Weltmeer
> Schon erröthete,
> Und in duftiges Fleisch
> Aufquölle der Fels![91]

Zensur ist dazu da, umgangen zu werden. Die Verdrängung des Sexuellen von der Hauptstraße belebt die Nebenstraßen und Vizinalwege. Sie ist ein Stimulans. Erotische Zensur belebt das Geschäft. Sie nötigt zu Sublimierungen. Überallhin verbreitet sich Zärtlichkeit. Die ganze Welt kann Träger erotischer Bedeutungen sein. Eine anspielungsreiche und bedeutungsvolle Sprache entsteht, die ohne Verdrängung und Verbote keinen Grund zur Entstehung gehabt hätte. Der alte Brentano, der sich wieder einmal verliebt hatte (in die fromme Emilie Linder), dichtete 1834:[92]

> Ein Becher voll von süßer Huld
> Und eine glühnde Ungeduld

Und eine arme trunkne Schuld
Sie lehren mich zu flehen!

Der «Becher», das war Emilie, die «Ungeduld» war er, die
«Schuld» war seine erotische Verfallenheit. Geradezu konnte er es
ihr nicht sagen, daß er mit ihr schlafen wollte. Deshalb erfand er
Bilder dafür:

Fließ über Becher süßer Huld,
Werd' Asche glühnde Ungeduld,
Die mag die arme trunkne Schuld
Gemischt mit Tränen säen.

Leonce und Lena erinnere, schreibt Karl Gutzkow, stark an
Brentanos *Ponce de Leon*, «nur ist Brentanos Witz keuscher, als
Büchners. Büchner war derb in seinen Anspielungen.»[93] Gutzkow
fand, das Lustspiel enthalte Dinge, «die im Druck entweder gemil-
dert oder besser ganz übergangen werden».[94] Er ging deshalb ähnlich vor wie beim Erstdruck von *Danton's Tod*, wo er aus den
«Nönnlein von der Offenbarung durch das Fleisch» diffuse «apokalyptische Damen» gemacht hatte. Er milderte und verschleierte, und
Ludwig Büchner folgte ihm manchmal, manchmal aber auch nicht,
oder er verschleierte anders. Jedenfalls blieb noch so viel stehen, daß
man sich ein schattenhaftes Bild von dem machen kann, was da ursprünglich gestanden haben muß.

Bei Ludwig Büchner (d3) ist ein obszönes, auf ein Soldatenpuff
anspielendes Lied verschwunden, das aus H1 sicher bezeugt ist und
bei Gutzkow (d1) ohne Kontext referiert wird:

Frau Wirthin hat 'ne brave Magd,
Sie sitzt im Garten Tag und Nacht.
Sie sitzt in ihrem Garten
Biß daß das Glöcklein zwölfe schlägt
Und paßt auf die Solda–a–ten.[95]

In d3 amtiert statt dessen Valerios Nase als obszönes Symbol,
wie sie so herausblüht zwischen den Halmen und die Bienen und
Schmetterlinge sich auf ihr wiegen.[96] Eine subtile Anspielung auf
Herrn «Leibmedicus Cantharide», der in der Verlegenheit um einen
Erbprinzen helfen solle, blieb bei beiden stehen,[97] wohl weil sie nur

von Medizinern verstanden wurde und sich insofern selbst zensierte
– Kantharidin fand als potenzförderndes «Lust- und Liebespulver»
(Aphrodisiacum) Verwendung.[98] Ums Befruchten geht es auch, als
Valerio sich auf einem Kirschbaum verdingen möchte, «um – nun? –
um?» (d3, nicht in d1).[99] Die Antwort ist: «Um die Kirschen durch die
Löcher in deinen Hosen schamroth zu machen!» Vielleicht stand hier
ursprünglich noch Drastischeres. Das Ideal eines sinnlichen Heiden-
tums blitzt gelegentlich hervor. Mit komischem Enthusiasmus wird
Valerio von Leonce begrüßt als «einer von den Göttlichen, welche
mühelos mit reiner Stirne durch den Schweiß und Staub über die
Heerstraße des Lebens wandeln, und mit glänzenden Sohlen und
blühenden Leibern gleich seligen Göttern in den Olympus treten».[100]

In den König-Peter-Szenen mischt sich politische Vorsicht der
Dezenzzensur bei. Sie ist bei Ludwig Büchner, der in Darmstadt
lebte, ausgeprägter als bei dem Preußen Gutzkow, dem die Klein-
staatsatire nicht wichtig war. Ludwig Büchner läßt in der Anklei-
deszene «fast nackt» weg, König Peter sucht bei ihm nicht sein
Hemd, sondern seine Schuhe, gestrichen sind «davorn» und «pfui»,
so daß unkenntlich wird, was es bedeuten soll, daß der freie Wille
offen steht.[101] Rosettas Schritte sind «ein zierlicher Hiatus»,[102] da
öffnet sich etwas zwischen den Beinen wie beim Gähnen – vielleicht
stand hier in der Handschrift weiteres. Die nach Frauen im Plural
sehnsüchtigen Stellen von der «Scala der Liebe» und dem Dunst
über unserer Erde, der als Prisma wirke, «das den weißen Gluth-
strahl der Liebe in einen Regenbogen bricht», hat Ludwig Büchner
stehengelassen, bei Gutzkow fehlen sie.[103] Valerio spielt doppelsinnig mit männlicher Potenzangst, mit den Schenkeln des Adonis, die
der wilde Eber mit seinen Hauern zerreißen wird, mit Gerten und
Ruten, die das männliche Glied abbilden, das von Besenbindern
und Schulmeistern bedroht wird. Doch ist der kleine Dialog so
hoch verrätselt, daß verdunkelnde Eingriffe Ludwig Büchners angenommen werden dürfen:[104]

> LEONCE [...] grunze nicht so mit deinem Rüssel, und klappre mit
> deinen Hauern nicht so.
> VALERIO Werthester Adonis, sind Sie in Angst um Ihre Schenkel?
> Sein Sie unbesorgt, ich bin weder ein Besenbinder, noch ein Schul-
> meister. Ich brauche keine Gerten zu Ruthen.

Die Szene setzt sich fort mit einer Kette von Wortspielen zum Thema Zeugung und Empfängnis, die am Ende die Vermutung nahelegen, daß Prinz Leonce das Ergebnis eines Seitensprungs sei, denn sein Vater ist einer der «Väter edler Söhne», die von ihren Ehefrauen gehörnt zu werden pflegen:[105]

> VALERIO O Himmel, man kömmt leichter zu seiner Erzeugung, als zu seiner Erziehung. Es ist traurig, in welche Umstände Einen anderer Umstände versetzen können! Was für Wochen hab' ich erlebt, seit meine Mutter in die Wochen kam! Wie viel Gutes hab' ich empfangen, das ich meiner Empfängniß zu danken hätte?
> LEONCE Was deine Empfänglichkeit betrifft, so könnte sie es nicht besser treffen, um getroffen zu werden. Drück dich besser aus, oder willst du den unangenehmsten Eindruck von meinem Nachdruck haben.
> VALERIO Als meine Mutter um das Vorgebirg der guten Hoffnung schiffte …
> LEONCE Und dein Vater an Cap Horn Schiffbruch litt …
> VALERIO Richtig, denn er war Nachtwächter. Doch setzte er das Horn nicht so oft an die Lippen als die Väter edler Söhne an die Stirn.

Das phallische Horn schillert, weil es semantisch dreifach besetzt ist: mit dem geographischen Cap an der Südspitze Amerikas, mit dem Blasinstrument des Nachtwächters und mit den Hörnern des Ziegenbocks, der im Rufe steht, auch andere Böcke an seine Ziegen heranzulassen. Das Nachtwächtermotiv deutet auch für sich genommen auf Potenzprobleme, und so ist es denn konsequent, daß Valerio in einem weiteren Wortspiel nicht von Vater und Mutter, sondern von den fünf Vokalen erzeugt worden sein soll.[106] Zuvor hat Valerio noch das «Geleite», das er dem Herrn Staatsratspräsidenten geben soll, in ein «Geläute» übersetzt (d1). Man muß das, sofern vorher der Prinz die Beine spreizt (d1) und von Tieren die Rede ist, die auf allen vieren gehen (d3), als männliches Gemächt verstehen. Im Gesamtzusammenhang zielt es auf eine satirische Infragestellung der präsidialen Potenz. Auf Potenz bezieht sich auch die weiter oben schon angeführte kryptische Anspielung auf die Uhr des alten Shandy. Gutzkow hatte sie entfernt, aber Ludwig Büchner ließ sie passieren,[107] weil sie nur literarisch Eingeweihten verständlich war. Gutzkow mildert auch Valerios Frechheiten gegenüber der Gouvernante. Anstelle von Gutzkows «Warum schreiten Sie, Wertheste, so eilig, daß man Ihre Füße bis zu Ihren Strumpfbändern sieht» überliefert Ludwig Büchner «daß man Ihre weiland Waden bis zu Ihren respectabeln Strumpfbändern sieht».[108] Die Nase der Gouvernante wird an gleicher Stelle phallisch akzentuiert als «Rüssel» und «Thurm auf Libanon, der gen Damascum steht». Sie versinke nicht in der «mächtigen Tulpe» der Kartendame (Pik-Dame), zu der Leonce der König und Valerio der Bube ist, sondern in ihrem Tabaksbeutel. Eine Frau, die sich männlich gibt und raucht: Büchner spielt hier noch einmal auf George Sand an.

Prinzessin Lena beteiligt sich an diesen Wortspielen nicht, allenfalls fürchtet sie, ihr Opfer zu sein. «Bin ich denn wie die arme, hilflose Quelle, die jedes Bild, das sich über sie bückt, in ihrem stillen Grund abspiegeln muß? Die Blumen öffnen und schließen, wie sie wollen, ihre Kelche der Morgensonne und dem Abendwind. Ist denn die Tochter eines Königs weniger als eine Blume?»[109] Lena beansprucht das Recht der keusch geschlossenen Knospe, das Büchner kennt und liebt, obgleich seine Phantasie stets nach Wegen sucht, in diese Knospe einzudringen wie Zeus, der zu Danae als Regen kam. Lena ist eine Blume und bekennt: «Ich brauche Thau».[110] Aus der Betauung wird eine Geburt erwachsen. Anders als Valerio, der eine Weinflasche, die keine Geburtsschmerzen macht,[111] als Geliebte hat, muß Leonce nach der Begegnung mit Lena anfangen, «mit der Melancholie niederzukommen».[112] Er bekommt ein Kind, wenigstens metaphorisch. Georg Büchner läßt Lena in einer von Ludwig Büchner wegzensierten Stelle nicht von den unschuldigen Myrten, sondern von den einschlägig vorbelasteten «Kukuksblumen» träumen, die einen roten Schein über der Wiese verbreiten – «eine Species der Knabenkräuter, die seit der Antike aufgrund ihres phallusartigen Wuchses, der hodenförmigen Gestalt ihrer Wurzelknollen und ihres ‹Bocksgeruchs› […] als Aphrodisiakum galten».[113] Aber typologisch ist sie eigentlich die heilige Odilia, eine Gottesbraut, die durch ein Wunder vor einer Zwangsheirat gerettet wird.[114] Es tröstet sie deshalb nicht, als die Gouvernante den ihr noch unbekannten, aber schon zwangsanverlobten Prinzen als einen «wahren Don Carlos» beschreibt. In der Quelle (Musset, *Fantasio*) war es noch ein wahrer

Amadis, ein Ritter, keusch und stark.[115] Beide Typologien deuten in
eine antifrivole Richtung.

Am Hofe herrscht in der Zeit der Hochzeitsvorbereitungen eine
zweideutige Atmosphäre voller unterdrückter Sexualität. «Von den
zwölf Unschuldigen», die zum Fest der Prinzenhochzeit bestellt sind,
«ist Keine, die nicht das horizontale Verhalten dem senkrechten vorzöge» (fehlt d1).[116] Sie sehen in ihren weißen Kleidchen aus «wie er-
schöpfte Seidenhasen». Der Herr Candidat soll seine Buben «einmal
das Wasser abschlagen lassen» (fehlt d3). Gutzkow (d1) hat «Popo»
und «Pipi» wegretuschiert.[117] Der arme Herr Hofprediger! «Sein
Frack läßt den Schweif ganz melancholisch hängen» (fehlt d3). Er hat
Ideale «und verwandelt alle Kammerherrn in Kammerstühle» (Stühle
mit eingelassenem Nachttopf – fehlt d3). Auch einen so harmlosen
Satz wie «Er ist müde vom Stehen» (fehlt d3) darf man in diesem Zusammenhang phallisch verstehen, zumal ein Wortspiel folgt:

> Alles Fleisch verdirbt vom Stehen. Auch der Hofprediger ist ganz
> abgestanden, seit er heute morgen aufgestanden. (fehlt d3)

Die Hofdamen stehen schwitzend «wie Gradierbäume, das
Salz crystallisirt an ihren Halsketten». Aber sie stehen bequem, sie
tragen keine Lasten, sie sind leichtfertig und gewähren tiefe Ein-
blicke. «Wenn sie auch nicht offenherzig sind, so sind sie doch offen
bis zum Herzen.» Sie sind gute Karten vom türkischen Reich – man
sieht die Dardanellen und das Marmormeer.

Die Frivolität nimmt ab, je mehr die romantische Liebe zwischen Leonce und Lena in den Vordergrund des Geschehens rückt.
Diese Liebe ist vergleichsweise rein. Ihre metaphorische Welt ist
das Paradies. Der Sündenfall wird durch sie rückgängig gemacht.
«Ei Lena, ich glaube das war die Flucht in das Paradies.»[118] Nicht
aus dem Paradies. Leonce und Lena sind unschuldig wie Adam
und Eva vor dem Sündenfall, die Gesellschaft aber ist voller unterdrückter Sexualität. Büchner sehnt sich nach Erlösung von den
Versuchungen. «Und siehe, da traten die Engel zu ihm und dienten ihm», so steht es im Evangelium, als der Teufel nach der Versuchung Jesu abgezogen ist. (Mt 4,11)

Die Suche nach dem Triebkern in allem ist das Moderne an
Büchners Unkeuschheit. Er kannte die Welt, den ganzen Bogen

vom Pissen bis zum Paradies. Er wußte Bescheid und sehnte sich doch nach Unschuld. Er litt unter seiner frivolen Satyromanie, seinem lüsternen Priapismus, seiner begehrlichen Vielweiberei, seinem inneren Donjuanismus und seiner allgemeinen Erotomanie, die praktisch zu werden keine Erlaubnis hatte und sich deshalb in die Poesie ergoß.

Epitaph auf eine Verlorene

Aus nicht Vorhandenem Schlüsse zu ziehen gilt zu Recht als philologisch bedenklich, und so ist die folgende Erwägung nicht mehr als ein Gedankenspiel. Der zweite Akt, in dem es zündet zwischen Prinz und Prinzessin, ist mit einem sehr romantischen Motto überschrieben. Es stammt aus einem kleinen Gedichtzyklus, der im *Musenalmanach für das Jahr 1834* erschienen war. Büchner zitiert aus dem Gedächtnis:

> Wie ist mir eine Stimme doch erklungen
> Im tiefsten Innern,
> Und hat mit einemmale mir verschlungen
> All mein Erinnern.

Der originale Wortlaut ist ein wenig anders, doch darauf kommt es nicht an. Büchner hat sich das Gedicht gemerkt, weil sein Herz klopfte, als er es las. Mea res agitur, sagte seine Empfindung, sein Gedanke folgte nach und sagte ihm: Du bist ihr ähnlich, der Blinden, auf die Adelbert von Chamisso seinen Zyklus schrieb. Es sind sechs Rollengedichte, in denen eine Erblindete sehnsüchtig von einem verlorenen Geliebten träumt.[119] Das zweite Gedicht lautet:

> Wie hat mir Einer Stimme Klang geklungen
>   Im tiefsten Innern,
> Und zaubermächtig alsobald verschlungen
>   All mein Erinnern!

> Wie Einer, den der Sonne Schild geblendet,
>   Umschwebt von Farben,
> Ihr Bild nur sieht, wohin das Aug' er wendet,
>   Und Flammengarben;

So hört' ich diese Stimme übertönen
    Die lieben alle,
Und nun vernehm' ich heimlich nur ihr Dröhnen
    Im Wiederhalle.

Mein Herz ist taub geworden! wehe, wehe!
    Mein Hort versunken!
Ich habe mich verloren und ich gehe
    Wie schlafestrunken.

Nicht nur die Augen sind krank, auch den anderen Sinnen droht die Lähmung; das Herz droht zu ertauben, es fühlt nichts anderes mehr als die verlorene Liebe. Büchner geht lesend, die Rolle der Blinden für sich übernehmend, «wie schlafestrunken». Aber warum klagt er oder läßt literarisch klagen um eine verlorene Liebe, wo er doch im Leben eine Verlobte hat und im Lustspiel eine Prinzessin bekommt? Was will er noch? Chamissos Zyklus von der Blinden mündet in die Klage um einen Verlorenen, einst Geliebten, der fort ist, der tot ist, aber in ihrem Herzen nicht vergehen kann. Büchner denkt an seine fille perdue und klagt mit:[120]

Du mein Schmerz und meine Wonne,
Meiner Blindheit and're Sonne,
    Holde Stimme, bist verhallt.
Meine Nacht hüllt sich in Schweigen,
Ach, so schaurig, ach, so eigen,
    Alles öd' und leer und kalt.

Hingeschwunden ist mein Wähnen,
Ohne Thränen, ohne Sehnen
    Welk' ich meinem Grabe zu;
Nichts dem Leben bin ich schuldig,
Stumm, geduldig, trag' ich, duld' ich,
    Schon im Herzen Todesruh'.

9
Woyzeck

Tintenfluß

Manche Stellen sind so unleserlich, als experimentiere Büchner mit der Schrift, als schaffe er mit Lust Schrift- und Wortgebilde, die bisher noch niemand je gesehen oder gehört hat, als sei er beim Wörtererfinden nicht zu Rande gekommen, habe aber einen nicht fertig artikulierten Klang, der nun nach seinem Schriftbild suchte, im Ohr gehabt, als sei er aus einem Traum aufgeschreckt, in dem ihm jemand ein geheimnisvolles Wort ins Ohr geflüstert hat – «Quiribirini»[1] oder «Xixapitzli».[2] Vielleicht war es auch ein anzügliches Wort, das niemand identifizieren sollte – Büchner lachte in sich hinein, als er daran dachte, wie schwer es seine Herausgeber einmal haben würden. Oder er wollte ein saftiges Ferkelwort schaffen, eines, das es noch gar nicht gab, unheimlich witzig, aber es blieb im Geburtskanal stecken, was optisch als Unleserlichkeit in Erscheinung trat.

Der junge Mann brauchte viel Tinte, denn er schrieb tagtäglich viele Seiten. Mitte Oktober 1836 zog er von Straßburg nach Zürich um. Die mitgebrachte Tinte ging ihm bald aus und er kaufte neue, schweizerische. Das hilft nun beim Datieren. Mit Hilfe einer Röntgenfluoreszenzanalyse lassen sich die Zürcher Tinten von den straßburgischen unterscheiden.[3] Die vier Handschriften, aus denen das Woyzeck-Material besteht, zerfallen so in zwei Straßburger (die Foliohandschrift H1 und das Folioblatt H2) und zwei Zürcher Papieransammlungen (das Quartblatt H3 und die Quarthandschrift H4). Die Straßburger Handschriften sind, wie sich aus dem umgebenden Datengerüst schließen läßt, im wesentlichen im August und September 1836 entstanden, die Zürcher zwischen Anfang November 1836 und Anfang Februar 1837.[4]

Das ist schon einmal eine gute Grundlage. Noch lange nicht beantwortet ist damit die Frage, wann und wie Büchner zu diesem

Kosaken? Kastrierte? Katzenschweife?

Stoff kam, was ihn daran faszinierte, wann er daraus die ersten poetischen Funken schlug und warum er ihn ausführte. Was ist der innerste Kern dieses Vorhabens? Wo berührt es Büchners Persönlichkeit? Gibt es ein autobiographisches Motiv? Welche Rolle spielen der Vater, Wilhelmine, die fille perdue, die Klaustrophobie, die Anatomie? Büchner selbst gibt keinerlei Auskünfte. Die erhaltenen Briefe geben nichts her. Wieder einmal bewegen wir uns auf sehr unsicherem Gelände und wollen daher das Einzige, was wir haben, nämlich diese Handschriften, sorgfältig betrachten.[5]
Papier war anders genormt als heute. In Straßburg hatte Büchner einen Stapel billiges Maschinenpapier im Format 42 × 33 cm gekauft, auf dem viel Platz war. Die Handschrift H1 besteht aus fünf solchen Bögen, die Büchner in der Mitte gefaltet hat, wodurch sich ein Folioformat ergab (21 × 33 cm). Auf den so entstandenen zehn Doppelblättern hatte er insgesamt zwanzig Seiten zur Verfügung, von denen er siebzehn beschrieben hat, mit eiliger, fliehender, fliegender, flüchtiger, manchmal auch stockender Schrift, meist winzig und blaß, selten stark und markant, mit ungleichmäßigem Tintenfluß, Tintenklecksen, Randzeichnungen, Kritzeleien, Verschleifungen, Korrekturen und Abbreviaturen. Jede Seite ist ein Entzifferungsabenteuer. Ob es sich um «Kosaken»,[6] «Kastrierte»[7] oder «Katzenschweife»[8] handelt, ist nicht so klar, wie es sein sollte. Geschrieben hat er noch in tiefer Nacht, von Einfällen gejagt. Die Feder kam kaum nach. Auf den Seiten 1 bis 9 von H1 sind 21 Szenen hingeworfen, die ein komplettes Drama skizzieren. Es handelt von dem Soldaten Louis Woyzeck (der erst von H2 an «Franz» heißt) und der schönen Margreth (in H2 «Louise» oder «Louisel», erst in H4 «Marie»), die er liebt und, als sie sich mit einem Unteroffizier (seit H2 «Tambourmajor») einläßt, aus Eifersucht ersticht.

Noch auf derselben Seite 9 beginnt Büchner das Drama von neuem, aber nicht mehr mit der Marktszene und dem Ausrufer wie in H1, sondern mit Woyzeck und Andres beim Stöckeschneiden. Obgleich Büchner die neue Szenenfolge auf dasselbe Papierkonvolut geschrieben hat, wird ihr üblicherweise und zu Recht eine eigene Kennzeichnung gegeben (H2). Sie füllt das bisher noch recht klapprige Handlungsgerüst mit wichtigen neuen Szenen auf, in deren Mittelpunkt der Tambourmajor, der Hauptmann und der Doktor stehen. Gegenüber H1 erfolgt eine Vertiefung, die deutlich eine Richtung zeigt. Man kann an ihr erkennen, was Büchner wollte und was in H1 noch fehlte. Erst hier muß Woyzeck Erbsen essen, «nichts als Erbsen».[9]

Das Züricher Handschriftenmaterial sieht optisch ganz anders aus. Büchner hat jetzt Folioblätter halbiert und zu Quartformat (ungefähr 17×21 cm) geschnitten (H3) oder gefaltet (H4). H3 und H4 sind mehr gleichzeitig als nacheinander entstanden. H3 ist ein einzelnes Quartblatt von besserer Qualität als das dünne Maschinenpapier, das Büchner für H4 verwendete. Es ist beidseitig beschrieben und enthält die Szenen *Im Hof des Professors* und *Der Idiot. Das Kind. Woyzeck.* H4 besteht aus gefalteten Doppelblattlagen und hat 24 Seiten. Sie sind vergleichsweise lesbar geschrieben und nähern sich am weitesten einer Reinschrift. Sie enthalten (mit gewissen Lücken) das einigermaßen ausgeführte Drama bis zur 17. Szene, in der Woyzeck sein Testament macht. Die ungefähr zehn oder zwölf Szenen, die dann noch fehlen und noch zu machen gewesen wären, verhinderte der Typhus. Man pflegt sie in Bühnen- oder Lesefassungen notdürftig durch die Szenen 14 bis 21 der Handschrift H1 zu ersetzen.[10] Offen bleibt die Frage, ob der Schluß von H1 überhaupt der geplante Schluß war oder ob Büchner noch weiterschreiben wollte. Die Handlung hätte sich denkbarerweise auch bis zur Hinrichtung Woyzecks erstrecken können.

Es ist klar, daß angesichts der fehlenden Teile einerseits, der doppelt oder dreifach vorhandenen, aber ganz verschiedenen Konzeptionen angehörenden Teile andererseits jeder *Woyzeck*, der nicht einfach die Handschriften druckt (was für den Leser sehr unbefriedigend ist), ein Herausgeberkonstrukt sein muß. Je nachdem, welche Vision vom Ganzen ein Herausgeber hat, setzt er das Vorhandene anders zusammen, läßt anderes weg, ergänzt anderes – jedenfalls kommt immer etwas ganz Verschiedenes heraus. Einen *Woyzeck* von Büchner gibt es nicht.

Das lebende Skelett und der dogmatische Atheist

Wie die Physik möglichst nahe an den Urknall herankommen möchte, so wollen wir möglichst nahe an die Urzündung der Einfälle in Büchners Psyche und Gehirn herankommen. In einem ersten Arbeitsschritt untersuchen wir lose Fäden, die Büchner nicht mehr fertig vernäht hat. Damit sind Ideen aus der Peripherie gemeint, die nicht ins Zentrum vorstoßen konnten, entweder weil sie untauglich waren oder weil sie in der Konkurrenz mit anderen Ideen unterlagen. Wir beginnen mit dem Barbier bzw. dem «dogmatischen Atheisten», einer Figur aus der Straßburger Zeit, die in den Züricher Handschriften verschwunden ist.

Bühnen- oder Lesefassungen des *Woyzeck* können sinnvoll mit der Äußerung des Polizisten bzw. Gerichtsdieners aus H1 schließen:

<GERICHTSDIENER> Ein guter Mord, ein ächter Mord, ein schön Mord, so schön als man ihn nur verlangen tun kann wir haben schon lange so kein gehabt. –[11]

Franzos endet so und überschreibt die Szene *Secirsaal*.[12] Das ist ein guter Schluß, ein echter Schluß, ein schöner Schluß, aber nicht Büchners Schluß, denn in H1 folgt noch eine weitere Person, der Barbier, den Büchner etwas sagen lassen wollte, was nicht mehr geboren wurde, dessen Charakter er aber in einer Regieanweisung skizziert:

BARBIER, *dogmatischer Atheist. Lang, hager, feig, [possirlich], Wissenschaftler*[13]

Also hätte ein dogmatischer Atheist den Mordfall Woyzeck noch kommentieren sollen. Was hätte er wohl gesagt? Die unleserliche Stelle wurde außer mit «possirlich» schon mit «geistreich»,[14] aber auch mit «gutmütig»[15] aufgelöst. Das hilft für unsere Frage nicht weiter, zumal das Schriftbild für alle drei Lesarten nur vage

Anhaltspunkte bietet. Vielleicht dachte Büchner an etwas ganz anderes, vielleicht wieder einmal an etwas Unanständiges. Das würde zu dieser Figur durchaus passen. An einer anderen Stelle von H1 singt der Barbier ein Hurenlied:

> Ach Tochter, liebe Tochter
> Was hast du gedenkt,
> Daß du dich an die Landkutscher
> die Fuhrleut hast gehängt.[16]

Er hat eine lockere Moral. Barbiere haben, da im traditionell körperfeindlichen Christentum nicht angesehen, kulturhistorisch gesehen eine Neigung zum Heidentum, wie alle körperpflegenden Berufe (Bader, Ärzte, Kurtisanen etc.). Daß der Bartkünstler sich als Atheist gefällt, ist insofern nicht unpassend. Mehr über ihn erfahren wir aus der Szene H1,10. Er hat noch einen Nebenberuf als Studienobjekt:

> Ich bin die Wissenschaft. Ich bekomm für mei Wissenschaftlichkeit alle Woche ein halb Gulde [...]. Ich bin ein spinosa pericyclyda; ich hab ein lateinischen Rücken. Ich bin ein lebendges Skelett, die ganze Menschheit studirt an mir –.[17]

Der Barbier hat, das meint er mit dem verballhornten lateinischen Fachwort, einen verkrümmten Rücken, den er für Geld zur Schau stellt. Aber nicht nur diesen. Im Sommer 1835 war in Straßburg das sogenannte lebende Skelett aufgetreten, ein furchtbar abgezehrter und abgemagerter junger Franzose, der sich bei einer Körpergröße von 1,70 m auf 23 Kilogramm heruntergehungert hatte.[18] Man konnte bei ihm am lebenden Modell Anatomie studieren, weil man bei ihm alles sah, die Knochen, die Muskeln (sofern noch vorhanden) die Bänder, Sehnen und Gefäße. Gegen ein paar Kreuzer extra ließ er sich vielleicht sogar den Arm auskugeln, um den Studenten zu zeigen, was bei einer «Exartikulation» (Gelenkauslösung) passiert. Mit dem Barbier, der auf diese Weise seinen Körper und sich selbst verkauft, spricht Büchner bereits das Thema der unmenschlichen Medizin an, das er später der Woyzeck-Figur zuteilt. Im Zuge dieser Umgruppierung geht die Barbier-Figur in den späteren Handschriften verloren. Aber mit ihr liegt ein erstes

Fragment aus dem Bereich der Medizinsatire vor, die zur Uridee des Woyzeck-Dramas gehört.

Sachlich geht es um eine Kritik der positivistischen und materialistischen Wissenschaft, die damals in steilem Aufstieg begriffen war und bis heute nicht aufzusteigen aufgehört hat. Im Abstieg begriffen ist seitdem das Individuum, die Persönlichkeit, seine Majestät das hohe Subjekt. «Ein einziges Menschenexemplar genügt, um alle andern zu beurteilen», behauptet Turgenjews Nihilist Jewgenij Basarow.[19] «Die Menschen sind wie die Birken des Waldes; keinem Botaniker wird es einfallen, jedes Exemplar besonders zu studieren.» Büchners Barbier fragt gleichfalls: «Was ist der Mensch?» und gibt sich selbst die materialistische Antwort: «Staub, Sand, Dreck.» Ironischerweise wiederholt er damit eine berühmte biblische Formulierung: «Staub bist du, und zu Staub sollst du wieder werden!» (Gen 3,19) Aus Erde ist der Mensch gemacht, das sagt schon das Alte Testament. Insofern überlistet dieser Atheist sich selbst. Büchner läßt ihn religiös auflaufen. Er betrachtet ihn nicht als Höhepunkt der Aufklärung, sondern als eine bedauernswerte Kreatur des Wissenschaftsbetriebs.

Der Atheismus gehörte zur Konkursmasse der Barbier-Figur und wollte in den späteren Handschriften neu untergebracht werden. Büchner versucht das ohne rechten Erfolg. «Ich bin ein dogmatischer Atheist», insistiert eine Figur, deren Name mit L beginnt (der Rest ist unleserlich), in einem närrischen Gespräch mit einem Narren.[20] Sich selbst konnte Büchner damit nicht meinen, denn der dogmatische Atheist ist eine lächerliche Figur. Er wird satirisch gezeichnet. Als Standpunkt, von dem aus er kritisiert wird, kommt entweder der «skeptische Atheismus» in Frage, den Kant im Gegensatz zum dogmatischen Atheismus als intellektuell respektabel betrachtet hatte,[21] oder der christliche Glaube. Ein skeptischer Atheismus ist in den Woyzeck-Handschriften in keiner Weise präsent, der christliche Glaube schon. H2 endet in Szene 9 mit einem Gebet, das Louisel (= Marie) spricht und das Büchner dort nur abkürzt, um anzudeuten, was er vorhat: «Und ist kein Betrug in seinem Munde erfunden. Herr Gott!»[22] Er spielt damit auf eine Bibelstelle an, in der es um die Nachfolge Christi geht. Die in Louisels Gebet anzitierte Passage lautet im Zusammenhang (1 Petr 2,21–23):

Denn dazu seid ihr berufen; sintemal auch Christus gelitten hat für uns und uns ein Vorbild gelassen, daß ihr sollt nachfolgen seinen Fußstapfen; welcher keine Sünde getan hat, ist auch kein Betrug in seinem Munde erfunden; welcher nicht wiederschalt, da er gescholten ward, nicht drohte, da er litt [...].

An diesem Anspruch mißt sich Louisel, an diesem Anspruch mißt sie Büchner. Aus H2,9 macht er später die Szene H4,16, wo Marie sich mit der Sünderin Maria Magdalena vergleicht, die Jesus mit ihrem Haar die Füße trocknet:

MARIE ALLEIN, BLÄTTERT IN DER BIBEL Und ist kein Betrug in seinem Munde erfunden. Herrgott. Herrgott! Sieh mich nicht an! *Blättert weiter:* aber die Pharisäer brachten ein Weib zu ihm, im Ehebruche begriffen und stelleten sie in's Mittel dar. – Jesus aber sprach: so verdamme ich dich auch nicht. Geh hin und sündige hinfort nicht mehr! *Schlägt die Hände zusammen.* Herrgott! Herrgott! Ich kann nicht! Herrgott gieb mir nur soviel, daß ich beten kann. [...] Und trat hinein zu seinen Füßen und weynete und fing an seine Füße zu netzen mit Thränen und mit den Haaren ihres Hauptes zu trocknen und küssete seine Füße und salbete sie mit Salben. *Schlägt sich auf die Brust.* Alles todt! Heiland, Heiland ich möchte dir die Füße salben.[23]

Das ist zwar Figurenrede, nicht Autormeinung – Büchner wollte Marie in ihrer volkstümlichen Frömmigkeit zeigen –, aber die Stelle ist so wichtig und so sympathiegetragen, daß die Schlußfolgerung beinahe zwingend erscheint: Was gegen den «dogmatischen Atheismus» protestiert, ist Büchners jesuanisches Christentum.

Was also hätte der Barbier aus H1 gesagt, wenn Büchner ihm das Schlußwort gelassen hätte? Für das eigentliche Skandalon des Falles Woyzeck hätte er kein Gespür gehabt. Von Christusnachfolge hätte er nichts gehalten. «Moral» wäre für ihn ein Fremdwort. In seinem «Staub, Sand, Dreck» würden alle Differenzierungen untergehen. Vielleicht hätte er fröhlich und zynisch wiederholt, was er in H1,10 über die Tochter sagt, die sich an die Fuhrleute hängt: «Es ist einmal so, und es ist gut, daß es so ist.»[24]

Ein dressiertes Pferd

Georg wachträumte. Am Himmel seines Geistes wetterleuchtete es von Einfällen, von denen er manche gleich mehrfach verwendete. Was war der Mensch? Von Natur aus *nix, gar nix*.[25] Er war *Staub, Sand, Dreck*,[26] um nichts besser als ein Tier, nicht mehr als ein dressiertes Pferd. Es war eine laue Spätsommernacht,[27] das Fenster seines Straßburger Zimmers stand offen, ein Marktschreier erschien vor seinem inneren Auge[28] und zeigte sich fähig, das Thema des schon urlang geplanten *Woyzeck* zu präludieren. Von Natur aus also *Dreck*. Aber *die Kunst!* Sie *geht aufrecht, hat Rock und Hosen!* Hat *ein Säbel*, hat *Quasten!* Sie macht aus einem Pferd einen *Professor*, und das gleich *an mehreren Universitäten*, wo *die Studenten bei ihm reiten und schlagen lernen*. Es gab solche Professoren, Büchner erinnerte sich, auch er hatte reiten und fechten gelernt. Er träumte das gelehrte Pferd, auf *seinen vier Hufen* stand es mit züchtig aufgeräumtem *Schwanz am Leib*. Es war *Mitglied von allen gelehrten Sozietäten*. Er erinnerte sich an Lauth und Duvernoy und die Straßburger naturhistorische Gesellschaft, der er so viel verdankte. Wofür er sich haßte. Lauter gelehrte Pferde, und er war eines davon! Würde er einst mit einem Rattenschwanz von Titeln renommieren wie sein Anatomielehrer Ernest-Alexandre Lauth, der sich auf seinen Büchern vorstellte als *Docteur en Médecine, Agrégé en exercice et Chef des travaux anatomiques près la Faculté de médecine de Strasbourg; Membre résident de la Société de Muséum d'histoire naturelle de la même ville; Membre correspondant de l'Academie royale de médecine et de l'Institut historique de Paris; des Sociétés médico-chirurgicales d'Edimbourg et de Berlin; de l'Association médicale de Prusse, de la Société de médecine de Hoorn, de celles des sciences médicales et naturelles de Bruxelles et de Heidelberg, des sciences naturelles de la Wettéravie et de Fribourg, de la Société royale des sciences d'Anvers, etc.*,[29] Würde er sich dann von *le docteur Hussenot*, aus dessen ironischer Botanik er einen halben Satz abgeschrieben hatte,[30] verhöhnen lassen müssen, wenn dieser Spaßvogel Lauth e tutti quanti auf seinem Titelblatt parodierte mit *Qui N'est Rien, Pas Même Médecin; Membre d'Aucune acad., corresp. d'Aucune soc. savante; Qui N'est Ni de la soc.*

royale des sciences lettres et arts de Nancy, Ni de la soc. centr. d'agricult. de la même ville; Pas Plus de la soc. d'émulation des Vosges Que de celle philomathique de Verdun, Ou d'Aucune de celles de Metz; directeur d'Aucun jardin publique Ou particulier; conservateur d'Aucune collection, autre que la sienne, qui se mange des bêtes; rédacteur de Rien Du Tout; enfin Simple Citoyen comme tout le monde, hors qu'il N'est Pas décoré. Es lachte in ihm. Das *astronomische Pferd* des Marktschreiers erschien ihm in Menschengestalt. In Gedanken setzte er ihm seine Brille auf und spielte selber Pferd. Der Mensch war ein abgerichtetes Tier, das war klar. *Vernünftigkeit, Verstand, Räson* waren diejenigen Abrichtungen, mit denen das Tier sich salonfähig machte. *Sehn Sie die Fortschritte der Zivilisation.*[31] Charles Darwin war damals auf der Weltreise, die ihm die Evolutionstheorie einbringen sollte. Büchner kannte sie schon als Spott, der Witz ist manchmal weiter als die Wissenschaft. *Alles schreitet fort, ein Pferd, ein Aff, ein Canaillevogel.* Das Militär ist ein Übergangszustand zwischen Mensch und Tier. *Der Aff ist schon ein Soldat, s'ist noch nit viel, unterst Stuf von menschliche Geschlecht.*

Ob Pferd, ob Mensch, machte deshalb wenig Unterschied. Das gelehrte Pferd *führte sich ungebührlich auf.*[32] Es furzte und fickte. Es ging ihm um den Hunger und um die Fortpflanzung. Um Mann. Oder Weib. Margreth (die spätere «Marie») erschien dem träumend Entwerfenden in ersten groben Umrissen, sie ließ sich beeindrucken von *Quasten* und *Hosen* und von der *Uhr*, die der windige Offizier *großartig und gemessen* aus der Tasche zog. Eine Soldatenhure. *Das ist ein Weibsbild, guckt sieben paar lederne Hosen durch*, dachte Büchner darmstädtisch (*sibbe Paar ledderne Hose*) und legte den Satz vorläufig dem Offizier in den Mund.

In H2 wird er ihn der Nachbarin von Marie zuschieben,[33] die ihn auch in H4 behält.[34] Die ersten, spontanen Einfälle zu einem dichterischen Werk sind in der Regel noch nah am autobiographischen Interesse. Die spätere Kunstarbeit veredelt sie und rückt sie vom Privaten möglichst weit weg. Die früheste Handschrift läßt *sibbe Paar ledderne Hose* von einem Mann gesagt werden. Büchner selber kann das ursprünglich einmal gesagt oder gedacht haben. In den späteren Handschriften ist es die Nachbarin, sind es also «die Leute», ist es also die neidische und hämische Gesellschaft, die den Satz be-

kommt. Das wiederum schafft Sympathie für Marie. Sie wächst von
H1 bis H4.

Der Professor

Es war Winter geworden. Er lag auf seinem Bett in der Züricher Spiegelgasse. Im Traum erschien ihm einer seiner Gießener
Philosophieprofessoren, blickte lustig aus einem Dachfenster heraus,
das ihn umkränzte wie ein Bilderrahmen, nuschelte etwas vom *Ver-*
hältnis des Subjekts zum Objekt und von der *organischen Selbstaffir-*
mation des Göttlichen, die sich *auf einem hohen Standpunkt mani-*
festiere.[35] Dann warf er, ja, er warf tatsächlich eine Katze zum Fenster
hinaus, nur um zu sehen, wie *diese Wesenheit* sich *zum centrum gra-*
vitationis und zum *eigenen Instinkt* verhalten werde. War das nicht
brutal? Eine solche Wissenschaft war so inhuman wie der Selbstver-
kauf des lebenden Skeletts. Büchner dachte sich aus seinem Traum
heraus. Als Anatom kannte und fürchtete er den latenten Zynismus
einer kalten Szientivität, die sich unter dem Deckmantel der Fort-
schrittsidee jeden beliebigen Menschen- und Tierversuch erlaubte.
Ein lebendiger Körper war in dieser Welt wie ein Stück Holz. Sein
innerer Protest schuf Gegenbilder, die auch Gegenbilder zu seinem
eigenen karrierebewußten Wissenschaftlerselbst waren; er fühlte
sich mitschuldig und dichtete, um sich zu befreien. Woyzeck war ein
solches Gegenbild. Er allein benimmt sich wie ein Mensch. Er fängt
die Katze auf; sie beißt ihn zwar in ihrer Panik, aber er *greift sie so*
zärtlich an, als wär's seine Großmutter.

Eine leichte Verschiebung des Traumbilds, und schon ist der Professor *auf dem Dach, wie David, als er die Bathseba sah.* Was hat ein
Philosophieprofessor mit König David zu tun? Dieser «ging auf
dem Dach des Königshauses und sah vom Dach ein Weib sich
waschen; und das Weib war sehr schöner Gestalt.» Es ist Bathseba,
die Frau seines Kriegers Uria, die da badet, David läßt sie holen und
schläft mit ihr, sie wird schwanger, er sorgt dafür, daß Uria fällt und
heiratet Bathseba. «Aber die Tat gefiel dem Herrn übel, die David
tat.» (2 Sam 11,2–27) David behandelt das schöne Weib wie der Professor seine Katze: als Objekt. Er scheut kein Verbrechen, sie zu

bekommen. Der Professor und die Katze, David und Bathseba, die Macht und die von ihr abhängige schöne Schwäche: Das sind Präfigurationen und Parallelgeschichten zur Hauptgeschichte, die noch kommen wird, der Affäre des Tambourmajors mit Marie, in der Woyzeck in die Rolle des Uria gerät und sterben wird wie dieser. Der Deutungsrahmen ist christlich-jüdisch. Die Moral der Szene ist, aus dem Negativ ins Positiv gewendet: Liebe macht niemals ein Subjekt zum Objekt.

Freilich hat der Professor keine Bathseba und muß mit einer Katze vorliebnehmen. Die Idee, er sei David, kommt ihm, weil er vom Dach aus *die culs de Paris der Mädchenpension im Garten trocknen* sieht. Er phantasiert sich hinein in die Gesäßkissen der Mädchenunterwäsche. So viele Bathsebas! Büchner, satyroman, tat es ihm nach. Ihn verband mehr mit dem Professor, als ihm lieb war.

Der Doktor

Übergangslos, so wie es in Träumen geschieht und von dem gleichen Gießener Vorbild angeregt, löst im weiteren Verlauf der Szene H3,1 der «Doktor» den Professor ab. Er betrachtet Woyzeck als Versuchstier. Er läßt ihn mit den Ohren wackeln, weist darauf hin, daß *zwei Muskeln dabei tätig* seien und erläutert, da würden *Übergänge zum Esel* sichtbar; ein richtiger Mensch kann das seiner Meinung nach nicht. Auch Frauen scheinen in seiner Gedankenwelt dem Tierreich nahe zu sein – die Fähigkeit zum Ohrenwackeln und damit das Eselähnliche führt der Doktor auf die *weibliche Erziehung* und die Dominanz der *Mutter* zurück. Mit einem Menschenesel Versuche anzustellen hat er kein Bedenken. *Seit einem Vierteljahr* ißt Woyzeck *nichts als Erbsen*. Interessant der *ungleiche Puls*, die flackernden *Augen*. Die Studenten betasten *Schläfe, Puls und Busen*. Der Doktor doziert. Sehen Sie, die *Haare* sind ihm *ganz dünn geworden, seit ein paar Tagen, ja die Erbsen, meine Herren.*

Büchner kannte die Figur des Doktors schon, als er sie in H3 in die Professorszene einstellte. Er hatte sie erschaffen, als er die Vertiefungsszenen schrieb, mit denen H2 die leergebliebenen Seiten der Straßburger Foliohandschrift H1 auffüllt. In H2,6 war der Doktor das erste Mal aufgetreten,[36] sehr ehrgeizig (wie Büchner auch), und hatte etwas von einer *Revolution in der Wissenschaft* phantasiert. Diese will er auch weiterhin bewirken. Woyzeck ist für ihn ein *interessanter casus*,[37] nicht nur wegen der *Erbsen*, sondern weil er auch noch *eine schöne fixe Idee* hat, *eine köstliche alienatio mentis.* Welch Forscherglück! Der Doktor ist begeistert. *Woyzeck, ich werde unsterblich.*

Allerdings hat Woyzeck *auf die Straß gepißt, wie ein Hund.* Der Doktor hat es gesehen, als er von seiner Arbeit aufblickte *zwischen zwei Blattläusen, die sich begatteten,* und hat sich geärgert, weil der kostbare *Harnstoff,* den er jeden Tag chemisch analysiert, nun im Rinnstein davonläuft. Außer Harnstoff und Blattläusen sammelt er auch *Froschlaich, Polypen* und *Spinneneier.* Alles Leben erkaltet ihm zum Studienobjekt. *Der Mensch ist frei,* behauptet er, denn der Blasenschließmuskel sei dem Willen unterworfen, den Harn nicht halten zu können sei *Aberglauben.* Gleichzeitig kann er Freiheit und Subjekthaftigkeit gar nicht ertragen und unterdrückt alle mit seiner Wissenschaftsideologie. Er macht einen Krankenbesuch, *cancer aquaticus,* ein Mundgeschwür in fortgeschrittenem Stadium; er weiß, die Frau wird *in vier Wochen tot* sein; was ihm dazu einfällt, ist: *sie gibt ein interessantes Präparat.*[38] Der Anatom läßt grüßen.

Auch Büchners Vater war ein wissenschaftsorientierter Arzt. Fasziniert und abgestoßen zugleich beobachtet sein Sohn Georg die wissenschaftliche Medizin schon seit seiner Jugendzeit. Die Urgedanken zum *Woyzeck* bilden sich schon früh, aber es dauert lang, bis sie künstlerisch handhabbar werden. Sie wissenschaftlich zu begreifen war Georg Büchner nicht gelungen, das zeigen seine Vorlesungsmanuskripte. Was er als Philosoph und Privatdozent nicht hatte ausdrücken können, wovon er aber voll war, schwappte 1836/37 über den Rand seines Geistes in die Dichtung. Die ersten Doktorszenen treiben immer neue hervor, zunächst in H2, dann in H3 und H4. Auch die menschlich bewegendsten Ereignisse sind für den Doktor nur Material für seine Forschungen. Als Woyzeck tief verstört von Maries Untreue erfährt, eilt der Doktor, psychosomatischen Erkenntnisertrag erwartend, sogleich herbei, um ihm den Puls zu fühlen: *klein, hart, hüpfend, ungleich.*[39]

Der Hauptmann

Woyzeck hat einen Kompaniechef, den er rasiert, das ist der Hauptmann; ihm stellt der Doktor in Aussicht, er werde eine *apoplexia cerebralis* bekommen. Er tröstet ihn, er werde einen interessanten Fall abgeben, und *wenn Gott will, daß Ihre Zunge zum Teil gelähmt wird, so machen wir die unsterblichsten Experimente.*[40] Das ist nun einmal des Doktors Wesensart und sie ist nun genugsam erklärt. Büchners Interesse verlagert sich vom Doktor auf den Hauptmann. Freilich ist ihm die Welt des Militärs weniger vertraut als die der Medizin. Die der Schwermut hingegen kennt er. So erfindet er einen schwermütigen Hauptmann. In gewissem Sinne ist das ein Vertrauter. Es ist jedenfalls kein typischer Vertreter seines Standes, kein schneidiger Offizier. Er hat keine Courage, er sagt es selbst. *Nur ein Hundsfott hat Courage.* Er ist *ein guter Mensch,* er hat im Krieg aus *Angst* seine *Liebe zum Leben befestigt,* die Mutigen kommen ja um, das hat er gesehen, *ein guter Mensch* hat darum *keine Courage nicht.*[41] Das sind Äußerungen, die aus der Erbmasse der aufgelösten Barbier-Figur stammen. *In Gegenwart eines Tapferen* hatte der in H1 gekräht, *ein Mensch, der sein Leben lieb hat,* habe keine Courage, *und ein tugendhafter Mensch hat keine Courage* und *Wer Courage hat, ist ein Hundsfott.*[42] Der *Tapfere* war Margreths Unteroffizier, aus dem später Maries Tambourmajor geworden ist. Ein «Hauptmann», der sich bei einem solchen Barbier die Argumente holt, ist ziemlich aus der Art geschlagen. Er ist feig und weich, *ein guter Mensch,* so wie Woyzeck, den er mag. *Woyzeck, er ist ein guter Mensch, ein guter Mensch,* sagt er *gerührt.*[43] Der Doktor macht ihm angst, er ist kein guter Mensch. Er würde ihn bekämpfen, wenn er nicht so feige wäre. Immerhin setzt er seinem Fortschritts- und Tempowahn ein Entschleunigungsprogramm entgegen. *Rudern Sie mit Ihrem Stock nicht so in der Luft. Sie hetzen sich ja hinter dem Tod drein. Ein guter Mensch, der sein gutes Gewissen hat, geht nicht so schnell.*[44] Sein Rat ist freilich ohnmächtig. Der Hauptmann ist gutmütig und dumm, lächerlich, ja grotesk. Er ist zwar *ein guter Mensch,* aber der gute Mensch ist ein Gegner mit hängenden Armen. Er schützt Woyzeck nicht.

Der Hauptmann vertritt die offizielle staatskirchliche Moral *mit Würde*, das heißt mit Anstrengung, das heißt, er ist nicht von ihr überzeugt. *Woyzeck, er hat keine Moral!* sagt er. *Er hat ein Kind ohne den Segen der Kirche, wie unser hochehrwürdiger Herr Garnisonsprediger sagt.* Aber das sagt halt der Prediger, *es ist nicht von mir*, beeilt sich der Hauptmann hinzuzufügen. Er verhält sich feig und angepaßt. Woyzeck setzt der garnisonspredigerhaften Heuchelei das wahre Christentum entgegen. *Herr Hauptmann, der liebe Gott wird den armen Wurm nicht drum ansehn, ob das Amen drüber gesagt ist, eh er gemacht wurde.* Dann zitiert er aus dem Evangelium (Mk 10,14): *Der Herr sprach: Lasset die Kindlein zu mir kommen.*[45] Woyzeck argumentiert jesuanisch, wie seine Marie. Beide vertreten ein wahres, wenn auch wildes Christentum neben dem staatskirchenoffiziellen, das im Dienst der herrschenden Klassen steht. *Moral* und *Tugend*, jene allgegenwärtigen Hochvokabeln der aufklärerischen Ethik, sind Geldsachen. Wer sich nicht leisten kann, zu heiraten, kann sich auch die Tugend nicht leisten. Es ist *keine Kunst, ein ehrlicher Mann zu sein*, sagte Büchner einst zu Weidig, *wenn man täglich Suppe, Gemüse und Fleisch zu essen habe.*[46] Wer kein Geld hat, sagt Woyzeck,[47] wie soll der Kinder *auf die moralische Art*[48] in die Welt setzen. *Man hat auch sein Fleisch und Blut.* Es gibt ein Recht auf die fleischliche Liebe, selbstverständlich auch für die Armen. *Sehn Sie: wir gemeinen Leut, das hat keine Tugend, es kommt einem nur so die Natur, aber wenn ich ein Herr wär und hätt ein Hut und eine Uhr und eine Anglaise und könnt vornehm reden, ich wollt schon tugendhaft sein. Es muß was Schönes sein um die Tugend, Herr Hauptmann. Aber ich bin ein armer Kerl!*

Tugendhaft war auch Büchners Robespierre.[49] Auch bei dem war die Tugend sittlich nicht in Ordnung. Sie diente als Deckmantel für Massenmord. Dantons wilde Sinnlichkeit ist im Vergleich mit ihr menschlich. Büchner ist ein Kritiker der Tugendideologie, begründe sie sich revolutionär oder philisterhaft. Er kritisiert sie aus dem Geist eines anarchischen jesuanischen Christentums. Er sucht nach der wahren Liebe. Sie muß irgendwo sein, versteckt zwischen dem Gerümpel der Triebe und Interessen. Traurigerweise ist sie schwer zu finden. Fehlgeleitet ersticht Woyzeck das Liebste, was er hat.

Medizin und Militär

Der Woyzeck-Stoff bot zunächst keinen Grund, Mediziner einzuführen. Wenn überhaupt, dann hätten es Gerichtspsychiater sein müssen. Von diesem Gesichtspunkt gibt es immerhin einen Rest, an den Stellen, wo der Doktor Woyzeck eine *alienatio mentis*, eine *aberratio mentalis* und *fixe Ideen* bescheinigt.[50] Darum war es in der Unzurechnungsfähigkeitsdebatte gegangen. Aber Woyzeck Erbsen essen zu lassen oder ein lebendiges Skelett auf die Bühne zu bringen sind Akzente, die Büchner aus seiner persönlichen Lebenserfahrung in den Stoff hineinträgt. Es gab da etwas, worüber er sprechen wollte. Er wußte nur nicht gleich, wie.

Das medizinische Personal wird im Verlauf der Textgenese einheitlicher und seriöser. In H1 besteht es nur aus dem Barbier. In H2 wird dieser aufgelöst, der Doktor tritt gewichtig auf. In H3 vermehrt er sich um den Professor, der in H4 wieder verschwindet. Sein Erbe geht größtenteils verloren (Bathseba, die Katze), ein kleiner Rest verbleibt beim Doktor, auf den sich in der Endgestalt alle medizinsatirischen Elemente konzentrieren. Die grotesken Akzente, die sich vor allem in der Entwurfsstufe H1 finden, werden auf dem Weg zu H4 zurückgedrängt. Sie entsprachen nicht dem, was Büchner künstlerisch wollte. Sie waren aus seiner Sicht Unvollkommenheiten und Widersprüchlichkeiten früher Entwurfsstadien. Sie waren nicht als Vorboten einer kommenden ästhetischen Modernität gedacht.

Zuerst kommen die Einfälle, dann kommt die Kunstarbeit. Die Einfälle bilden sich ganz unten und bedienen tiefliegende Interessen, und wenn es nur das Interesse ist, zu glänzen und gut dazustehen. Sie stehen in der Regel dem ursprünglichen Erleben näher als die späteren Überarbeitungsstufen, bei denen literarischer Ehrgeiz und bewußter Formwille die Anfangsideen überschreiben. Darmstädter, Gießener und Straßburger medizinische Erfahrungen bildeten die Nährlösung, aus der die Einfallspilze sprossen. Da waren Erinnerungen aus dem Studium wie das lebende Skelett, das Wackeln mit den Eselsohren, das idealistische Gewäsch der Philosophen und die klinische Kühle leistungsstolzer Anatomen. In diesen Bereich gehören auch die Erbsen. Daß mit Soldaten Ernährungsexperimente angestellt wurden, mag man zuerst kaum glauben; es geschah auch nicht im Großherzogtum Hessen-Darmstadt; aber Büchner hat sich das nicht willkürlich ausgedacht, sondern in der Fachliteratur davon gelesen; in England und Frankreich waren Füsiliere und Grenadiere zu solchen Zwecken herangezogen worden.[51] Die ersten Einfälle, die der Magnet einer Stoffidee aus der Ursuppe der Lebenserfahrung herauszieht, sind noch chaotisch und suchen noch nach einer Struktur, die sie zusammenhält. Diese bildet sich langsam heraus, hauptsächlich gesteuert vom Eigenwillen des angeflogenen Materials, nur nebensächlich vom bewußten Kunstwollen des Autors, der hauptsächlich dem gehorchen muß, was sich da bildet, und dessen Kunstarbeit nur klug verschleift und verfeinert, ordnet, wegläßt und hinzufügt.

Auch das militärische Personal unterliegt einer solchen Entwicklung und stabilisiert sich nur langsam. Der casus «Mord aus Eifersucht» verlangt mindestens drei Personen: den Mörder, die Geliebte, den Nebenbuhler. Der Nebenbuhler ist in H1 noch ganz blaß, irgendein Unteroffizier. Zum pompösen Tambourmajor, also dem auftrittsgewöhnten Anführer eines Musikzugs, wird er erst in H2. Bis H4 wird seine vitale Aggressivität immer weiter gesteigert. Auch der Hauptmann kommt erst in H2 dazu, und von der Tugend redet er erst in H4. Er ist zwar ranghöher als der Tambourmajor, unterliegt diesem aber in der Männlichkeitskonkurrenz. Er ist alt und schmerbäuchig, der Tambourmajor hingegen ist jung und stark. Beide blicken begehrlich auf Marie. Aber der eine traut sich, der andere traut sich nicht. Der eine will eine *Zucht von Tambourmajors* anlegen,[52] der andere redet bedauernd von der hinderlichen Tugend und verdrängt sein erotisches Interesse. Er begehrt leidend. Schon in H2 sagt er mit Bezug auf Marie: *Woyzeck, ich habe wieder die Liebe gefühlt.*[53] Büchner vertieft diesen Zug in H4: *Wenn ich am Fenster lieg, wenn es geregnet hat und den weißen Strümpfen so nachsehe, wie sie über die Gassen springen, – verdammt Woyzeck, – da kommt mir die Liebe. Ich hab auch Fleisch und Blut.*[54] Jetzt hat Büchner die Figuren so, wie er sie braucht. Endlich kann er mit ihnen sein eigenes Problem ausdrücken: den Umgang mit starken Trieben. So wie der Hauptmann blickt auch er unter die der Nässe wegen geschürzten Röcke, erhascht die drallen Beine der Mädchen und seufzt dann, weil er ja verlobt ist. Dann träumt er sich in den Tambourmajor hinein, der sich die schönen Frauen einfach nimmt.

Darmstadt, Gießen, Straßburg

Büchners Vater war Unterarzt im Mittelstab des Dritten Infanterie-Regiments der Zweiten Infanterie-Brigade und kannte das hessen-darmstädtische Militärwesen infolgedessen gut. Durchaus könnte sich unter seinen Patienten auch einmal ein melancholischer Offizier befunden haben. Das müßiggängerische Leben begünstigte eine gewisse Depressivität, besonders wenn man sich dem Tugendzwang unterwarf. Offiziere kennenzulernen gab es für die Büchners sicher die eine oder andere Gelegenheit, obgleich die Adelsschranke einen lockeren Verkehr unterband. Einfache Soldaten traf man oft und überall. Wendungen wie «Muß zum Verles» (zum Verlesen, zum abendlichen Zählappell)[55] mochte Büchner in Darmstadt oder Gießen oft gehört haben, wenn ein Soldat sich aus einer fröhlichen Runde abmeldete. Aber Büchners Interesse liegt nicht bei der Militärsatire. Woyzeck wird gezeigt bei so friedlichen Geschäften wie Stöcke schneiden, Wein holen und Hauptmann rasieren. Auch wenn er in der Wachstube oder in der Kaserne ist, geht es nie um etwas Zackiges. Obwohl «Gewehr putzen» zu seinen Pflichten gehört,[56] spielt diese Waffe keine Rolle. Woyzeck kauft sich für seine Mordtat ein Messer.

Den Schauplatz Leipzig gibt Büchner auf. Örtlichkeiten wie «Stadt», «Öffentlicher Platz», «Straße», «Kaserne» sind darmstädtisch gedacht. Darmstadt war eine Militärstadt. Soldaten beim Stekkenschneiden, die Stadt in Sichtweite, hat Büchner oft gesehen, wenn er aufs Land ging. Weithin zu vernehmen war das Trommelsignal, wenn sie zurück in die Kaserne gerufen wurden. Darmstädtische Lokalitäten sind auch die Mordstelle am roten Kreuz und der Teich, in dem Woyzeck das Messer versenkt.[57] Auch stolz die Beine werfende Tambourmajors hat Büchner in Darmstadt oft gesehen. Den Zapfenstreich hat er jeden Abend gehört, wenn er zu Hause war und der Musikzug trommelnd durch die Straßen marschierte. «Der Zapfenstreich geht vorbei, der Tambourmajor voran.»[58]

Den «Hof des Professors»[59] hat man sich in Gießen vorzustellen.
Viele Vorlesungen fanden privat bei den Professoren statt, und es ist
gut denkbar, daß einer zum Fenster heraus las. Das Wirtshaus am
Stadtrand, in dem Soldaten mit Frauen, die «heiße Händ»[60] haben,
verkehren, kann in Darmstadt oder Straßburg stehen. Der Markt
mit dem Ausrufer, der ein deutsch-französisches Gemisch spricht
(«Es wird sogleich seyn das commencement von commencement»)[61]
paßt am besten nach Straßburg. Er stammt aus dem Clarus-Gutachten – dort gibt es eine Kirmes in Gohlis. Leipzig-Anspielungen hat
Büchner vermieden. Der Messerkauf beim Juden (H4,15) kann gut
Straßburg zum Hintergrund haben. Die Grundaufstellung des
Stoffs ist aber darmstädtisch; Gießen und Straßburg liefern nur einzelne Atmosphärilien.

Der historische Woyzeck

Am 2. Juni 1821 tötete der 41jährige entlassene Soldat und
arbeitslose Perückenmacher Johann Christian Woyzeck in Leipzig
seine zeitweilige Geliebte, die 46jährige Witwe Johanna Woost, mit
mindestens sieben Messerstichen.[62] Am 11. Oktober 1821 wurde er
dafür zum Tod durch das Schwert verurteilt. Es folgten qualvolle
drei Jahre lang Einsprüche, Stellungnahmen, Sondervoten, Berichte,
Reskripte, psychiatrische Gutachten und Begnadigungsgesuche an
den König von Sachsen, die dieser ablehnte. Am 27. August 1824
wurde Woyzeck auf dem Marktplatz zu Leipzig öffentlich hingerichtet. Den ganzen Vorgang begleitete eine lebhafte öffentliche
Diskussion, die auch nach der Hinrichtung nicht abriß und auch im
Hause Büchner geführt wurde. Zu ihren wichtigsten Medien zählte
die *Zeitschrift für die Staatsarzneikunde*, in der auch Vater Büchner
gelegentlich publizierte. Sie war für einen kundigen Studenten in
den wissenschaftlichen Bibliotheken Darmstadts, Straßburgs, Gießens und Zürichs leicht greifbar. Vielleicht hatte Ernst Büchner sie
auch abonniert; vielleicht hatte Georg Büchner sich das entscheidende Heft schon früh angeeignet oder sich schon früh Notizen
daraus gemacht, die er auf seiner Flucht mitführte – jedenfalls verfügte er beim Ersinnen seines *Woyzeck* über die ausschlaggebende

Johann Christian
August Clarus

Quelle, das ausführliche gerichtspsychiatrische Gutachten *Die Zurechnungsfähigkeit des Mörders Johann Christian Woyzeck, nach
Grundsätzen der Staatsarzneikunde aktenmäßig erwiesen* von Johann Christian August Clarus, das 1825 in einem Ergänzungsheft
der *Zeitschrift für die Staatsarzneikunde* erschienen war.[63] Büchner
konnte dort alle Einzelheiten des Mordfalls finden. Wie im *Hessischen Landboten* (mit Wagners Statistik), in *Danton's Tod* (mit den
Heften von *Unsere Zeit*), in *Lenz* (Oberlins Bericht) und in *Leonce
und Lena* (Brentanos *Ponce de Leon*) arbeitet Büchner auch in *Woyzeck* mit einer Vorlage, was uns die Chance eröffnet, Abweichungen
von dieser als spezifische Gestaltungsabsichten zu deuten.

Sogleich ist zu erkennen, daß Büchner aus einer wirren und per-
sonenreichen Geschichte eine einfache und klare zu machen be-
strebt war. Aus dem 41jährigen vorbestraften Gelegenheitsarbeiter

Johann Christian Woyzeck, der dem Branntwein ergeben ist, manchmal gewalttätig wird, häufig seine Schlafstätte wechselt und aus einer früheren Beziehung ein Kind hat, und seiner ordinären Geliebten, der 46jährigen Chirurgenwitwe Johanna Woost, die ihn eine Zeit lang ausgehalten hat, der er gram ist, weil sie ihn herausgeworfen hat und die nun, ohne ihn gänzlich abzuservieren, vor seinen Augen ein Verhältnis mit einem anderen Liebhaber zelebriert, – aus diesem chaotischen Paar macht Büchner den gutherzigen und treu liebenden Soldaten Franz Woyzeck, der mit Marie, einer schönen jungen Frau, nach der sich die Offiziere umsehen, ein Kind hat und eine kleine Familie führt, die er finanziert, so gut er kann. Den Nebenbuhler mußte Büchner völlig neu erfinden, weil Clarus nur von «einem Andern» spricht, mit dem die Woostin Umgang gehabt habe.[64] Clarus stellt das Dreiecksverhältnis auf eine geschraubt rhetorische, seelenlose Weise dar. Aus den Erzählungen des Inquisiten und aus den Zeugenaussagen erhelle, daß in Woyzeck,

> nachdem er schon früher zuweilen von der Woostin zum Besten gehalten worden, ungefähr ein halbes Jahr vor der Mordthat eine lebhafte Eifersucht über ihren Umgang mit Andern erwacht ist, daß ihn diese in hohem Grade beunruhigt, und verschiedene Male zu Mißhandlungen gegen sie verleitet hat, daß ferner dieses Gefühl durch der Woostin unbeständiges und sich widersprechendes Betragen gegen ihn, da sie ihm bald den vertraulichsten Umgang verstattet, bald mit ihm zu gehen sich geweigert, und dafür in Gesellschaft eines Nebenbuhlers öffentliche Oerter besucht hat, immer unausstehlicher geworden ist, ihn zu mancherlei Versuchen, Zusammenkünfte mit ihr zu halten, und ihre Schritte und Tritte zu belauern, veranlaßt, und endlich den Gedanken, sie zu ermorden, in flüchtigen Augenblicken und unter Widerstrebungen seines Gewissens, vor seine Seele geführt habe; daß endlich am Tage der Mordthat selbst die Vorstellung, daß ihn die Woostin durch eine falsche Bestellung zum Besten habe, ihn wegen seiner Armuth und immer tiefern Versinken ins Elend verachte, und einen andern vorziehe, sich seines ganzen Wesens bemeistert [...] habe.[65]

Büchner trägt eine Veredelung in das Geschehen ein, von der sich in seiner Vorlage keine Spur findet. Clarus schreibt mitleidlos. Er will ein Exempel statuieren: «Möge die heranwachsende Jugend

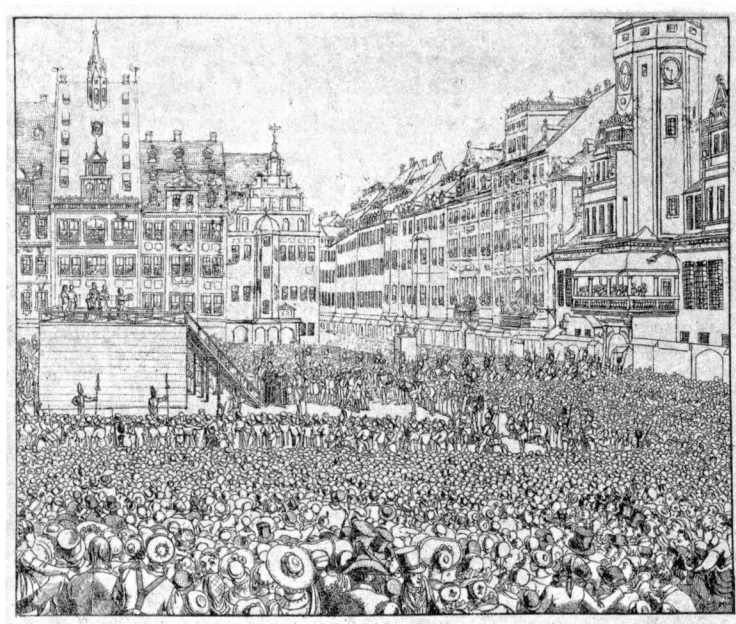

I. C. Woyzeck.
Geht seinnen Tode als reuevoller Christ entgegen, auf dem Marktplatze zu Leipzig, den 27 August 1824.

bei dem Anblicke des blutenden Verbrechers, oder bei dem Gedanken an ihn, sich tief die Wahrheit einprägen, daß Arbeitsscheu, Spiel, Trunkenheit, ungesetzmäßige Befriedigung der Geschlechtslust, und schlechte Gesellschaft, ungeahnet und allmählich zu Verbrechen und zum Blutgerüste führen können.»[66] Daß die Woostin Woyzeck provoziert hat, ist für den Gerichtspsychiater so wenig von Belang wie Woyzecks Armut und Verelendungsangst. Noch aus dessen Verhalten bei der Hinrichtung schließt Clarus, «daß der Verbrecher zurechnungsfähig, aber im hohen Grade kalt und gefühllos gewesen sei».[67] Büchner hätte, wenn er sein Drama bis zur Hinrichtung vorangetrieben hätte, gutes Material für eine Justizkritik finden können. Er ließ sich diese Möglichkeit entgehen, obgleich seine eigene Justizangst nicht verschwunden war. Oder er kam nicht mehr dazu, die Gefängnis- und Hinrichtungsszenen auszuführen. Geblieben ist von ihnen nur der Gerichtsdiener, der am Ende von H1 Woyzecks Mordtat begeistert als gut, schön und echt bewertet.

Clarus führt aus, daß nicht einmal die dreijährige Haft und die von ihr herrührenden Gesundheitsnachteile, zum Beispiel die «scorbutische Beschaffenheit des Zahnfleisches», Woyzecks Zurechnungsfähigkeit beeinträchtigt hätten, daß er vielmehr «mit der größten Gleichgültigkeit sich bis zum letzten Tage mit Fertigung von Papparbeiten beschäftiget» habe, daß er «unmittelbar vor dem Anfang des hochnothpeinlichen Halsgerichts noch einmal zu frühstücken verlangt, eine Gänsekeule mit gutem Appetit» verzehrt und «das Blutgerüst mit einer Fassung bestiegen» habe, «als stiege er in einen Reisewagen». Den toten Woyzeck beurteilt dieser Gerichtsmediziner mit der gleichen Ungerührtheit wie den lebenden. Bei der auf dem anatomischen Theater unternommenen Sektion hätten sich alle Organe in gesundem Zustand befunden, nur das Herz sei «mit einer ganz ungewöhnlichen Menge von Fett» umgeben gewesen. «Beim Fallen des Hauptes bemerkte man einen sehr schwachen Sprung des Blutes aus den Halsschlagadern, vielleicht eine Folge der durch die Falllage verminderten Propulsionskraft des Herzens.» Ein Zeuge der Hinrichtung, die vor Tausenden von Menschen stattfand, schrieb in sein Tagebuch:

> Der Delinquent ging mit viel Ruhe allein auf das Schaffot, kniete nieder und betete laut mit viel Umstand, band sich das Halstuch selbst ab, setzte sich auf den Stuhl und rückte ihn zurecht, und schnell mit großer Geschicklichkeit hieb ihm der Scharfrichter den Kopf ab, sodaß er noch auf dem breiten Schwerdte saß, bis der Scharfrichter das Schwerdt wendete und er herabfiel. Das Blut strömte nicht hoch empor; sogleich öffnete sich eine Fallthür, wo der Körper, der noch ohne eine Bewegung gemacht zu haben auf dem Stuhle saß, hinabgestürzt wurde; sogleich war er unten in einen Sarg gelegt und mit Wache auf die Anatomie getragen.[68]

Wie könnte es gewesen sein?

Zugegeben, ein Meer des Nichtwissens breitet sich zwischen den Inseln des Wissens aus. Es geziemt sich, demütig zu sein, wenn wir den Schaffensprozeß nachzeichnen wollen, der Büchners *Woyzeck* erzeugte. «Ich gehe nicht großen Dingen nach», sagt der Psalmist, «solchen gar, die über mir sind. Nein, beschieden habe ich mich und meine Seele gestillt. Wie ein Kind auf der Mutter Schoß ist meine Seele in mir.»[69] Was sich zusammenfügen läßt, fügen wir zusammen, behaupten aber nicht, so und nicht anders sei es gewesen. Aber es könnte so gewesen sein. Die Urzündung könnte in Darmstadt erfolgt sein. In der Familie wird der Fall Woyzeck diskutiert worden sein. Als Woyzeck hingerichtet wurde, war Georg noch nicht ganz elf Jahre alt. Aber Ludwig Büchner war auch erst zwölf, als sein Vater mit ihm zur öffentlichen Hinrichtung eines Mörders ging.[70] Vater Büchner war «eine strenge Natur»[71] und unsentimental; seine Kinder sollten das Leben kennen, wie es ist; er drückte sie geradezu mit der Nase auf solche Fälle und erinnerte sie immer wieder daran. Er wird die Hinrichtung Woyzecks in Ordnung gefunden haben. Ein Lehrstück. Georg aber protestierte. Sein Gerechtigkeitsgefühl revoltierte. Er war ein junger Mann in der Pubertät und wollte natürlich die Welt verändern. Er litt mit Woyzeck. Er mußte ihn retten. Er dachte so ähnlich wie später sein Lenz: «Aber ich, wär' ich allmächtig, sehen Sie, wenn ich so wäre, und ich könnte das Leiden nicht ertragen, ich würde retten, retten.»[72] Wenn die Menschen einander liebten, wäre alles gut. Ama et fac quod vis, dachte er mit Augustinus. Das hatte er von seinem Religionslehrer. Liebe – und dann tu, was du willst. Die Liebe mußte doch die Lösung sein. Jahre später machte er dann aus Woyzeck und Marie eine große, tragische Liebesgeschichte. Aber schon in seiner Jugend träumte er von Menschlichkeit und verabscheute die spitzfindigen Vernünfteleien der Juristen und Psychiater um die Zurechnungsfähigkeit. Er verstand den Vater nicht, wenn der sagte, das alles sei für das Funktionieren einer Gesellschaft notwendig. Das war eine damals geläufige Argumentation. Besonders beißend faßt sie Joseph de Maistre:

> Und dennoch beruht alle Größe, alle Macht, alle Subordination auf dem Scharfrichter: er ist der Schrecken und das Band der menschlichen Gesellschaft. Nehmen Sie der Welt dieses unbegreifliche Mittel; in dem nämlichen Augenblicke weicht die Ordnung dem Chaos; die Throne sinken, und die Gesellschaft verschwindet.[73]

Der Woyzeck-Stoff schlummerte jahrelang in Georg Büchner und arbeitete unterirdisch fort. Irgendwann fiel Büchner das Clarus-Gutachten in die Hand. Es empörte und faszinierte ihn. Das Denken des Clarus konnte er nicht brauchen, aber die Details. Damit war schon viel da. Es mußte nur noch fortgeschrieben werden. Er mußte weg von einem solchen Denken, weg von Clarus, weg vom Vater, das war klar, aber er brauchte das Material. In diesem lag der Grundimpuls. *Woyzeck* wird mit diesem Material gegen den Vater geschrieben. Clarus und der Vater kondensierten im kreativen Prozeß allmählich zum «Doktor». An diesen Kern kristallierten sich weitere Erfahrungen mit Medizin und Anatomie. Sie ließen ihn schaudern. Er war dem, was er kritisierte, gefährlich nahe. Wenn er es zu einer Anatomieprofessur gebracht hätte, hätten ihm gerichtsmedizinische Tätigkeiten durchaus blühen können. Er war 1836 immer noch ein sehr junger Mann. Er wollte seine Jugend nicht verraten. Schon die Kompromisse, die er bisher hatte eingehen müssen, schmerzten ihn. Im Drama wollte er rein bleiben. *Woyzeck* sollte den bedrohten Urgedanken seiner Jugendzeit bewahren. Es durfte nicht alles falsch gewesen sein, was er sich erträumt hatte. Er mußte sein besseres Ich behaupten. Woyzeck mußte deshalb auf irgendeine Weise unschuldig sein. Büchner schuf einen Mörder, der nichts dafür kann. Woyzeck ist ein Wehrloser, der sich gegen seine Wehrlosigkeit wehrt. Er ist ein Getriebener, der im Mahlwerk dieser Welt unter die Räder kommt. Er ist ein grundkonservativer Mensch, dem sein Lebensrecht nicht wird. Er ist ein Opfer trotz seiner Tat. Von der Zurechnungsfähigkeitsdebatte läßt Büchner zwar die Diagnose des Doktors übrig («fixe Idee, mit allgemein vernünftigem Zustand»),[74] die auf Zurechnungsfähigkeit, also Hinrichtung hinausläuft, aber sie ist Gegenstand seiner Satire; die gerichtsmedizinische Art zu denken verabscheut er. Was er statt dessen völlig neu einträgt, um Woyzeck und Marie aufzuwerten, ist die institutionenkritische jesuanische Religiosität. Sie gehörte zum Jugendtraum. Bei Clarus steht nichts davon, beim historischen Woyzeck und bei der Woostin findet sich nichts dergleichen.

Hinter Veränderungen stecken immer Interessen – psychologische, ästhetische, programmatische oder auch nur pragmatische. Der historische Woyzeck ist gelernter Perückenmacher, zum Tatzeitpunkt arbeits- und wohnsitzlos, und war vorher bei den verschiedensten Dienstherren und -frauen als Friseur und Bedienter tätig gewesen. Er erledigte gelegentlich auch Schneider- und Buchbinderarbeiten. Zeitweise war er in Leipzig als Messehelfer unterwegs. Seine wechselvollen Jahre als Soldat in holländischen, schwedischen, mecklenburgischen, französischen und preußischen Diensten liegen schon weit zurück. Wenn Büchner ihn wieder zum Soldaten macht, muß das einen Grund haben. Aus der großen Kaufmannsstadt Leipzig überträgt er den Stoff in die kleine Garnisonsstadt Darmstadt. Aus der Welt des Kapitals und der Ware Arbeitskraft versetzt er ihn zurück in die ständische Welt des Militärs – eine Art Rückabwicklung des *Hessischen Landboten*, sofern Büchner dort ursprünglich die Reichen treffen wollte und nicht die Vornehmen.

Er muß die Entscheidung schon vor Schreibbeginn getroffen haben. Was heißt Entscheidung? Ein Einfallsblitz zündete. Ein Zufall hatte ihm schon 1834 ein Schriftchen über einen Darmstädter Mörder zugespielt, der Soldat war. Er hatte sich daraus ein paar Notizen gemacht, die sein Fluchtgepäck im März 1835 nicht nennenswert belasteten. Diese schossen zu einer exzellenten Idee zusammen, als er 1835 in den *Archives Générales de médecine* von den französischen und britischen Ernährungsexperimenten an 21 Füsilieren und 26 Grenadieren las.[75] Die Medizinsatire wurde zur Brücke, über die der Stoff aus dem proletarischen Milieu ins Soldatische wanderte. Die Idee bewährte sich und bediente mehrere Interessen zugleich. Das pragmatische Interesse bestand in glücklichen Quellenfunden zum Fall Woyzeck und ähnlichen Vorfällen, aus denen sich das eine oder andere Detail verwerten ließ. Das programmatische Interesse war, daß in einer soldatischen Welt, die ein klares Oben und Unten kennt, Woyzeck einleuchtender als Opfer dargestellt werden konnte. Dem ästhetischen Interesse bot die Welt des Militärs eindrucksvolle Bilder und klare Strukturen. Das psychologische Interesse fand Möglichkeiten zur Abbildung des Vater-Sohn-Verhältnisses vor – die Spiegelung des Vaters im Doppelpaar Hauptmann/Doktor, die Spiegelung des Sohnes in Woyzeck.

Als der Glücksgriff getan war, Woyzeck zum Soldaten zu machen, war Büchners erster Arbeitsschritt, die Quellen auszuschlachten. Der Darmstädter Fall war wenig ergiebig, er lieferte vor allem die Wirtshausszene H1,17 und ein wenig Umfeld dazu.[76] Das Clarus-Gutachten bot hingegen viel. Es lieferte so hervorragende, so echt büchnerisch wirkende und dennoch nur gut gefundene Sachen wie das «Stich die Frau Woostin todt!»[77] Büchner machte daraus erst «stich die Woyzecke todt!» (H1,6) und dann in Zürich «stich die Zickwolfin todt» (H4,12).[78] Sein Assoziationsgenie knüpfte Ketten. Aus der historischen Woostin wird erst die Woyzeckin (Woyzecks Frau), von dort aus, die Blutsauger-Assoziation (Zecke) nutzend, die «Woyzecke», dann, mit einer Raubtierassoziation gekreuzt, die Zickwolfin. Der Name entfernt sich immer weiter vom historischen Vorbild, um poetisch immer reicher zu werden.

Clarus lieferte sehr viel dichtes Detail, spezielles wie die Redewendung «der Kerl pfeift dunkelblau»,[79] aber auch generelles wie den Kauf und das weitere Schicksal des Messers und die Grundgeschichte von Woyzecks Eifersucht:

> Als in Gohlis die Kirmse gewesen, habe er Abends im Bette gelegen, und an die Woostin gedacht, daß diese wohl dort mit einem andern zu Tanze seyn könne. Da sey es ihm ganz eigen gewesen, als ob er die Tanzmusik, Violinen und Bässe durcheinander, höre, und dazu im Takte die Worte: Immer drauf, immer drauf![80]

Daraus macht Büchner «Immer zu! – Immer zu!» Die Tanzmusik intoniert er mit «Hisch! hasch, so ziehn die Geigen und die Pfeifen.»[81] Im Lauf der Monate versucht er, sich allmählich von der Quelle zu lösen. In H1 sind beinahe alle Szenen, in denen Woyzeck vorkommt, noch mit Einzelheiten aus Clarus bestückt.[82] In H2 nimmt die Quellenabhängigkeit deutlich ab. Büchners Psyche erfindet große Figuren, die nicht in der Quelle stehen – den Doktor, den Hauptmann, den Tambourmajor. Von Clarus werden lediglich die «Freimaurer» (H2,1 und 2) mitgenommen.[83] An sie kristallisiert sich als Büchner-Eigengut dann die Apokalyptik an. Was bei Clarus nur als «Getös» überliefert ist,[84] wird im Drama religiös-apokalyptisch erweitert zum «Getös am Himmel».[85] Die Endzeit- und Endgerichtsstimmung wird in den Doktor- und Hauptmann-Szenen weiter vertieft mit «die Erd ist höllenheiß»[86] und «es ist als, als ging die Welt im Feuer auf».[87] In diesem Zusammenhang entstehen weitere typische Woyzeckiana, wie die Rede vom «Kloben», den er in den festen grauen Himmel schlagen wolle, um Sicherheit über Maries Untreue zu bekommen.[88] Büchner übertrug das Bild aus seiner Cartesius-Vorlesung, die fast gleichzeitig in Arbeit war. Cartesius blieb, «um sich aus dem Abgrund seines Zweifels zu retten nur ein Strick, an den er sein ganzes System hängte und hakte, Gott.»[89] Einen solchen Strick wünscht sich auch Woyzeck. H4 bringt weitere quellenunabhängige Stellen, so das arme schlafende Kind («sogar Schweiß im Schlaf»),[90] vertieft generell die soziale Seite («Wir arme Leut»)[91], verknüpft sie mit der ethischen («wir gemeinen Leut, das hat keine Tugend»)[92] und fundiert sie religiös: «Der Herr sprach: Lasset die Kindlein zu mir kommen.»[93] Büchner trägt den hochtheologischen Begriff «Todsünde» nachträglich ein (H4,7),[94] der in den davorliegenden Fassungen der entsprechenden Szene (H2,8 und H1,15) und natürlich auch bei Clarus fehlt. In H4,11 wird die Todsünde dann an die Apokalyptik rückgebunden: «Warum bläßt Gott nicht Sonn aus, daß Alles in Unzucht sich übernander wälzt, Mann und Weib, Mensch und Vieh.»[95] Büchner legt offenbar, das zeigt die Entwicklung von Clarus über H1 zu H4, großen Wert darauf, Woyzeck in einen religiösen Rahmen zu stellen. Dieser Rahmen ist allerdings nicht geschlossen, so daß ein zwar religiöses, aber nicht harmonistisches, nicht im kirchlichen Sinne orthodoxes Weltbild entsteht. Sicher ist nur das Leiden, nicht die Erlösung. «Unsereins ist doch einmal unseelig in der und der andern Welt», sagt Woyzeck, dem Büchner hier eine Lesefrucht geschenkt hat, «ich glaub' wenn wir in Himmel kämen, so müßten wir donnern helfen.»[96]

Es war nötig, Woyzeck jünger, zu einem Dreißigjährigen zu machen. Büchner wollte ihn näher zu sich heranholen. Das ersparte Vorgeschichten. Er wollte keinen Mann, der schon so viel Leben hinter sich hat wie der historische Woyzeck. Er wollte keinen Alkoholismus, der das Bild trüben könnte. Er wollte keine Mehrzahl von Beziehungen und kein Kind von einer anderen Frau. Sein Woyzeck mußte unschuldig sein. So macht er ihn zu einem treu sorgenden Vater, der für Marie wie ein Ehemann empfindet. Er stilisiert das Beziehungselend Woyzecks zu einer gefühlsechten Kleinfamilie, in die der Tambourmajor wie ein Tier einbricht. Er romantisiert und verbürgerlicht das Personal und das Geschehen. Sein Woyzeck durfte kein Beispiel sein für «Arbeitsscheu, Spiel, Trunkenheit, ungesetzmäßige Befriedigung der Geschlechtslust und schlechte Gesellschaft». Büchner mußte dem Vater etwas beweisen, deshalb mußte Woyzeck ein guter Mensch sein.

Auch eine 46jährige Witwe konnte er nicht brauchen. Die Rolle der Woostin ging ihm lange durch den Kopf, er wußte sie lange nicht passend zu besetzen. Auf jeden Fall mußte sie jünger sein und hinreißend, aber nicht ordinär. Das gelang nicht gleich. Am Anfang von H1 tritt die ehemalige Woostin als «Margreth» auf und ist kaum mehr als eine Soldatenhure – «des Menschs» wegen, sagt Andres, solle Woyzeck nicht unfriedsam sein,[97] von ihrem «heißen Hurenatem» spricht Woyzeck selbst, bevor er sie ersticht.[98] In H2 ist sie zu «Louisel» umgestaltet und schon weiter ausgearbeitet. Sie hat schweres schwarzes Haar und Augen, «als ob man in einen Ziehbrunnen oder zu einem Schornstein hinunter guckt.»[99] Das Hurenhafte tritt zurück. «Sie geht wie die Unschuld.»[100] Am Ende betet sie.[101] In H4 ist sie zu «Marie» geworden, sie hat das Kind auf dem Schoß, Woyzeck bringt ihr seine Löhnung wie ein Familienvater. Sie wehrt sich jetzt ausdrücklich gegen den Vorwurf, eine Hure zu sein. «Bin ich ein Mensch?» (zu verstehen im Sinne von «das Mensch») fragt sie empört, als Woyzeck sie mit den zwei Ohrringlein sieht, die ihr der Tambourmajor geschenkt hat.[102] Büchner wollte nicht Woyzecks «ungesetzmäßige Befriedigung der Geschlechtslust» (Clarus) in die Mitte stellen, sondern seine Treue als Liebender und Familienvater. Weiter veredelt wird Marie durch die Parallele zu Fausts Gretchen, die gerade in der Schmuckszene mit Händen zu greifen ist. Wie Gretchen erscheint Marie als eine unschuldig Verführte. «Doch – alles, was mich dazu trieb, / Gott! war so gut! ach, war so lieb!»[103] Wie Gretchen hat sie ein Bewußtsein ihrer Schuld und nimmt ihren Tod in Gedanken vorweg: «Ich könnt mich erstechen.»[104]

Die Unschuld oder zumindest moralische Gleichgültigkeit des Triebes zu erweisen gehörte zu den Aufgaben, die Büchner sich gestellt hatte. Da war etwas Elementares. Es ging um heiße Weiber. Er hatte ein Tiefeninteresse, das auf Selbstverteidigung aus war. Und auf Verteidigung seiner heimlichen Liebe. Von der Woostin als Ausgangspunkt bis zu Marie als Endpunkt gibt es eine stete Aufwärtsbewegung. Marie mußte unwiderstehlich sein, daran lag Büchner.

Jeder mußte sich in sie verlieben. Erst nach einem längeren Gestal-
tungsprozeß hatte er die Figur so, wie er sie brauchte. Das autobiographische Interesse ist unschwer zu erkennen. Er hatte ja einmal
eine fille perdu «au niveau des anges» zu heben getrachtet. Das versuchte er jetzt mit Marie.

Auch der «Andere» gibt bei Clarus nichts her. Büchner mußte
ihn erfinden. In H1 gelingt ihm das noch nicht, der «Unteroffizier»
bleibt gesichtslos, passend zur Soldatenhure. Er ist ordinär und brutal – «Teufel», verflucht er den Barbier, «du sollst mir deinen Urin
trinken».[105] Der Satz verschwindet später ganz. In H2 wird der
«Andere» zum «Tambourmajor» ausgearbeitet. Er ist «ein schöner
Mann»[106] mit vitaler Sexualität. Marie (Louisel) ist für ihn ein
Weibsbild «zum Fortpflanz von Kürassierregimentern und zur
Zucht von Tambourmajors».[107] In H4 wird der Themenkreis Potenz und Männlichkeit weiter gestärkt. Es kommt erstmals zu einer
direkten Konfrontation der beiden Konkurrenten. Der Tambourmajor fordert Woyzeck heraus: «Ich will ihm die Nas ins Arschloch
prügeln.»[108] Sie ringen, Woyzeck unterliegt. In der Quelle (Clarus)
ist Woyzeck der Provokateur, der sich prügeln will[109] und sich mit
den Worten «der Kerl pfeift dunkelblau» entfernt. Büchner greift
entschieden zu Woyzecks moralischen Gunsten ein. Er dreht die
Szenerie um und legt dem Tambourmajor die Drohung in den
Mund: «Der Kerl soll dunkelblau pfeifen.»[110]

Der schönen Marie bleibt die Brutalität verborgen, sie sieht nur
die Potenz. Der Tambourmajor «steht auf seinen Füßen wie ein
Löw».[111] Marie sagt zu ihm mit beinahe biblischem Pathos: «Geh'
einmal vor dich hin. – Über die Brust wie ein Stier und ein Bart
wie ein Löw … So ist keiner. Ich bin stolz vor allen Weibern.»[112]
Nicht «ihr Hunger hurt und bettelt» (wie in *Danton's Tod*)[113], nicht
soziales Elend treibt das Geschehen an, sondern erotische Verfallenheit, die Faszination durch einen imposanten männlichen
Mann. Ausgetieft wird der Tambourmajor durch die gegenbildliche Erfindung des Hauptmanns. Büchner mußte lachen, als der
ihm einfiel. Macht eine Falte und sagt «das ist eine Einfalt. Ha-
hähä!»[114] Er verlieh ihm außer ein paar Wortspielen die Gaben Impotenz und Unmännlichkeit, ohnmächtige Tugend und hilflose
Moral. Auch das kannte Büchner aus eigener innerer Erfahrung.

Er war in der Praxis eher ein Hauptmann, nur der Sehnsucht nach ein Tambourmajor.

Die Identifikationen wandern. Wechselnde Kerzen werfen wechselnde Schatten. Büchner ist ein junger Mann mit einem fragilen Ich. Was Eifersucht ist, weiß er aus der Zeit, als er Amalie Weidig liebte, aber das aromatisiert den Woyzeck-Stoff kaum. Anfangs sympathisiert er nur mit Woyzeck und ordnet dessen Gegenwelt innerlich seiner eigenen Gegenwelt, dem Komplex «Vater» zu. Später baut er den Doktor aus, den Hauptmann, den Tambourmajor, und merkt, daß ihn mit allen etwas verbindet, so wie er ja auch seinem Vater ähnlicher ist als ihm lieb ist. Je weiter der Text sich von der Autobiographie und von den Quellen wegbewegt, desto künstlerischer wird er. Die Typologien werden immer schwächer oder überlagern sich immer komplexer, so daß im Endeffekt das Kunstwerk immer anspielungsreicher wird. Die Brücke von der Wirklichkeit zur Kunst führt einerseits über solche Typologien, die als gegenbildliche Projektionen oder als gleichgerichtete Identifikationen auftreten können, andererseits hat die Kunst aber auch die Aufgabe, die autobiographischen Herkünfte zu verhüllen, zu tarnen oder zu maskieren. Durch diese Tarnung entsteht Spielfreiheit. Die schweren autobiographischen Lasten werden zu leichten Jonglierbällen gemacht. Im *Woyzeck* ist die Verzerrung ins Groteske eines der Kunstmittel, die solche Tarnung und Spielfreiheit erzielen.

Typologisch betrachtet sind es nach der gesamten Erfahrung mit Büchners Werk vier Figuren, deren Spiegelung erwartet werden kann: Georg, der Vater, Wilhelmine und die fille perdue. Georg haben wir als Woyzeck, als Doktor, als Hauptmann und als Tambourmajor, den Vater als Doktor und als Hauptmann, die fille perdue als Marie. Wilhelmine fehlt. Sie gehört in eine andere, geordnetere Welt. Der ganze Woyzeck spielt in den Tiefen und Abgründen von Büchners Seele, spielt nicht dort, wo es bürgerlich und aufgeräumt zugeht und das Verdrängte unter strenger Kontrolle steht. Minna ließ sich nicht spiegeln in der heißen Marie, die aufbegehrt gegen den Versuch, sie ins kleinfamiliale Gefängnis zu sperren. Sie ist höchstens als hämische Nachbarin «Margreth» vorhanden, die sich selbst als «honette Person» betrachtet und «die Leut» vertritt, deren pharisäischer Anstand nur mühsam den Neid verbirgt, mit dem sie auf diejenigen blicken, deren Augen glänzen (H4,2).[115]

Oft sann Büchner nach über «das Volk». Was er dazu vorfand bei Clarus, gefiel ihm nicht – jene Welt von Bierschenken, Juden, Gelbgießern, Buchbindern, Zeitungsträgern und Stadtsoldaten, bei denen Woyzeck nach Ausweis des Clarus-Gutachtens seine Arbeits- und Schlafstellen hatte, oft zusammen mit anderen Bettburschen die Matratze teilend. Brauchbar schien ihm davon, daß Woyzeck mit Andres «in einem Bett» schläft.[116] Sonst gewann er aus Clarus wenig über das «Volk», von dem er eine ganz andere Vorstellung hatte. Das Thema war ihm wichtig, sogar das Wort. «Buden. Lichter. Volk» nennt er eine Szene (H4,3). «Volkslieder» spielen eine große Rolle. Woyzeck singt: «Denn lange Kleider spitze Schuh, / Die kommen keiner Dienstmagd zu.»[117] Büchner holt sich das Personal nicht bei Clarus, sondern bildet es neu. Er romantisiert es, wenn er die Welt der Gelbgießer und Zeitungsträger wegläßt, aber «Marktschreier» und «Handwerksburschen», «Kind», «Narr» und «Großmutter» hinzufügt. Aus dem Bereich der Schauplätze «Markt», «Wirtshaus» und «Straße» gehören die Marktschreierszenen zu den frühesten. Sie eröffnen die wissenschaftssatirische Sphäre und ließen sich aus Studienerlebnissen speisen. Sie bleiben stabil, werden aber nicht weiter ausgebaut, sondern eher verkleinert, wie die Entwicklung von H1,1–2 über H2,3 zu H4,3 zeigt.

Den Zimmer- und Bettgenossen «Andres» erfand Büchner gleich am Anfang. Das Volumen der Figur nimmt von H1 bis H4 leicht zu. Sie war dramentechnisch notwendig, um eine Mitteilungsebene für Woyzecks bedrückende Innenwelt zu haben. Andres bildet die Normalwelt ab, die zurechtkommt. Von ihm erfährt Woyzeck zuerst etwas über seinen Nebenbuhler; «ein köstlich Weibsbild», soll der über Marie gesagt haben, «die hat Schenkel und Alles so fest» (H1,8).[118] In H2 ist es der Hauptmann, der Marie verpetzt.[119] In H4 hat Woyzeck selbst den Tambourmajor gesehen.[120] Das entlastet Andres.

In H1,5 und H1,17 gibt es einen «Narren», in H2,3 ebenfalls, aber mit anderem Text, in H3,2 einen «Idioten», wieder mit anderem Text, in H4,16 erneut einen «Narren»; hier erzählt er Märchen. Büchner wollte die Sphäre der Antivernunft stets repräsentiert haben. Darin ist er Romantiker. Darum spielen auch Volkslieder und Märchen eine so große Rolle. Büchner verstreute sie mit leichter Hand. Das berühmte Großmuttermärchen findet sich nur in H1. Es steht nicht in H4, hätte aber wahrscheinlich noch kommen sollen. Es ist in H1,14 placiert, unmittelbar vor der Mordszene (H1,15). In Lesefassungen wird es meistens an H4,17, also an das Ende von H4 angeschlossen und eröffnet die Schlußsequenz. Eine Figur «Großmutter» brauchte Büchner für die Handlung eigentlich nicht. Er hatte das Märchen schon fertig, als er seinen *Woyzeck* zu schreiben begann, und schuf irgendeinen Platz dafür. Die Anregungen dazu hatte er in Grimms Märchen und bei Jean Paul gefunden.[121] Auch das Großmuttermärchen gehört zum wissenschaftssatirischen Bereich. Es zeigt, was übrig ist, wenn die materialistische Wissenschaft ihr Werk getan hat. Es zeigt, daß «die vollends aufgeklärte Erde [...] im Zeichen triumphalen Unheils» strahlt (Adorno).[122] Das von einer «aufgeklärten» Großmutter erzählte «Volksmärchen» von dem einsamen armen Kind, dem Sonne, Mond und Sterne sich als «verwelkte Sonnenblume», «ein Stück faul Holz» und vom Neuntöter aufgespießte goldene Mücken traurig darstellen, zeigt die metaphysische Hoffnungslosigkeit einer Welt, in der die Barbiere herrschen. In ihr ist die Erde nur noch «ein umgestürzter Hafen». Weit entfernt davon, einen Nihilismus oder Atheismus Büchners zu erweisen, ist das Großmuttermärchen vielmehr als Kritik einer Entmythologisierung zu verstehen, die nur genommen, nicht gegeben hat. Daß diese Kritik sich in ein Märchen kleidet, zeigt die Macht des Mythos noch im Untergehen.

Marie und Woyzeck finden Halt im Evangelium, das nicht widerlegt wird durch den tödlichen Ausgang. Der hingerichtete Woyzeck wäre ein leidender Christus gewesen. Das «Volk» ist ohne religiöse Orientierung haltlos und verloren. Es tritt zuerst in H2,4 in Gestalt von «Handwerksburschen» auf. Sie sind betrunken und philosophieren. «Hol der Teufel den lieben Herrgott.» «Keine Sicherheit mehr im Staat.» «Laßt uns jetzt über das Kreuz pissen, damit ein Jud stirbt.»[123] Einer hat das Pißorgan noch nicht verstaut, stolpert doppelsinnig über sich selbst, sucht mit dem Mond nach dem Schatten zwischen seinen Beinen, vermißt Sicherheit im Hosenstall, kommt dann von dem Wort «Hantierung», das er «Hand-thierung» schreibt, über seinen Perpendikel oder andere unleserliche Vokabeln zu «Thierheit, Thierischkeit, Viehigkeit eines sündigen Mannes», der sich bockig wie der biblische Onan verhält, seiner unerzeugten Kinder wegen (Gen 38,8). Solcher Art sind die Handwerksburschen. Büchner malt sie satirisch und pessimistisch. Kein Frührot einer kommenden Arbeiterbewegung wirft einen Hoffnungsschimmer auf ihre Gesichter. Sie sind keine Frühsozialisten oder Neobabouvisten und sind nicht von den Handwerkern des Weidig-Kreises inspiriert, mit denen Büchner 1834 zusammengekommen war. In H4,II bleiben sie erhalten und werden nur stilistisch ein wenig versäubert. Sie bilden eine Art Staffage um Woyzecks Tragödie, die sie nicht wahrnehmen und von der sie nichts verstehen. Während sie ihr Gewäsch ablassen, sagt Woyzeck sein «Das Weib ist heiß, heiß!» und sein «Immer zu, immer zu» und beobachtet schockiert den Tambourmajor, «wie er an ihr herumtappt, an ihrem Leib».[124] Die Handwerksburschen bilden einen unweisen Chor zu dieser Tragödie. Dieser Chor fragt, die fundamentaltheologische Sphäre des Marktschreiers, des Barbiers, des Doktors und der aufgeklärten Großmutter aufnehmend, «Warum ist der Mensch?» und antwortet sich selbst zirkelschlüssig: «Aber wahrlich ich sage Euch, von was hätte der Landmann, der Weißbinder, der Schuster, der Arzt leben sollen, wenn Gott den Menschen nicht geschaffen hätte? Von was hätte der Schneider leben sollen, wenn er dem Menschen nicht die Empfindung der Scham eingepflanzt, von was der Soldat, wenn er ihn nicht mit dem Bedürfnis sich totzuschlagen ausgerüstet hätte?» Das sind, in ihrem komischen Pathos karikaturistisch verzerrt, die Fragen, die Büchner selbst von Jugend auf hatte, die im Fatalismusbrief, im *Lenz* und im Theodizeegespräch von *Danton's Tod* gestellt werden. Sie stellen sich auch dem «Volk», nicht nur den Intellektuellen, und verlangen eine Antwort, die der junge Büchner nicht geben kann, die Philosophie und Medizin ihm nicht gegeben haben, die aber seit seinen Jugendjahren wie ein Treibsatz sind, der Dichtungen zündet.

Wir arme Leut

Die Mitte des 19. Jahrhunderts kannte Pauperismus und Proletarierelend in schaurigem Umfang – Hungerlöhne, Überforderung, ungesunde Wohnverhältnisse, Epidemien, Kinderarbeit, daraus folgende sittliche Verelendung mit Gewalttaten, Raub und Diebstahl, Trunksucht, Promiskuität und Prostitution. 1846 war in Berlin jedes fünfte Kind unehelich, es gab zehntausend Prostituierte und jährlich zehntausend syphilitische Erkrankungen. «Die weibliche Jugend des Proletariats verfällt fast unrettbar der Prostitution. Das Geld reicher Wüstlinge erkauft die erste Blüthe der armen Mädchen, welche dann, von dem Verführer preisgegeben, rasch von Stufe zu Stufe bis zur äußersten Verworfenheit herabsinken.»[125]

Das waren die Rahmenbedingungen in der historischen Wirklichkeit. Aber welche Rolle spielen sie in Büchners Kunst? *Woyzeck* ist keine Pauperismus-Studie, kein Arbeiter-Ausbeuter-Sozialgemälde wie Hauptmanns *Weber*, kein Drama einer heraufziehenden sozialen Revolution, sondern eine Liebestragödie unter Armutsbedingungen. Woyzeck ist arm, aber sein Motiv ist nicht das Geld. Sein Mord ist keine fehlgeleitete Ersatzhandlung für eine andere Gewalttat, die den Reichen und Mächtigen hätte gelten müssen, sondern die Verzweiflungshandlung eines Mannes, dessen verriegelte Welt nur einen einzigen Lichtblick kannte: die Liebe zu Marie. Die kümmerlichen Lebensumstände hatten sich um ihn geschlossen wie ein Sarg, den nur die Liebe eine Ritze weit offen hielt. Maries Untreue schlägt den Sargdeckel zu. Das «Geld reicher Wüstlinge» spielt überhaupt keine Rolle. Maries Fehltritt kommt einerseits aus sozialem Trotz und Körperstolz – sie hat «ein so rothe Mund als die großen Madamen»[126] –, andererseits aus sexueller Sehnsucht. Sie sucht den Stier im Tambourmajor, nicht Geld oder Macht. Büchner hat die Figur des Dritten im Dreieck sehr bewußt gewählt. Ein Tambourmajor war kein wirklicher Major, sondern nur eine Kleiderpuppe im Rang eines Unteroffiziers – der Anführer eines Musikzugs eben, pompös geschmückt, aber weder reich noch mächtig noch gar adelig, wie es die richtigen Offiziere damals sein mußten. Eine soziale Revolution hätte Marie von ihren Sehnsüchten nicht befreien können. Büchner zeigt Menschen, die Gefangene ihrer Triebe und Lebensumstände sind. Er zeigt nicht den Schimmer eines Auswegs. Die Armut ist aussichtslos, nicht nur die geldliche. Alle sind Unterworfene, auch der Doktor, der sich unter dem Diktat der Wissenschaft, und der Hauptmann, der sich unter dem Diktat der Tugend lächerlich macht. Beide haben zwar ihr Auskommen, sind aber keine Geldleute. Nur ganz peripher geht es in diesem Stück um reich und arm, obgleich die wenigen Sätze darüber sehr viel zitiert werden. «Wir arme Leut» sagt Woyzeck, «das hat keine Tugend».[127] Aber würde er die verklemmte Pharisäertugend des Hauptmanns wirklich haben wollen, selbst wenn man ihm einen Hut und eine Uhr und eine Anglaise drein gäbe? Ist er nicht menschlich viel weiter mit seinem «Der Herr sprach: Lasset die Kindlein zu mir kommen»? So lange Marie zu ihm hält, ist Woyzeck auch ohne Geld und Ehering freier und glücklicher als der Hauptmann, der den Mädchen unter die Röcke gafft, wenn sie sie schürzen über den Pfützen.

Trotzdem ist *Woyzeck* ein soziales Drama von stupender Kraft. Gerade weil niemand etwas ändern kann, wirkt das Soziale in seiner Fatalität so empörend, so grausam, so sehr als Gefängnis. Büchner leidet an diesem Gefängnis. Sein Mitleid ist schrill aufbegehrend, nicht weich sentimental. Er steht da wie ein Rächer, der nicht zuschlägt; er hat die Waffe erhoben, ist dann aber in der Pose erstarrt, weil ihm der Fatalismus in den Arm gefallen ist. Aufbegehren und Erstarrung sind ein Resultat seiner Klaustrophobie. Er will Ketten sprengen, aber nach der Erfahrung mit dem *Hessischen Landboten* sieht er für die Armen keinen Ausweg. Ästhetisch wirkt sein Mitleid stark, weil er den Sarg geschlossen hält. Sein persönlicher Ausweg war die bürgerliche Gelehrtenkarriere. In seinen Dichtungen gibt es diesen Ausweg nicht. Woyzeck ist nicht zu retten. So wie er einmal ist, käme jede Sozialreform für ihn zu spät.

Gleichzeitig mit Woyzeck tritt ein anderer Armer in den Lichtkegel der Literaturgeschichte: Oliver Twist. Charles Dickens war annähernd gleichaltrig mit Georg Büchner, als er 1837/38 die Geschichte des Armenhäuslers Oliver Twist in die biedermeierliche Behaglichkeit des frühviktorianischen England warf. Oliver Twist ist noch viel ärmer, hungriger und elender als Franz Woyzeck, aber mit Talent und Tugend, Glück und katzenhafter Zähigkeit erklettert er eine bessere Etage der bürgerlichen Geldgesellschaft und wird am

Ende «wahrhaft glücklich».[128] Nie verläßt ihn die Aufstiegshoffnung, die Woyzeck fehlt. Er ist perfekt angepaßt, ein Bürger durch und durch. Er kennt die klaustrophobe Aussichtslosigkeit nicht, die Woyzeck sogar über den Tod hinaus begleitet: «Wir arme Leut [...] Ich glaub, wenn wir in Himmel kämen, so müßten wir donnern helfen.»

Genialität

Genies sind so unwahrscheinlich wie bewohnbare Himmelskörper. Sehr viele Bedingungen müssen gegeben sein und in einem günstigen Verhältnis zueinander stehen. Wir sehen den Ringen zu, wie sie sich immer enger stellen. Bürgerkinder gibt es in den 1830er Jahren massenweise, nicht alle, aber viele aus diesem großen Ring hegen im Herzen einen Jugendtraum von Weltverbesserung, der als Kondensat der großen revolutionären Zeiten auch noch das christliche Biedermeier befeuchtete und die deutsche Jugendopposition der Vormärzzeit begeisterte. Begabte Söhne aus Arztfamilien gibt es auch genug, solche an Platz 1 der Geschwisterreihe mit dem entsprechenden Chefbewußtsein allerdings schon deutlich weniger. Nach Straßburg gehen und die Luft der französischen Julirevolution atmen sondert noch einmal aus, sich heimlich und zu früh verloben ebenfalls. Theologenfreunde halten den Jugendtraum lebendig, Liebe und Mitleid motivieren Pläne zu Gesellschaftsveränderungen. Nun ist der Ring schon ganz eng, aber das macht immer noch nicht genial. Daß Georg Büchner von Straßburg nach Darmstadt und Gießen zurückgezwungen wurde, radikalisierte ihn ein weiteres Mal; der *Hessische Landbote* entstand, eine rhetorische Glanzleistung, aber noch keine Dichtung; trotzdem zeigte die Brandschrift seinen heißen Atem doch ein erstes Mal. Er gedachte dessen in späteren Jahren mit Scham, aber auch mit trotzig wildem Glück. Es war ein Genuß gewesen, so rücksichtslos zu schreiben, wenn auch eine Dummheit.

Das Scheitern des *Landboten* stellte den Ring noch einmal enger und erhöhte den Innendruck entscheidend. Er hatte etwas Falsches gemacht, also mußte er künftig etwas Richtiges machen. Von den Verschwörern hatte er sich getrennt, mit nicht ganz gutem Gewissen, der Vater hatte ihn gedrängt, und er mußte ja auch tatsächlich vorsichtig sein, was ihn erbitterte. Schon immer war er klaustrophob, Eingeengtsein konnte er nicht ertragen. Ziellose Wut, Schuldgefühle und Gefängnisängste vermischten sich im Darmstädter Winter 1834/35 mit zwingenden Verheimlichungsnotwendigkeiten. Er konnte mit niemandem mehr reden, mit den Verschwörern nicht mehr, denen er aus dem Weg ging, mit dem Vater schon gleich gar nicht, noch mit Wilhelmine, nein, mit der erst recht nicht. Alle Ausgänge waren verschlossen, bis auf einen: die Dichtung. So entstand *Danton's Tod*.

Die Flucht nach Straßburg vereinzelt Büchner vorerst weiter, weil sie den Weg zum Vater für lange Zeit verschüttet. Sie zwingt zu Wiedergutmachungsanstrengungen. Ein enormer wissenschaftlicher Ehrgeiz nimmt jetzt allen Platz ein. Büchner will zurück in einen größeren Ring. Das gelingt auch in einem gewissen Grade. Er will zurück in die Gesellschaft, aus der er sich durch den *Landboten* ausgeschlossen hat. Er will die Achtung des Vaters zurückgewinnen. Er arbeitet wie ein Besessener an seiner Universitätskarriere. Aber als Wissenschaftler ist Büchner Dutzendware, kein Genie. Sein wirkliches Wesen in der Wissenschaft auszudrücken gelingt ihm nicht einmal ansatzweise. Je mehr er tagsüber zwangsläufig zum Philister wird, der seine Stunden einhält, desto lauter meldet sich nachts der Traum seiner Jugend. Dem will er treu bleiben. Der Heißhunger nach Weltveränderung, der den *Hessischen Landboten* herausgetrieben hatte, war mit den kleinen Brötchen des disziplinierten Berufsfleißes nicht zu sättigen. Er brach sich eine andere Bahn. Weil Büchner die Fehler des *Landboten* nicht wiederholen wollte, sprang wie von selbst eine Weiche um. Kunst, nicht mehr Politik lautete nunmehr die Devise. Aus der Philister- und Wissenschaftskritik wurde romantische Dichtung. Die Künstlernovelle *Lenz* entsteht, die Komödie *Leonce und Lena* nimmt Gestalt an; auch *Woyzeck* gehorcht romantischen Grundimpulsen.

Büchner war auch als Künstler ein großer Arbeiter. Was immer er an Quellen und autobiographischen Impulsen hatte, schliff er so lange, bis es seinem Kunstideal entsprach. Um der Woyzeck-Figur, deren Rohstoff er von Clarus hatte, Leben einzuhauchen, beobachtete er die Welt. Von Handschrift zu Handschrift kam mehr dazu und rundete sich die Figur. Die Details mußten stimmen. Was besaß so ein Soldat? Ein «Kamisolchen» – das war ein Wams. Solche Wörter brauchte er. Alles mußte echt wirken. Im *Lenz* hatte er geschrieben:

> Ich verlange in allem Leben, Möglichkeit des Daseins, und dann ist's gut; wir haben dann nicht zu fragen, ob es schön, ob es häßlich ist, das Gefühl, daß Was geschaffen sei, Leben habe, stehe über diesen Beiden, und sei das einzige Kriterium in Kunstsachen. Übrigens begegne es uns nur selten, in Shakespeare finden wir es und in den Volksliedern tönt es einem ganz, in Göthe manchmal entgegen. Alles Übrige kann man ins Feuer werfen.[129]

In den Volksliedern also, bei Shakespeare, manchmal auch bei Goethe. Das Kriterium ist nicht die sozialhistorische Richtigkeit, sondern «Leben», ein «Je ne sais quoi», dessen Geheimniskern die Kunsteignung ist. Büchner war ein ästhetischer Könner par excellence. Die Kunstarbeit schafft die ursprünglichen Impulse um zu großer Dichtung. Mit Goethe und Shakespeare auf Augenhöhe zu sein begehrte der junge Mann. Literarischer Ehrgeiz ist neben dem wissenschaftlichen Ehrgeiz ein starkes Motiv. Aber die Zeit reichte nicht für beides.

Zum Philisterium gehört auch das Verlobungsgefängnis, in das er sich begeben hatte. Es war unentrinnbar geworden seit der Flucht. Von der fille perdue hatte er Abschied nehmen müssen. Er war ein Verräter. Mit seinem Rettungsplan («relever au niveau des anges») war er gescheitert. Er schämte sich. Das alles steckte als tiefes Geheimnis in ihm fest. Nur in der Dichtung gab es dafür Raum. Für seine buntfarbig blühenden Frauenträume blieb ihm überhaupt nur die Dichtkunst. Das nützte er weidlich aus. Von dorther kommt viel. Von Wilhelmine kam wenig.

Nun können auch noch drastischer zugespitzte Umstände vorliegen, ohne daß einer deshalb dichtet. Immer muß noch vielerlei dazukommen, Talent, große Vorbilder (Goethe! Shakespeare!), glückliche Zufälle, Bekanntschaften, gute Gespräche und Lektüren, kleinere und größere Wunder, göttliche Funken, Unerklärliches und Mysteriöses. Ahnte Büchner seinen frühen Tod? Daß er keine Zeit haben würde? War Dichten für ihn wie für seinen großen Nachfol-

Georg Büchner, aus
der Erinnerung
gezeichnet von Alexis
Muston

ger Henrik Ibsen «Gerichtstag halten / über sein eigenes Ich»?[130]
Wenn schon Gericht, fürchtete er dann den Seelenwäger, wollte er
dann sein Pluskonto aufbessern? Man muß nicht aktiv religiös sein,
um unterhalb der Bewußtseinsschwelle eschatologisch zu empfinden. Bestelle dein Haus! verlangt der Tod, wenn man an ihn denkt.
Auch ein Atheist kann über metaphysische Sensibilität verfügen, ein
Bewußtsein haben von Anfang und Ende, Zeit und Tod, Verlorenheit in der Unendlichkeit der Räume, Kostbarkeit des Augenblicks
und des Individuums, die beide unwiederbringlich sind, weshalb
jeder Mensch und jeder Moment zählt. Fühlte Büchner, daß er sich
verantworten müsse, mußte er deshalb schreiben? War die überlieferte Eschatologie noch so stark? Erschrieb er sich einen guten

Platz im Himmel, weil er nicht «donnern helfen» wollte? Eine wilde Urreligiosität bäumte sich in ihm und suchte nach Räumen, die nicht von kirchlichem Mobiliar zugestellt waren. Sie bot eine Verknüpfungslogik an, die viele Drücke und Zwänge koordinierte. Philosophisch hätte er sich dazu nie bekannt, aber poetisch funktionierte das.

Büchners Dichtungen sind wie die Goethes «Bruchstücke einer großen Konfession».[131] Eine Konfession ist ein Bekenntnis, eine Beichte, ein Geständnis, also muß es eine Schuld geben. Die Schuld ist das Leben selbst, das nicht gelebt werden kann ohne Verluste und Verzichte, ohne Versagen, Verrat und Verletzungen des Nächsten. Die Dichtung ist Vergebungsbitte und Lossprechung zugleich. Die Vergebungsbitte ist mühselig, die Lossprechung aber ist süß. In ihr geht alles in Erfüllung, was das Leben verweigert. Eine gelungene Dichtung schafft tiefe Befriedigung. Der Delinquent hat sich ausgesprochen und genießt nun das Glück der Absolution. Dichtung macht frei – sinnlich, sittlich und sozial. Büchner ist ein Prophet der Freiheit. Sein Charme liegt in der frechen und frischen Unschuld seiner Dichtungen, in der naiven Rücksichtslosigkeit des Quellenplünderns, in seiner jugendlichen Bedenkenlosigkeit, die «alles sagt», auch das Krasse und Aufrührerische, in der Echtheit seiner Schwermut und dem Lodern seines Zorns. Das Leben zwang ihn zu Verstellungen, Lügen und Kompromissen. In der Dichtung war er authentisch, wahrhaftig und frei. Genialität ist ganz mit sich Übereinstimmen. Als Dichter war Büchner nie zu Kompromissen genötigt (allenfalls in der Wettbewerbsfassung von *Leonce und Lena*). Daß er so jung starb, hat ihn davor beschützt. Der Trotz der Treue zum Jugendtraum hätte versiegen müssen mit der Zeit, oder er hätte sich verwandeln müssen, so wie sich Goethe und Schiller verwandelt haben, als sie älter wurden. Der Zustand, in dem eine Dichtung entsteht, ist in Jugendwerken ein entspannter, einer des Gehenlassens, des Fließenlassens. Später überwiegt das Können. Manchmal vollstreckt es den kalkulierten Verrat am Jugendtraum.

Von allen Seiten belagert, ergibt sich die Festung der Genialität trotzdem nicht. Das Kunstwerk ist mehr als die Summe seiner Ursachen. Wir können noch so viele Motive zusammentragen – die Tinte wird nicht wieder flüssig. Wer wollte nicht für einen Augenblick hinter ihm sitzen in Straßburg oder Zürich, ihm über die Schulter schauen, hinter die Kulissen und in den Kopf, um dort das blinkende Spiel der huschenden Assoziationen zu beobachten? Was geschah in diesem Kopf Ende Januar 1837, als Büchner, schon typhusinfiziert, H4,17 schrieb, die letzte Szene der letzten Handschrift? Woyzeck vererbt dem Andres erst sein Kamisolchen und dann noch ein Heiligenbild mit einer Liedstrophe. Typologisch ist er ein gegeißelter Heiland:

> Leyden sey all mein Gewinst
> Leyden sey mein Gottesdienst,
> Herr wie dein Leib war roth und wund
> So laß meyn Herz seyn aller Stund.[132]

Das erste Verspaar stammt aus einem evangelischen Kirchenlied. Das zweite Verspaar, ein Gebet, hat Georg Büchner selbst gedichtet und auf dem Korrekturrand des Blattes nachgetragen. Es muß ihm wichtig gewesen sein. Es gehört zu den allerletzten Zeilen, die er vor seinem Tode schrieb.

Ein langer Weg zum Ruhm

Vier Jahrzehnte vergehen. Um *Woyzeck* ist es still. Von «zwei anderen Dramen», die er «in längstens acht Tagen» zusammen mit *Leonce und Lena* erscheinen lassen wolle, spricht ein fragwürdig überlieferter Brief Georg Büchners von Ende Januar 1837.[133] Das eine davon müßte *Woyzeck* gewesen sein (das zweite, wenn es je existierte, *Pietro Aretino*). Wilhelmine Jaeglé hat als erste im Februar 1837 den Nachlaß des Toten gemustert. Nach ihr oder zusammen mit ihr taten dies Caroline und Wilhelm Schulz. Der letztere schrieb am 28. Februar 1837 in einem Nachruf auf Georg Büchner, es finde sich unter dessen hinterlassenen Schriften «ein beinahe vollendetes Drama»[134] – womit nur *Woyzeck* gemeint sein kann. Jaeglé nahm den Nachlaß mit nach Straßburg. Die vier Woyzeck-Handschriften gab sie irgendwann zwischen 1837 und 1850 nach Darmstadt.[135] Als Ludwig Büchner 1850 die *Nachgelassenen Schriften* vorbereitete, schied er *Woyzeck* aus, einerseits aus den bis heute bestehenden

Gründen (Entzifferungs- und Anordnungsprobleme), andererseits aus ästhetischen Vorurteilen und aus Dezenzrücksichten, denn der führende Materialist des 19. Jahrhunderts war geschmacklich und sittlich ein vergleichsweise prüder epigonaler Klassizist.[136]

Schwarz-Rot-Gold 1875

Woyzeck schlummerte noch weitere zweieinhalb Jahrzehnte in einer Darmstädter Dachbodenkiste und wartete auf Karl Emil Franzos. Das Wecksignal kam von der Züricher Friedhofsverwaltung. Als der Friedhof am Zeltweg, auf dem Büchner bestattet war, aufgehoben werden sollte und die Einebnung des Grabes drohte, nahm sich die Studentenverbindung *Germania* der Sache an und beantragte, den Denkstein auf den sogenannten Germaniahügel auf dem Zürichberg zu versetzen, was genehmigt wurde und am 4. Juli 1875 geschah. Die noch vorhandenen Leichenteile wurden darunter gebettet.[137] «Der schwarz-rot-goldenen Fahne der deutschen Studierenden folgten vom Polytechnikum aus ca. 150 Teilnehmer, vorwiegend Studierende aller Nationen.»[138]

Ganz vergessen war Büchner im 19. Jahrhundert nicht. Sonst hätte es nicht geschehen können, daß seine Gebeine mit so großem Gefolge an einen so prominenten Platz verbracht wurden. Wer diesen Platz heute erreichen will, muß sich von der Bergstation der Rigiblick-Bahn aus etwa fünfzig Meter nach links bewegen. Das Grab liegt nicht mehr in freier Natur, sondern mitten in einem breiten Gehweg, bis zu dem sich die Stadt inzwischen hinaufgezogen hat. Der Ausblick ist sehr schön. Ein Anonymus – es war der damals 51jährige Ludwig Büchner – beschrieb ihn für die Leser der Wiener *Neuen Freien Presse* wie folgt:

> Zürich ist berühmt wegen seiner wundervollen Umgebungen. Aber schwerlich wird sich ein schönerer Aussichtspunkt in dieser Umgebung ausfindig machen lassen, als der sogenannte ‹Germania-Hügel› auf dem Zürichberg, auf welchem gestern Georg Büchner nach Uebertragung seiner Leiche von dem alten und dem Untergang geweihten Kirchhof am Zeltweg zum zweitenmale bestattet worden ist. Dicht am Fuße des Hügels liegt die Stadt Zü-

rich mit ihren zahllosen Landhäusern in einer mit saftigem Grün gesättigten und von der Limmat wie von einem silbernen Band durchzogenen Landschaft eingebettet. [...] Stundenlang könnte man hier sitzen und des Sehens nicht müde werden.

Der Germania-Hügel hat seinen Namen von der Züricher Burschenschaft Germania, die auch die Linde gepflanzt hatte, unter der Büchner bestattet liegt.[139] Es war ein patriotischer Platz, an dem sich die deutschen Studenten zu treffen pflegten. Sie gedachten in Büchner einen «glühenden Burschenschaftler» zu ehren.[140] Es waren etablierte Nationalliberale, die hier den Freiheitskämpfer Georg Büchner hochleben ließen. Sie betrachteten vierzig Jahre danach den Kampf als abgeschlossen. Sie machten Büchner reichstauglich. Sie würden kein Interesse verdienen, wenn die Umbettungsfeier nicht zum Auslöser der von Karl Emil Franzos besorgten Büchner-Ausgabe geworden wäre und damit die Brücke geschaffen hätte vom schmalen frühen Ruhm des Dichters zum breiten späten.

Ludwig Büchner berichtet im einzelnen, was da vor sich ging und wer alles da war:

> Die Menschenmasse, welche den steilen, eine gute halbe Stunde Zeit in Anspruch nehmenden Weg mühsam heraufgekommen war, durfte umsoweniger aufgehalten werden, als ein schwüler, wenn auch nicht starker Regen sich gleichzeitig mit Beginn der Feier einstellte. Stud. techn. Umlaufft, ein Deutschböhme aus Plan bei Marienbad, eröffnete die Feier, nachdem der Zug mit der schwarz-roth-goldenen, von Stud. techn. Krupp (Neffe des berühmten Krupp in Essen) getragenen Fahne angekommen und ein Lied gesungen war, im Namen des Züricher Vereins deutscher Studirender mit einer kurzen, aber trefflichen Ansprache, nach welcher Dr. Adolph Calmberg aus Küßnacht bei Zürich, der treffliche Dramatiker, das Wort ergriff, um in kurzen, aber treffenden Zügen ein Lebensbild des verstorbenen Dichters und Freiheitskämpfers zu entwerfen.

Wenzel Umlauft, ein deutsch-böhmischer Ingenieurstudent der Technischen Hochschule, war Präsident der «Gesellschaft Deutscher Studierender». Sein Kommilitone Arthur Krupp war ein Sohn des deutsch-österreichischen Industriellen Hermann Krupp, einem Bruder des «Kanonenkönigs» Alfred Krupp. Der Germanist und Dramatiker Adolf Calmberg war aus Hessen gebürtig. Sie alle zogen hinter einer schwarz-rot-goldenen Fahne. Büchner galt als «ein Nationaler», wie Franzos bündig erklärte.[141] Auch Calmberg hatte seine Gefühle für das neue Deutsche Reich bekannt:

> Ein warmer Hinweis auf Deutschland und seine politische Entwicklung in der jüngsten Zeit schloß die treffliche Rede.

Das Deutschland, das er meinte, war nicht allein das preußische unter Kaiser Wilhelm I., sondern ein größeres. Die Farben Schwarz-Rot-Gold waren, wie schon beim Hambacher Fest von 1832 und bei der Märzrevolution von 1848, die Farben der national-demokratischen Opposition, die ein demokratisch verfaßtes Großdeutschland unter einem Kaiser wollte. Es waren nicht die Farben der kleindeutschen, sondern die der großdeutschen Lösung, eines Deutschen Reichs mit Einschluß des Kaiserreichs Österreich (ohne Ungarn) und des Königreichs Böhmen. Die großdeutsche Lösung scheiterte 1866 in der Schlacht von Königgrätz (in Böhmen), als Österreich den Krieg gegen Preußen verlor. Zu Österreichs Verbündeten gehörte das Großherzogtum Hessen-Darmstadt. Diese Konstellation erklärt die Zusammensetzung der Feiernden in Zürich. Es waren Anhänger der gescheiterten großdeutschen Lösung: Hessen, Böhmen, Österreicher. Sie hielten Büchner für einen der ihren.

Nach Calmberg war Ludwig Büchner an der Reihe, der über sich selbst in der dritten Person schreibt, «der Bruder des Gefeierten, Dr. Louis Büchner (der Verfasser von ‹Kraft und Stoff›)» habe in ergreifender Weise die Stunden und Szenen im väterlichen Hause geschildert, als die täglichen Berichte über Georgs Befinden und endlich die schreckliche Todesnachricht eintrafen. Der nächste Redner war Wilhelm Büchner, der älteste Bruder nach Georg, ein erfolgreicher Unternehmer und liberaler Politiker. Er hatte ein Gedicht gemacht. Auch Luise Büchner trat noch auf und legte einen «tränenfeuchten» Kranz nieder.[142] Wilhelmine Jaeglé war nicht erschienen.

Karl Emil Franzos

Das Presseecho der Züricher Veranstaltung war groß. Es führte zum raschen Ausverkauf der Restexemplare der *Nachgelassenen Schriften* von 1850 und zum Wunsch des Verlegers nach einer Neuausgabe. Es erreichte auch Karl Emil Franzos, einen frühen Liebhaber von *Danton's Tod*, damals Journalist in Wien. Ein Jude aus Galizien bahnte *Woyzeck* den Weg, ein Außenseiter, der sich aus ärmlichsten Verhältnissen hochgearbeitet hatte.[143] Er wollte über Georg Büchner einen Artikel schreiben, erbat sich Auskünfte von Ludwig Büchner, fand Entgegenkommen, sah sich rasch zum Editor erkoren und erhielt schon wenige Wochen später den gesamten Darmstädter Nachlaß zugesandt, darunter auch die Woyzeck-Handschriften.[144] Franzos entzifferte sie erstmals und übernahm *Woyzeck* (bzw. «Wozzeck», wie er las) nach zwei Vorausveröffentlichungen

Karl Emil Franzos, von Ludwig Büchner zum Editor erkoren

(1875 und 1878), die bereits Aufmerksamkeit fanden, 1879 in die *Sämmtlichen Schriften*.[145] Erst jetzt konnte eine öffentliche Wirkungsgeschichte beginnen.

Freilich waren die Blätter längst durcheinandergeraten und auch Franzos wußte sie nicht in die ursprüngliche Ordnung zu bringen. Er komponierte die Szenenfolge H4,5, H2,3, H1,1–2, H4,4, H3,1, H4,1–2, H4,8, H4,6, H2,7, H4,7, H4,14 (Teilstück), H4,10–14, H4,16, H4,15, H1,14, H4,17, H1,15, H1,17, H1,19–20, H1,16, H1,18, H1,21.[146] Er zerlegte das Material und ordnete es neu mit energischer Hand. Er begann mit den Marktszenen, ließ dann in geschickter Durchmischung Marie, Woyzeck, den Doktor, den Hauptmann und den Tambourmajor auftreten, brachte dann Messerkauf, Großmuttermärchen, den Mord, das Auffinden der Leichen (denn er läßt Woyzeck ins Wasser gehen), und endete mit dem «Secirtisch», auf dem die beiden Toten zur Schau gestellt werden. Einen «Richter», den es bei Büchner nicht gibt, läßt er sagen: «Ein guter Mord, ein ächter Mord, ein schöner Mord, so schön, als man ihn nur verlangen kann. Wir haben schon lange keinen so schönen gehabt.»[147] Mit der Erfindung des Richters und dem Freitod Woyzecks verstärkt er die Grundtendenz, Woyzeck als Opfer der gesellschaftlichen Verhältnisse erscheinen zu lassen.

Die Franzos-Edition war zwar textkritisch höchst anfechtbar, aber sie war gut gemacht, bestimmte vierzig Jahre lang das Bild und wurde maßgeblich für die Geschichte des modernen Dramas. Es war nicht die heute übliche Textgestalt, sondern es war die «Wozzeck»-Vision des Karl Emil Franzos, die sich den Rezeptionsinteressen des Naturalismus, des Impressionismus und des Expressionismus darbot. Was Gutzkow für *Danton's Tod* war, war Franzos für *Woyzeck*. Es waren seine Textfassungen, mit denen Büchners Bühnengeschichte begann – mit *Leonce und Lena* 1895 in München, *Danton's Tod* 1902 in Berlin und *Woyzeck* 1913 in München.

Büchner und die Moderne

Zur Uraufführung im Münchener Residenztheater kam es im Jahr des 100. Geburtstages. Sie wurde wesentlich angestoßen von Hugo von Hofmannsthal, dessen geistige Heimat der Impressionismus war, eine Kunstrichtung, die traditionell nicht das Soziale und das Revolutionäre, sondern das Seelische und Künstlerische auf ihr Schild hob. Auch die wirkungsstarke Aufführung von Max Reinhardt im Deutschen Theater Berlin 1921 verfuhr so. «Woyzeck ist der Mensch, auf dem alle rumtrampeln», schrieb damals der Kritiker Alfred Kerr und wies Theatertheorien als veraltet zurück, die Woyzeck untauglich zur Dramengestalt nannten. Er sei sehr tauglich.[148] Es gelang Reinhardt, den proletarischen Stoff zu ästhetisieren. «Keine soziale Anklage: eine halb realistische, halb romantische Klage», stellte Siegfried Jacobsohn ein wenig enttäuscht fest (in der *Weltbühne*), «kein um sich fressender Feuerbrand: ein artistisch distanziertes herzbewegendes Spiel.» Reinhardt leite eben kein Theater des Proletariats, sondern eines der Bourgeoisie.[149]

Künstler, nicht Sozialpolitiker bahnten Büchner den Weg. Als «moderne Kunst» eroberte sich *Woyzeck* die Bühne. Den Kontext bildeten die vielen Modernen, die in Musik und Malerei, Architektur und Literatur ausgerufen worden waren. Es war kein Zufall, daß Alban Berg Büchners *Woyzeck* als Textvorlage einer atonalen Oper verwendete (*Wozzeck*, 1921). Die künstlerischen Avantgarden reichten einander die Hände. Die Politisierung des *Woyzeck* setzte erst später ein, zuerst von links im Laufe der zwanziger Jahre, wo sich Stromkreise zum expressionistischen Stationendrama und zum epischen Theater Bertolt Brechts schlossen, dann auch von rechts, wo ein «deutscher Sozialismus» sich auf Büchner zu berufen begann.

Was kann ein Autor für seine Rezeption? Für die formale Modernität seines *Woyzeck* hatte Büchner mehrere alte Vorbilder, darunter Goethes *Faust*. So wie dort wechseln auch bei ihm Personen und Schauplätze um eine unruhige Mittelpunktfigur herum. Goethe ordnet seine Episodenfolge sogar noch lockerer als Büchner die seine, in der letzten Endes doch alles auf die Mordszene zuführt. Die alte Frage nach den drei Einheiten (Zeit, Ort, Handlung) erbringt für *Woyzeck* ein erstaunlich konservatives Ergebnis. Die Zeiterstreckung ist kurz, zwei bis vier Tage; keineswegs Jahre wie im *Faust*. Orte gibt es zwar viele, aber sie gehören alle zu einer einzigen Stadt und reichen keineswegs (wie bei Goethe) vom spitzbogig hochgewölbten Studierzimmer bis ins klassische Griechenland. Die Handlung erstreckt sich konsequent von Maries Untreue über Woyzecks Eifersucht bis zum Mord und zur Beseitigung der Mordwaffe. Auch Markt-, Doktor- und Wirtshausszenen sind nicht beliebig episodisch wie manche Szenen im *Faust* («Auerbachs Keller»), sondern lassen sich zeitlich klar zuordnen, so daß die Handlung im Grunde genommen streng geschlossen ist. Die drei Einheiten werden eingehalten, wenn man sie nicht allzu engherzig auslegt. Wenn Büchner fertig geworden wäre, hätten die Regisseure nicht viel Spielraum gehabt. Sie hätten das Stück nicht so leicht als frei verfügbaren Szenensplitterhaufen rund um eine Figur verstehen können, die als Opfer par excellence kafkaesk-existentialistisch oder trotzkistisch-sozialistisch den modernen Menschen schlechthin darzustellen hatte, in einem kapitalistischen Absurdistan, in dem die Täter rar sind und fast alle sich als Opfer verstehen.

Dennoch ist die Modernität kein bloßer Rezeptionsirrtum. Das Potential zu ihr steckt in den vier Handschriftengruppen, weil deren Grundmuster nicht deckungsgleich sind und viele verschiedene Konstruktions- und Dekonstruktionsarten zulassen. Die Handschriften waren seit 1918 wieder zugänglich und wurden rasch mehrfach ausgewertet. Für weitere Jahrzehnte normsetzend wurde die Ausgabe von Fritz Bergemann (1922), die einen Lesetext präsentierte, der sehr viel korrekter war als der von Franzos, und die alles darin nicht Aufgenommene in einem Anhang mit Paralipomena bekanntmachte. In dieser Form waren die Handschriften erstmals allgemein erreichbar und inspirierten bald die Theaterregisseure. Nur selten wurde im Geist Büchners inszeniert – von dem man einfach zu wenig wußte. Meistens waren es die gerade gültigen Modelle von Modernität, die den Maßstab setzten und deren Diener sich herauspickten, was sie brauchten. Büchner, von dem kein einziges Wort darüber überliefert ist, wie sein *Woyzeck* zu deuten sei, nimmt bereitwillig die Farbe der verschiedenen Interessen an, die sich ihm nähern. Er wird bewundert von so grundverschiedenen Menschen wie Karl Gutzkow und Friedrich Hebbel, Gerhart Hauptmann und Gottfried Keller, Frank Wedekind und Hugo von Hofmannsthal, Rainer Maria Rilke und Alfred Döblin, Thomas Mann und Bertolt Brecht. Darum sollte nicht einer dem anderen vorwerfen, er habe die falsche Rezeption. Es sollte keine Alleinvertretungsansprüche geben. Niemand sollte «*mein* Büchner» sagen, wenn doch offenkundig ist, daß hier Kunst von Weltformat vorliegt, die vielerlei Deutung und Anwendung verträgt. Rainer Maria Rilke hat das in Worte gebracht. Er schreibt in einem Brief an Marie von Thurn und Taxis über eine Aufführung des *Woyzeck*, die er am 24. Juni 1915 im Münchener Residenztheater gesehen hatte:

> Eine ungeheure Sache [...], wie selbst um den Rekruten Wozzek, alle Größe des Daseins steht, wie ers nicht hindern kann, daß bald da bald dort, vor, hinter, zu Seiten seiner dumpfen Seele, die Horizonte ins Gewaltige, ins Ungeheure, ins Unendliche aufreißen, ein Schauspiel ohnegleichen, wie dieser mißbrauchte Mensch in seiner Stalljacke im Weltraum steht, *malgré lui*, im unendlichen Bezug der Sterne. Das ist Theater, so könnte Theater sein.[150]

Woyzeck, dieser gutmütige apokalyptische Erbsenesser, springt Menschen verschiedenster Art an, Künstler und Bürger, Intellektuelle und Arbeiter, Konservative und Sozialisten. Er ersticht eine schöne Frau, die Motive bleiben ungenügend, aber das ist kein Mangel, sondern das ist eigentümlich stark. Das ganze Leben mit seinem Elend war sein Motiv, alle waren mitschuldig, der Tambourmajor, der Doktor, der Hauptmann, die Handwerksburschen, Marie, alles war mitschuldig, der Markt, das Militär, die Kirche, die Gesellschaft. Aus lauter Hilflosigkeit die Geliebte ermorden konnte im Grunde jedem passieren ... Eine Grundmelancholie, die kein wahres Leben kennt, liegt über *Woyzeck*. Bilder und Blitze, Farben und Stimmungen sind wichtiger als die Mordgeschichte. Das Groteske mischt sich mit dem brunnentief Wehmütigen. Das Animalische ertränkt das Intellektuelle. Die Menschen dampfen. Das Rot der Liebe und des Blutes macht wechselnd eiskalt und höllenheiß, im Reigen wirbeln Sargnagel und Exerzierzagel, sie kreisen inmitten von Hornissen, Hurenkindern, Hammelfleisch und Hobelspänen ... Eine Stimmung, die traurig ist über die gesamte Einrichtung des Seins, hält das Stück mehr zusammen als die Handlungsfolge. Alles ist Satire, Groteske, Ironie und Irrsinn. Es gibt kein unzerfressenes Pathos außer dem des Neuen Testaments. Das hohe Personal ist so lächerlich wie das niedere. Dieser Schmerz in allem, mit den Volksliedfetzen dazwischen, ein Spiel von Liebe und Tod, aus dem es kein Entrinnen gibt, irrational, düster. «Woyzeck, er kriegt Zulag.»[151] Herzzerreißend. Gibt es denn gar keinen Trost? «Philosophie, wie sie im Angesicht der Verzweiflung einzig noch zu verantworten ist, wäre der Versuch, alle Dinge so zu betrachten, wie sie vom Standpunkt der Erlösung aus sich darstellten.» (Adorno)[152] Wie sehen sie dann aus? «Bedürftig und entstellt» liegen sie dann im messianischen Licht. Den Messias selbst kennen Marie und Woyzeck nicht, aber die Sehnsucht nach ihm kennen sie. Marie will dem Heiland die Füße netzen mit Tränen und will sie mit den Haaren des Hauptes trocknen und sie küssen und salben. In diesem Stück, das sonst alles wegätzt, bleibt unverschont von Satire, Ironie und Groteske nur ganz wenig. Zu dem Wenigen gehört das messianische «Lasset die Kindlein zu mir kommen» und das «Heiland, ich möchte dir die Füße salben.»

Büchner unter Hitler

Der nationalsozialistische Germanist Walther Linden nennt Büchners *Woyzeck* «den tiefschürfenden, völlig Neues wagenden Versuch einer Tragödie des triebhaft-unbewußten Volksmenschen.»[153] Er führt eine Äußerung aus einem Brief an Gutzkow an, die auch von der radikalen Linken gern zitiert wird: Man solle «die Bildung eines neuen geistigen Lebens im Volke suchen und die alte abgelebte Gesellschaft zum Teufel gehen lassen.»[154] Er lobt den «völligen Neuansatz in Volk und Wirklichkeit». Auch Josef Nadler, der berühmteste Literarhistoriker der NS-Zeit, will mit Büchner die Gesellschaft zum Teufel gehen lassen und geistiges Leben im Volk suchen. Er fährt fort: «‹Woyzeck›, da ist ein solcher Volkskeim, der hinauf will. [...] Denn in diesem Soldaten steckt etwas Besseres. Er ist ein guter Mensch und hat Familiensinn.» Büchners Kunst sei «etwas durchaus Neues». Sein Steckenpferd «Stämme und Landschaften» reitend schreibt Nadler, «diese hessische Jugend» habe zuerst die Massen der Bauern und Elenden gegen den Staat in Schwung zu bringen gesucht. «Sie zuerst und nicht die Juden.» Durch seinen frühen Tod verließ Büchner die Bühne, bevor er richtig wirken konnte. «Die Arbeitermassen, deren geborener Führer er war», fielen anderen zu. Büchner hätte einen nationalen nichtjüdischen Sozialismus begründen können – das ist die nur halb ausgesprochene Folgerung.[155] Der Umsturz von 1933 gibt sich Büchner-inspiriert. Daß Büchner «von einem geeinten Großdeutschland träumte», äußert Wilhelm Emanuel Süskind 1938, seine «nationalem Fühlen entwachsene Umsturzgesinnung zumal rückt ihn uns Deutschen des Dritten Reichs wieder nahe.»[156]

Es gab also einen nationalsozialistischen Büchner. Sein Werk war nicht verboten und war auch lieferbar; Fritz Bergemanns Ausgabe erschien 1940 in dritter Auflage. Aber trotz der Versuche von Linden, Nadler und Süskind gelingt es nicht, Büchner im Sinne des NS-Regimes glattzubürsten. Er sträubt sich. Besonders *Woyzeck* sträubt sich. Die Aufführungsstatistik spricht eine deutliche Sprache. Während der Weimarer Republik in über sechzig Inszenierungen jedes Jahr auf vielen deutschen Bühnen gespielt, kommt *Woyzeck* im Reichsgebiet zwischen 1933 und 1945 nur noch zwei Mal auf den Spielplan, in Hannover und in Frankfurt am Main.[157] Die bittere Säure, die im *Woyzeck* verspritzt wird, die schon das Kaiserreich und die Weimarer Republik zu spüren bekommen hatten, hätte auch das Dritte Reich nicht verschont. Der Vorschlag, Woyzeck als zu früh geborenen Helden einer kommenden nationalen Revolution zu inszenieren, blieb eine akademische Angelegenheit. Das Stück ließ sich nicht gleichschalten. Es verwundert aber nicht, daß die Theaterwelt, die gleich nach dem Zweiten Weltkrieg zehn Neuinszenierungen präsentierte (in der Zeit von 1945 bis 1947), der Versuchung nicht widerstehen konnte, *Woyzeck* als im Dritten Reich unerlaubt auszugeben. Die Leipziger Aufführung vom September 1945 fand innerhalb einer «Vorstellungsreihe unter dem Nationalsozialismus verbotener Werke» statt, die sich *Der Scheiterhaufen* nannte.[158] Sie bot Opportunisten Gelegenheit zum nachträglichen Widerstand. Mit Büchners Proletarierstück war man nach dem Krieg auf der richtigen Seite und konnte, je nachdem, was man vor 1945 getrieben hatte, echte oder Krokodilstränen weinen über Woyzeck, den ewig mißbrauchten.

Juden

Für das Wort «Jude» gibt es im überlieferten Briefwerk Georg Büchners keine Belege. Im dichterischen Werk sind es jedoch fünf: «Die Welt ist der ewige Jude [...]» (Camille in *Danton's Tod*).[159] «Ich bin abgefallen, verdammt in Ewigkeit, ich bin der ewige Jude.» (Lenz in *Lenz*)[160] «Trag sie ihr Auge zum Jud.» (Marie in *Woyzeck*)[161] «Laßt uns noch übers Kreuz pissen, damit ein Jud stirbt!» (ein Handwerksbursche in *Woyzeck*)[162] Schließlich noch die Messerkaufszene:

> WOYZECK Das Pistolche is zu theuer.
> JUDE Nu, kauft's oder kauft's nit, was is?
> WOYZECK Was kost das Messer?
> JUDE: S'ist ganz, grad. Wollt Ihr Euch den Hals mit abschneide, nu, was is es? Ich geb's Euch so wohlfeil wie ein' andern, Ihr sollt Euern Tod wohlfeil habe, aber doch nit umsonst. Was is es? Er soll en ökonomischen Tod habe.[163]

Die beiden Stellen zu «der ewige Jude» aus *Lenz* und *Danton's Tod* spielen auf die Ahasver-Sage an. Ahasver habe Jesus auf dem Weg nach Golgatha eine Rast verweigert und sei daraufhin verflucht worden, nicht sterben zu dürfen, ewig leben zu müssen. Die Sage entstand im Mittelalter und ließ sich im Lauf ihrer Geschichte immer wieder antisemitisch in Stellung bringen. Bei Büchner ist die entscheidende Pointe, daß das mythische Verdammungswort «der ewige Jude» nicht von Christen gegen Juden und Jüdisches gerichtet wird, sondern daß es Christen auf sich selbst beziehen und gegen sich selbst richten. Lenz sagt es, die Dantonisten im Kerker sagen es. Wenn die Welt der ewige Jude ist, wie Camille sagt, dann büßt sie ewig für ihre Mitleidlosigkeit gegenüber Christus. Mit ihr büßen Lenz und die Dantonisten, mit ihr büßt Büchner. Beide Belegstellen finden sich nicht im Oberlin-Bericht oder in *Unsere Zeit*, sind also bewußte Hinzufügungen Büchners. Sie zeigen, auf welche Seite das Christentum gehört, nämlich auf die Seite des ewigen Juden. Die Christen sind unerlöst wie die Juden. Die Welt ist eine Art Sündenfall des Nichts mit der Materie. «Das Nichts hat sich ermordet, die Schöpfung ist seine Wunde, wir sind seine Blutstropfen.» (Danton)[164] Die Schöpfung sehnt sich zurück ins Nichts, aber sie darf nicht sterben, sie muß leben. Darin besteht ihre Unerlöstheit. Das Leben ist eine Bußleistung für den Sündenfall.

«Ihre Auge glänze ja noch», sagt die Nachbarin zu Marie, als gerade der Tambourmajor mit dem Zapfenstreich vorübergezogen ist. Marie ist stolz auf diesen echten Glanz ihrer Augen und antwortet schnippisch: «Und wenn! Trag sie ihr Auge zum Jud und laß sie sie putzen, vielleicht glänze sie noch, daß man sie für zwei Knöpf verkaufe könnt.» Der «Jud» kommt hier in ein Bedeutungsfeld von echt und unecht. Die Nachbarin hat kein heißes Gefühl, das ihre Augen glänzen ließe, und muß sie sich beim Juden blank putzen lassen, aber dieser künstliche Glanz ist kaum zwei Knöpfe wert. Der Jude wäre hier zuständig für das Unechte, das Künstliche, das Gemachte und Verkäufliche, während Marie als deutsches Gretchen das echte Gefühl hätte. Ein Hauch der antisemitischen Tradition scheint hier zu wehen, aber wieder kann man ihn Büchner nicht zurechnen, weil es sich nicht um eine Ansicht des Autors handelt, die aus der Dichtung herauslösbar wäre, sondern um die Äußerung

Die Handschrift der
Messerkaufszene

einer gedichteten Figur. Marie ist eine kecke Person, die zur Verteidigung ihres Leichtsinns zu nicht ganz lauteren Mitteln greift.

Figurenrede ist auch die Aufforderung des betrunkenen Handwerksburschen an seine Kumpane: «Laßt uns noch übers Kreuz pissen, damit ein Jud stirbt!» Ein Abgrund öffnet sich; drunten loht der vulgäre Antisemitismus des «Volkes». Er ist ein Bestandteil hilfloser Weltdeutungsversuche, die Büchner vorführt in einer Satire, bei der einem das Lachen im Halse stecken bleibt. Die Burschen sollen nicht auf gewöhnliche Weise überkreuz pissen, sondern ausdrücklich «über das Kreuz» (H2,4), «übers Kreuz» (H4,11), sollen also über ein christliches Kreuz pinkeln. Büchner verschärft die Redensart ins Blasphemische, indem er ihr einen Christusbezug gibt. Antisemiten sind zugleich Antichristen – das ist die heimliche Pointe.

Bleibt der Messerkauf. «Der Jude» kann als volkstümliche Berufsbezeichnung für einen Krämer verstanden werden, aber das wäre zu einfach. Dieser Jude bedient ja doch das antisemitische Klischee. Ihm ist nichts heilig als das Geld. Er glaubt, Woyzeck wolle sich den Hals abschneiden, aber das ist ihm egal, wenn er nur seine zwei Groschen bekommt. «Er soll en ökonomischen Tod habe.» Freilich würde ein realer jüdischer Krämer von 1836 nicht so gesprochen haben. Die Figur ist überzeichnet um eines künstlerischen Effekts willen. Büchner ist kein Realist, er ist ein romantischer Groteskkünstler. «Der Jude» ist eine groteske Karikatur, wie der Hauptmann, der Tambourmajor, der Doktor, der Professor, der Handwerksbursch, der Marktschreier und der Barbier in ihrer holzpuppenartigen Manier. In diesem garstigen Panoptikum gibt es eben auch den Juden. Unverstanden steht Woyzeck zwischen Mächten ohne Menschlichkeit, die namenlos bleiben. Sie sind allesamt ohne Mitgefühl, das vereint sie, seien sie christlich oder jüdisch.

Viele jüdische Schriftsteller nach dem Holocaust empfanden Büchner als einen der ihren. Nicht der arme Woyzeck, sondern der halb wahnsinnige Lenz ist bei Paul Celan die Symbolfigur, an die sich das Leiden der Juden anschließen läßt. «Die Juden, die da kamen, wie Lenz, durchs Gebirg», sind überall fremd, sie haben nichts, was nicht geborgt wäre. Der Jude, den sie wohnen ließen in den Niederungen, «ging, wie Lenz, durchs Gebirg» – mit diesen Passagen eröffnet und schließt Paul Celan sein *Gespräch im Gebirg* (1959),[165] das eine versäumte Begegnung mit Theodor W. Adorno poetisch nachspielt.

Im real existierenden Sozialismus

Leichter als dem Nationalsozialismus ließ sich der überlieferte Büchner dem Selbstverständnis der DDR einzeichnen. Es war auf Büchner gebaut. Das zeigte sich deutlich beim Abschied der DDR von der Bühne der Weltgeschichte. Volker Braun dichtete 1990 voll Bitterkeit:

Das Eigentum

Da bin ich noch: mein Land geht in den Westen.
KRIEG DEN HÜTTEN FRIEDE DEN PALÄSTEN.

Ich selber habe ihm den Tritt versetzt.
Es wirft sich weg und seine magre Zierde.
Dem Winter folgt der Sommer der Begierde.
Und ich kann *bleiben wo der Pfeffer wächst.*
Und unverständlich wird mein ganzer Text.
Was ich niemals besaß wird mir entrissen.
Was ich nicht lebte, werd ich ewig missen.
Die Hoffnung lag im Weg wie eine Falle.
Mein Eigentum, jetzt habt ihrs auf der Kralle.
Wann sag ich wieder *mein* und meine alle.[166]

Es ist der Büchner des *Hessischen Landboten*, der den Kampf
verloren hat, als der Westen den Osten fraß und die Paläste über die
Hütten siegten. So sieht das jedenfalls Volker Braun. Aber nach der
Wende ist auch in manchen Hütten Frieden eingekehrt, die vorher
unter Beschuß lagen, und manche Paläste wurden abgerissen (wie der
scheinheilige Palast der Republik), um anderen Hütten Frieden zu
bringen, und überhaupt wußte Volker Braun schon damals selber
ganz gut, daß sein Traum nie Wirklichkeit gewesen war. «*Was ich
niemals besaß* wird mir entrissen.»

Das mächtige Büchner-Standbild war in der frühen, gläubig-uto-
pischen Phase der DDR entstanden. Für die zahlreichen Publikationen, die es errichteten, war ein Aufsatz von Georg Lukács norm-
gebend gewesen, der zuerst 1937 in Moskau und seit 1950 mehrfach
in Ostberlin erschienen war. Er hatte den plakativen Titel *Der faschistisch verfälschte und der wirkliche Georg Büchner.* Unter «faschistisch verfälscht» firmierten dort Positionen, die Büchner von der
Romantik, vom Pessimismus, vom Existentialismus oder von Nietzsche her verstanden. Der «wirkliche» Georg Büchner war ausschließlich der Revolutionär, für den die Zeit noch nicht reif war.
«Büchner ist stets ein konsequenter Revolutionär gewesen, von einer
erstaunlichen Frühreife und Klarheit.»[167] In *Danton's Tod* ist dann
die Hauptsache Robespierres Satz «Die soziale Revolution ist noch
nicht fertig»[168] im ersten Akt – als käme danach nichts mehr, als
hieße das Drama *Robespierres gute Idee.* Von *Woyzeck* bleibt nur das
«Aber ich bin ein armer Kerl.»[169] Das alles verrührt Lukács mit den
bekannten Zitaten aus dem Briefwechsel mit Gutzkow, wonach «das
Verhältnis zwischen Armen und Reichen […] das einzige revolutio-

näre Element in der Welt» sei und die «abgelebte moderne Gesellschaft zum Teufel» gehen könne.[170]

Der ganze Büchner schrumpft dann auf ein sehr schmales Format. Wer die richtige Gesinnung hat, ist gleich sortiert. Büchner ist
der Vorläufer dieser Gesinnung; bestätigt und befriedigt zieht man
nach jeder Begegnung davon. Aus dem abgründigen *Woyzeck* wird
eine klare Sache. In einer weit verbreiteten Literaturgeschichte der
DDR ist zu lesen, der Dichter gestalte «das Schicksal eines armen
Mannes, den unmenschliche Lebensbedingungen zum Mord an
seiner Geliebten treiben». Das ist doch arg simpel. «Im Mittelpunkt
des Geschehens steht ein Soldat bäuerlicher Herkunft» – nichts vermelden die vier Handschriften von Bäuerlichkeit –, «dessen menschliches Wesen durch die militärischen Vorgesetzten entwürdigt wird»
– Woyzeck rasiert einen gutmütigen Hauptmann –, «der aber keine
ausgesprochen revolutionäre soziale Schicht vertritt» – das ist richtig, aber ungefähr ebenso richtig wie die Feststellung, daß in diesem
Stück keine Fabrikbesitzer vorkommen. Aus der «Bitterkeit der Ge-
sellschaftskritik» wird abschließend gefolgert: «Der Mörder Woyzeck ist ein Opfer seiner Verhältnisse.»[171] Getragen werden solche
Phrasen durch das Dogma, «daß sich trotz der noch nicht gebrochenen Macht des Imperialismus die sozialistischen, die wahrhaft
menschlichen Verhältnisse im Einklang mit den Entwicklungsten-
denzen des Zeitalters durchsetzen werden.»[172]

Imponierender als solcher Mißbrauch ist die Tatsache, daß mit
Büchner auch eine subtile und raffinierte Kritik des real existieren-
den Sozialismus geführt werden konnte. Die vieldeutigen drei Zeilen, die Franz Hodjak 1982 im Ceausescu-beherrschten Bukarest zu
veröffentlichen wagte,[173] taugen mehr als die ganze staatsoffizielle
Büchner-Doktrin:

> *Variation auf ein Thema von Büchner*
>
> ist friede in den hütten,
> ist friede in den palästen –
>
> amen

Das läßt sich verschieden lesen. Linksorthodox kann man
den Zweizeiler verstehen als klassische kommunistische SPD-Kritik

– Kritik am satten Kapitalistenfrieden, der durch gute Verköstigung der Hütten bewirkt wird. Das meinte Hodjak sicher nicht. Schon raffinierter ist eine Wenn-Dann-Lesart: Wenn Friede in den Hütten ist, dann auch in den Palästen. Das wiederum kann mit *Wenn*-Betonung gelesen werden: Erst *wenn* in den Hütten Friede ist, dürfen die Paläste zufrieden sein. Dann endlich dürfte auch ein zufriedenes «Amen» gesprochen werden. Das wäre eine Mahnung an die Paläste. Unausgesprochen setzt Hodjak voraus, daß es auch in Bukarest, in der sozialistischen Republik Rumänien, Paläste gibt. Obgleich das sozialistische Gleichheitsideal sie nicht vorsieht, verfügte Genosse Ceausescu über imposante Baulichkeiten.

Aber Franz Hodjak bevorzugte wahrscheinlich eine noch hinterhältigere Lesart, die auf den Büchner-Mißbrauch abzielt. Das «Amen» muß man sich dann selbstzufrieden vorstellen, die Hände auf dem Bauch gefaltet. Als gedachter Sprecher kommt ein Securitate-Mann in Frage, der sein Tagewerk getan hat.

Im westdeutschen Verbalradikalismus

So wenig wie die Geschichte Büchners in der DDR kann hier die in der Bundesrepublik entfaltet werden, nicht die der Editorik, nicht die der Theaterrezeption noch die der Büchnerpreisreden aus mehr als einem halben Jahrhundert. Es bleibt bei einigen Spots. In der Zeit der Studentenbewegung ging es im Westen mehr noch als im Osten dem «faschistisch verfälschten» Büchner an den Kragen. Seit den Siebziger Jahren errang Thomas Michael Mayer die Meinungsführerschaft, auch wenn es viel Streit mit anderen Thronprätendenten gab. Große kommentierte Editionen und Biographien brachten einerseits bedeutende Erkenntnisfortschritte, etablierten andererseits aber auch eine linke Büchner-Orthodoxie, neben der so leicht nichts Abweichendes aufkam. Wendungen wie «Büchners neobabouvistischer Antikapitalismus» oder «Sozialrevolutionär Büchner» gingen Mayer geläufig über die Lippen,[174] während ein breiter angelegtes Büchner-Bild, das auch eine Höhe, eine Tiefe und eine Mitte hat, nicht nur einen linken Rand, stets Gefahr lief, als «wieder nur der bürgerliche, auf hurrapatriotische Schemata fixierte

Zynismus» denunziert und des «heillosen politischen oder gar religiös-metaphysischen Pessimismus» bezichtigt zu werden.[175]

Hans Magnus Enzensberger hatte dem verbalen Linksradikalismus schon 1964 vorausschauend die Leviten gelesen:

> So sehen wir aus, ein einig Volk von radikalen Lesern, erpicht auf einen Klassiker, der uns für eineinhalb Jahrhunderte versäumter Revolutionen aufkommen soll. Wir bestehen auf dem Umsturz aller gesellschaftlichen Verhältnisse – im Irrealis der Vergangenheit, und zwar umso mehr, je weniger an ihre reale Veränderung zu denken ist. Schließlich gibt es in unserm Land nur eine einzige schwache, demoralisierte, verlorene Partei, die dergleichen im Sinn hat, und die ist verboten. Man hat nicht vernommen, daß die Gelehrten, die Weidigs Kompromisse tadeln, für die Aufhebung dieses Verbotes und für die Zulassung der Kommunistischen Partei eingetreten wären.[176]

Die Mehrzahl ihrer Argumente bezieht die sozialrevolutionäre Büchner-Fraktion aus Dokumenten der Landboten-Zeit. Aus der Woyzeck-Zeit wird hauptsächlich ein einziges bedeutendes Zeugnis eingesetzt: Büchners Brief an Gutzkow vom Juni 1836. Weil die entscheidende Passage immer wieder einschlägig herangezogen wird, ist es angebracht, die Schlüssigkeit dieser Belegketten Satz für Satz am Original zu überprüfen:[177]

> Uebrigens; um aufrichtig zu seyn, Sie und Ihre Freunde scheinen mir nicht grade den klügsten Weg gegangen zu seyn. Die Gesellschaft mittelst der Idee, von der gebildeten Klasse aus reformiren? Unmöglich! Unsere Zeit ist rein materiell, wären Sie je directer politisch zu Werk gegangen, so wären Sie bald auf den Punkt gekommen, wo die Reform von selbst aufgehört hätte. Sie werden nie über den Riß zwischen der gebildeten und ungebildeten Gesellschaft hinauskommen.

Nach der üblichen Lesart ist es die Landboten-Aktion, mit der Büchner «directer politisch zu Werke gegangen» ist. Aber der *Landbote* war doch auch nur eine «Idee» von Mitgliedern «der gebildeten Klasse» (Büchner und Weidig), und ist sehr rasch «auf den Punkt gekommen, wo die Reform von selbst aufgehört» hat. Wo und inwiefern ist Büchner seinerseits denn «über den Riß zwischen der gebildeten und ungebildeten Gesellschaft» hinausgekommen? Das alles klingt viel klüger als es ist – altklug ist es höchstens. Büchner fährt in seinem Brief an Gutzkow fort:

> Ich habe mich überzeugt, die gebildete und wohlhabende Minorität, so viel Conzessionen sie auch von der Gewalt für sich begehrt, wird nie ihr spitzes Verhältniß zur großen Klasse aufgeben wollen.

Die von Büchner verwendeten Begriffe werden in der Regel so verstanden, daß die liberale Partei («die gebildete und wohlhabende Minorität») bürgerliche Rechte («Concessionen») von der herrschenden Aristokratie («Gewalt») für sich begehrt, aber mit der «großen Klasse» (Bauern, Handwerker, Dienstpersonal, Unterschicht) keine gemeinsame Sache machen will.

> Und die große Klasse selbst? Für die gibt es nur zwei Hebel, materielles Elend und religiöser Fanatismus. Jede Parthei, welche dieße Hebel anzusetzen versteht, wird siegen. Unsre Zeit braucht Eisen und Brot – und dann ein Kreuz oder sonst so was.

Der «großen Klasse» traut Büchner offenbar so wenig eigene Handlungsfähigkeit zu, daß er sie mit zwei Hebeln zu traktieren vorschlägt. Sie muß manipuliert werden von Parteien, die sie mit Hilfe von materiellem Elend und religiösem Fanatismus zu steuern verstehen. Das ist zynisch und undemokratisch. Es steht hier nicht, daß Büchner willens wäre, diese Hebel anzusetzen, aber seine kommunistischen Verehrer scheinen willens.

> Ich glaube, man muß in socialen Dingen von einem absoluten Rechtsgrundsatz ausgehen, die Bildung eines neuen geistigen Lebens im Volk suchen und die abgelebte moderne Gesellschaft zum Teufel gehen lassen. Zu was soll ein Ding, wie dieße, zwischen Himmel und Erde herumlaufen? Das ganze Leben desselben besteht ja nur in Versuchen, sich die entsetzlichste Langeweile zu vertreiben. Sie mag aussterben, das ist das einzig Neue, was sie noch erleben kann.

Was «soziale Dinge» sind oder was ein «absoluter Rechtsgrundsatz» wäre, das wissen Marxisten. Nehmen wir an, sie hätten recht und es gehe nach wie vor um die «große Klasse», der ihr Recht

werden soll. Dann aber entsteht zwischen dem «absoluten Rechtsgrundsatz», von dem man doch ausgehen soll, und den «Hebeln»
(Elend und Fanatismus) ein schreiender Widerspruch. Auch wie «die
Bildung eines neuen geistigen Lebens im Volk» mit den Hebeln
Hand in Hand gehen soll, bleibt eine weit offene Frage. Ob mit dem
«Volk» überhaupt die «große Klasse» gemeint ist? Oder das «Volk»
der Volkslieder, oder das deutsche Volk? Es ist mal ein Löwe, mal
eine Schimäre, meistens ist es dunkelgesichtig und schweigt. Und
wer genau ist «die abgelebte moderne Gesellschaft»? Ist sie nun abgelebt oder modern? Ist die Aristokratie gemeint («abgelebt») oder
das Bürgertum («modern»)? Oder ist Ihre Modernität das Abgelebte? Jedenfalls gehört Büchner selbst zu dieser verrotteten
Modernität. Er ist ein bürgerlicher Intellektueller und würde gern
weltschmerzlich ein wenig aussterben.

Alles in allem wirkt der Brief des 22jährigen Studenten mehr rasch
dahingesagt als profund. Büchner hatte keine ausgereifte Revolu-
tionstheorie. Er ist mehr Sozialromantiker als Sozialrevolutionär. Das
ist eine Kennzeichnung, keine Schmähung.

Lehrplan

Der gymnasiale Kurz-Büchner der Gegenwart gründete *eine
revolutionäre Geheimgesellschaft*, die *den politischen Umsturz in Hessen* zum Ziel hatte. *Um die Landbevölkerung zu gewinnen*, verfaßte
er *die Flugschrift «Der hessische Landbote»*. Dabei hatte er die *Fakten*
und die *materiellen Interessen der Bauern* im Blick, während sein
Mitstreiter Weidig *das soziale Unrecht, das der göttlichen Ordnung
widerspreche*, ins Auge faßte. Die *Polizei* wurde aufmerksam, *Büchner konnte im letzten Moment fliehen*. Er hatte ein *soziales Gewissen*
und *war der erste deutsche Autor, der einen Mann aus der Unterschicht zum Helden eines Dramas machte: Woyzeck*.[178]

So richtig wagen sich die Autoren, aus deren Lehrwerk die Zitate
stammen, nicht aus der Deckung. Aber es liegt auf der Hand, daß
sie nur den Sozialrevolutionär Büchner kennen, nicht den Romantiker, den Melancholiker, den Metaphysiker, den Christen und den
Künstler. Büchner gehöre zu den *vielen jungen Bürgerlichen der*

Zeit, die *Herwegh zujubelten* und *sich selbst als «Männer der Bewegung» empfanden.* Soso. *Danton's Tod, Lenz* und *Leonce und Lena* werden nicht erwähnt. Über diese Werke der Jahre 1834 bis 1836 hinweg wird eine Brücke geschlagen, die vom *Hessischen Landboten* direkt zu *Woyzeck* reicht. Aus dem Stromkreis wird so ein Kurzschluß. Das Drama ist mit einem Schnipsel präsent, der Szene H4,5, dem großen Gespräch zwischen Woyzeck und dem Hauptmann, als dessen zentrale Äußerung die Sätze gelten:

> WOYZECK Wir arme Leut. Sehn Sie, Herr Hauptmann, Geld, Geld. Wer kein Geld hat. Da setz einmal einer seinsgleichen auf die Moral in der Welt. Man hat auch sein Fleisch und Blut. Unsereins ist doch einmal unseelig in der und der andern Welt, ich glaub' wenn wir in Himmel kämen, so müßten wir donnern helfen.[179]

Die Moral, das Fleisch, die Armut und der Himmel gehen hier eine diffizile Verbindung ein, deren Komplexität viele Auslegungen verfehlen. Es ist nicht damit getan, die Moral einen Luxus der Reichen zu nennen, den die Armen sich nicht leisten können. Denn was würde daraus folgen? Sollen die Armen eine Revolution machen, um tugendhaft zu werden?

Da es ohnehin nicht tunlich ist, in der Schule offen den Umsturz zu lehren, wird es den Schülern überlassen, welche Konsequenzen sie ziehen. Eine der *weiterführenden Aufgaben* zum *Hessischen Landboten* will ermittelt wissen, was *die Absicht des Flugblatts* sei, *direkte revolutionäre Aktion* oder *Aufklärung der Landbevölkerung?* Büchner war ein revolutionärer Aktivist, das ist die von allen Kontexten nahegelegte Antwort, die wiederzukäuen anscheinend das Lernziel ist. Die Auszubildenden lernen zugleich, ihre Erkenntnis nicht ernst zu nehmen, sondern in einem abgelegenen Schubfach ihrer Persönlichkeit zu verstauen. Der Gymnasialbüchner ist ein Vorbild, an das nicht wirklich geglaubt werden kann, denn revolutionäre Aktivisten braucht die Bundesrepublik Deutschland nicht im Ernst. Der wirkliche Büchner, der aus einer verfehlten Aktion viel gelernt hat, könnte hingegen ein wirkliches Vorbild sein.

In einer früheren Auflage des hier zitierten Lehrwerks war die papieren sozialrevolutionäre Tendenz noch krasser ausgeprägt. Der ganze Büchner wurde dort unter der Überschrift *Agitation* abgehandelt.[180] Als Textbeispiele dienten revolutionäre Reden aus *Danton's Tod* (St. Just in II,7, Danton in III,9) sowie der Anfang des *Landboten*, von dem zehntausend Exemplare verbreitet worden seien – in Wirklichkeit waren maximal 1600 gedruckt worden, von denen höchstens einige Hundert ihr Ziel erreichten. Gefühllos wird Büchner zum Agitator heruntergehunzt. Vorübergehend und mit einem Teil seines Wesens war er das vielleicht, aber das ist nur eine schmale Schnitte aus einer großen Torte. Es geht nicht darum, einen «progressiven» wieder durch einen «reaktionären» (oder gar «faschistisch verfälschten») Georg Büchner zu ersetzen, sondern darum, einen segmentierten zu komplettieren. Auch der komplettierte Büchner hat ein *soziales Gewissen*, aber es ist das eines großen Weltkünstlers, nicht das eines kleinen Parteimanns der Vormärzzeit. Es ist geschärft durch die großen Erbschaften, die aus dem Christentum, der Aufklärung und der Romantik Deutschlands und Frankreichs stammen, und durch ein Künstlertum, das seismographisch jeden Schmerz registriert. An diesem Künstlertum werden sich noch Generationen abarbeiten. Herwegh ist tot, aber Büchner lebt.

10
Sterben und Unsterblichkeit

Zürich

Es hätte so schön sein können. Georg Büchner wohnte seit dem 24. Oktober 1836 in der Altstadt von Zürich in der heutigen Spiegelgasse 12, in einem Haus, das noch steht. Es gehörte Dr. med. Hans Ulrich Zehnder, einem Züricher Regierungsrat und späteren Bürgermeister, der seine Zimmer häufig an junge deutsche Akademiker vermietete, auch an solche, die in Deutschland von der Polizei gesucht wurden. Zehnder war zugleich Büchners behandelnder Arzt, zusammen mit Johann Lukas Schönlein, dem Direktor der medizinischen Universitätsklinik, auch er ein in Deutschland Mißliebiger. Büchners Zimmer bei Zehnder war nur mit dem Nötigsten ausgestattet – Tisch, Stuhl, Schrank, Bett.[1] Es grenzte Wand an Wand an die Wohnung von Caroline und Wilhelm Schulz, deren Freundschaft, schon in Straßburg begründet, sich jetzt außergewöhnlich bewährte. Auch andere alte Freunde aus Hessen hatte das Schicksal nach Zürich gespült, die Burschenschaftler Carl Schmid aus Gießen und Wilhelm Braubach aus Butzbach sowie den Juristen Wilhelm Sell und seine Gattin Emilie, so daß Büchner sich gleich zu Hause fühlte. Die Freundschaften waren aus den Gießener und den Straßburger Zeiten erwachsen; man hatte miteinander die heißen Hoffnungen und die ihnen nachfolgende Melancholie geteilt; man kannte sich tief und hatte viel zu erzählen. Das geschah auch unterwegs, während der Wanderungen und Spaziergänge, die Büchner liebte. Noch im Herbst 1836 wurde eine Tour zur Burgruine Manegg im Sihltal bei Zürich unternommen, zusammen mit Caroline und Wilhelm Schulz sowie mit August Lüning, einem Züricher Arzt und ehemaligen Burschenschaftler, der sich Jahrzehnte später noch daran erinnerte:

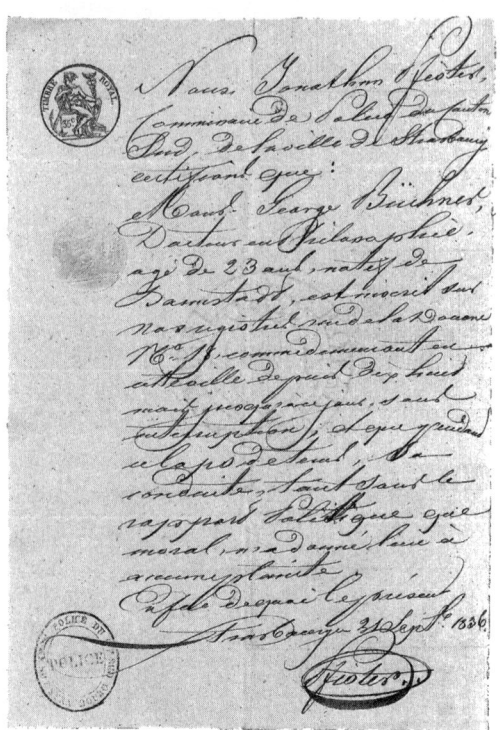

Die Straßburger
Polizei versichert der
Züricher Polizei
schönschriftlich, daß
Büchners Führung
weder politisch noch
moralisch zu irgend-
einer Klage Anlaß
gebe.

Vor allem fiel er mir auf durch die breite, mächtige Dichter- und
Denkerstirn, wie ich sie imposanter nie wieder gesehen habe, und
durch eine gewisse, äußerst dezidierte Bestimmtheit in Aufstellung
von Behauptungen, die zwar von hoher Selbständigkeit des Urteils
zeugte, zuweilen aber doch ein wenig über das Ziel hinausschoß. [...] Daß er – an demselben Tage – kühn genug die land-
schaftlichen Schönheiten des eben erst verlassenen Elsaß als der
Schweiz völlig ebenbürtig darstellte, daran mochten wohl zum Teil
ein Paar lieber Augen mit beitragen, die das Land, dem sie angehörten, in verklärendem Schimmer erscheinen ließen.[2]

Offenbar war Lüning verärgert und suchte nach vorzeig-
baren Erklärungen, warum Büchner so unschweizerische Ansichten
geäußert hatte. Dem sei wie auch immer; Bekanntschaften gab es
jedenfalls genug. Fast galt es schon wieder, sich vor allzuviel Geselligkeit zu hüten. Büchner mußte ja stramm arbeiten, mußte präpa-

rieren, Vorlesungen schreiben, Vorlesungen halten, vor allem aber
den *Woyzeck* vollenden, den er mit *Leonce und Lena* und noch einem
anderen Drama in Kürze zum Druck bringen wollte. Da blieb nicht
viel Zeit.

Die Spiegelgasse war ein Provisorium. Der junge Dozent hatte
sich schon nach einer komfortableren Bleibe umgesehen und war
fündig geworden:

> Es ist mir heut einigermaßen innerlich wohl, ich zehre noch von
> gestern, die Sonne war groß und warm im reinsten Himmel – und
> dazu hab' ich meine Laterne gelöscht und einen edlen Menschen
> an die Brust gedrückt, nämlich einen kleinen Wirth, der aussieht,
> wie ein betrunkenes Kaninchen, und mir in seinem prächtigen
> Hause vor der Stadt ein großes elegantes Zimmer vermiethet hat.
> Edler Mensch! Das Haus steht nicht weit vom See, vor meinen
> Fenstern die Wasserfläche und von allen Seiten die Alpen, wie son-
> nenglänzendes Gewölk.[3]

Zum Umzug sollte es nicht mehr kommen. Georg Büchner
war bereits infiziert, als er ein wenig spöttisch, wegen Minnas hypo-
chondrischer Überbesorgtheit, die doch dieses Mal im Recht war,
aus Zürich nach Straßburg schrieb:

> Mein lieb Kind, Du bist voll zärtlicher Besorgniß und willst krank
> werden vor Angst; ich glaube gar, Du stirbst – aber ich habe keine
> Lust zum Sterben und bin gesund wie je.

2. bis 7. Februar 1837

Am Donnerstag, dem 2. Februar 1837, fragten Caroline und
Wilhelm Schulz bei Georg Büchner nach, ob er einen weiten Spa-
ziergang mit ihnen machen wollte; *er antwortete, daß er mit seinem
Freunde Schmid nur einen kurzen Gang machen würde, weil er sich
nicht ganz wohl fühle. Als wir gegen Abend nach Hause kamen,
klagte er, daß es ihm fieberisch zu Mute sei, da er sich aber nicht zu
Bette legen wollte, aus Furcht nicht einschlafen zu können, setzte er
sich zu uns aufs Sopha.* Der Bericht, den Caroline Schulz auf der
Basis von Tagebuchaufzeichnungen über die letzten Tage Georg

Büchners für die Familie in Darmstadt verfaßt hat,[4] fährt fort: *Ich bot ihm Tee an, den er ausschlug; bald bemerkte ich, daß er einschlief, und als er erwachte, bat ich ihn dringend, sich zu Bett zu legen, was er auch endlich tat, nachdem er ein Senffußbad genommen hatte. Wir sagten ihm, daß er an der Wand klopfen solle, die an unsere Schlafstube stieß, wenn er des Nachts etwas bedürfe, und ließen seine Lampe brennen.*

Am Freitag, 3. Februar, *hatte Büchner nicht gut geschlafen, klagte aber keinerlei Schmerzen. Da es sehr hell im Zimmer war, gab ich ihm grüne Vorhänge, auch ein Pferdehaarkissen unter den Kopf, was ihm wohl tat. Ich hatte gehofft, daß er den Abend wieder bei uns zubringen könnte und deswegen unser gewöhnliches Lesekränzchen nicht abgesagt; da er aber nicht dabei sein konnte, ließ er sich von uns erzählen, womit wir uns unterhalten hatten.*

Samstag, 4. Februar, *war das Fieber etwas stärker; doch gab es zu keiner Besorgnis Raum; er aß etwas Suppe und Obst und versicherte, daß es ihm ganz wohl in seinem Bette sei. Wir erhielten Briefe von den Unsrigen, die ich ihm vorlas und denen er mit Interesse zuhörte.*

Am Sonntag, dem 5. Februar, *klagte er über Schlaflosigkeit; ich suchte ihn damit zu trösten, daß ich in meiner kürzlichen Krankheit viele Nächte nicht geschlafen habe und dabei noch Schmerzen habe leiden müssen. Er war sehr geduldig und ruhig. Da wir genötigt waren, einige Besuche zu machen, so blieb sein liebster Freund Schmid bei ihm; als wir wieder nach Hause kamen, ließ er sich von uns erzählen; doch hatte er es nicht gerne, wenn man laut sprach.*

Da Caroline am Montag, dem 6. Februar, *keine häuslichen Geschäfte hatte,* konnte sie sich ganz seiner Pflege widmen, was sie *von Herzen gerne tat. Es zeigte sich nach und nach eine große Empfindlichkeit bei ihm; man konnte ihm nicht leicht etwas recht machen, was seine Freunde oft nicht begreifen konnten. Ich, die ich aber aus Erfahrung wußte, wie es einem ist, wenn man an den Nerven leidet, ich tat ihm alles was er nur haben wollte.*

Am Fastnachtsdienstag, dem 7. Februar, *schickte Frau Sell Suppe für Büchner, die ihm sehr gut schmeckte; auch die vorgeschriebene Arzenei nahm er gerne, worüber ich ihn oft lobte. Da wir den Fastnachts-Abend bei Sells zubringen sollten, so blieb Büchners Freund Braubach bei ihm, den er auch sehr gerne hatte. – – –*

Was bereitete sich da vor? *Mit dem Typhus*, schrieb Thomas Mann mit 24, fast noch in dem Alter, in dem Georg Büchner starb, sei *es folgendermaßen bestellt:*[5]

Der Mensch fühlt eine seelische Mißstimmung in sich entstehen, die sich rasch vertieft und zu einer hinfälligen Verzweiflung wird. Zu gleicher Zeit bemächtigt sich seiner eine physische Mattigkeit, die sich nicht allein auf Muskeln und Sehnen, sondern auch auf die Funktionen aller inneren Organe erstreckt, und nicht zuletzt auf die des Magens, der die Aufnahme von Speise mit Widerwillen verweigert. Es besteht ein starkes Schlafbedürfnis, allein trotz äußerster Müdigkeit ist der Schlaf unruhig, oberflächlich, beängstigt und unerquicklich. Das Gehirn schmerzt; es ist dumpf, befangen, wie von Nebeln umhüllt, und von Schwindel durchzogen. Ein unbestimmter Schmerz sitzt in allen Gliedern. Hie und da fließt ohne jedwede besondere Veranlassung Blut aus der Nase. – Dies ist die Introduktion.

Thanatologie

Der alte Heine wußte lange, daß er sterben würde, aber noch als Schwerkranker liebte er das Leben. Er betete mit und ohne Ironie:

Mich locken nicht die Himmelsauen
Im Paradies, im sel'gen Land;
Dort find ich keine schönre Frauen,
Als ich bereits auf Erden fand.

Kein Engel mit den feinsten Schwingen
Könnt mir ersetzen dort mein Weib;
Auf Wolken sitzend Psalmen singen
Wär auch nicht just mein Zeitvertreib.

O Herr! ich glaub, es wär das beste,
Du ließest mich in dieser Welt;
Heil nur zuvor mein Leibgebreste,
Und sorge auch für etwas Geld.[6]

«Ich werde nicht alt werden», soll Büchner gesagt haben.[7] Auf eine gewisse Weise war er vorbereitet. Der Tod schwebte über ihm wie eine niemals weichende Wolke. Ein Vokabular aus den Bereichen Tod und Verwesung, Kirchhof, Grab, Sarg, Bahre, Fäulnis, Kadaver und Leiche, Sterben und Stinken, Todesschweiß, Todesschrei, Todesurteil und hippokratisches Gesicht, Mord und Totschlag, Leichenfrau, Totenhemd und Kindersarg bestimmt mit insgesamt weit über hundert Fundstellen das metaphorische Klima nicht nur von *Danton's Tod*, sondern auch von *Lenz, Leonce und Lena* und *Woyzeck*. Sogar im *Hessischen Landboten* ist das Bildfeld mit «Königsleiche», «Leichenfeld» und «Scheinleiche» vertreten,[8] und auch in den Briefen fehlt es nicht. Büchners Gedanken kreisen häufig um diese Gegenstände. Lebensgeschichtlich erklärt sich das einleuchtend durch die Befassung mit Medizin und Anatomie. Der junge Student hat in den Straßburger Spitälern genug Sterbende und Todgeweihte gesehen. Erschreckend viel hat er in seiner Ausbildung mit Leichen zu schaffen gehabt. Das hat er nicht einfach mit berufsmäßiger Kälte weggesteckt. Es landet im dichterischen Werk. Eine Art Grauen grundiert alles. Es macht eine Qualität aus. Es entwaffnet den sonst parat liegenden Vorwurf pubertärer Großsprecherei. Der Todesschrecken bestürmt ihn von vielen Seiten und beschäftigt ihn sehr. Der Tod ist ein Rätsel, das ihn dauerhaft provoziert. Er kann es nicht lösen. Er kennt die Symptome, medizinisch, psychologisch, ästhetisch, philosophisch und theologisch, kann sie aber nicht unter Dach und Fach bringen. Heute hätte man ihm, was seine Erkrankung betrifft, mit wirksamen Arzneien helfen können, damals aber war die reißende Abwärtsspirale unaufhaltsam. Vielleicht hat er in einer Tiefenschicht seines Wesens den Anfang des Strudels noch erkannt. Vielleicht rief etwas in ihm: Achtung, es geht los!

Wir versuchen, aus den Fundstellen eine systematische Thanatologie zu erstellen. Wir schütten dazu das gesamte Material aus den Hauptwerken und den Briefen erst einmal geräumig vor uns aus und sortieren es dann neu nach seinen inneren Verwandtschaften. Es ergeben sich, angeordnet nach dem Abstraktionsgrad, sechs Gruppen: eine Pragmatik, eine Medizin, eine Erotik, eine Ästhetik, eine Metaphysik und eine Theologie des Todes.

Zur *Pragmatik* gehört der Wunsch nach einem schnellen, schmerzlosen Tod. «Ein Schlagfluß» (Schlaganfall), sagt Büchners

Danton, «ist der beste Tod, wolltest du zuvor krank sein?»[9] Der Verräter Laflotte erklärt, er fürchte den Tod nicht, aber den Schmerz.[10] Nicht der Tod ist schlimm, sondern das Sterben, ganz besonders das gerichtlich angeordnete. Danton fühlt sich, als wäre er in ein Mühlwerk gefallen und die Glieder würden ihm von einer kalten physischen Gewalt langsam und systematisch abgedreht.[11] Büchner übernimmt das Argument abgewandelt in einen Brief: «Ein Todesurteil, ein Schaffott, was ist das? Man stirbt für seine Sache. Aber so im Gefängniß auf eine langsame Weise aufgerieben zu werden!»[12] Noch auf dem Sterbelager verurteilte er das jahrelange Hinschmachten und Hinsterben in den Gefängnissen als das Grausamere gegenüber dem schnellen Tod durch die Guillotine.[13] Büchner vermeinte das Gefühl der Todesnähe zu kennen. Er sei «allein, wie im Grabe», schrieb er an Wilhelmine,[14] ein «Gefühl des Gestorbenseins» sei über ihm gewesen, er habe sich unter Toten geglaubt. «Alle Menschen machten mir das hippokratische Gesicht, die Augen verglast, die Wangen wie von Wachs».[15] Auch Lenz, der früher einmal so lebendig war, daß er «unter all seinen Empfindungen keuchte», entwickelt dieses Totgefühl.[16]

Zur *Medizin* des Todes gehört vor dem Exitus der «Todesschweiß»,[17] danach das Faulen und Stinken, das sich in der Vorstellung ins Leben selbst rückdatiert. «Es ist mir, als röch' ich schon», sagt Danton.[18] Das Leben ist ein Misthaufen.[19] Der Tod stinkt aus dem Hals.[20] Er ist eine einfache, das Leben eine verwickelte Fäulnis.[21] Grausig ist es allemal. Erhängtwerden hat deshalb Vorteile. Büchner überläßt dem Pariser Volk eine Strophe aus dem Schinderhannes-Lied:

> Die da liegen in der Erden,
> Von de Würm gefresse werden.
> Besser hangen in der Luft,
> Als verfaulen in der Gruft![22]

Das Volk wird räuberromantisch verklärt. Es liebt große Worte. Mit den Körpern derer, die es betrügen, wird es umgehen nach Vorbildern aus der Anatomie. «Wir wollen ihnen die Haut von den Schenkeln ziehen und uns Hosen daraus machen, wir wollen ihnen das Fett auslassen und unsere Suppen mit schmelzen.»[23]

Die *Erotik* des Todes artikuliert sich in drastisch nekrophilen Vorstellungen vom Liebestod. «Adio, adio meine Liebe, ich will deine Leiche lieben.»[24] (Leonce zu Rosetta) Die Verwesung ist eine hübsche Dame mit Wangen, die zum Streicheln verlocken.[25] «Mein lieber Leib», sagt Danton zu sich selbst, «ich will mir die Nase zuhalten und mir einbilden du seist ein Frauenzimmer, was vom Tanzen schwitzt und stinkt und dir Artigkeiten sagen.»[26] Der tod bringende Robespierre ist eine Witwe, die schon ein halbes Dutzend Männer hatte und sie alle begraben half.[27] Das Revolutionsgericht tötet mit allen Formalitäten, «wie bei der Hochzeit mit einem alten Weibe, wie die Pakten aufgesetzt, wie die Zeugen gerufen, wie das Amen gesagt und wie dann die Bettdecke gehoben wird und es langsam hereinkriecht mit seinen kalten Gliedern.»[28] Weicher, romantischer ist die Todeserotik an anderen Stellen. «Du süßes Grab», sagt Danton zu Julie, «deine Lippen sind Totenglocken, deine Stimme ist mein Grabgeläute, deine Brust mein Grabhügel und dein Herz mein Sarg.»[29] «Schöne Leiche», sagt Prinz Leonce, Prinzessin Lena küssend, «du ruhst so lieblich auf dem schwarzen Bahrtuche der Nacht, daß die Natur das Leben haßt und sich in den Tod verliebt.»[30]

Die *Ästhetik* des Todes wird erfaßbar an allen Stellen, die von sich selber wissen, daß sie Vor-Stellungen, Schau-Spiele, Kunst-Werke sind. «Ich kokettiere mit dem Tod», sagt Danton, «es ist ganz angenehm so aus der Entfernung mit dem Lorgnon mit ihm zu liebäugeln.»[31] Oft werden Wunschvorstellungen von einem schönen Tod in diesem Modus formuliert. Der Tod möge ein Künstler sein, so lautet der Wunsch, wenn über Lucile gesagt wird, die Erde würde nicht wagen, sie zu verschütten, sie würde sich statt dessen «um sie wölben, der Grabdunst würde wie Tau an ihren Wimpern funkeln, Krystalle würden wie Blumen um ihre Glieder sprießen und helle Quellen in Schlaf sie murmeln.»[32] Danton würde gern sterben «so wie ein Stern fällt, wie ein Ton sich selbst aushaucht, sich mit den eignen Lippen totküßt, wie ein Lichtstrahl in klaren Fluten sich begräbt».[33] Prinz Leonce will seine Liebe sterben sehen und das Sterben als Schauspiel genießen. «Ich bin ein Römer; bei dem köstlichen Mahle spielen zum Dessert die goldnen Fische in ihren Todesfarben. Wie ihr das Rot von den Wangen stirbt, wie still das Auge ausglüht,

wie leis das Wogen ihrer Glieder steigt und fällt!»[34] Er hat in seinem
Kopf die Liebe beigesetzt und läßt Rosetta nun zu den Fenstern der
Augen hineinsehen: «Siehst du, wie schön tot das arme Ding ist?»[35]
Prinzessin Lena sieht den Mond sterben wie ein schlafendes Kind,
dem die goldenen Locken über das Gesicht gefallen sind. «Wie der
tote Engel auf seinem dunkeln Kissen ruht und die Sterne gleich
Kerzen um ihn brennen!»[36] Julie stellt die Erde in einem ähnlichen
Bild zur Schau. Die Sonne ist hinunter, der Erde Züge, einst scharf,
sind nun still und ernst wie die einer Sterbenden. «Stets bleicher
und bleicher wird sie, wie eine Leiche treibt sie abwärts in der Flut
des Äthers; will denn kein Arm sie bei den goldnen Locken fassen
und aus dem Strom sie ziehen und sie begraben?»[37] Es ist der Ästhe-
tizismus der Weltschmerzzeit, der sich in solchen Bildern gefällt und
sie immer mehr aufgipfelt, um einen Sinn zu schaffen, wo keiner ist.
Die dekadenten Leute sterben denn auch «aus Langeweile»,[38] weil
das Theater des Lebens trotz reich gefüllter Metaphernmagazine
nicht unterhaltsam genug ist.

Unter dem Stichwort *Metaphysik* betrachten wir Bewußtsein und
Vergessen, Zeit und Ewigkeit, das Sein und das Nichts, den Sinn
und die Sinnlosigkeit von Leben und Tod. Das Grab schafft Vergessen, weil es das Gedächtnis tötet.[39] Verführerisch lockt die Bewußt-
losigkeit. «Der Tod ist der seligste Traum.»[40] Wer nie bewußtlos
war, findet auch nie seltsame Paläste. Nichts wäre schlimmer, als mit
Bewußtsein wegzufaulen.[41] – Die Zeit ist bedrohlich, weil sie das
Näherkommen des Todes anzeigt. «Das Picken der Totenuhr in unserer Brust ist langsam, und jeder Tropfen Blut mißt seine Zeit, und
unser Leben ist ein schleichend Fieber.»[42] Die Zeit verbündet sich
mit einer Urangst Büchners, der Klaustrophobie. «Will denn die
Uhr nicht ruhen? Mit jedem Picken schiebt sie die Wände enger um
mich, bis sie so eng sind wie ein Sarg.»[43] – Die Zeit und den Tod
besiegen könnte nur das Nichts, aber wo Etwas ist, kann niemals
mehr Nichts werden, «die Welt ist der ewige Jude, das Nichts ist der
Tod, aber er ist unmöglich. Oh nicht sterben können, nicht sterben
können.» (Camille)[44] Etwas Ähnliches ist in der Johannes-Apo-
kalypse vorhergesagt. In der Zeit der fünften Posaune «werden die
Menschen den Tod suchen und nicht finden; werden begehren zu
sterben und der Tod wird vor ihnen fliehen.» (Offb 9,6) Und wenn

sie nicht wollen, werden sie müssen. «Es darf ja Alles leben, Alles, die kleine Mücke da, der Vogel.» (Lucile)[45] Hier entstehen metaphorische Inkompatibilitäten. Büchner sehnt sich gleichermaßen nach dem Leben und nach dem Gestorbensein. Leben oder sterben? Es schüttelt ihn hin und her. Er scheitert an der Dialektik des Nichts, das Faszination nur hat als Gegenteil eines Etwas, nicht aus sich heraus. Das bloße Nichts ist ein Phantom. «Die Schöpfung hat sich so breit gemacht. Da ist nichts leer, Alles voll Gewimmels. Das Nichts hat sich ermordet, die Schöpfung ist seine Wunde, wir sind seine Blutstropfen, die Welt ist das Grab worin es fault.»[46] Die Schöpfung ist eine Art Sündenfall. Sein ist Leid. Sein bedeutet Sarg. «Wir sind Alle lebendig begraben und wie Könige in drei oder vierfachen Särgen beigesetzt, unter dem Himmel, in unsern Häusern, in unsern Röcken und Hemden.»[47] Erlösung würde eine Rückabwicklung der Schöpfung erfordern. Das Chaos der Welt müßte wieder das Nichts gebären. – Im Tod ist jedoch «keine Hoffnung»[48] und kein Sinn. «Der Tod erschreckte ihn.» (Lenz)[49] Danton kann nicht sterben, will nicht sterben, «sie müssen mir jeden Lebenstropfen aus den Gliedern reißen.»[50] Das Leben hat ebensowenig Sinn wie der Tod, das Faulen geht weiter, tot oder lebendig, aber man ist nun einmal «an diese Art des Faulens gewöhnt», also lieber «dem Leben noch die letzten Blicke aus seinen hübschen Augen stehlen.»[51] Es ist so elend, sterben zu müssen, wir sind beim Sterben so hilflos und nackt wie neugeborene Kinder, «der Tod äfft die Geburt». Vom Leben bleibt nur Müll übrig. «Morgen bist du eine zerbrochne Fiedel [...]. Morgen bist du eine leere Bouteille [...]. Morgen bist du eine durchgerutschte Hose [...].» Das Leben lang hat man sein Gepäck herumgeschleppt, und wenn endlich der Abend kommt und man ein reines Hemd anziehen will, dann ist es ein Totenhemd.[52] Das Leben ist der «Mord durch Arbeit».[53] «Alles todt», faßt die Großmutter zusammen,[54] und doch will alles leben, auch Büchner selbst: «Zu dem subtilen Selbstmord durch A r b e i t kann ich mich nicht leicht entschließen.»[55] Trotz allem hat er Lebenslust.

Auf die Frage nach dem Sinn des Lebens und Sterbens hat Büchner keine Antwort. «Wir müssen alle sterben, das ist uns wohlbekannt!», singt der Leierkastenmann.[56] Eine religiöse Hoffnung scheint es auf den ersten Blick nicht zu geben. Am Ende scheint traurige Resignation zu stehen. «Wir müssen's wohl leiden.»[57] Aber diese Resignation zitiert ja etwas, zitiert jene *Theologie* des Todes, die im Revolutionsdrama das letzte Wort hat:

> Es ist ein Schnitter, der heißt Tod,
> Hat Gewalt vom höchsten Gott,
> Heut wezt er das Messer,
> Es schneidt schon viel besser,
> Bald wird er drein schneiden,
> Wir müssens nur leiden.
> Hüte dich schöns Blümelein![58]

«Hat Gewalt vom höchsten Gott.» Auf eigene Faust sagt Büchner dergleichen nicht, aber im Zitat sagt er es, die Sprache eines Liedes aus dem 17. Jahrhundert verwendend. Vor diesem «höchsten Gott», dessen Angestellter der Schnitter ist, hat er stummen Respekt. Über andere Götter gießt er Hohn und Spott aus. Dantons pathetischer Rückentwickler-Gott – «Das Nichts ist der zu gebärende Weltgott!»[59] – hat keinen längeren Bestand, da Gott nach Dantons eigenem Bekunden nicht Nichts sein kann, weil er aus Etwas entstehen müßte. «Aber ich bin ein Atheist. Der verfluchte Satz: etwas kann nicht zu nichts werden!»[60] Deshalb gibt es auf das Nichts keine Hoffnung; der «Atheist» Danton findet aus seinem Selbstwiderspruch nicht heraus. Andere Götter aber, Götter mit Eigenschaften, müssen Zyniker sein in einer Welt voller Leiden, denen sie tatenlos zuschauen. «Ist denn der Äther mit seinen Goldaugen eine Schüssel mit Goldkarpfen, die am Tisch der seligen Götter steht und die seligen Götter lachen ewig und die Fische sterben ewig und die Götter erfreuen sich ewig am Farbenspiel des Todeskampfes?»[61] Sind wir Menschen, so fragt Büchner in einem Brief, «das Opfer im glühenden Bauch des Perryllustiers, dessen Todesschrei wie das Aufjauchzen des in den Flammen sich aufzehrenden Gottstiers klingt?»[62] Antiker Überlieferung nach soll der Erzgießer Perillos einen hohlen Stier geschaffen haben, in den man einen Menschen einsperren konnte. Erhitzte man den Stier, so klang das Brüllen des gefolterten Menschen wie Jubel des Opfertiers. Gott erscheint in diesem Bild als Wesen, das sich an der Folter weidet. Aggressiv antitheistische Bilder dieser Art zeigen einerseits die radikale Abwehr einer bestimmten Gottesvorstellung, verraten andererseits ein tiefes Engagement, das religiös nicht zur Ruhe kommt und auf der Suche ist nach einem Gott, dem man mit solchen Argumenten nicht beikommt.

Als der Tod Georg Büchner nähergerückt war, «ergoß sich seine Seele in religiöse Phantasien». Das überliefert Wilhelm Schulz, der des Frömmelns unverdächtig ist, in seinem Nekrolog.[63] Was Büchner damals, am 16. Februar 1837, phantasierend gesagt hat, ist in Carolines Bericht aufgezeichnet. Es ist etwas dem Stil Büchners ganz Unbekanntes und Fremdes, das da aus einer Tiefenschicht hervorbricht und endlich dem Sterben einen Sinn verleiht: «Wir haben der Schmerzen nicht zu viel, wir haben ihrer zu wenig, denn durch den Schmerz gehen wir zu Gott ein!»[64]

8. bis 12. Februar 1837

Am Aschermittwoch, dem 8. Februar, *zeigte sich nur sehr wenig Fieber und er wollte, da Briefe von seiner Braut angekommen waren, an dieselbe schreiben; ich bat ihn dieses zu verschieben, bis er sich wieder ganz wohl fühlte; auch erbot ich mich statt seiner zu schreiben, was er aber ablehnte. Da die Briefe Minnas sehr fein geschrieben waren, legte er sie weg, um sie später fertig zu lesen.*

Donnerstag, 9. Februar, *hatte der Kranke fast gar kein Fieber, doch klagte er fortwährend über Schlaflosigkeit; mein Mann war des Nachts lange bei ihm und bemerkte doch, daß er zuweilen geschlafen hatte. Er war kleinmütig und wir sprachen ihm alle Mut ein; auch riet man ihm, ein wenig aufzustehen, um dann vielleicht besser schlafen zu können. Es wurde ihm Mandelmilch verordnet, die ich ihm bereitete und die ihn sehr erquickte. Jeden Abend legte man ihm Senf auf die Waden.*

Am 10. Februar, es war Freitag, *stand er Nachmittags auf und wollte schreiben; ich holte ihm alles Nötige herbei, da ich sah, daß er sich durchaus nicht wollte abhalten lassen, und da er sagte, daß er sich auf dem Sopha wohler wie im Bett fühle, so freute ich mich sehr und nahm es für ein Zeichen der Beßrung. Er ergriff die Feder, erklärte aber sogleich nicht schreiben zu können; ich bot ihm abermals an in seinem Namen zu schreiben, was er jetzt geschehen ließ. Damit er seinen Geist nicht anstrengen sollte, schrieb ich den Brief nach meiner Idee und er sagte mir alsdann was ich daran ändern solle. Endlich war das Schreiben nach seinem Wunsch ausgefallen; und er nahm es mir hastig weg und setzte die Worte: «Adieu mein Kind», darunter, ließ mich eine seiner Locken hinein legen und eilte schnell zu Bett, nach welchem er sehr verlangte. Nachdem der Brief weg war, fiel es mir schwer aufs Herz, daß die gute Minna vielleicht diese Worte für Abschiedsworte nehmen könnte, da doch die Krankheit damals nicht im Geringsten gefährlich schien. Dies beunruhigte mich sehr und ich hatte einen traurigen Abend. Mein Mann (und seine anderen Freunde) schliefen diese wie die folgenden Nächte abwechselnd in seinem Zimmer, was ihm lieb war.*

Samstag, den 11. Februar, *hatte Büchner viel Schleim im Halse und mußte oft auswerfen. Der schwache Tee, den er morgens genoß, und die Suppen, die ich ihm selbst kochte, schmeckten ihm recht gut; doch fiel uns eine Art Unempfindlichkeit (Apathie) an ihm auf. Ich fragte ihn an diesem Morgen, ob es ihm angenehm wäre, wenn ich mit meiner Arbeit mich zu ihm setzte, was er gerne zu haben schien. Da er viel Schleim im Munde hatte, fiel ihm das Sprechen schwer und er drückte sich oft durch Gebärden aus, die mich zu Tränen rührten, auch weil sie mich lebhaft an meinen verstorbenen Vater erinnerten, mit dem ich sogar in der hohen freien Stirne einige Ähnlichkeit bei Büchner zu entdecken glaubte. (Mein Vater litt in seinen letzten Lebensjahren öfter an einer Art Sprachlähmung und pflegte sich dann durch Gebärden auszudrücken.) An einigen Äußerungen, die er an diesem Tage tat, bemerkte ich, daß sein Geist nicht ganz helle war. Wir beschlossen noch einen Arzt kommen zu lassen und zwar Schönlein; der Kranke wollte aber nichts davon hören, da er sich nicht so krank fühlte. – Es wurde indessen jetzt jede Nacht gewacht, was seine Freunde gerne übernahmen.*[65]

Am Sonntag, den 12. Februar, *erklärte Büchner endlich, daß er Schönlein zu sprechen wünsche, dieser war aber verreist; sein Assistent hatte indessen Büchner schon besucht und sich mit den von Dr. Zehnder verordneten Mitteln ganz einverstanden erklärt. – – –*

Die Erscheinungen waren beunruhigend genug, aber bis dahin noch nicht so drastisch, wie sie hätten sein können, um eine klare

Diagnose zu erlauben. *In der zweiten Woche ist der Mensch von Kopf-*
und Gliederschmerzen befreit; dafür aber ist der Schwindel bedeutend
heftiger geworden, und in den Ohren ist ein solches Sausen und Brau-
sen, daß es geradezu Schwerhörigkeit hervorruft. Der Ausdruck des
Gesichtes wird dumm. Der Mund fängt an, offen zu stehen, die Augen
sind verschleiert und ohne Teilnahme. Das Bewußtsein ist verdunkelt;
Schlafsucht beherrscht den Kranken, und oft versinkt er, ohne wirklich
zu schlafen, in eine bleierne Betäubung. Dazwischen erfüllen seine
Irr-Reden, seine lauten, erregten Phantasien das Zimmer. Seine
schlaffe Hilflosigkeit hat sich bis zum Unreinlichen und Widerwär-
tigen gesteigert. Auch sind sein Zahnfleisch, seine Zähne und seine
Zunge mit einer schwärzlichen Masse bedeckt, die den Atem verpestet.
Mit aufgetriebenem Unterleibe liegt er regungslos auf dem Rücken.
Er ist im Bette hinabgesunken und seine Knie sind gespreizt. Alles an
ihm arbeitet hastig, jagend und oberflächlich, seine Atmung sowohl,
wie der Puls, der an hundertundzwanzig flüchtig zuckende Schläge
in einer Minute vollführt. Die Augenlider sind halb geschlossen, und
die Wangen glühen nicht mehr wie zu Anfang rot vor Fieberhitze,
sondern haben eine bläuliche Färbung angenommen.[66]

Apokalyptik

«Kommt dr End dr Welt. Geh mr alle untr und fertig isch!»
(Volksmund 2011)[67] «Geht doch Alles zum Teufel, Mann und
Weib.» (Marie)[68] Kissen in Särgen sind mit Hobelspänen gefüllt.
«Wenn alle Leut wüßten», sagt Woyzeck, «wieviel Uhr es ist, sie
würden sich ausziehn, und ein saubres Hemd anthun und sich die
Hobelspän schütteln lassen.»[69] Woyzeck will vorbereitet sein. «Denn
ihr wisset nicht, welche Stunde euer Herr kommen wird.» (Mt
24,42) Gibt es ein Weltende und was geschieht da? Wie geht es
nach dem Tod weiter? Welche Lebens- und Weltende-Vorstellungen
finden sich bei Büchner – äußere er sie selbst oder lege er sie literarischen Figuren in den Mund. In welcher eschatologischen Luft
atmete er? Jeder Mensch hat eine Eschatologie, ausdrücklich oder
unausdrücklich, sei sie optimistisch, pessimistisch oder nihilistisch.
Auch der Atheist Danton verfügt über eine solche: «Meine Woh-

Von Christus
freigesprochen: ein
Seliger

nung ist bald im Nichts und mein Namen im Pantheon der Geschichte.»[70] Eine Wohnung will er also nach seinem Tod haben und
in einen Göttersaal will er eingeschrieben werden. Auch möchte er
«in den Armen des Ruhms entschlummern»,[71] möchte also von
einer allegorischen Dame in den Arm genommen und in den Schlaf
gewiegt werden wie ein Kind.

Der Tradition nach sind die vier letzten Dinge Tod, Gericht,
Himmel und Hölle. Daran wollen wir uns halten. Vom Tod war
schon die Rede. Nun ist das Gericht an der Reihe. «Von dort wird er
kommen zu richten die Lebenden und die Toten», so steht es im
Apostolischen Glaubensbekenntnis. «Wenn aber des Menschen
Sohn kommen wird in seiner Herrlichkeit und alle heiligen Engel
mit ihm», so steht es im Matthäusevangelium, «dann wird er sitzen
auf dem Stuhle seiner Herrlichkeit.» (Mt 25,31) Ein solcher Welten-
richter Christus kommt im überlieferten Büchner-Bestand zwar
nicht ausdrücklich vor. Vage greifbar werden allenfalls bestimmte
Vorstellungen, die in dieses Umfeld gehören. Wenn es ein Gericht
gibt, muß man sich vorbereiten. Die religionsüblichen Vorsorge-
praktiken übergießt Büchner mit Spott. Von einem Teilnehmer des
Theodizeegesprächs in *Danton's Tod* wird gesagt, er werde «sich zu
guter Letzt noch die Ölung geben, die Füße nach Mecca zu legen,
und sich beschneiden lassen um ja keinen Weg zu verfehlen».[72]
Offenbar findet Büchner solche Riten überflüssig. Aber vielleicht hat

er sich trotzdem auf den Tod vorbereitet? Man muß dazu glauben, es gebe ein Tiefenwissen um den eigenen Tod. Wissenschaftlich unerweislich, aber dennoch nicht nur abwegig ist es, Büchners Züricher Zeit als ein «Bestelle dein Haus!» zu lesen. Er hätte so betrachtet die Scharten seines Lebenslaufs ausgewetzt, sich bürgerlich etabliert, sich mit dem Vater ausgesöhnt, seine Zukunft endgültig auf Minna gebaut und zwei Dramen fast vollendet. Sein Leben, so kurz es war, hätte so betrachtet etwas Rundes und Fertiges. Alle Schulden, besonders die moralischen, scheinen getilgt. Mit «Adieu mein Kind» hätte er von Minna einen Abschied genommen, in dem das «Adieu» im Tiefenwissen vielleicht sogar wörtlich und nicht nur redensartlich gemeint war. Er hätte dann einen Weg «zu Gott» angetreten und unerwartet schnell die Schwelle des Todes passiert. Die Tradition bietet für diesen Weg Begleiter an, die sich auskennen – Charon, Hermes, Christus, Maria. Büchner ersinnt weitere. In *Danton's Tod* sind es die Fuhrleute, die mit ihren Karren die Verurteilten «aus der Welt» fahren.[73] Camille gibt dem Fuhrmann Geld mit den Worten: «Da alter Charon, dein Karren ist ein guter Präsentierteller.» Vom «Teller» schlägt er über das «Gastmahl» eine bildliche Brücke zum Trankopfer («Libation»): «Meine Herren, ich will mich zuerst servieren. Das ist ein klassisches Gastmahl, wir liegen auf unseren Plätzen und verschütten etwas Blut als Libation.»[74] Mit der Metaphorik des Opfermahls wird ein mythologischer Sinnrest mitgeschleppt. Das Blutopfer ist ein Handel, eine Gabe, für die eine Gegengabe erwartet wird. Es stimmt die Götter gnädig. Büchner gibt sein Leben für irgend etwas unbestimmt Bleibendes – für soziale Gerechtigkeit, Republik und Menschlichkeit, aber auch für eine Art Achtung vor jederlei Leid.

Die christliche Gerichtsvorstellung spielt im Vergleich zu den Anspielungen auf die antike Welt nur eine geringe Rolle. Mit dem vollen biblischen Pathos wird sie nur Robespierre angetragen. Ein Weib verkündet:

> Hört den Messias, der gesandt ist zu wählen und zu richten; er wird die Bösen mit der Schärfe des Schwertes schlagen. Seine Augen sind die Augen der Wahl, und seine Hände sind die Hände des Gerichts![75]

Danton hält eine solche Richterrolle für Anmaßung. «Hast du das Recht aus der Guillotine einen Waschzuber für die unreine Wäsche anderer Leute [...] zu machen, weil du immer einen sauber gebürsteten Rock trägst? [...] Bist du der Polizeisoldat des Himmels?»[76] Der Leser ist auf Dantons Seite.

Auch im *Hessischen Landboten* wird der Endgerichtsgedanke gestreift. Der Bote verkündet prophetisch, daß Gott die «Volksmörder und Tyrannen hier zeitlich und dort ewiglich strafen» werde.[77] Das kann natürlich Text von Friedrich Ludwig Weidig sein. Zu Büchners Denken will die Stelle nicht recht passen.

Zur Vorstellung eines Gerichts gehören «Sünde» und «Strafe». Die biblische «Sündflut» (Gen 6–8) ist eine Strafe. Sie dient der Reinigung. Nach ihr soll ein Friedensreich kommen. Die große Blutrede von St. Just sieht in der Revolution eine solche reinigende Flut und neue Schöpfung: «Die Menschheit wird aus dem Blutkessel wie die Erde aus den Wellen der Sündflut mit urkräftigen Gliedern sich erheben, als wäre sie zum Erstenmale geschaffen.»[78] Auch Danton bedient sich der Flutmythe. «Die Sündflut der Revolution mag unsere Leichen absetzen wo sie will, mit unsern fossilen Knochen wird man noch immer allen Königen die Schädel einschlagen können.»[79] Die mythische Vorlage generiert Sinn. Danton's Tod hat einen Sinn, den Sinn der Republik. Aber die Blutflut, mit der dieser Sinn erkauft wird, ist ein Fluch für den Sinn.

Markant ist im *Woyzeck* von Maries «Sünde», ja «Todsünde» die Rede; sie allein sucht Verzeihung bei Christus.[80] Danton sprich von «garstigen Sünden» im Zusammenhang mit den Septembermorden, sein Gewissen schlägt, er beruhigt es durch eine Erwägung, warum diese Morde sein mußten (aus «Notwehr» seien sie geschehen) und schiebt die Schuld dann mythologisch auf Christus:[81]

> Der Mann am Kreuze hat sich's bequem gemacht: es muß ja Ärgernis kommen, doch wehe dem, durch welchen Ärgernis kommt!
> Es muß, das war dies Muß. Wer will der Hand fluchen, auf die der Fluch des Muß gefallen? Wer hat das Muß gesprochen, wer? Was ist das, was in uns hurt, lügt, stiehlt und mordet?

Danton fühlt sich offenkundig vor Gericht, streitet aber die Verantwortung ab und schiebt sie «unbekannten Gewalten» zu:

Puppen sind wir von unbekannten Gewalten am Draht gezogen;
nichts, nichts wir selbst! Die Schwerter, mit denen Geister kämpfen, man sieht nur die Hände nicht wie im Märchen.

Auch Lenz fühlt sich als Sünder, «die Sünde in den heiligen
Geist stand vor ihm», auch sei er «der ewige Jude, verdammt in
Ewigkeit».[82] Er redet sich nicht heraus wie Danton. Er bedürfte
wirklich der Erlösung, aber es gibt keine für ihn. «Oberlin sagte
ihm, dafür sei Jesus gestorben, er möge sich brünstig an ihn wenden», aber das waren für den Angesprochenen leere Worte, Lenz
«rang die Hände, und sagte: Ach! ach! göttlicher Trost.»[83]

Büchner kennt die Idee der Lossprechung jedenfalls, auch wenn
er sie nur ironisch verwendet und auf die Befreiung von einem falschen Freund (dem einstigen Mitschüler und Mitrevolutionär Hermann Trapp) bezieht. Er konnte diese Nervensäge, nachdem Gutzkow ihn aufgeklärt hatte, endlich mit guter Manier vor die Türe
werfen. «Es ist mir», schreibt er an Gutzkow, «als wäre ich von einer
Todsünde absolvirt.»[84]

Aber das ist peripher. Eine eigentliche Absolution gibt es nicht.
Büchners Menschen werden nicht erlöst. Sie bleiben befangen in
Sünde, Leid und Schmerz. «Das leiseste Zucken des Schmerzes und
rege es sich nur in einem Atom, macht einen Riß in der Schöpfung
von oben bis unten.»[85] Auch dieses Bild kommt aus der Passion. Bei
Jesu Tod am Kreuz zerriß der Vorhang im Tempel in zwei Stücke,
«von oben an bis unten aus» (Mt 25,51). Büchner kommt über das
Kreuz nicht hinweg. «Ich armseliger Kreuzträger» – so bezeichnet
er sich selbst, wenngleich ironisch, in einem frühen Brief.[86] Sein
Christentum ist Karfreitag ohne Ostern. Die Menschen werden hingeopfert wie Christus, «der Priester hebt schon das Messer», sagt
Prinzessin Lena, sie betet in Verzweiflung: «Mein Gott, mein Gott,
ist es denn wahr, daß wir uns selbst erlösen müssen mit unserem
Schmerz? Ist es denn wahr, die Welt sei ein gekreuzigter Heiland,
die Sonne seine Dornenkrone, und die Sterne die Nägel und Speere
in seinen Füßen und Lenden?»[87]

Von einem dogmatischen Standpunkt aus wird man einwenden,
ein Christentum ohne Auferstehung sei keines. «Ist Christus aber
nicht auferstanden», schreibt Paulus, «so ist euer Glaube eitel.»

(1 Kor 15,17) Von einem kulturellen Standpunkt aus gesehen fällt das
Urteil milder aus. Die Literatur übernimmt die Rolle des Fege-
feuers.[88] Sie inszeniert Bußrituale. Büchner bewegt sich unstreitig in
der mythologischen Welt des Christentums, aber akzentuiert in ihr
nicht die Erlösung, sondern die Passion. Dafür gibt es nicht nur
schlechte, sondern auch gute Gründe. Das Leid will ernst genommen, will nicht durch vorschnelle Erlösungsrhetorik entwertet werden. Es will sich, im Fall daß seine Ursachen nicht beseitigt werden
können, wenigstens ausdrücken dürfen. «Leiden sei mein Gottesdienst», singen die Stimmen im Steintal, nachdem Lenz gepredigt
hat.[89] In den Kirchen muß Raum sein für Weinen, Klagen und Jammern. Dantons Stolz beruht auf seinem Schmerz. Er schreit und
klagt wie Laokoon. Sein Schmerz ist unabwendbar und reicht über
den Tod hinaus. «Und wenn ich ganz zerfiele, mich ganz auflöste –
ich wäre eine Handvoll gemarterten Staubes, jedes meiner Atome»,
und jetzt hat die Liebe zu Julie das letzte Wort, «könnte nur Ruhe
finden bei ihr.»[90]

Neue Mächte kommen damit ins eschatologische Spiel: die Liebe
und die Ruhe. Die Liebe erscheint über den Tod hinaus als er-
lösende Macht. Das Ergebnis der Erlösung ist Ruhe. «Nur ein
bißchen Ruhe» erbittet Lenz, leidend unter der ewigen «Qual der
Unruhe».[91] Woyzeck sagt horchend: «Still, ganz still, wie der
Tod.»[92] Lenz aber kann die Ruhe auch im Tod nicht finden, er hört
eine «entsetzliche Stimme, die um den ganzen Horizont schreit,
und die man gewöhnlich die Stille heißt».[93] Lenz bleibt unerlöst.
Die sterbenden Dantonisten haben es besser. Ihr Tod ist Schlaf.
«Gute Nacht, meine Freunde», sagt Philippeau, «ziehen wir ruhig
die große Decke über uns, worunter alle Herzen ausglühen und alle
Augen zufallen.» Sie sind sterbende Götter. Wieder tritt die Mytho-
logie der Antike in Erscheinung. «Die Wolken hängen am stillen
Abendhimmel wie ein ausglühender Olymp mit verbleichenden, ver-
sinkenden Göttergestalten.»[94] Aber auch untergehende Götter bleiben Götter und behalten Privilegien. Niemand würde wagen, sie vor
Gericht zu zerren. Die Vorstellung vom sterbenden Olymp verdrängt im letzten Augenblick diejenige von Christus auf dem Rich-
terthron. Es bleibt dabei, daß Endgerichtsbildlichkeit in Büchners
Metaphernorchester nur schwach instrumentiert ist.

Und wenn die Welt überhaupt unterginge? Nur Woyzeck ahnt etwas davon. «Hörst du das fürchterliche Getös am Himmel?»[95] Woyzeck hört es. Bald wird alles zu Ende sein. «Wenn die Welt so finster wird, daß man mit den Händen an ihr herumtappen muß, daß man meint sie verrinnt wie Spinnweb'! [...] Wenn die Sonn im hellen Mittage steht und es ist als müsse die Welt auflodern.»[96] Er findet, ein Strafgericht sei an der Zeit. «Warum blaßt Gott nicht Sonn aus, daß Alles in Unzucht sich übernander wälzt, Mann und Weib, Mensch und Vieh.»[97] Er hat die Posaunen schon gehört, die es ankündigen: «Ein Feuer fährt um den Himmel und ein Getös herunter wie Posaunen.»[98] Wenn das Weltende kommt, wird der Menschensohn «senden seine Engel mit hellen Posaunen, und sie werden sammeln seine Auserwählten von den vier Winden, von einem Ende des Himmels zu dem andern.» (Mt 24,31) Woyzeck «hat die Christusnähe, den leisen starken Anruf desjenigen, der unter den Menschen immer der Letzte, der Ausgeschlossene sein wird. Nach einer alten Überlieferung wird am Jüngsten Tage der Ärmste der Armen über uns zu Gericht sitzen.» Woyzeck «fragt mit den Augen dieses Richters.»[99] Von den Auserwählten wird er sagen: «Denn ich bin hungrig gewesen, und ihr habt mich gespeist. Ich bin durstig gewesen, und ihr habt mich getränkt. Ich bin ein Gast gewesen, und ihr habt mich beherbergt. Ich bin nackt gewesen und ihr habt mich bekleidet. Ich bin krank gewesen und ihr habt mich besucht. Ich bin gefangen gewesen, und ihr seid zu mir gekommen.» (Mt 25,35–36) Büchner war christlich, sozial und demokratisch; das alles gehörte in sein Programm. Als Mensch wie als Dichter hat er die Sensibilität gegenüber dem Leiden gestärkt und so dazu beigetragen, daß Menschen einander Leid ersparen, wenn es geht.

13. bis 16. Februar 1837

Am 13. Februar, montags, *dauerte die Betäubung fort; am Tage vorher war es, wo er zum ersten Male sagte, der Kopf sei ihm schwer und dies war das einzige Mal in seiner ganzen Krankheit, daß er den Kopf klagte. Er war ganz bei sich, sprach aber zuweilen im Schlaf.*

Morgens früh am 14. Februar *kam Schönlein und billigte ganz das bisherige Verfahren des Dr. Zehnder, auch behielt er dieselben Arzeneien bei. Büchner sprach sehr vernünftig mit ihm, bekam aber schon während der Anwesenheit der Ärzte starke Hitze; ich blieb bei ihm und er nannte mich manchmal Schmid; wenn ich dann sagte ich sei Frau Schulz, lächelte er mir zu. Auch glaubte er zuweilen es stände Jemand in der Ecke und dergleichen. Ich las für mich im Morgenblatt, das er für einen Brief hielt, ich legte es daher weg. Gegen Abend bekam er einen heftigen Anfall von Zittern (Zittern der Hände hatte man schon früher bemerkt), wobei er ganz irre sprach. Ich wurde sehr unruhig und sorgte von nun an dafür, daß außer mir auch immer noch einer seiner Freunde bei ihm war. Er wurde nach und nach wieder ruhiger. Gegen acht Uhr kam das Delirieren wieder und sonderbar war es, daß er oft über seine Phantasien sprach, sie selbst beurteilte, wenn man sie ihm ausgeredet hatte. Eine Phantasie, die oft wiederkehrte war die, daß er wähnte ausgeliefert zu werden. Während seiner Fieberdelirien strengte er sich vergebens an, von etwas Mitteilung zu machen, das ihm Sorge zu machen schien.*[100] *Die Nacht war unruhig; er sprach viel französisch und redete mehrere Male seine Braut an.*

Mittwoch, 15. Februar 1837, *fand ich ihn morgens früh sehr verändert; doch kannte er mich; verlangte zu seinem Tee, weil die Tasse groß war, auch einen großen Löffel und spülte sich den Mund aus. Er sprach, wenn er bei sich war, etwas schwer, sobald er aber delirierte, sprach er ganz geläufig. Er erzählte mir eine lange zusammenhängende Geschichte, wie man ihn gestern schon vor die Stadt gebracht habe, wie er zuvor eine Rede auf dem Markte gehalten u. s. w. Ich sagte ihm, er sei ja hier in seinem Bette und habe das alles geträumt; da erwiderte er, ich wisse ja, daß Professor Escher (einer seiner Schüler) sich für ihn verbürgt habe und deshalb sei er wieder zurückgebracht worden. Es hatte sich nämlich die Idee bei ihm gebildet, er habe Schulden, was aber in der Wirklichkeit nicht der Fall war. Solche Phantasien ließ er sich leicht ausreden, verfiel aber alsdann in andere. Um zwölf Uhr kam Schönlein (den Büchner nicht erkannte), und da ich um jeden Preis wissen wollte, wie es um den Kranken stehe, blieb ich im Zimmer, ob es schicklich war, oder nicht. Schon als Schönlein eintrat, sagte er: «Welch ein Geruch!» ließ sich den Stuhlgang zeigen, der ganz schwarz war und aus dickem Blut bestand, betrachtete den Kranken und sagte*

*zu mir: «Alles paßt zusammen; es ist das Faulfieber und die Gefahr ist
sehr groß.» Ich erschrak heftig, und da meine Nerven sehr angegriffen
waren, empfahl mir der Arzt dringend, das Krankenzimmer zu mei-
den. (Auch war männliche Pflege jetzt dringender.) Ich konnte jetzt
nichts mehr für ihn tun als beten. – Es wurde ein braver Wärter angenommen; doch war bei diesem immer noch einer von Büchners Freunden, besonders Wilhelm und Schmid. Ich war sehr traurig und schrieb
sogleich nach Straßburg.*

Donnerstag, 16. Februar. *Die Nacht war unruhig; der Kranke wollte
mehrere Male fort, weil er wähnte, in Gefangenschaft zu geraten, oder
schon darin zu sein glaubte und sich ihr entziehen wollte. Den Nachmittag vibrierte der Puls nur und das Herz schlug 160 mal in der Minute.
Die Ärzte gaben die Hoffnung auf. Mein sonst frommes Gemüte fragte
bitter die Vorsehung: «Warum?», da trat Wilhelm ins Zimmer und da
ich ihm meine verzweiflungsvollen Gedanken mitteilte, sagte er: «Unser
Freund gibt dir selbst Antwort, er hat soeben, nachdem ein heftiger
Sturm von Phantasien vorüber war, mit ruhiger, erhobener, feierlicher
Stimme die Worte gesprochen:* ‹Wir haben der Schmerzen nicht
zu viel, wir haben ihrer zu wenig, denn durch den Schmerz
gehen wir zu Gott ein!› ‹Wir sind Tod, Staub, Asche, wie
dürften wir klagen!›*» Mein Jammer löste sich in Wehmut auf; aber
ich war sehr traurig und werde es noch lange sein.*

Wilhelm Schulz ergänzt Carolines Bericht um weitere Einzelheiten. *Noch in den letzten Stunden traten ihm die Schauder der Inquisi-
tion in den Gebilden des Fiebers sichtlich vor Augen, und wie vor seiner
Krankheit, so sprach auch der Sterbende noch in bitter wahren Worten
über die verwerfliche Behandlung der politischen Schlachtopfer, die
nach gesetzlichen Formen und mit dem Anschein der Milde in Jahre
langer Untersuchungshaft gehalten werden, bis ihr Geist zum Wahn-
sinne getrieben und ihr Körper zu Tode gequält ist. «In jener französischen Revolution»,* so rief er aus, *«die wegen ihrer Grausamkeit so verrufen ist, war man milder als jetzt. Man schlug seinen Gegnern die
Köpfe ab. Gut! Aber man ließ sie nicht Jahre lang hinschmachten und
hinsterben.» Dies sind die verdammenden Worte eines sterbenden deutschen Dichters über die Schande der geheimen deutschen Justiz.*[101]
Unter dem Stichwort «Nervenfieber» erwähnt das bei Brockhaus
1837–1841 erschienene *Bilder-Conversations-Lexikon* auch das Auf-

treten solcher Delirien kurz vor dem Tod, der zuweilen erfolge, *nachdem der Kranke kurz vorher das Bewußtsein wieder erlangt hat, ja mit einer gewissen Sehergabe begabt worden zu sein scheint.*[102] Der Artikel «Faulfieber» macht sinnfällig, welches Krankheitsbild Schönlein bei seiner Diagnose vor Augen hatte:[103] *F a u l f i e b e r [...] wird eine meistens sehr gefährliche, mit einem aufgelösten Zustande des Blutes, Erschlaffung der festen Teile und großem Verfalle der Kräfte verbundene Krankheit genannt [...]. Nachdem kürzere oder längere Zeit ein dumpfer, drückender Kopfschmerz, traurige, düstere Gemütsstimmung, immer zunehmende Mattigkeit und Schmerzhaftigkeit der Gliedmaßen, blasse, erdfahle, bläuliche oder selbst schwärzliche Färbung der Haut, starkduftende Nachtschweiße, unruhiger, nicht erquickender Schlaf, geringe Eßlust mit fauligem Geschmacke im Munde und auffallender Abneigung gegen Fleischspeisen, aber desto größeres Verlangen nach säuerlichen Dingen, höchst übelriechende Ausleerungen durch Darmkanal und Harnblase vorausgegangen sind, tritt das Fieber selbst mit Frost, Schaudern und einer immer steigenden Hitze ein [...] die Benommenheit des Kopfes mehrt sich, das freie Bewußtsein trübt sich immer mehr, der Kranke versinkt in ein dumpfes Hinbrüten, sein Gesicht drückt große Traurigkeit aus, die Augen röten sich oder färben sich wohl auch gelblich, grünlich, verlieren ihren Glanz, tränen, werden stier, schielend oder nach oben verdreht. Die Zunge belegt sich sehr stark, wird trocken und zitternd, das ganze Innere der Mundhöhle, die Lippen und Nasenlöcher bekommen ein schmutziges, rußiges Ansehen, der Atem, sowie alle Aussonderungsstoffe des Körpers verbreiten einen höchst übeln Geruch. [...] Das Atemholen wird stöhnend, röchelnd, die Stimme unverständlich, das Sprechen wohl auch ganz unmöglich, Teile, welche gedrückt, dadurch wund oder sonst verletzt werden, gehen leicht in Brand über, im Munde entstehen Schwämmchen, es stellen sich erschöpfende Durchfälle und Blutungen aus allen natürlichen Öffnungen des Körpers ein. Das durch sie entleerte Blut erscheint sehr dunkel gefärbt, flüssiger als gewöhnlich, gerinnt nur schwer oder gar nicht und befindet sich in einem mehr oder weniger aufgelösten Zustande; es bilden sich Luft- und Drüsengeschwülste und unter nervösen Zufällen erfolgt der Tod. [...] Die Leichen gehen außerordentlich schnell in Fäulnis über. Alles, was den Körper über die Gebühr schwächt, die gesunde Mischung der Säfte desselben verdirbt, daher namentlich schlechte, durch faulige Ausdünstungen verpestete Luft* – das kann immerhin der Fall gewesen sein beim täglich stundenlangen Präparieren von Fischen, Fröschen und sonstigen Amphibien –, *der Genuß faulen oder von kranken Tieren gewonnenen Fleisches, gänzlicher Mangel an Pflanzenkost, dagegen ausschließliche Beköstigung mit gesalzenem Fleische, feuchte und zugleich warme Witterung bei tiefem Barometerstande, brandige und schlecht eiternde Wunden, fehlerhafte Behandlung anderer, namentlich galliger und nervöser Krankheiten begründen vorzugsweise eine Anlage zum Faulfieber, das dann durch einen Zufall zur Ausbildung kommt und um so gefährlicher wird, je schwächlicher der Körper des Patienten ist.* Schönlein selbst nennt in seinen Vorlesungen als Kennzeichen des Faulfiebers (Typhus abdominalis putridus) Ausscheidungen von *stinkendem dissolutem Blute aus dem After. Der Harn sei eigentümlich alieniert, er ist mehr braun, geht schnell in Fäulnis über und entwickelt Ammoniak.*[104]

Buddenbrooks, 11. Teil, 3. Kapitel: *In der dritten Woche ist die Schwäche auf ihrem Gipfel. Die lauten Delirien sind verstummt, und niemand kann sagen, ob der Geist des Kranken in leere Nacht versunken ist, oder ob er, fremd und abgewandt dem Zustande des Leibes, in fernen, tiefen, stillen Träumen weilt, von denen kein Laut und kein Zeichen Kunde gibt. Der Körper liegt in grenzenloser Unempfindlichkeit. – Dies ist der Zeitpunkt der Entscheidung ...*

Caroline Büchner, Georgs Mutter, hatte kurz vorher noch hilflos beschwichtigt: *Wenn du hörst, daß hier das Nervenfieber grassierte, so ängstige dich nicht, es ist nicht so arg, als es die Leute machen, es sind zwar schon viele Menschen daran gestorben* – und dann erzählt sie, wie eine ganze Familie hingerafft wurde.[105]

Himmel und Hölle, Teufel und Engel

Für «Himmel» und «himmlisch» gibt es in Büchners Werken und Briefen rund sechzig Belegstellen – eine hohe Zahl. Sie verteilen sich auf vier Verwendungsarten, eine redensartliche, eine ironisch-satirische, eine meteorologische und eine metaphysische. Die redensartliche («weiß der Himmel», «um Himmels willen», «der

Himmel verhelfe», «ich danke dem Himmel») ist nicht so belanglos
wie sie scheint. Die Redensarten kommen nicht an beliebigen Stellen zum Einsatz, sondern stets da, wo die bürgerliche Vernunft an
ihre Grenzen stößt. «Der Himmel weiß, wie das enden soll», seufzt
Danton nach seiner Einlieferung ins Luxembourg.[106] «Der Himmel
verhelf' ihr zu einer behaglichen fixen Idee», sagt Camille über
Lucile, die der Wahnsinn packt.[107] «Um des Himmels w[illen],
Hülfe», ruft Marie, als Woyzeck mit dem Messer auf sie losgeht.[108]
Zur ironischen Verwendungsart gehören die «himmlische Unverschämtheit», die Prinz Leonce seinem gescheiten Narren Valerio zuschreibt, nachdem dieser eine ganze Serie sexueller Anzüglichkeiten
von sich gegeben hat,[109] gehören ferner die «himmlisch stupiden
Augen» des unendlich geistlosen Frauenzimmers, von dem Leonce
zu träumen vorgibt,[110] und gehört schließlich das Stöhnen der Gefolterten, das «wie ein melodischer Hauch in himmlischen Ohren
stirbt».[111] Die meteorologische Verwendungsart («am Himmel zogen graue Wolken»)[112] ist meistens nicht bedeutungsneutral, sondern grenzt an die metaphysische. «Die Luft ist nicht mehr so hell
und kalt, der Himmel senkt sich glühend dicht um mich, und
schwere Tropfen fallen.»[113] Der Regen ist erlösend, er kommt, als in
Leonce die Liebe zu Lena erwacht. Es ist ein heiliger Moment, so
heilig wie der erste Schöpfungstag; Lenas Stimme ist, als die Tropfen fallen, «wie der Geist, da er über den Wassern schwebte, – eh'
das Licht ward.» Nicht selten illustriert der Himmel aber auch die
Klaustrophobie. Camille liegt wachträumend und spürt, wie der
Sternenhimmel sich senkt; «ich stieß daran, ich betastete die Sterne,
ich taumelte wie ein Ertrinkender unter der Eisdecke.»[114] Lenz
klagt: «Jetzt ist es mir so eng, so eng, sehn Sie, es ist mir manchmal,
als stieß' ich mit den Händen an den Himmel; o ich ersticke!»[115] Auf
der Basis der meteorologischen Bildlichkeit entwickelt sich ein meta-
physischer Protest. Lenz will «eine ungeheure Faust hinauf in den
Himmel ballen», er verhöhnt den Himmel als «dummes blaues
Aug», in dem der Mond steht, «ganz lächerlich» und «einfältig».[116]
Danton wiederum findet das Leben überhaupt lächerlich und meint,
«der Himmel müsse bersten und die Erde müsse sich wälzen vor
Lachen».[117] Aber auch der alte metaphysische Himmel, der Aufent-
haltsort der Toten, redet noch mit. Woyzeck spricht ausdrücklich

von «der und der andern Welt» (der diesseitigen und der jenseitigen), und fürchtet, «wenn wir in Himmel kämen, so müßten wir donnern helfen.»[118]

Für die «Hölle» gibt es deutlich weniger Belegstellen, aber es sind sehr markante dabei. Als Woyzeck von Maries Untreue erfährt, sagt er: «Herr Hauptmann, die Erd ist höllenheiß, mir eiskalt, eiskalt, die Hölle ist kalt, wollen wir wetten.»[119] Heiße Frauen ordnet er gleichwohl der Hölle zu; Stand und Reichtum spielen dabei keine Rolle – «man kann auch ohne Schuh in die Höll gehen», sagt Woyzeck boshaft über Dienstmägde, die sich keine spitzen Schühchen leisten können.[120] Als Gotteslästerer gehört auch Lenz dogmatisch gesehen in den Machtbereich der Hölle. Er bezeichnet sich als «das ewig Verdammte, der Satan»,[121] und in seiner Brust erklingt «ein Triumph-Gesang der Hölle.» Der Wind ist, als Lenz lästert, «wie ein Titanenlied».[122]

Auch wenn solchen Stellen kein dogmatischer Wahrheitswert zugemessen werden muß, kommt ihnen metaphorisch Ernsthaftigkeit zu. Das gilt auch für die rund zwanzig Belege für «Teufel». Neben den Flüchen («Teufel! da sind wir schon wieder auf der Grenze»),[123] die oft eine sexuelle Note haben («Teufel zum Fortpflanz von Kürassierregimentern»)[124] und jedenfalls vom unveränderten mythischen Respekt vor dem Herrn der Unterwelt Zeugnis ablegen, zeigt sich eine große Bandbreite von weiteren Bezügen. «Sieht dir der Teufel aus den Augen?» sagt der Tambourmajor, als Marie sich sträubt.[125] «Schlaf», sagt Marie zu ihrem Kind, «oder er holt dich».[126] Im *Hessischen Landboten* herrscht der «Vater der Lügen»[127] in den Palästen; die Wendung könnte freilich von Weidig sein. Der Teufel ist Herr über das Mißglücken, auch das poetische. «Die Nachtigall der Poesie schlägt den ganzen Tag über unserm Haupt, aber das Feinste geht zum Teufel, bis wir ihr die Federn ausreißen und in die Tinte oder die Farbe tauchen.»[128] Viele Untergänge laufen auf den Teufel zu. «Geht doch Alles zum Teufel, Mann und Weib.»[129] Büchner will «die abgelebte moderne Gesellschaft zum Teufel gehen lassen».[130] Es bleibt nebulös, was er damit meint. Zu des Teufels Tücke gehört seine Unberechenbarkeit. Woyzeck sitzt nach seiner Bluttat im Wirtshaus und philosophiert, es sei einmal so, «der Teufel holt die eine und läßt die andre laufen.»[131] Leonce und Valerio freilich machen sich über das Ganze lustig:[132]

> VALERIO. So wollen wir zum Teufel gehen!
> LEONCE. Ach, der Teufel ist nur des Kontrastes wegen da, damit wir begreifen sollen, daß am Himmel doch eigentlich etwas sei.

Klar, so ist es. Den Teufel gibt es nicht wirklich. Er ist nur eine starke Metapher für allerlei Schlimmes. Er hilft, die Welt zu ordnen. Er ist handlicher als die Abstrakta, mit denen man ihn zu vermeiden sucht. Es schadet in der Regel nicht, seinen Nimbus zu Hilfe zu nehmen. Es ist ein Spiel, die Menschen liegen auf dem Tisch «wie Spielkarten, mit denen Gott und der Teufel aus Langeweile eine Partie machen».[133] An ein Spiel muß man nicht glauben. Spielerisch erprobt Büchner bestimmte Anordnungen der Welt. Daß er dabei in so großem Umfang die eschatologische Bildlichkeit des Christentums bemüht, zeigt, daß er sich aus deren Bannkreis nicht zu lösen vermag, zeigt zumindest, daß er keinen Ersatz für sie weiß.

Es fehlen noch die Engel. Woyzecks Himmel ist traditionell mit «Engelchen» bevölkert.[134] Als Einschlafhilfe gibt es das «Schlafengelchen».[135] Manche Metaphern sind abgenutzt. Die Geliebte ist ein Engel – das gilt für Friederike in *Lenz* und für Lena in *Leonce und Lena*.[136] Aber der Weg ins Jenseits ist kurz. Markant kommt Sterbemetaphorik dazu. Lena ist «Engel» und «Opferlamm».[137] Der Mond am sargschwarzen Nachthimmel ist «wie der tote Engel», der «auf seinem dunkeln Kissen ruht», während «die Sterne gleich Kerzen um ihn brennen».[138] Andere Engel leben und helfen über die Schwelle des Todes. Leonce will Lenas «Todesengel» sein.[139] Luciles «Todesengel» ist die Guillotine.[140] Diese und weitere Engelmetaphern zeigen, daß Büchners Vorstellungswelt nicht materialistisch, sondern metaphysisch ist.

17. bis 19. Februar 1837

Die Mortalität war zwar hoch, aber nicht in jedem Falle war der Typhus tödlich. Es gab eine Chance. Die Entscheidung muß zwischen dem 15. und dem 17. Februar gefallen sein. *In die fernen*

Fieberträume, in die glühende Verlorenheit des Kranken wird das Leben hineinrufen mit unverkennbarer, ermunternder Stimme. Hart und frisch wird diese Stimme den Geist auf dem fremden, heißen Wege erreichen, auf dem er vorwärts wandelt, und der in den Schatten, die Kühle, den Frieden führt. Aufhorchend wird der Mensch diese helle, muntere, ein wenig höhnische Mahnung zur Umkehr und Rückkehr vernehmen, die aus jener Gegend zu ihm dringt, die er so weit zurückgelassen und schon vergessen hatte. Wallt es dann auf in ihm, wie ein Gefühl der feigen Pflichtversäumnis, der Scham, der erneuten Energie, des Mutes und der Freude, der Liebe und Zugehörigkeit zu dem spöttischen, bunten und brutalen Getriebe, das er im Rücken gelassen: wie weit er auch auf dem fremden, heißen Pfade fortgeirrt sein mag, er wird umkehren und leben. Aber zuckt er zusammen vor Furcht und Abneigung bei der Stimme des Lebens, die er vernimmt, bewirkt diese Erinnerung, dieser lustige, herausfordernde Laut, daß er den Kopf schüttelt und in Abwehr die Hand hinter sich streckt und sich vorwärts flüchtet auf dem Wege, der sich ihm zum Entrinnen eröffnet hat ... nein, es ist klar, dann wird er sterben. (Buddenbrooks, 11. Teil, 3. Kapitel)[141]

Caroline Schulz protokolliert in ihrem Tagebuchbericht, daß der Kranke in der Nacht auf Freitag, 17. Februar, *fast immerwährend sprach* und *in den rührendsten Ausdrücken von seinen Eltern und Geschwistern phantasierte.* Der erfahrene Kliniker *Schönlein,* der inzwischen die Behandlung übernommen hatte, so daß Büchner in besten Händen war, *wunderte sich, ihn am Morgen noch lebend zu finden; er kam täglich zweimal und nahm den größten Anteil, so wie Alle die Büchner auch nur entfernt kannten. Jeden Morgen ließ man sich von verschiedenen Seiten nach seinem Befinden erkundigen. Gegen zehn Uhr kam Frau Pfarrer Schmid von Straßburg und benachrichtigte uns, daß Minna angekommen sei; ich erschrak sehr, denn ich fürchtete für sie, wenn sie den Kranken in so verändertem Zustande sehen würde. Ich eilte zu ihr ins Wirtshaus und bereitete sie nach und nach auf die große Gefahr vor, in der ihr Teuerstes schwebte. Ich machte mich recht stark bei ihr. Ich holte sie nach Tisch mit ihrer Begleiterin zu uns. Die Ärzte hatten ihr erlaubt, den Kranken zu sehen. Er erkannte sie, was eine schmerzliche Freude für sie war; unsere Tränen flossen vereint an diesem Tage, und mein Herz litt viel, denn es verstand das ihrige. Sie und Frau Schmid blieben von nun an bei uns. Die Nacht war für uns alle traurig. Der Kranke delirierte fortwährend.*

Am Samstag, dem 18. Februar, besuchte Minna gleich früh den Kranken, *der sie deutlicher wie am vorigen Tage erkannte; er sprach zu ihr, auch von ihrem Vater, doch konnte man nicht alles verstehen, denn seine Stimme war jetzt schwächer. Er ließ sich den Mund reinigen, nahm aus Minnas Händen ein wenig Wein und Confitüre, aß Mittags etwas Suppe, nannte mehrere seiner Freunde mit Namen, auch der Puls hob sich ein wenig; alles dieses war ein Hoffnungsstrahl für uns, trotz den Ärzten, die nichts darauf gaben, aber nur ein Hoffnungsstrahl, denn am Abend traten von neuem üble Symptome ein. Die Nacht war ruhig, da die Schwäche zunahm; doch sprach der Kranke immerfort.*

Sonntag, 19. Februar. *Der Atem wurde schwerer, die Schwäche größer, der Tod mußte nahe sein. Das starke Mädchen bat meinen Mann, sie zu rufen, wenn der verhängnisvolle Augenblick käme, denn lange konnte und durfte sie nicht im Krankenzimmer verweilen. Es war Sonntag; der Himmel war blau und die Sonne schien. Die Kinder hatte man weggeschickt, es war stille im Hause und stille auf der Straße. Die Glocken läuteten. Minna und ich saßen allein in meinem traulichen Stübchen. Wir wußten, daß wenige Schritte von uns ein Sterbender lag und Welcher! Wir hatten uns aber in den Willen der Vorsehung ergeben, denn was ja in der Menschen Macht lag, den Teuren zu retten, war geschehen. Ich erinnere mich in meinem Leben wenig so feierlicher Stunden wie diese; eine heilige Ruhe goß sich über uns. Wir lasen einige Gedichte, wir sprachen von Ihm, bis Wilhelm eintrat, Minna zu rufen, damit sie dem Geliebten den letzten Liebesdienst erzeige.* Der große Augenblick war gekommen. Dem Sterbenden mochte er ganz gleichgültig sein. Wenn der Abschied vom Leben gelungen war, mußte der Übertritt selbst dann nicht leicht sein? Die Todesangst weg sein? *An Stelle des Todes war das Licht da, das große Licht* … Das berichtet nicht Caroline Schulz, sondern Leo Tolstoi dort, wo er vom Tod des Iwan Iljitsch erzählt. *«Es ist zu Ende»*, sagte jemand über ihm. Er hörte diese Worte und wiederholte sie in seiner Seele. *«Der Tod ist zu Ende»*, sagte er sich, *«er ist nicht mehr.»* Er schöpfte Luft, blieb mitten im Atemzug stecken, streckte sich *aus und starb.*[142] – – – Nun wurde Minna hereingerufen, um ihm die Augenlider zu schließen. *Sie tat es mit starker Ruhe, aber dann brach ihr Schmerz laut aus. Ich nahm sie in meine Arme und weinte mit ihr. Sie wurde ruhiger und endigte einen angefangenen Brief. Der Abend verging uns in Gesprächen über den Hingeschiedenen; oft gedachten wir mit Schmerz der armen Eltern und Geschwister des Verewigten.*

Am 19. Februar hatte Wilhelmine noch an Wilhelm Baum geschrieben, Büchners theologischen Studienfreund aus Eugenia-Tagen, der den Brief am 20. erhielt und das Gelesene noch am gleichen Tag an Eugène Boeckel in Paris weitermeldete, zusammen mit einem Rückblick auf die ganze Krankengeschichte. *Vorgestern am 19. Februar hatten ihn die Ärzte noch aufgegeben, wie sie etwa am 15. Februar ihm nur noch 24 Stunden zu leben gaben. Vor etwa zehn Tagen kam die Nachricht hier an, daß er krank liege, sogleich darauf schrieb er wieder, aber durch fremde Hand und nur mit einigen wirren Zeilen von seiner Hand, und das Ganze noch unterschrieben. Sogleich reist die Mademoiselle Jaeglé mit der Witwe des verstorbenen Pfarrers Schmidt ab nach Zürich, darf anfangs gar nicht einmal zu ihm, denn er lag an einem Nerven- und Faulfieber in dem schrecklichsten und beständigsten Delirium; endlich geht Schönlein mit ihr an sein Bette, nach langem Anstarren, da mildert sich sein großer verwirrter Blick, und die krampfhaft verzogene Miene gestaltet sich zu einem leisen Lächeln – er erkennt sie – einen Augenblick und sinkt wieder in das gräßlichste Delirium zurück. Darauf in dem Wahnsinn der Krankheit dichtet er, stößt er einen begeisterten religiösen Gesang heraus, der mit den Worten schloß: Ja durch Schmerzen dringt man zu Gott! und dann wieder Geistesnacht und Delirium und Raserei. Den Trost hat die Unglückliche, daß er von ihr zum ersten Mal in der ganzen Krankheit zuerst eine Messerspitze voll Konfitüre von ihr angenommen und auch jetzt einige Löffel voll Brühe oder Medizin. Heute 20. Februar kam ein Brief von ihr: Er ist noch nicht tot, aber die Ärzte haben ihn aufgegeben, Schönlein hat ihn aufgegeben, aber er ist nicht schlimmer, welch ein Trost, und doch ein Trost! Sie, die Arme, sie ist gefaßt, sie betet, so schreibt sie, ach, beten, das kann sie allein, ach, vielleicht wird Gott das Flehen des armen, armen Kindes vernehmen – Sein*

Wille geschehe! sein Wille ist das allein Heilige und Gute, wir aber, wir verstehen's nicht, wir glauben's fest. Wilhelm Baum schreibt zu später Stunde, die Nacht ist schon hereingebrochen. *Jetzt da der Mond mir so hell auf dies Blatt scheint, daß ich fast ohne Licht schreiben könnte, jetzt scheint er vielleicht schon auf seine blasse, schöne Leiche, und sie kniet bei ihm und wünscht, o gewiß, auch eine Leiche zu sein. Denn wahrlich, was hat sie an ihm gehabt – doch ich rede in Verwirrung, er lebte noch, und er kann noch leben – aber wer fürchtet nicht, wenn eine solche Blume bedroht ist. Wer soll nicht zerrissen werden, selbst wenn er sich selbst vergißt und nur in die Seele des armen Mädchens sieht, in dieses Chaos des Leidens. Hat er geendigt, nun, so muß ich aus dem Grund meines Herzens sagen, für ihn, wohl ihm! ja wohl ihm! Bleibt er, wohl uns! Auf jeden Fall wollen wir ihn wiedersehen – dies glaubst du und glaubt dein B[aum].*[143]

Sein Verscheiden war schmerzlos und sanft, denn der Segen der Liebe ruhte auf ihm. (Wilhelm Schulz)[144]

Die Erde müßte eine Wunde bekommen von dem Streich[145]

Wenn ein Mensch ein Tier sterben sieht, packt ihn Grauen: das, was er selbst ist, ein Wesen wie er, wird vor seinen Augen vernichtet und hört auf zu sein. Wenn aber das sterbende Wesen ein Mensch ist, ein geliebter Mensch, so fühlt man außer dem Grauen vor der Vernichtung des Lebens einen Riß, eine Wunde im Herzen, die ebenso wie eine physische Verletzung manchmal tödlich sein kann, manchmal auch wieder heilt, jedenfalls aber wehtut und jede Berührung mit der Außenwelt scheut, die sie wieder aufreißen könnte. (Tolstoi)[146]

Und als endlich nach langem Härmen und Sorgen die guten Eltern einen Strahl des Glückes vor Augen zu haben glaubten, da trat plötzlich der Tod zwischen Furcht und Hoffnung und sprach sein schaudervolles Nein. Wer vermag den Jammer zu beschreiben? Nie werden jene unheimlichen Abende aus meinem Gedächtnisse verschwinden, an denen die Briefe kamen, welche tagtäglich Bericht über den Fortgang der schrecklichen Krankheit brachten, bis endlich und zuletzt der schwarz gesiegelte Todesbrief mit der Nachricht ankam, daß Alles zu Ende sei.

Der Vater war ernst und still, die arme Mutter der Verzweiflung nahe.
(Ludwig Büchner)[147]

Mein Leben gleicht einem schwülen Sommertage! Morgens heitere angenehme Luft – in etlichen Stunden Sturm und Gewitter, zerknickte Blumen, zerschlagene Pflanzen. Meine Ansprüche auf Lebensglück, auf eine heitere Zukunft zu Grabe getragen. Alles, Alles verloren – – (Wilhelmine Jaeglé)[148]

19. bis 23. Februar 1837

Minna brachte die Nacht vom Sonntag auf Montag bei Caroline zu, *und da wir lange nicht geschlafen hatten, behauptete die Natur ihr Recht und ein sanfter Schlummer stärkte uns. Am Abend war ein Brief aus Darmstadt gekommen, der uns tief bewegte; ich beantwortete ihn am 20ten; auch Minna schrieb an ihren Vater. Wir lasen in einer Art Tagebuch, das sich unter Büchners Papieren gefunden hatte und reiche Geistesschätze enthält. Die Freunde des Verewigten brachten den Abend bei uns zu und Er war wie immer der Gegenstand unsrer Unterhaltung. Da er sich über alles, was uns interessierte, so oft mit uns besprochen hatte, so wußten wir viel von ihm zu erzählen. Fast jeder Gegenstand, der uns umgab, erinnerte uns an diese oder jene geistreiche Bemerkung, die er darüber gemacht. Bald flossen unsre Tränen und bald mußten wir lachen, wenn wir uns seine treffende Satire, seine witzigen Einfälle und launige Scherze ins Gedächtnis zurückriefen.*

Am Dienstag, den 21. Februar, war der Himmel hell *und die Sonne schien dem Tage, an dem seine irdische Hülle der Erde wiedergegeben werden sollte. Wir wanden am Morgen einen großen Kranz von lebendigem Grün, Lorbeer und Myrthen und weißen Blüten, der nach hiesiger Sitte den ganzen Sarg umgeben sollte. Auch ließ Minna dem Dichter und Bräutigam durch Wilhelm einen Lorbeer- und Myrtenkranz auf die hohe blasse Stirne drücken. Ein Strauß von lebendigen Blumen, den einige Freundinnen schickten, ruhte in seinen Händen. Um vier Uhr sollte das Begräbnis statt finden; ich verließ daher gleich nach Tisch mit Minna das Haus, denn einem zerrissenen Herzen können die Anstalten dazu keinen Trost gewähren. Wir besuchten zuerst*

*den Lieblingsspaziergang unsers Freundes, ein kleiner Platz am See,
und dann begaben wir uns zu einer teilnehmenden Freundin, wo wir
bis zum Abend blieben.* Wilhelm holte uns dort ab und erzählte uns,
daß mehrere hundert Personen, die beiden Bürgermeister und andere
der angesehensten Einwohner der Stadt an der Spitze, den Verewigten
zur Ruhestätte begleitet hatten. Die Teilnahme der ganzen Stadt war
groß. Bekannte und Unbekannte waren tief erschüttert durch den Tod
eines so geist- und talentvollen jungen Mannes. Am Abend schickte
eine Freundin einen Blumentopf gefüllt mit der Erde in der der Vollendete ruht. Das Immergrün das darin stand und das auch auf
seinem Grabe sproßt, sei uns ein Symbol der Hoffnung, der Hoffnung
des Wiedersehens. Mit den herzlichsten teilnehmendsten Worten an
Minna, war dieses sinnige Geschenk begleitet.*

Am Mittwoch, dem 22. Februar 1837, stellt das Pfarramt der evangelisch-reformierten Großmünstergemeinde zu Zürich den *Toten-
schein* aus.[149]

Als der Gefangenenwärter Conrad Preuninger am Donnerstag,
dem 23. Februar 1837, um 5.30 Uhr die Außenklappe des Arrestzimmers von Dr. Friedrich Ludwig Weidig öffnete, um das Nachtgeschirr zu leeren, fiel ihm auf, daß dieses ungewöhnlich viel Wasser
enthielt. Er achtete nicht weiter darauf.

Im himmlischen Garten

Es war gekommen, wie Camille es sich erträumt hatte: *Das
Licht der Schönheit, das ihr süßer Leib ausgoß*, erwies sich als *unlösch-
bar*; seine Geliebte zu *verschütten wagte die Erde nicht*, sondern
wölbte sich um sie, einen transparenten Hügel bildend, darin sie lag
wie in einem gläsernen Sarg; wie in einer Wiege; *der Grabdunst fun-
kelte wie Tau an ihren Wimpern, Kristalle sprossen wie Blumen um
ihre Glieder und helle Quellen ummurmelten ihren Schlaf.*[150] Alle Ge-
köpften verehrten diesen Platz wie einen Altar. Camille kam regelmäßig, warf sich auf den Hügel, verschmolz mit ihm, versank in ihn.
Robespierre erschien nur selten, er gehörte zu den Invertierten:
Seine mörderische Tugend hatte er postmortal durch Liederlichkeit
zu sühnen. Er besuchte täglich die Freudenhäuser, um dort mit den

Grisetten, die Danton ihm testamentarisch hinterlassen hatte,[151] Bußübungen zu machen. Danton seinerseits lebte hier ohne Auflagen. Seines Nihilismus halber sollte er zwar zunächst auf die Wiese der Hoffnungslosen verpflanzt werden, um als abgeschnittenes Gras welkend oder von Würmern gefressen Humus zu bilden für neues Leben. Ein anderer Vorschlag hatte gelautet, ihn zu *Rindsleder* zu verarbeiten, woraus die *Engel* sich *Pantoffeln schneiden* konnten, wenn sie gemäß himmlischer Order *auf der Erde herumtappen* mußten.[152] Doch schließlich war ein besserer Spruch ergangen, seine Individualität als Seele sollte ihm vorerst erhalten bleiben, zu wichtig sei er für das literarische Gedächtnis.

Danton ging häufig zum Grabmal der schönen Lucile, auch heute. Dieses Mal fand er sich nicht allein. Ein Neuer stand da, den er bisher noch nie gesehen hatte, dessen Bewandtnisse er aber vom Hörensagen kannte: *Michael Kohlhaas, der Roßhändler,*[153] den der Scharfrichter in Vollstreckung eines Reichskammergerichtsurteils wegen Landfriedensbruch vom Leben zum Tode befördert hatte.

«Ich begreife dich nicht, mein Bester.» Danton lümmelte sich bequem auf den Hügel, der weich war wie ein Daunenbett, während Kohlhaas von einem Bein auf das andere trat, weil er sich an die gliederlösenden Pfühle nicht gewöhnen wollte. «Was hast du eigentlich bezweckt? Drei Mal hast du Wittenberg angezündet, die Tronkenburg hast du eingeäschert, mehrere Heerhaufen aufgerieben, und das alles nur, um den Junker Wenzel von Tronka zu zwingen, zwei abgehärmte Rappen wieder dickzufüttern?»

«In einem Staat, in dem mir mein Recht nicht wird, will ich nicht leben. *Lieber ein Hund sein, wenn ich von Füßen getreten werden soll, als ein Mensch!*»[154]

«Ging es dir wirklich um das Recht? Oder um Rechthaberei? Wenn die Welt schon nicht in Ordnung war, wolltest du wenigstens deine *eigene Brust in Ordnung* sehen.[155] Wolltest die Welt am Zügel deines Eigensinns tanzen lassen, statt sie zu verbessern. Hätte ich dein Heer gehabt, ich hätte die gesamte Fürstenbrut zum Teufel geschickt und eine Republik errichtet.»

«Die dich zum Dank dafür dann guillotiniert? Ach, Danton! Ich wollte keine Republik. Ich wollte Ordnung und Recht. *Die Revolution ist wie Saturn. Sie frißt ihre eigenen Kinder.*»[156]

»Die Fürsten fressen ihre Kinder auch. Wie durften sie es wagen, dich hinzurichten, einen so grundguten, so rechtschaffenen Mann? Wie konnten sie dich so aus der Bahn werfen? Immerhin bringt mir das die Ehre deiner Bekanntschaft ein.«

Die auf Erden Hingerichteten genossen Privilegien hierorts. Das Hohe Gericht neigte mehrheitlich zu der Ansicht, daß sie nicht als Verbrecher, sondern als Märtyrer anzusehen seien. Des Kohlhaas Verhandlung hatte begonnen mit der Verlesung von weiland Martin Luthers strengem Vorwurf: *«Kohlhaas, der du dich gesandt zu sein vorgibst, das Schwert der Gerechtigkeit handzuhaben, was unterfängst du dich, Vermessener, im Wahnsinn stockblinder Leidenschaft, du, den Ungerechtigkeit selbst, vom Wirbel bis zur Sohle erfüllt? Weil der Landesherr dir, dem du untertan bist, dein Recht verweigert hat im Streit um ein nichtiges Gut, erhebst du dich, Heilloser, mit Feuer und Schwert, und brichst, wie der Wolf der Wüste, in die friedliche Gemeinschaft, die er beschirmt?»* Dr. Geist, der die Anklage vertrat, hatte das sehr effektvoll vorgetragen und auch Luthers Schlußsatz zitiert, daß Kohlhaas *ein Rebell sei und kein Krieger des gerechten Gottes, daß Rad und Galgen sein Ziel auf Erden sein würden, und daß im Jenseits die ewige Verdammnis auf ihn warte.*[157] Mit letzterem habe der Reformator zwar seine Kompetenzen überschritten, bemerkte Geist abschließend, aber immerhin seien die Vorwürfe schwer – was er, Kohlhaas, dazu zu sagen habe?

Der Beschuldigte hatte ehrerbietig ausgeführt, was er auch dem Martin Luther geantwortet hatte: daß, *wer ihm den Schutz der Gesetze versage, ihn aus der Gemeinschaft ausstoße,* einen stillschweigenden Vertrag aufkündige, *ihn zu den Wilden der Einöde hinaustreibe und ihm so die Keule, die ihn schütze, selber in die Hand drücke.*[158]

«Das ist Rousseau!» unterbrach ihn Danton erfreut. «Der Gesellschaftsvertrag! Die intellektuelle Begründung der Revolution! *Ich hätte nicht gedacht,* daß schon im sechzehnten Jahrhundert ...»[159]

Kohlhaas seufzte. Er verstehe nichts von Politik. Daß er ein großes Cherubsschwert, auf einem rotledernen Kissen, mit Quasten von Gold verziert, hatte vor sich her tragen lassen, sei eine Schwärmerei krankhafter und mißgeschaffener Art gewesen.

«Deine Bestimmung war es, Rosse zu verkaufen, nicht Staaten zu entwurzeln», hatte Dr. Geist mit konservativer Strenge geäußert und sich jede weitere politische Diskussion verbeten. Im übrigen sei nicht dieses der Vorwurf des himmlischen Gerichts, sondern daß er ohne Liebe gehandelt. «*Vergib deinen Feinden, tue wohl denen, die dich hassen.*»[160] Genug Zeichen habe der Himmel ihm gesandt; das Vermächtnis seiner Frau auf dem Sterbebett habe ihm klar die Richtung gewiesen; auch Luther habe ihn ersucht, *um des Erlösers willen, dem Junker zu vergeben.*[161] Allen habe er vergeben wollen, nur dem Junker nicht! Aber Vergebung mit Vorbehalt sei keine Vergebung. Trotz und Rache und rasender Starrsinn seien ihm heiliger geworden als das Leben und die Liebe.

«Liebe und Vergebung sind konterrevolutionär. Sie machen das Volk dumm und demütig. Sie nützen politisch immer den Mächtigen.» Ein Gewölbtstirniger mischte sich mit heller Stimme ein. Seine Augen blitzten. Er dachte an die Diskussionen vom Sommer 1834. «Du hast recht gehandelt.»

«Habe ich nicht, Büchner. Recht war nur mein Tod. Recht war, daß mein Verhalten spätere Regierungen warnte vor den Folgen ungerechten Handelns der Obrigkeiten, und daß es die Rebellen warnte vor Hoffart und Eigenmächtigkeit. So hat Gott meine schwere Verfehlung in Gnade gewandelt, so daß ich doch noch einen Dienst an der Gerechtigkeit leisten konnte, wenn auch nur als abschreckendes Exempel. Im übrigen darf ich dich darauf aufmerksam machen, daß du die gleichen Fehler gemacht hast. Wolltest du nicht den Bauern Waffen in die Hände drücken? Wolltest nicht auch du um der Gerechtigkeit willen morden?»

«Ja, ich träumte einmal davon, aber mich schauderte auch davor. Nicht wahr, Danton, du kennst mich. Erzähl dem Kohlhaas, warum du zum Schwert gegriffen hast.»

«Ach, das war nur welthistorischer Lärm. Am Anfang glaubte ich Ideale zu haben. Liberté, Égalité, Fraternité! Aber das waren Tiraden. Die Theorien bedienten die Triebe. Die Geschichte, die wir an den Haaren zu schleifen glaubten, schleifte uns. Wir haben nicht die Revolution, die Revolution hat uns gemacht. *Puppen waren wir, von unbekannten Gewalten am Draht gezogen, Schwerter, mit denen Geister kämpfen – man sah nur die Hände nicht.*[162] Seit ich das wußte, wollte ich lieber guillotiniert werden als guillotinieren. Ich wollte nur noch Ruhe, ich sehnte mich nach dem Nichtsein und konnte doch nicht daran glauben. *Der verfluchte Satz: Etwas kann nicht zu nichts werden!* Und *wenn ich ganz zerfiele, mich ganz auflöste:* wäre ich nicht immer noch *eine Handvoll gemarterten Staubes,* würde nicht *jedes meiner Atome* schreien nach Ruhe in irgendeiner Liebe?[163] – Verstehst du mich eigentlich, Kohlhaas?»

«Nicht ganz. Mir ging es um die Gerechtigkeit, nicht um meine Ruhe. Ist das Ich denn so wichtig?»

«Ja, das ist es. Auf Erden schon. Das haben wir Späteren dazugelernt. Ich glaubte nicht an ein Jenseits, also mußte das Diesseits Qualität haben. Ein Gott, der Schmerzen ohne Maß zuließ, konnte kein liebender Gott sein.»

«Nur wer den Schmerz kennt, kann das Glück kennen. Es geht ein Riß durch die Welt. Du machst Gott Vorschriften, als wüßtest du, wie die Welt zu regieren sei.»

«Und du läßt ihm alles durchgehen, auch das Leiden. *Wäre ich allmächtig, ich könnte das Leiden nicht ertragen, ich würde retten,* lindern, heilen.[164] Aber ich sah auch die *Sterne wie schimmernde Tränen durch die Nacht gesprengt,* und empfand, es müsse *ein großer Jammer in dem Auge sein, von dem sie abträufelten.*[165] So dachte ich, bevor ich den Tod kennenlernte.»

«Wie war er, der Tod, als du ihm begegnetest? Für mich war des Schwertes Schärfe ein heißer Blitz der Lust, der mich verwandelte, bevor ich auch nur einen Augenblick des Schmerzes erfuhr. Als meine Lisbeth starb, das war Schmerz, nicht der Stahl des Henkers!»

«Mir zeigte sich der Tod zuerst in neckischen Drohgebärden und wechselnden Masken, mal als *hübsche Dame Verwesung,*[166] mal als Göttin des *Ruhmes,* in deren starken *Armen* ich *entschlummern* durfte[167] wie ein Kind, mal als *altes Weib,* das ich heiraten sollte und das *hereinkroch mit seinen kalten Gliedern.*[168] Prahlerisch rief ich vor dem Revolutionstribunal, *meine Wohnung sei bald im Nichts und mein Name im Pantheon der Geschichte.*[169] Ich hoffte auf das Nichts, stellte es mir aber als ein Etwas vor, als eine Art Asyl, einen Ort milden Vergessens. Ich wollte sterben, so *wie ein Stern fällt, wie ein Ton sich selbst aushaucht, sich mit den eigenen Lippen totküßt, wie ein Lichtstrahl in klaren Fluten sich begräbt.*»[170]

Er verstummte sinnend, dann lauschend. Kohlhaas tastete mitleidig nach Dantons Schulter, versuchte linkisch seine Hand darauf zu legen, mußte sich dazu bücken, kniete schließlich nieder. Da vernahm auch er, was Danton still gemacht hatte.

«Horch, sie singt!» Danton legte das Ohr auf den Hügel. Auf seine einladende Gebärde ließ sich auch Michael Kohlhaas nieder, schmiegte sich an und entspannte sich endlich ganz und gar, als er Luciles schwermütige und unbeschreiblich innige Stimme aus dem Schoß des Grabes vernahm:

> *Es ist ein Schnitter, der heißt Tod,*
> *Hat Gwalt vom höchsten Gott,*
> *Heut wetzt er das Messer,*
> *Es schneidt schon viel besser,*
> *Bald wird er drein schneiden,*
> *Wir müssens nur leiden,*
> *Hüt dich schöns Blümelein!*
>
> *Viel hundert tausend ungezählt,*
> *Was nur unter die Sichel fällt,*
> *Ihr Rosen, ihr Liljen,*
> *Euch wird er austilgen,*
> *Auch die Kaiser-Kronen,*
> *Wird er nit verschonen.*
> *Hüt dich schöns Blümelein!*
>
> *Trutz! Tod, komm her, ich fürcht dich nit,*
> *Trutz, komm und tu ein Schnitt.*
> *Wann er mich wegfretzet,*
> *So werd ich versetzet,*
> *Ich will es erwarten,*
> *In himmlischen Garten.*
> *Freu dich schöns Blümelein!*[171]

Unsterblichkeit

Das Verstandene ist das Tote, nur das Unverstandene lebt und lockt. Was endgültig durchschaut ist, wird abgehakt und aufgeräumt. Was noch ein Geheimnis hat, fasziniert hingegen. Das

**Die Locken des Toten,
1944 verbrannt**

Unverstandene ist der Brennstoff; ohne es bleibt der Ofen kalt.
Perfektion ist tödlich. Durch die Risse kommt das Licht. Büchner
bleibt, wie jedes Genie, nach allen Erklärungsversuchen ein Myste-
rium. Es gelingt nicht, ihn erkennend zu erledigen. Wir haben die
Festung Büchner mit allen Mitteln berannt, aber sie nicht nehmen
können. Wir haben das flüchtige Wild Büchner gejagt, aber nicht
erlegt. Das Staunen ist eher noch größer geworden. Woher erwuchs einem so jungen Mann diese fulminante Urteilskraft? Wie
konnte er mit Sätzen, die offenkundig in größter Eile hingeworfen
wurden, so erschütternd ins Schwarze treffen? Was befähigte ihn,
unvergeßliche Figuren zu erschaffen? Es gibt Ausnahmemenschen,
denen man nicht beikommt. Der private Georg Büchner mit seinem Bienenfleiß und seiner ewigen Verlobung erscheint zu schmal
für die vier Dichtungen von Weltrang, die er schuf. Und doch muß
es gereicht haben. Die familiären Hintergründe, die unerfüllbare
Liebestollheit, die politische Enttäuschung, die Klaustrophobie,
das Exil, die Schuldkomplexe, die Todesnähe und die erstickte
Religiosität verstricken sich insgesamt zu einem löchrigen Netz von

Voraussetzungen, lassen sich aber nicht zu wasserdichten Erklärungen verkleben. Sie bilden die Klaviatur, auf der die Werke gespielt werden mußten, aber wie dieser kleine Mensch das spielen konnte, was er spielte, bleibt ein Wunder, wie vielgestaltig auch immer sich die Bedingungen der Möglichkeit ausfalten lassen: die ingrimmige Melancholie nach dem gescheiterten Krieg gegen die Paläste, die Wut über das eigene Versagen, das Schuldgefühl gegenüber den Verhafteten, das Freiheitsbedürfnis und die Angst vor Gefängnissen, der Vaterkonflikt politisch und privat, der Liebeskonflikt zwischen Minna und der fille perdue, generell zwischen Bindungsangst und Satyromanie, das Exil als gelobtes Land, dennoch die Sehnsucht nach Versöhnung mit Familie und Vaterland, die Auseinandersetzung mit Materialismus und Nihilismus bei unaufhebbarer Rückbindung an den Idealismus, die Ablehnung der erlernten Kirchenreligion bei bleibender Orientierung am Evangelium, der Widerspruch zwischen der goethezeitlichen Originalitätsforderung und einer beinahe frivolen Quellenabhängigkeit. Der Innendruck, den das Gestänge dieser vielen Bedingungen schuf, floß jedenfalls aus in die Poesie. Bedingungssysteme dieser Art begünstigen zwar ein poetisches Ergebnis, bringen es aber nicht kausal hervor. Wirklich «erklären» kann man damit keinen einzigen der genialen Sätze Büchners, keines seiner vorher nie gesehenen Bilder, keine einzige Gestalt. Frauen wie Marion, Lucile, Lena und Marie, Männer wie Danton, Lenz, Leonce und Woyzeck sind Menschen, die vor Büchner nicht da waren und nun da sind und leben. Hat man sie einmal kennengelernt, sind sie aus der Vorstellung nicht mehr wegzubringen: Danton («wir reiben nur das grobe Leder aneinander ab»)[172], Marion («eine Glut, ein Strom»)[173], Lucile («wir müssen's wohl leiden»)[174], Lenz («wühlte all seinen Willen auf einen Punkt»)[175], Leonce («die Erde ist eine Schale von dunklem Gold, wie schäumt das Licht in ihr und flutet über den Rand»)[176], Lena («es gibt Menschen, die unglücklich sind, unheilbar, bloß weil sie sind»)[177], Marie («und doch hab ich ein so rote Mund als die großen Madamen»)[178] und Woyzeck («wir arme Leut»)[179], der in seiner Stalljacke im Weltraum steht.

Ein großer Dichter ist ein Schöpfer, er erschafft Menschen, aber nicht aus dem Nichts, sondern unter Zuhilfenahme von Quellen und unter dem physikalischen Druck der aufgezählten Bedingungen. Diese zu kennen schafft Nähe. Man sieht dann nicht nur eine pauschale Explosion der Genialität aufleuchten, sondern man sieht den gezackten Krater, aus dem sie kommt, die Schwärze drunten, die purpurne Glut, die weiße, rote und gelbe Lohe, die schwefligen Einsprengsel und die Phosphorgarben, die heißen Gase, die stillen Flammen, darüber das klare Licht der Unendlichkeit. Das große Wunder teilt sich in viele einzelne nicht minder wunderbare Wunder. Die Wundervermehrung ist der Gewinn, den man von den biographischen Kenntnissen hat. Die Büchner-Lektüre wird farbiger, räumlicher, sinnlicher, erstaunlicher. Sie ist bereichert um Atmosphären, Resonanzböden und Horizonte. Da ist nun mehr zu sehen und zu hören, zu schmecken und zu spüren. Der Mensch kommt dazu, der hinter allem steht.

Das Verstehen hat seine Tempi und seine Rhythmen. In seltenen Fällen nur versteht man schlagartig und auf einmal. Meistens fallen einem die Schuppen nur langsam und einzeln von den Augen. Das Verstehen einzelner Puzzleteile bedeutet jedes Mal, ein neues Ganzes zu erahnen. Es schafft insofern neue Wunder, neue Geheimnisse, neue Erkenntnisanreize. Denn das neue Ganze ist meistens nicht das wahre Ganze. Es ist vorläufig und weicht neuen Entwürfen. Erst was man restlos verstanden hat, kann man vergessen. Das Unverstandene arbeitet und lebt. Es wächst auch nach und neckt. Manchmal scheint es sich hinter dem Rücken zu vermehren, während man es vorne vermindert. Vorne am Bohrkopf liegt das Geheimnis, hinten beim Abraum das Verstandene. Das Bohren macht Spaß, auch wenn Abraum zunächst sein einziges Ergebnis zu sein scheint. Verstehen macht Spaß, auch wenn das Erledigte langweilig ist. Der Moment des Verstehens ist Hochspannung, die sich im Blitz der Erkenntnis löst, das Verstandene danach ist das Spannungslose. Büchner lebt, weil er noch nicht zu Ende verstanden ist. Vorne liegt im ständigen Vortrieb das Faszinosum, hinten sammelt sich der Abraum. Man bohrt und bohrt. Im Abraum nisten sich währenddessen neue Geheimnisse ein. Man treibt und treibt und scheint dennoch nicht voranzukommen. Da ist etwas Inkommensurables, etwas, wofür noch kein Meßinstrument erfunden ist. Mit Büchner wird man nicht fertig. Er hält es aus, daß man sich Jahre und Jahrzehnte mit ihm beschäftigt. Schlechte

Autoren halten das nicht aus. Büchner hält es aus, weil er nach allen Erklärungen immer noch ein Mona-Lisa-Lächeln parat hat für seine Erklärer.

Über Ewiges zu reden steht uns nicht zu. Natürlich gibt es nur eine relative Unsterblichkeit, eine Art Klassizität. Büchner lebt, so wie Homer oder Goethe, solange jede neue Epoche bei ihm etwas findet, was ihr hilft, sich zu verstehen. Revolutionär gesonnene Epochen mögen Revolution finden, fatalistisch gesonnene Fatalismus. Immer wird Büchner sie von der anfänglichen Inanspruchnahme für eigene Ideologien allmählich hinweglocken in irgendeine Tiefe, in der die Ideen nicht mehr nur die Töchter der Interessen sind.

Unsterblichkeit ist kein Tatbestand, sondern eine Metapher, allerdings eine wirksame. Lesend gelingt Kommunikation mit physisch Toten ohne weiteres. Auch zwei Jahrhunderte nach seiner Geburt möchte man mit Georg Büchner Gespräche führen. Ich würde ihn gern ausfragen. Aber er würde sich selbst auch nicht erklären können.

Anhang

Anmerkungen

1
Steckbrief

1 Faksimile Katalog Darmstadt 254, aus: Großherzoglich Hessische Zeitung Nr. 167 vom 18. Juni 1835, weitere Drucke Katalog Marburg 202 f.

2 Caroline Schulz: [Bericht über Georg Büchners Krankheit und Tod] (1837). In: Grab 1985, 132–138, hier 137.

3 Überliefert im *Nekrolog* von Wilhelm Schulz (1837), Grab 1985, 141.

4 Zur Diskussion um das angebliche Drama *Pietro Aretino* siehe MBA 6,217 f., MBA 7.2,83 f., BP 2.1063.

5 Das vermutet Heinz Fischer, FM 404.

6 BN 39 f.

7 Das geht aus zwei Briefen hervor, die im Archiv der Klassik-Stiftung Weimar verwahrt werden: Ludwig Büchner an Wilhelmine Jaeglé vom 30. September 1844 und vom Februar 1845, GSA 10/40.

8 Karl Emil Franzos: Über Georg Büchner (1901). In: BuM 1.108–142, hier 118; vgl. Jan-Christoph Hauschild: Büchners Braut. In: Katalog Darmstadt 124–131, hier 130.

9 Eine Liste des einigermaßen Gesicherten findet sich in Hauschild 1985,61 f.

10 Hauschild 1985, 44, 49; MBA 5, 168–170; MBA 6,269–272.

11 Hauschild 1985, 80, 84; BP 1.436; Katalog Darmstadt 130.

12 MBA 3.2, 298; MBA 6,221 – ein Bruchstück von *Leonce und Lena* verschenkte Kippenberg an Stefan Zweig; es liegt heute in der Bibliotheca Bodmeriana in Genf.

13 Erstdruck im *Unterhaltungsblatt* der *Vossischen Zeitung* vom 24. August 1928, hier nach Hauschild 1985, 292; weitere Drucke Katalog Darmstadt 130 f.; BBergemann 597 f.

14 Karl Emil Franzos: Über Georg Büchner (1901). In: BuM 1.119; BP 2.1063.

15 Hauschild 1985, 297.

16 Jan-Christoph Hauschild: Büchners Braut. In: Katalog Darmstadt, 124–131, hier 130.

17 Hauschild 1985,294.

18 Karl Emil Franzos: Über Georg Büchner (1901). In: BuM 1.118.

19 Elisabeth Schmidt, eine Großnichte von Wilhelmine Jaeglé, heiratete Charles Andler, der diese Briefe 1897 veröffentlichte, vgl. Andler 1897 und MBA 10.2,13.

20 Vgl. MBA 3.2, 198.

21 Das berichtet Karl Gutzkow in seinem Essay *Georg Büchner*, Gutzkow, Schriften II, 1152.

22 Georg Büchner am 5. August 1834 an die Familie, BB 47.

23 Susanne Lehmann: Der Brand im Haus der Büchners 1851. Zur Überlieferung des Darmstädter Büchner-Nachlasses. In: GBJ 6,303–313; ferner BB VIII; Hauschild 1985,55 f., 85; BMartin 663.

24 BN 45.

25 BN 50.

26 Karl Gutzkow an Georg Büchner am 5. März 1835, BB 57; BP 2.1052.

27 Hauschild 1985, 298; MBA 10.2,13.

28 Noellner 1844, 5; Schulz 1843, 86, 108 u. ö.

29 Noellner 1844.

30 BB IX.

31 Zählung der in BB als Faksimiles gegebenen Briefe, ohne die Albumblätter.

32 Hauschild 1985, 299.

33 Nach MBA 5,169 (*Lenz*) und MBA 6,227 (*Leonce und Lena*).

34 Danton's Tod I,1, Replik 3, BP 1.13.

35 Danton's Tod I,1, Replik 5, BP 1.13.

36 Friedrich Nietzsche: Menschliches, Allzumenschliches I, Nr. 160.

37 Thomas Mann: Der Zauberberg (1924). GKFA 5.1,539 (*Veränderungen*).

38 Schulz 1843, 43.

39 Noellner 1844, 273.

40 Josef Magnus Wehner 1943, BuM 1.433.

41 BN 46.

42 Édouard Reuss an Karl Emil Franzos am 21. Oktober 1877, Stadt- und Landesbibliothek Wien, Kopie GBA Marburg, auch zitiert BP 2.1064.

43 Karl Gutzkow an Wilhelmine Jaeglé am 30. August 1837, Andler 1897, 190.

44 BN 48.

45 Josef Nadler: Literaturgeschichte des Deutschen Volkes. Dichtung und Schrifttum der deutschen Stämme und Landschaften. Berlin: Propyläen-Verlag 1938, III, 226.

46 Gotthold Ephraim Lessing: Eine Parabel. Werke in drei Bänden. Hrsg v. Herbert G. Göpfert. München: Hanser 1982, III, 434.

47 Henri Poschmann BP 2.811.

48 Henri Poschmann BP 2.831 f.; ferner Thomas Michael Mayer: Die ‹Gesellschaft der Menschenrechte› und *Der Hessische Landbote*, Katalog Darmstadt 168–186, hier 173.

49 Georg Büchner an die Familie nach dem 6. April 1833, BB 20.

50 Georg Büchner an Karl Gutzkow Anfang Juni 1836, BB 103.

51 Georg Büchner Ende März/Anfang April 1835 an Karl Gutzkow, BB 62.

52 Der Hessische Landbote, BP 2.66.

53 Georg Büchner an die Familie am 1. Januar 1836, BB 87 f.

54 Mit dem Buch von Ludolf Wienbarg: Aesthetische Feldzüge: dem jungen Deutschland gewidmet. Hamburg: Hoffmann und Campe 1834, kam der

Begriff in Umlauf. Heinrich Heine verwendete ihn im 3. Abschnitt des 3. Buches der *Romantischen Schule* (1833/36), HHA 2,236.

55 Karl Gutzkow an Georg Büchner am 28. August 1835, BB 78.

56 Hier zitiert nach der Webseite http://www.heinrich-heine-denkmal.de/dokumente/beschluss.shtml

57 Heinrich Heine: Der Salon, 3. Teil. Vorrede: Über den Denunzianten (1837), HHA 2,324.

58 Menzels Rezension erschien in zwei Teilen am 11. und 14. September 1835 im Literaturblatt des Cottaschen *Morgenblatts*. Sie wurde an verschiedenen Stellen nachgedruckt und wird hier gegeben nach dem Anhang der Ausgabe: Karl Gutzkow: Wally, die Zweiflerin. Studienausgabe. Hrsg. v. Günter Heintz. Stuttgart: Reclam 1979, 275–291, die zitierten Stellen 276–282, 288–291.

59 Heinrich Heine, Über den Denunzianten, HHA 2,324.

60 Karl Gutzkow: Wally, die Zweiflerin, Mannheim: C. Löwenthals Verlagshandlung 1835, 130.

61 Heinrich Heine: Die romantische Schule, 1. Buch. HHA 2,156.

62 Theodor Mundt: Madonna. Unterhaltungen mit einer Heiligen. Leipzig: Reichenbach 1835, 90.

63 Mundt, Madonna, 119 f.

64 Mundt, Madonna, 374.

65 Karl Gutzkow zitiert die Wendung in seinem Antwortbrief an Georg Büchner vom 10. Juni 1836, BB 104.

66 Karl Gutzkow an Georg Büchner am 3. März 1835, BB 56.

67 Danton's Tod I,1; Replik 23; BP 1.16.

68 Georg Büchner: Danton's Tod. Dramatische Bilder aus Frankreichs Schreckensherrschaft. Frankfurt am Main: J. D. Sauerländer 1835, 11.

69 Danton's Tod I,5; Replik 127; BP 1.29.

70 Danton's Tod, Ausgabe 1835, 36.

71 Danton's Tod II,2; Replik 266; BP 1.43.

72 Danton's Tod, Ausgabe 1835, 64.

73 Felix Frei 1835, Katalog Marburg 201.

74 Danton's Tod III,1; Replik 372; BP 1.56.

75 Danton's Tod IV,5; Replik 630; BP 1.86.

76 Danton's Tod I,6; Replik 180; BP 1.33.

77 Danton's Tod II,5; Replik 339; BP 1.49.

78 Danton's Tod III,7; Replik 515; BP 1.72.

79 Wilhelm Schulz 1851, Grab 1985, 65.

80 Friedrich Schlegel: Lucinde, KFSA 5,8 (*Bekenntnisse eines Ungeschickten*).

81 KFSA 5,64 (*Zwei Briefe*).

82 KFSA 5,25 (*Idylle über den Müßiggang*).

83 KFSA 5,67 (*Zwei Briefe*).

84 Karl Gutzkow: Schleiermachers Vertraute Briefe über die Lucinde (1835). In: Gutzkow, Schriften I,527–551, hier 532.

85 Gutzkow, Schleiermachers Vertraute Briefe, Schriften II,547 f.

86 Georg Wilhelm Friedrich Hegel: Vorlesungen zur Ästhetik. Zwei Bände, hrsg. v. Friedrich Bassenge. 2., durchgesehene Auflage Berlin/Weimar: Aufbau 1965, I,567f.

87 Georg Büchner an die Familie am 28. Juli 1835, BB 75.

88 Friedrich Schiller: Gespräch mit Goethe, NA 42,197f., datiert auf 1794/95.

89 Friedrich Schiller: Über naive und sentimentalische Dichtung, NA 20,432.

90 Friedrich Schiller: Über naive und sentimentalische Dichtung, NA 20,442.

91 Wie sein Lenz, BP 1.234f.

92 Camille in Danton's Tod I,1, Replik 23, BP 1.16.

93 Nach Wilhelm Schulz: Nekrolog (1837), Grab 1985, 141.

94 Georg Büchner am 1. Juni 1836 an Eugène Boeckel, BB 100.

95 Allgemeines Evangelisches Gesangbuch für das Großherzogthum Hessen. Zweite Auflage. Darmstadt: Großherzogliche Invaliden- und Soldaten-Waisen-Anstalt 1815. Nr. 373. Die erste Auflage erschien 1814.

96 Lenz, BP 1.235f.

97 Ludwig Tieck: Leben und Tod des kleinen Rothkäppchens. In: Ludwig Tieck: Schriften II, Berlin: Reimer 1828, 327–362, hier 329; vgl. MBA 5,431f., BP 1.844.

98 MBA 5,432 (Hinweis Reinhard Pabst).

99 Alexander Büchner: Das «tolle» Jahr. Vor, während und nach 1848. Gießen: Emil Roth [2]1904, 41.

100 Allgemeines Evangelisches Gesangbuch, Darmstadt 1815, Nr. 546 (die ersten zwei von sechs Strophen).

101 Karl Gutzkow: Appellation an den gesunden Menschenverstand. Letztes Wort in einer literarischen Streitfrage. Frankfurt: Johann Philipp Streng 1835, 18.

102 Heinrich Heine: Die romantische Schule. 1. Buch. HHA 2,134.

103 Gotthold Ephraim Lessing: Nathan der Weise (1779), 3. Aufzug, 7. Auftritt.

104 Arthur Schopenhauer: Die Welt als Wille und Vorstellung I, 3. Buch, § 36.

105 Heinz Schlaffer: Die kurze Geschichte der deutschen Literatur. München/Wien: Hanser 2002, 131.

106 Grab 1985, 58.

107 Woyzeck, Handschrift H4, Szene 1, MBA 7.1,49/51, bei Henri Poschmann in abweichender Lesart, BP 1.147 bzw. 1.202.

108 August Lüning in einem Brief an Karl Emil Franzos vom 9. November 1877, Hauschild 1985, 385.

109 Leonce und Lena I,3; BP 1.108; MBA 6,68.

110 Goethe zu Eckermann am 24. Februar 1824.

2
Der Hessische Landbote

1 Noellner 1844, 546, ausführlicher wiederholt 551.

2 Noellner 1844, 543.

3 Noellner 1844, 560.

4 Noellner 1844, 591.

5 Noellner 1844, 568, 610.

6 Noellner 1844, 592.

7 Schulz 1843, 73.

8 Noellner 1844, 610.

9 Schulz 1843, 74.

10 Noellner 1844, 180.

11 Noellner 1844, 533.

12 Noellner 1844, 173.

13 Noellner 1844, 436.

14 Noellner 1844, 446.

15 Noellner 1844, 583.

16 Noellner 1844, 154.

17 Noellner 1844, 517.

18 Noellner 1844, 521 f.

19 Noellner 1844, 518.

20 Noellner 1844, 508–511.

21 Noellner 1844, 530.

22 Noellner 1844, 494.

23 Noellner 1844, 492.

24 Noellner 1844, AA 8.

25 Noellner 1844, 611.

26 Noellner 1844, 613.

27 Noellner 1844, 637.

28 Noellner 1844, 470.

29 Noellner 1844, 151.

30 Noellner 1844, 146.

31 Noellner 1844, AA 59.

32 Noellner 1844, 148.

33 Noellner 1844, 493.

34 Noellner 1844, 522.

35 Schulz 1843, 68.

36 Noellner 1844, 447.

37 Schäffer 1839, 57.

38 Schäffer 1839, 59.

39 Schäffer 1839, 60–70.

40 Schäffer 1839, 2.

41 Schäffer 1839, 72.

42 Schäffer 1839, 46–50.

43 Georg Büchner an die Familie am 9. März 1835, BB 59.

44 Georg Büchner an die Familie in Briefen vom 23. Juni und 16. Juli 1835, BB 70 und 71.

45 Grab 1985, 141 f., wiederholt Schulz 1843, 43.

46 Schulz 1843, 4.

47 Schulz 1843, AA 70.

48 Noellner 1844, 654 f.
49 Noellner 1844, 670.
50 Schulz 1843, 83.
51 Schulz 1843, 104.
52 Schulz 1843, 86.
53 Schulz 1843, 110.
54 Schulz 1843, 88 und AA 47.
55 Schulz 1843, AA 72.
56 Schulz 1843, AA 73–75.
57 Schulz 1843, AA 73.
58 Noellner 1844, 9.
59 Noellner 1844, 6.
60 Noellner 1844, 3 f.
61 Noellner 1844, 19.
62 Noellner 1844, 40.
63 Noellner 1844, 35–40.
64 Heinrich Heine: Französische Zustände. Artikel IX vom 25. Juni 1832. Urfassung. Hamburg: Hoffmann und Campe 2010, 86 f.
65 Diehl 1920, 7 f., nach heute verlorenen Akten des Gießener Universitätsgerichts.
66 Noellner 1844, 221.
67 Noellner 1844, 431 f.
68 Wilhelm Luck an Karl Emil Franzos am 11. September 1878, BBergemann 556.
69 Schulz 1843, 42.
70 Noellner 1844, 222.
71 Georg Büchner an die Familie am 5. August 1834, BB 46.
72 Georg Büchner an die Familie am 27. März 1835, BB 62.
73 Georg Büchner an die Familie Anfang August 1835, BB 76.
74 Schulz 1843, AA 62.
75 Georg Büchner an die Familie am 20. November 1836, BB 121.
76 Noellner 1844, 616–644.
77 Nach Eckhart Franz und Rudolf Loch: Arzt aus Tradition und Neigung. Ernst Karl Büchner. In: Katalog Darmstadt, 66–79, hier 67.
78 MBA 10.2,108.
79 Diehl 1920, 5–7.
80 Diehl 1920, 8–12.
81 Diehl 1920, 13. Der Vorgang wird bestätigt durch eine erhalten gebliebene Aktennotiz, die abschriftlich ein «Darmstadt, den 3. August 1834» datiertes entsprechendes Schriftstück überliefert (Kopie GBA Marburg).
82 Diehl 1920, 16.
83 Diehl 1920, 17.
84 Noellner 1844, 202–219, dort alle folgenden Zitate (der Brief du Thils 209–216).

85 Kurfürstliche Landgendarmerie an Hanauer Polizeidirektion, Hanau 4. Dezember 1834, hier nach MBA 3.2, 231. Das Dokument selbst findet sich als Kopie in der Sammlung von Thomas Michael Mayer: Der Prozeß gegen die oberhessischen Demokraten, Marburg 1973, Band 33, 184 (GBA Marburg).

86 Noellner 1844, 221.

87 Noellner 1844, 207.

88 Die folgenden Informationen nach Noellner 1844, 222–242.

89 Georg Büchner an die Familie am 5. Mai 1835, BB 67.

90 Vgl. Kurt Ohlendorf und Eckhart Franz: Gustav Clemm. Vom demokratischen Verschwörer zum Wegbereiter der deutschen Kaliindustrie. In: Archiv für hessische Geschichte und Altertumskunde, Neue Folge 45, 1987, 249–267.

91 Georg Fein 1835, nach MBA 10.2,260.

92 Noellner 1844, 223.

93 Schulz 1843, 69.

94 Georg Büchner an die Familie am 20. April 1835, BB 64.

95 Georg Büchner an die Familie um den 23. Juni 1835, BB 70.

96 Schäffer 1839, 61.

97 Schäffer 1839, 72.

98 Noellner 1844, 228.

99 Karl Gutzkow: Georg Büchner (1838). In: Gutzkow, Schriften II, 1141.

100 Auszüge aus dem ‹Bericht der […] Bundes-Centralbehörde vom 16. Sept. 1839 […] über revolutionäre Umtriebe›. Katalog Darmstadt, 98–115, hier 113.

101 Noellner 1844, 114.

102 Noellner 1844, 99.

103 Georg Büchner am 3. August 1834 an die Familie, BB 46.

104 Diehl 1920, 17 f.

105 Georg Büchner an die Familie am 8. August 1834, BB 48.

106 Alles Vorstehende Diehl 1920, 14 f.

107 Diehl 1920, 15 f.

108 Diehl 1920, 18.

109 Vorlesungszeugnis von Joseph Hillebrand vom 6. September 1834, BB 50.

110 BN 18.

111 Jacob Friedrich Schütz an Gustav Clemm am 4. September 1834, Katalog Marburg 163.

112 Schäffer 1839, 54.

113 Verhör vom 4. August 1837, Noellner 1844, AA 39.

114 Thomas Michael Mayer: Unbekannte Briefe aus der ‹Gesellschaft der Menschenrechte› (Herbst 1834). In: GBJ 1, 1981, 275–286, hier 283.

115 Noellner 1844, 423.

116 Resultate der im Großherzogthum Hessen geführten politischen Untersuchungen (1842), Katalog Marburg 188.

117 Georg Büchner an Wilhelm Büchner im März (?) 1835, BB 60. Die Datie-

rung ist umstritten, vgl. MBA 10.2,20–22, wo der Brief in den September 1835 verlegt wird.

118 Thomas Michael Mayer, Unbekannte Briefe, GBJ 1, 285.

119 Ludwig Büchner, BN 21.

120 So MBA 3.2, 240 f.

121 Ernst Büchner an Karl Gutzkow am 7. März 1835, BB 58.

122 Hans Deuster: Die Büchners im Ried, Riedstadt: Forum Verlag 1997, 89.

123 BN 21.

124 Wilhelm Büchner am 9. September 1878 an Karl Emil Franzos, BBerge-mann 566.

125 Wilhelm Büchner am 23. Dezember 1878 an Karl Emil Franzos, BBerge-mann 569.

126 Alexander Büchner: Mein Bruder Wilhelm. Hrsg. v. Peter Brunner. Pfungstadt: Magistrat 2010.

127 BN 22.

128 Bädeker 1849, VII (Abschnitt *Paßwesen*).

129 Bädeker 1849, 19.

130 Georg Büchner an Wilhelmine Jaeglé im Januar 1834, BB 34 («ich habe Verwandte bey Landau»).

131 Georg Büchner an die Familie am 9. März 1835, BB 59.

132 Den Umrechnungsmodus erläutert der Abschnitt *Finanzen und Bilanzen* im 7. Hauptstück.

133 Georg Büchner an Karl Gutzkow etwa 14. März 1835, BB 59.

134 Das bestätigt auch ein Agentenbericht von Bernhard Lizius vom 2. November 1836, Österreichisches Staatsarchiv, hier nach Hauschild 2004, 101.

135 Georg Fein, zitiert nach Hauschild 2004, 102.

136 Karl Gutzkow: Georg Büchner (1838), in: Gutzkow, Schriften II, 1144, auch zitiert von Ludwig Büchner, BN 27.

137 Georg Büchner an die Familie, um den 23. Juni 1835, BB 70.

138 Georg Büchner an die Familie Anfang August 1835, BB 76.

139 Georg Büchner an Wilhelm Braubach («Kater») am 26. Januar 1836, BB 93, und an Georg Geilfuß («Hund») am 26. Juli 1836, BB 109.

140 Erhalten blieb die Einreise-Vorabzustimmung des Polizeirats des Kantons Zürich vom 28. September 1836, BB 117.

141 Das geht aus Georg Büchners Brief an die Familie vom 10. Juni 1835 hervor, BB 69.

142 Noellner 1844, 246 f., 252.

143 Noellner 1844, 276 f.

144 Noellner 1844, 249.

145 Das Folgende Noellner 1844, 420–422.

146 Georg Büchner an Karl Gutzkow Ende März/Anfang April 1835, BB 62.

147 Das Folgende Noellner 1844, 422–424.

148 Noellner 1844, 425.

149 Georg Büchner an die Familie im Juni 1833, BB 23.

150 Noellner 1844, 426.

151 Aussage Gustav Clemm, laut Bericht des Freiherrn von Wagemann an Staatskanzler Metternich vom 18. Juni 1835, Österreichisches Staatsarchiv, hier nach Hauschild 2004, 77.

152 Noellner 1844, 427.

153 Noellner 1844, 423 f.

154 Noellner 1844, 98 f.

155 BP 2.688, BN 19 f.

156 Statistisch-topographisch-historische Beschreibung des Großherzog-thums Hessen von Georg Wilhelm Justin Wagner, Großherzoglich Hessi-schem Geometer. Darmstadt: Carl Wilhelm Leske 1831. Die Statistik hatte Büchner von Weidig entliehen, so Noellner 1844, 422.

157 Büchner nach August Becker, Schäffer 1839, 46.

158 Büchner nach August Becker, Noellner 1844, 425.

159 Georg Büchner an August Stoeber am 9. Dezember 1833, BB 33.

160 MBA 3.2, 177 f.

161 Noellner 1844, 98.

162 Resultate der im Großherzogthum Hessen geführten politischen Unter-suchungen (1842), Katalog Marburg 188 f.

163 Resultate der im Großherzogthum Hessen geführten politischen Unter-suchungen (1842), Katalog Marburg 188.

164 Noellner 1844, 224.

165 Noellner 1844, 425.

166 FM 403.

167 Karl Gutzkow: Appellation an den gesunden Menschenverstand. Frank-furt am Main: Sauerländer 1835, 16.

168 Schulz 1843, 49.

169 Erich Zimmermann: Erinnerungen Minnigerodes an die ‹Gesellschaft der Menschenrechte›. Aus einer amerikanischen Gedenkschrift von 1895. In: GBJ 5, 1985, 292–296, hier 293.

170 Resultate der im Großherzogthum Hessen geführten politischen Unter-suchungen (1842), Katalog Marburg 188.

171 Jean Paul: Hesperus oder 45 Hundsposttage. Eine Biographie. Drittes Heftlein. Berlin: Karl Matzdorffs Buchhandlung 1795, 327 f. (40. Hunds-posttag).

172 Heinrich Heine: Du singst, wie einst Tyrtäus sang (1844). HH 2, 157 f.

173 Wagner 1831, 309.

174 Wagner 1831, 57.

175 Georg Büchner an die Familie am 19. November 1833, BB 31.

176 Georg Büchner an August Stoeber am 9. Dezember 1833, BB 33.

177 Georg Büchner an Wilhelmine Jaeglé am 8. März 1834, BB 37.

178 Georg Büchner an Wilhelmine Jaeglé Mitte März 1834, BB 39. Das Lari-fari-Zitat stammt aus Karl Friedrich Henslers Komödie *Das Donauweib-chen*, 1798, vgl. Reinhard Pabst in Hund Kater, 28.

179 Georg Büchner an die Familie um den 30. März 1834, BB 42.

180 BN 1850 datierte pauschal «1833 und 1834», BF 1879 lediglich «1833», BBergemann 1958 «November 1833?», BMü 1988 «um den 9.–12. März 1834», BB 1994 «zwischen dem 10. und 20. Januar 1834», BP 1999 «Mitte/Ende Januar 1834», BMartin 2012 «Januar 1834». MBA 10.1 entscheidet sich 2012 für «(nach) Mitte Jan. 34».

3
Was ihn prägte

1 Friedrich Schlegel: Signatur des Zeitalters, in: Concordia 1, 1820, Heft 1, 39.

2 Ludwig Büchner: Kaleidoskop. Skizzen und Aufsätze aus Natur und Menschenleben. Gießen: Emil Roth 1901, 171.

3 Die Angaben entstammen hier und im folgenden (wenn nicht anderweitig gekennzeichnet) dem ausführlichen und präzisen Artikel «Hessen. B. Großherzogthum Hessen» aus: Allgemeine Encyclopädie der Wissenschaften und Künste, herausgegeben von J. S. Ersch und J. G. Gruber, 2. Section, 7. Theil: «Herpestes – Hibiscus», Leipzig: Johann Friedrich Gleditsch 1830, 186–198.

4 Alexander Büchner: Das «tolle» Jahr. Vor, während und nach 1848. Gießen: Emil Roth ²1904, 121–127; Hof- und Staatshandbuch des Großherzogthums Hessen für das Jahr 1835, Darmstadt: Invaliden Anstalt [1834], 226 f.

5 Justus Möser: Patriotische Phantasien. 3. Teil. Berlin: Friedrich Nicolai ⁴1820, 64–69 (zuerst 1778).

6 Wagner 1831, 308.

7 Wagner 1831, 105–107.

8 Diese Details findet man in dem stadtgeschichtlichen Artikel von Friedrich Schütz in: Mainz. Die Geschichte der Stadt, hrsg. von Franz Dumont, Ferdinand Scherf und Friedrich Schütz, Mainz: Zabern ²1999, 378.

9 Der Hessische Landbote, BP 2.61.

10 Der Hessische Landbote, BP 2.62.

11 Luise Büchner: Ein Dichter. Novellenfragment. Hrsg. v. Anton Büchner. Darmstadt: Justus von Liebig Verlag 1965, 89.

12 Alexander Büchner: Das «tolle» Jahr. Gießen: Emil Roth ²1904, 1 f.

13 Wagner 1831, 236.

14 Ersch-Gruber, Encyclopädie 1830, Artikel «Hessen», 188 f.

15 Ersch-Gruber, Encyclopädie 1830, Artikel «Hessen», 190.

16 Der Hessische Landbote, BP 2.54; Wagner 1831, 69.

17 Wagner 1831, 74.

18 Wagner 1831, 72.

19 Wagner 1831, 57.

20 Ersch-Gruber, Encyclopädie 1830, Artikel «Hessen», 190.

21 Wagner 1831, 72.

22 FM 212.

23 Der Vermerk «vacat» ist im Staatshandbuch 1835, 249, für 13 von 25 Dörfern verzeichnet.

24 Imagination ohne Beleg.

25 Das berichtet Alexander Büchner in der biographischen Einleitung zu Ludwig Büchner: Im Dienste der Wahrheit. Gießen: Emil Roth 1900, VI.

26 Alexander Büchner, in: Ludwig Büchner, Im Dienste der Wahrheit, Gießen: Emil Roth 1900, VI.

27 Katalog Marburg 24 f., MBA 7.2,81.

28 Katalog Darmstadt 72 f.

29 Staatshandbuch 1835, 51, 80, 160, 161; MBA 6,187.

30 Das hält Édouard Reuss in seinen Lebenserinnerungen fest, Hauschild 1985, 325.

31 Ernst Büchner an Édouard Reuss Ende März/Anfang April 1834, BB 42 (erschlossen).

32 Katalog Darmstadt 68.

33 Wilhelm Büchner am 23. Dezember 1878 an Karl Emil Franzos, BBergemann 567.

34 Caroline Büchner an Georg Büchner am 30. Oktober 1836, BB 119.

35 Katalog Darmstadt 69 f.

36 Ernst Büchner an Karl Gutzkow am 7. März 1835, BB 58.

37 BP 1236.

38 Georg Büchner an Edouard Reuss am 31. August 1833, BB 26.

39 Georg Büchner an die Familie, 9. März 1835, BB 58.

40 Wagner 1831, 197; Staatshandbuch 1835, 160 f.

41 Eugène Boeckel an Georg Büchner am 16. Januar 1836, BB 90.

42 Nach Boehncke 2008, 22, dort nach Ludwig Büchner 1885.

43 Franz Kafka: Brief an den Vater. Faksimile. Frankfurt am Main: Fischer Taschenbuch Verlag 1994, S. 1 der Handschrift.

44 Ernst Büchner an Georg Büchner am 18. Dezember 1836, BB 123 f.

45 Imagination ohne Beleg.

46 Boehncke 2008, 19.

47 Telegraph für Deutschland, Januar 1839, Nr. 8, 61 (BFaksimile).

48 Karl Gutzkow «beim Herrn Medizinalrath Dr. Büchner in Darmstadt» an Wilhelmine Jaeglé am 26. Juni 1838, Andler 1897, 192.

49 Das überliefert Karl Emil Franzos: Über Georg Büchner (1901), in: BuM 1.108–142, hier 116 f.

50 Heinrich Heine: Der Salon. Erster Band (Französische Maler), HHA 2,39.

51 Erich Zimmermann: Zur Heirat von Büchners Elterrn. In: GBJ 4, 1984, 302–304, hier 302.

52 Alexander Büchner, in: Ludwig Büchner, Im Dienste der Wahrheit, Gießen: Emil Roth 1900, XIV.

53 Luise Büchner: Ein Dichter. Darmstadt: Justus von Liebig Verlag 1965, 70 – ein Spiegelbild Caroline Büchners in Luise Büchners autobiographischem Romanfragment.

54 Wilhelm Büchner an Georg Büchner am 13. November 1831, BB 7.

55 Wilhelm Büchner an Georg Büchner am 13. November 1831, BB 6.

56 Ein Beispiel bei Luise Büchner: Ein Dichter, Darmstadt: Justus von Liebig Verlag 1965, 65 f.

57 Lenz, BP 1.227.

58 Lenz, BP 1.230.

59 Lenz, BP 1.232.

60 Das ist der quellenbezogenen Edition des Texts zu entnehmen, vgl. MBA 5,59.

61 Ludwig Wilhelm Luck, ein ehemaliger Mitschüler, am 11. September 1878 an Karl Emil Franzos, BBergemann 559.

62 BF V.

63 Georg Zimmermann: Georg Büchner (1880). In: Jan-Christoph Hauschild: Erinnerung an einen «außerordentlichen Menschen». Zwei unbekannte Rezensionen von Büchners Jugendfreund Georg Zimmermann. In: GBJ 5, 1985, 330–346, hier 332 f.

64 Caroline Büchner an Georg Büchner am 30. Oktober 1836, BB 118–120.

65 Nach Ludwig Büchner, BN 33.

66 Danton's Tod I,2, Replik 55, BP 1.18.

67 Danton's Tod I,5, Replik 117, BP 1.28.

68 Danton's Tod II,2, Repliken 266–270, BP 1.43.

69 Lenz, BP 1.247.

70 Arthur Schopenhauer: Die Welt als Wille und Vorstellung, 4. Buch, § 60.

71 Woyzeck, H4,2; MBA 7.1,52; BP 1.203.

72 Woyzeck, H4,17; MBA 7.1,95; BP 1.216.

73 Lenz, BP 1.167; vgl. MBA 7.2, 528 f.

74 Ludwig Büchner an Wilhelmine Jaeglé im Februar 1845, GSA 10/40.

75 Caroline Büchner an Georg Büchner am 30. Oktober 1836, BB 120.

76 Boehncke 2008, 127.

77 Alexander Büchner: Das «tolle» Jahr. Gießen: Emil Roth [2]1904, 180.

78 Alexander Büchner: Das «tolle» Jahr, 183.

79 Alexander Büchner: Das «tolle» Jahr, 373 f.

80 BBergemann 568.

81 BN 49.

82 BN 47.

83 BN 5.

84 BN 44.

85 BN 45.

86 BN 49.

87 BN 45.

88 Ludwig Büchner an Wilhelmine Jaeglé im Februar 1845, GSA 10/40, 1.

89 Alexander Büchner, in: Ludwig Büchner: Im Dienste der Wahrheit. Gießen: Emil Roth 1900, XII–XIII.

90 Das behauptet Karl Emil Franzos: Über Georg Büchner (1901). In: BuM 1.108–142, hier 127.

91 Ludwig Büchner: Am Sterbelager des Jahrhunderts. Gießen: Emil Roth ²1900, 350 und 356.

92 Reinhard Pabst: Ein unbekannter Bericht Luise Büchners über die Zürcher Büchner-Feier 1875. In: GBJ 7, 1988/89, 410–413, hier 411.

93 Luise Büchner: Am Grabe des Bruders. In: Hauschild 1985, 358 f.

94 Luise Büchner: Ein Dichter. Darmstadt: Justus von Liebig Verlag 1965, 93.

95 Luise Büchner: Ein Dichter. Darmstadt: Justus von Liebig Verlag 1965, 40–41.

96 Georg Büchner: [Kato von Utika], BP 2.30.

97 Georg Büchner: Helden-Tod der vierhundert Pforzheimer, BP 2.26.

98 Georg Büchner: Helden-Tod der vierhundert Pforzheimer, BP 2.21.

99 Staatshandbuch 1835, 232; Näheres zu dieser Schule Wagner 1831, 240.

100 Die Lehrgegenstände im einzelnen verzeichnet Gerhard Schaub: Georg Büchner und die Schulrhetorik. Untersuchungen und Quellen zu seinen Schülerarbeiten. Bern/Frankfurt: Peter Lang 1975, 57–67.

101 Exemtionsschein des Großherzoglichen Gymnasiums in Darmstadt vom 30. März 1831, BB 3 f.

102 Danton's Tod III,7; Replik 511; BP 1.72.

103 Alexander Büchner: Das «tolle» Jahr. Gießen: Emil Roth ²1904, 110 und 14 f.

104 Nach Alexander Büchner: Das «tolle» Jahr. Gießen: Emil Roth ²1904, 17, und Luise Büchner: Ein Dichter. Darmstadt: Justus von Liebig Verlag 1965, 65 sowie 35.

105 Ursula und Regine sind frei erfunden.

106 Leonce und Lena I,3, BP 1.108.

107 Leonce und Lena II,4, BP 1.118.

108 Leonce und Lena II,1, BP 1.112.

109 Danton's Tod IV,5; Replik 619; 1.84.

110 Woyzeck, H4,2; MBA 7.1,52; BP 1.203.

111 Leonce und Lena I,4, BP 1.109.

112 Georg Büchner an Wilhelmine Jaeglé im Januar 1834, im März 1834 und am 27. Januar 1837, BB 34, 39 und 129.

113 Leonce und Lena II,2, BP 1.114.

114 Danton's Tod III,7; Replik 511; BP 1.72.

115 Danton's Tod I,1; Replik 20; BP 1.15.

116 Georg Büchner an die Familie nach dem 6. April 1833, BB 20.

117 Georg Büchner an August Stoeber am 9. Dezember 1833, BB 33.

118 Danton's Tod I,2; Replik 68; BP 1.19, sowie IV,5; Replik 629; BP 1.86.

119 Leonce und Lena III,3, BP 1.128.

120 Dieses und folgenden Zitate Danton's Tod II,1 und IV,3; Repliken 217 und 580; BP 1.38 und 1.79.

121 Dieses und die folgenden Zitate Leonce und Lena II,2, I,4 und II,4; BP 1.114, 109 und 118.

122 Danton's Tod I,1; Replik 21; BP 1.15.

123 Woyzeck, H2,3; MBA 7.1,24; BP 1.193.

124 Lenz, BP 1.229.

125 Leonce und Lena II,2, BP 1.115.

126 Dieses und die folgenden Zitate Danton's Tod I,2, IV,7, I,2, IV,4, II,5, I,5 und IV,5; Repliken 74, 635, 74, 590 f., 323,328, 158 und 628; BP 1.20, 87, 20, 81, 48, 31 und 85.

127 Lenz, BP 1.245 und 250.

128 Woyzeck, H1,14; MBA 7.1,15, geringfügig anders transkribiert BP 1.168 f.

129 So Alexander Büchner: Das «tolle» Jahr. Gießen: Emil Roth ²1904, 1.

130 Leonce und Lena III,3; BP 1.122.

131 Leonce und Lena, I,3; BP 1.105.

132 Danton's Tod IV,5, Replik 624, BP 1.85.

133 Hans Deuster: Die Büchners im Ried. Riedstadt: Forum 1997, 77–79 und 94.

134 Alle Angaben nach Staatshandbuch 1835, 162, 239, 281, 248, 351.

135 Carl Vogt: Aus meinem Leben. Erinnerungen und Rückblicke. Stuttgart: Erwin Nägele 1896, 31.

136 Barrère in Danton's Tod III,6, Replik 505, BP 1.71.

137 Schulz 1846, 1.254.

138 Schulz 1846, 1.97.

139 Der Hessische Landbote, BP 2.59.

140 Theodor Körners sämmtliche Werke, 1. Bändchen. Stuttgart: Macklot 1818, 172.

141 Heinrich Heine: Reisebilder. Band 3: Italien (1829). HHA 1,516 (Reise von München nach Genua, Kapitel 31).

4
Danton's Tod

1 Wagner 1831, 236.

2 Georg Büchner an Wilhelmine Jaeglé im Januar 1834, BB 34.

3 Wagner 1831, 236.

4 FM 272.

5 Bädeker 1849, 13–15. Dort und in der Auflage von 1866, 11–15 (Karl Baedeker: Die Rheinlande von der Schweizer bis zur holländischen Grenze. Coblenz: Karl Baedeker 1866) auch die folgenden touristischen Informationen zum Straßburger Münster. Die Türme des Ulmer Münsters und des Kölner Doms waren damals noch nicht fertig.

6 Eugenia-Protokoll 370, 19. Juli 1832.

7 Ludwig Büchner, BN 3.

8 Georg Büchner an Karl Gutzkow im März 1835, BB 59.

9 Georg Büchner an die Familie am 28. Juli 1835, BB 75; MBA 10.2,272.

10 Georg Büchner an Karl Gutzkow im November 1835, BB 84.

11 Georg Büchner im Mai 1833 an die Familie, BB 22, hier geringfügig ausgeschmückt.

12 Eugène Boeckel an Wilhelm Baum am 30. Juli 1832, Kopie GBA Marburg.
13 Georg Büchner an die Familie im Januar 1833, BB 18.
14 Georg Büchner an Wilhelmine Jaeglé im Januar 1834, BB 34, MBA 10.1,30.
15 Georg Büchner an August Stöber am 9. Dezember 1833, BB 32, dort auch das folgende Zitat.
16 Georg Büchner an Edouard Reuss am 20. August 1832, BB 10.
17 Georg Büchner an Adolph Stöber am 3. November 1832, BB 17.
18 FM 344.
19 FM 266.
20 Übersetzt, ediert und kommentiert in FM.
21 Vogt 1896, 146 f.
22 FM 384.
23 FM 278.
24 FM 286.
25 FM 135.
26 FM 240.
27 FM 258/260, dort auch die folgenden Zitate und Paraphrasen.
28 Die folgenden Zitate und Paraphrasen FM 264–274.
29 FM 284/286.
30 Worte eines Gläubigen. Von F. von La Mennais. Nach der neuesten Ausgabe aus dem Französischen übersetzt von Ehrenfried Stöber. Straßburg: Schuler 1834.
31 FM 370/372.
32 Schulz 1846, I. V.
33 Schulz 1846, I. 27.
34 Schulz 1846, I. VI.
35 Noellner 1844, AA 10.
36 Schaeffer 1839, 58.
37 Noellner 1844, AA 9–11.
38 Noellner 1844, AA 12.
39 Wilhelm Büchner an Karl Emil Franzos am 9. September 1878, BBergemann 566; auch MBA 3.2, 227, mit schwachen Belegen.
40 Noellner 1844, AA 9
41 Georg Büchner an die Familie am 9. März 1835, BB 59.
42 Georg Büchner an die Familie am 16. Juli 1835, BB 71.
43 Thomas Ludwig: «... Ich sehe unser Haus und den Garten und dann unwillkührlich das abscheuliche Arresthaus». In: Katalog Darmstadt, 200–209.
44 Karl Gutzkow an Georg Büchner am 4. Dezember 1835, BB 85.
45 Karl Gutzkow an Georg Büchner am 6. Februar 1836, BB 94.
46 Georg Büchner an Karl Gutzkow Ende Januar 1836, BB 89.
47 Alle Zitate und Informationen Alexander Büchner: Das tolle Jahr. Gießen [2]1904, 124–127.
48 Danton's Tod I,4; Replik 602; BP 1.82.
49 Danton's Tod II,1; Replik 228; BP 1.40.

50 Danton's Tod II,4; Replik 312; BP 1.47.

51 Das berichtet Ludwig Büchner, BN 18.

52 An Karl Gutzkow am 21. Februar 1835, BB 53.

53 BN 21.

54 Karl Gutzkow: Georg Büchner (1837). In: Gutzkow, Schriften II, 1140.

55 Georg Büchner an die Familie am 15. März 1836, BB 96.

56 Ludwig Büchner, BN 30; vgl. Büchners Brief an die Familie vom August 1835, BB 75.

57 Einreise-Vorabzustimmung des Polizeirats des Kantons Zürich vom 28. September 1836, BB 117.

58 Karl Gutzkow: Danton's Tod, von Georg Büchner (1835). In: Gutzkow, Schriften II, 897.

59 Thomas Mann: Betrachtungen eines Unpolitischen. GKFA 13.1, 209, Goethes Gespräch mit Johann Christian Lobe im Juli 1820 mit Freiheiten zitierend, vgl. GKFA 13.2, 316.

60 Platen wird hier zitiert nach Thomas Mann: Betrachtungen eines Unpolitischen, GKFA 13.1, 209, die Originalquelle dort GKFA 13.2, 316.

61 Faksimile MBA 3.1,7.

62 Danton's Tod I,5; Replik 158; BP 1.31.

63 Danton's Tod II,2; Replik 266; BP 1.43.

64 Das berichtet Ludwig Büchner, BN 18.

65 UZ Heft 46, 200 f.

66 UZ Heft 47, 289.

67 Ludwig Büchner, BN 18.

68 MBA 3.2, 3.3 und 3.4.

69 Büchner an Gutzkow 21. Februar 1835, BB 53.

70 So MBA 3.2, 296 f. und 238.

71 So die Auskunft der Archivdatenbank des GSA, das die Handschrift verwahrt.

72 Georg Büchner an Johann David Sauerländer am 21. Februar 1835, BB 52 f.

73 MBA 3.2, 258 f.

74 MBA 3.2, 216.

75 MBA 3.2, 218.

76 Büchner benützte Band 6, Paris 1825, Nachweise MBA 3.3, 31–85.

77 Nachweise MBA 3.3, 87–271.

78 UZ Heft 47, 292 f.

79 UZ Heft 45, 120.

80 Georg Büchner an Wilhelmine Jaeglé im Januar 1834, BB 34.

81 Hippolyte Taine: Die Entstehung des modernen Frankreich. 2. Band, 3. Abteilung. Leipzig: Abel & Müller [2][1891], 111.

82 Georg Büchner an die Familie am 28. Juli 1835, BB 74.

83 Danton's Tod IV,9; Replik 660; BP 1.89.

84 BN 19.

85 BN 19.

86 August Becker im Verhör vom 1. November 1837, Noellner 1844, 425.

87 Georg Büchner an die Familie Anfang Dezember 1831, BB 8.

88 Karl Gutzkow an Georg Büchner am 17. März 1835, BB 60.

89 Alle Zitate aus Büchners Brief an die Familie nach dem 6. April 1833, BB 20 f.

90 Noellner 1844, 224.

91 August Becker, Noellner 1844, 425.

92 August Becker, Noellner 1844, 425.

93 August Becker, Noellner 1844, 316.

94 Imagination ohne Beleg.

95 Ludwig Büchner, BN 17.

96 Eugenia-Protokoll, 368; MBA 3.2,177.

97 August Becker über Weidig, Noellner 1844, 315.

98 Danton's Tod II,7; Replik 370; BP 1.55.

99 Noellner 1844, 317 f.

100 MBA 3.2, 185.

101 Danton's Tod III,9; Replik 528; BP 1.74.

102 Danton's Tod IV,5; Replik 618; BP 1.84.

103 Danton's Tod, Replik 528; III,9; BP 1.75.

104 Danton's Tod, Repliken 493–504, III,6; BP 1.70 f.

105 Karl Gutzkow: Appellation an den gesunden Menschenverstand. Frankfurt / Main: Johann Philipp Streng 1835, 10–13.

106 Danton's Tod III,3; Replik 425; BP 1.61 f.

107 Danton's Tod III,10; Repliken 530–542; BP 1.75 f.

108 Danton's Tod II,1; Replik 221; BP 1.39.

109 Danton's Tod II,1; Replik 221; BP 1.39.

110 Danton's Tod IV,9; Replik 661; BP 1.90.

111 Danton's Tod IV,8; Replik 653; BP 1.89.

112 Danton's Tod I,6; Replik 213, BP 1.37.

113 Die Noah- und Moses-Anspielung Danton's Tod II,7; Replik 370; BP 1.55 (St. Just).

114 Danton's Tod II,5; Replik 339; BP 1.49, Jesu Ärgernisrede zitierend (Mt 18,7).

115 Georg Büchner an Wilhelmine Jaeglé im Januar 1834, BB 34.

116 Danton's Tod III,6; Replik 505; BP 1.71.

117 Danton's Tod I,6; Replik 185; BP 1.35.

118 Danton's Tod III,5; Replik 313; BP 1.47 f.

119 Danton's Tod III,3; Replik 426; BP 1.62.

120 Georg Büchner an Wilhelmine Jaeglé im Januar 1834, BB 34.

121 Danton's Tod I,6; Replik 208; BP 1.37.

122 Danton's Tod II,3; Replik 286; BP 1.45, nach UZ, Heft 45,121.

123 Georg Büchner an die Familie im April 1832, BB 9.

124 Danton's Tod II,1; Replik 226; BP 1.40.

125 Danton's Tod IV,5; Replik 622 (Camille); BP 1.85.

126 Heinrich Heine: Zur Geschichte der Religion und Philosophie in Deutschland (= Der Salon II, 1834), HH 8,172, vgl. MBA 3.2, 196.

127 Johann Caspar Lavater: Handbibel für Leidende. Winterthur: Heinrich Steiner 1788, 23.

128 Heinrich Heine: Aus den Memoiren des Herrn von Schnabelewopski. 13. Kapitel. HHA 2,111.

129 Danton's Tod IV,5; Replik 630; BP 1.86.

130 Näheres Hauschild 1993, 213, MBA 10.2, 159–161.

131 Wilhelm Schulz 1851, in: Grab 1985, 66.

132 Georg Büchner an die Familie am 8. Juli 1833, BB 24.

133 Das Gespräch ist, leicht beschnitten und angepaßt, der Szene III,1 entnommen, Repliken 372–382, BP 1.56–58.

134 Günther Weisenborn: Memorial. Berlin: Aufbau 1948, 11 (Motto).

135 Johann Wolfgang Goethe im Gespräch mit Friedrich Wilhelm Riemer am 26. Juni 1810. In: Goethes Gespräche. Leipzig: Biedermann ²1909–1911, II,80.

136 Danton's Tod I,6; Replik 213; BP 1.37, von Heine angeregt, vgl. MBA 3.4,111; MBA 10.2,188.

137 Lenz, BP 1.231.

138 Heinrich Heine: Aus den Memoiren des Herrn von Schnabelewopski. 11. Kapitel. HHA 2,102.

139 Danton's Tod IV,3; Replik 570; BP 1.80.

140 Danton's Tod II,3; Replik 285; BP 1.45.

141 Georg Büchner an die Familie am 8. Juli 1833, BB 24.

142 Im folgenden werden die Repliken 625–629 (Danton's Tod IV,5; BP 1.85 f.) in die Szenerie der Vogesenwanderung verlegt.

143 Diehl 1920, 14 f.

144 Danton's Tod IV,5; Replik 630; BP 1.86.

145 Danton's Tod III,7; Replik 515; BP 1.72.

146 Danton's Tod III,1; MBA 3.2,126; nicht in BP.

147 Vgl. MBA 3.2, 162.

148 Alexander Büchner: Das «tolle» Jahr. Gießen: Emil Roth ²[1904], 9–11.

149 Danton's Tod I,1; Replik 16; BP 1.14.

150 Danton's Tod IV,4; Replik 597; BP 1.82.

151 «mons Veneris» Replik 172, I,5; «carreau» Replik 1, I,1; «Knöspchen» Replik 275, II,2; «die Mitt'» Replik 597, IV,4; drittes Bein Replik 47, I,2; «Perpendikel» Replik 347, II,6; «Eicheln» Replik 349, II,6; «das häßliche Ding» Replik 624, IV,5.

152 Eugène Boeckel an Georg Büchner am 4. September 1836, BB 114.

153 Eugène Boeckel an Georg Büchner am 16. Januar 1836, BB 91.

154 Friedrich Wieger: Geschichte der Medicin und ihrer Lehranstalten in Straßburg vom Jahre 1497 bis zum Jahre 1872. Strassburg: Karl J. Trübner 1885, 139 f.

155 «Quecksilberblüten» Replik 138, I,5; «Quecksilbergruben» Replik 144, I,5; «Sublimattaufe» Replik 139, I,5; «Rosenkränze» Replik 386, III,1; «Lustseuche» Replik 493, III,6; «Tripper» Replik 375, III,1; «Haarstern» Replik 501, III,6; «Quarantäne» Replik 598, IV,4.

156 «Bordell» Repliken 163, I,5; 185, I,6; 601, IV,4; Palais royal Replik 114, I,4; Clichy Replik 499, III,6.

157 «Priesterinnen» Replik 127, I,5; «Nönnlein» Replik 127, I,5; die «barmherzigen Schwestern» Replik 140, I,5; «de Menscher» Replik 660, IV,9.

158 FM 272, 274.

159 Eugène Boeckel an Georg Büchner am 16. Januar 1836 und am 15. Mai 1836, BB 90 und 97.

160 Georg Büchner an Eugène Boeckel am 1. Juni 1836, BB 101.

161 Danton's Tod IV,5; Replik 622; BP 1.84.

162 Danton's Tod I,6; Replik 180; BP 1.33.

163 Danton's Tod IV,5; Replik 623; BP 1.85.

164 Danton's Tod IV,5; Replik 624, BP 1.85.

165 Danton's Tod I,5; Replik 117; BP 1.27.

166 Danton's Tod I,5; Replik 117; BP 1.28.

167 Thomas Mann: Der Zauberberg (1924). GKFA 5.1,404 (*Humaniora*).

168 Danton's Tod III,7; Replik 517; BP 1.73.

169 Pierre-Augustin de Beaumarchais: Le mariage de Figaro, II,21, von Büchner im Januar 1837 notiert auf einer Inscriptions-Liste der Universität Zürich, MBA 10.2,95.

170 Thomas Mann: Tonio Kröger (1903). GKFA 2.1, 271 (4. Kapitel).

171 Ein Sprachbild von Karl-Christian Spethmann.

172 UZ Heft 45, 121 f.

173 Georg Büchner an die Familie am 28. Juli 1835, BB 74.

174 Danton's Tod I,1; Replik 23; BP 1.16.

175 Danton's Tod I,5; Replik 164; BP 1.31.

176 UZ Heft 11, 292.

177 UZ Heft 47, 294.

178 UZ Heft 11, 292.

179 Danton's Tod IV,5; Replik 610; BP 1.83.

180 Danton's Tod III,6; Replik 504; BP 1.70; weitere Deutungen MBA 3.4, 200.

181 Nach Danton's Tod I,5; Replik 117; BP 1.27 f.

182 Danton's Tod IV,5; Replik 612; BP 1.83.

183 Heinrich Heine: Der Salon. Band I. HHA 2, 52 (*Französische Maler*).

184 Alexis de Tocqueville: Über die Demokratie in Amerika, München: Deutscher Taschenbuch Verlag 1976, 14. Erstdruck in französischer Sprache 1835 (1. Teil; 2. Teil 1840).

185 Georg Büchner an Karl Gutzkow am 21. Februar 1835, BB 53 f. Kursiviertes im folgenden inneren Monolog stammt wörtlich oder geringfügig abgewandelt aus den nachgewiesenen Quellen.

186 Karl Gutzkow: Georg Büchner (1837). In: Gutzkow, Schriften II, 1138.

187 Karl Gutzkow an Georg Büchner am 3. März 1835, BB 56.

188 Randbemerkungen dieser Art von Büchners Hand finden sich in den Widmungsexemplaren für Wilhelm Baum und August Stöber, hier MBA 3.1, 498.

189 Georg Büchner an die Familie am 28. Juli 1835, BB 74.

190 Danton's Tod I,1; Replik 16; BP 1.14; Erstausgabe: Danton's Tod. Frankfurt: Sauerländer 1835, 8 (BFaksimile).

191 Danton's Tod I,2; Replik 55; BP 1.18; Erstausgabe 1835, 16.

192 Randbemerkung Georg Büchners, MBA 3.1, 497.

193 Randbemerkung Georg Büchners, MBA 3.1, 497, 499.

194 Danton's Tod IV,7; Replik 636; BP 1.87; Erstausgabe 1835, 147.

195 Randbemerkung Georg Büchners, MBA 3.1, 499.

196 Randbemerkung Georg Büchners, MBA 3.1, 499, 501, 502.

197 Danton's Tod I,5; Replik 172; BP 1.32; Erstausgabe 1835,43.

198 Danton's Tod II,2; Replik 266; BP 1.43; Erstausgabe 1835, 64.

199 Karl Gutzkow an Georg Büchner am 10. Juni 1836, BB 104 («ein dramatisirtes Capitel des Thiers»).

200 «Felix Frei» (ein Pseudonym), MBA 3.2, 316–318.

201 Gutzkows *Danton*-Rezension erschien im Literaturblatt des *Phönix* vom 11. Juli 1835; Gutzkow, Schriften II, 892–897, hier 897.

202 Georg Büchner an die Familie am 28. Juli 1835, BB 74.

203 Karl Gutzkow an Georg Büchner am 17. März 1835, BB 61.

204 Karl Gutzkow an Georg Büchner am 7. April 1835, BB 63.

205 Georg Büchner an Karl Gutzkow im September 1835, BB 80.

206 Georg Büchner an Karl Gutzkow im Juni 1836, BB 102.

207 Karl Gutzkow an Georg Büchner am 12. Mai 1835, BB 67.

208 Georg Büchner an Karl Gutzkow Ende November 1835, BB 84; Georg Büchner an die Familie am 5. Mai 1835, BB 66.

209 Karl Gutzkow an Georg Büchner am 10. Juni 1836, BB 104.

210 Karl Gutzkow an Georg Büchner am 28. September 1835, BB 82.

211 Georg Büchner an Karl Gutzkow im März 1835, BB 59.

212 Karl Gutzkow an Georg Büchner am 17. März 1835, BB 61.

213 Georg Büchner an Georg Geilfuß am 26. Juli 1836, BB 109.

214 Karl Gutzkow an Georg Büchner am 10. Juni 1836, BB 104.

215 Karl Gutzkow: Appellation an den gesunden Menschenverstand. Frankfurt / Main: Johann Philipp Streng 1835, 19.

216 Gutzkow, Appellation, 15.

217 Georg Büchner an Karl Gutzkow März/April 1835, BB 62.

218 Georg Büchner nach August Becker, Noellner 1844, 425.

219 Karl Gutzkow: Georg Büchner (1837). In: Gutzkow, Schriften II, 1135 f.

5
Liebesgeschichten

1 Danton's Tod I,4; Replik 114 (Lacroix); BP 1.26.

2 Danton's Tod II,9; Replik 370; BP 1.55.

3 Leonce und Lena I,3; BP 1.103.

4 Goethe, Faust. Der Tragödie zweiter Teil, 1. Akt (*Anmutige Gegend*), Verse 4715–4727.

5 Es folgen Imaginationen.

6 BF XXXV.

7 Heinrich Heine: Aus den Memoiren des Herrn von Schnabelewopski (1834). Der Salon, 1. Band. HHA 2, 91.

8 Georg Büchner an Ludwig Büchner am 1. Januar 1836, BB 88 (vgl. BP 2.1182).

9 Eine Figur bei Thomas Mann: Bekenntnisse des Hochstaplers Felix Krull, 3. Buch, 2. Kapitel, GW VII, 475.

10 Woyzeck, H2,8, MBA 7.1,35, BP 1.200.

11 Nach Bertolt Brecht, Erinnerung an die Marie A.

12 Heinrich von Kleist an Wilhelmine von Zenge in Briefen vom 13. bis 18. September 1800, BKA IV,1, 298–309.

13 Georg Büchner an Karl Gutzkow im März 1835, BB 59.

14 Georg Büchner an Wilhelmine Jaeglé am 20. Januar 1837, BB 129.

15 Georg Büchner an die Familie am 15. März 1836, BB 96.

16 Georg Büchner an Eugène Boeckel am 1. Juni 1836, BB 101.

17 Georg Büchner an die Familie im Juni 1836, BB 105.

18 Georg Büchner an Eugène Boeckel am 1. Juni 1836, BB 102.

19 Leonce und Lena I,3; BP 1.106 – dort «Abzugsgr[u]ben», vgl. MBA 6,270.

20 Georg Büchner an Wilhelmine Jaeglé am 20. Januar 1837, BB 129.

21 Leonce und Lena III,3; BP 1.123.

22 Der Hessische Landbote BP 2.58.

23 Imagination ohne Beleg.

24 Georg Büchner an die Familie im Mai 1833, BB 22.

25 Woyzeck H1,2, MBA 7.1,4, BP 1.178.

26 Friedrich Schiller: Lied von der Glocke.

27 Danton's Tod IV,7 und IV,8.

28 Georg Büchner im August 1835 an die Familie, BB 76.

29 Novalis: Fragmente und Studien Nr. 564. In: Novalis, Schriften III, 651; Novalis: Heinrich von Ofterdingen, 1. Teil, 1. Kapitel. In: Novalis: Schriften I, 195.

30 Leonce und Lena II,3; BP 1.117.

31 Lenz, BP 1.234.

32 Friedrich Schlegel: Lucinde. KFSA 5, 27 (*Idylle über den Müßiggang*).

33 Leonce und Lena III,3; BP 1.122.

34 Lenz, BP 1.232 f.

35 Georg Büchner an Wilhelmine Jaeglé am 20. Januar 1837, BB 129.

36 Karl Gutzkow an Georg Büchner am 3. März 1835, BB 56.

37 Georg Büchner an Wilhelmine Jaeglé im Januar 1834, BB 34.

38 Danton's Tod II,5; Replik 339; BP 1.49.

39 Danton's Tod I,2; Replik 57; BP 1.18.

40 Danton's Tod I,2; Replik 57; BP 1.18.

41 Danton's Tod, Repliken 127–144; I,5; 1.29 f.

42 Eugène Boeckel an Georg Büchner am 16. Januar 1836, BB 91.

43 Ludwig Büchner an Hans Landsberg 1899, zitiert in Hans Landsberg: Ein

Frühverstorbener. In: Das literarische Echo. Halbmonatsschrift für Literaturfreunde 13, 1910/11, 556 f.

44 Wilhelm Büchner an Georg Büchner am 13. November 1831, BB 6.

45 Nach MBA 5,106.; MBA 10.2,118.

46 Zu seiner lange umrätselten Identität Reinhard Pabst: Wer war ‹Mr. Lucius›? In: GBJ 8, 1995, 213–216; zusammenfassend Henri Poschmann BP 2.1159.

47 Caroline Büchner an Georg Büchner am 30. Oktober 1836, BB 120.

48 Édouard Reuss: Erinnerungen aus meinem Leben. Nach Hauschild 1985, 325.

49 Édouard Reuss an Karl Emil Franzos am 21. Oktober 1877, Kopie GBA Marburg.

50 Georg Büchner an Wilhelmine Jaeglé am 27. Januar 1837, BB 129.

51 Grab 1985, 139.

52 Ein Hinweis von Reinhard Pabst, der in Frankreich zwei Dokumente ausfindig gemacht hat, die es nahelegen, die «vierzehn Tage», die Büchner (dem Brief an Wilhelmine vom 27. Januar 1837 zufolge) im Bett zubrachte, auf die 11. bis 13. Kalenderwoche 1833 zu fixieren.

53 Fick 1900, 162.

54 Walter Toman: Familienkonstellationen. Ihr Einfluß auf den Menschen. München: C. H. Beck ⁵1991, 146.

55 Georg Büchner an Eugène Boeckel am 7. September 1832, BB 15.

56 Eugène Boeckel an Georg Büchner am 3. September 1833, BB 28.

57 Vgl. MBA 10.2,52 f. (Datierungsgeschichte)

58 Wilhelmine Jaeglé, zitiert von Georg Büchner im Brief an Wilhelmine Jaeglé vom Januar 1834, BB 34.

59 Georg Büchner an Wilhelmine Jaeglé im Januar 1834, BB 34, dort alle folgenden nicht anderweitig nachgewiesenen Zitate.

60 Alexis Muston, Journal d'étudiant, übersetzt von Heinz Fischer, FM 272 f.

61 Wie auf Marion: Danton's Tod I,5; Replik 117; BP 1.28.

62 Danton's Tod I,5; Replik 117; BP 1.27.

63 Leonce und Lena I,3; BP 1.102.

64 FM 344.

65 Hauschild 1993, 324.

66 BN 16. Der Brief war 1842 durch Luise Büchner, die ihn von Gutzkow hatte, nach Darmstadt gekommen, vgl. MBA 7.2,138 f.

67 Noellner 1844, 315.

68 Noellner 1844, 315.

69 Johann Jacob Kaup: Das Thierreich in seinen Hauptformen systematisch beschrieben. Drei Bände, Darmstadt: Johann Philipp Diehl 1835, I,158. Büchner kannte Kaup gut, vgl. Wilhelm Büchner an Georg Büchner am 13. November 1831, BB 5–7; Ernst Büchner an Georg Büchner am 18. Dezember 1836, BB 124; FM 258–264.

70 Das Hohelied Salomos, 2, 8–17 (Auszüge).

71 Das ergibt sich aus dem Verhör vom 24. Juli 1835, Noellner 1844, 437.

72 Schulz 1843, 131; zu ihrer Biographie auch Thomas Michael Mayer und

Sigurd Rink: Das Inventar und die Versteigerung des Nachlasses von Friedrich Ludwig und Amalie Weidig, in: GBJ 7, 1988/89, 383–409.

73 FM 289.

74 Georg Büchner an die Familie am 1. Januar 1836, BB 88.

75 Leonce und Lena I,3; BP 1.102 f.

76 Danton's Tod I,5; Replik 117; BP 1.28.

77 Danton's Tod I,1; Replik 23; BP 1.15 f.

78 Danton's Tod, Replik 517; III,7; BP 1.73.

79 Leonce und Lena I,3; BP 1.107.

80 So auch MBA 10.2,47.

81 BN 50.

82 Vermutlich zur Unterrichtung der Familie über die letzten Lebenswochen, vgl. Hauschild 1985, 103; MBA 10.2, 59 f.

83 MBA 10.2,53 umdatiert auf «nach Mitte März 34».

84 Georg Büchner an Wilhelmine Jaeglé Januar bis März 1834, BB 34–40.

85 Georg Büchner an Wilhelmine Jaeglé im Januar 1834, BB 34.

86 Georg Büchner an Wilhelmine Jaeglé im Januar 1834, BB 34, MBA 10.1,30.

87 Georg Büchner an Wilhelmine Jaeglé im März 1834, BB 39 f.

88 Quelle ist die damals viel gespielte Wiener Volkskomödie *Das Donauweibchen* von Karl Friedrich Hensler (1798), Szene II, 15, vgl. BMartin, 743 f., Hund Kater, 28.

89 Vgl. Henri Poschmann, BP 2.1115 f., und MBA 5, 107 f., 128 f.

90 Noellner 1844, 176.

91 Karl Immermann: Die Epigonen (1823–1835), 2. Buch, 2. Kapitel. Werke in fünf Bänden, hrsg. v. Benno von Wiese, Frankfurt am Main: Athenäum 1971, II,80.

92 Sie heirateten am 29. März 1828: Schulz 1846, 2.139.

93 Schulz 1846, 2.68.

94 Formulierung nach Reinhold Grimm: Cœur und Carreau. Über die Liebe bei Georg Büchner. In: GB I/II, 299–326, hier 302.

95 Georg Büchner an die Familie am 28. Juli 1835, BB 74.

96 Karl Gutzkow an Georg Büchner am 10. Juni 1836, BB 104.

97 Danton's Tod II,2; Replik 266; BP 1.43.

98 Danton's Tod IV,2; Replik 584; BP 1.81.

99 Woyzeck, H4,11, MBA 7.1,83, BP 1.213.

100 Danton's Tod I,5; Repliken 125 und 127; BP 1.28 f.

101 Das sagt Woyzeck in einer gestrichenen Passage, H2,8, MBA 7.1,35, BP 1.200.

102 Woyzeck in einer gestrichenen Replik, H2,3; MBA 7.1,24; BBergemann 499, nicht in BP; zur Ersetzung von «Hut» (in der Handschrift) durch «Hund» vgl. Reinhold Grimm: Cœur und Carreau, GB I/II,322.

103 Leonce und Lena I,3; BP 1.101.

104 Leonce und Lena I,3; BP 1.101.

105 Danton's Tod I,1; Replik 23; BP 1.16.

106 Novalis: Heinrich von Ofterdingen, 1. Teil, 1. Kapitel. In: Novalis, Schriften I, 196 f.

542

107 Danton's Tod I,5; Replik 117; BP 1.27.

108 Danton's Tod I,5; Replik 120; BP 1.28.

109 Danton's Tod I,5; Replik 127; BP 1.29.

110 Lenz, BP 1.226.

111 Lenz, BP 1.231 f.

112 Danton's Tod I,6; Replik 213; BP 1.37. Vgl. MBA 3.4,111 – «Wollust des Schmerzes» ist eine Formulierung von Heinrich Heine: Die romantische Schule, 1. Buch, HHA 2.124.

113 Danton's Tod IV,5; Replik 626; BP 1.85.

114 Georg Büchner an Eugène Boeckel am 1. Juni 1836, BB 101.

115 Danton's Tod I,5; Repliken 118 und 119; BP 1.28.

116 Danton's Tod I,5; Replik 170; BP 1.32.

117 Danton's Tod IV,3; Replik 569; BP 1.79.

118 Danton's Tod IV,3; Replik 570; BP 1.80.

119 Danton's Tod I,1; Replik 12; BP 1.13 f.

120 Die folgenden Zitate Leonce und Lena II,4; BP 1.118.

121 Woyzeck, H4,16, MBA 7.1,92, BP 1.206.

122 Georg Büchner an Wilhelmine Jaeglé am 27. Januar 1837, BB 129.

123 So in dem Bestseller von Heinrich Zschokke: Stunden der Andacht zur Beförderung wahren Christenthums und häuslicher Gottesverehrung. Fünfter Band: Andachtsbuch für die Jugend. Aarau: Heinrich Remigius Sauerländer ⁵1820, 164.

124 Stendhal (Henri Beyle): Rot und Schwarz. Chronik aus dem Jahr 1830 (1830). Deutsche Ausgabe München: Winkler 1971, 143.

125 Sigmund Freud: Der Dichter und das Phantasieren. In: Freud X, 173.

126 Imagination ohne Beleg.

127 Woyzeck, H4,2 und H4,6, MBA 7.1, 23 und 67, BP 1.203 und 207.

128 Die folgenden Zitate Wilhelm Schulz 1851; Grab 1985, 66.

129 Alexis Muston 1833, FM 287; die folgenden Zitate wieder Schulz 1851.

130 Im Faksimile der Handschrift MBA 3.1,70–95.

131 Danton's Tod I,5; Replik 117; BP 1.27 f., dort auch das folgende Zitat.

132 Danton's Tod I,1; Repliken 2–5, BP 1.13, unter Umbenennung der Personen.

133 Danton's Tod II,5; Repliken 318–325, 330; BP 1.48; mit Umbenennungen, im Anschluß auch die im folgenden verwendeten Stellen (Repliken 331, 338–341).

134 BP 1.581.

135 Danton's Tod II,3; Repliken 287–292; BP 1.45.

136 Danton's Tod IV,9; Repliken 661–664; BP 1.89 f.

137 Georg Büchner an Karl Gutzkow im Januar 1836, BB 90; Hund Kater 76.

138 Karl Gutzkow an Georg Büchner am 17. März und am 7. April 1835, BB 61 und 64.

139 Karl Gutzkow an Georg Büchner am 12. Mai 1835, BB 68.

140 Georg Büchner an die Familie am 10. Juni 1835 und um den 23. Juni 1835, BB 69 und 70.

141 Georg Büchner an die Familie im August 1836, BB 111.

142 BN 30.

143 Georg Büchner an Karl Gutzkow Januar 1836, BB 90; Hauschild 1993, 479.

144 Georg Büchner an Eugène Boeckel am 1. Juni 1836, BB 101.

145 Nachweis in BMartin 761.

146 Georg Büchner an Eugène Boeckel am 1. Juni 1836, BB 101.

147 Wilhelm Schulz 1851, Grab 1985, 66.

148 Édouard Reuss an Karl Emil Franzos am 21. Oktober 1877, Kopie GBA Marburg.

149 Georg Büchner an Wilhelmine Jaeglé Ende Januar 1837, BB 130; BN 39 f.

150 Eugène Boeckel an Georg Büchner am 4. September 1836, BB 112.

151 Édouard Reuss an Karl Emil Franzos am 21. Oktober 1877, Kopie GBA Marburg.

152 Georg Büchner an Johann Jakob Hess am 22. September 1836, BB 115 f.; an das Präsidium des Erziehungsrats des Kantons Zürich am 26. September 1836, BB 116 f.

153 Eugène Boeckel an Georg Büchner am 16. Januar 1836, BB 92 (Schach und Fechten).

154 Karl Gutzkow an Georg Büchner am 6. Februar 1836, BB 95.

155 Eugène Boeckel an Georg Büchner am 16. Januar 1836, BB 92.

156 Georg Büchner an Wilhelmine Jaeglé im Januar 1834, BB 34.

157 Georg Büchner an Karl Gutzkow Mitte März 1835, BB 59.

158 BN 27.

159 Michail Lermontow: Ein Held unserer Zeit (Roman, Petersburg 1840), Ausgabe München: dtv 1989, 55, dort im Kapitel *Maxim Maximytsch* eine Bemerkung des Erzählers über die Augen Petschorins.

160 Lenz, BP 1.240; MBA 5,65.

161 Leonce und Lena I,3; BP 1.103.

162 Leonce und Lena I,3; BP 1.102.

163 Woyzeck H4,4, MBA 7.1,59, BP 1.205.

164 Woyzeck H2,5, MBA 7.1,27, BP 1.195 (verändert).

165 Ein Satz des Tambourmajors, Woyzeck H1,8, MBA 7.1,8, BP 1.181.

166 Woyzeck H4,10, MBA 7.1,80, BP 1.212.

167 Woyzeck H4,6, MBA 7.1,67, BP 1.208.

168 Woyzeck H4,11, MBA 7.1,83, BP 1.213.

169 Friedrich Schiller: Wallensteins Tod, III,13.

170 Das sagt, in die Enge getrieben, Kleists Marquise von O..., BKA II,2, 68. Für Wilhelmine Jaeglé nicht belegt. Im Folgenden stammen wieder alle kursiv gesetzten Wendungen aus den nachgewiesenen Quellen, manchmal stilistisch und orthographisch geringfügig angepaßt, während die gerade gesetzten Passagen die Grenze zur Imagination gelegentlich überschreiten.

171 Aus dem Nekrolog von Wilhelm Schulz, Grab 1985, 142.

172 Georg Büchner an Wilhelmine Jaeglé am 20. Januar 1837, BB 128.

173 Georg Büchner an Wilhelmine Jaeglé am 27. Januar 1837, BB 129.

174 Caroline Schulz, Bericht über Georg Büchners Krankheit und Tod, Grab 1985, 133; MBA 10.1,119.

175 Wilhelmine Jaeglé an Eugène Boeckel am 5. März 1837, BBergemann 588.

176 Caroline Schulz, Grab 1985, 136.

177 Wilhelm Schulz, Nekrolog, Grab 1985, 142.

178 Caroline Schulz, Grab 1985, 136, dort auch die folgenden Stellen.

179 Wilhelmine Jaeglé an Eugène Boeckel am 5. März 1837, BBergemann 588.

180 Das überliefert Ludwig Büchner, BN 45.

181 Georg Büchner an Wilhelmine Jaeglé am 27. Januar 1837, BB 129.

182 Wilhelmine Jaeglé an Eugène Boeckel am 5. März 1837, BBergemann 588.

183 Georg Büchner an Wilhelmine Jaeglé am 27. Januar 1837, BB 128 f.

184 Georg Büchner an Wilhelmine Jaeglé am 27. Januar 1837, BB 129.

185 Das bezeugt eine Verfügungsnotiz von ihrer Hand auf dem Umschlag des Briefes vom 4. September 1836, BB 114.

186 Ludwig Büchner an Wilhelmine Jaeglé am 30. September 1844, GSA 10/40.

187 MBA 9.2,197.

188 Ludwig Büchner an Wilhelmine Jaeglé im Februar 1845, GSA 10/40.

189 Sie wird auf der Geburtsurkunde mit dem Vermerk «abwesend» genannt, Faksimile Boehncke 2008,36.

190 Hauschild 1985, 357.

191 Hund Kater, 43.

192 Jan-Christoph Hauschild: Büchners Braut. In: Katalog Darmstadt 124–131, hier 129.

193 Wilhelmine Jaeglé am 2. April 1877 an Karl Emil Franzos, BBergemann 597 f.

194 Hauschild: Büchners Braut, 130.

195 Hauschild: Büchners Braut, 131.

6
Lenz

1 Leonce und Lena II,2; BP 1.115. Die im folgenden Abschnitt kursiv wiedergegebenen Zitate erscheinen nicht immer genau wörtlich und nicht in der genauen Wortreihenfolge der Quelle, sondern sind wechselnden stilistischen und grammatischen Erfordernissen angepaßt.

2 Danton's Tod II,2; Replik 278; BP 1.43.

3 Danton's Tod IV,6; Replik 634; BP 1.86.

4 Danton's Tod IV,3; Replik 570; BP 1.80.

5 Leonce und Lena II,2; BP 1.115.

6 Danton's Tod IV,3; Replik 562; BP 1.78.

7 Leonce und Lena II,4; BP 1.118.

8 Lenz, BP 1.250.

9 Woyzeck, H1,14, MBA 7.1,15, BP 1.185.

10 Woyzeck, H4,1, MBA 7.1,48, BP 1.202.

11 Danton's Tod II,2; Replik 284; BP 1.44.

12 Lenz, BP 1.225 f., dort auch die folgenden Stellen.

13 Lenz, BP 1.240.

14 Lenz, BP 1.226.

15 Lenz, BP 1.237.

16 Lenz, BP 1.225, dort auch die folgende Stelle.

17 Woyzeck, H1,14, MBA 7.1,15, BP 1.185.

18 Leonce und Lena II,4; BP 1.118.

19 Danton's Tod IV,3; Replik 579; BP 1.80.

20 Lenz, BP 1.242.

21 Woyzeck, H1,15, MBA 7.1,16, BP 1.186.

22 Woyzeck, H1,14, MBA 7.1,15, BP 1.185.

23 Woyzeck, H2,7, MBA 7.1,35, BP 1.199.

24 Lenz, BP 1.242.

25 Lenz, BP 1.242.

26 Lenz, BP 1.240.

27 Danton's Tod IV,3; Replik 579; BP 1.80.

28 Danton's Tod III,7; BP 1.72 f.; Replik 517, dort auch die folgende Stelle.

29 Woyzeck, H2,6, MBA 7.1,28, BP 1.196.

30 Lenz, BP 1.248.

31 Woyzeck, H4,7, MBA 7.1,68, BP 1.208.

32 Lenz, BP 1.245.

33 Lenz, BP 1.248.

34 Lenz, BP 1.245.

35 Camille in Danton's Tod IV,5; Replik 613; BP 1.83.

36 Gutachten vom 7. Februar 1836, Noellner 1844, 505.

37 Caroline Schulz 1837, Grab 1985, 135, dort auch die folgenden Stellen.

38 Wilhelm Schulz, überliefert von Caroline Schulz 1837, Grab 1985, 135.

39 Lenz, BP 1.242.

40 Lenz (Quellenbezogener Text), MBA 5,67; BP 1.242, dort nach dem (feh-lerhaften) Erstdruck «die Sünde und der heilige Geist»; zur Textkritik MBA 5,165.

41 Reinhard Pabst: Zu Büchners Konfirmation im Mai 1828. Ein unbekann-tes Lebenszeugnis. In: GBJ 6, 1986/87, 318–323, vor allem 323.

42 Johann Wolfgang von Goethe: Dichtung und Wahrheit, 7. Buch, hier nach MBA 5, 258.

43 Johann Caspar Lavater, zitiert von Ehrenfried Stöber, MBA 5,300.

44 Lenz, BP 1.229.

45 Lenz, BP 1.225.

46 Lenz, BP 1.249.

47 Lenz, BP 1.225 f., dort auch die folgenden Stellen.

48 Leonce und Lena II,1; BP 1.111.

49 Lenz, BP 1.225. Die kursivierten Zitate in diesem Abschnitt sind gelegent-lich stilistischen Erfordernissen angepaßt.

50 BN 31.

Anmerkungen

546

51 Büchner war jedenfalls ortskundig, vgl. MBA 5, 159.
52 Georg Büchner an Karl Gutzkow Ende November 1835, BB 84.
53 Lenz, BP 1.230.
54 Lenz, BP 1.234.
55 Die folgenden Stellen Lenz, BP 1.237–239.
56 Lenz, BP 1.246.
57 Lenz, BP 1.236.
58 Leonce und Lena I,3; BP 1.108.
59 Georg Büchner an die Familie am 2. September 1836, BB 112.
60 Lenz, BP 1.236; vgl. Lenz (Quellenbezogener Text), MBA 5,62 (Büchner Eigengut).
61 Lenz, BP 1.250.
62 Lenz, BP 1.226.
63 Lenz, BP 1.242, vgl. Lenz (Quellenbezogener Text), MBA 5,67.
64 Lenz, BP 1.248.
65 Lenz, BP 1.248.
66 Lenz, BP 1.229.
67 Lenz, BP 1.243, 246.
68 Lenz (Quellenbezogener Text), MBA 5,68.
69 Lenz, BP 1.247.
70 In der Edition des «quellenbezogenen Texts» in MBA 5 sind die aus Quellen übernommenen Stellen durch Fettdruck hervorgehoben, ebenso wie in der Edition der Quelle die von Büchner verwendeten Stellen, so daß ein solcher Vergleich dort gut nachvollziehbar ist.
71 Oberlin: Herr L ..., MBA 5,239.
72 Lenz (Quellenbezogener Text), MBA 5,69; BP 1.245.
73 Oberlin, MBA 5,237.
74 MBA 5,107.
75 MBA 5,138.
76 Karl Gutzkow an Georg Büchner am 12. Mai 1835, BB 68.
77 Das geht aus Karl Gutzkows Brief an Georg Büchner vom 28. September 1835 hervor, BB 82.
78 Georg Büchner an die Familie im Oktober 1835, BB 83.
79 August Stöber: Der Dichter Lenz. In: Morgenblatt für gebildete Stände, 19. Oktober 1831, hier nach MBA 5, 247.
80 Text hier nach Lenz (Quellenbezogener Text), MBA 5,65, entspricht Lenz, BP 1.240 f.
81 Oberlin, MBA 5,236.
82 Oberlin, MBA 5,234 f.
83 Lenz (Quellenbezogener Text), MBA 5,56.
84 Georg Büchner an Wilhelmine Jaeglé im Januar 1834 («Fatalismusbrief»), BB 34.
85 Georg Büchner an August Stöber am 9. Dezember 1833, BB 32.
86 Hans Deuster: Die Büchners im Ried, Riedstadt: Forum Verlag 1997, 75–79.
87 Wagner 1831, 275.

88 Georg Büchner an Wilhelmine Jaeglé am 8. März 1834, BB 37.

89 Georg Büchner an Wilhelmine Jaeglé etwa 8. Februar 1834, BB 36.

90 Georg Büchner an Eugène Boeckel am 1. Juni 1836, BB 101.

91 Georg Büchner an Wilhelmine Jaeglé am 13. Januar 1837, BB 128.

92 Danton's Tod I,1; Replik 5, BP 1.13.

93 Leonce und Lena I,3; BP 1.102.

94 Georg Büchner an Karl Gutzkow am 10. Juni 1836, BB 104.

95 Georg Büchner an Wilhelmine Jaeglé um Mitte März 1834, BB 38 (im Original teilweise französisch, hier frei übersetzt).

96 Georg Büchner an Wilhelmine Jaeglé um Mitte Januar 1834, BB 34.

97 Immanuel Kant: Anthropologie in pragmatischer Hinsicht (1898). In: Werke 10, 395–690, hier 551.

98 Hans Christian Andersen: Tante Zahnweh (1872). In: Hans Christian Andersen: Märchen und Historien. Bayreuth: Gondrom 1979, 238–247, hier 246.

99 Lenz, BP 1.249.

100 Lenz, BP 1.228.

101 Lenz, BP 1.241 f.

102 Danton's Tod III,1; Replik 382; BP 1.58.

103 Danton's Tod I,6; Replik 213; BP 1.37.

104 Lenz, BP 1.231.

105 Danton's Tod I,6; Replik 213; BP 1.37.

106 Leonce und Lena I,4; BP 1.110.

107 Danton's Tod III,5; Replik 461; BP 1.65 f.

108 Lenz, BP 1.231.

109 Leonce und Lena I,3; BP 1.102.

110 Lenz, BP 1.229.

111 Lenz, BP 1.229.

112 Lenz, BP 1.227.

113 Lenz, BP 1.227.

114 Lenz, BP 1.226.

115 Lenz, BP 1.227.

116 Lenz, BP 1.247.

117 Lenz, BP 1.247.

118 Lenz, BP 1.247.

119 Lenz, BP 1.226.

120 Lenz, BP 1.226.

121 Lenz, BP 1.248.

122 Lenz, BP 1.247.

123 Danton's Tod I,6; Replik 208; BP 1.36 f.

124 Danton's Tod II,3; Replik 286; BP 1.45.

125 Danton's Tod III,1; Replik 382; BP 1.58.

126 Woyzeck, H1,15, MBA 7.1,16, BP 1.186.

127 Der Hessische Landbote, BP 2.66.

128 Lenz, BP 1.227, 231, 231 f.

129 Lenz, BP 1.234, 238, 239.

130 Vgl. MBA 5,422, Kommentar zu 60,25 f.

131 Alle Zitate aus dem Kunstgespräch, Lenz, BP 1.233–236.

132 Georg Büchner an die Familie am 28. Juli 1835, BB 75.

133 FM 258/259.

134 MBA 5,431 f.

135 MBA 5,60, 253.

136 NA 20,436.

137 Lenz, BP 1.237.

138 Protokolliert in Mustons Tagebuch, FM 259 f./260 f.

139 FM 264 f.

140 Lenz, BP 1.243.

141 Lenz, BP 1.248.

142 Lenz, BP 1.242.

143 Lenz, BP 1.229 f.

144 Lenz, BP 1.232 f.

145 Lenz, BP 1.248 f.

146 Georg Büchner an Wilhelmine Jaeglé am 8. März 1834, BB 37.

147 Georg Büchner an Eugène Boeckel am 1. Juni 1836, BB 100.

148 Georg Büchner an die Familie, Februar 1834, BB 36.

149 Leonce und Lena I,1; BP 1.95.

150 Camille in Danton's Tod II,3; Replik 285; BP 1.45.

151 Lenz, BP 1.234.

152 Georg Büchner an die Familie am 28. Juli 1835, BB 75.

153 Danton's Tod III,1; Replik 382; BP 1.57 f.

154 Leonce und Lena II,2; BP 1.116.

155 Lenz, BP 1.231 f.

156 Woyzeck, H4,5, MBA 7.1,63, BP 1.206.

157 Woyzeck, H4,16, MBA 7.1,92, BP 1.215 f.

158 Lenz, BP 1.244.

159 Lenz, BP 1.228.

160 Lenz, BP 1.231.

161 Hier zitiert nach der lange Zeit normsetzenden Ausgabe: Johann Anastasii Freylinghausen [...] Geistreiches Gesang-Buch, den Kern alter und neuer Lieder in sich haltend [...] mit einem Vorbericht herausgegeben von Gotthilf August Francken [...], Halle, in Verlegung des Waysenhauses, 1741, Lied Nr. 1370.

162 «Gib mir die Hand, mein Schmerz», aus dem Sonett *Recueillement* von Charles Baudelaire, *Les Fleurs du Mal* (1857), CLIX.

163 Johann Caspar Oberlin: Handbibel für Leidende. Winterthur: Heinrich Steiner 1788, 255.

164 Therese vom Kinde Jesus: Selbstbiographische Schriften. Einsiedeln und Trier: Johannes Verlag [10]1988, 221–223.

7
Wissenschaft

1 Ein Beispiel aus: Fick 1900, 160.

2 Hanspeter Marti: Von der Präses- zur Respondentendissertation. Die Autorschaftsfrage am Beispiel einer frühneuzeitlichen Literaturgattung. In: Examen, Titel, Promotionen, Basel 2007, 251. In diesem Band finden sich die meisten der im folgenden ausgebreiteten Informationen zur Geschichte der Doktorpromotion.

3 Ulrich Rasche: Geschichte der Promotion in absentia. In: Examen, Titel, Promotionen, 275–351, hier 283 f. und 298.

4 Fick 1900, 161.

5 Ulrich Rasche: Geschichte der Promotion in absentia. In: Examen, Titel, Promotionen, 275–351.

6 Ulrich Rasche: Geschichte der Promotion in absentia. In: Examen, Titel, Promotionen, 321.

7 Vogt 1896, 138.

8 Ulrich Rasche: Geschichte der Promotion in absentia. In: Examen, Titel, Promotionen, 319.

9 Vogt 1896, 139.

10 Georg Büchner an das Präsidium des Erziehungsrats des Kantons Zürich am 26. September 1836, BB 116.

11 Promotionsordnung der philosophischen Facultät, §37. In: Amtsblatt des Kantons Zürich 3, 1836, Nr. 93, 18. November 1836, 345.

12 Notker Hammerstein: Vom Interesse des Staates. Graduierungen und Berechtigungswesen im 19. Jahrhundert. In: Examen, Titel, Promotionen, 169–194, hier 191.

13 Informationen aus der Webseite der Universität Zürich.

14 Promotionsordnung, §2, Amtsblatt Nr. 91, 11.11.1836, 338.

15 Notker Hammerstein: Vom Interesse des Staates. In: Examen, Titel, Promotionen, 189.

16 Gesetz betreffend das Auftreten als Privatdocent an der hiesigen Hochschule, vom 1. April 1835, hier nach MBA 8,211.

17 Georg Büchner an die Familie im Oktober 1835, BB 83.

18 Georg Büchner an die Familie am 2. November 1835, BB 84.

19 Promotionsordnung, §1.

20 Promotionsordnung, §46.

21 Promotionsordnung, §42.

22 Promotionsordnung, §§40 und 44.

23 Promotionsordnung, §37.

24 Zum Ablauf im einzelnen MBA 8,201, 208 f.

25 Georg Büchner an Karl Gutzkow Anfang Juni 1836, BB 102.

26 Georg Büchner an Eugène Boeckel am 1. Juni 1836, BB 100.

27 MBA 8,210.

28 Georg Büchner an Eugène Boeckel am 1. Juni 1836, BB 100; BN 32.

29 Eugène Boeckel an Georg Büchner am 7. September 1832, BB 15.

30 Georg Büchner an die Familie am 10. Juni 1835, BB 69.

31 Georg Büchner an die Familie am 23. Juni 1835, BB 70.

32 BN 2.

33 MBA 8,194.

34 Georg Büchner an die Familie am 9. März 1835, BB 58.

35 Wieger 1885, 152.

36 Hauschild 1993, 140.

37 BN 2.

38 Wieger 1885, 152.

39 BN 1.

40 Wagner 1831, 237.

41 Das Großherzoglich Hessische Ministerium des Innern und der Justiz an Ernst Büchner am 9. September 1831, BB 4.

42 Wilhelm Büchner an Georg Büchner am 13. November 1831, BB 6.

43 MBA 8,176 f.

44 Eugenia-Protokoll, 356.

45 Eugène Boeckel an Georg Büchner am 7. September 1832, BB 14.

46 Georg Büchner an Wilhelmine Jaeglé im Januar 1834, BB 34.

47 Leonce und Lena I,3; BP 1.102.

48 Georg Büchner an Adolph Stoeber am 3. November 1832, BB 17.

49 Lauth 1837, 3.

50 Eugène Boeckel an Georg Büchner im August 1833, erschlossen aus Boeckels Brief vom 3. September 1833, BB 25 und 28.

51 Vogt 1896, 120.

52 Vogt 1896, 121.

53 MBA 8,188.

54 BN 18.

55 BN 21.

56 Wieger 1885, 151.

57 Lauth 1835a, 8.

58 Georg Büchner an Wilhelmine Jaeglé am 13. Januar 1837, BB 128.

59 MBA 8,223.

60 Leonce und Lena, II,2; BP 1.114.

61 Alle Münz- und Maßeinheiten in diesem Abschnitt nach Niemann 1830. Das Werk ist alphabetisch geordnet, daher wird auf Seitennachweise verzichtet.

62 Wagner 1831, 304.

63 Georg Büchner an Eugène Boeckel am 1. Juni 1836, BB 100.

64 Niemann 1830, dort alle folgenden nicht anderweitig nachgewiesenen Wertangaben.

65 Eugène Boeckel an Georg Büchner am 11. Januar 1837, BB 127.

66 Wieger 1885, 154 (Zahlen ab 1866).

67 Der Hessische Landbote, BP 2.54.

68 Ernst Büchner an Georg Büchner am 18. Dezember 1836, BB 124.

69 Noellner 1844, Verlagsreklame auf dem rückseitigen Innendeckel.

70 Karl Gutzkow an Georg Büchner am 28. September 1835, BB 82.

71 Wagner 1831, 275.

72 Noellner 1844, Anlagenteil, 21.

73 Ernst Dieffenbach an seinen Vater am 17. August 1833. Siehe Ernst Dieffenbach: Briefe aus dem Straßburger und Zürcher Exil 1833–1836. In: GBJ 8, 1990–1994, 371–443, hier 390.

74 MBA 7.2,501.

75 MBA 7.2,510.

76 Bädeker 1849, 42.

77 Bädeker 1849, 43.

78 George Reuss an Georg Büchner am 24. März 1834, BB 41.

79 Georg Büchner an die Familie am 3. August 1834, BB 46.

80 Bädeker 1849, 59.

81 Wagner 1831, 57.

82 Bädeker 1849, 31.

83 Bädeker 1849, X.

84 Georg Büchner an die Familie im Februar 1834, BB 36.

85 Ernst Büchner an Georg Büchner am 18. Dezember 1836, BB 123.

86 Umgerechnet aus den Angaben bei Fick 1900, 161, wo für das Medizinstudium Gesamtkosten von 1500 Mark angesetzt werden, das sind 500 Taler, das sind 750 Gulden, bei zehn Semestern 75 fl pro Semester und 12 fl 30 kr pro Monat. Das sind Zahlen für die zweite Hälfte des 19. Jahrhunderts, als die Kolleggelder eher im Sinken als im Steigen begriffen waren.

87 Wieger 1885, 154. Der genaue Gültigkeitszeitraum dieser Zahlen ist nicht angegeben.

88 Errechnet aus Fick 1900, 162 (15–25 Mark, das sind bei 21 Mark 7 Taler, das sind 10 fl 30 kr).

89 Fick 1900, 162; Vogt 1896, 145.

90 Georg Büchner an Karl Gutzkow Mitte März 1835, BB 59.

91 Georg Büchner an Johann David Sauerländer am 18. Dezember 1835, BB 86.

92 Georg Büchner an Eugène Boeckel am 1. Juni 1836, BB 100.

93 MBA 6,246.

94 Hauschild 1993, 581.

95 Fick 1900, 176.

96 Fick 1900, 186.

97 Fick 1900, 184.

98 Fick 1900, 189 f.

99 Fick 1900, 203.

100 Der «Paukwichs» zum Beispiel Fick 1900, 219.

101 Fick 1900, 207–240.

102 Fick 1900, 195.

103 Lauth 1835a, 9.

104 Fick 1900, 148 f. (Pfeifen, Hunde, Hüte).

105 Vogt 1896, 121.

106 Georg Büchner an die Familie am 25. Mai 1834, BB 43 f.

107 Vogt 1896, 115, 133 f.

108 Vogt 1896, 116 f.; Fick 1900, 212 f.

109 Alle Zitate Vogt 1896, 121.

110 Eugenia-Protokoll, 333.

111 Eugenia-Protokoll, 348 u. ö.

112 Eugenia-Protokoll, 356.

113 Niemann 1830, 211; für Straßburg gibt es keinen eigenen Eintrag.

114 Eugenia-Protokoll, 363.

115 Eugenia-Protokoll, 359.

116 Eugenia-Protokoll, 360.

117 Eugenia-Protokoll, 361.

118 Eugenia-Protokoll, 366.

119 Eugenia-Protokoll, 366.

120 Beispiele aus Eugenia-Protokoll, 344–350.

121 Eugenia-Protokoll, 349.

122 Eugenia-Protokoll, 352.

123 Eugenia-Protokoll, 352.

124 Eugenia-Protokoll, 360.

125 Eugenia-Protokoll, 368.

126 Eugenia-Protokoll, 370.

127 Eugenia-Protokoll, 371.

128 Eugenia-Protokoll, 365.

129 Eugenia-Protokoll, 371 (nach Vergil, Aeneis 2, 325).

130 Georg Büchner an August und Adolph Stoeber am 24. August 1832, BB 12.

131 Eugenia-Protokoll, 322.

132 Leonce und Lena I,3; BP 1.104.

133 Eugenia-Protokoll, 331.

134 Eugenia-Protokoll, 332.

135 Eugène Boeckel an Georg Büchner am 18. Juni 1836 aus Wien, am 4. September 1836 aus Würzburg und am 11. Januar 1837 aus Paris, BB 107, 113 und 125.

136 Eugène Boeckel an Georg Büchner am 18. Juni 1836, BB 107.

137 Eugène Boeckel an Georg Büchner am 11. Januar 1837, BB 127.

138 Lauth 1835b, 2. Die deutsche Ausgabe wird hier ebenfalls zitiert, doch ist ihr zweiter Band, der die Lehre von den Nerven enthält und 1836 erschienen ist, mir nicht zugänglich gewesen; auch wird Büchner im Straßburgischen Exil die französische Ausgabe benützt haben.

139 Lauth 1835b, dort auch die folgenden französischen Stellen.

140 Lauth 1835b, 365.

141 Lauth 1835b, 371.

142 Lauth 1835b, 366.

143 Lauth 1835b, 370.

144 Lauth 1835b, 425.

145 Lauth 1835b, 428 f., dort auch die folgenden französischen Stellen.

146 Lauth 1835a, 504.

147 Lauth 1835a, 522 f.

148 Lauth 1835a, 526.

149 Danton's Tod II,1; Replik 221; BP 1.39 (Danton).

150 Danton's Tod I,1; Replik 5; BP 1.13 (Danton).

151 Danton's Tod IV,3; Replik 563; BP 1.78 (Camille).

152 Danton's Tod III,7; Replik 509; BP 1.72 (Camille).

153 Danton's Tod III,7; Replik 508; BP 1.72 (Danton).

154 Danton's Tod III,7; Replik 517; BP 1.73 (Danton).

155 Georg Büchner an August und Adolph Stoeber am 24. August 1832, BB 12.

156 Danton's Tod I,6; Replik 208; BP 1.37 (Camille, nach Robespierre).

157 Danton's Tod III,6; Replik 493; BP 1.70 (Barrère).

158 Georg Büchner an Adolph Stoeber am 3. November 1832, BB 17.

159 Eugène Boeckel an Georg Büchner am 7. September 1832, BB 14.

160 Woyzeck, H4,9, MBA 7.1,76, BP 1.211 (Doktor).

161 Lenz, BP 1.241.

162 Danton's Tod I,1; Replik 27; BP 1.16 (Philippeau).

163 Danton's Tod I,6; Replik 208; BP 1.37 (Camille nach Robespierre).

164 Karl Gutzkow an Georg Büchner am 10. Juni 1836, BB 104.

165 Georg Büchner an Wilhelmine Jaeglé am 13. Januar 1837, BB 128.

166 Leonce und Lena I,3; BP 1.103.

167 Georg Büchner an Karl Gutzkow Anfang Juni 1836, BB 102.

168 Mémoire sur le système nerveux du barbeau (Übersetzung), MBA 8,29; BP 2.86.

169 MBA 8,516.

170 Mémoire sur le système nerveux du barbeau, MBA 8,56.

171 Sigmund Freud: Über den Bau der Nervenzellen beim Flußkrebs. Sitzungs-berichte der Mathematisch-Naturwissenschaftlichen Classe der Kaiserlichen Akademie der Wissenschaften 85, 3. Abteilung, Heft 1–5, Wien 1882, 9–46.

172 Mémoire sur le système nerveux du barbeau (Übersetzung), MBA 8,83.

173 Beide Zitate Mémoire sur le système nerveux du barbeau (Übersetzung), MBA 8,101.

174 MBA 8,211, 226.

175 MBA 8,542 f.; MBA 9.2,211,259; aus Spinozas Vorrede zum 4. Teil der Ethik.

176 Alle vorstehenden Zitate Probevorlesung, MBA 8,153/155; BP 2.157–159.

177 Novalis: Die Christenheit oder Europa (zuerst im Druck erschienen 1826). In: Novalis, Schriften III, 519.

178 MBA 8,155; BP 2.159.

179 August Lüning an Karl Emil Franzos am 9. November 1877, Hauschild 1985, 382.

180 Probevorlesung, MBA 8,163,167,169; BP 2.164 f., 168 f., dort auch die fol-genden Zitate.

181 Wolfgang Menzel: Die deutsche Literatur. Zweite vermehrte Auflage. Dritter Theil, Stuttgart: Hallberger 1836, 5.

182 MBA 8,220.

183 Johann Jakob Tschudi an Karl Emil Franzos am 14. November 1877, ediert in Hauschild 1985, 392–396; MBA 8,220 f.

184 August Lüning an Karl Emil Franzos am 9. November 1877, ediert in Hauschild 1985, 381–385.

185 Johann Jakob Tschudi an Karl Emil Franzos am 14. November 1877, Hauschild 1985,395.

186 Georg Büchner an Wilhelmine Jaeglé am 13. Januar 1837, BB 128.

187 Georg Büchner an Wilhelm Büchner zwischen Mitte November 1836 und Ende Januar 1837, BB 122.

188 Georg Büchner an August Stoeber am 9. Dezember 1833, BB 33.

189 Vorlesungszeugnis von Joseph Hillebrand vom 6. September 1834, BB 50.

190 Georg Büchner an Karl Gutzkow um Ende November 1835, BB 85.

191 Georg Büchner an Karl Gutzkow Anfang Juni 1836, BB 102.

192 Das ergibt sich aus dem Brief der Mutter Caroline Büchner an Georg Büchner vom 30. Oktober 1836, BB 119.

193 MBA 9.2,198 f.

194 Georg Büchner an August Stoeber am 9. Dezember 1833, BB 33.

195 Die Edition der Cartesius-Vorlesung in MBA 9.2 markiert die quellenunabhängigen Passagen durch Rotdruck; sie machen kaum zehn Prozent des Textes aus und bestehen überwiegend aus Vortragsrhetorik.

196 Alle Zitate Cartesius, MBA 9.2,85.

197 Carus, zitiert nach MBA 9.2, 472.

198 Cartesius, MBA 9.2,85.

199 Probevorlesung, MBA 8,155.

200 Menzel 1836, 5–43.

201 Menzel 1836, 22.

202 Menzel 1836, 25.

203 Menzel 1836, 42.

204 Menzel 1836, 42.

205 Probevorlesung, MBA 8,167.

206 Spinoza H1, MBA 9.2,12.

207 Spinoza H1, MBA 9.2,13.

208 Spinoza H1, MBA 9.2,15.

209 Danton's Tod III,1; Repliken 374–375; BP 1.57.

210 Heinrich Heine: Die Romantische Schule. Erstes Buch. HHA II,158 f.

211 Cartesius, MBA 9.2,55 f.

212 Cartesius, MBA 9.2,59.

213 Cartesius, MBA 9.2,61.

214 Georg Büchner an Karl Gutzkow um Ende November 1835, BB 84.

8
Leonce und Lena

1 Die kursiv gesetzten Zitate in diesem Abschnitt stammen aus Valerios Schlußwort, Leonce und Lena III,3; BP 1.129).

2 William Shakespeare: Ein Sommernachtstraum, IV,1.

3 Leonce und Lena I,1; BP 1.95.

4 Leonce und Lena I,2; BP 1.99, dort auch die folgenden Stellen.

5 Leonce und Lena I,3; BP 1.106.

6 Namen aus Clemens Brentanos *Märchen von dem Schulmeister Klopfstock und seinen fünf Söhnen.*

7 Leonce und Lena II,2; BP 1.115.

8 Leonce und Lena III,1; BP 1.120.

9 Leonce und Lena II,4; BP 1.119.

10 Aus Ernst Elias Niebergalls darmstädtischer Mundartkomödie *Der Datterich*, 1841, 4. Bild, 1. Szene, Darmstadt: Eduard Roether 1975, 63.

11 Der Hessische Landbote, BP 2.66.

12 Woyzeck, H4,5, MBA 7.1,63, BP 1.207.

13 Woyzeck, H4,5, MBA 7.1,63, BP 1.207.

14 Hugo Ball: Karawane. In: Richard Huelsenbeck (Hg.): Dada. Eine literarische Dokumentation (1964), Reinbek: Rowohlt 1984, 213.

15 Das ist in Wirklichkeit fremdartiges Althochdeutsch: «Vater und Sohn richten ihre Rüstung» (Hildebrandslied).

16 Witzblatt, anonym, nach Gerhard Grümmer: Spielformen der Poesie. Leipzig: VEB Bibliographisches Institut ²1988, 99.

17 Leonce und Lena I,3; BP 1.107.

18 Jean Paul: Vorschule der Ästhetik (1804), § 32.

19 Leonce und Lena II,2; BP 1.114 f.

20 So August Becker im Verhör vom 1. September 1837, Noellner 1844, 422.

21 Wilhelm Schulz 1851, Grab 1985, 65.

22 Ludwig Wilhelm Luck an Karl Emil Franzos am 11. September 1878, BBergemann 557.

23 Georg Büchner an die Familie im Februar 1834, BB 36.

24 Leonce und Lena I,3; 1.102.

25 Leonce und Lena I,1; 1.96.

26 Sigmund Freud: Trauer und Melancholie (1917), Studienausgabe III, 193–212.

27 Leonce und Lena I,3; 1.104.

28 Leonce und Lena I,3; 1.107.

29 Leonce und Lena I,3; 1.103.

30 Leonce und Lena, Handschrift H1, MBA 6,21, BP 1.139.

31 Leonce und Lena, Handschrift H3, MBA 6,30.

32 Leonce und Lena I,3; BP 1.104.

33 Jean Paul: Vorschule der Ästhetik, § 33.

34 Karl Gutzkow an Georg Büchner am 28. September 1835, BB 82.

35 Jean Paul: Vorschule der Ästhetik, § 33.

36 Clemens Brentano: Ponce de Leon, II,10, Werke 4, 176.

37 Leonce und Lena I,4; BP 1.110.

38 Leonce und Lena II,3; BP 1.127.

39 Friedrich Schiller: Über die ästhetische Erziehung des Menschen in einer Reihe von Briefen (1795), 15. Brief, NA 20,359.

40 Georg Büchner an August Stöber am 9. Dezember 1833, BB 33.

41 Leonce und Lena II,2; BP 1.115.

42 Leonce und Lena III,2; BP 1.121 f.

43 Karl Gutzkow: Leonce und Lena. Ein Lustspiel von Georg Büchner. In: Telegraph für Deutschland Nr. 76, Mai 1838, 601.

44 Leonce und Lena III,2; BP 1.121.

45 Karl Emil Franzos, BF CLXII.

46 MBA 6,427, entdeckt von Ingo Fellrath. Hier zitiert nach: Œuvres de George Sand. Tome premier. Bruxelles: Meline, Cans et Compagnie 1838, 513 (Brief II). Zuerst in: Revue des Deux Mondes 3, 1834, 200 (15. Juli 1834).

47 Clemens Brentano: Ponce de Leon I,10; Werke IV, 149.

48 Der Ausschreibungstext BP 1.600 f.

49 Clemens Brentano: Ponce de Leon IV,9; Werke IV, 224 f.

50 Clemens Brentano: Ponce de Leon V,20; Werke IV, 269.

51 Clemens Brentano: Ponce de Leon I,1; Werke IV, 137.

52 Leonce und Lena I,3; BP 1.101.

53 Leonce und Lena I,3; BP 1.103.

54 Leonce und Lena I,2; BP 1.98 f.

55 Leonce und Lena III,2; BP 1.121.

56 Leonce und Lena III,3; BP 1.128 f.

57 Vgl. MBA 6,246 f.

58 Vgl. MBA 6,250.

59 Georg Büchner an die Familie am 2. September 1836, BB 112.

60 Wilhelm Schulz: Nekrolog (28. Februar 1837). In: Grab 1985, 139.

61 Siglierung wie in MBA 6.

62 «Was Eure Empfänglichkeit betrifft ... Nachdruck haben wollt.» (MBA 6,30; vgl. Leonce und Lena I,3, BP 1.104).

63 Alle Informationen zu 1–3 nach MBA 6,221–229.

64 Georg Büchner an Wilhelmine Jaeglé Ende Januar 1837, BB 130.

65 Karl Gutzkow: Leonce und Lena. Ein Lustspiel von Georg Büchner. In: Telegraph für Deutschland Nr. 76, Mai 1838, 601.

66 BN 198.

67 Bei Bergemann und den zahlreichen von ihm abhängigen Ausgaben, ferner bei Poschmann und den Poschmann-Nachdrucken, bei Lehmann und den dtv-Ausgaben, bei BMartin und sogar in MBA 6.

68 Karl Gutzkow: Leonce und Lena. Ein Lustspiel von Georg Büchner. In: Telegraph für Deutschland Nr. 76, Mai 1838, 640.

69 Georg Büchner an Wilhelmine Jaeglé am 20. Januar 1837, BB 129.

70 Noellner 1844, 527–531.

71 Leonce und Lena I,3; BP 1.107.

72 Leonce und Lena III,1; BP 1.120.

73 Leonce und Lena I,3; BP 1.107.

74 In einem später nicht verwendeten Handschriftbruchstück, MBA 6,27; BP 1.140.

75 Leonce und Lena III,1; BP 1.120.

76 Georg Büchner an Wilhelmine Jaeglé um Mitte März 1834, BB 39.

77 Georg Büchner an Wilhelmine Jaeglé am 10. Januar 1837, BB 129.

78 Leonce und Lena II,3; BP 1.117.

79 Leonce und Lena II,2; BP 1.116.

80 Georg Büchner an Eugène Boeckel am 1. Juni 1836, BB 101.

81 Leonce und Lena II,2; BP 1.116.

82 Leonce und Lena II,4; BP 1.118 (um die Regieanweisungen gekürzt).

83 Leonce und Lena III,3; BP 1.128 f.

84 Leonce und Lena III,3; BP 1.128.

85 MBA 6,17; BP 1.138.

86 Leonce und Lena III,1; BP 1.120.

87 MBA 6,26 f.

88 Georg Büchner an die Familie am 20. November 1836, BB 121.

89 Leonce und Lena I,3; BP 1.106 f.

90 Der kleine Katechismus D. M. Luthers, S. 2. Beigebunden zu: Allgemeines Evangelisches Gesangbuch für das Großherzogtum Hessen, 8. Auflage, Darmstadt: Verlag der Großherzoglichen Invaliden- und Soldaten-Waisen-Anstalt 1821.

91 Novalis: Hymne (Erstdruck 1802). In: Novalis, Schriften I,167.

92 Brentano, Werke I,536 f.

93 Karl Gutzkow in den einführenden Worten zum Erstdruck des Lustspiels im *Telegraph für Deutschland*, Nr. 76, Mai 1838, 601; MBA 6,35.

94 Karl Gutzkow an Wilhelmine Jaeglé am 14. September 1837, Andler 1897, 191.

95 MBA 6,40/41; BP 1.137.

96 Leonce und Lena I,1; BP 1.97; MBA 6,40/41.

97 Leonce und Lena I,1; BP 1.97; MBA 6,43.

98 MBA 6,442.

99 Leonce und Lena I,1; BP 1.98; MBA 6,45/47, 55.

100 Leonce und Lena I,1; BP 1.98; MBA 6,47; 56.

101 Leonce und Lena I,2; MBA 6,56 f.

102 Leonce und Lena I,3; BP 1.101; MBA 6,60.

103 MBA 6,62.

104 Leonce und Lena I,3; BP 1.104; MBA 6,63.

105 Leonce und Lena I,3; BP 1.104 f.; MBA 6,63 f.

106 Leonce und Lena I,3; BP 1.107; MBA 6,67.

107 Leonce und Lena I,3; BP 1.106 f.; MBA 6,67.

108 Leonce und Lena II,2; BP 1.115; MBA 6,77.

109 Leonce und Lena I,4; BP 1.109; MBA 6,70.

110 Leonce und Lena II,3; BP 1.117; MBA 6,79.

111 Leonce und Lena II,2; BP 1.115; MBA 6,76, bei Gutzkow weggelassen.

112 Leonce und Lena II,2; BP 1.116; MBA 6,78.

113 MBA 6,492.

114 Leonce und Lena II,1; BP 1.113; MBA 6,74.

115 MBA 6,481.

116 Leonce und Lena III,3; BP 1.122; MBA 6,86, dort auch die folgenden Stellen.

117 MBA 6,93.

118 Leonce und Lena III,3; BP 1.127; MBA 6,93.

119 Adelbert von Chamisso: Die Blinde. Hier zitiert nach: A. v. Chamissos sämtliche Werke in vier Bänden. Hrsg. von Roderich Böttcher. Neu durchgesehene Ausgabe Berlin: A. Weichert o. J. (1925), I, 19–23.

120 Zitiert werden im folgenden die 1. und 3. (= letzte) Strophe des 6. (= letzten) Gedichts aus dem Zyklus *Die Blinde*. In: Deutscher Musenalmanach für das Jahr 1834. Leipzig: Weidmannsche Buchhandlung [1833], 117–122. Das Gedicht *Küssen will ich, ich will küssen*, das in späteren Werkausgaben den Schluß des kleinen Zyklus bildet, findet sich im *Musenalmanach für das Jahr 1834* nicht.

9
Woyzeck

1 Christoph Martin Wieland: Eine Lustreise ins Elysium (1787). Sämmtliche Werke, 28. Band, Leipzig: Georg Joachim Göschen 1797, 234.

2 Novalis: Apologie der Schwärmerey. In: Novalis, Schriften II, 21.

3 Nach MBA 7.2,90, anders noch MBA 6,217.

4 Nach MBA 7.2,104, 107.

5 Das geschieht auf der Grundlage der Faksimile-Edition in MBA 7.1 und ihrer Kommentierung in MBA 7.2. Nachrangig wird die Ausgabe von Henri Poschmann zitiert, und zwar nicht die Lesefassung, sondern die Handschriftenedition, die allerdings andere Bezeichnungen verwendet. «H1» entspricht dort «Teilentwurf 1», «H2» entspricht «Teilentwurf 2», «H3» entspricht «Ergänzungsentwurf» und «H4» entspricht «Hauptfassung».

6 Woyzeck, H2,7, MBA 7.1,32, BP 1.198.

7 BBergemann 162.

8 BF 181.

9 Woyzeck, H2,6, MBA 7.1,28, BP 1.196.

10 Vgl. MBA 7.2,150; BP; BBergemann.

11 Hier zitiert nach der Lesefassung von Henri Poschmann, BP 1.173, vgl. H1,21, MBA 7.1,20, BP 1.189.

12 BF 201.

13 Woyzeck, MBA 7.1,20, BP 1.189, hier mit Auflösung der Kürzel und formatiert, die Lesart «possirlich» nach BMartin 240.

14 BP 1.189; BMü 208.

15 BBergemann 496.

16 Woyzeck, H1,10, MBA 7.1,11, BP 1.181.

17 Woyzeck, H1,10, MBA 7.1,11, BP 1.181 f., dort auch die folgenden Barbier-Zitate.

18 Nach MBA 7.2,451.

19 Iwan Turgenjew: Väter und Söhne. Frankfurt am Main: Insel 1974, 119.
20 Woyzeck, H2,3, MBA 7.1,24, BP 1.193.
21 Immanuel Kant: Vorlesungen über die philosophische Religionslehre. Leipzig: Taubert 1830, 28 f., vgl. MBA 7.2,470.
22 Woyzeck, H2,9, MBA 7.1,36, BP 1.201.
23 Woyzeck, H4,16, MBA 7.1,92, BP 1.215 f.
24 Woyzeck, H1,10, MBA 7.1,11, BP 1.181.
25 Der Marktschreier, H1,1, MBA 7.1,4, BP 1.177.
26 Der Marktschreier, H1,2, BP 1.178, MBA 7.1,4, in H1,10 wiederverwendet vom Barbier.
27 Dieser sowie die folgenden Abschnitte enthalten Imaginationen mit geringfügig angepaßten Zitaten (kursiv).
28 Die folgenden Zitate Woyzeck, H1,1 und H1,2, MBA 7.1,4, BP 1.177 f.
29 So Ernest-Alexandre Lauth auf den Titelblättern seines *Nouveau Manuel de l'Anatomiste*, hier Ausgabe Paris: Levrault 1835.
30 «La corruption du siècle est parvenue à ce point, que pour maintenir la moral[e]». Die Fortsetzung des Satzes lautet: «debout sur ses pattes, on est réduit à calomnier les assassins.» Büchner fand ihn bei Louis Cincinnatus Séverin Léon Hussenot: Chardons Nancéiens ou Prodrome d'un Catalogue des Plantes de la Lorraine, Nancy: Imprimerie de Dard 1835, 173. Die Quellenermittlung gelang durch Google books. Der Sinn des Satzes ist ungefähr: Die Verderbtheit des Jahrhunderts ist an einem Punkt angekommen, wo man, um die Moral wiederaufzurichten, zur Verleumdung ihrer Mörder genötigt ist.
31 Die folgenden Zitate Woyzeck, H2,3, MBA 7.1,24, BP 1.193 (Marktschreier in zweiter Fassung).
32 Die folgenden Zitate wieder Woyzeck, H1,2, MBA 7.1,4, BP 1.177 f.
33 Woyzeck, H2,2, MBA 7.1,23, BP 1.191.
34 Woyzeck, H4,2, MBA 7.1,51, BP 1.203.
35 Die folgenden kursiv, also mit Freiheiten wiedergegebenen Zitate stammen alle aus Woyzeck, H3,1, MBA 7.1,44, 1.218. Zum Vorbild der Figur MBA 7.2,484–487.
36 Dort H2,6, MBA 7.1,28 f., BP 1.195–197 alle folgenden nicht anderwärtig nachgewiesenen Fundstellen.
37 Woyzeck, H4,8, MBA 7.1,75, BP 1.210.
38 Woyzeck, H2,7, MBA 7.1,31, BP 1.197 f. (dort noch Fehllesung «via comai +» anstelle von «ein cancer aquaticus»).
39 Woyzeck, H2,7, MBA 7.1,32, BP 1.199.
40 Woyzeck, H4,9, MBA 7.1,76, BP 1.159.
41 Woyzeck, H2,7, MBA 7.1,35, BP 1.199 f.
42 Woyzeck, H1,10, MBA 7.1,11, BP 1.181 f.
43 Woyzeck, H4,5, MBA 7.1,63, BP 1.206.
44 Woyzeck, H4,9, MBA 7.1,76(79, BP 1.210 f., dort auch das folgende Zitat.
45 Woyzeck, H4,5, MBA 7.1,63, BP 1.206.
46 Verhöraussage August Becker, Noellner 1844, 423.
47 Die folgenden Zitate Woyzeck, H4,5, MBA 7.1, 63 f., BP 1.207.

Anmerkungen

48 Woyzeck, H4,5, MBA 7.1,63 (durchgestrichen, nicht bei Poschmann).

49 Danton's Tod III,10; Replik 541; BP 1.76.

50 Woyzeck, H2,6, MBA 7.1,31, BP 1.197; H4,8, MBA 7.1,72/75, BP 1.210.

51 MBA 7.2,510.

52 Woyzeck, H2,5, MBA 7.1,27, BP 1.195.

53 Woyzeck, H2,7, MBA 7.1,32, BP 1.199 (abweichende Lesart).

54 Woyzeck, H4,5, MBA 7.1,64, BP 1.207.

55 Woyzeck, H4,2, MBA 7.1,52, BP 1.204.

56 Woyzeck, H2,6, MBA 7.1,31, BP 1.197.

57 Woyzeck, H1,18 und 20, MBA 7.1,19, BP 1.188.

58 Woyzeck, H4,2, MBA 7.1,51, BP 1.203.

59 Woyzeck, H3,1, MBA 7.1,44, BP 1.218.

60 Woyzeck, H4,10, MBA 7.1,80, BP 1.212.

61 Woyzeck, H1,1, MBA 7.1,4, BP 1.177.

62 Das Datengerüst nach MBA 7.2,350–354.

63 Es wird hier zitiert nach MBA 7.2, 251–297.

64 MBA 7.2,271.

65 MBA 7.2,293.

66 MBA 7.2,262.

67 MBA 7.2,297, dort auch die folgenden Stellen.

68 Ernst Anschütz, Tagebuch 27. August 1824, hier nach Katalog Darmstadt 321.

69 Psalm 131,1–2 in der Übersetzung von Romano Guardini: Deutscher Psalter, München: Kösel ⁴1960 (dort Ps 130).

70 Das berichtet Caroline Büchner aus Darmstadt an Georg Büchner in Zürich am 30. Oktober 1836, BB 119.

71 Wilhelm Büchner an Karl Emil Franzos am 23. Dezember 1878, BBergemann 567.

72 Lenz, BP 1.248 f.

73 Die Werke des Grafen Joseph de Maistre. Hrsg. von Moriz Lieber. Bände 4 und 5: Abendstunden zu St. Petersburg. Frankfurt am Main: Andreäische Buchhandlung 1824, Erstes Gespräch, Band 4,40.

74 Woyzeck, H4,8, MBA 7.1,75, BP 1.210.

75 MBA 7.2,509 f.

76 Quellennachweise MBA 7.2,317–329.

77 Clarus, MBA 7.2,270, 280, 285, 290 f..

78 Woyzeck, H1,6, MBA 7.1,8, BP 1.180; H4,12, MBA 7.1,87, BP 1.214.

79 Clarus, MBA 7.2,267, 278, verwendet in H4,14.

80 Clarus, MBA 7.2,280.

81 Woyzeck, H1,6, MBA 7.1,8, BP 1.180.

82 Das sieht man sehr schön in der Edition des quellenbezogenen Texts MBA 7.2, 35–53.

83 Clarus, MBA 7.2, 283.

84 MBA 7.2,284.

85 Woyzeck, H2,2, MBA 7.1,24, BP 1.192.

86 Woyzeck, H2,7, MBA 7.1,32, BP 1.199.

87 Woyzeck, H4,8, MBA 7.1,72, BP 1.210.

88 Woyzeck, H2,7, MBA 7.1,35, BP 1.199.

89 Cartesius, MBA 9.1,41.

90 Woyzeck, H4,4, MBA 7.1,59, BP 1.205.

91 Woyzeck, H4,4 und H4,5, MBA 7.1,59 und 63, BP 1.205 und 207.

92 Woyzeck, H4,5, MBA 7.1,64, BP 1.207.

93 Woyzeck, H4,5, MBA 7.1,63, BP 1.206.

94 Woyzeck, H4,7, MBA 7.1,68, BP 1.208.

95 Woyzeck, H4,11, MBA 7.1,84, BP 1.213.

96 Woyzeck, H4,5, MBA 7.1,63, BP 1.207, zur Quelle MBA 7.2,505 f.

97 Woyzeck, H1,4, MBA 7.1,7, BP 1.179.

98 Woyzeck, H1,15, MBA 7.1,16, BP 1.186.

99 Woyzeck, H2,5, MBA 7.1,27, BP 1.195.

100 Woyzeck, H2,8, MBA 7.1,36, BP 1.200.

101 Woyzeck, H2,9, MBA 7.1,36, BP 1.201.

102 Woyzeck, H4,4, MBA 7.1,59, BP 1.205.

103 Goethe: Faust I, Verse 3585 f.

104 Woyzeck, H4,4, MBA 7.1,60, BP 1.205.

105 Woyzeck, H1,10, MBA 7.1,11, BP 1.182.

106 Woyzeck, H2,2, MBA 7.1,23, BP 1.191.

107 Woyzeck, H2,5, MBA 7.1,27, BP 1.195.

108 Woyzeck, H4,14, MBA 7.1,88, BP 1.214.

109 MBA 7.2,267.

110 Woyzeck, H4,14, MBA 7.1,88, BP 1.215.

111 Woyzeck, H4,2, MBA 7.1,51, BP 1.203.

112 Woyzeck, H4,6, MBA 7.1,67, BP 1.207.

113 Danton's Tod 1,2; Replik 57; BP 1.18.

114 Woyzeck, H2,7, MBA 7.1,32, BP 1.198.

115 Woyzeck, H4,2, MBA 7.1,51 f., BP 1.203.

116 Woyzeck, H1,13, MBA 7.1,12, BP 1.184.

117 Woyzeck, H1,17, MBA 7.1,16, BP 1.187 (dort Käthe zugeschrieben).

118 Woyzeck, H1,8, MBA 7.1,8, BP 1.181.

119 Woyzeck, H2,7, MBA 7.1,32, BP 1.199.

120 Woyzeck, H4,7, MBA 7.1,68, BP 1.208.

121 MBA 7.2,456 f.

122 Theodor W. Adorno und Max Horkheimer: Dialektik der Aufklärung, Amsterdam: Querido 1947, 13, am Anfang des Kapitels *Begriff der Aufklärung*.

123 Woyzeck, H2,4, MBA 7.1,27, dort auch die folgenden Stellen; einige nicht gesichert, abweichende Lesarten in BP 1.194.

124 Woyzeck, H4,11, MBA 7.1,84, BP 1.213, dort auch das folgende Zitat.

125 Johannes Scherr: Deutsche Kultur- und Sittengeschichte. Leipzig: Otto Wigand [10]1897, 582.

126 Woyzeck, H4,4, MBA 7.1,59, BP 1.205.

127 Woyzeck, H4,5, MBA 7.1, 63 f., BP 1.207, dort auch die folgenden Stellen.

128 Charles Dickens: Oliver Twist. Ausgabe München: Winkler 1980, 544.

129 Lenz, BP 1.234.

130 Henrik Ibsen: Ein Vers.

131 Goethe: Dichtung und Wahrheit, 2. Teil, 7. Buch.

132 Woyzeck, H4,17, MBA 7.1,95, BP 1.216, zur Quelle, die auch schon in *Lenz* verwendet wurde, MBA 7.2,528 f.

133 Georg Büchner an Wilhelmine Jaeglé Ende Januar 1837, BB 130, zur Datierung MBA 10.1, 117.

134 Wilhelm Schulz, [Nekrolog] (1837), Grab 1985, 140.

135 MBA 7.2,138 f.

136 Das geht aus seiner Auseinandersetzung mit Karl Emil Franzos hervor, dokumentiert in dessen Artikel *Über Georg Büchner* (1900), BuM 1.108–142, hier 130, 135–140.

137 Gemeinderat Oberstraß, BBergemann 596.

138 Aus dem *Landboten*, Winterthur, 5. Juli 1875, BBergemann 597.

139 Karl Emil Franzos: Das Büchner-Denkmal. In: BF 451–455, hier 452 f.

140 Hauschild 1985,438.

141 BF CXXIV.

142 Reinhard Pabst: Ein unbekannter Bericht Luise Büchners über die Zürcher Büchner-Feier 1875. In: GBJ 7, 1988/89, 410–413, hier 412.

143 Seine Herkunftswelt schildert Franzos in einem noch heute lesenswerten Roman: Der Pojaz. Eine Geschichte aus dem Osten. Stuttgart/Berlin: Cotta 1905.

144 Franzos 1900, BuM 1.125 f.

145 MBA 7.2,145–147.

146 Ariane Martin, BMartin 592.

147 BF 201.

148 Alfred Kerr 1921, BuM 1.378 f.

149 Siegfried Jacobsohn 1921, BuM 1.381.

150 Rainer Maria Rilke an Marie Fürstin von Thurn und Taxis am 9. Juli 1915, BuM 1.256 f.

151 Woyzeck, H4,8, MBA 7.1,75, BP 1.210.

152 Theodor W. Adorno: Minima moralia. Reflexionen aus dem beschädigten Leben (1951), Nr. 153. Dort auch das folgende Zitat.

153 Walther Linden: Geschichte der deutschen Literatur von den Anfängen bis zur Gegenwart. Leipzig: Reclam 1937, 4. Auflage 1942, 370.

154 Linden: Geschichte der deutschen Literatur, 371, das Briefzitat hier im Wortlaut Lindens, original Georg Büchner an Karl Gutzkow Anfang Juni 1836, BB 103.

155 Alle Zitate Josef Nadler: Literaturgeschichte des Deutschen Volkes. Dichtung und Schrifttum der deutschen Stämme und Landschaften. Berlin: Propyläen [+]1938, III,225 f. Die früheren Auflagen erschienen unter dem Titel *Literaturgeschichte der deutschen Stämme und Landschaften*.

156 Wilhelm Emanuel Süskind: Paßt Büchner in unsere Zeit? In: Die Literatur 40, 1938, H. 6, hier nach BuM 1.436.

157 Wolfram Viehweg: Georg Büchners ‹Woyzeck› auf dem deutschsprachigen Theater. 2. Teil: 1918–1945. Norderstedt: Wolfram Viehweg 2008.

158 Viehweg 2.2,110.

159 Danton's Tod III,7; Replik 516, BP 1.72.

160 Lenz, BP 1.243.

161 Woyzeck, H2,2 und H4,2, MBA 7.1,23 und 51, BP 1.191 und 203. Rheinhessisch ist «ihr Auge» nicht als Singular (das wäre «ihr Aug»), sondern als Plural zu lesen; «ihre Augen» möge sie zum Juden tragen.

162 Woyzeck, H2,4 und H4,11, MBA 7.1,27 und 84, BP 1.194 und 213.

163 Woyzeck, H4,15, MBA 7.1,91, BP 1.215.

164 Danton's Tod III,7, Replik 515, BP 1.72.

165 Paul Celan: Ausgewählte Gedichte. Hrsg. v. Klaus Reichert. Frankfurt am Main: Suhrkamp 1970, 181–186.

166 Volker Braun: Texte in zeitlicher Folge. Band 10, Halle: Mitteldeutscher Verlag 1993, 52. Zuerst in: Neues Deutschland, 4./5. August 1990.

167 Georg Lukács: Der faschistisch verfälschte und der wirkliche Georg Büchner. In: G. L., Deutsche Realisten des 19. Jahrhunderts. Berlin/DDR: Aufbau 1953 (zuerst 1950), 66–88, hier 69.

168 Danton's Tod I,6, Replik 175, BP 1.32; Lukács 1953, 75.

169 Lukács 1953, 82.

170 Lukács 1953, 72.

171 Alle Zitate Autorenkollektiv (hier Hans-Georg Werner): Deutschsprachige Literatur im Überblick. Leipzig: Reclam 1971, 126.

172 Deutschsprachige Literatur im Überblick, 261.

173 Franz Hodjak: Flieder im Ohr. Bukarest: Kriterion 1983, 15. Das Gedicht erschien zuerst 1982 in: Neue Literatur. Zeitschrift des Schriftstellerverbandes der Sozialistischen Republik Rumänien 33, 1982, H. 1, 7.

174 Thomas Michael Mayer: Büchner und Weidig – Frühkommunismus und revolutionäre Demokratie. In: GB I/II, 275; Büchner-Chronik, ebd., 416.

175 Büchner-Chronik, 416.

176 Hans Magnus Enzensberger im Nachwort *Politischer Kontext 1964* zu seiner Edition Georg Büchner/Ludwig Weidig: Der Hessische Landbote. Texte, Briefe, Prozeßakten. Frankfurt am Main: Insel 1965, 162.

177 Die folgenden Zitate Georg Büchner an Karl Gutzkow Anfang Juni 1836, BB 103.

178 Alle vorstehenden und nachfolgenden kursivierten Zitate aus: Texte, Themen und Strukturen. Deutschbuch für die Oberstufe. Herausgegeben von Bernd Schurf und Andrea Wagener. Berlin: Cornelsen 2010, 340–343.

179 Woyzeck, H4,5, MBA 7.1,63, BP 1.207.

180 Texte, Themen und Strukturen. Deutschbuch für die Oberstufe. Herausgegeben von Heinrich Biermann und Bernd Schurf. Berlin: Cornelsen 1999, 262–265.

10
Sterben und Unsterblichkeit

1 Büchners Hörer Johann Jakob Tschudi zeichnete in seinem Brief an Karl Emil Franzos vom 2. November 1877 einen Grundriß, der an mehreren Stellen abgebildet ist, z. B. Katalog Darmstadt, 364; Hauschild 1985, 395.

2 August Lüning an Karl Emil Franzos am 9. November 1877, BBergemann 571.

3 Georg Büchner an Wilhelmine Jaeglé am 27. Januar 1837, BB 129, dort auch das folgende Zitat.

4 Caroline Schulz, [Bericht über Georg Büchners Krankheit und Tod], 1837, Handschrift GSA Weimar, hier mit geringfügigen Anpassungen und Kürzungen nach der kritischen Edition von Thomas Michael Mayer in Grab 1985, 132–138.

5 Thomas Mann: Buddenbrooks (1901), 11. Teil, 3. Kapitel, GKFA 1.1,828, die Quelle (Meyers Konversations-Lexikon, 5. Auflage, Band 17, Leipzig/Wien 1897) GKFA 1.2,414.

6 Heinrich Heine: Zum Lazarus, Nr. XI (die ersten drei Strophen). HA 2,904 f.

7 Im Sommer 1836, BN 33.

8 Der Hessische Landbote, BP 2.60,65,66.

9 Danton's Tod III,1; Replik 396; BP 1.59.

10 Danton's Tod III,5; Replik 461; BP 1.66.

11 Danton's Tod III,7; Replik 508; BP 1.72.

12 Georg Büchner an die Familie am 16. Juli 1835, BB 71.

13 Wilhelm Schulz, Nekrolog (1837), Grab 1985, 141 f.

14 Georg Büchner an Wilhelmine Jaeglé etwa 8. Februar 1834, BB 36.

15 Georg Büchner an Wilhelmine Jaeglé am 8. März 1834, BB 37.

16 Lenz, BP 1.241.

17 Danton's Tod III,1; Replik 398, BP 1.59.

18 Danton's Tod IV,3; Replik 570, BP 1.79.

19 Danton's Tod III,7; Replik 511, BP 1.72.

20 Danton's Tod III,7; Replik 506, BP 1.71.

21 Danton's Tod III,7; Replik 517, BP 1.73.

22 Danton's Tod I,2; Replik 66, BP 1.19, auch als Stammbuchvers verwendet, vgl. MBA 10.1,71, MBA 10.2,87,286 f.

23 Danton's Tod I,2; Replik 58, BP 1.19.

24 Leonce und Lena I,3, BP 1.102.

25 Danton's Tod III,1; Replik 397, BP 1.59.

26 Danton's Tod IV,3; Replik 570, BP 1.79.

27 Danton's Tod I,6; Replik 208, BP 1.37.

28 Danton's Tod III,7; Replik 507, BP 1.71.

29 Danton's Tod I,1; Replik 12, BP 1.13 f.

30 Leonce und Lena II,4, BP 1.118.

31 Danton's Tod II,4; Replik 312, BP 1.47.

32 Danton's Tod IV,3; Replik 565, BP 1.78 f.

33 Danton's Tod IV,3; Replik 570, BP 1.80.

34 Leonce und Lena I,3, BP 1.102.

35 Leonce und Lena I,3, BP 1.102.

36 Leonce und Lena II,4, BP 1.118.

37 Danton's Tod IV,6; Replik 634, BP 1.86.

38 Leonce und Lena I,1, BP 1.96.

39 Danton's Tod II,4; Replik 312, BP 1.47.

40 Leonce und Lena II,4, BP 1.118.

41 Danton's Tod III,7; Replik 509, BP 1.72.

42 Leonce und Lena II,2, BP 1.116.

43 Danton's Tod IV,3; Replik 570, BP 1.79.

44 Danton's Tod III,7; Replik 516, BP 1.72.

45 Danton's Tod IV,8; Replik 653, BP 1.88.

46 Danton's Tod III,7; Replik 515, BP 1.72.

47 Danton's Tod III,7; Replik 517, BP 1.72 f.

48 Danton's Tod III,7; Replik 517, BP 1.73.

49 Lenz, BP 1.241.

50 Danton's Tod III,7; Replik 517, BP 1.73, dort auch das folgende Zitat.

51 Danton's Tod IV,3; Replik 567, BP 1.79, dort auch die folgenden Stellen.

52 Leonce und Lena II,1, BP 1.112.

53 Danton's Tod I,2; Replik 68, BP 1.19.

54 Woyzeck, H 1,14; MBA 7.1,15; BP 1.185.

55 Georg Büchner an Karl Gutzkow etwa 14. März 1835, BB 59.

56 Woyzeck, H 2,3; MBA 7.1,25; BP 1.193.

57 Danton's Tod IV,8; Replik 653, BP 1.89.

58 Georg Büchners Quelle war die Sammlung *Des Knaben Wunderhorn* von Clemens Brentano und Achim von Arnim, Heidelberg: Mohr und Zimmer 1806–1808, Nr. I,55, danach der hier zitierte Text.

59 Danton's Tod IV,5; Replik 630, BP 1.86.

60 Danton's Tod III,7; Replik 515, BP 1.72.

61 Danton's Tod IV,5; Replik 629, BP 1.85 f.

62 Georg Büchner an Wilhelmine Jaeglé am 8. März 1834, BB 37.

63 Grab 1985,142.

64 Grab 1985,135.

65 Das Vorstehende nach Caroline Schulz, Bericht, Grab 1985, 133 f., geringfügig angepaßt, orthographisch modernisiert.

66 Thomas Mann: Buddenbrooks, 11. Teil, 3. Kapitel.

67 Eine alte Frau zu einer anderen, Gesprächsfetzen, im Vorbeigehen aufgeschnappt.

68 Woyzeck, H 44, MBA 7.1,60, BP 1.205.

69 Woyzeck, H 1,11, MBA 7.1,12; BP 1.183.

70 Danton's Tod III,4, Replik 430, BP 1.62 (übernommen aus *Unsere Zeit*).

71 Danton's Tod III,4, Replik 440, BP 1.64.

72 Danton's Tod III,1, Replik 388, BP 1.59.

566

73 Danton's Tod IV,4, Replik 595, BP 1.81.

74 Danton's Tod IV,7, Replik 642, BP 1.87.

75 Danton's Tod I,2, Replik 81, BP 1.20.

76 Danton's Tod I,6, Replik 178, BP 1.33.

77 Der Hessische Landbote, BP 2.63.

78 Danton's Tod II,7, Replik 370, BP 1.55.

79 Danton's Tod IV,5, Replik 615, BP 1.83.

80 Woyzeck, H1,19, H4,7; H4,16; MBA 7.1,18, 69, 92; BP 1.188, 208, 215 f.,

81 Danton's Tod II,5, Repliken 313–339, BP 1.47–49.

82 Lenz, MBA 5,67; BP 1.242 f., dort nach dem (fehlerhaften) Erstdruck «die Sünde und der heilige Geist»; zur Textkritik MBA 5,165.

83 Lenz, BP 1.243.

84 Georg Büchner an Karl Gutzkow um Mitte September 1835, BB 80.

85 Danton's Tod III,1, Replik 382, BP 1.58.

86 Georg Büchner an Édouard Reuss am 20. August 1832, BB 11.

87 Leonce und Lena I,4, BP 1.110.

88 Stephen Greenblatt: Hamlet im Fegefeuer. Frankfurt am Main: Suhrkamp 2008, 330.

89 Lenz, BP 1.231.

90 Danton's Tod II,7, Replik 517, BP 1.73.

91 Lenz, BP 1.236, 249.

92 Woyzeck, H2,1; MBA 7.1,21; BP 1.191.

93 Lenz, BP 1.249.

94 Danton's Tod IV,5, Repliken 632 und 633, BP 1.86.

95 Woyzeck, H2,1; MBA 7.1,20; BP 1.190.

96 Woyzeck, H2,6; MBA 7.1, 28/30; BP 1.196 f.

97 Woyzeck, H4,11; MBA 7.1,83/85; BP 1.213.

98 Woyzeck, H4,1; MBA 7.1,49; BP 1.202.

99 Arthur Eloesser: Die deutsche Literatur vom Barock bis zur Gegenwart. 2 Bände, Berlin: Bruno Cassirer 1931, hier 2,179.

100 Dieser Satz ist eingestreut aus BN 40.

101 Schulz 1843, 43.

102 Bilder-Conversations-Lexikon für das deutsche Volk. Leipzig: Brockhaus 1837–1841, III,265.

103 Bilder-Conversations-Lexikon II, 15–16 (gekürzt und orthographisch modernisiert).

104 Johann Lucas Schönlein: Allgemeine und specielle Pathologie und Therapie (Vorlesungsmitschrift), 1832, hier nach Armin Geus: Georg Büchners letzte Krankheit. In: Katalog Darmstadt, 360–365, hier 364.

105 Caroline Büchner an Georg Büchner am 30. Oktober 1836, BB 119.

106 Danton's Tod III,3, Replik 428, BP 1.62.

107 Danton's Tod IV,5, Replik 613, BP 1.83.

108 Woyzeck, H1,15, MBA 7.1,16; BP 1.186.

109 Leonce und Lena I,3, BP 1.104 f.

110 Leonce und Lena II,1, BP 1.112.

111 Georg Büchner an Wilhelmine Jaeglé am 8. März 1834, BB 37.

112 Lenz, BP 1.225.

113 Leonce und Lena II,2, BP 1.116.

114 Danton's Tod IV,3, Replik 579, BP 1.80.

115 Lenz, BP 1.240.

116 Lenz, BP 1.242.

117 Danton's Tod II,2, Replik 278, BP 1.43,

118 Woyzeck, H4,5, MBA 7.1,63, BP 1.207.

119 Woyzeck, H2,7; MBA 7.1,32; BP 1.199.

120 Woyzeck, H1,17; MBA 7.1,16; BP 1.187.

121 Lenz, BP 1.248.

122 Lenz, BP 1.242.

123 Leonce und Lena II,1, BP 1.112.

124 Woyzeck, H2,5; MBA 7.1,27; BP 1.195.

125 Woyzeck, H4,6; MBA 7.1,67; BP 1.208.

126 Woyzeck, H4,4, MBA 7.1,59, BP 1.204.

127 Der Hessische Landbote, BP 2.59.

128 Leonce und Lena I,3, BP 1.108.

129 Woyzeck, H4,4; MBA 7.1,60; BP 1.205

130 Georg Büchner an Karl Gutzkow Anfang Juni 1836, BB 103.

131 Woyzeck, H1,17; MBA 7.1,16; BP 1.187.

132 Leonce und Lena I,3, BP 1.108.

133 Leonce und Lena II,2, BP 1.115.

134 Woyzeck, H4,7, MBA 7.1,68, BP 1.208.

135 Woyzeck, H4,4, MBA 7.1,59, BP 1.205.

136 Lenz, BP 1.243; Leonce und Lena I,4, BP 1.109.

137 Leonce und Lena I,4, BP 1.109.

138 Leonce und Lena II,4; BP 1.118.

139 Leonce und Lena II,4, BP 1.118.

140 Danton's Tod IV,9, Replik 661, BP 1.89.

141 Thomas Mann: Buddenbrooks, GKFA 1.1,831 f.

142 Leo Tolstoi: Der Tod des Iwan Iljitsch (1886), Schluß, Leipzig: Insel-Verlag o. J., 86.

143 Wilhelm Baum an Eugène Boeckel am 20. Februar 1837, Handschrift ULB Sachsen-Anhalt Halle, hrsg. von Jan-Christoph Hauschild, in: GBJ 7, 1988/89, 381 f., hier orthographisch minimal modernisiert.

144 Wilhelm Schulz, Nekrolog, Februar 1837, Grab 1985, 142.

145 Lucile, Danton's Tod IV,8, Replik 653, BP 1.88.

146 Leo Tolstoi: Krieg und Frieden, 15. Teil, 1. Kapitel, nach dem Tod des Fürsten Andrej Bolkonskij (Ausgabe Darmstadt: Wissenschaftliche Buchgesellschaft 1966, 1459).

147 Ludwig Büchner: Selbstbiographie. Posthum veröffentlicht in Ludwig Büchner: Der neue Hamlet. Poesie und Prosa aus den Papieren eines verstorbenen Pessimisten. Gießen: Emil Roth o. J. [1900], 189–196, hier 190.

148 Der nicht erhaltene Brief wird zitiert von Ludwig Büchner, BN 45.

149 Das vermerken Akten des Frankfurter Bundesarchivs, hier nach Hauschild 1993, 607.

150 Wendungen aus Danton's Tod IV,3, Replik 565, BP 1.78 f.

151 Danton's Tod IV,5, Replik 610, BP 1.83.

152 Danton's Tod IV,3, Replik 563, BP 1.78.

153 Heinrich von Kleist schildert in seiner Erzählung *Michael Kohlhaas* (1810) die Geschichte eines Mannes, der, weil ihm Unrecht widerfuhr und der Staat ihm sein Recht verweigerte, sich dieses Recht selber zu verschaffen sucht und dabei unvermeidlich immer mehr und immer größeres Unrecht tut.

154 Heinrich von Kleist: Michael Kohlhaas. BKA II,1, 107.

155 Michael Kohlhaas. BKA II,1, 101.

156 Danton's Tod I,5, Replik 158, BP 1.31.

157 Michael Kohlhaas, BKA II,1, 144–146.

158 Michael Kohlhaas, BKA II,1, 151.

159 Frei nach Settembrini in Thomas Manns Roman *Der Zauberberg*, im Abschnitt *Vom Gottesstaat und von übler Erlösung*, GKFA 5.1, 605.

160 Michael Kohlhaas, BKA II,1, 115.

161 Michael Kohlhaas, BKA II,1, 155.

162 Danton's Tod II,5, Replik 339, BP 1.49.

163 Danton's Tod III,7, Replik 517, BP 1.73.

164 Lenz, BP 1.248 f.

165 Danton's Tod IV,3, Replik 570, BP 1.80.

166 Danton's Tod III,1, Replik 397, BP 1.59.

167 Danton's Tod III,4, Replik 440, BP 1.64.

168 Danton's Tod III,7, Replik 507, BP 1.71.

169 Danton's Tod III,4, Replik 430, BP 1.62.

170 Danton's Tod IV,3, Replik 570, BP 1.80.

171 Anfangs- und Schlußstrophe des Schnitterlieds hier nach: Geistliches Wunderhorn. Große deutsche Kirchenlieder, München: C. H. Beck 2001, 224 f., die mittlere Strophe bei Büchner aus *Des Knaben Wunderhorn* (I, 55), teilweise zitiert von Lucile, Danton's Tod IV,9, Replik 661, BP 1.89 f.

172 Danton's Tod I,1, Replik 33, BP 1.13.

173 Danton's Tod I,5, Replik 117, BP 1.28

174 Danton's Tod IV,8, Replik 653, BP 1.89.

175 Lenz, BP 1.242 f.

176 Leonce und Lena II,4, BP 1.118.

177 Leonce und Lena II,3, BP 1.117.

178 Woyzeck, H4,4, MBA 7.1,59, BP 1.205.

179 Woyzeck, H4,5, MBA 7.1,63, BP 1.207.

Literaturverzeichnis

Dieses Buch sucht ein neues Gespräch mit den Quellen, nicht mit der Forschungsliteratur. Ein Diskurs mit den Germanisten wird zwar implizit geführt, soll sich aber nicht vor den Diskurs mit Georg Büchner schieben. Mein gedachtes Publikum sind nicht die Experten. Ich möchte gelingendenfalls zusammen mit meinen Leserinnen und Lesern (das gelegentliche «wir» will ein pluralis socialis, kein pluralis majestatis sein) auf einem großen imaginären Sofa sitzen, von dem aus wir teilnehmend zuschauen, wie aus den Quellen ein Büchner entsteht. Er ist unser Gegenstand, nicht die Ansichten über ihn. Es geht um sein Leben und Schreiben, Lieben und Leiden, nicht um die seinetwegen geführten Papierkriege.

Auch wenn die Autorinnen und Autoren der Georg-Büchner-Forschung im Haupttext des Buches nicht beim Namen genannt werden, schulde ich ihrer immensen Leistung einen nicht wirklich abtragbaren Dank. Das Aufspüren und Bereitstellen der Texte, der Quellen und der Hintergründe des Büchnerschen Werkes ist in den letzten Jahrzehnten mit beachtlichen Erfolgen fast bis an die Grenzen des Möglichen vorangetrieben worden. Es hatte kaum Sinn, sich auf eigene Faust noch einmal auf die Suche zu machen. Daher habe ich mich auf die archivalischen, philologischen und editorischen Leistungen dieser Forschung fast immer verlassen. Ohne die hervorragenden Editionen insbesondere wäre diese Biographie niemals möglich gewesen. Als wichtigste und beste ist die große Marburger Ausgabe zu nennen.

Wegen ihrer leichteren Zugänglichkeit liegt diesem Buch generell die Ausgabe von Henri Poschmann (BP) zugrunde, die im Deutschen Klassiker-Verlag und als Taschenbuch im Insel-Verlag greifbar ist. Sehr handlich wäre auch die Reclam-Ausgabe von Ariane Martin gewesen (BMartin), aber sie erschien erst 2012, das war für mich zu spät. Im einzelnen gelten die folgenden Regelungen. *Danton's Tod* wird nach BP zitiert, zusätzlich werden Akt und Szene sowie die Replikennummer angegeben, mit der MBA 3 und andere Editionen arbeiten. *Lenz* wird nur nach BP zitiert, ebenso *Der Hessische Landbote*. Bei *Leonce und Lena* werden außer BP auch Akt und Szene angegeben, in Einzelfällen auch der Fundort in MBA 6. *Woyzeck* wird wegen der besonders schwierigen Textlage nicht nach BP, sondern nach den vier Handschriften (sigliert H1 bis H4), der Szenennumerierung und der Seitenzahl in MBA 7.1 (Faksimile-Umschrift) zitiert. Zusätzlich wird die Seitenzahl in BP angegeben, auch wenn dort kleine Textabweichungen und eine andere Handschriftenzählung anzutreffen sind. Die Briefe werden nach der Ausgabe von Jan-Christoph Hauschild nachgewiesen (BB), mit Absender, Empfänger und den dort gegebenen Datierungen, so daß man sie leicht auch in anderen Ausgaben findet. In Einzelfällen wird zusätzlich MBA 10 (erschienen Sommer 2012) herangezogen. Das konnte nur nachträglich, erst nach Manuskriptabschluß geschehen. Für manche Dokumente und Lebenszeugnisse, die weder in BP noch in MBA ediert sind, mußte immer noch die Ausgabe von Bergemann (BBergemann) zu Rate gezogen werden. Die unterschiedlichen Konzepte von BP und BB, MBA und BBergemann führen, das war in Kauf zu nehmen, zu unterschiedlichen Rechtschreibungsmodalitäten innerhalb von Büchners Œuvre.

Ausgabenneutral werden die Dramen Schillers und Shakespeares zitiert (nach Akt und Szene), ebenso Goethes *Faust* (nach Verszählung), Schopenhauers *Welt als Wille und Vorstellung* (nach Paragraph), Nietzsche (nach Buch und Aphorismenzählung), schließlich die Bibel wie üblich (nach Buch und Vers).

Im Umgang mit Zitaten habe ich mir bestimmte Freiheiten gestattet. Wenn ein Satzanfang Großschreibung verlangt, habe ich stillschweigend Großschreibung auch dann verwendet, wenn der Satz mit einem Zitatausschnitt eröffnet, der in seinem Originalzusammenhang kleingeschrieben beginnt. Auf die Kennzeichnung solcher Stellen mit «[...]» habe ich verzichtet. Analog wird am Satzende verfahren. Auslassungen innerhalb von Zitaten werden jedoch wie üblich mit «[...]» markiert.

Zitate in Anführungszeichen oder im Blocksatz entsprechen zeichengenau der angeführten Quelle. Das ist der Regelfall. Wenn Zitate jedoch kursiv wiedergegeben werden, wie es in einigen Abschnitten geschieht, kann es minimale Abweichungen gegenüber der Quelle geben – Anpassungen an die Grammatik des Rahmensatzes oder geringfügige Wortumstellungen. Das hat stilistische Gründe. Es ermöglicht fließendere Sätze und zündendere Kombinationen. Es handelt sich meistens um Abschnitte, in denen auch sonst Freiheiten in Anspruch genommen werden, um Büchner durch Imaginationen, innere Monologe oder andere literarische Techniken lebendig vor Augen zu stellen. Um die Wissenschaftlichkeit dieser Biographie keinem Zweifel auszusetzen, sind solche Abschnitte und der Grad ihrer Fiktionalität immer klar erkennbar. Die Quellen auch der kursivierten Zitate sind in den Fußnoten sorgfältig nachgewiesen, so daß alle Abweichungen überprüfbar sind.

Abgekürzt zitierte Literatur

AA
Aktenanhänge mit separater Seitenzählung zu Schäffer 1839, Schulz 1843 und Noellner 1844.

Andler 1897
Briefe Gutzkows an Georg Büchner und dessen Braut. Mitgeteilt von Charles Andler in Paris. In: Euphorion. Zeitschrift für Litteraturgeschichte. Drittes Ergänzungsheft 1897, 181–193.

Bädeker 1849
Karl Bädeker: Rheinreise von Basel bis Düsseldorf. Koblenz: Karl Bädeker 1849.

BB
Georg Büchner: Briefwechsel. Kritische Studienausgabe. Hrsg. v. Jan-Christoph Hauschild. Frankfurt am Main: Stroemfeld/Roter Stern 1994.

BBergemann
Georg Büchner: Werke und Briefe. Gesamtausgabe. Hrsg. v. Fritz Bergemann. Neue, durchgesehene Ausgabe Wiesbaden: Insel 1958.

BF
Georg Büchner's Sämmtliche Werke und handschriftlicher Nachlaß. Erste kritische Gesammt-Ausgabe. Eingeleitet und herausgegeben von Karl Emil Franzos. Frankfurt am Main: Sauerländer 1879.

BFaksimile
Georg Büchner: Gesammelte Werke. Erstdrucke und Erstausgaben in Faksimiles. Hrsg. v. Thomas Michael Mayer. Frankfurt/Main: Athenäum 1987.

BKA
Brandenburger (zuerst: Berliner) Kleist-Ausgabe. Heinrich von Kleist: Sämtliche Werke. Hrsg. v. Roland Reuß und Peter Staengle. Basel/Frankfurt am Main: Stroemfeld/Roter Stern 1988–2010.

BMartin
Georg Büchner: Sämtliche Werke und Briefe. Hrsg. v. Ariane Martin. Stuttgart: Reclam 2012.

BMü
Georg Büchner: Werke und Briefe. Münchner Ausgabe. Hrsg. v. Karl Pörnbacher, Gerhard Schaub, Hans-Joachim Simm und Edda Ziegler. München: Hanser 1988.

BN
Georg Büchner: Nachgelassene Schriften. [Hrsg. und mit einer biographischen Einleitung von Ludwig Büchner.] Frankfurt am Main: Sauerländer 1850.

Boehncke 2008
Heiner Boehncke, Peter Brunner, Hans Sarkowicz: Die Büchners oder der Wunsch, die Welt zu verändern. Frankfurt am Main: Societätsverlag 2008.

Brentano, Werke
Clemens Brentano: Werke. Studienausgabe. Vier Bände. Hrsg. v. Wolfgang Frühwald, Bernhard Gajek und Friedhelm Kemp. München: Hanser ²1978.

BP
Georg Büchner: Sämtliche Werke, Briefe und Dokumente. Hrsg. v. Henri Poschmann unter Mitarbeit von Rosemarie Poschmann. Band 1: Dichtungen. Band 2: Schriften, Briefe, Dokumente. Frankfurt am Main: Deutscher Klassiker Verlag 1992–1999.

BuM
Georg Büchner und die Moderne. Texte, Analysen, Kommentar. Hrsg. v. Dietmar Goltschnigg. 3 Bände, Berlin: Erich Schmidt 2001–2004.

Büchner-Chronik
Thomas Michael Mayer: Georg Büchner. Eine kurze Chronik zu Leben und Werk. In: GB I/II, 357–425.

Diehl 1920
Wilhelm Diehl: Minnigerode's Verhaftung und Georg Büchners Flucht. In: Hessische Chronik 9, 1920, 5–18.

Eugenia-Protokoll
Thomas Michael Mayer: Das Protokoll der Straßburger Studentenverbindung ‹Eugenia›. In: GBJ 6, 1986/87, 324–392.

Examen, Titel, Promotionen
Examen, Titel, Promotionen. Akademisches und staatliches Qualifikationswesen vom 13. bis zum 21. Jahrhundert. Hrsg. v. Rainer Christoph Schwinges. Basel: Schwabe 2007.

Fick 1900
Auf Deutschlands hohen Schulen. Eine illustrierte kulturgeschichtliche Darstellung deutschen Hochschul- und Studentenwesens. Hrsg. v. Richard Fick. Berlin/Leipzig: Hans Ludwig Thilo 1900.

Freud
Sigmund Freud: Studienausgabe. 10 Bände, Frankfurt am Main: S. Fischer 1969.

FM
Heinz Fischer: Georg Büchner und Alexis Muston. Untersuchungen zu einem Büchner-Fund. München: Wilhelm Fink 1987.

GB I/II
Georg Büchner I/II. Text + Kritik, Sonderband. Hrsg. v. Heinz Ludwig Arnold. München: Edition Text + Kritik 1979, 2., verbesserte Auflage 1982.

GBA
Forschungsstelle Georg Büchner der Universität Marburg und Arbeitsstelle Büchner-Ausgabe (Georg Büchner-Archiv).

GBJ
Georg Büchner Jahrbuch 1,1981–12,2012.

GKFA
Große kommentierte Frankfurter Ausgabe der Werke Thomas Manns. Hrsg. v. Heinrich Detering, Eckhard Heftrich, Hermann Kurzke, Terence J. Reed, Thomas Sprecher, Hans R. Vaget und Ruprecht Wimmer. Frankfurt am Main: S. Fischer 2000 ff.

Grab 1985
Walter Grab: Georg Büchner und die Revolution von 1848. Der Büchner-Essay von Wilhelm Schulz aus dem Jahr 1851. Text und Kommentar. Königstein: Athenäum 1985.

GSA
Archiv der Stiftung Weimarer Klassik, Weimar. (Früher Goethe-Schiller-Archiv).

Gutzkow, Schriften
Karl Ferdinand Gutzkow: Schriften I und II, hrsg. v. Adrian Hummel. Frankfurt am Main: Zweitausendeins 1998.

Hauschild 1985
Jan-Christoph Hauschild: Georg Büchner. Studien und neue Quellen zu Leben, Werk und Wirkung. Königstein: Athenäum 1985.

Hauschild 1993
Jan-Christoph Hauschild: Georg Büchner. Biographie. Stuttgart/Weimar: Metzler 1993.

Hauschild 2004
Jan-Christoph Hauschild: Georg Büchner. Überarbeitete und erweiterte Neuausgabe. Reinbek: Rowohlt 2004.

HH
Heinrich Heine. Säkularausgabe. Werke, Briefwechsel, Lebenszeugnisse. Band 2: Gedichte 1827–1844. Hrsg. v. Irmgard Möller und Hans Böhm, 1979. Band 8: Über Deutschland 1833–1836. Hrsg. v. Renate Francke, 1979. Band 9: Prosa 1836–1840. Hrsg. v. Fritz Mende, 1972. Alle Berlin/DDR: Akademieverlag und Paris: Editions du CNRS.

HHA
Heinrich Heine: Werke. Hrsg. v. Stuart Atkins. Zwei Bände. München: C. H. Beck 1973–1978.

Hund Kater
Georg Büchner an «Hund» und «Kater». Unbekannte Briefe des Exils. Hrsg. v. Erika Gillmann, Thomas Michael Mayer, Reinhard Pabst und Dieter Wolf. Marburg: Jonas 1993.

Katalog Darmstadt
Georg Büchner 1813–1837. Revolutionär, Dichter, Wissenschaftler. Katalog der Ausstellung Darmstadt 1987. Basel und Frankfurt am Main: Stroemfeld/Roter Stern 1987.

Katalog Marburg
Georg Büchner. Leben, Werk, Zeit. Katalog der Ausstellung zum 150. Jahrestag des ‹Hessischen Landboten›. Bearbeitet von Thomas Michael Mayer u. a. Marburg: Jonas Verlag 1985, ³1987.

KFSA
Kritische Friedrich-Schlegel-Ausgabe. Hrsg. v. Ernst Behler u. a. Paderborn: Ferdinand Schöningh 1962 ff.

Lauth 1835a
Ernst-Alexander Lauth: Neues Handbuch der praktischen Anatomie oder Beschreibung aller Theile des menschlichen Körpers, mit besonderer Rücksicht auf ihre gegenseitige Lage, nebst der Angabe über die Art, dieselben zu zergliedern und anatomische Präparate zu verfertigen. Vom Verfasser nach der zweiten französischen Ausgabe umgearbeitet. Erster Band, Stuttgart und Leipzig: Rieger, Wien: Gerold 1835.

Lauth 1835b
Ernest-Alexandre Lauth: Nouveau manuel de l'anatomiste, comprenant La description succincte de toutes les parties du corps humain et la manière de les préparer, suivies de préceptes sur la confection des pièces de cabinet et sur leur conservation. Deuxième édition, revue et considérablement augmentée. Paris et Strasbourg: Levrault 1835.

Lauth 1837
Ernest-Alexandre Lauth: Nouveau manuel de l'anatomiste, comprenant la

déscription succinte de toutes les parties du corps humain et la manière de les préparer. 2. Auflage, Bruxelles: Société belge de librairie 1837.

MBA (Marburger Büchner-Ausgabe)
Sämtliche Werke und Schriften. Historisch-kritische Ausgabe mit Quellendokumentation und Kommentar. Hrsg. v. Burghard Dedner und Thomas Michael Mayer. Darmstadt: Wissenschaftliche Buchgesellschaft 2000 ff.

MBA 1 (Frühe Texte und Schülerskripten) und
MBA 2 (Der Hessische Landbote):
Bei Manuskriptabschluß noch nicht erschienen.

MBA 3.1–3.4
Danton's Tod. Hrsg. v. Thomas Michael Mayer. 2000.

MBA 4
Übersetzungen. Hrsg. v. Burghard Dedner. 2007.

MBA 5
Lenz. Hrsg. v. Burghard Dedner und Hubert Gersch. 2001.

MBA 6
Leonce und Lena. Hrsg. v. Burghard Dedner. 2003.

MBA 7.1–7.2
Woyzeck. Hrsg. v. Burghard Dedner und Gerald Funk. 2005.

MBA 8
Naturwissenschaftliche Schriften. Hrsg. v. Burghard Dedner und Aurelia Lenné. 2008.

MBA 9.1–9.2
Philosophische Schriften. Hrsg. v. Burghard Dedner und Gerald Funk. 2009.

MBA 10.1–10.2
Briefwechsel. Hrsg. v. Burghard Dedner, Tilman Fischer und Gerald Funk. 2012.

Menzel 1836
Wolfgang Menzel: Die deutsche Literatur. Zweite vermehrte Auflage. Dritter Theil, Stuttgart: Hallberger 1836.

NA
Schillers Werke. Nationalausgabe. Begründet von Julius Petersen. Band 20: Philosophische Schriften I. Weimar: Hermann Böhlaus Nachfolger 1962. Band 42: Schillers Gespräche. Weimar: Hermann Böhlaus Nachfolger 1967.

Niemann 1830
Friedrich Albert Niemann: Vollständiges Handbuch der Münzen, Maße und Gewichte aller Länder der Erde. Quedlinburg und Leipzig: Gottfried Basse 1830.

Noellner 1844
Actenmäßige Darlegung des wegen Hochverraths eingeleiteten gerichtlichen Verfahrens gegen Pfarrer D. Friedrich Ludwig Weidig, mit besonderer Rücksicht auf die rechtlichen Grundsätze über Staatsverbrechen und deutsches Strafverfahren, sowie auf die öffentlichen Verhandlungen über die politischen Processe im Großherzogthume Hessen überhaupt und die späteren Untersuchungen gegen die Brüder des D. Weidig, verfaßt von Dr. Friedrich

Noellner, Großherzoglich Hessischem Hofgerichtsrathe in Gießen. Darmstadt: Carl Wilhelm Leske 1844.

Novalis, Schriften
Novalis: Schriften. Hrsg. v. Paul Kluckhohn und Richard Samuel. Band I: 3. Auflage Stuttgart: Kohlhammer 1977. Band II: 2. Auflage Darmstadt: Wissenschaftliche Buchgesellschaft 1965. Band III: 2. Auflage Stuttgart: Kohlhammer 1968.

Schäffer 1839
[Martin Schäffer:] Actenmäßige Darstellung der im Großherzogthume Hessen in den Jahren 1832 bis 1835 stattgehabten hochverrätherischen und sonstigen damit in Verbindung stehenden verbrecherischen Unternehmungen. Darmstadt: J. W. Heyer's Hofbuchhandlung 1839.

Schulz 1843
[Wilhelm Schulz:] Der Tod des Pfarrers Dr. Friedrich Ludwig Weidig. Ein actenmäßiger und urkundlich belegter Beitrag zur Beurtheilung des geheimen Strafprozesses und der politischen Zustände Deutschlands. Zürich und Winterthur: Verlag des literarischen Comptoirs 1843.

Schulz 1846
Wilhelm Schulz: Briefwechsel eines Strafgefangenen und seiner Befreierin. 2 Bände, Mannheim: Friedrich Bassermann 1846.

Staatshandbuch 1835
Hof- und Staatshandbuch des Großherzogthums Hessen für das Jahr 1835. Darmstadt: Invaliden Anstalt [1834].

UZ
Unsere Zeit, oder geschichtliche Uebersicht der merkwürdigsten Ereignisse von 1789–1830, nach den vorzüglichsten französischen, englischen und deutschen Werken bearbeitet von einem ehemaligen Officiere der kaiserlichfranzösischen Armee. In: Die Geschichte Unserer Zeit, bearbeitet von Carl Strahlheim, ehemaligem Officiere der kaiserlich-französischen Armee. 12. Band, Stuttgart: E. F. Wolters 1828 (enthält die Hefte 45 bis 48).

Wagner 1831
Statistisch-topographisch-historische Beschreibung des Großherzogthums Hessen von Georg Wilhelm Justin Wagner, Großherzoglich Hessischem Geometer. Darmstadt: Carl Wilhelm Leske 1831.

Wieger 1885
Friedrich Wieger: Geschichte der Medicin und ihrer Lehranstalten in Strassburg vom Jahre 1497 bis zum Jahre 1872. Strassburg: Karl J. Trübner 1885.

Weitere Quellenwerke

Theodor W. Adorno und Max Horkheimer: Dialektik der Aufklärung. Philosophische Fragmente. Amsterdam: Querido 1947.

Theodor W. Adorno: Minima moralia. Reflexionen aus dem beschädigten Leben (1951). Frankfurt am Main: Suhrkamp 1970.

Allgemeine Encyclopädie der Wissenschaften und Künste, herausgegeben von
J. S. Ersch und J. G. Gruber. 2. Section, 7. Theil: «Herpestes – Hibiscus».
Leipzig: Johann Friedrich Gleditsch 1830 (Artikel «Hessen»).

Allgemeines Evangelisches Gesangbuch für das Großherzogthum Hessen.
Zweite Auflage. Im Verlage der Großherzoglichen Invaliden- und Soldaten-
Waisen-Anstalt. Darmstadt 1815 (8. Auflage 1821).

Hans Christian Andersen: Märchen und Historien. Bayreuth: Gondrom 1979
(Erstdrucke in dänischer Sprache zwischen 1835 und 1875).

Autorenkollektiv: Deutschsprachige Literatur im Überblick. Leipzig: Reclam 1971.

Karl Baedeker: Die Rheinlande von der Schweizer bis zur holländischen
Grenze: Handbuch für Reisende. Coblenz: Karl Baedeker 1866.

Auszüge aus dem ‹Bericht der [...] Bundes-Centralbehörde vom 16. Sept.
1839 [...] über revolutionäre Umtriebe›. Katalog Darmstadt, 98–115.

Bilder-Conversations-Lexikon für das deutsche Volk. Ein Handbuch zur Verbreitung gemeinnütziger Kenntnisse und zur Unterhaltung. 4 Bände, Leipzig: Brockhaus 1837–1841.

Volker Braun: Texte in zeitlicher Folge. Band 10. Halle: Mitteldeutscher Verlag
1993.

Alexander Büchner: Das «tolle» Jahr. Vor, während und nach 1848. Von einem,
der nicht mehr toll ist. Erinnerungen. 2. Auflage. Volksausgabe. Gießen:
Emil Roth o. J. [1904] (1. Auflage 1900).

Alexander Büchner: Mein Bruder Wilhelm. «Der dumme Bub». Hrsg. v. Peter
Brunner. Pfungstadt: Magistrat 2010.

Georg Büchner: Dantons Tod. Kritische Studienausgabe des Originals mit
Quellen, Aufsätzen und Materialien. Hrsg. v. Peter von Becker. 2., verbesserte Auflage Frankfurt am Main: Syndikat 1985 (1. Auflage 1980).

Georg Büchner, Ludwig Weidig: Der Hessische Landbote. Texte, Briefe, Prozeßakten. Kommentiert von Hans Magnus Enzensberger. Frankfurt am
Main: Insel 1965.

Louis [Ludwig] Büchner: Kraft und Stoff. Empirisch-naturphilosophische Studien. Frankfurt am Main: Meidinger 1855.

Ludwig Büchner: Kaleidoskop. Skizzen und Aufsätze aus Natur und Menschenleben. Gießen: Emil Roth 1901.

Ludwig Büchner: Am Sterbelager des Jahrhunderts. Blicke eines freien Denkers
aus der Zeit in die Zeit. 2. Auflage Gießen: Emil Roth 1900.

Ludwig Büchner: Im Dienste der Wahrheit. Ausgewählte Aufsätze aus Natur
und Wissenschaft. Mit Biographie des Verfassers von Prof. Alex Büchner.
Gießen: Emil Roth 1900.

Ludwig Büchner: Der neue Hamlet. Poesie und Prosa aus den Papieren eines
verstorbenen Pessimisten. Gießen: Emil Roth o. J. [1901].

Luise Büchner: Ein Dichter. Novellenfragment. Mit Georg Büchners Kato-
Rede, Anmerkungen und Nachwort herausgegeben von Anton Büchner.
Darmstadt: Justus von Liebig Verlag 1965.

Paul Celan: Ausgewählte Gedichte. Hrsg. v. Klaus Reichert. Frankfurt am
Main: Suhrkamp 1970.

Adelbert von Chamissos sämtliche Werke in vier Bänden. Hrsg. v. Roderich Böttcher. Neu durchgesehene Ausgabe. Berlin: A. Weichert o. J. (1925).

Des Knaben Wunderhorn. Alte deutsche Lieder. Hrsg. von Clemens Brentano und Achim von Arnim. Heidelberg: Mohr und Zimmer 1806–1808. Kritische Ausgabe, hrsg. v. Heinz Rölleke, Stuttgart: Reclam 1987.

Deutscher Musenalmanach für das Jahr 1834. Leipzig: Weidmannsche Buchhandlung [1833].

Charles Dickens: Oliver Twist. Roman. Übertragen von Carl Kolb. München: Winkler 1980 (Erstausgabe in englischer Sprache 1837/38).

Ernst Dieffenbach: Briefe aus dem Straßburger und Zürcher Exil 1833–1836. In: GBJ 8, 1990–1994, 371–443.

Johann Peter Eckermann: Gespräche mit Goethe in den letzten Jahren seines Lebens 1823–1832. Zitiert nach Gesprächsdatum. Verwendet wurde die Ausgabe Berlin/Leipzig: Tempel o. J. [1929], 2 Bände, hrsg. v. Monty Jacobs.

Arthur Eloesser: Die deutsche Literatur vom Barock bis zur Gegenwart. 2 Bände, Berlin: Bruno Cassirer 1931.

Karl Emil Franzos: Der Pojaz. Eine Geschichte aus dem Osten. Stuttgart/Berlin: Cotta 1905.

Sigmund Freud: Über den Bau der Nervenzellen beim Flußkrebs. Vorgelegt in der Sitzung am 15. Dezember 1881. Veröffentlicht in: Sitzungsberichte der Mathematisch-Naturwissenschaftlichen Classe der Kaiserlichen Akademie der Wissenschaften 85, 3. Abteilung, Heft 1–5, Wien 1882, 9–46.

Johann Anastasius Freylinghausen: Geistreiches Gesang-Buch, den Kern alter und neuer Lieder in sich haltend [...]. Halle, in Verlegung des Waysenhauses, 1741.

Geistliches Wunderhorn. Große deutsche Kirchenlieder. Hrsg., vorgestellt und erläutert von Hansjakob Becker, Ansgar Franz, Jürgen Henkys, Hermann Kurzke, Christa Reich und Alex Stock. München: C. H. Beck 2001.

Goethes Gespräche. Gesamtausgabe. Hrsg. v. Flodoard Freiherr von Biedermann. 5 Bände, Leipzig: Biedermann ²1909–1911.

Gerhard Grümmer: Spielformen der Poesie. Leipzig: VEB Bibliographisches Institut ²1988.

Romano Guardini: Deutscher Psalter. München: Kösel ⁴1960.

Karl Gutzkow: Appellation an den gesunden Menschenverstand. Letztes Wort in einer literarischen Streitfrage. Frankfurt: Johann Philipp Streng 1835.

Karl Gutzkow: Wally, die Zweiflerin, Mannheim: C. Löwenthals Verlagshandlung 1835.

Karl Gutzkow: Wally, die Zweiflerin. Studienausgabe. Hrsg. v. Günter Heintz. Stuttgart: Reclam 1979.

Karl Gutzkow: Leonce und Lena. Ein Lustspiel von Georg Büchner. In: Telegraph für Deutschland Nr. 76, Mai 1838.

Georg Wilhelm Friedrich Hegel: Vorlesungen zur Ästhetik. 2 Bände. Hrsg. v. Friedrich Bassenge. 2., durchgesehene Auflage Berlin/Weimar: Aufbau 1965.

Heinrich Heine: Französische Zustände. Artikel IX vom 25. Juni 1832. Urfassung. Hrsg. v. Christian Liedke. Hamburg: Hoffmann und Campe 2010.

Franz Hodjak: Flieder im Ohr. Gedichte. Bukarest: Kriterion 1983.

Richard Huelsenbeck: Dada. Eine literarische Dokumentation. Reinbek: Rowohlt 1984. (Zuerst 1964).

Louis Cincinnatus Séverin Léon Hussenot: Chardons Nancéiens ou Prodrome d'un Catalogue des Plantes de la Lorraine. Nancy: Imprimerie de Dard 1835.

Karl Immermann: Die Epigonen (1823–1835). In: Karl Immermann: Werke in fünf Bänden, hrsg. v. Benno von Wiese, Frankfurt am Main: Athenäum 1971.

Jean Paul: Hesperus oder 45 Hundsposttage. Eine Biographie. Berlin: Karl Matzdorffs Buchhandlung 1795.

Jean Paul: Vorschule der Ästhetik (1804). In: Jean Paul: Werke. Hrsg. v. Norbert Miller. Band V, München: Hanser ³1973, 7–514.

Franz Kafka: Brief an den Vater. Faksimile. Frankfurt am Main: Fischer Taschenbuch Verlag 1994.

Immanuel Kant: Werke in zehn Bänden. Hrsg. v. Wilhelm Weischedel. Darmstadt: Wissenschaftliche Buchgesellschaft 1968.

Johann Jacob Kaup: Das Thierreich in seinen Hauptformen systematisch beschrieben. Drei Bände, Darmstadt: Johann Philipp Diehl 1835.

Manfred Köhler: «Und setzet ihr nicht das Leben ein ...». Das Stammbuch Heinrich Ferbers 1835–1836. In: GBJ 6, 1986/87, 393–406.

Theodor Körners sämmtliche Werke. 4 Bände. Stuttgart: Macklot 1818.

Worte eines Gläubigen. Von F. von La Mennais. Nach der neuesten Ausgabe aus dem Französischen übersetzt von Ehrenfried Stöber. Straßburg: Schuler 1834.

Hans Landsberg: Ein Frühverstorbener. In: Das literarische Echo. Halbmonatsschrift für Literaturfreunde 13, 1910/11, 556 f.

Johann Caspar Lavater: Handbibel für Leidende. Winterthur: Heinrich Steiner 1788.

Michail Lermontow: Ein Held unserer Zeit. Ausgabe München: dtv 1989. Zuerst St. Petersburg 1840.

Walther Linden: Geschichte der deutschen Literatur von den Anfängen bis zur Gegenwart. Leipzig: Reclam 1937, 4. Auflage 1942.

[Therese von Lisieux] Therese vom Kinde Jesus: Selbstbiographische Schriften. Authentischer Text. Einsiedeln und Trier: Johannes Verlag ¹⁰1988.

Georg Lukács: Deutsche Realisten des 19. Jahrhunderts. Berlin/DDR: Aufbau 1953.

Die Werke des Grafen Joseph de Maistre. Hrsg. von Moriz Lieber. Bände 4 und 5: Abendstunden zu St. Petersburg. Frankfurt am Main: Andreäische Buchhandlung 1824.

Justus Möser: Patriotische Phantasien. 3. Theil. Herausgegeben von seiner Tochter. Vierte verbesserte Auflage Berlin: Friedrich Nicolai 1820.

Theodor Mundt: Madonna. Unterhaltungen mit einer Heiligen. Leipzig: Reichenbach 1835.

Josef Nadler: Literaturgeschichte des Deutschen Volkes. Dichtung und Schrifttum der deutschen Stämme und Landschaften. 4., völlig neubearbeitete Auflage. 4 Bände, Berlin: Propyläen 1938.

Ernst Elias Niebergall: Der Datterich (1841). Ausgabe Darmstadt: Eduard Roether 1975.

Reinhard Pabst: Ein unbekannter Bericht Luise Büchners über die Zürcher Büchner-Feier 1875. In: GBJ 7, 1988/89, 410–413.

Promotionsordnung der philosophischen Facultät. In: Amtsblatt des Kantons Zürich 3, 1836, Nr. 91, 11. November 1836, 338 (§§ 1–21), Nr. 92, 15. November 1836, 342 (§§ 22–33), Nr. 93, 18. November 1836, 345 (§§ 34–47, Eidesformel, Beschlußprotokoll).

Œuvres de George Sand. Tome premier. Bruxelles: Meline, Cans et Compagnie 1838.

Johannes Scherr: Deutsche Kultur- und Sittengeschichte. Zehnte Auflage. Leipzig: Otto Wigand 1897.

Friedrich Schlegel: Signatur des Zeitalters, in: Concordia, Heft 1, 1820, 1–70, Heft 3, 1820, 164–190, Heft 6, 1823, 343–398.

Arthur Schopenhauer: Die Welt als Wille und Vorstellung. Leipzig: Brockhaus 1819.

Johann Peter Ludwig Snell: Katechismus der Christlichen Lehre. Gießen: Georg Friedrich Heyer 1826.

Stendhal (Henri Beyle): Rot und Schwarz. Chronik aus dem Jahr 1830 (1830). Deutsche Ausgabe München: Winkler 1971.

Hippolyte Taine: Die Entstehung des modernen Frankreich. Autorisirte deutsche Bearbeitung von L. Katscher. 2., veränderte Auflage Leipzig: Abel & Müller o. J. [1891].

Texte, Themen und Strukturen. Deutschbuch für die Oberstufe. Herausgegeben von Bernd Schurf und Andrea Wagener. Berlin: Cornelsen 2010.

Texte, Themen und Strukturen. Deutschbuch für die Oberstufe. Herausgegeben von Heinrich Biermann und Bernd Schurf. Berlin: Cornelsen 1999.

Ludwig Tieck: Schriften II. Berlin: Reimer 1828.

Ludwig Tieck: Der Aufruhr in den Cevennen: eine Novelle in vier Abschnitten. Berlin: Reimer 1826.

Leo Tolstoi: Krieg und Frieden (1868/69). Deutsche Ausgabe Darmstadt: Wissenschaftliche Buchgesellschaft 1966.

Leo Tolstoi: Der Tod des Iwan Iljitsch (1886). Deutsche Ausgabe Leipzig: Insel-Verlag o. J. (Insel-Bücherei Nr. 52, ca. 1913).

Iwan Turgenjew: Väter und Söhne (1862). Deutsche Ausgabe Frankfurt am Main: Insel 1974.

Carl Vogt: Aus meinem Leben. Erinnerungen und Rückblicke. Stuttgart: Erwin Nägele 1896.

Günther Weisenborn: Memorial. Berlin: Aufbau 1948.

Christoph Martin Wieland: Eine Lustreise ins Elysium (1787). Sämmtliche Werke, 28. Band. Leipzig: Georg Joachim Göschen 1797.

Ludolf Wienbarg: Aesthetische Feldzüge: dem jungen Deutschland gewidmet. Hamburg: Hoffmann und Campe 1834.

[Heinrich Zschokke]: Stunden der Andacht zur Beförderung wahren Christenthums und häuslicher Gottesverehrung. Fünfter Band: Andachtsbuch für die Jugend. Fünfte verbesserte Original-Ausgabe. Mit Königl. Württembergischen, Großherzogl. Badenschen, Großherzogl. Hessischen Privilegien, so wie der Hohen Eidgenössischen Stände Zürich, Bern, Luzern, Solothurn,

Basel, Schaffhausen, St. Gallen, Graubünden, Aargau und Thurgau ergangenen Verboten gegen den Nachdruck und den Verkauf des Nachdrucks. Aarau: Heinrich Remigius Sauerländer 1820.

Weitere Sekundärliteratur

Alexis Muston 1810–1888. Waldensischer Pastor, Republikaner und Europäer. Hrsg. v. der Stadt Mörfelden-Walldorf und der Arbeitsgemeinschaft für Walldorfer Geschichte. Mörfelden-Walldorf: Magistrat 2005.

Heinrich Anz: «Leiden sey all mein Gewinnst». Zur Aufnahme und Kritik christlicher Leidenstheologie bei Georg Büchner. In: GBJ 1, 1981, 160–168.

Thomas Anz: Literatur und Lust. Glück und Unglück beim Lesen. München: C. H. Beck 1998.

Roland Borgards: Poetik des Schmerzes. Physiologie und Literatur von Brockes bis Büchner. München: Fink 2007.

Büchner-Handbuch. Leben – Werk – Wirkung. Hrsg. v. Roland Borgards und Harald Neumeyer. Stuttgart/Weimar: Metzler 2009.

Stefan Busch: Verlorenes Lachen. Blasphemisches Gelächter in der deutschen Literatur von der Aufklärung bis zur Gegenwart. Tübingen: Niemeyer 2004.

Burghard Dedner: Zu den Textanteilen Büchners und Weidigs im ‹Hessischen Landboten›. In: GBJ 12, 2009–2012, 77–142.

Hans Deuster: Die Büchners im Ried. Riedstadt: Forum Verlag 1997.

Eckhart Franz und Rudolf Loch: Arzt aus Tradition und Neigung. Ernst Karl Büchner. In: Katalog Darmstadt, 66–79.

Gerhard Friedrich: «... bei Gewittersturm und Hagel». Zum Zusammentreffen von Georg Büchner und Alexis Muston im Juni 1834 in Straßburg. In: GBJ 9, 1995–99, 333–349.

Armin Geus: Georg Büchners letzte Krankheit. Ein Beitrag zur Geschichte des Typhus im 19. Jahrhundert. In: Katalog Darmstadt, 360–365.

Walter Grab: Ein Mann der Marx Ideen gab. Wilhelm Schulz, Weggefährte Georg Büchners, Demokrat der Paulskirche. Eine politische Biographie. Düsseldorf: Droste 1979.

Stephen Greenblatt: Hamlet im Fegefeuer. Frankfurt am Main: Suhrkamp 2008.

Reinhold Grimm: Cœur und Carreau. Über die Liebe bei Georg Büchner. In: GB I/II, 299–326.

Matthias Gröbel: Die Geschwister Georg Büchners in der Revolution von 1848/49. In: GBJ 12, 2009–1012, 371–406.

Jan-Christoph Hauschild: Erinnerung an einen «außerordentlichen Menschen». Zwei unbekannte Rezensionen von Büchners Jugendfreund Georg Zimmermann. In: GBJ 5, 1985, 330–346.

Jan-Christoph Hauschild: Büchners Braut. In: Katalog Darmstadt, 124–131.

Jan-Christoph Hauschild: Büchners letzte Stunden. Ein unbekannter Brief von Wilhelm Baum. In: GBJ 7, 1988/89, 381–382.

Dagmar von Hoff/Ariane Martin: Intermedialität, Mediengeschichte, Medientransfer. Zu Georg Büchners Parallelprojekten ‹Woyzeck› und ‹Leonce und Lena›. München: Martin Meidenbauer 2008.

Susanne Lehmann: Der Brand im Haus der Büchners 1851. Zur Überlieferung des Darmstädter Büchner-Nachlasses. In: GBJ 6, 303–313.

Thomas Ludwig: «... Ich sehe unser Haus und den Garten und dann unwillkührlich das abscheuliche Arresthaus». In: Katalog Darmstadt, 200–209. Mainz. Die Geschichte der Stadt. Hrsg. v. Franz Dumont, Ferdinand Scherf und Friedrich Schütz. 2. Auflage Mainz: Zabern 1999.

Ariane Martin: Georg Büchner. Stuttgart: Reclam 2007.

Ariane Martin: Religionskritik bei Georg Büchner. In: GBJ 11, 2005–2008, 221–236.

Hans Mayer: Georg Büchner und seine Zeit. Berlin: Aufbau 1959.

Thomas Michael Mayer: Büchner und Weidig – Frühkommunismus und revolutionäre Demokratie. In: GB I/II, 16–298.

Thomas Michael Mayer: Unbekannte Briefe aus der ‹Gesellschaft der Menschenrechte› (Herbst 1834). In: GBJ 1, 1981, 275–286.

Thomas Michael Mayer: «Boire sans soif ...» in Zürich oder: Büchner-Miszellen. In: GBJ 1, 1981, 214–220.

Thomas Michael Mayer und Sigurd Rink: Das Inventar und die Versteigerung des Nachlasses von Friedrich Ludwig und Amalie Weidig, in: GBJ 7, 1988/89, 383–409.

Ingrid Oesterle: «Zuckungen des Lebens». Zum Antiklassizismus von Georg Büchners Schmerz-, Schrei- und Todesästhetik. In: Internationales Kolloquium der Akademie der Wissenschaften (Berlin-Ost). Hrsg. v. Henri Poschmann. Berlin/Bern/Frankfurt: Peter Lang 1992, 61–84.

Kurt Ohlendorf und Eckhart Franz: Gustav Clemm. Vom demokratischen Verschwörer zum Wegbereiter der deutschen Kaliindustrie. In: Archiv für hessische Geschichte und Altertumskunde, Neue Folge 45, 1987, 249–267.

Reinhard Pabst: Zu Büchners Konfirmation im Mai 1828. Ein unbekanntes Lebenszeugnis. In: GBJ 6, 1986/87, 318–323.

Reinhard Pabst: Ein unbekannter Bericht Luise Büchners über die Zürcher Büchner-Feier 1875. In: GBJ 7, 1988/89, 410–413.

Reinhard Pabst: Wer war ‹Mr. Lucius›? In: GBJ 8, 1995, 213–216.

Udo Roth: Georg Büchners naturwissenschaftliche Schriften. Ein Beitrag zur Geschichte der Wissenschaften vom Lebendigen in der ersten Hälfte des 19. Jahrhunderts. Tübingen: Niemeyer 2004.

Gerhard Schaub: Georg Büchner und die Schulrhetorik. Untersuchungen und Quellen zu seinen Schülerarbeiten. Bern/Frankfurt am Main: Peter Lang 1975.

Walter Toman: Familienkonstellationen. Ihr Einfluß auf den Menschen. München: C. H. Beck ⁵1991.

Wolfram Viehweg: Georg Büchners ‹Woyzeck› auf dem deutschsprachigen Theater. 2. Teil: 1918–1945. Norderstedt: Wolfram Viehweg 2008.

Wendy Wagner: Georg Büchners Religionsunterricht, 1821–1831. Christlichprotestantische Wurzeln sozialrevolutionären Engagements. New York: Peter Lang 2000.

582

Erich Zimmermann: Erinnerungen Minnigerodes an die ‹Gesellschaft der Menschenrechte›. Aus einer amerikanischen Gedenkschrift von 1895. In: GBJ 5, 1985, 292–296.

Erich Zimmermann: Zur Heirat von Büchners Eltern. In: GBJ 4, 1984, 302–304.

Dank

Nie schreibt man ein Buch wirklich allein. Alle Menschen um einen herum sind irgendwie beteiligt, auch die schweigenden. Das ganze Leben spielt mit. Büchner begegnete mir zuerst 1964 in einem Proseminar der Münchener Universität und hat mich seither nicht mehr losgelassen. Ich war in dem Alter, in dem Büchner den *Hessischen Landboten* schrieb. Die Studentenbewegung bereitete sich vor; in den Seminaren diskutierte man bereits, ob nicht Robespierre der eigentliche Held von *Danton's Tod* sei. Mit Büchner ging ich durch die folgenden revolutionären und resignativen Jahrzehnte. Den vielen Menschen, die mich in all diesen Jahren geprägt und begleitet haben, kann ich nur pauschal danken, will aber namentlich wenigstens den Gesprächspartnern der letzten drei Jahre die Ehre geben. Meine langjährige Mitarbeiterin Christiane Schäfer im Gesangbucharchiv der Universität Mainz fand, Georg Büchner sei ein erfrischendes Kontrastmittel zum Kirchenlied; sie hat das Entstehen des gesamten Manuskripts in seinen einzelnen Stadien und Fassungen von Anfang an mit kritischer Aufmerksamkeit, sachlicher Hilfe und steter Ermutigung begleitet. Weitere fruchtbare und lehrreiche Resonanzen gab es bei einer Reihe von Freunden, die größere und kleinere Teile des Manuskripts gegengelesen haben. Zu dieser Gruppe gehört vor allem Anatol Regnier, dem ich wertvolle künstlerische Hinweise und viel Feinschliff verdanke, ferner zählen dazu Volker Haertel, Jacques Wirion, Reinhard Bender, Thomas Klugkist und Manfred Dierks, die, jeder auf seine Weise, einzelne Kapitel diskutiert und durchgesehen haben. Der Korrespondenz mit Karl-Christian Spethmann verdanke ich Sätze wie «Das x in ‹Sexualität› ist wie ein Stacheldrahtherz» und «Lesend gelingt Kommunikation mit physisch Toten ohne weiteres.» Reinhard Pabst trug generös Pretiosen und Genauigkeiten bei, half mir Fehler zu vermeiden und schärfte mein Urteil in einem ausführlichen Austausch. Für die verschiedensten Gespräche, Anregungen, Rückmeldungen, Einsichten, Auskünfte, Fingerzeige und Kontakte danke ich Arno Anzenbacher, Hansjakob und Rosa Becker, Peter Brunner, Burghard Dedner, Ansgar Franz, Reiner Geisbüsch, Axel Grote, Joachim Hake, Anton und Gerhilde Issel, Oliver Kemmann, Peter Knauer, Lena Krüger, Viktor Liebrenz, Ariane Martin, Elisabeth Menzel, Dieter Pieroth und Rebecca Schmidt. Den Einblick in Archivalien der Marburger Georg-Büchner-Arbeitsstelle ermöglichte dankenswerterweise Burghard Dedner. Schwer zugängliche Literatur besorgten die Mainzer Universitätsbibliothek, die Stadtbibliothek Mainz und die Pfälzische Landesbibliothek Speyer. Die redaktionelle Betreuung durch Raimund Bezold und den Verlag, dem ich nun schon bald dreißig Jahre verbunden bin, war wie immer aufmerksam, liebevoll und sorgfältig. Am wichtigsten für das Gelingen eines derartig große

584

Zeitmengen verschlingenden Projekts war jedoch auch dieses Mal meine Familie. Ohne den Rückhalt und die Dauerermutigung durch Marle und Johanna hätte der Kraftstoff für eine so lange Strecke nicht gereicht. Allen sei Dank!

Mainz, August 2012   Hermann Kurzke

Abbildungen

Georg Büchner. Leben, Werk, Zeit. Katalog der Ausstellung zum 150. Jahrestag des ‹Hessischen Landboten›. Bearbeitet von Thomas Michael Mayer u. a. Marburg ³1987: S. 12, 72, 430, 513

Goethe- und Schiller-Archiv, Weimar: S. 27 (GSA 10/12), 122 (GSA 10/10), 183 (GSA 10/1,1), 209 (GSA 10/12), 413 (GSA 10/3,1), 465 (GSA 10/3,1) (Fotografien: Klassik Stiftung Weimar)

Stadtarchiv Darmstadt ST 53 Fotosammlung: S. 53

Walter Stolle: Carl Engel. Ein hessischer Maler im späten Biedermeier. Darmstadt 1987: S. 58

Nach Noellner 1844: S. 60

Hessisches Staatsarchiv Darmstadt: S. 70 (HStA Darmstadt, R 4 Nr. 15429), 109 (HStA Darmstadt, P 23 Nr. 203), 116 (HStA Darmstadt R 4 Nr. 13 480 UF), 125 (HStA Darmstadt R 4 Nr. 1599 UF)

Archiv des Verfassers: S. 81, 454

Forschungsstelle Deutsche Auswanderer in den USA: S. 86

Georg Büchner 1813–1837. Revolutionär, Dichter, Wissenschaftler. Katalog der Ausstellung Darmstadt 1987. Basel und Frankfurt am Main 1987: S. 102

Jan-Christoph Hauschild: Georg Büchner. Überarbeitete und erweiterte Neuausgabe. Reinbek 2004: S. 137

ullstein bild: S. 140, 232, 457 (ullstein bild-Imagno)

Heiner Boehncke, Peter Brunner, Hans Sarkowicz: Die Büchners oder der Wunsch, die Welt zu verändern. Frankfurt am Main 2008: S. 153

«Mountains of the Ban de la Roche, from the Cathedral of Strasbourg». Stahlstich von S. T. Davies nach William Brockedon, 1837 (Privatbesitz), 11,7 × 17,7 cm. Reproduktion: www.werkdruck.de. © Reinhard Pabst, Bad Camberg – www.literaturdetektiv.de: S. 163

Musée du Protestantisme Dauphinois/© Collection Pierre Bolle: S. 166

Collection Pierre Bolle (Fotografie: Jean-Pierre Maurin): S. 170, 255 (Detail)

Zentralbibliothek Zürich: S. 174

Heinrich-Heine-Institut Düsseldorf: S. 220

Nachlass Alexis Muston: S. 237

akg-images: S. 254, 291

Gustav Könnecke: Deutscher Literatur-Atlas. Marburg 1909: S. 292

Hessisches Landesmuseum Darmstadt: S. 311

Zentralbibliothek Zürich: S. 324

Bibliothèque Nationale et Universitaire de Strasbourg: S. 347

Georg Büchner: Gesammelte Werke. Erstdrucke und Erstausgaben in Faksimiles. Hrsg. v. Thomas Michael Mayer. Frankfurt 1987: S. 351, 353

Abbildungen

Namenregister